Gonglu Shuiyun Gongcheng Shigong

公路水运工程施工

Anquan Fengxian Bianshi Pinggu Guankong Zhinan

安全风险辨识评估管控指南

Hangdao Gongcheng Pian

航道工程篇

江苏省交通运输厅　组织编写

人民交通出版社股份有限公司

北京

内 容 提 要

本书共7章,内容包括:施工安全风险辨识与分析、施工安全风险分级、航道工程常见施工作业程序分解、航道工程施工典型风险事件类型、航道工程施工主要安全风险分析、航道工程常见重大作业活动清单、航道工程常见重大作业活动管控措施建议,为航道工程施工安全风险辨识评估管控工作提供了参考。

本书适用于从事公路水运工程(航道工程)施工安全风险辨识、风险评估及风险管控工作的人员,也可供建设单位、监理单位和施工单位相关管理人员使用。

图书在版编目(CIP)数据

公路水运工程施工安全风险辨识评估管控指南. 航道工程篇 / 江苏省交通运输厅组织编写. —北京:人民交通出版社股份有限公司, 2022.11

ISBN 978-7-114-18322-5

Ⅰ.①公… Ⅱ.①江… Ⅲ.①道路工程—工程施工—安全管理—指南②航道工程—工程施工—安全管理—指南 Ⅳ.①U415.12-62②U615.1-62

中国版本图书馆CIP数据核字(2022)第201184号

书　　名:公路水运工程施工安全风险辨识评估管控指南　航道工程篇
著 作 者:江苏省交通运输厅
责任编辑:崔　建
责任校对:席少楠　刘　璇
责任印制:刘高彤
出版发行:人民交通出版社股份有限公司
地　　址:(100011)北京市朝阳区安定门外外馆斜街3号
网　　址:http://www.ccpcl.com.cn
销售电话:(010)59757973
总 经 销:人民交通出版社股份有限公司发行部
经　　销:各地新华书店
印　　刷:北京虎彩文化传播有限公司
开　　本:889×1194　1/16
印　　张:36.75
字　　数:805千
版　　次:2022年11月　第1版
印　　次:2022年11月　第1次印刷
书　　号:ISBN 978-7-114-18322-5
定　　价:138.00元

《公路水运工程施工安全风险辨识评估管控指南 航道工程篇》

编审委员会

主　　任：吴永宏

副 主 任：陈　萍　丁　峰　蒋振雄　王慧廷　张　欣　戴济群

委　　员：陆元良　黄　岩　储春祥　徐　斌　董志海　沈学标
林有镇　陈明辉　郑　洲　陈胜武

主　　审：姜竹生　费国新

副 主 审：汤伟清　李　椿　徐志峰

编　写　组

主　　编：沈学标

副 主 编：郑　洲

编写人员：孙　宇　何建新　黄　捷　侯东风　黄建红　刘　凡
顾孜敏　颜童宇　谢增栋　沙迎春　徐成军　吴慧慧
方勤军　朱　昀　成舒扬　张　伟　朱依婷　马凯凯
陈　阳　张　建　唐晓俊　蔡　远　程　钢　王若鹏
张岩松　曹依华　杨　洋

编 写 单 位

组织编写单位： 江苏省交通运输厅

参 编 单 位： 江苏省交通运输综合行政执法监督局

江苏科兴项目管理有限公司

中交三航局第三工程有限公司

兴德(江苏)安全科技有限公司

序

建设交通强国是我国立足国情、着眼全局、面向未来作出的重大战略决策，是建设现代化经济体系的先行领域，是全面建成社会主义现代化强国的重要支撑，是新时代做好交通工作的总抓手。围绕习近平总书记关于全力打造“精品工程、样板工程、平安工程、廉洁工程”的重要指示❶，《交通强国建设纲要》提出了“构建现代化工程建设质量管理体系，推进精品建造和精细管理”的具体要求。公路水运建设领域的管理创新是交通强国建设的重要内容。

党的二十大报告提出，要推进国家安全体系和能力现代化，坚决维护国家安全和社会稳定。坚持安全第一、预防为主，建立大安全大应急框架，推动公共安全治理模式向事前预防转型。当前，世界正经历百年未有之大变局，新一轮科技革命和产业变革深入发展。国际环境日趋复杂，不稳定性、不确定性明显增加，这对统筹安全与发展，把安全发展贯穿到各领域和建设管理全过程提出了新的更高要求。

新形势下，我国公路水运建设安全生产状况持续保持稳中向好的态势，但由于工程建设具有点多线长面广、高空作业多、工艺复杂等特点，施工过程中难免会存在一定的风险，安全生产形势依旧严峻。为此，国家先后出台了一系列的法律法规规章，以加强我国公路水运工程建设的安全监督管理。2021 年 9 月，我国颁布实施了新《中华人民共和国安全生产法》，进一步明确了行业安全监督管理职能。2022 年 8 月，交通运输部印发《关于加强公路水运工程建设质量安全监督管理工作的意见》，以推动工程建设高质量发展。这些法律法规、规章制度的颁布与实施，对我国公路水运工程安全生产管理产生了积极的作用，安全生产形势保持了持续稳定向好的态势。

科技创新为交通强国高质量发展提供了坚实的技术支撑，管理创新与科技创新相互

❶ 习近平出席投运仪式并宣布北京大兴国际机场正式投入运营[N]. 人民日报，2019-09-26(01).

依存、相互推动，为交通运输高质量发展进一步夯实了基础，在交通建设领域大力推进管理创新已经成为普遍共识。为保证公路水运工程施工安全风险管控先试先行，主动防范化解重大风险，支撑行业高质量发展，探索可复制可推广的实施路径，编写组在总结江苏省一系列公路水运工程重点建设项目创新管理的基础上，编制了《公路水运工程施工安全风险辨识评估管控指南》（以下简称《指南》）。该书重点围绕公路水运工程施工安全风险要素，结合施工安全典型风险事件，阐述了公路水运工程施工安全风险辨识、评估、管控的关键技术，为公路水运工程施工重大风险精准闭环管理提供了重要的参考依据。

交通运输是国民经济中基础性、先导性、战略性产业和重要服务型行业。公路水运工程作为现代化交通的基础设施，有效带动了区域经济发展，对促进"双循环"新发展格局的形成具有重要作用。为适应国家安全发展新形势，适应新发展阶段要求，《指南》将安全发展的管理理念贯穿工程建设管理全过程，体现了"安全第一、预防为主、综合治理"的工作方针，突出狠抓风险管控，坚持源头治理，健全防范化解重大风险防控四项机制，实现风险防控关口前移，提升本质安全水平。《指南》具有综合性和实践性的特点，对遏制和防范公路水运工程重特大事故的发生具有良好的指导和示范价值。

聚焦科技前沿，凝练实践精华，是走在创新一线的交通人的共同目标。《指南》的出版，是江苏交通科技工作者担负起"争当表率、争做示范、走在前列"光荣使命的重要实践，是坚定不移推动高质量发展、奋力打造交通运输现代化建设示范区的主动担当，对行业高质量发展具有重要意义。

谨以此为序，表示对《指南》出版的祝贺与推荐！

中国工程院院士

水利部　交通运输部　国家能源局南京水利科学研究院名誉院长　张建云

2022 年 10 月　南京

前　　言

为深入贯彻党中央、国务院关于加强安全生产工作和加快安全生产改革发展的决策部署，落实交通运输部关于深化防范化解安全生产重大风险的具体要求，江苏省交通运输厅组织编写了《公路水运工程施工安全风险辨识评估管控指南》（以下简称《指南》）。

《指南》共分六篇，包括桥梁工程篇、隧道工程篇、路基路面工程篇、港口工程篇、航道工程篇、船闸工程篇，本书为航道工程篇。本书对典型航道工程施工作业工序进行了分解，全面辨识了各评估单元中可能发生的典型风险事件类型，从人的因素、物的因素、环境因素、管理因素等几个方面进行了风险分析。根据航道工程施工实际，给出了常见重大作业活动清单，有针对性地提出了常见重大作业活动风险管控措施。本书对提升航道工程“本质安全”管理水平，实现安全管理关口前移具有重要的指导作用。

本书在编写过程中得到了各级领导和专家的指导，在此一并表示感谢。由于本书内容涉及面广，编写工作量大，难免存在不足之处，各有关单位和从业人员参照使用本书时，将发现的问题和意见反馈至江苏省交通运输综合行政执法监督局（地址：江苏省南京市石鼓路69号；邮编210004）。

编　者

2022年9月

目　　录

第一章　施工安全风险辨识与分析

第一节　总 体 要 求

(1)为适应公路水运工程安全生产管理水平不断提升的需要,进一步加强施工安全风险辨识、评估、管控工作,从源头上防范化解重大施工安全风险,有效消除事故隐患,编制本《指南》。

(2)公路水运工程施工安全风险评估的基本程序包括风险辨识与分析、风险分级、风险控制。

(3)风险辨识是指通过对工程施工过程进行系统分解,找出可能存在的致险因素,调查各施工工序潜在风险事件的过程。

(4)风险分析是指采用安全系统工程理论,对致险因素可能导致的风险事件进行分析,找出可能受伤害人员、事故原因等,确定物的不安全状态和人的不安全行为。

(5)风险分级是指采用定量或定性的方法,对风险事件发生的可能性及严重程度进行等级划分。

(6)按照风险事件发生的可能性和后果严重程度,将施工安全风险等级由低到高依次分为低风险(Ⅰ级)、一般风险(Ⅱ级)、较大风险(Ⅲ级)、重大风险(Ⅳ级)四个等级。

(7)公路水运工程施工实施全过程风险分级管控和风险警示告知、监控预警制度。在项目施工阶段根据风险分级结果采取事前预控、事中监控、事后评价的方式,实施动态、循环的风险控制,直至将风险降低到可接受的程度。

(8)对于较大风险(Ⅲ级)和重大风险(Ⅳ级)的作业活动,应在实施风险控制措施、完成典型施工或首件施工后,开展风险控制预期效果评价。风险控制预期效果评价包括对风险控制措施落实情况的确认评价以及采取风险控制措施后预期风险的评价。

第二节　施工安全风险辨识与分析程序

一、工作步骤

风险辨识与分析一般包括5个工作步骤:工程资料的收集整理,施工现场地质水文条件和环境条件的调查(或补充勘察),施工队伍素质和管理制度调查,施工作业程序分解和风险事件辨识,致险因素及风险事件后果类型分析。风险辨识与分析工作步骤如图1-1所示。

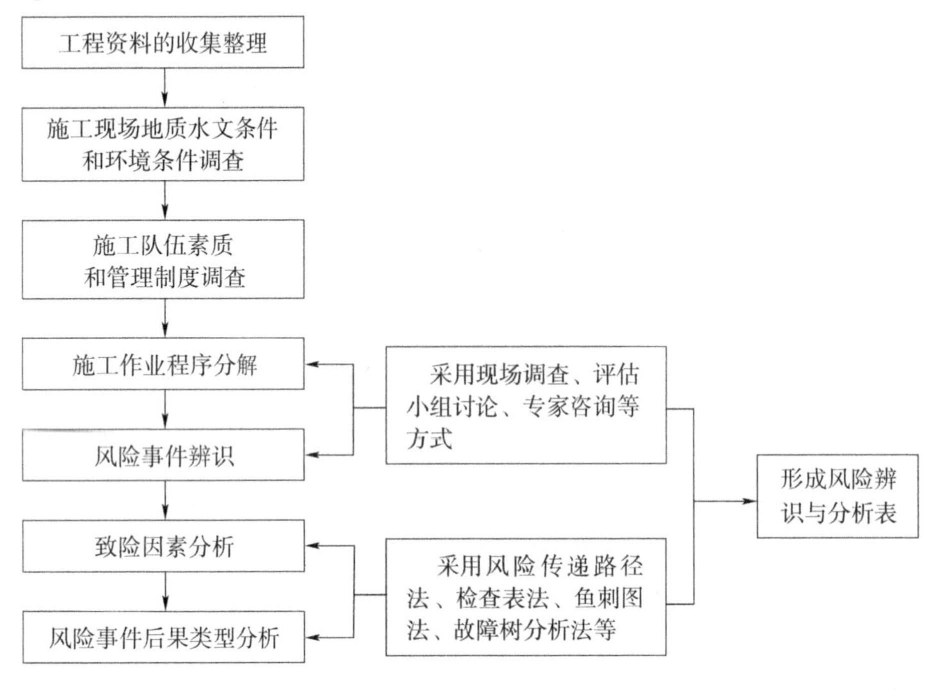

图1-1　风险辨识与分析工作步骤

(1)风险辨识与分析需收集、整理的相关工程资料主要包括:

①本工程的可行性研究报告、环评报告、地质勘察报告,设计风险评估报告(如有),初步设计文件、施工图设计文件、施工组织设计文件、总体风险评估报告(如有)以及海事、港航、水利、环保等部门作出的与工程建设安全相关的文件;

②工程区域内的环境条件,包括建筑物、构筑物、通航船舶、埋藏物、管道、缆线、民防设施、铁路、公路、外电架空线路、饮用水源、养殖区、生态保护区等可能造成事故的环境要素;

③工程区域内地质、水文、气象等灾害事故资料;

④同类工程事故资料;

⑤其他与风险辨识对象相关的资料;

⑥重要设计变更资料、施工记录文件、监控量测资料、质量检测报告等;

⑦典型施工或首件施工情况、风险控制措施落实情况等。

(2)施工现场地质水文条件和环境条件调查主要包括:

①工程地质条件;

②气候水文条件;

③周边环境条件;

④地质勘察结果(如有)、现场开挖揭露地质情况的差异、周边环境的变化情况等。

(3)施工队伍素质和管理制度调查主要包括:

①企业近五年业绩、近三年信用等级,同类工程经验和施工事故及处理情况;

②施工队伍素质,施工队伍的专业化作业能力、施工装备和技术水平;

③项目各种管理制度是否齐全，是否适用和具有针对性；

④专职安全管理人员配置情况；

⑤人员队伍变化情况、施工装备进出场情况、管理制度落实情况等。

二、施工作业程序分解

航道工程的施工作业程序分解可参考《水运工程质量检验标准》（JTS 257—2008）《公路水运工程施工安全风险评估指南　第6部分：航道工程》（JT/T 1375.6—2022）和施工图设计文件以及施工组织设计等文件，通过现场调查、评估小组讨论、专家咨询等方式，可将航道工程施工过程划为不同的作业活动，一般按照单位工程、分部工程、分项工程、施工工序的层次进行分解。风险评估单元可以是分部工程、分项工程、施工工序，具体可根据需求而定。

三、风险事件辨识

施工作业程序分解后，可参考《公路水运工程施工安全风险评估指南　第6部分：航道工程》（JT/T 1375.6—2022）、《企业职工伤亡事故分类标准》（GB 6441—1986）等文件，通过现场调查、评估小组讨论、专家咨询等方式，辨识各评估单元中可能发生的典型风险事件类型。

四、致险因素分析

在航道工程施工中，对于物的不安全状态可能引起的风险事件，一般从地质条件、施工方案、施工环境、施工机械、自然灾害等方面进行分析。对于人的不安全行为可能引起的风险事件，一般从施工操作、作业管理等方面进行分析。

五、风险事件后果类型分析

在航道工程施工中，可能受到风险事件伤害的人员类型包括作业人员自身、同一作业场所的其他作业人员、作业场所周围其他人员。风险事件后果类型主要包括人员伤亡和直接经济损失，但不局限于这两类损失。

各作业活动的风险分析可通过评估小组讨论会的形式实施，一般可采用风险传递路径法、检查表法、鱼刺图法、故障树分析法等安全系统工程理论进行分析。

风险辨识与风险分析的结果可填入表1-1。

风险辨识与分析表　　表1-1

作业活动	风险事件类型	致害物	致险因素				风险事件后果类型			
			人的因素	物的因素	环境因素	管理因素	受伤害人员类型	人员伤亡	直接经济损失	……
……										
……										
……										

第三节　施工安全风险辨识与分析方法

施工安全风险辨识与分析方法主要包括风险传递路径法、检查表法、鱼刺图法、故障树分析法、专家调查法、失效模式和后果分析法等，常用的方法如下。

一、风险传递路径法

航道工程施工安全管理失误的风险传递路径，如图1-2所示。

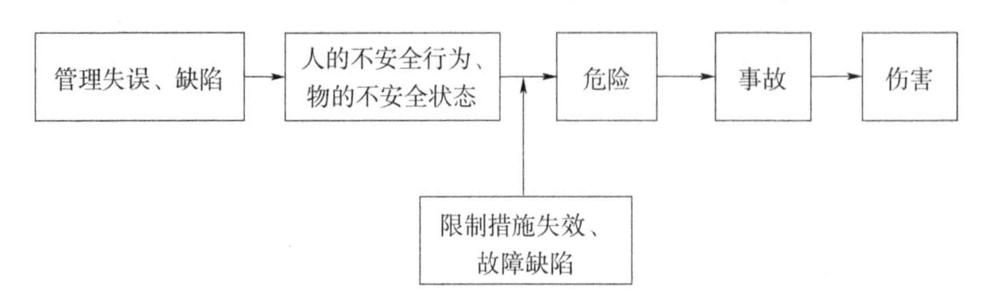

图1-2　航道工程施工安全管理失误风险传递路径

针对航道工程施工的特点，对航道工程施工安全管理失误风险传递路径细化可知：风险从原因事件向结果事件传递，其表现形式由最初单一的、确定的管理失误分化到若干不同的危险形态并导致事故发生，最终发展到多样的、程度不一的伤害。

二、检查表法

检查表法是指为了查找工程系统中各种设施、物料、工件、操作、管理和组织措施中的风险因素，事先把检查对象加以分解，将大系统分割成若干子系统，以提问或打分的形式，逐项检查项目列表的方法。

编制检查表所需的资料主要包括：有关标准、规程、规范及规定；国内外事故案例；系统安全分析事例；研究的成果等。

检查表法是一种以经验为主的方法。风险评估人员从现有的检查表中选取一种适宜的检查表，如果没有具体的、现成的安全检查表可用，评估人员必须借助已有的经验，编制出合适的检查表。

三、鱼刺图法

鱼刺图法是把系统中产生事故的原因及造成的结果所构成的因果关系，采用简单的文字和线条加以全面表示的方法。由于分析图的形状像鱼刺，故称“鱼刺图”。

制作鱼刺图分两个步骤：分析问题的原因及结构，绘制鱼刺图。

(1)分析问题原因及结构：

①针对问题点，选择层别方法(如人员、机器、原料、方法、环境等)；

②按头脑风暴分别对各层别找出所有可能原因(因素)；

③将找出的各因素进行归类、整理，明确其从属关系；

④分析选取重要因素；

⑤检查各要素的描述方法，确保语言简明、意思明确。

（2）鱼刺图绘制过程：

①填写鱼头（要解决的问题）；

②画出主骨（影响结果主要概况因素）；

③画出大骨，填写大要因；

④画出中骨、小骨，填写中小要因。

在绘制鱼刺图时应召集建设、施工、监理、第三方咨询单位（如有）等相关人员共同分析，将所要解决问题遵从面、线、点规律依次细化。

四、故障树分析法

故障树分析法就是将系统的失效事件（称为顶上事件）分解成许多子事件的串、并联组合。在系统中各个基本事件的失效概率已知时，可沿故障树图的逻辑关系逆向求解系统的失效概率。故障树是一种特殊的树状逻辑因果关系图，它用规定的逻辑门和事件符号描述系统中各种事物之间的关系。故障树的编制要求分析人员十分熟悉工程系统情况，包括工作程序、各种参数、作业条件、环境影响因素及过去常发事故情况等。故障树分析流程如图1-3所示。

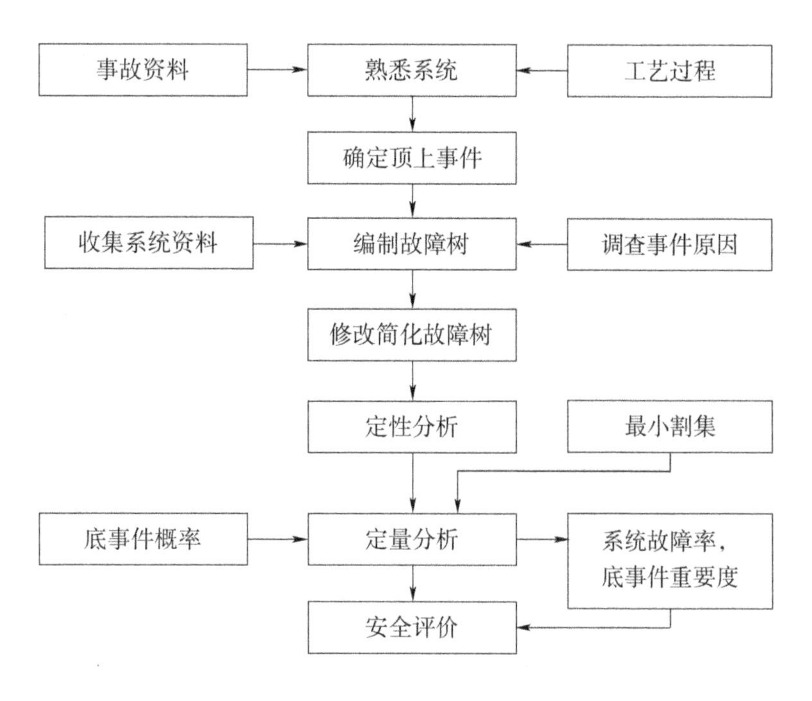

图1-3　故障树分析流程

航道工程故障树的绘制如图1-4所示，要分析的对象即为顶上事件（施工安全事故），按逻辑关系可向下罗列顶事件发生的一级条件及原因（航道工程事故），一级是条件及原因转换为一级事件，再向下罗列二级事件及原因（A_1，A_2，…，A_n 及 B_1，B_2，…，

B_n),依次类推直至事故的基本事件(A_{11},A_{12},…,A_{nn}及B_{11},B_{12},…,B_{nn})。现阶段主要以定性评估为主。

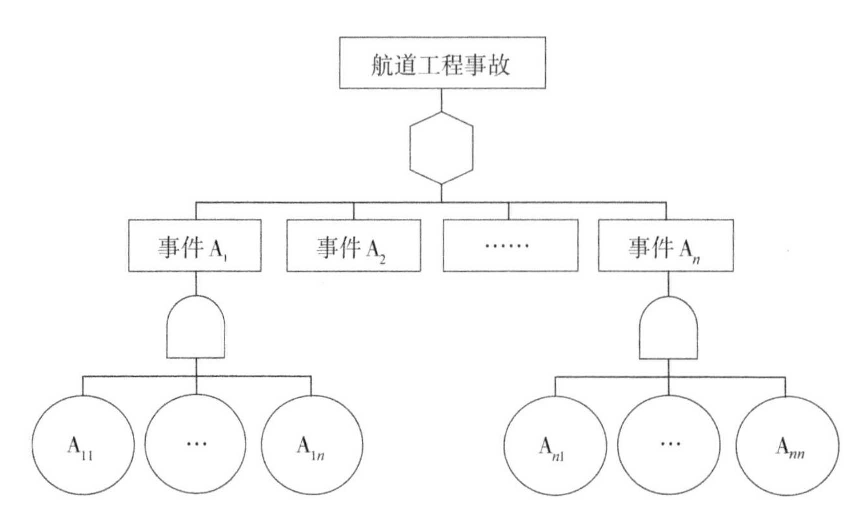

图1-4　航道工程故障树

注:故障树符号意义可参考《故障树名词术语和符号》(GB/T 4888—2009)。

第四节　常用风险评估方法的特点

用于工程施工安全风险评估的方法有很多种,从定性和定量角度可以将其分为定性分析方法、半定量分析方法及定量分析方法。

为了清晰地理解各类风险评估方法的特点,便于在工程施工阶段选取合理的评估方法,提高施工安全风险评估的准确性、完整性,总结常用风险评估方法的优缺点及适用范围,见表1-2。

常用风险评估方法的优缺点及适用范围　　　表1-2

分类	名　称	优　点	缺　点	适用范围
定性分析方法	专家调查法(包括头脑风暴法、德尔菲法)	可防止由于专家多而产生当面交流困难、效率低的问题。避免因权威作用或人数多而压倒其他意见,可多次征询意见	由于专家不能当面交流,缺乏沟通,可能会坚持错误意见。由于是函询法,且又多次重复,会使某些专家最后不耐烦而不仔细考虑填写	1.难以借助精确的分析技术而可依靠集体的直观判断进行预测的风险分析问题; 2.问题复杂、专家代表不同的专业并没有交流的历史; 3.受时间、经费限制,或因专家之间存有分歧、隔阂不宜当面交换意见

续上表

分类	名　　称	优　　点	缺　　点	适 用 范 围
定性分析方法	“如果……怎么办”法（if then）	经济有效，可充分发挥专业人员的知识特长、集思广益，可找出一个工程所存在的危险、有害性及其程度，提出消除或降低其危险性、有害性的对策措施，比较醒目、直观	1. 该方法要求参与人员要熟悉工艺、设备，并且要收集类似工程的有关情况，以便分析，综合判断； 2. 该方法对于较大的系统进行分析时，表格数量多，工作量大，且容易产生错漏	该方法既可适用于一个系统，也可以适用于系统中某一环节，适用范围较广。但不适用于较大系统分析，只适用于系统中某一环节或小系统分析
	失效模式和后果分析法	对于一个系统内部每个不见的失效模式或不正常运行模式都可进行详细分析，并推断它对于整个系统的影响、可能产生的后果以及如何才能避免或减少损失	只能用于考虑非危险性失效，花费时间，一般不能考虑各种失效的综合因素	可用在整个系统的任何一级，常用于分析某些复杂的关键设备
半定量分析方法	故障树分析法	1. 对导致灾害事故的各种因素及逻辑关系能作出全面、简洁和形象的描述； 2. 便于查明系统内固有的或潜在的各种危险因素，为设计施工和管理提供科学依据； 3. 便于进行逻辑运算，进行定性、定量分析和系统评价	步骤较多，计算较复杂	1. 应用比较广，非常适合于复杂性较大的系统； 2. 在工程设计阶段对事故查询时，都可以使用此法对它们的安全性作出评价； 3. 经常用于直接经验较少的危险源辨识
	事件树法	一种图解形式，层次清楚、阶段明显，可进行多阶段、多因素复杂事件动态发展过程的分析，预测系统中事故发生的趋势	1. 在国内外数据较少，进行定量分析还需做大量的工作； 2. 用于大系统时，容易产生遗漏和错误； 3. 该方法不能分析平行产生的后果，不能进行详细分析； 4. 事件树的大小随着问题中变量个数呈指数增长	可以用来分析系统故障、设备失效、工艺异常、人的失误等，应用比较广泛

续上表

分类	名　称	优　点	缺　点	适用范围
半定量分析方法	影响图方法	1. 影响图能够明显地表示一个决策分析问题中变量之间的条件独立关系； 2. 能够清晰地表示变量之间的时序关系、信息关系和概率关系； 3. 这种图形表示方式适合决策者认识问题的思维过程； 4. 影响图的网络表示形式便于用计算机存储信息与操作处理	1. 节点的边缘概率和节点间的条件概率难得到； 2. 进行主观概率估计时，可能会违反概率理论	影响图方法与事件树法适用性类似，由于影响图方法比事件树法有更多的优点，因此，也可以应用于较大的系统分析
	原因-结果分析法	原因-结果分析法实质是事件树法和故障树法的结合使用，因此，它同时具有这两种方法的优点和缺点		其适用性与故障树分析法和事件树法类似，适用于在设计、操作时用来辨识事故的可能结果及原因。不适用于大型系统
	风险矩阵法	根据系统层次按次序揭示系统、分系统和设备中的危险源，做到不漏任何一项，并按风险的可能性和严重性分类，以便分别按轻重缓急采取措施，更适合现场作业，可以进行定性和定量分析	主观性比较强，如果经验不足，会给分析带来麻烦。 风险严重等级及风险发生频率是研究者自行确定的，存在较大的主观误差	该方法可根据使用的需求对风险等级划分进行修改，使其适用不同的分析系统，但要有一定的工程经验和数据资料做依据。其既可适用于整个系统，又可以适用于系统中某环节
定量分析方法	模糊数学综合评判法	模糊数学综合评判法给出了一个数学模型，它简单、易掌握，是对多因素、多层次的复杂问题评判效果比较好的方法，适用性较广	1. 模糊数学综合评判法隶属函数或隶属度的确定、评价因素对评价对象的权重的确定都有很大的主观性，其结果也存在较大的主观性； 2. 同时对于多因素、多层次的复杂评价，其计算则比较复杂	模糊数学综合评判方法适用于任何系统的任何环节，其适用性比较广

续上表

分类	名　　称	优　　点	缺　　点	适 用 范 围
定量分析方法	层次分析法	具有适用、简洁、使用方便和系统的特点	对于那种有较高定量要求的决策问题，单纯应用层次分析法的使用过程中，无论建立层次结构还是构造判断矩阵，人的主观判断、选择、偏好对结果的影响极大，判断失误即可能造成决策失误，这就使得用层次分析法进行决策主观成分很大	应用领域较广泛，可以分析社会、经济以及科学管理领域中的问题；但不适用于层次复杂的系统
	蒙特卡洛模拟法	1. 能够用于包括随机变量在内的任何计算类型； 2. 考虑的变量数目不受限制； 3. 用于计算的随机变量可以根据具体数据采用任何分布形式； 4. 可以更有效地发挥专家的作用	1. 能够在实际中采取的模拟系统非常复杂，建立模型很困难； 2. 没有计入风险因素之间的相互影响，使得风险估计结果可能偏小	1. 比较适合在大中型项目中应用。可以解决许多复杂的概率运算问题，以及适合于不允许进行真实试验的场合。对于那些费用高的项目或费时长的试验，具有很好的优越性； 2. 一般只在进行较精细的系统分析时才使用，适用于问题比较复杂，要求精度较高的场合，特别是对少数可行方案实行精选比较时十分必要
	等风险图法	方便直观、简单有效，对任何一个具体项目，只要得到其风险发生概率和风险后果，就可直接得到其风险系数	需要得到风险发生概率和风险后果两个变量值，而这两个值在实际操作中不易得到，需要借助其他分析方法，因此，也含有其他分析方法的缺点。同时，根据等风险图只能确定风险系数位于哪一个区间内，如果想得到具体数值，还需要进行计算	该方法适用于对结果要求精确度不高，只需要进行粗略分析的项目，同时，如果只进行一个项目一个方案分析，该方法相对烦琐，所以该方法适用于多个类似项目同时分析或一个项目的多个方案比较分析时使用

续上表

分类	名　　称	优　　点	缺　　点	适用范围
定量分析方法	神经网络方法	具有很强的学习能力、抗故障性和并行性	神经网络综合评估模型在已知数据不足或无法准确构造训练样本集的情况下，需要结合其他综合评估方法得到训练样本集，才能实现对网络的训练	1. 预测问题，原因和结果的关系模糊的场合； 2. 模式辨识，设计模糊信息的场合； 3. 不一定非要得到最优解，主要是快速求得与之相近的次优解的场合； 4. 适用于组合数量非常多，实际求解集合不可能的场合； 5. 适用于对非线性很高的系统进行控制的场合
	主成分分析法	能将多个指标转化为少数几个指标进行降维处理。能够将指标之间的关联性考虑在内，但计算比较简单。 在大样本的情况下，个别样本对主成本的影响不会很大	评价标准的不可继承性；评价工作的盲目性；评价结果和评价指导思想的矛盾性；需借助较多的统计资料	主成分分析法可适用于各个领域，但其结果只是在比较相对大小时才有意义
综合分析方法	专家信心指数法	具有德尔菲法的优点，一定程度上克服了德尔菲法受个人主观因素影响大的缺点	同德尔菲法	同德尔菲法
	模糊层次综合评估方法	1. 同时拥有了层次分析法和模糊数学综合评判法的优点； 2. 该方法克服了模糊数学综合评判法中评价因素对评价对象的权重确定主观性强等缺点	除了模糊数学综合评判法权重确定的主观性的缺点之外，同时具有层次分析法和模糊数学综合评判法的缺点	适用范围与模糊数学综合评判法一致
	模糊故障树分析法	兼有模糊数学综合评判法和故障树法的优点。避免了对统计资料的强烈依赖性，为事故概率的估计提供了新思路	除了对统计资料的强烈依赖性之外，同时具有模糊数学综合评判法和故障树法的缺点	适用范围与故障树分析法相同，与故障树分析法相比，更适用于那些缺乏基本统计数据的项目

第二章　施工安全风险分级

在航道工程施工中,作业活动按照复杂程度分为一般作业活动和重大作业活动。常用的作业活动分级方法包括检查表法、LC 法、LEC 法(作业条件危险性评价法)、专家调查法、指标体系法等。

第一节　一般作业活动风险分级

一般作业活动风险分级可采用定性(如检查表法)或半定量方法(如 LC 法和 LEC 法)。

以风险描述方式将一般作业活动的风险分级情况汇总,填入表 2-1。

一般作业活动风险分级汇总表　　表 2-1

一般作业活动	风险描述	理　由
一般作业活动 1		
……		
一般作业活动 *N*		

第二节　重大作业活动风险分级

重大作业活动风险分级可采用定性与定量相结合的方法。风险事件后果严重程度的分级一般采用专家调查法,风险事件可能性的分级一般采用指标体系法。

一、风险事件后果严重程度

风险事件后果严重程度的等级分为 5 级,主要考虑人员伤亡和直接经济损失。当多种后果同时产生时,采用就高原则确定风险事件后果严重程度等级。

(1)人员伤亡程度等级划分依据人员伤亡的类别和严重程度进行分级,见表 2-2。

人员伤亡程度等级标准范例(单位:人)　　表 2-2

等　级	定性描述	死亡人数 ND	重伤人数 NSI
1	小	—	1≤NSI<5
2	一般	1≤ND<3	5≤NSI<10
3	较大	3≤ND<10	10≤NSI<50
4	重大	10≤ND<30	50≤NSI<100
5	特大	ND≥30	NSI≥100

(2)直接经济损失程度等级划分可依据经济损失或经济损失占项目建安费的比例进行分级;对于工程造价较低的公路水运工程,采用“经济损失占项目建安费的比例”这一相对指标进行判定。经济损失和经济损失占项目建安费的比例的等级划分见表2-3。

直接经济损失程度等级标准 表2-3

等级	定性描述	经济损失 Z(万元)	经济损失占项目建安费的比例 P_r(%)
1	小	$Z<100$	$P_r<1$
2	一般	$100\leqslant Z<1000$	$1\leqslant P_r<2$
3	较大	$1000\leqslant Z<5000$	$2\leqslant P_r<5$
4	重大	$5000\leqslant Z<10000$	$5\leqslant P_r<10$
5	特大	$Z\geqslant 10000$	$P_r\geqslant 10$

二、风险事件可能性

物的不安全状态、人的不安全行为以及两者的组合所导致的风险事件可能性等级分为5级,见表2-4。

风险事件可能性等级标准 表2-4

可能性等级描述	可能性等级	可能性等级描述	可能性等级
很可能	5	可能性很小	2
可能	4	几乎不可能	1
偶然	3		

物的不安全状态引起的风险事件可能性评估指标,根据可能发生的风险事件类型,从本质安全的角度出发,分析可能导致风险事件发生的致险因素,在此基础上选取提出。评估指标一般从工程自身特点、地质条件、气象水文条件、施工方案、施工作业环境等方面提出。

人的不安全行为引起的风险事件可能性评估指标一般采用安全管理评估指标,一般从企业资质、分包情况、作业班组及技术管理人员经验、安全管理人员配备、安全生产费用、机具设备配置及管理、施工组织设计、专项施工方案、企业工程业绩及信用情况等方面提出。

评估指标分值一般按式(2-1)进行计算。根据计算分值,对照表2-5找出安全管理调整系数(λ)。在对每个重大作业活动进行风险分级时,分别计算相应的安全管理调整系数。

$$M=A+B+C+D+E+F+G+H+I+J+K \tag{2-1}$$

式中:M——安全管理评估分值;

A——总包企业资质评估指标分值;

B——专业分包评估指标分值;

C——劳务分包评估指标分值;

D——作业班组经验评估指标分值;

E——项目技术管理人员经验评估指标分值;

F——项目安全管理人员配备评估指标分值；

G——安全生产费用评估指标分值；

H——船机设备配置及管理评估指标分值；

I——施工组织设计或专项施工方案评估指标分值；

J——企业工程业绩评估指标分值；

K——企业信用评价等级评估指标分值。

注：评估小组可结合工程实际情况、项目管理模式等，补充具体的评估指标。

安全管理评估指标分值与安全管理调整系数对照表 表 2-5

安全管理评估分值 M	安全管理调整系数 λ	安全管理评估分值 M	安全管理调整系数 λ
$M \geqslant 16$	1.1	$7 \leqslant M < 10$	0.95
$13 \leqslant M < 16$	1.05	$M < 7$	0.9
$10 \leqslant M < 13$	1		

航道工程施工风险事件可能性大小按式(2-2)计算确定。

$$P = \lambda \times \sum X_{ij} = \lambda \times \sum R_{ij} \times \gamma_{ij} \tag{2-2}$$

式中：P——风险事件可能性评估分值；

λ——安全管理调整系数，按表 2-5 取值；

X_{ij}——评估指标的分值，$i=1,2,\cdots,m$；$j=1,2,\cdots,n$；其中 m 为项别的数量，n 为对应第 i 个项别包括的评估指标的数量；

R_{ij}——评估指标的基本分值，$i=1,2,\cdots,\mathrm{m}$；$j=1,2,\cdots,n$；其中 m 为项别的数量，n 为对应第 i 个项别包括的评估指标的数量；

γ_{ij}——权重系数，$i=1,2,\cdots,m$；$j=1,2,\cdots,n$；其中 m 为项别的数量，n 为对应第 i 个项别包括的评估指标的数量。

计算得到 P 后，根据 P 值对照表 2-6，确定各重大作业活动发生风险事件的可能性等级。

风险事件可能性等级标准 表 2-6

可能性等级描述	可能性等级[①]	P
很可能	5	$P > 60$
可能	4	$45 < P \leqslant 60$
偶然	3	$30 < P \leqslant 45$
可能性很小	2	$15 < P \leqslant 30$
几乎不可能	1	$P \leqslant 15$

注：①若出现 1 个或多个重要性指标（评估小组集体讨论确定）取最大值，可调高一个可能性等级。

三、施工安全风险等级

根据风险事件发生的可能性、后果严重程度等级，可采用风险矩阵法确定重大作业活动的施工安全风险等级，划分标准见表 2-7。

施工安全风险等级标准　　表2-7

可能性等级		严重程度等级				
		小	一般	较大	重大	特大
		1	2	3	4	5
很可能	5	较大风险(Ⅲ)	较大风险(Ⅲ)	重大风险(Ⅳ)	重大风险(Ⅳ)	重大风险(Ⅳ)
可能	4	一般风险(Ⅱ)	较大风险(Ⅲ)	较大风险(Ⅲ)	重大风险(Ⅳ)	重大风险(Ⅳ)
偶然	3	一般风险(Ⅱ)	一般风险(Ⅱ)	较大风险(Ⅲ)	较大风险(Ⅲ)	重大风险(Ⅳ)
可能性很小	2	低风险(Ⅰ)	一般风险(Ⅱ)	一般风险(Ⅱ)	较大风险(Ⅲ)	较大风险(Ⅲ)
几乎不可能	1	低风险(Ⅰ)	低风险(Ⅰ)	一般风险(Ⅱ)	一般风险(Ⅱ)	较大风险(Ⅲ)

在航道工程施工中，可将风险等级用不同颜色在施工形象进度图中标识出来，形成“红橙黄蓝”四色施工安全风险分布图。以列表方式汇总重大作业活动风险等级，可填入表2-8。

重大作业活动风险等级汇总表　　表2-8

重大作业活动	风险事件可能性等级	风险事件后果严重程度				风险等级
		人员伤亡	直接经济损失	……	风险事件后果严重程度等级	
重大作业活动1						
……						
重大作业活动 N						

四、风险接受准则与控制措施

对于重大作业活动，一般根据不同的风险等级提出接受准则和分级控制措施，如表2-9所示。

重大作业活动风险接受准则与控制措施　　表2-9

风险等级	接受准则	控制措施	分级控制措施			
等级Ⅰ(低风险)	可忽略	不需采取特别的风险防控措施	日常管理	—	—	—
等级Ⅱ(一般风险)	可接受	需采取风险防控措施，严格日常安全生产管理，加强现场巡视	日常管理	监控预警	专项整治	—
等级Ⅲ(较大风险)	不期望	应采取措施降低风险，将风险至少降低到可接受的程度	日常管理	监控预警	多方面专项整治	应急预案、应急准备
等级Ⅳ(重大风险)	不可接受	应暂停开工或施工；同时采取措施，综合考虑风险成本、工期及规避效果等，按照最优原则，将风险至少降低到可接受的程度，并加强监测和应急准备	日常管理	监控预警	暂停开工或施工、全面整治	应急预案、应急准备

第三节　施工安全风险分级方法

施工安全风险分级方法主要包括LC法、LEC法（作业条件危险性评价法）、专家调查法、指标体系法、检查表法、风险矩阵法等，常用的方法介绍如下。

一、LC法

根据《公路水路行业安全生产风险辨识评估管控基本规范（试行）》，风险等级大小（D）由风险事件发生的可能性（L）、后果严重程度（C）两个指标决定。

$$D = L \times C \tag{2-3}$$

1.可能性分级标准

可能性统一划分为5个级别，分别是极高、高、中等、低、极低。可能性判断标准表见表2-10。

可能性判断标准　　表2-10

序　号	可能性级别	发生的可能性	取值区间
1	极高	极易	(9,10]
2	高	易	(6,9]
3	中等	可能	(3,6]
4	低	不大可能	(1,3]
5	极低	极不可能	(0,1]

注：1.可能性指标取值为区间内的整数或最多一位小数；

2.区间符号“[　]”包括“等于”，“(　)”不包括“等于”。

2.后果严重程度分级标准

后果严重程度统一划分为四个级别，分别是特别严重、严重、较严重、不严重。后果严重程度判断标准见表2-11，后果严重程度等级取值见表2-12。

后果严重程度判断标准　　表2-11

后果严重程度	后果严重程度总体判断标准定义
特别严重	1.人员伤亡：可能发生人员伤亡数量达到国务院《生产安全事故报告和调查处理条例》中特别重大事故伤亡标准； 2.经济损失：可能发生经济损失达到国务院《生产安全事故报告和调查处理条例》中特别重大事故经济损失标准； 3.环境污染：可能造成特别重大生态环境灾害或公共卫生事件； 4.社会影响：可能对国家或区域的社会、经济、外交、军事、政治等产生特别重大影响

续上表

后果严重程度	后果严重程度总体判断标准定义
严重	1. 人员伤亡：可能发生人员伤亡数量达到国务院《生产安全事故报告和调查处理条例》中重大事故伤亡标准； 2. 经济损失：可能发生经济损失达到国务院《生产安全事故报告和调查处理条例》中重大事故经济损失标准； 3. 环境污染：可能造成重大生态环境灾害或公共卫生事件； 4. 社会影响：可能对国家或区域的社会、经济、外交、军事、政治等产生重大影响
较严重	1. 人员伤亡：可能发生人员伤亡数量达到国务院《生产安全事故报告和调查处理条例》中较大事故伤亡标准； 2. 经济损失：可能发生经济损失达到国务院《生产安全事故报告和调查处理条例》中较大事故经济损失标准； 3. 环境污染：可能造成较大生态环境灾害或公共卫生事件； 4. 社会影响：可能对国家或区域的社会、经济、外交、军事、政治等产生较大影响
不严重	1. 人员伤亡：可能发生人员伤亡数量达到国务院《生产安全事故报告和调查处理条例》中一般事故伤亡标准； 2. 经济损失：可能发生经济损失达到国务院《生产安全事故报告和调查处理条例》中一般事故经济损失标准； 3. 环境污染：可能造成一般生态环境灾害或公共卫生事件； 4. 社会影响：可能对国家或区域的社会、经济、外交、军事、政治等产生较小影响

注：表中同一等级的不同后果之间为“或”关系，即满足条件之一即可。

后果严重程度等级取值　　表 2-12

后果严重程度等级	后果严重程度取值	后果严重程度等级	后果严重程度取值
特别严重	10	较严重	2
严重	5	不严重	1

3. 风险等级评估标准

风险等级（D）取值区间见表 2-13。

风险等级取值区间　　表 2-13

风 险 等 级	风险等级取值区间	风 险 等 级	风险等级取值区间
重大风险（Ⅳ级）	(55,100]	一般风险（Ⅱ级）	(5,20]
较大风险（Ⅲ级）	(20,55]	低风险（Ⅰ级）	(0,5]

注：区间符号“[　]”包括“等于”，“(　)”不包括“等于”。

二、LEC 法

LEC 法是根据作业人员在具有潜在危险性环境中作业，用与作业风险有关的三种因素指标值的乘积来评价风险的方法。

LEC 法的评价步骤介绍如下：

（1）组成专家组。

（2）对于一个具有潜在危险性的作业条件，确定事故类型，找出影响危险性的主要因素：事故发生的可能性（L）；人员暴露于危险环境的频繁程度（E）；发生事故可能造成的后果（C）。

（3）由专家组成员按规定标准对 L、E、C 分别评估，取分值集的平均值作为 L、E、C 的计算分值。

用计算的危险性分值（D）来评价作业条件的危险性等级。其计算公式为：

$$D = L \times E \times C \tag{2-4}$$

式中：L——事故发生的可能性大小，取值见表 2-14；

E——人员暴露于危险环境的频繁程度，取值见表 2-15；

C——发生事故可能造成的后果，取值见表 2-16；

D——危险性分值，确定危险等级的划分标准见表 2-17。

事故发生的可能性分值 L 表 2-14

分数值	10	6	3	1	0.5	0.2	0.1
事故发生的可能性	完全会被预料到	相当可能	可能，但不经常	完全意外，可能小	可以设想，不太可能	极不可能	实际上不可能

暴露于危险环境的频繁程度分值 E 表 2-15

分数值	10	6	3	2	1	0.5
暴露于危险环境的频繁程度	连续暴露	每天工作时间内暴露	每周一次或偶然暴露	每月暴露一次	每年暴露几次	非常罕见暴露

事故造成的后果分值 C 表 2-16

分数值	100	40	15	7	3	1
事故造成的后果	10 人以上死亡	3 人以上 9 人以下死亡	1 人死亡	严重伤残	有伤残	轻伤，需救护

危险性等级划分标准（D） 表 2-17

危险性分数值	≥320	[160,320)	[70,160)	[20,70)	<20
危险程度	极度危险，不能继续作业	高度危险，需要整改	显著危险，需要整改	比较危险，需要注意	稍有危险，可以接受
危险等级	5	4	3	2	1

一般情况下，事故发生的可能性越大，风险越大；暴露于危险环境的频繁程度越大，风险越大；事故产生的危害越大，风险越大。运用 LEC 法进行分析时，危险等级为 1 ~ 2 级的，可确定为属于可接受的风险；危险等级为 3 ~ 5 级的，则确定为属于不可接受的风险。

三、专家调查法

专家调查法是专家针对工程复杂程度、施工环境、地质条件、气象水文、资料完整性等内容，分别进行风险评估，再综合各专家的评估结果提出评估小组的评估结果。专家类似工作经验，对评估结果的影响极大。考虑到专家所从事的专业不同，为防止对不熟悉的内容评估不合理，一般引入专家信心指数对评估结果进行调整。

所谓信心指数就是专家在作出相应判断时的信心程度，也可以理解为该数据的客观可靠程度。这意味着将由专家自己进行数据的可靠性或客观性评价，这就会大幅提高数据的可用性，也可以扩大数据采集对象的范围。通过这种方法，可以挖掘出专家调研数据的深层信息，即使数据采集对象并非该领域的专家，只要他对所作出的判断能够有一个正确的评价，那么这个数据就应该视为有效信息。

根据表2-18，每位专家分别对每个项别给出专家信心指数(W_i)，按式(2-5)计算出每位专家的评估结果(D_r)，将 D_r 累加再除以专家总数得出平均值($\overline{D}_r$)，作为评估小组的评估结果，按表2-19划分施工安全风险等级。

专家信心指数　表2-18

信心描述	对评估内容非常熟悉，对评估结果很有信心	对评估内容比较熟悉，对评估结果比较有信心	对评估内容有一定了解，对评估结果有一定信心	对评估内容不太了解，对评估结果基本没把握
专家信心指数	0.9~1	0.7~0.9	0.4~0.7	0.1~0.4

$$D_r = \frac{\sum (W_i \times R_i)}{\sum W_i} \tag{2-5}$$

式中：R_i——每个项别的风险等级评估分值(1~4)；

W_i——每个项别的专家信心指数；

D_r——每位专家的评估结果。

确定风险等级　表2-19

$\overline{D}_r$ 值区间	风险等级	$\overline{D}_r$ 值区间	风险等级
$\overline{D}_r \geq 3.5$	重大风险(Ⅳ)	$2.5 > \overline{D}_r \geq 1.5$	一般风险(Ⅱ)
$3.5 > \overline{D}_r \geq 2.5$	较大风险(Ⅲ)	$\overline{D}_r < 1.5$	低风险(Ⅰ)

四、指标体系法

指标体系法选取指标一般遵循以下原则：

(1)科学性。指标能客观和真实地反映施工安全风险的大小。

(2)层次性。对于复杂的评估问题，采用分层处理的方法不仅结构清晰，易于理解和分析，而且逻辑性和科学性强。因此，评估指标构建时应进行层次性分解。

(3)全面性。选取的指标尽可能涵盖影响施工安全风险的各个方面，重要指标没有遗漏。

(4)代表性。指标便于定性描述和定量分级。

(5)独立性。各指标之间相互独立，保证同一指标因素不会重复计算。

评估小组根据影响施工安全风险的主要因素，将其分为多个项别，对每个项别细分提出若干评估指标，并确定指标的分级区间及对应的基本分值范围，从而建立评估指标体系。

评估指标取值首先由评估小组根据工程实际情况和指标分级情况，确定指标所在的分级区间，在分级区间的分值范围内，采用插值法等方法，集体讨论确定指标的分值。在确定指标所在的分级区间时，遵循最不利原则，越不利的情况取值越大。

权重系数反映了评估指标对风险影响的程度，目前还没有一种方法能准确确定其数值。权重系数可综合运用多种方法进行确定，如重要性排序法、层次分析法、复杂度分析法等，必要时可采用多种方法确定权重并进行比对。

重要性排序法是目前确定权重方法中最简单又相对科学的一种方法。重要性排序法是对评估指标按重要性排序（即确定指标权重的过程），视相邻指标权重系数差值相同，具有一定的合理性和科学性。采用重要性排序法，可根据表 2-20 选取权重系数进行简化处理。当出现两个或多个指标重要性相同时，则其指标权重可根据表 2-20 确立的权重系数进行均等化处理。

重要性排序法权重系数　　表 2-20

指标项目数量	权重系数	第1项	第2项	第3项	第4项	第5项	第6项	第7项	第8项	第9项	第10项	第11项	第12项	第13项	总权重
第1项	γ	1.00													$\sum\gamma=1$
第2项	γ	0.75	0.25												$\sum\gamma=1$
第3项	γ	0.56	0.33	0.11											$\sum\gamma=1$
第4项	γ	0.44	0.31	0.19	0.06										$\sum\gamma=1$
第5项	γ	0.36	0.28	0.20	0.11	0.05									$\sum\gamma=1$
第6项	γ	0.31	0.25	0.19	0.14	0.08	0.03								$\sum\gamma=1$
第7项	γ	0.27	0.22	0.18	0.14	0.10	0.06	0.03							$\sum\gamma=1$
第8项	γ	0.23	0.20	0.17	0.14	0.11	0.08	0.05	0.02						$\sum\gamma=1$
第9项	γ	0.21	0.19	0.16	0.14	0.11	0.09	0.06	0.03	0.01					$\sum\gamma=1$
第10项	γ	0.19	0.17	0.15	0.13	0.11	0.09	0.07	0.05	0.03	0.01				$\sum\gamma=1$
第11项	γ	0.17	0.16	0.14	0.12	0.11	0.09	0.07	0.06	0.04	0.03	0.01			$\sum\gamma=1$
第12项	γ	0.16	0.15	0.13	0.12	0.10	0.09	0.08	0.06	0.05	0.03	0.02	0.01		$\sum\gamma=1$
第13项	γ	0.15	0.14	0.12	0.11	0.10	0.09	0.08	0.06	0.05	0.04	0.03	0.02	0.01	$\sum\gamma=1$

在采用重要性排序法确定权重系数时，评估小组通过工程类比分析、集体讨论等方式，结合工程实际情况，合理选取或补充评估指标并对其重要性进行排序。评估指标个数的选取不超过 13 个。

评估小组集体讨论确定并标识出重要性指标，重要性指标包括权重大、对施工安全风险影响不能忽略的指标，指标取值变化会对评估结果影响大的敏感指标，若干指标组合后对风险影响大的指标等。

五、M-PEC 法

航道工程重大作业活动风险评估还可采用 M-PEC 评价方法。

M-PEC 评价方法指标体系是从管理（M）、风险事件发生的可能性（P）、环境（E）以及风险事件后果(C)四方面进行建立。在 M-PEC 评价方法中,风险值 R 按式(2-6)计算。

$$R = f(M,P,E,C) = \lambda_M \times \max(P_1,P_2,P_3) \times (E_{ij}) \times \max(C_1,C_2,C_3,C_4) \tag{2-6}$$

式中:R——风险评估分值;

M——安全管理评估分值(management);

λ_M——安全管理评估分值调整系数,按照表 2-21 取值;

P——风险事件发生的可能性(possibility);

P_1——人的因素引发风险事件的可能性指标评估分值;

P_2——主要设备的因素引发风险事件的可能性指标评估分值;

P_3——工艺因素引发风险事件的可能性指标评估分值;

E——环境因素对风险发生可能性的影响(environment);

E_{ij}——环境因素引发风险事件的可能性指标评估分值,$i = 1,2$;$j = 1,2,\cdots n$;其中 n 为对应第 i 个项别包括的评估指标的数量;

C——风险事件的后果(consequence);

C_1——风险事件可能造成的人员伤亡评估指标分值;

C_2——风险事件可能造成的直接经济损失评估指标分值;

C_3——风险事件可能造成的环境损害评估指标分值;

C_4——风险事件可能造成的社会影响评估指标分值。

安全管理评估分值与调整系数对照表　　表 2-21

安全管理评估分值 M	安全管理调整系数 λ	安全管理评估分值 M	安全管理调整系数 λ
$M \geq 16$	1.1	$2 \leq M < 6$	0.95
$12 \leq M < 16$	1.05	$M < 2$	0.9
$6 \leq M < 12$	1		

安全管理评估指标体系可参考《公路水运工程施工安全风险评估指南　第 6 部分:航道工程》(JT/T 1375.6—2022),评估指标分值通过式(2-7)进行计算。

$$M = \sum M_{ij} \tag{2-7}$$

式中:M——安全管理评估分值;

M_{ij}——管理因素指标评估分值,$i = 1,2,3,4,5,6$;$j = 1,2,\cdots,n$;其中 n 为对应第 i 个项别包括的评估指标的数量。

采用 M-PEC 评价方法计算出风险值 R 后,对照表 2-22 施工安全风险等级标准确定作业活动的风险等级。

M-PEC 评价方法施工安全风险分级标准　　表 2-22

风 险 等 级	取 值 区 间	风 险 等 级	取 值 区 间
重大风险(Ⅳ)	$R \geq 200$	一般风险(Ⅱ)	$50 \leq R < 100$
较大风险(Ⅲ)	$100 \leq R < 200$	低风险(Ⅰ)	$R < 50$

第三章　航道工程常见施工作业程序分解

航道工程主要涵盖了疏浚与吹填工程、清礁工程、整治建筑物工程、助航设施工程等内容。表3-1～表3-4分别给出了常见的疏浚与吹填工程、清礁工程、整治建筑物工程、助航设施工程的施工作业程序分解。

第一节　疏浚与吹填工程施工作业程序分解

表3-1列出了常见的疏浚与吹填工程的施工作业程序分解。

疏浚与吹填工程施工作业程序分解　　表3-1

分部工程	分项工程	施工工序
疏浚与吹填工程	施工区域内船舶调遣	下达船舶调遣任务→空载航行至挖泥地点→封仓备航→召开调遣会→航前安检→航前会议→船舶调遣
	航行挖泥（以耙吸为例）	空载航行至挖泥地点→下耙挖泥→装载→满舱溢流→起耙→重载航行至抛泥区→抛泥→空载航行至挖泥地点
	非自航船施工作业	定位、抛锚→泥驳靠泊→挖泥装驳→泥驳离泊→航行至抛泥区抛泥→泥驳返航→泥驳靠泊
	船舶靠离泊/锚泊/泥驳装卸	停靠/驶离→人员上下→解系缆停靠→装载→驶离
	吹泥管线布设与拆卸	锚艇拖带浮管、趸船→浮管/沉管搭设→陆上管线搭设
	吹泥作业	接管→吹泥→拆管
围埝工程	基底	测量放样→机械清除埝底处河床上的淤泥杂物→测量验收
	埝身	堆码装填→黏土填芯→抽水→施工埝内其余项目→拆除
	倒滤层	测量放样→分层铺设倒滤层
	泄水口	测量放样→口门结构施工→防渗、护底→泄水→拆除

第二节　清礁工程施工作业程序分解

表3-2列出了常见的清礁工程的施工作业程序分解。

清礁工程施工作业程序分解　表3-2

<table>
<tr><th>分部工程</th><th>分项工程</th><th>施工工序</th></tr>
<tr><td rowspan="5">爆破及清渣</td><td>施工船舶定位</td><td>拖轮编解队→锚艇抛绞锚→带缆艇带缆→绞锚移位</td></tr>
<tr><td>钻孔作业</td><td>装卸钻具→钻孔→移动钻机</td></tr>
<tr><td>爆破作业</td><td>领取搬运爆破材料→临时储存→加工药包→装药连线→安全警戒→起爆→爆后检查</td></tr>
<tr><td>清渣</td><td>清渣→泥驳装驳</td></tr>
<tr><td>弃渣</td><td>泥驳航行→泥驳弃渣</td></tr>
<tr><td>硬式扫床</td><td>硬式扫床</td><td>扫床架制作安装→扫床船定位→扫床</td></tr>
</table>

第三节　整治建筑物工程施工作业程序分解

表3-3列出了常见的整治建筑物工程的施工作业程序分解。

整治建筑物工程施工作业程序分解　表3-3

<table>
<tr><th>分部工程</th><th>分项工程</th><th>施工工序</th></tr>
<tr><td rowspan="13">地基与基础</td><td>基槽开挖</td><td>土石方开挖→土石方运输→弃土</td></tr>
<tr><td>抛石挤淤</td><td>块石运输→抛石船定位→运石船靠抛石船→抛石→抛石船移位</td></tr>
<tr><td>填砂挤淤</td><td>抛砂船定位→运砂船靠抛砂船→砂袋充灌→砂袋沉放→抛砂船移位</td></tr>
<tr><td>现浇混凝土基础</td><td>模板安装→钢筋及预埋件→混凝土运输→混凝土浇筑→混凝土养护→拆模</td></tr>
<tr><td>水下基床抛石</td><td>抛石船定位→运石船靠抛石船→抛石沉放→抛石船移位</td></tr>
<tr><td>水下基床整平</td><td>1. 整平机整平：起重船调运整平机→整平机定位→整平；
2. 整平船整平：整平船定位→整平船抛石整平一体化作业→整平船移位</td></tr>
<tr><td>潜水作业(水下基床整平)</td><td>潜水作业准备→潜水员水下整平作业→潜水员出水</td></tr>
<tr><td>基础换填</td><td>测量放样→验槽→换填料制备→换填料填筑→整平</td></tr>
<tr><td>小木桩</td><td>测量放样→设备就位→木桩吊运→沉桩→设备移位</td></tr>
<tr><td>预制桩</td><td>测量放样→设备就位→预制桩吊运→沉桩→设备移位</td></tr>
<tr><td>灌注桩</td><td>测量放样→设备就位→灌注桩成孔→钢筋笼安放→混凝土浇筑→设备移位</td></tr>
<tr><td>CFG桩</td><td>测量放样→设备就位→桩体成孔→CFG料灌注→设备移位</td></tr>
</table>

续上表

分部工程	分项工程	施工工序
地基与基础	水泥搅拌桩	测量放样→设备就位→制浆→钻孔喷浆(灰)→复搅→设备移位
	长螺旋钻孔压灌桩	测量放样→设备就位→钻孔→混凝土压灌、钻杆提升→钢筋笼振动下沉→设备移位
护底	基槽开挖	土石方开挖→土石方运输→弃土
	散抛石压载软体排护底	铺排船定位移位→铺设软体排→抛石船定位移位→运石船靠抛石船→抛石沉放
	系结压载软体排护底	材料运输→铺排船定位移位→联锁块运输船靠铺排船→联锁块装卸→联锁块绑扎→铺设软体排
	散抛物护底	抛投船定位→运输船靠抛投船→沉放→抛投船移位
	砂袋护底	抛砂船定位→运砂船靠抛砂船→砂袋充灌→砂袋沉放→抛砂船移位
	潜水作业(水下护底固定)	潜水作业准备→潜水员水下整平固定作业→潜水员出水
坝体	混凝土预制构件制作	模板制作→混凝土浇筑→养护
	混凝土预制构件水上吊运安装	浮吊船定位→大型构件运输船靠浮吊船→起吊安装→浮吊船移位
	充填袋筑坝	抛砂船定位→运砂船靠抛砂船→充灌砂袋→沉放砂袋→抛砂船移位
	块石抛筑坝体	抛石船定位→运石船靠抛石船→抛石沉放→抛石船移位
	石笼抛筑坝体	抛石船定位→运石船靠抛石船→吊装沉放→抛石船移位
	模袋混凝土	模袋加工→铺设模袋→模袋混凝土灌注→养护
坝面	土工织物垫层	材料运输→杂物清理→铺设→搭接缝合
	抛石护面	抛石船定位→运输船靠抛石船→精确定位→块石抛投→整理
	铺石护面	坡面验收→块石运输→铺设→整平
	砌石护面	坡面验收→石料运输→人工铺砌
	干砌条石护面	坡面验收→石料运输→人工铺砌
	预制混凝土铺砌块铺砌	坡面验收→预制块运输→放样→铺砌
	现浇混凝土护面	坡面验收→支立模板→混凝土浇筑→抹面→养护→拆模
	模袋混凝土护面	模袋加工→坡面整平→铺设模袋→模袋混凝土灌注→养护
	钢丝网格护面	土工布铺设→钢丝网格组装→钢丝网格铺设→填料填充→填料整平→封盖
	混凝土块体安装	混凝土块体吊运→混凝土块体安装
护脚	水下抛充填袋护脚	浮吊船抛锚定位→运输船靠浮吊船→人工挂钩→起吊→抛投
	水下抛石护脚	浮吊船抛锚定位→运输船靠浮吊船→人工挂钩→起吊网兜→抛投块石
	水下抛石笼护脚	浮吊船抛锚定位→运输船靠浮吊船→人工挂钩→起吊→抛投

续上表

分部工程	分项工程	施工工序
护坡	岸坡开挖	测量→放样→分段开挖
	土石方回填	土石方运输→分层回填→分层夯实
	削坡及整平	放样→削坡整平
	基槽开挖	机械开挖→弃土运输→人工修整→验收
	砂石垫层	放样→砂石垫层铺设→整平
	土工织物垫层	土工织物加工→坡面清理→铺设→搭接缝合
	砂石倒滤层	放样→分段铺设→人工整平
	土工织物倒滤层	土工织物加工→坡面清理→铺设→搭接缝合
	盲沟	放样→土方开挖→人工修整→垫层铺设→回填物填充
	明沟	放样→土方开挖→人工修整→沟体浇(砌)筑→养护
	抛石护面	抛石船定位→运输船靠抛石船→精确定位→块石抛投→整理
	铺石护面	坡面验收→块石运输→铺设
	砌石护面	坡面验收→石料运输→人工铺砌
	干砌条石护面	坡面验收→石料运输→人工铺砌
	模袋混凝土护面	模袋加工→坡面整平→铺设模袋→模袋混凝土灌注→养护
	现浇混凝土护面	模板支立→混凝土运输→混凝土浇筑→抹面→混凝土养护→拆模
	预制混凝土铺砌块铺砌	坡面验收→预制块运输→放样→铺砌
	混凝土块体护面	混凝土块体预制→坡面整理→放样→铺砌
	钢丝网格护面	土工布铺设→钢丝网格组装→钢丝网格铺设→填料填充→填料整平→封盖
	砌石拱圈	测量放线→基槽开挖→基底验收→砌筑拱圈
	砌石齿墙	测量放样→齿墙开挖、精修→块石砌筑
岸壁	岸坡开挖	测量放样→机械开挖
	基槽开挖	机械开挖→弃土运输→人工修整→验收
	砂石垫层	放样→砂石垫层铺设→整平
	土工织物垫层	土工织物加工→坡面清理→铺设→搭接缝合
	砂石倒滤层	放样→分段铺设→人工整平
	土工织物倒滤层	土工织物加工→坡面清理→铺设→搭接缝合
	土石方回填	土石运输→回填→夯实
	现浇混凝土挡墙	土方开挖→模板支立→混凝土运输→混凝土浇筑→抹面→混凝土养护→拆模
	加筋土挡墙	基槽开挖→基础浇筑→墙面板安装→筋带铺设→填料铺筑→夯实碾压→验收
	砌石挡墙	测量放线→基坑开挖→铺设土工织物垫层→砌筑基础→砌筑墙身→勾缝抹面→养护

续上表

分部工程	分项工程	施工工序
岸壁	装配式挡墙	构件预制→构件吊运→构件安装→构件连接
	钢板桩挡墙	1. 静压沉桩：设备就位→桩体吊运→静压沉桩→设备移位； 2. 振动沉桩：设备就位→导架安装→桩体吊运→振动沉桩→设备移位
	混凝土板桩挡墙	设备就位→桩体吊运→桩体沉桩→设备移位
	灌注桩挡墙	1. 灌注桩：测量放样→设备就位→灌注桩成孔→钢筋笼安放→混凝土浇筑→设备移位； 2. 搅拌（旋喷）桩：测量放样→设备就位→制浆→钻孔喷浆（灰）→复搅→设备移位； 3. 锚杆栽设：锚杆制备→放样定位→设备就位→成孔→锚杆栽设→灌浆→锚杆张拉→设备移位； 4. 混凝土贴面：墙前开挖→拉杆栽植→钢筋网片安装→模板安装→混凝土浇筑→拆模养护； 5. 胸墙（帽梁）：桩头清理→钢筋安装→模板安装→混凝土浇筑→拆模养护
	地连墙挡墙	导墙浇筑→钢筋加工→设备就位→成槽→设备移位→钢筋骨架安放→锁口管安放→混凝土浇筑
	格宾挡墙	块石运输→格宾石笼制备→格宾吊运→格宾安装
护滩	铺石压载软体排护滩	铺排船定位移位→铺设软体排→抛石船定位移位→运石船靠抛石船→抛石沉放
	系结压载软体排护滩	材料运输→铺排船定位移位→联锁块运输船靠铺排船→联锁块装卸→联锁块绑扎→铺设软体排
附属工程	基槽开挖	土方开挖→土方运输→弃土
	现浇混凝土基础	基槽开挖→模板支立→混凝土运输→混凝土浇筑→抹面→混凝土养护→拆模
	浆砌石基础	基槽开挖→块石铺砌→勾缝抹面→养护
	灯柱制作与安装	灯柱制作→测量放样→灯柱安装
	栏杆制作与安装	栏杆加工→测量放样→焊接安装→焊缝检查→抛光
	踏步	放样→支立模板→混凝土浇筑→抹面收光→养护→拆模

第四节　助航设施工程施工作业程序分解

表3-4列出了常见的助航设施工程的施工作业程序分解。

助航设施工程施工作业程序分解　表3-4

分部工程	分项工程	施工工序
基础	基坑开挖与回填	测量放样→机械开挖/分层回填夯实
	抛石基础	抛石船定位→块石抛投
	砌石基础	场地清理整平→测量放样→人工干砌石块
	桩基础	场地清理整平→测量放样→设备安装→打桩→设备拆除
	现浇混凝土墩台	场地清理整平→测量放样→支模→预埋件安装→混凝土浇筑→拆模→养护
	岩石基础	测量放样→机械开挖清理整平→支模→预埋件安装→封底混凝土浇筑→拆模→养护
	现浇混凝土基础	场地清理整平→测量放样→钢筋绑扎→支模→混凝土浇筑→拆模→养护
塔体	混凝土塔体	测量放样→脚手架搭设→钢筋绑扎→支模→预埋件安装→混凝土浇筑→拆模→养护→下一层浇筑→脚手架拆除
	砖砌塔体	测量放样→脚手架搭设→砌筑→预埋件安装→脚手架拆除
	钢结构/玻璃钢塔体安装	吊机架设→塔体吊装→塔体固定→吊机撤场
每区段的杆型岸标和立标	基础开挖与回填	测量放样→机械开挖→分层回填夯实
	杆型岸标混凝土基座	测量放样→支模→预埋件安装→浇筑混凝土→拆模→养护
	杆型岸标标杆制作与安装	制作→吊装→固定
	顶标制作与安装	顶标制作→安装→固定
每区段浮标	浮标抛设	浮鼓、沉石起吊作业→浮鼓、沉石抛设作业→拆除作业
	标体安装	靠基座→起吊标体→安装固定
	航标灯器安装	靠标→登标→灯器安装→离标
航标设备	航标灯器安装	登标→灯器安装固定→调试→离标
	电源安装	登标→电源箱安装→电源安装→离标
	雷达应答器及反射器安装	登标→雷达应答器及反射器安装→调试→离标
	信号标志揭示装置制作与安装	信号标志揭示装置制作→登标→安装→调试→离标
	航标遥测监控终端安装	登标→航标遥测监控终端安装→调试→离标

续上表

分部工程	分项工程	施工工序
附属设施	雷达设施制作与安装	雷达设施制作→埋设→焊接链接→测试
	水位遥测遥报装置安装	水位遥感遥报装置安装→调试
	爬梯及航标维护平台制作与安装	爬梯及航标维护平台制作→焊接装置
	维护道路和登陆点	测量放样→维护道路和登陆点施工

第四章　航道工程施工典型风险事件类型

表4-1～表4-4分别为疏浚与吹填工程、清礁工程、整治建筑物工程、助航设施工程评估单元与典型风险事件类型对照表。

第一节　疏浚与吹填工程施工典型风险事件

表4-1列出了疏浚与吹填工程施工典型风险事件类型。

疏浚与吹填工程施工典型风险事件类型　　表4-1

分部工程	评估单元	物体打击	车辆伤害	机械伤害	起重伤害	淹溺	船舶碰撞	船舶搁浅	船舶触礁	船舶触损	船舶污染	船舶倾覆
疏浚与吹填工程	施工区域内船舶调遣					√	√	√	√	√	√	√
	航行挖泥(耙吸)	√		√	√	√	√	√	√	√	√	√
	非自航船施工作业	√		√	√	√	√	√	√	√	√	√
	船舶靠离泊/锚泊/泥驳装卸	√		√		√	√			√	√	√
	吹泥管线布设与拆卸	√		√	√	√	√	√	√			√
	吹泥作业					√	√	√		√	√	√
围埝工程	基底	√	√	√	√	√						
	埝身	√		√	√	√	√	√		√	√	√
	倒滤层	√	√	√	√	√						
	泄水口	√	√	√	√	√						

注:“√”表示可能发生该风险事件。

第二节　清礁工程施工典型风险事件

表4-2列出了清礁工程施工典型风险事件类型。

清礁工程施工典型风险事件类型　　表4-2

分部工程	评估单元	物体打击	机械伤害	起重伤害	火灾	爆炸	淹溺	高处坠落	船舶碰撞	船舶搁浅	船舶触礁	船舶触损	船舶污染
爆破及清渣	施工船舶定位		√				√		√	√	√	√	√
	钻孔作业	√	√	√	√		√	√					
	爆破作业	√			√	√	√						
	清渣	√	√				√			√			√
	弃渣						√		√	√	√	√	√
硬式扫床	硬式扫床		√				√			√			

注："√"表示可能发生该风险事件。

第三节　整治建筑物工程施工典型风险事件

表4-3列出了整治建筑物工程施工典型风险事件类型。

整治建筑物工程施工典型风险事件类型　　表4-3

分部工程	评估单元	物体打击	车辆伤害	机械伤害	起重伤害	触电	淹溺	高处坠落	坍塌	中毒窒息	船舶碰撞	船舶搁浅	船舶触礁	船舶触损	船舶污染	船舶倾覆
基础	基槽开挖	√	√	√				√	√							
	抛石挤淤	√		√	√		√				√	√		√	√	√
	填砂挤淤	√		√	√		√				√	√		√	√	√
	现浇混凝土基础	√	√	√		√	√		√							
	水下基床抛石	√		√	√		√				√	√		√	√	√
	水下基床整平	√		√			√				√	√		√	√	√
	潜水作业（水下基床整平）	√		√			√			√						
	基础换填	√	√	√				√	√							
	小木桩	√	√	√	√											
	预制桩	√	√	√	√	√		√								
	灌注桩	√	√	√	√	√										
	CFG桩	√	√	√		√										
	水泥搅拌桩	√	√	√		√										
护底	基槽开挖	√	√	√			√	√	√							
	散抛石压载软体排护底	√		√	√		√				√	√		√	√	√
	系结压载软体排护底	√		√	√		√				√	√		√	√	√

续上表

分部工程	评估单元	物体打击	车辆伤害	机械伤害	起重伤害	触电	淹溺	高处坠落	坍塌	中毒窒息	船舶碰撞	船舶搁浅	船舶触礁	船舶触损	船舶污染	船舶倾覆
护底	散抛物护底	√		√			√				√	√		√	√	√
	砂袋护底	√		√			√				√	√		√	√	√
	潜水作业（水下护底固定）	√		√			√			√						
坝体	混凝土预制构件制作	√		√	√	√										
	混凝土预制构件水上吊运安装	√		√	√	√	√				√	√		√	√	√
	充填袋筑坝	√		√			√				√	√		√	√	√
	块石抛筑坝体	√		√	√		√				√	√		√	√	√
	石笼抛筑坝体	√		√	√		√				√	√		√	√	√
	模袋混凝土	√	√	√												
坝面	土工织物垫层	√	√	√			√									
	抛石护面	√	√	√			√									
	铺石护面	√	√	√			√									
	砌石护面	√	√	√			√									
	干砌条石护面	√	√	√			√									
	预制混凝土铺砌块铺砌	√	√	√	√		√									
	现浇混凝土护面	√	√	√		√	√									
	模袋混凝土护面	√	√	√			√									
	钢丝网格护面	√	√	√			√									
	混凝土块体安装	√		√	√		√		√		√	√		√	√	√
护脚	水下抛充填袋护脚	√		√	√		√				√	√		√	√	√
	水下抛石护脚	√		√	√		√				√	√		√	√	√
	水下抛石笼护脚	√		√	√		√				√	√		√	√	√
护坡	岸坡开挖	√	√	√					√							
	土石方回填	√	√	√	√				√							
	削坡及整平	√	√	√					√							
	基槽开挖	√	√	√					√							
	砂石垫层	√	√	√												
	土工织物垫层	√		√												
	砂石倒滤层	√	√	√												
	土工织物倒滤层	√		√												
	盲沟	√	√	√												

续上表

分部工程	评估单元	物体打击	车辆伤害	机械伤害	起重伤害	触电	淹溺	高处坠落	坍塌	中毒窒息	船舶碰撞	船舶搁浅	船舶触礁	船舶触损	船舶污染	船舶倾覆
护坡	明沟	√	√	√	√											
	抛石护面	√		√			√				√	√	√	√	√	√
	铺石护面	√	√	√			√									
	砌石护面	√	√	√			√									
	干砌条石护面	√	√	√			√									
	模袋混凝土护面	√	√	√			√									
	现浇混凝土护面	√	√	√		√	√									
	预制混凝土铺砌块铺砌	√	√	√	√		√									
	混凝土块体护面	√	√	√			√									
	钢丝网格护面	√	√	√			√									
	砌石拱圈	√	√	√	√		√									
	砌石齿墙	√	√	√	√		√									
岸壁	岸坡开挖	√	√	√					√							
	基槽开挖	√	√	√					√							
	砂石垫层	√	√	√												
	土工织物垫层	√		√												
	砂石倒滤层	√	√	√												
	土工织物倒滤层	√		√												
	土石方回填	√	√	√	√				√							
	现浇混凝土挡墙	√	√	√		√					√	√		√	√	√
	加筋土挡墙	√	√	√	√											
	砌石挡墙	√	√	√												
	装配式挡墙	√	√	√	√						√	√		√	√	√
	钢板桩挡墙	√	√	√	√	√	√									
	混凝土板桩挡墙	√	√	√	√		√									
	灌注桩挡墙	√	√	√	√	√										
	地连墙挡墙	√	√	√	√	√										
	格宾挡墙	√	√	√	√		√									
护滩	铺石压载软体排护滩	√		√	√		√				√	√		√	√	√
	系结压载软体排护滩	√		√	√		√				√	√		√	√	√

续上表

分部工程	评估单元	物体打击	车辆伤害	机械伤害	起重伤害	触电	淹溺	高处坠落	坍塌	中毒窒息	船舶碰撞	船舶搁浅	船舶触礁	船舶触损	船舶污染	船舶倾覆
附属工程	基槽开挖	√	√	√					√							
	现浇混凝土基础	√	√	√		√			√		√	√		√	√	√
	浆砌石基础	√	√	√	√											
	灯柱制作与安装	√	√	√	√	√		√								
	栏杆制作与安装	√	√	√	√	√		√								
	踏步	√		√												

注:“√”表示可能发生该风险事件。

第四节　助航设施工程施工典型风险事件

表4-4列出了助航设施工程施工典型风险事件类型。

助航设施工程施工典型风险事件类型　　表4-4

分部工程	评估单元	物体打击	车辆伤害	机械伤害	起重伤害	触电	淹溺	高处坠落	坍塌	船舶碰撞	船舶搁浅	船舶触礁	船舶触损	船舶污染	船舶倾覆
基础	基坑开挖与回填	√	√	√				√	√						
	抛石基础	√		√	√		√			√	√	√	√	√	√
	砌石基础	√		√	√										
	桩基础	√		√	√			√							
	现浇混凝土墩台	√	√	√		√	√	√	√						√
	岩石基础	√		√	√										
	现浇混凝土基础	√	√	√		√	√	√	√						√
塔体	混凝土塔体	√		√	√	√		√							
	砖砌塔体	√		√	√			√	√						
	钢结构/玻璃钢塔体安装	√		√	√	√		√							
每区段的杆型岸标和立标	基础开挖与回填	√		√				√	√						
	杆型岸标混凝土基座	√		√	√	√		√							
	杆型岸标标杆制作与安装	√		√	√	√		√							
	顶标制作与安装	√		√	√	√		√							
每区段浮标	浮标抛设	√		√	√		√			√	√	√	√	√	√
	标体安装	√		√	√		√			√	√	√	√	√	√
	航标灯器安装	√		√	√	√	√			√	√	√	√	√	√

续上表

分部工程	评估单元	物体打击	车辆伤害	机械伤害	起重伤害	触电	淹溺	高处坠落	坍塌	船舶碰撞	船舶搁浅	船舶触礁	船舶触损	船舶污染	船舶倾覆
航标设备	航标灯器安装	√		√	√	√	√	√		√	√	√	√	√	√
	电源安装	√		√	√	√	√			√	√	√	√	√	√
	雷达应答器及反射器安装	√		√	√	√	√	√		√	√	√	√	√	√
	信号标志揭示装置制作与安装	√		√	√	√	√	√		√	√	√	√	√	√
	航标遥测监控终端安装	√		√	√	√	√			√	√	√	√	√	√
附属设施	雷达设施制作与安装	√		√	√	√	√	√		√	√	√	√	√	√
	水位遥测遥报装置安装	√		√	√		√			√	√	√	√	√	√
	爬梯及航标维护平台制作与安装	√		√	√		√	√		√	√	√	√	√	√
	维护道路和登陆点	√		√	√		√			√	√	√	√	√	√

注："√"表示可能发生该风险事件。

第五章　航道工程施工主要安全风险分析

第一节　疏浚与吹填工程施工主要安全风险分析

疏浚与吹填工程主要涉及施工区域内船舶调遣、航行挖泥（耙吸）、非自航船施工作业、船舶靠离泊/锚泊/泥驳装卸、吹泥管线布设与拆卸、吹泥作业、围埝工程等施工内容；典型风险事件主要有物体打击、车辆伤害、机械伤害、起重伤害、淹溺、船舶碰撞、船舶搁浅、船舶触礁、船舶触损、船舶污染、船舶倾覆等；致害物主要包含了周边水体，施工船舶，浅滩，水下暗礁，水下岩石、沉船、抛石，船舶燃油，生活污水，恶劣天气等。风险事件的发生常常是因为人的因素、物的因素、环境因素、管理因素的管理、维护、设置等不到位而导致，具体风险分析见表5-1。

疏浚与吹填工程施工主要安全风险分析　　表5-1

施工作业内容	典型风险事件	致害物	致险因素				风险事件后果类型				
			人的因素	物的因素	环境因素	管理因素	易导致伤亡人员类型		人员伤亡		
							本人	他人	轻伤	重伤	死亡
施工区域内船舶调遣	淹溺	周边水域	1. 管理人员违章指挥，强令冒险作业； 2. 人员心理异常（冒险侥幸心理）； 3. 作业人员操作错误，违章作业； 4. 违反劳动纪律行为（管理人员脱岗）； 5. 作业人员未正确使用安全防护用品	1. 现场无警示标识或标识破损； 2. 现场救生设施不足； 3. 水下存在不明物体或生物的拖拽或缠绕； 4. 氧气瓶、头盔等存在缺陷	1. 雷雨、大风（6级以上）、冰雹、大雾等恶劣天气作业； 2. 水上能见度不足	1. 专项施工方案、应急预案不完善或未落实； 2. 未落实安全教育、培训、交底、检查制度； 3. 现场监控看管不到位	√		√		√

续上表

施工作业内容	典型风险事件	致害物	致险因素				风险事件后果类型				
			人的因素	物的因素	环境因素	管理因素	易导致伤亡人员类型		人员伤亡		
							本人	他人	轻伤	重伤	死亡
施工区域内船舶调遣	船舶碰撞	船舶等	1. 船舶驾驶等人员技术、经验不足； 2. 管理人员违章指挥，强令冒险作业； 3. 作业人员身体健康状况异常、心理异常、感知异常（反应迟钝、辨识错误）； 4. 作业人员操作错误，违章作业	1. 船舶相关仪表设备老旧、失效； 2. 导航设施出现明显错误； 3. 船舶防撞设施缺失； 4. 周围船体碰撞施工船舶	1. 强风、暴雨、大雪、大雾等不良天气； 2. 光线、照明不足； 3. 水下暗流影响船体方向和速率； 4. 施工水域狭小	1. 船舶操作规程、应急预案不完善或未落实； 2. 未落实安全教育、培训、交底、检查制度； 3. 船舶等未按要求组织维修、检验等或属于三无船舶	√	√	√	√	
	船舶搁浅	浅滩等	1. 船舶驾驶等人员技术、经验不足； 2. 管理人员违章指挥，强令冒险作业； 3. 作业人员身体健康状况异常、心理异常、感知异常（反应迟钝、辨识错误）； 4. 作业人员操作错误，违章作业	1. 船舶相关仪表设备老旧、失效； 2. 导航、声呐设施出现明显错误	1. 强风、暴雨、大雪、大雾等不良天气； 2. 光线不足； 3. 水下地质突变； 4. 水位快速下降或退潮	1. 船舶操作规程、应急预案不完善或未落实； 2. 未落实安全教育、培训、交底、检查制度； 3. 船舶等未按要求组织维修、检验等或属于三无船舶； 4. 管理人员对气象和水体未提前预估	√	√	√		

续上表

施工作业内容	典型风险事件	致害物	致险因素				风险事件后果类型				
			人的因素	物的因素	环境因素	管理因素	易导致伤亡人员类型		人员伤亡		
							本人	他人	轻伤	重伤	死亡
施工区域内船舶调遣	船舶触礁	水下暗礁等	1.船舶驾驶等人员技术、经验不足； 2.管理人员违章指挥，强令冒险作业； 3.作业人员身体健康状况异常、心理异常、感知异常（反应迟钝、辨识错误）； 4.作业人员操作错误，违章作业	1.船舶相关仪表设备老旧、失效； 2.导航、声呐设施出现明显错误	1.强风、暴雨、大雪、大雾等不良天气； 2.光线不足； 3.水下地质突变	1.船舶操作规程、应急预案不完善或未落实； 2.未落实安全教育、培训、交底、检查制度； 3.船舶等未按要求组织维修、检验等或属于三无船舶； 4.管理人员对水体预估不足	√	√	√		
	船舶触损	水下岩石、沉船、抛石等	1.船舶驾驶等人员技术、经验不足； 2.管理人员违章指挥，强令冒险作业； 3.作业人员身体健康状况异常、心理异常、感知异常（反应迟钝、辨识错误）； 4.作业人员操作错误，违章作业	1.船舶相关仪表设备老旧、失效； 2.声呐设施出现明显错误； 3.与重型物品撞击； 4.水下尖锐物品或其他船只上尖锐部位触碰； 5.船体老化	1.强风、暴雨、大雪、大雾等不良天气； 2.光线不足； 3.水下地质突变； 4.水中存在较大波浪	1.船舶操作规程、应急预案不完善或未落实； 2.未落实安全教育、培训、交底、检查制度； 3.船舶等未按要求组织维修、检验等或属于三无船舶	√	√	√	√	

续上表

施工作业内容	典型风险事件	致害物	致险因素				风险事件后果类型				
			人的因素	物的因素	环境因素	管理因素	易导致伤亡人员类型		人员伤亡		
							本人	他人	轻伤	重伤	死亡
施工区域内船舶调遣	船舶污染	船舶燃油、生活污水等	1. 船舶驾驶等人员技术、经验不足； 2. 管理人员违章指挥，强令冒险作业； 3. 作业人员身体健康状况异常、心理异常、感知异常（反应迟钝、辨识错误）； 4. 作业人员操作错误，违章作业	1. 船舶相关仪表设备老旧、失效； 2. 燃油桶或输油管破损	1. 强风、暴雨等不良天气； 2. 船内照明不足	1. 船舶操作规程、应急预案不完善或未落实； 2. 未落实安全教育、培训、交底、检查制度； 3. 船舶等未按要求组织维修、检验等或属于三无船舶		√	√		
	船舶倾覆	风浪、船舶等	1. 船舶驾驶等人员技术、经验不足； 2. 管理人员违章指挥，强令冒险作业； 3. 作业人员身体健康状况异常、心理异常、感知异常（反应迟钝、辨识错误）； 4. 作业人员操作错误，违章作业	1. 船舶相关仪表设备老旧、失效； 2. 导航设施出现明显错误； 3. 船上物品偏载； 4. 系揽钩未绑扎牢固； 5. 物体撞击船体致出现破洞； 6. 船体刚度不足	1. 强风、暴雨等不良天气； 2. 光线不足； 3. 水中存在巨大波浪	1. 船舶操作规程、应急预案不完善或未落实； 2. 未落实安全教育、培训、交底、检查制度； 3. 船舶等未按要求组织维修、检验等或属于三无船舶	√	√	√	√	√

续上表

施工作业内容	典型风险事件	致害物	致险因素				风险事件后果类型				
			人的因素	物的因素	环境因素	管理因素	易导致伤亡人员类型		人员伤亡		
							本人	他人	轻伤	重伤	死亡
航行挖泥（耙吸）	物体打击	工具、器具、绳索等物件	1. 现场作业人员未正确使用安全防护用品（安全帽等）； 2. 人员违章进入危险区域； 3. 管理人员违章指挥，强令冒险作业； 4. 作业人员身体健康状况异常、心理异常、感知异常（反应迟钝、辨识错误）； 5. 作业人员操作错误，违章作业（违章抛物）	1. 安全防护用品不合格（安全帽等）； 2. 作业过程中产生的坠落物、抛射物、喷射物、溅射物等（工具、材料等）； 3. 未设置防护设施，防护设施存在缺陷（挡脚板、防护网等）； 4. 物品摆放位置不合理或未固定； 5. 物品尺寸超大、超长等	1. 强风、暴雨、冰雹、大雾等不良天气； 2. 作业场地杂乱； 3. 照明光线不足； 4. 机械、车船、场地等晃动、振动	1. 施工方案不完善或未落实； 2. 安全教育、培训、交底、检查制度不完善或未落实； 3. 安全防护用品等未进行进场验收或验收不到位； 4. 安全投入不足； 5. 现场无警示标识或标识破损（警戒区、标牌、反光锥等）		√	√	√	

续上表

施工作业内容	典型风险事件	致害物	致险因素				风险事件后果类型				
			人的因素	物的因素	环境因素	管理因素	易导致伤亡人员类型		人员伤亡		
							本人	他人	轻伤	重伤	死亡
航行挖泥（耙吸）	机械伤害	船上小型机械等	1. 人员违章进入危险区域（机械作业半径等）； 2. 管理人员违章指挥，强令冒险作业； 3. 机械操作人员未持有效证件上岗； 4. 机械操作人员操作错误，违章作业（违规载人、酒后作业）； 5. 操作人员身体健康状况异常、心理异常、感知异常（反应迟钝、辨识错误）； 6. 现场作业人员未正确使用安全防护用品（反光背心、安全帽等）； 7. 机械操作人员疲劳作业	1. 机械无警示标识或标识破损（警戒区、标牌、反光贴等）； 2. 设备设施安全作业距离不足； 3. 设备带病作业（设备设施制动装置失效、运动或转动装置无防护或防护装置缺陷等）； 4. 安全防护用品不合格（反光背心、安全帽、护目镜等）	1. 强风、暴雨、大雪、冰雹、大雾等不良天气； 2. 作业场地狭窄、不平整、道路湿滑； 3. 夜间施工照明不足； 4. 存在视野盲区	1. 机械设备安全管理制度不完善或未落实（检查维护保养不到位）； 2. 未对机械设备、安全防护用品等进行进场验收或验收不到位； 3. 安全教育、培训、交底制度不完善或未落实； 4. 机械设备操作规程不规范或未落实； 5. 安全投入不足		√	√	√	√

续上表

施工作业内容	典型风险事件	致害物	致险因素				风险事件后果类型				
			人的因素	物的因素	环境因素	管理因素	易导致伤亡人员类型		人员伤亡		
							本人	他人	轻伤	重伤	死亡
航行挖泥（耙吸）	起重伤害	船上吊索吊具	1. 管理人员违章指挥，强令冒险作业； 2. 作业人员操作错误，违章作业； 3. 起重工、信号工未持有效证件上岗； 4. 现场作业人员未正确使用安全防护用品（安全帽等）； 5. 抗倾覆验算错误； 6. 人员违章进入危险区域； 7. 起重人员身体健康状况异常、心理异常、感知异常（反应迟钝、辨识错误）； 8. 作业人员疲劳作业	1. 设备自身缺陷（强度、刚度不足、抗倾覆能力不足）； 2. 现场无警示标识或标识破损（警戒区、标牌、反光锥等）； 3. 构件防锈处理不合格； 4. 吊索、吊具不合格或达到报废标准（钢丝绳、吊带、U型卸扣等）； 5. 无防护或防护装置缺陷（防脱钩装置、限位装置等）； 6. 设备带“病”作业（制动装置等）； 7. 安全防护用品不合格（反光背心、安全帽等）	1. 强风、暴雨、大雾、大雪等不良天气； 2. 地基承载力不足、基础下沉； 3. 作业场地照明不足； 4. 浮吊周围水域存在较大波浪或暗流； 5. 周围高空有较多障碍物； 6. 存在视野盲区	1. 施工方案不完善或未落实； 2. 安全教育、培训、交底、检查制度不完善或未落实； 3. 未对起重设备进行进场验收或验收不到位； 4. 安全投入不足； 5. 起重吊装作业时无专人监视； 6. 起重吊装安全操作规程不规范或未落实	√	√	√	√	√

续上表

施工作业内容	典型风险事件	致害物	致险因素				风险事件后果类型				
			人的因素	物的因素	环境因素	管理因素	易导致伤亡人员类型		人员伤亡		
							本人	他人	轻伤	重伤	死亡
航行挖泥（耙吸）	淹溺	周边水域	1. 管理人员违章指挥，强令冒险作业； 2. 人员心理异常（冒险侥幸心理）； 3. 作业人员操作错误，违章作业； 4. 违反劳动纪律行为（管理人员脱岗）； 5. 人员未正确使用安全防护用品	1. 现场无警示标识或标识破损； 2. 现场救生设施不足； 3. 水下存在不明物体或生物的拖拽或缠绕； 4. 氧气瓶、头盔等存在缺陷	1. 雷雨、大风（6级以上）、冰雹、大雾等恶劣天气作业； 2. 水体寒冷； 3. 水体内能见度不足	1. 专项施工方案、应急预案不完善或未落实； 2. 未落实安全教育、培训、交底、检查制度； 3. 现场监控看管不到位	√		√		√
	船舶碰撞	船舶等	1. 船舶驾驶等人员技术、经验不足； 2. 管理人员违章指挥，强令冒险作业； 3. 作业人员身体健康状况异常、心理异常、感知异常（反应迟钝、辨识错误）； 4. 作业人员操作错误，违章作业	1. 船舶相关仪表设备老旧、失效； 2. 导航设施出现明显错误； 3. 船舶防撞设施缺失； 4. 周围船体碰撞施工船舶	1. 强风、暴雨、大雪、大雾等不良天气； 2. 光线、照明不足； 3. 水下暗流影响船体方向和速率； 4. 施工水域狭小	1. 船舶操作规程、应急预案不完善或未落实； 2. 未落实安全教育、培训、交底、检查制度； 3. 船舶等未按要求组织维修、检验等或属于三无船舶	√	√	√	√	

续上表

施工作业内容	典型风险事件	致害物	致险因素				风险事件后果类型				
			人的因素	物的因素	环境因素	管理因素	易导致伤亡人员类型		人员伤亡		
							本人	他人	轻伤	重伤	死亡
航行挖泥（耙吸）	船舶搁浅	浅滩等	1. 船舶驾驶等人员技术、经验不足； 2. 管理人员违章指挥，强令冒险作业； 3. 作业人员身体健康状况异常、心理异常、感知异常（反应迟钝、辨识错误）； 4. 作业人员操作错误，违章作业	1. 船舶相关仪表设备老旧、失效； 2. 导航、声呐设施出现明显错误	1. 强风、暴雨、大雪、大雾等不良天气； 2. 光线不足； 3. 水下地质突变； 4. 水位快速下降或退潮	1. 船舶操作规程、应急预案不完善或未落实； 2. 未落实安全教育、培训、交底、检查制度； 3. 船舶等未按要求组织维修、检验等或属于三无船舶； 4. 管理人员对气象和水体未提前预估	√	√	√		
	船舶触礁	水下暗礁等	1. 船舶驾驶等人员技术、经验不足； 2. 管理人员违章指挥，强令冒险作业； 3. 作业人员身体健康状况异常、心理异常、感知异常（反应迟钝、辨识错误）； 4. 作业人员操作错误，违章作业	1. 船舶相关仪表设备老旧、失效； 2. 导航、声呐设施出现明显错误	1. 强风、暴雨、大雪、大雾等不良天气； 2. 光线不足； 3. 水下地质突变	1. 船舶操作规程、应急预案不完善或未落实； 2. 未落实安全教育、培训、交底、检查制度； 3. 船舶等未按要求组织维修、检验等或属于三无船舶； 4. 管理人员对水体预估不足	√	√	√		

续上表

施工作业内容	典型风险事件	致害物	致险因素				风险事件后果类型				
			人的因素	物的因素	环境因素	管理因素	易导致伤亡人员类型		人员伤亡		
							本人	他人	轻伤	重伤	死亡
航行挖泥（耙吸）	船舶触损	水下岩石、沉船、抛石等	1. 船舶驾驶等人员技术、经验不足； 2. 管理人员违章指挥，强令冒险作业； 3. 作业人员身体健康状况异常、心理异常、感知异常（反应迟钝、辨识错误）； 4. 作业人员操作错误，违章作业	1. 船舶相关仪表设备老旧、失效； 2. 声呐设施出现明显错误； 3. 与重型物品撞击； 4. 水下尖锐物品或其他船只上尖锐部位触碰； 5. 船体老化	1. 强风、暴雨、大雪、大雾等不良天气； 2. 光线不足； 3. 水下地质突变； 4. 水中存在较大波浪	1. 船舶操作规程、应急预案不完善或未落实； 2. 未落实安全教育、培训、交底、检查制度； 3. 船舶等未按要求组织维修、检验等或属于三无船舶	√	√	√	√	
	船舶污染	船舶燃油、生活污水等	1. 船舶驾驶等人员技术、经验不足； 2. 管理人员违章指挥，强令冒险作业； 3. 作业人员身体健康状况异常、心理异常、感知异常（反应迟钝、辨识错误）； 4. 作业人员操作错误，违章作业	1. 船舶相关仪表设备老旧、失效； 2. 燃油桶或输油管破损	1. 强风、暴雨等不良天气； 2. 船内照明不足	1. 船舶操作规程、应急预案不完善或未落实； 2. 未落实安全教育、培训、交底、检查制度； 3. 船舶等未按要求组织维修、检验等或属于三无船舶		√	√		

续上表

施工作业内容	典型风险事件	致害物	致险因素				风险事件后果类型				
			人的因素	物的因素	环境因素	管理因素	易导致伤亡人员类型		人员伤亡		
							本人	他人	轻伤	重伤	死亡
航行挖泥(耙吸)	船舶倾覆	风浪、船舶等	1. 船舶驾驶等人员技术、经验不足； 2. 管理人员违章指挥，强令冒险作业； 3. 作业人员身体健康状况异常、心理异常、感知异常(反应迟钝、辨识错误)； 4. 作业人员操作错误，违章作业	1. 船舶相关仪表设备老旧、失效； 2. 导航设施出现明显错误； 3. 船上物品偏载； 4. 系揽钩未绑扎牢固； 5. 物体撞击船体致出现破洞； 6. 船体刚度不足	1. 强风、暴雨等不良天气； 2. 光线不足； 3. 水中存在巨大波浪	1. 船舶操作规程、应急预案不完善或未落实； 2. 未落实安全教育、培训、交底、检查制度； 3. 船舶等未按要求组织维修、检验等或属于三无船舶	√	√	√	√	√
非自航船施工作业	物体打击	工具、船舶器具等	1. 现场作业人员未正确使用安全防护用品(安全帽等)； 2. 人员违章进入危险区域； 3. 管理人员违章指挥，强令冒险作业； 4. 作业人员身体健康状况异常、心理异常、感知异常(反应迟钝、辨识错误)； 5. 作业人员操作错误，违章作业(违章抛物)	1. 安全防护用品不合格(安全帽等)； 2. 作业过程中产生的坠落物、抛射物、喷射物、溅射物等(工具、材料等)； 3. 未设置防护设施，防护设施存在缺陷(挡脚板、防护网等)； 4. 物品摆放位置不合理或未固定； 5. 物品尺寸超大、超长等	1. 强风、暴雨、冰雹、大雾等不良天气； 2. 作业场地杂乱； 3. 照明光线不足； 4. 机械、车船、场地等晃动、振动	1. 施工方案不完善或未落实； 2. 安全教育、培训、交底、检查制度不完善或未落实； 3. 安全防护用品等未进行进场验收或验收不到位； 4. 安全投入不足； 5. 现场无警示标识或标识破损(警戒区、标牌、反光锥等)		√	√	√	

续上表

施工作业内容	典型风险事件	致害物	致险因素				风险事件后果类型				
			人的因素	物的因素	环境因素	管理因素	易导致伤亡人员类型		人员伤亡		
							本人	他人	轻伤	重伤	死亡
非自航船施工作业	机械伤害	船上小型机械等	1. 人员违章进入危险区域（机械作业半径等）； 2. 管理人员违章指挥，强令冒险作业； 3. 机械操作人员未持有效证件上岗； 4. 机械操作人员操作错误，违章作业（违规载人、酒后作业）； 5. 操作人员身体健康状况异常、心理异常、感知异常（反应迟钝、辨识错误）； 6. 现场作业人员未正确使用安全防护用品（反光背心、安全帽等）； 7. 机械操作人员疲劳作业	1. 机械无警示标识或标识破损（警戒区、标牌、反光贴等）； 2. 设备设施安全作业距离不足； 3. 设备带病作业（设备设施制动装置失效、运动或转动装置无防护或防护装置缺陷等）； 4. 安全防护用品（反光背心、安全帽、护目镜等）不合格	1. 强风、暴雨、大雪、冰雹、大雾等不良天气； 2. 船体甲板等狭窄、不平整、道路湿滑； 3. 夜间施工照明不足； 4. 存在视野盲区	1. 机械设备安全管理制度不完善或未落实（检查维护保养不到位）； 2. 未对机械设备、安全防护用品等进行进场验收或验收不到位； 3. 安全教育、培训、交底制度不完善或未落实； 4. 机械设备操作规程不规范或未落实； 5. 安全投入不足		√	√	√	√

续上表

施工作业内容	典型风险事件	致害物	致险因素				风险事件后果类型				
			人的因素	物的因素	环境因素	管理因素	易导致伤亡人员类型		人员伤亡		
							本人	他人	轻伤	重伤	死亡
非自航船施工作业	起重伤害	船上吊索吊具	1. 管理人员违章指挥,强令冒险作业; 2. 作业人员操作错误,违章作业; 3. 起重工、信号工未持有效证件上岗; 4. 现场作业人员未正确使用安全防护用品(安全帽等); 5. 抗倾覆验算错误; 6. 人员违章进入危险区域; 7. 起重人员身体健康状况异常、心理异常、感知异常(反应迟钝、辨识错误); 8. 作业人员疲劳作业	1. 设备自身缺陷(强度、刚度不足、抗倾覆能力不足); 2. 现场无警示标识或标识破损(警戒区、标牌、反光锥等); 3. 构件防锈处理不合格; 4. 吊索、吊具不合格或达到报废标准(钢丝绳、吊带、U型卸扣等); 5. 无防护或防护装置缺陷(防脱钩装置、限位装置等); 6. 设备带"病"作业(制动装置等); 7. 安全防护用品不合格(反光背心、安全帽等)	1. 强风、暴雨、大雾、大雪等不良天气; 2. 地基承载力不足、基础下沉; 3. 作业场地照明不足; 4. 浮吊周围水域存在较大波浪或暗流; 5. 周围高空有较多障碍物; 6. 存在视野盲区	1. 施工方案不完善或未落实; 2. 安全教育、培训、交底、检查制度不完善或未落实; 3. 未对起重设备进行进场验收或验收不到位; 4. 安全投入不足; 5. 起重吊装作业时无专人监视; 6. 起重吊装安全操作规程不规范或未落实	√	√	√	√	√

续上表

施工作业内容	典型风险事件	致害物	致险因素				风险事件后果类型				
			人的因素	物的因素	环境因素	管理因素	易导致伤亡人员类型		人员伤亡		
							本人	他人	轻伤	重伤	死亡
非自航船施工作业	淹溺	周边水域	1. 管理人员违章指挥,强令冒险作业; 2. 人员心理异常(冒险侥幸心理等); 3. 作业人员操作错误,违章作业; 4. 违反劳动纪律行为(管理人员脱岗); 5. 人员未正确使用安全防护用品	1. 现场无警示标识或标识破损; 2. 现场救生设施不足; 3. 水下存在不明物体或生物的拖拽或缠绕	1. 雷雨、大风(6 级以上)、冰雹、大雾等恶劣天气作业; 2. 水体寒冷; 3. 水上能见度不足	1. 专项施工方案、应急预案不完善或未落实; 2. 未落实安全教育、培训、交底、检查制度; 3. 现场监控看管不到位	√		√		√
	船舶碰撞	船舶等	1. 船舶驾驶等人员技术、经验不足; 2. 管理人员违章指挥,强令冒险作业; 3. 作业人员身体健康状况异常、心理异常、感知异常(反应迟钝、辨识错误); 4. 作业人员操作错误,违章作业	1. 船舶相关仪表设备老旧、失效; 2. 导航设施出现明显错误; 3. 船舶防撞设施缺失; 4. 周围船体碰撞施工船舶	1. 强风、暴雨、大雪、大雾等不良天气; 2. 光线、照明不足; 3. 水下暗流影响船体方向和速率; 4. 施工水域狭小	1. 船舶操作规程、应急预案不完善或未落实; 2. 未落实安全教育、培训、交底、检查制度; 3. 船舶等未按要求组织维修、检验等或属于三无船舶	√	√	√	√	

续上表

施工作业内容	典型风险事件	致害物	致险因素				风险事件后果类型				
			人的因素	物的因素	环境因素	管理因素	易导致伤亡人员类型		人员伤亡		
							本人	他人	轻伤	重伤	死亡
非自航船施工作业	船舶搁浅	浅滩等	1. 船舶驾驶等人员技术、经验不足； 2. 管理人员违章指挥，强令冒险作业； 3. 作业人员身体健康状况异常、心理异常、感知异常（反应迟钝、辨识错误）； 4. 作业人员操作错误，违章作业	1. 船舶相关仪表设备老旧、失效； 2. 导航、声呐设施出现明显错误	1. 强风、暴雨、大雪、大雾等不良天气； 2. 光线不足； 3. 水下地质突变； 4. 水位快速下降或退潮	1. 船舶操作规程、应急预案不完善或未落实； 2. 未落实安全教育、培训、交底、检查制度； 3. 船舶等未按要求组织维修、检验等或属于三无船舶； 4. 管理人员对气象和水体未提前预估	√	√	√		
	船舶触礁	水下暗礁等	1. 船舶驾驶等人员技术、经验不足； 2. 管理人员违章指挥，强令冒险作业； 3. 作业人员身体健康状况异常、心理异常、感知异常（反应迟钝、辨识错误）； 4. 作业人员操作错误，违章作业	1. 船舶相关仪表设备老旧、失效； 2. 导航、声呐设施出现明显错误	1. 强风、暴雨、大雪、大雾等不良天气； 2. 光线不足； 3. 水下地质突变	1. 船舶操作规程、应急预案不完善或未落实； 2. 未落实安全教育、培训、交底、检查制度； 3. 船舶等未按要求组织维修、检验等或属于三无船舶； 4. 管理人员对水体预估不足	√	√	√		

续上表

施工作业内容	典型风险事件	致害物	致险因素				风险事件后果类型				
			人的因素	物的因素	环境因素	管理因素	易导致伤亡人员类型		人员伤亡		
							本人	他人	轻伤	重伤	死亡
非自航船施工作业	船舶触损	水下岩石、沉船、抛石等	1. 船舶驾驶等人员技术、经验不足； 2. 管理人员违章指挥，强令冒险作业； 3. 作业人员身体健康状况异常、心理异常、感知异常（反应迟钝、辨识错误）； 4. 作业人员操作错误，违章作业	1. 船舶相关仪表设备老旧、失效； 2. 声呐设施出现明显错误； 3. 与重型物品撞击； 4. 水下尖锐物品或其他船只上尖锐部位触碰； 5. 船体老化	1. 强风、暴雨、大雪、大雾等不良天气； 2. 光线不足； 3. 水下地质突变； 4. 水中存在较大波浪	1. 船舶操作规程、应急预案不完善或未落实； 2. 未落实安全教育、培训、交底、检查制度； 3. 船舶等未按要求组织维修、检验等或属于三无船舶	√	√	√	√	
	船舶污染	船舶燃油、生活污水等	1. 船舶驾驶等人员技术、经验不足； 2. 管理人员违章指挥，强令冒险作业； 3. 作业人员身体健康状况异常、心理异常、感知异常（反应迟钝、辨识错误）； 4. 作业人员操作错误，违章作业	1. 船舶相关仪表设备老旧、失效； 2. 燃油桶或输油管破损	1. 强风、暴雨等不良天气； 2. 船内照明不足	1. 船舶操作规程、应急预案不完善或未落实； 2. 未落实安全教育、培训、交底、检查制度； 3. 船舶等未按要求组织维修、检验等或属于三无船舶		√	√		

续上表

施工作业内容	典型风险事件	致害物	致险因素				风险事件后果类型				
			人的因素	物的因素	环境因素	管理因素	易导致伤亡人员类型		人员伤亡		
							本人	他人	轻伤	重伤	死亡
非自航船施工作业	船舶倾覆	风浪、船舶等	1. 船舶驾驶等人员技术、经验不足； 2. 管理人员违章指挥，强令冒险作业； 3. 作业人员身体健康状况异常、心理异常、感知异常（反应迟钝、辨识错误）； 4. 作业人员操作错误，违章作业	1. 船舶相关仪表设备老旧、失效； 2. 导航设施出现明显错误； 3. 船上物品偏载； 4. 系揽钩未绑扎牢固； 5. 物体撞击船体致出现破洞； 6. 船体刚度不足	1. 强风、暴雨等不良天气； 2. 光线不足； 3. 水中存在巨大波浪	1. 船舶操作规程、应急预案不完善或未落实； 2. 未落实安全教育、培训、交底、检查制度； 3. 船舶等未按要求组织维修、检验等或属于三无船舶	√	√	√	√	√
船舶靠离泊/锚泊/泥驳装卸	物体打击	工具、材料、船上器具等	1. 现场作业人员未正确使用安全防护用品（安全帽等）； 2. 人员违章进入危险区域； 3. 管理人员违章指挥，强令冒险作业； 4. 作业人员身体健康状况异常、心理异常、感知异常（反应迟钝、辨识错误）； 5. 作业人员操作错误，违章作业（违章抛物等）	1. 安全防护用品不合格（安全帽等）； 2. 作业过程中产生的坠落物、抛射物、喷射物、溅射物等（工具、材料等）； 3. 未设置防护设施，防护设施存在缺陷（挡脚板、防护网等）； 4. 物品摆放位置不合理或未固定； 5. 物品尺寸超大、超长等	1. 强风、暴雨、冰雹、大雾等不良天气； 2. 作业场地杂乱； 3. 照明光线不足； 4. 机械、车船等晃动、振动	1. 施工方案不完善或未落实； 2. 安全教育、培训、交底、检查制度不完善或未落实； 3. 安全防护用品等未进行进场验收或验收不到位； 4. 安全投入不足； 5. 现场无警示标识或标识破损（警戒区、标牌、反光锥等）		√	√	√	

续上表

施工作业内容	典型风险事件	致害物	致险因素				风险事件后果类型				
			人的因素	物的因素	环境因素	管理因素	易导致伤亡人员类型		人员伤亡		
							本人	他人	轻伤	重伤	死亡
船舶靠离泊/锚泊/泥驳装卸	机械伤害	船上施工小型机具等	1. 人员违章进入危险区域（机械作业半径等）； 2. 管理人员违章指挥，强令冒险作业； 3. 机械操作人员未持有效证件上岗； 4. 机械操作人员操作错误、违章作业（违规载人、酒后作业）； 5. 操作人员身体健康状况异常、心理异常、感知异常（反应迟钝、辨识错误）； 6. 现场作业人员未正确使用安全防护用品（反光背心、安全帽等）； 7. 机械操作人员疲劳作业	1. 机械无警示标识或标识破损（警戒区、标牌、反光贴等）； 2. 设备设施安全作业距离不足； 3. 设备带病作业（设备设施制动装置失效、运动或转动装置无防护或防护装置缺陷等）； 4. 安全防护用品不合格（反光背心、安全帽、护目镜等）	1. 强风、暴雨、大雪、冰雹、大雾等不良天气； 2. 船体甲板狭窄、不平整、道路湿滑； 3. 夜间施工照明不足； 4. 存在视野盲区	1. 机械设备安全管理制度不完善或未落实（检查维护保养不到位）； 2. 未对机械设备、安全防护用品等进行进场验收或验收不到位； 3. 安全教育、培训、交底制度不完善或未落实； 4. 机械设备操作规程不规范或未落实； 5. 安全投入不足		√	√	√	√

续上表

施工作业内容	典型风险事件	致害物	致险因素				风险事件后果类型				
			人的因素	物的因素	环境因素	管理因素	易导致伤亡人员类型		人员伤亡		
							本人	他人	轻伤	重伤	死亡
船舶靠离泊/锚泊/泥驳装卸	淹溺	周边水域	1. 管理人员违章指挥,强令冒险作业; 2. 人员心理异常(冒险侥幸心理等); 3. 作业人员操作错误,违章作业; 4. 违反劳动纪律行为(管理人员脱岗等); 5. 人员未正确使用安全防护用品	1. 现场无警示标识或标识破损; 2. 现场救生设施不足; 3. 水下存在不明物体或生物的拖拽或缠绕; 4. 氧气瓶、头盔等存在缺陷	1. 雷雨、大风(6 级以上)、冰雹、大雾等恶劣天气作业; 2. 水体寒冷; 3. 水上能见度不足	1. 专项施工方案、应急预案不完善或未落实; 2. 未落实安全教育、培训、交底、检查制度; 3. 现场监控看管不到位	√		√		√
	船舶碰撞	船舶等	1. 船舶驾驶等人员技术、经验不足; 2. 管理人员违章指挥,强令冒险作业; 3. 作业人员身体健康状况异常、心理异常、感知异常(反应迟钝、辨识错误); 4. 作业人员操作错误,违章作业	1. 船舶相关仪表设备老旧、失效; 2. 导航设施出现明显错误; 3. 船舶防撞设施缺失; 4. 周围船体碰撞施工船舶	1. 强风、暴雨、大雪、大雾等不良天气; 2. 光线、照明不足; 3. 水下暗流影响船体方向和速度; 4. 施工水域狭小	1. 船舶操作规程、应急预案不完善或未落实; 2. 未落实安全教育、培训、交底、检查制度; 3. 船舶等未按要求组织维修、检验等或属于三无船舶	√	√	√	√	

续上表

施工作业内容	典型风险事件	致害物	致险因素				风险事件后果类型				
			人的因素	物的因素	环境因素	管理因素	易导致伤亡人员类型		人员伤亡		
							本人	他人	轻伤	重伤	死亡
船舶靠离泊/锚泊/泥驳装卸	船舶触损	水下岩石、沉船、抛石等	1. 船舶驾驶等人员技术、经验不足； 2. 管理人员违章指挥，强令冒险作业； 3. 作业人员身体健康状况异常、心理异常、感知异常（反应迟钝、辨识错误）； 4. 作业人员操作错误，违章作业	1. 船舶相关仪表设备老旧、失效； 2. 声呐设施出现明显错误； 3. 与重型物品撞击； 4. 水下尖锐物品或其他船只上尖锐部位触碰； 5. 船体老化	1. 强风、暴雨、大雪、大雾等不良天气； 2. 光线不足； 3. 水下地质突变； 4. 水中存在较大波浪	1. 船舶操作规程、应急预案不完善或未落实； 2. 未落实安全教育、培训、交底、检查制度； 3. 船舶等未按要求组织维修、检验等或属于三无船舶	√	√	√	√	
	船舶污染	船舶燃油、生活污水等	1. 船舶驾驶等人员技术、经验不足； 2. 管理人员违章指挥，强令冒险作业； 3. 作业人员身体健康状况异常、心理异常、感知异常（反应迟钝、辨识错误）； 4. 作业人员操作错误，违章作业	1. 船舶相关仪表设备老旧、失效； 2. 燃油桶或输油管破损	1. 强风、暴雨等不良天气； 2. 船内照明不足	1. 船舶操作规程、应急预案不完善或未落实； 2. 未落实安全教育、培训、交底、检查制度； 3. 船舶等未按要求组织维修、检验等或属于三无船舶		√	√		

续上表

施工作业内容	典型风险事件	致害物	致险因素				风险事件后果类型				
			人的因素	物的因素	环境因素	管理因素	易导致伤亡人员类型		人员伤亡		
							本人	他人	轻伤	重伤	死亡
船舶靠离泊/锚泊/泥驳装卸	船舶倾覆	风浪、船舶等	1. 船舶驾驶等人员技术、经验不足； 2. 管理人员违章指挥，强令冒险作业； 3. 作业人员身体健康状况异常、心理异常、感知异常（反应迟钝、辨识错误）； 4. 作业人员操作错误，违章作业	1. 船舶相关仪表设备老旧、失效； 2. 导航设施出现明显错误； 3. 船上物品偏载； 4. 系揽钩未绑扎牢固； 5. 物体撞击船体致出现破洞； 6. 船体刚度不足	1. 强风、暴雨等不良天气； 2. 光线不足； 3. 水中存在巨大波浪	1. 船舶操作规程、应急预案不完善或未落实； 2. 未落实安全教育、培训、交底、检查制度； 3. 船舶等未按要求组织维修、检验等或属于三无船舶	√	√	√	√	√
吹泥管线布设与拆卸	物体打击	工具材料等	1. 现场作业人员未正确使用安全防护用品（安全帽等）； 2. 人员违章进入危险区域； 3. 管理人员违章指挥，强令冒险作业； 4. 作业人员身体健康状况异常、心理异常、感知异常（反应迟钝、辨识错误）； 5. 作业人员操作错误，违章作业（违章抛物）	1. 安全防护用品不合格（安全帽等）； 2. 作业过程中产生的坠落物、抛射物、喷射物、溅射物等（工具、材料等）； 3. 未设置防护设施，防护设施存在缺陷（挡脚板、防护网等）； 4. 物品摆放位置不合理或未固定； 5. 物品尺寸超大、超长等	1. 强风、暴雨、冰雹、大雾等不良天气； 2. 作业场地杂乱； 3. 照明光线不足； 4. 机械、车船等晃动、振动	1. 施工方案不完善或未落实； 2. 安全教育、培训、交底、检查制度不完善或未落实； 3. 安全防护用品等未进行进场验收或验收不到位； 4. 安全投入不足； 5. 现场无警示标识或标识破损（警戒区、标牌、反光锥等）		√	√	√	

续上表

施工作业内容	典型风险事件	致害物	致险因素				风险事件后果类型				
			人的因素	物的因素	环境因素	管理因素	易导致伤亡人员类型		人员伤亡		
							本人	他人	轻伤	重伤	死亡
吹泥管线布设与拆卸	机械伤害	船体内机具	1. 人员违章进入危险区域（机械作业半径等）； 2. 管理人员违章指挥，强令冒险作业； 3. 机械操作人员未持有效证件上岗； 4. 机械操作人员操作错误，违章作业（违规载人、酒后作业）； 5. 操作人员身体健康状况异常、心理异常、感知异常（反应迟钝、辨识错误）； 6. 现场作业人员未正确使用安全防护用品（反光背心、安全帽等）； 7. 机械操作人员疲劳作业	1. 机械无警示标识或标识破损（警戒区、标牌、反光贴等）； 2. 设备设施安全作业距离不足； 3. 设备带病作业（设备设施制动装置失效、运动或转动装置无防护或防护装置缺陷等）； 4. 安全防护用品不合格（反光背心、安全帽、护目镜等）	1. 强风、暴雨、大雪、冰雹、大雾等不良天气； 2. 作业场地狭窄、不平整、道路湿滑； 3. 夜间施工照明不足； 4. 存在视野盲区	1. 机械设备安全管理制度不完善或未落实（检查维护保养不到位）； 2. 未对机械设备、安全防护用品等进行进场验收或验收不到位； 3. 安全教育、培训、交底制度不完善或未落实； 4. 机械设备操作规程不规范或未落实； 5. 安全投入不足		√	√	√	√

续上表

施工作业内容	典型风险事件	致害物	致险因素				风险事件后果类型				
			人的因素	物的因素	环境因素	管理因素	易导致伤亡人员类型		人员伤亡		
							本人	他人	轻伤	重伤	死亡
吹泥管线布设与拆卸	起重伤害	浮吊的起重设备或船上吊索吊具	1. 管理人员违章指挥，强令冒险作业； 2. 作业人员操作错误，违章作业； 3. 起重工、信号工未持有效证件上岗； 4. 现场作业人员未正确使用安全防护用品（安全帽等）； 5. 抗倾覆验算错误； 6. 人员违章进入危险区域； 7. 起重人员身体健康状况异常、心理异常、感知异常（反应迟钝、辨识错误）； 8. 作业人员疲劳作业	1. 设备自身缺陷（强度、刚度不足、抗倾覆能力不足）； 2. 现场无警示标识或标识（警戒区、标牌、反光锥等）破损； 3. 构件防锈处理不合格； 4. 吊索、吊具不合格或达到报废标准（钢丝绳、吊带、U 型卸扣等）； 5. 无防护或防护装置缺陷（防脱钩装置、限位装置等）； 6. 设备带“病”作业（制动装置等）； 7. 安全防护用品不合格（反光背心、安全帽等）	1. 强风、暴雨、大雾、大雪等不良天气； 2. 地基承载力不足、基础下沉； 3. 作业场地照明不足； 4. 浮吊周围水域存在较大波浪或暗流； 5. 周围高空有较多障碍物； 6. 存在视野盲区	1. 施工方案不完善或未落实； 2. 安全教育、培训、交底、检查制度不完善或未落实； 3. 未对起重设备进行进场验收或验收不到位； 4. 安全投入不足； 5. 起重吊装作业时无专人监视； 6. 起重吊装安全操作规程不规范或未落实	√	√	√	√	√

续上表

施工作业内容	典型风险事件	致害物	致险因素				风险事件后果类型				
			人的因素	物的因素	环境因素	管理因素	易导致伤亡人员类型		人员伤亡		
							本人	他人	轻伤	重伤	死亡
吹泥管线布设与拆卸	淹溺	周边水域	1. 管理人员违章指挥,强令冒险作业; 2. 人员心理异常(冒险侥幸心理); 3. 作业人员操作错误,违章作业; 4. 违反劳动纪律行为(管理人员脱岗); 5. 人员未正确使用安全防护用品	1. 现场无警示标识或标识破损; 2. 现场救生设施不足; 3. 水下存在不明物体或生物的拖拽或缠绕; 4. 氧气瓶、头盔等存在缺陷	1. 雷雨、大风(6 级以上)、冰雹、大雾等恶劣天气作业; 2. 水体寒冷; 3. 水上能见度不足	1. 专项施工方案、应急预案不完善或未落实; 2. 未落实安全教育、培训、交底、检查制度; 3. 现场监控看管不到位	√		√		√
	船舶碰撞	船舶等	1. 船舶驾驶等人员技术、经验不足; 2. 管理人员违章指挥,强令冒险作业; 3. 作业人员身体健康状况异常、心理异常、感知异常(反应迟钝、辨识错误); 4. 作业人员操作错误,违章作业	1. 船舶相关仪表设备老旧、失效; 2. 导航设施出现明显错误; 3. 船舶防撞设施缺失; 4. 周围船体碰撞施工船舶	1. 强风、暴雨、大雪、大雾等不良天气; 2. 光线、照明不足; 3. 水下暗流影响船体方向和速率; 4. 施工水域狭小	1. 船舶操作规程、应急预案不完善或未落实; 2. 未落实安全教育、培训、交底、检查制度; 3. 船舶等未按要求组织维修、检验等或属于三无船舶	√	√	√	√	

续上表

施工作业内容	典型风险事件	致害物	致险因素				风险事件后果类型				
			人的因素	物的因素	环境因素	管理因素	易导致伤亡人员类型		人员伤亡		
							本人	他人	轻伤	重伤	死亡
吹泥管线布设与拆卸	船舶搁浅	浅滩等	1. 船舶驾驶等人员技术、经验不足； 2. 管理人员违章指挥，强令冒险作业； 3. 作业人员身体健康状况异常、心理异常、感知异常（反应迟钝、辨识错误）； 4. 作业人员操作错误，违章作业	1. 船舶相关仪表设备老旧、失效； 2. 导航、声呐设施出现明显错误	1. 强风、暴雨、大雪、大雾等不良天气； 2. 光线不足； 3. 水下地质突变； 4. 水位快速下降或退潮	1. 船舶操作规程、应急预案不完善或未落实； 2. 未落实安全教育、培训、交底、检查制度； 3. 船舶等未按要求组织维修、检验等或属于三无船舶； 4. 管理人员对气象和水体未提前预估	√	√	√		
	船舶触礁	水下暗礁等	1. 船舶驾驶等人员技术、经验不足； 2. 管理人员违章指挥，强令冒险作业； 3. 作业人员身体健康状况异常、心理异常、感知异常（反应迟钝、辨识错误）； 4. 作业人员操作错误，违章作业	1. 船舶相关仪表设备老旧、失效； 2. 导航、声呐设施出现明显错误	1. 强风、暴雨、大雪、大雾等不良天气； 2. 光线不足； 3. 水下地质突变	1. 船舶操作规程、应急预案不完善或未落实； 2. 未落实安全教育、培训、交底、检查制度； 3. 船舶等未按要求组织维修、检验等或属于三无船舶； 4. 管理人员对水体预估不足	√	√	√		

续上表

施工作业内容	典型风险事件	致害物	致险因素				风险事件后果类型				
			人的因素	物的因素	环境因素	管理因素	易导致伤亡人员类型		人员伤亡		
							本人	他人	轻伤	重伤	死亡
吹泥管线布设与拆卸	船舶倾覆	风浪、船舶等	1. 船舶驾驶等人员技术、经验不足； 2. 管理人员违章指挥，强令冒险作业； 3. 作业人员身体健康状况异常、心理异常、感知异常（反应迟钝、辨识错误）； 4. 作业人员操作错误，违章作业	1. 船舶相关仪表设备老旧、失效； 2. 导航设施出现明显错误； 3. 船上物品偏载； 4. 系揽钩未绑扎牢固； 5. 物体撞击船体致出现破洞； 6. 船体刚度不足	1. 强风、暴雨等不良天气； 2. 光线不足； 3. 水中存在巨大波浪	1. 船舶操作规程、应急预案不完善或未落实； 2. 未落实安全教育、培训、交底、检查制度； 3. 船舶等未按要求组织维修、检验等或属于三无船舶	√	√	√	√	√
吹泥作业	淹溺	周边水域	1. 管理人员违章指挥，强令冒险作业； 2. 人员心理异常（冒险侥幸心理等）； 3. 作业人员操作错误，违章作业； 4. 违反劳动纪律行为（管理人员脱岗等）； 5. 人员未正确使用安全防护用品	1. 现场无警示标识或标识破损； 2. 现场救生设施不足； 3. 水下存在不明物体或生物的拖拽或缠绕； 4. 氧气瓶、头盔等存在缺陷	1. 雷雨、大风（6级以上）、冰雹、大雾等恶劣天气作业； 2. 水体寒冷； 3. 水上及围堰内能见度不足	1. 专项施工方案、应急预案不完善或未落实； 2. 未落实安全教育、培训、交底、检查制度； 3. 现场监控看管不到位	√		√		√

续上表

施工作业内容	典型风险事件	致害物	致险因素				风险事件后果类型				
			人的因素	物的因素	环境因素	管理因素	易导致伤亡人员类型		人员伤亡		
							本人	他人	轻伤	重伤	死亡
吹泥作业	船舶碰撞	船舶等	1. 船舶驾驶等人员技术、经验不足； 2. 管理人员违章指挥，强令冒险作业； 3. 作业人员身体健康状况异常、心理异常、感知异常（反应迟钝、辨识错误）； 4. 作业人员操作错误，违章作业	1. 船舶相关仪表设备老旧、失效； 2. 导航设施出现明显错误； 3. 船舶防撞设施缺失； 4. 周围船体碰撞施工船舶	1. 强风、暴雨、大雪、大雾等不良天气； 2. 光线、照明不足； 3. 水下暗流影响船体方向和速率； 4. 施工水域狭小	1. 船舶操作规程、应急预案不完善或未落实； 2. 未落实安全教育、培训、交底、检查制度； 3. 船舶等未按要求组织维修、检验等或属于三无船舶	√	√	√	√	
	船舶搁浅	浅滩等	1. 船舶驾驶等人员技术、经验不足； 2. 管理人员违章指挥，强令冒险作业； 3. 作业人员身体健康状况异常、心理异常、感知异常（反应迟钝、辨识错误）； 4. 作业人员操作错误，违章作业	1. 船舶相关仪表设备老旧、失效； 2. 导航、声呐设施出现明显错误	1. 强风、暴雨、大雪、大雾等不良天气； 2. 光线不足； 3. 水下地质突变； 4. 水位快速下降或退潮	1. 船舶操作规程、应急预案不完善或未落实； 2. 未落实安全教育、培训、交底、检查制度； 3. 船舶等未按要求组织维修、检验等或属于三无船舶； 4. 管理人员对气象和水体未提前预估	√	√	√		

续上表

施工作业内容	典型风险事件	致害物	致险因素				风险事件后果类型				
			人的因素	物的因素	环境因素	管理因素	易导致伤亡人员类型		人员伤亡		
							本人	他人	轻伤	重伤	死亡
吹泥作业	船舶触损	水下岩石、沉船、抛石等	1. 船舶驾驶等人员技术、经验不足； 2. 管理人员违章指挥，强令冒险作业； 3. 作业人员身体健康状况异常、心理异常、感知异常（反应迟钝、辨识错误）； 4. 作业人员操作错误，违章作业	1. 船舶相关仪表设备老旧、失效； 2. 声呐设施出现明显错误； 3. 与重型物品撞击； 4. 水下尖锐物品或其他船只上尖锐部位触碰； 5. 船体老化	1. 强风、暴雨、大雪、大雾等不良天气； 2. 光线不足； 3. 水下地质突变； 4. 水中存在较大波浪	1. 船舶操作规程、应急预案不完善或未落实； 2. 未落实安全教育、培训、交底、检查制度； 3. 船舶等未按要求组织维修、检验等或属于三无船舶	√	√	√	√	
	船舶污染	船舶燃油、生活污水等	1. 船舶驾驶等人员技术、经验不足； 2. 管理人员违章指挥，强令冒险作业； 3. 作业人员身体健康状况异常、心理异常、感知异常（反应迟钝、辨识错误）； 4. 作业人员操作错误，违章作业	1. 船舶相关仪表设备老旧、失效； 2. 燃油桶或输油管破损	1. 强风、暴雨等不良天气； 2. 船内照明不足	1. 船舶操作规程、应急预案不完善或未落实； 2. 未落实安全教育、培训、交底、检查制度； 3. 船舶等未按要求组织维修、检验等或属于三无船舶		√	√		

续上表

施工作业内容	典型风险事件	致害物	致险因素				风险事件后果类型				
			人的因素	物的因素	环境因素	管理因素	易导致伤亡人员类型		人员伤亡		
							本人	他人	轻伤	重伤	死亡
吹泥作业	船舶倾覆	风浪、船舶等	1. 船舶驾驶等人员技术、经验不足； 2. 管理人员违章指挥，强令冒险作业； 3. 作业人员身体健康状况异常、心理异常、感知异常（反应迟钝、辨识错误）； 4. 作业人员操作错误，违章作业	1. 船舶相关仪表设备老旧、失效； 2. 导航设施出现明显错误； 3. 船上物品偏载； 4. 系揽钩未绑扎牢固； 5. 物体撞击船体致出现破洞； 6. 船体刚度不足	1. 强风、暴雨等不良天气； 2. 光线不足； 3. 水中存在巨大波浪	1. 船舶操作规程、应急预案不完善或未落实； 2. 未落实安全教育、培训、交底、检查制度； 3. 船舶等未按要求组织维修、检验等或属于三无船舶	√	√	√	√	√
基底	物体打击	工具、材料等坠落物、抛射物、喷射物	1. 现场作业人员未正确使用安全防护用品（安全帽等）； 2. 人员违章进入危险区域； 3. 管理人员违章指挥，强令冒险作业； 4. 作业人员身体健康状况异常、心理异常、感知异常（反应迟钝、辨识错误）； 5. 作业人员操作错误，违章作业（违章抛物）	1. 安全防护用品不合格（安全帽等）； 2. 作业过程中产生的坠落物、抛射物、喷射物、溅射物等（工具、材料等）； 3. 未设置防护设施，防护设施存在缺陷（挡脚板、防护网等）； 4. 物品摆放位置不合理或未固定； 5. 物品尺寸超大、超长等	1. 强风、暴雨、冰雹、大雾等不良天气； 2. 作业场地杂乱； 3. 照明光线不足； 4. 机械、车船、场地等晃动、振动	1. 施工方案不完善或未落实； 2. 安全教育、培训、交底、检查制度不完善或未落实； 3. 安全防护用品等未进行进场验收或验收不到位； 4. 安全投入不足； 5. 现场无警示标识或标识（警戒区、标牌、反光锥等）破损		√	√	√	

续上表

施工作业内容	典型风险事件	致害物	致险因素				风险事件后果类型				
			人的因素	物的因素	环境因素	管理因素	易导致伤亡人员类型		人员伤亡		
							本人	他人	轻伤	重伤	死亡
基底	车辆伤害	运输、施工车辆等	1. 人员违章进入危险区域； 2. 管理人员违章指挥，强令冒险作业(进入驾驶员视野盲区等)； 3. 机驾人员未持有效证件上岗；机驾人员操作错误，违章作业(违规载人、酒后驾驶、超速、超限、超载作业)； 4. 机驾人员身体健康状况异常、心理异常、感知异常(反应迟钝、辨识错误)； 5. 机驾人员疲劳作业现场作业人员； 6. 现场人员未正确使用安全防护用品(反光背心、安全帽等)	1. 车辆未配备警示标识或标识破损(警戒区、标牌、反光锥、反光贴等)； 2. 车辆带“病”作业(制动装置、喇叭、后视镜、警示灯等设施缺陷等)； 3. 车辆作业安全距离不足； 4. 人员安全防护用品不合格(反光背心、安全帽等)； 5. 车辆外观存在破损、配件行驶时脱落，运载物品尺寸超过车辆尺寸等； 6. 车辆转弯或后退时无明显提示	1. 强风、暴雨、大雪、冰雹、大雾等不良天气； 2. 作业场地狭窄、不平整、道路湿滑； 3. 车辆前后视线不良； 4. 存在视野盲区	1. 未对车辆、船机设备安全防护设施等进行进场验收或验收不到位； 2. 车船安全管理制度不完善或未落实(检查维护保养不到位)； 3. 安全操作规程不规范或未落实(作业前未对车船周围环境进行检查等)； 4. 安全教育、培训、交底、检查制度不完善或未落实； 5. 职业健康管理制度不完善或未落实； 6. 安全投入不足	√	√	√	√	√

续上表

施工作业内容	典型风险事件	致害物	致险因素				风险事件后果类型				
			人的因素	物的因素	环境因素	管理因素	易导致伤亡人员类型		人员伤亡		
							本人	他人	轻伤	重伤	死亡
基底	机械伤害	挖掘机、装载机及等施工小型机具	1. 人员违章进入危险区域（机械作业半径等）； 2. 管理人员违章指挥，强令冒险作业； 3. 机械操作人员未持有效证件上岗； 4. 机械操作人员操作错误，违章作业（违规载人、酒后作业）； 5. 操作人员身体健康状况异常、心理异常、感知异常（反应迟钝、辨识错误）； 6. 现场作业人员未正确使用安全防护用品（反光背心、安全帽等）； 7. 机械操作人员疲劳作业	1. 机械无警示标识或标识破损（警戒区、标牌、反光贴等）； 2. 设备设施安全作业距离不足； 3. 设备带病作业（设备设施制动装置失效、运动或转动装置无防护或防护装置缺陷等）； 4. 安全防护用品不合格（反光背心、安全帽、护目镜等）	1. 强风、暴雨、大雪、冰雹、大雾等不良天气； 2. 作业场地狭窄、不平整、道路湿滑； 3. 夜间施工照明不足； 4. 存在视野盲区	1. 机械设备安全管理制度不完善或未落实（检查维护保养不到位）； 2. 未对机械设备、安全防护用品等进行进场验收或验收不到位； 3. 安全教育、培训、交底制度不完善或未落实； 4. 机械设备操作规程不规范或未落实； 5. 安全投入不足		√	√	√	√

续上表

施工作业内容	典型风险事件	致害物	致险因素				风险事件后果类型				
			人的因素	物的因素	环境因素	管理因素	易导致伤亡人员类型		人员伤亡		
							本人	他人	轻伤	重伤	死亡
基底	起重伤害	汽车起重机、履带式起重机、浮吊等起重设备、吊索吊具	1. 管理人员违章指挥,强令冒险作业; 2. 作业人员操作错误,违章作业; 3. 起重工、信号工未持有效证件上岗; 4. 现场作业人员未正确使用安全防护用品(安全帽等); 5. 抗倾覆验算错误; 6. 人员违章进入危险区域; 7. 起重人员身体健康状况异常、心理异常、感知异常(反应迟钝、辨识错误); 8. 作业人员疲劳作业	1. 设备自身缺陷(强度、刚度不足,抗倾覆能力不足); 2. 现场无警示标识或标识破损(警戒区、标牌、反光锥等); 3. 吊车支垫材料不合格(枕木、钢板等); 4. 构件防锈处理不合格; 5. 吊索吊具不合格或达到报废标准(钢丝绳、吊带、U 型卸扣等); 6. 无防护或防护装置缺陷(防脱钩装置、限位装置等); 7. 设备带“病”作业(制动装置等); 8. 安全防护用品不合格(反光背心、安全帽等)	1. 强风、暴雨、大雾、大雪等不良天气; 2. 地基承载力不足、基础下沉; 3. 作业场地照明不足; 4. 浮吊周围水域存在较大波浪或暗流; 5. 周围高空有较多障碍物; 6. 存在视野盲区	1. 施工方案不完善或未落实; 2. 安全教育、培训、交底、检查制度不完善或未落实; 3. 未对起重设备进行进场验收或验收不到位; 4. 安全投入不足; 5. 起重吊装作业时无专人监视; 6. 起重吊装安全操作规程不规范或未落实	√	√	√	√	√

续上表

施工作业内容	典型风险事件	致害物	致险因素				风险事件后果类型				
			人的因素	物的因素	环境因素	管理因素	易导致伤亡人员类型		人员伤亡		
							本人	他人	轻伤	重伤	死亡
基底	淹溺	周边水域	1. 管理人员违章指挥,强令冒险作业; 2. 人员心理异常(冒险侥幸心理等); 3. 作业人员操作错误,违章作业; 4. 违反劳动纪律行为(管理人员脱岗等); 5. 人员未正确使用安全防护用品	1. 现场无警示标识或标识破损; 2. 现场救生设施不足; 3. 水下存在不明物体或生物的拖拽或缠绕	1. 雷雨、大风(6级以上)、冰雹、大雾等恶劣天气作业; 2. 水体寒冷; 3. 水体内能见度不足	1. 专项施工方案、应急预案不完善或未落实; 2. 未落实安全教育、培训、交底、检查制度; 3. 现场监控看管不到位	√		√		√
埝身	物体打击	工具、材料等坠落物、抛射物	1. 现场作业人员未正确使用安全防护用品(安全帽等); 2. 人员违章进入危险区域; 3. 管理人员违章指挥,强令冒险作业; 4. 作业人员身体健康状况异常、心理异常、感知异常(反应迟钝、辨识错误); 5. 作业人员操作错误,违章作业(违章抛物)	1. 安全防护用品不合格(安全帽等); 2. 作业过程中产生的坠落物、抛射物、喷射物、溅射物等(工具、材料等); 3. 未设置防护设施,防护设施存在缺陷(挡脚板、防护网等); 4. 物品摆放位置不合理或未固定; 5. 物品尺寸超大、超长等	1. 强风、暴雨、冰雹、大雾等不良天气; 2. 作业场地杂乱; 3. 照明光线不足; 4. 机械、车船、场地等晃动、振动	1. 施工方案不完善或未落实; 2. 安全教育、培训、交底、检查制度不完善或未落实; 3. 安全防护用品等未进行进场验收或验收不到位; 4. 安全投入不足; 5. 现场无警示标识或标识破损(警戒区、标牌、反光锥等)		√	√	√	

续上表

施工作业内容	典型风险事件	致害物	致险因素				风险事件后果类型				
			人的因素	物的因素	环境因素	管理因素	易导致伤亡人员类型		人员伤亡		
							本人	他人	轻伤	重伤	死亡
埝身	机械伤害	挖掘机、打桩机、搅拌机、装载机等施工小型机具	1. 人员违章进入危险区域（机械作业半径等）； 2. 管理人员违章指挥，强令冒险作业； 3. 机械操作人员未持有效证件上岗； 4. 机械操作人员操作错误，违章作业（违规载人、酒后作业）； 5. 操作人员身体健康状况异常、心理异常、感知异常（反应迟钝、辨识错误）； 6. 现场作业人员未正确使用安全防护用品（反光背心、安全帽等）； 7. 机械操作人员疲劳作业	1. 机械无警示标识或标识破损（警戒区、标牌、反光贴等）； 2. 设备设施安全作业距离不足； 3. 设备带病作业（设备设施制动装置失效、运动或转动装置无防护或防护装置缺陷等）； 4. 安全防护用品不合格（反光背心、安全帽、护目镜等）	1. 强风、暴雨、大雪、冰雹、大雾等不良天气； 2. 作业场地狭窄、不平整、道路湿滑； 3. 夜间施工照明不足； 4. 存在视野盲区	1. 机械设备安全管理制度不完善或未落实（检查维护保养不到位等）； 2. 未对机械设备、安全防护用品等进行进场验收或验收不到位； 3. 安全教育、培训、交底制度不完善或未落实； 4. 机械设备操作规程不规范或未落实； 5. 安全投入不足		√	√	√	√

续上表

施工作业内容	典型风险事件	致害物	致险因素				风险事件后果类型				
			人的因素	物的因素	环境因素	管理因素	易导致伤亡人员类型		人员伤亡		
							本人	他人	轻伤	重伤	死亡
埝身	起重伤害	汽车起重机、履带式起重机、浮吊等起重设备、吊索吊具	1. 管理人员违章指挥，强令冒险作业； 2. 作业人员操作错误，违章作业； 3. 起重工、信号工未持有效证件上岗； 4. 现场作业人员未正确使用安全防护用品（安全帽等）； 5. 抗倾覆验算错误； 6. 人员违章进入危险区域； 7. 起重人员身体健康状况异常、心理异常、感知异常（反应迟钝、辨识错误）； 8. 作业人员疲劳作业	1. 设备自身缺陷（强度、刚度不足、抗倾覆能力不足）； 2. 现场无警示标识或标识（警戒区、标牌、反光锥等）破损； 3. 吊车支垫材料不合格（枕木、钢板等）； 4. 构件防锈处理不合格； 5. 吊索吊具不合格或达到报废标准（钢丝绳、吊带、U 型卸扣等）； 6. 无防护或防护装置缺陷（防脱钩装置、限位装置等）； 7. 设备带“病”作业（制动装置等）； 8. 安全防护用品不合格（反光背心、安全帽等）	1. 强风、暴雨、大雾、大雪等不良天气； 2. 地基承载力不足、基础下沉； 3. 作业场地照明不足； 4. 浮吊周围水域存在较大波浪或暗流； 5. 周围高空有较多障碍物； 6. 存在视野盲区	1. 施工方案不完善或未落实； 2. 安全教育、培训、交底、检查制度不完善或未落实； 3. 未对起重设备进行进场验收或验收不到位； 4. 安全投入不足； 5. 起重吊装作业时无专人监视； 6. 起重吊装安全操作规程不规范或未落实	√	√	√	√	√

续上表

施工作业内容	典型风险事件	致害物	致险因素				风险事件后果类型				
			人的因素	物的因素	环境因素	管理因素	易导致伤亡人员类型		人员伤亡		
							本人	他人	轻伤	重伤	死亡
埝身	淹溺	周边水域	1. 管理人员违章指挥，强令冒险作业； 2. 人员心理异常（冒险侥幸心理等）； 3. 作业人员操作错误，违章作业； 4. 违反劳动纪律行为（管理人员脱岗等）； 5. 人员未正确使用安全防护用品	1. 现场无警示标识或标识破损； 2. 现场救生设施不足； 3. 水下存在不明物体或生物的拖拽或缠绕	1. 雷雨、大风（6 级以上）、冰雹、大雾等恶劣天气作业； 2. 水体寒冷； 3. 水体内能见度不足	1. 专项施工方案、应急预案不完善或未落实； 2. 未落实安全教育、培训、交底、检查制度； 3. 现场监控看管不到位	√		√		√
	船舶碰撞	船舶等	1. 船舶驾驶等人员技术、经验不足； 2. 管理人员违章指挥，强令冒险作业； 3. 作业人员身体健康状况异常、心理异常、感知异常（反应迟钝、辨识错误）； 4. 作业人员操作错误，违章作业	1. 船舶相关仪表设备老旧、失效； 2. 导航设施出现明显错误； 3. 船舶防撞设施缺失； 4. 周围船体碰撞施工船舶	1. 强风、暴雨、大雪、大雾等不良天气； 2. 光线、照明不足； 3. 水下暗流影响船体方向和速率； 4. 施工水域狭小	1. 船舶操作规程、应急预案不完善或未落实； 2. 未落实安全教育、培训、交底、检查制度； 3. 船舶等未按要求组织维修、检验等或属于三无船舶	√	√	√	√	

续上表

施工作业内容	典型风险事件	致害物	致险因素				风险事件后果类型				
			人的因素	物的因素	环境因素	管理因素	易导致伤亡人员类型		人员伤亡		
							本人	他人	轻伤	重伤	死亡
埝身	船舶搁浅	浅滩等	1. 船舶驾驶等人员技术、经验不足； 2. 管理人员违章指挥，强令冒险作业； 3. 作业人员身体健康状况异常、心理异常、感知异常（反应迟钝、辨识错误）； 4. 作业人员操作错误，违章作业	1. 船舶相关仪表设备老旧、失效； 2. 导航、声呐设施出现明显错误	1. 强风、暴雨、大雪、大雾等不良天气； 2. 光线不足； 3. 水下地质突变； 4. 水位快速下降或退潮	1. 船舶操作规程、应急预案不完善或未落实； 2. 未落实安全教育、培训、交底、检查制度； 3. 船舶等未按要求组织维修、检验等或属于三无船舶； 4. 管理人员对气象和水体未提前预估	√	√	√		
	船舶触损	水下岩石、沉船、抛石等	1. 船舶驾驶等人员技术、经验不足； 2. 管理人员违章指挥，强令冒险作业； 3. 作业人员身体健康状况异常、心理异常、感知异常（反应迟钝、辨识错误）； 4. 作业人员操作错误，违章作业	1. 船舶相关仪表设备老旧、失效； 2. 声呐设施出现明显错误； 3. 与重型物品撞击； 4. 水下尖锐物品或其他船只上尖锐部位触碰； 5. 船体老化	1. 强风、暴雨、大雪、大雾等不良天气； 2. 光线不足； 3. 水下地质突变； 4. 水中存在较大波浪	1. 船舶操作规程、应急预案不完善或未落实； 2. 未落实安全教育、培训、交底、检查制度； 3. 船舶等未按要求组织维修、检验等或属于三无船舶	√	√	√	√	

续上表

施工作业内容	典型风险事件	致害物	致险因素				风险事件后果类型				
			人的因素	物的因素	环境因素	管理因素	易导致伤亡人员类型		人员伤亡		
							本人	他人	轻伤	重伤	死亡
埝身	船舶污染	船舶燃油、生活污水等	1. 船舶驾驶等人员技术、经验不足； 2. 管理人员违章指挥，强令冒险作业； 3. 作业人员身体健康状况异常、心理异常、感知异常（反应迟钝、辨识错误）； 4. 作业人员操作错误，违章作业	1. 船舶相关仪表设备老旧、失效； 2. 燃油桶或输油管破损	1. 强风、暴雨等不良天气； 2. 船内照明不足	1. 船舶操作规程、应急预案不完善或未落实； 2. 未落实安全教育、培训、交底、检查制度； 3. 船舶等未按要求组织维修、检验等或属于三无船舶		√	√		
	船舶倾覆	风浪、船舶等	1. 船舶驾驶等人员技术、经验不足； 2. 管理人员违章指挥，强令冒险作业； 3. 作业人员身体健康状况异常、心理异常、感知异常（反应迟钝、辨识错误）； 4. 作业人员操作错误，违章作业	1. 船舶相关仪表设备老旧、失效； 2. 导航设施出现明显错误； 3. 船上物品偏载； 4. 系揽钩未绑扎牢固； 5. 物体撞击船体致出现破洞； 6. 船体刚度不足	1. 强风、暴雨等不良天气； 2. 光线不足； 3. 水中存在巨大波浪	1. 船舶操作规程、应急预案不完善或未落实； 2. 未落实安全教育、培训、交底、检查制度； 3. 船舶等未按要求组织维修、检验等或属于三无船舶	√	√	√	√	√

续上表

施工作业内容	典型风险事件	致害物	致险因素				风险事件后果类型				
			人的因素	物的因素	环境因素	管理因素	易导致伤亡人员类型		人员伤亡		
							本人	他人	轻伤	重伤	死亡
倒滤层	物体打击	工具、材料等物体	1. 现场作业人员未正确使用安全防护用品(安全帽等); 2. 人员违章进入危险区域; 3. 管理人员违章指挥,强令冒险作业; 4. 作业人员身体健康状况异常、心理异常、感知异常(反应迟钝、辨识错误); 5. 作业人员操作错误,违章作业(违章抛物)	1. 安全防护用品不合格(安全帽等); 2. 作业过程中产生的坠落物、抛射物、喷射物、溅射物等(工具、材料等); 3. 未设置防护设施,防护设施存在缺陷(挡脚板、防护网等); 4. 物品摆放位置不合理或未固定; 5. 物品尺寸超大、超长等	1. 强风、暴雨、冰雹、大雾等不良天气; 2. 作业场地杂乱; 3. 照明光线不足; 4. 机械、车船、场地等晃动、振动	1. 施工方案不完善或未落实; 2. 安全教育、培训、交底、检查制度不完善或未落实; 3. 安全防护用品等未进行进场验收或验收不到位; 4. 安全投入不足; 5. 现场无警示标识或标识破损(警戒区、标牌、反光锥等)		√	√	√	

续上表

施工作业内容	典型风险事件	致害物	致险因素				风险事件后果类型				
			人的因素	物的因素	环境因素	管理因素	易导致伤亡人员类型		人员伤亡		
							本人	他人	轻伤	重伤	死亡
倒滤层	车辆伤害	运输、施工车辆等	1. 人员违章进入危险区域； 2. 管理人员违章指挥，强令冒险作业（进入驾驶员视野盲区等）； 3. 机驾人员未持有效证件上岗、机驾人员操作错误，违章作业（违规载人、酒后驾驶、超速、超限、超载作业）； 4. 机驾人员身体健康状况异常、心理异常、感知异常（反应迟钝、辨识错误）； 5. 机驾人员疲劳作业； 6. 现场人员未正确使用安全防护用品（反光背心、安全帽等）	1. 车辆未配备警示标识或标识破损（警戒区、标牌、反光锥、反光贴等）； 2. 车辆带“病”作业（制动装置、喇叭、后视镜、警示灯等设施缺陷）； 3. 车辆作业安全距离不足； 4. 人员安全防护用品不合格（反光背心、安全帽等）； 5. 车辆外观存在破损，配件行驶时脱落，运载物品尺寸超过车辆尺寸等； 6. 车辆转弯或后退时无明显提示	1. 强风、暴雨、大雪、冰雹、大雾等不良天气； 2. 作业场地狭窄、不平整、道路湿滑； 3. 车辆前后视线不良； 4. 存在视野盲区	1. 未对车辆、船机设备安全防护设施等进行进场验收或验收不到位； 2. 车船安全管理制度不完善或未落实（检查维护保养不到位）； 3. 安全操作规程不规范或未落实（作业前未对车船周围环境进行检查）； 4. 安全教育、培训、交底、检查制度不完善或未落实； 5. 职业健康管理制度不完善或未落实； 6. 安全投入不足	√	√	√	√	√

续上表

施工作业内容	典型风险事件	致害物	致险因素				风险事件后果类型				
			人的因素	物的因素	环境因素	管理因素	易导致伤亡人员类型		人员伤亡		
							本人	他人	轻伤	重伤	死亡
倒滤层	机械伤害	切割机、装载机及等施工小型机具	1. 人员违章进入危险区域（机械作业半径等）； 2. 管理人员违章指挥，强令冒险作业； 3. 机械操作人员未持有效证件上岗； 4. 机械操作人员操作错误，违章作业（违规载人、酒后作业）； 5. 操作人员身体健康状况异常、心理异常、感知异常（反应迟钝、辨识错误）； 6. 现场作业人员未正确使用安全防护用品（反光背心、安全帽等）； 7. 机械操作人员疲劳作业	1. 机械无警示标识或标识破损（警戒区、标牌、反光贴等）； 2. 设备设施安全作业距离不足； 3. 设备带病作业（设备设施制动装置失效、运动或转动装置无防护或防护装置缺陷等）； 4. 安全防护用品不合格（反光背心、安全帽、护目镜等）	1. 强风、暴雨、大雪、冰雹、大雾等不良天气； 2. 作业场地狭窄、不平整、道路湿滑； 3. 夜间施工照明不足； 4. 存在视野盲区	1. 机械设备安全管理制度不完善或未落实（检查维护保养不到位）； 2. 未对机械设备、安全防护用品等进行进场验收或验收不到位； 3. 安全教育、培训、交底制度不完善或未落实； 4. 机械设备操作规程不规范或未落实； 5. 安全投入不足		√	√	√	√

续上表

施工作业内容	典型风险事件	致害物	致险因素				风险事件后果类型				
			人的因素	物的因素	环境因素	管理因素	易导致伤亡人员类型		人员伤亡		
							本人	他人	轻伤	重伤	死亡
倒滤层	起重伤害	汽车起重机、履带式起重机、浮吊等起重设备、吊索吊具	1. 管理人员违章指挥,强令冒险作业; 2. 作业人员操作错误,违章作业; 3. 起重工、信号工未持有效证件上岗; 4. 现场作业人员未正确使用安全防护用品(安全帽等); 5. 抗倾覆验算错误; 6. 人员违章进入危险区域; 7. 起重人员身体健康状况异常、心理异常、感知异常(反应迟钝、辨识错误); 8. 作业人员疲劳作业	1. 设备自身缺陷(强度、刚度不足、抗倾覆能力不足); 2. 现场无警示标识或标识破损(警戒区、标牌、反光锥等); 3. 吊车支垫材料不合格(枕木、钢板等); 4. 构件防锈处理不合格; 5. 吊索吊具不合格或达到报废标准(钢丝绳、吊带、U 型卸扣等); 6. 无防护或防护装置缺陷(防脱钩装置、限位装置等); 7. 设备带“病”作业(制动装置等); 8. 安全防护用品不合格(反光背心、安全帽等)	1. 强风、暴雨、大雾、大雪等不良天气; 2. 地基承载力不足、基础下沉; 3. 作业场地照明不足; 4. 浮吊周围水域存在较大波浪或暗流; 5. 周围高空有较多障碍物; 6. 存在视野盲区	1. 施工方案不完善或未落实; 2. 安全教育、培训、交底、检查制度不完善或未落实; 3. 未对起重设备进行进场验收或验收不到位; 4. 安全投入不足; 5. 起重吊装作业时无专人监视; 6. 起重吊装安全操作规程不规范或未落实	√	√	√	√	√

续上表

施工作业内容	典型风险事件	致害物	致险因素				风险事件后果类型				
			人的因素	物的因素	环境因素	管理因素	易导致伤亡人员类型		人员伤亡		
							本人	他人	轻伤	重伤	死亡
倒滤层	淹溺	周边水域	1. 管理人员违章指挥,强令冒险作业; 2. 人员心理异常(冒险侥幸心理等); 3. 作业人员操作错误,违章作业; 4. 违反劳动纪律行为(管理人员脱岗等); 5. 人员未正确使用安全防护用品	1. 现场无警示标识或标识破损; 2. 现场救生设施不足; 3. 水下存在不明物体或生物的拖拽或缠绕	1. 雷雨、大风(6 级以上)、冰雹、大雾等恶劣天气作业; 2. 水体寒冷; 3. 水体内能见度不足	1. 专项施工方案、应急预案不完善或未落实; 2. 未落实安全教育、培训、交底、检查制度; 3. 现场监控看管不到位	√		√		√
泄水口	物体打击	工具、材料等坠落物、抛射物、喷射物、溅射物等	1. 现场作业人员未正确使用安全防护用品(安全帽等); 2. 人员违章进入危险区域; 3. 管理人员违章指挥,强令冒险作业; 4. 作业人员身体健康状况异常、心理异常、感知异常(反应迟钝、辨识错误); 5. 作业人员操作错误,违章作业(违章抛物)	1. 安全防护用品不合格(安全帽等); 2. 作业过程中产生的坠落物、抛射物、喷射物、溅射物等(工具、材料等); 3. 未设置防护设施,防护设施存在缺陷(挡脚板、防护网等); 4. 物品摆放位置不合理或未固定; 5. 物品尺寸超大、超长等	1. 强风、暴雨、冰雹、大雾等不良天气; 2. 作业场地杂乱; 3. 照明光线不足; 4. 机械、车船、场地等晃动、振动	1. 施工方案不完善或未落实; 2. 安全教育、培训、交底、检查制度不完善或未落实; 3. 安全防护用品等未进行进场验收或验收不到位; 4. 安全投入不足; 5. 现场无警示标识或标识破损(警戒区、标牌、反光锥等)		√	√	√	

续上表

施工作业内容	典型风险事件	致害物	致险因素				风险事件后果类型				
			人的因素	物的因素	环境因素	管理因素	易导致伤亡人员类型		人员伤亡		
							本人	他人	轻伤	重伤	死亡
泄水口	车辆伤害	运输、施工车辆等	1. 人员违章进入危险区域； 2. 管理人员违章指挥，强令冒险作业(进入驾驶员视野盲区等)； 3. 机驾人员未持有效证件上岗；机驾人员操作错误，违章作业(违规载人、酒后驾驶、超速、超限、超载作业)； 4. 机驾人员身体健康状况异常、心理异常、感知异常(反应迟钝、辨识错误)； 5. 机驾人员疲劳作业； 6. 现场人员未正确使用安全防护用品(反光背心、安全帽等)	1. 车辆未配备警示标识或标识破损(警戒区、标牌、反光锥、反光贴等)； 2. 车辆带“病”作业(制动装置、喇叭、后视镜、警示灯等设施缺陷)； 3. 车辆作业安全距离不足； 4. 人员安全防护用品不合格(反光背心、安全帽等)； 5. 车辆外观存在破损、配件行驶时脱落，运载物品尺寸超过车辆尺寸等； 6. 车辆转弯或后退时无明显提示	1. 强风、暴雨、大雪、冰雹、大雾等不良天气； 2. 作业场地狭窄、不平整、道路湿滑； 3. 车辆前后视线不良； 4. 存在视野盲区	1. 未对车辆、船机设备安全防护设施等进行进场验收或验收不到位； 2. 车船安全管理制度不完善或未落实(检查维护保养不到位)； 3. 安全操作规程不规范或未落实(作业前未对车船周围环境进行检查)； 4. 安全教育、培训、交底、检查制度不完善或未落实； 5. 职业健康管理制度不完善或未落实； 6. 安全投入不足	√	√	√	√	√

续上表

施工作业内容	典型风险事件	致害物	致险因素				风险事件后果类型				
			人的因素	物的因素	环境因素	管理因素	易导致伤亡人员类型		人员伤亡		
							本人	他人	轻伤	重伤	死亡
泄水口	机械伤害	挖掘机、打桩机、搅拌机、装载机等施工小型机具	1. 人员违章进入危险区域(机械作业半径等); 2. 管理人员违章指挥,强令冒险作业; 3. 机械操作人员未持有效证件上岗; 4. 机械操作人员操作错误,违章作业(违规载人、酒后作业); 5. 操作人员身体健康状况异常、心理异常、感知异常(反应迟钝、辨识错误); 6. 现场作业人员未正确使用安全防护用品(反光背心、安全帽等); 7. 机械操作人员疲劳作业	1. 机械无警示标识或标识破损(警戒区、标牌、反光贴等); 2. 设备设施安全作业距离不足; 3. 设备带病作业(设备设施制动装置失效、运动或转动装置无防护或防护装置缺陷等); 4. 安全防护用品不合格(反光背心、安全帽、护目镜等)	1. 强风、暴雨、大雪、冰雹、大雾等不良天气; 2. 作业场地狭窄、不平整、道路湿滑; 3. 夜间施工照明不足; 4. 存在视野盲区	1. 机械设备安全管理制度不完善或未落实(检查维护保养不到位等); 2. 未对机械设备、安全防护用品等进行进场验收或验收不到位; 3. 安全教育、培训、交底制度不完善或未落实; 4. 机械设备操作规程不规范或未落实; 5. 安全投入不足		√	√	√	√

续上表

施工作业内容	典型风险事件	致害物	致险因素				风险事件后果类型				
			人的因素	物的因素	环境因素	管理因素	易导致伤亡人员类型		人员伤亡		
							本人	他人	轻伤	重伤	死亡
泄水口	起重伤害	汽车起重机、履带式起重机、浮吊等起重设备、吊索吊具	1. 管理人员违章指挥,强令冒险作业; 2. 作业人员操作错误,违章作业; 3. 起重工、信号工未持有效证件上岗; 4. 现场作业人员未正确使用安全防护用品(安全帽等); 5. 抗倾覆验算错误; 6. 人员违章进入危险区域; 7. 起重人员身体健康状况异常、心理异常、感知异常(反应迟钝、辨识错误); 8. 作业人员疲劳作业	1. 设备自身缺陷(强度、刚度不足、抗倾覆能力不足); 2. 现场无警示标识或标识破损(警戒区、标牌、反光锥等); 3. 吊车支垫材料不合格(枕木、钢板等); 4. 构件防锈处理不合格; 5. 吊索吊具不合格或达到报废标准(钢丝绳、吊带、U 型卸扣等); 6. 无防护或防护装置缺陷(防脱钩装置、限位装置等); 7. 设备带“病”作业(制动装置等); 8. 安全防护用品不合格(反光背心、安全帽等)	1. 强风、暴雨、大雾、大雪等不良天气; 2. 地基承载力不足、基础下沉; 3. 作业场地照明不足; 4. 浮吊周围水域存在较大波浪或暗流; 5. 周围高空有较多障碍物; 6. 存在视野盲区	1. 施工方案不完善或未落实; 2. 安全教育、培训、交底、检查制度不完善或未落实; 3. 未对起重设备进行进场验收或验收不到位; 4. 安全投入不足; 5. 起重吊装作业时无专人监视; 6. 起重吊装安全操作规程不规范或未落实	√	√	√	√	√

续上表

施工作业内容	典型风险事件	致害物	致险因素				风险事件后果类型				
			人的因素	物的因素	环境因素	管理因素	易导致伤亡人员类型		人员伤亡		
							本人	他人	轻伤	重伤	死亡
泄水口	淹溺	周边水域	1. 管理人员违章指挥,强令冒险作业; 2. 人员心理异常(冒险侥幸心理等); 3. 作业人员操作错误,违章作业; 4. 违反劳动纪律行为(管理人员脱岗等); 5. 人员未正确使用安全防护用品	1. 现场无警示标识或标识破损; 2. 现场救生设施不足; 3. 水下存在不明物体或生物的拖拽或缠绕	1. 雷雨、大风(6 级以上)、冰雹、大雾等恶劣天气作业; 2. 水体寒冷; 3. 水体内能见度不足	1. 专项施工方案、应急预案不完善或未落实; 2. 未落实安全教育、培训、交底、检查制度; 3. 现场监控看管不到位	√		√		√

第二节　清礁工程施工主要安全风险分析

清礁工程主要涉及施工船舶定位、钻孔作业、爆破作业、清渣、弃渣、硬式扫床等施工内容;典型风险事件主要有物体打击、机械伤害、起重伤害、火灾、爆炸、淹溺、高处坠落、船舶碰撞、船舶搁浅、船舶触礁、船舶触损、船舶污染等;致害物主要包含了周边水体，施工船舶，炸药、雷管等火工品，浅滩，水下暗礁，水下岩石、沉船、抛石，恶劣天气等。风险事件的发生常常是因为人的因素、物的因素、环境因素、管理因素的管理、维护、设置等不到位而导致，具体风险分析见表5-2。

清礁工程施工主要安全风险分析

表5-2

施工作业内容	典型风险事件	致害物	致险因素				风险事件后果类型				
			人的因素	物的因素	环境因素	管理因素	易导致伤亡人员类型		人员伤亡		
							本人	他人	轻伤	重伤	死亡
施工船舶定位	机械伤害	船舶内小型施工机具等	1. 人员违章进入危险区域（机械作业半径等）； 2. 管理人员违章指挥，强令冒险作业； 3. 机械操作人员未持有效证件上岗； 4. 机械操作人员操作错误，违章作业（违规载人、酒后作业）； 5. 操作人员身体健康状况异常、心理异常、感知异常（反应迟钝、辨识错误）； 6. 现场作业人员未正确使用安全防护用品（反光背心、安全帽等）； 7. 机械操作人员疲劳作业	1. 机械无警示标识或标识破损（警戒区、标牌、反光贴等）； 2. 设备设施安全作业距离不足； 3. 设备带病作业（设备设施制动装置失效、运动或转动装置无防护或防护装置缺陷等）； 4. 安全防护用品不合格（反光背心、安全帽、护目镜等）	1. 强风、暴雨、大雪、冰雹、大雾等不良天气； 2. 船体狭窄、地面不平整、道路湿滑； 3. 夜间施工照明不足； 4. 存在视野盲区	1. 机械设备安全管理制度不完善或未落实（检查维护保养不到位等）； 2. 未对机械设备、安全防护用品等进行进场验收或验收不到位； 3. 安全教育、培训、交底制度不完善或未落实； 4. 机械设备操作规程不规范或未落实； 5. 安全投入不足		√	√	√	√

续上表

施工作业内容	典型风险事件	致害物	致险因素				风险事件后果类型				
			人的因素	物的因素	环境因素	管理因素	易导致伤亡人员类型		人员伤亡		
							本人	他人	轻伤	重伤	死亡
施工船舶定位	淹溺	周边水域	1. 管理人员违章指挥，强令冒险作业； 2. 人员心理异常（冒险侥幸心理等）； 3. 作业人员操作错误，违章作业； 4. 违反劳动纪律行为（管理人员脱岗等）； 5. 人员未正确使用安全防护用品	1. 现场无警示标识或标识破损； 2. 现场救生设施不足； 3. 水下存在不明物体或生物的拖拽或缠绕； 4. 氧气瓶、头盔等存在缺陷	1. 雷雨、大风（6 级以上）、冰雹、大雾等恶劣天气作业； 2. 水体寒冷； 3. 水体内能见度不足	1. 专项施工方案、应急预案不完善或未落实； 2. 未落实安全教育、培训、交底、检查制度； 3. 现场监控看管不到位	√		√		√
	船舶碰撞	船舶等	1. 船舶驾驶等人员技术、经验不足； 2. 管理人员违章指挥，强令冒险作业； 3. 作业人员身体健康状况异常、心理异常、感知异常（反应迟钝、辨识错误）； 4. 作业人员操作错误，违章作业	1. 船舶相关仪表设备老旧、失效； 2. 导航设施出现明显错误； 3. 船舶防撞设施缺失； 4. 周围船体碰撞施工船舶	1. 强风、暴雨、大雪、大雾等不良天气； 2. 光线、照明不足； 3. 水下暗流影响船体方向和速率； 4. 施工水域狭小	1. 船舶操作规程、应急预案不完善或未落实； 2. 未落实安全教育、培训、交底、检查制度； 3. 船舶等未按要求组织维修、检验等或属于三无船舶	√	√	√	√	

续上表

施工作业内容	典型风险事件	致害物	致险因素				风险事件后果类型				
			人的因素	物的因素	环境因素	管理因素	易导致伤亡人员类型		人员伤亡		
							本人	他人	轻伤	重伤	死亡
施工船舶定位	船舶搁浅	浅滩等	1. 船舶驾驶等人员技术、经验不足； 2. 管理人员违章指挥，强令冒险作业； 3. 作业人员身体健康状况异常、心理异常、感知异常（反应迟钝、辨识错误）； 4. 作业人员操作错误，违章作业	1. 船舶相关仪表设备老旧、失效； 2. 导航、声呐设施出现明显错误	1. 强风、暴雨、大雪、大雾等不良天气； 2. 光线不足； 3. 水下地质突变； 4. 水位快速下降或退潮	1. 船舶操作规程、应急预案不完善或未落实； 2. 未落实安全教育、培训、交底、检查制度； 3. 船舶等未按要求组织维修、检验等或属于三无船舶； 4. 管理人员对气象和水体未提前预估	√	√	√		
	船舶触礁	水下暗礁等	1. 船舶驾驶等人员技术、经验不足； 2. 管理人员违章指挥，强令冒险作业； 3. 作业人员身体健康状况异常、心理异常、感知异常（反应迟钝、辨识错误）； 4. 作业人员操作错误，违章作业	1. 船舶相关仪表设备老旧、失效； 2. 导航、声呐设施出现明显错误	1. 强风、暴雨、大雪、大雾等不良天气； 2. 光线不足； 3. 水下地质突变	1. 船舶操作规程、应急预案不完善或未落实； 2. 未落实安全教育、培训、交底、检查制度； 3. 船舶等未按要求组织维修、检验等或属于三无船舶； 4. 管理人员对水体预估不足	√	√	√		

续上表

施工作业内容	典型风险事件	致害物	致险因素				风险事件后果类型				
			人的因素	物的因素	环境因素	管理因素	易导致伤亡人员类型		人员伤亡		
							本人	他人	轻伤	重伤	死亡
施工船舶定位	船舶触损	水下岩石、沉船、抛石等	1. 船舶驾驶等人员技术、经验不足； 2. 管理人员违章指挥，强令冒险作业； 3. 作业人员身体健康状况异常、心理异常、感知异常（反应迟钝、辨识错误）； 4. 作业人员操作错误，违章作业	1. 船舶相关仪表设备老旧、失效； 2. 声呐设施出现明显错误； 3. 与重型物品撞击； 4. 水下尖锐物品或其他船只上尖锐部位触碰； 5. 船体老化	1. 强风、暴雨、大雪、大雾等不良天气； 2. 光线不足； 3. 水下地质突变； 4. 水中存在较大波浪	1. 船舶操作规程、应急预案不完善或未落实； 2. 未落实安全教育、培训、交底、检查制度； 3. 船舶等未按要求组织维修、检验等或属于三无船舶	√	√	√	√	
	船舶污染	船舶燃油、生活污水等	1. 船舶驾驶等人员技术、经验不足； 2. 管理人员违章指挥，强令冒险作业； 3. 作业人员身体健康状况异常、心理异常、感知异常（反应迟钝、辨识错误）； 4. 作业人员操作错误，违章作业	1. 船舶相关仪表设备老旧、失效； 2. 燃油桶或输油管破损	1. 强风、暴雨等不良天气； 2. 船内照明不足	1. 船舶操作规程、应急预案不完善或未落实； 2. 未落实安全教育、培训、交底、检查制度； 3. 船舶等未按要求组织维修、检验等或属于三无船舶		√	√		

续上表

施工作业内容	典型风险事件	致害物	致险因素				风险事件后果类型				
			人的因素	物的因素	环境因素	管理因素	易导致伤亡人员类型		人员伤亡		
							本人	他人	轻伤	重伤	死亡
钻孔作业	物体打击	工具、材料等坠落物、喷射物、溅射物	1. 现场作业人员未正确使用安全防护用品(安全帽等)； 2. 人员违章进入危险区域； 3. 管理人员违章指挥，强令冒险作业； 4. 作业人员身体健康状况异常、心理异常、感知异常(反应迟钝、辨识错误)； 5. 作业人员操作错误，违章作业(违章抛物)	1. 安全防护用品不合格(安全帽等)； 2. 作业过程中产生的坠落物、抛射物、喷射物、溅射物等(工具、材料等)； 3. 未设置防护设施，防护设施存在缺陷(挡脚板、防护网等)； 4. 物品摆放位置不合理或未固定； 5. 物品尺寸超大、超长等	1. 强风、暴雨、冰雹、大雾等不良天气； 2. 作业场地杂乱； 3. 照明光线不足； 4. 机械、车船、场地等晃动、振动	1. 施工方案不完善或未落实； 2. 安全教育、培训、交底、检查制度不完善或未落实； 3. 安全防护用品等未进行进场验收或验收不到位； 4. 安全投入不足； 5. 现场无警示标识或标识破损(警戒区、标牌、反光锥等)		√	√	√	

续上表

施工作业内容	典型风险事件	致害物	致险因素				风险事件后果类型				
			人的因素	物的因素	环境因素	管理因素	易导致伤亡人员类型		人员伤亡		
							本人	他人	轻伤	重伤	死亡
钻孔作业	机械伤害	挖掘机、打桩机、搅拌机、破碎机、弯曲机、切割机、装载机等施工小型机具等	1. 人员违章进入危险区域（机械作业半径等）； 2. 管理人员违章指挥，强令冒险作业； 3. 机械操作人员未持有效证件上岗； 4. 机械操作人员操作错误，违章作业（违规载人、酒后作业）； 5. 操作人员身体健康状况异常、心理异常、感知异常（反应迟钝、辨识错误）； 6. 现场作业人员未正确使用安全防护用品（反光背心、安全帽等）； 7. 机械操作人员疲劳作业	1. 机械无警示标识或标识破损（警戒区、标牌、反光贴等）； 2. 设备设施安全作业距离不足； 3. 设备带病作业（设备设施制动装置失效、运动或转动装置无防护或防护装置缺陷等）； 4. 安全防护用品不合格（反光背心、安全帽、护目镜等）	1. 强风、暴雨、大雪、冰雹、大雾等不良天气； 2. 作业场地狭窄、不平整、道路湿滑； 3. 夜间施工照明不足； 4. 存在视野盲区	1. 机械设备安全管理制度不完善或未落实（检查维护保养不到位）； 2. 未对机械设备、安全防护用品等进行进场验收或验收不到位； 3. 安全教育、培训、交底制度不完善或未落实； 4. 机械设备操作规程不规范或未落实； 5. 安全投入不足		√	√	√	√

续上表

施工作业内容	典型风险事件	致害物	致险因素				风险事件后果类型				
			人的因素	物的因素	环境因素	管理因素	易导致伤亡人员类型		人员伤亡		
							本人	他人	轻伤	重伤	死亡
钻孔作业	起重伤害	汽车起重机、履带式起重机、浮吊等起重设备、吊索吊具	1. 管理人员违章指挥，强令冒险作业； 2. 作业人员操作错误，违章作业； 3. 起重工、信号工未持有效证件上岗； 4. 现场作业人员未正确使用安全防护用品（安全帽等）； 5. 抗倾覆验算错误； 6. 人员违章进入危险区域； 7. 起重人员身体健康状况异常、心理异常、感知异常（反应迟钝、辨识错误）； 8. 作业人员疲劳作业	1. 设备自身缺陷（强度、刚度不足、抗倾覆能力不足）； 2. 现场无警示标识或标识破损（警戒区、标牌、反光锥等）； 3. 吊车支垫材料不合格（枕木、钢板等）； 4. 构件防锈处理不合格； 5. 吊索吊具不合格或达到报废标准（钢丝绳、吊带、U型卸扣等）； 6. 无防护或防护装置缺陷（防脱钩装置、限位装置等）； 7. 设备带“病”作业（制动装置等）； 8. 安全防护用品不合格（反光背心、安全帽等）	1. 强风、暴雨、大雾、大雪等不良天气； 2. 地基承载力不足、基础下沉； 3. 作业场地照明不足； 4. 浮吊周围水域存在较大波浪或暗流； 5. 周围高空有较多障碍物； 6. 存在视野盲区	1. 施工方案不完善或未落实； 2. 安全教育、培训、交底、检查制度不完善或未落实； 3. 未对起重设备进行进场验收或验收不到位； 4. 安全投入不足； 5. 起重吊装作业时无专人监视； 6. 起重吊装安全操作规程不规范或未落实	√	√	√	√	√

续上表

施工作业内容	典型风险事件	致害物	致险因素				风险事件后果类型				
			人的因素	物的因素	环境因素	管理因素	易导致伤亡人员类型		人员伤亡		
							本人	他人	轻伤	重伤	死亡
钻孔作业	淹溺	周边水域	1. 管理人员违章指挥,强令冒险作业; 2. 人员心理异常(冒险侥幸心理); 3. 作业人员操作错误,违章作业; 4. 违反劳动纪律行为(管理人员脱岗); 5. 人员未正确使用安全防护用品	1. 现场无警示标识或标识破损; 2. 现场救生设施不足; 3. 水下存在不明物体或生物的拖拽或缠绕; 4. 氧气瓶、头盔等存在缺陷	1. 雷雨、大风(6 级以上)、冰雹、大雾等恶劣天气作业; 2. 水体寒冷; 3. 水体内能见度不足	1. 专项施工方案、应急预案不完善或未落实; 2. 未落实安全教育、培训、交底、检查制度; 3. 现场监控看管不到位	√		√		√
	高处坠落	无防护的作业平台、施工人员受自身的重力运动	1. 作业人员未正确使用安全防护用品(安全带、防滑鞋等); 2. 作业人员身体健康状况异常、心理异常、感知异常(高血压、恐高症等禁忌症,反应迟钝、辨识错误); 3. 作业人员疲劳作业,管理人员违章指挥、强令冒险作业; 4. 作业人员操作错误或违章作业	1. 高处作业场所未设置安全防护等措施(安全绳索、防坠网、栏杆等); 2. 未设置安全警示标志或标识破损; 3. 安全防护用品质量不合格,存在缺陷; 4. 未设置人员上下安全爬梯或设置不规范	1. 大风、雷电、大雪、暴雨等恶劣天气; 2. 夜间施工照明不足; 3. 作业场地不平整、湿滑; 4. 临边洞口区域较多; 5. 现场需要经常登高作业	1. 安全教育、培训、交底、检查制度不完善或未落实; 2. 职业健康、安全管理制度不完善、未落实(定期体检); 3. 安全投入不足; 4. 高处作业安全操作规程不规范或未落实; 5. 安全防护用品等进行进场验收或验收不到位	√		√	√	√

续上表

施工作业内容	典型风险事件	致害物	致险因素				风险事件后果类型				
			人的因素	物的因素	环境因素	管理因素	易导致伤亡人员类型		人员伤亡		
							本人	他人	轻伤	重伤	死亡
爆破作业	物体打击	因爆炸引起的工具、材料等喷射、抛射、溅射	1. 现场作业人员未正确使用安全防护用品（安全帽等）； 2. 人员违章进入危险区域； 3. 管理人员违章指挥，强令冒险作业； 4. 作业人员身体健康状况异常、心理异常、感知异常（反应迟钝、辨识错误）； 5. 作业人员操作错误，违章作业（违章抛物）	1. 安全防护用品不合格（安全帽等）； 2. 作业过程中产生的坠落物、抛射物、喷射物、溅射物等（工具、材料等）； 3. 未设置防护设施，防护设施存在缺陷（挡脚板、防护网等）； 4. 物品摆放位置不合理或未固定； 5. 物品尺寸超大、超长等	1. 强风、暴雨、冰雹、大雾等不良天气； 2. 作业场地杂乱； 3. 照明光线不足； 4. 机械、车船、场地等晃动、振动	1. 施工方案不完善或未落实； 2. 安全教育、培训、交底、检查制度不完善或未落实； 3. 安全防护用品等未进行进场验收或验收不到位； 4. 安全投入不足； 5. 现场无警示标识或标识破损（警戒区、标牌、反光锥等）		√	√	√	
	火灾	导火索、引线、雷管、火药	1. 管理人员违章指挥，强令冒险作业； 2. 作业人员操作错误，违章作业； 3. 作业人员未持有效证件上岗； 4. 现场作业人员未按规定使用相关物品； 5. 现场作业人员操作不规范； 6. 管理人员未定期检查； 7. 现场人员违规使用火源	1. 易燃易爆物品与其他易燃物混； 2. 现场无禁止火源的警示标识或标识破损； 3. 存放现场无灭火装置； 4. 环境中存在与爆破物品混合产生化学反应的物质	1. 易燃易爆物品存放区域温度较高； 2. 易燃易爆物品存放区域过于干燥； 3. 周围环境中有火灾发生； 4. 易燃易爆物品存放空间过于密闭，挥发性可燃气体浓度过高； 5. 雷电等恶劣天气	1. 存放现场无监控警报装置； 2. 易燃物品、爆破物品管理程序存在漏洞； 3. 未落实安全教育、培训、交底、检查制度	√	√	√	√	√

续上表

施工作业内容	典型风险事件	致害物	致险因素				风险事件后果类型				
			人的因素	物的因素	环境因素	管理因素	易导致伤亡人员类型		人员伤亡		
							本人	他人	轻伤	重伤	死亡
爆破作业	爆炸	炸药、雷管等火工品	1. 爆破相关作业人员未持有效证件上岗； 2. 作业人员操作错误或违章作业； 3. 现场作业人员未正确使用安全防护用品； 4. 管理人员违章指挥，强令冒险作业； 5. 作业人员疲劳作业； 6. 人员身体健康状况异常； 7. 警戒人员现场警戒不到位； 8. 人员违章进入爆破区域	1. 现场无警示标识或标识破损； 2. 爆破无指挥信号或信号不清； 3. 爆破器材不合格或发生故障； 4. 易燃易爆物品与其他易燃物混放； 5. 现场无禁止火源的警示标识或标识破损； 6. 存放现场无灭火装置； 7. 环境中存在与爆破物品混合产生化学反应的物质	1. 易燃易爆物品存放区域温度较高； 2. 易燃易爆物品存放区域过于干燥； 3. 周围环境中有火灾发生； 4. 易燃易爆物品存放空间过于密闭，挥发性可燃气体浓度过高； 5. 雷电等恶劣天气	1. 爆破专项施工方案不完善或未落实； 2. 安全教育、培训、交底、检查制度不完善或未落实； 3. 火工品管理制度不完善或未落实； 4. 未对爆破施工队伍、作业人员进行资质审查； 5. 爆破作业安全操作规程不规范或未落实； 6. 安全投入不足； 7. 爆破的安全距离不足	√	√	√	√	√
	淹溺	周边水域	1. 管理人员违章指挥，强令冒险作业； 2. 人员心理异常（冒险侥幸心理）； 3. 作业人员操作错误，违章作业； 4. 违反劳动纪律行为（管理人员脱岗）； 5. 人员未正确使用安全防护用品	1. 现场无警示标识或标识破损； 2. 现场救生设施不足； 3. 水下存在不明物体或生物的拖拽或缠绕； 4. 氧气瓶、头盔等存在缺陷	1. 雷雨、大风（6 级以上）、冰雹、大雾等恶劣天气作业； 2. 水体寒冷； 3. 水体内能见度不足	1. 专项施工方案、应急预案不完善或未落实； 2. 未落实安全教育、培训、交底、检查制度； 3. 现场监控看管不到位	√		√		√

续上表

施工作业内容	典型风险事件	致害物	致险因素				风险事件后果类型				
			人的因素	物的因素	环境因素	管理因素	易导致伤亡人员类型		人员伤亡		
							本人	他人	轻伤	重伤	死亡
清渣	物体打击	工具、材料等	1. 现场作业人员未正确使用安全防护用品(安全帽等); 2. 人员违章进入危险区域; 3. 管理人员违章指挥,强令冒险作业; 4. 作业人员身体健康状况异常、心理异常、感知异常(反应迟钝、辨识错误); 5. 作业人员操作错误,违章作业(违章抛物)	1. 安全防护用品不合格(安全帽等); 2. 作业过程中产生的坠落物、抛射物、喷射物、溅射物等(工具、材料等); 3. 未设置防护设施,防护设施存在缺陷(挡脚板、防护网等); 4. 物品摆放位置不合理或未固定; 5. 物品尺寸超大、超长等	1. 强风、暴雨、冰雹、大雾等不良天气; 2. 作业场地杂乱; 3. 照明光线不足; 4. 机械、车船、场地等晃动、振动	1. 施工方案不完善或未落实; 2. 安全教育、培训、交底、检查制度不完善或未落实; 3. 安全防护用品等未进行进场验收或验收不到位; 4. 安全投入不足; 5. 现场无警示标识或标识破损(警戒区、标牌、反光锥等)		√	√	√	
	机械伤害	挖掘机、搅拌机、破碎机、装载机等施工小型机具	1. 人员违章进入危险区域(机械作业半径等); 2. 管理人员违章指挥,强令冒险作业; 3. 机械操作人员未持有效证件上岗; 4. 机械操作人员操作错误,违章作业(违规载人、酒后作业);	1. 机械无警示标识或标识破损(警戒区、标牌、反光贴等); 2. 设备设施安全作业距离不足;	1. 强风、暴雨、大雪、冰雹、大雾等不良天气; 2. 作业场地狭窄、不平整、道路湿滑; 3. 夜间施工照明不足; 4. 存在视野盲区	1. 机械设备安全管理制度不完善或未落实(检查维护保养不到位); 2. 未对机械设备、安全防护用品等进行进场验收或验收不到位;		√	√	√	√

续上表

施工作业内容	典型风险事件	致害物	致险因素				风险事件后果类型				
			人的因素	物的因素	环境因素	管理因素	易导致伤亡人员类型		人员伤亡		
							本人	他人	轻伤	重伤	死亡
清渣	机械伤害	挖掘机、搅拌机、破碎机、装载机等施工小型机具	5. 操作人员身体健康状况异常、心理异常、感知异常(反应迟钝、辨识错误)； 6. 现场作业人员未正确使用安全防护用品(反光背心、安全帽等)； 7. 机械操作人员疲劳作业	3. 设备带病作业(设备设施制动装置失效、运动或转动装置无防护或防护装置缺陷等)； 4. 安全防护用品不合格(反光背心、安全帽、护目镜等)		3. 安全教育、培训、交底制度不完善或未落实； 4. 机械设备操作规程不规范或未落实； 5. 安全投入不足					
	淹溺	周边水域	1. 管理人员违章指挥,强令冒险作业； 2. 人员心理异常(冒险侥幸心理等)； 3. 作业人员操作错误,违章作业； 4. 违反劳动纪律行为(管理人员脱岗等)； 5. 人员未正确使用安全防护用品	1. 现场无警示标识或标识破损； 2. 现场救生设施不足； 3. 水下存在不明物体或生物的拖拽或缠绕； 4. 氧气瓶、头盔等存在缺陷	1. 雷雨、大风(6 级以上)、冰雹、大雾等恶劣天气作业； 2. 水体寒冷； 3. 水体内能见度不足	1. 专项施工方案、应急预案不完善或未落实； 2. 未落实安全教育、培训、交底、检查制度； 3. 现场监控看管不到位	√		√		√

续上表

施工作业内容	典型风险事件	致害物	致险因素				风险事件后果类型				
			人的因素	物的因素	环境因素	管理因素	易导致伤亡人员类型		人员伤亡		
							本人	他人	轻伤	重伤	死亡
清渣	高处坠落	无防护的作业平台、施工人员受自身的重力运动	1. 作业人员未正确使用安全防护用品（安全带、防滑鞋等）； 2. 作业人员身体健康状况异常、心理异常、感知异常（高血压、恐高症等禁忌症，反应迟钝、辨识错误）； 3. 作业人员疲劳作业，管理人员违章指挥、强令冒险作业； 4. 作业人员操作错误或违章作业	1. 高处作业场所未设置安全防护等措施（安全绳索、防坠网、栏杆等）； 2. 未设置安全警示标志或标识破损； 3. 安全防护用品质量不合格，存在缺陷； 4. 未设置人员上下安全爬梯或设置不规范	1. 大风、雷电、大雪、暴雨等恶劣天气； 2. 夜间施工照明不足； 3. 作业场地不平整、湿滑； 4. 临边洞口区域较多； 5. 现场需要反复登高作业	1. 安全教育、培训、交底、检查制度不完善或未落实； 2. 职业健康、安全管理制度不完善、未落实（定期体检）； 3. 安全投入不足； 4. 高处作业安全操作规程不规范或未落实； 5. 安全防护用品等未进行进场验收或验收不到位	√		√	√	√
	船舶搁浅	浅滩等	1. 船舶驾驶等人员技术、经验不足； 2. 管理人员违章指挥，强令冒险作业； 3. 作业人员身体健康状况异常、心理异常、感知异常（反应迟钝、辨识错误）； 4. 作业人员操作错误，违章作业	1. 船舶相关仪表设备老旧、失效； 2. 导航、声呐设施出现明显错误	1. 强风、暴雨、大雪、大雾等不良天气； 2. 光线不足； 3. 水下地质突变； 4. 水位快速下降或退潮	1. 船舶操作规程、应急预案不完善或未落实； 2. 未落实安全教育、培训、交底、检查制度； 3. 船舶等未按要求组织维修、检验等或属于三无船舶； 4. 管理人员对气象和水体未提前预估	√	√	√		

续上表

施工作业内容	典型风险事件	致害物	致险因素				风险事件后果类型				
			人的因素	物的因素	环境因素	管理因素	易导致伤亡人员类型		人员伤亡		
							本人	他人	轻伤	重伤	死亡
清渣	船舶污染	船舶燃油、生活污水等	1. 船舶驾驶等人员技术、经验不足； 2. 管理人员违章指挥，强令冒险作业； 3. 作业人员身体健康状况异常、心理异常、感知异常（反应迟钝、辨识错误）； 4. 作业人员操作错误，违章作业	1. 船舶相关仪表设备老旧、失效； 2. 燃油桶或输油管破损	1. 强风、暴雨等不良天气； 2. 船内照明不足	1. 船舶操作规程、应急预案不完善或未落实； 2. 未落实安全教育、培训、交底、检查制度； 3. 船舶等未按要求组织维修、检验等或属于三无船舶		√	√		
弃渣	淹溺	周边水域	1. 管理人员违章指挥，强令冒险作业； 2. 作业人员心理异常（冒险侥幸心理等）； 3. 作业人员操作错误，违章作业； 4. 违反劳动纪律行为（管理人员脱岗等）； 5. 作业人员未正确使用安全防护用品	1. 现场无警示标识或标识破损； 2. 现场救生设施不足； 3. 水下存在不明物体或生物的拖拽或缠绕	1. 雷雨、大风（6 级以上）、冰雹、大雾等恶劣天气作业； 2. 水体寒冷； 3. 水体内能见度不足	1. 专项施工方案、应急预案不完善或未落实； 2. 未落实安全教育、培训、交底、检查制度； 3. 现场监控看管不到位	√		√		√

续上表

施工作业内容	典型风险事件	致害物	致险因素				风险事件后果类型				
			人的因素	物的因素	环境因素	管理因素	易导致伤亡人员类型		人员伤亡		
							本人	他人	轻伤	重伤	死亡
弃渣	船舶碰撞	船舶等	1. 船舶驾驶等人员技术、经验不足； 2. 管理人员违章指挥，强令冒险作业； 3. 作业人员身体健康状况异常、心理异常、感知异常（反应迟钝、辨识错误）； 4. 作业人员操作错误，违章作业	1. 船舶相关仪表设备老旧、失效； 2. 导航设施出现明显错误； 3. 船舶防撞设施缺失； 4. 周围船体碰撞施工船舶	1. 强风、暴雨、大雪、大雾等不良天气； 2. 光线、照明不足； 3. 水下暗流影响船体方向和速率； 4. 施工水域狭小	1. 船舶操作规程、应急预案不完善或未落实； 2. 未落实安全教育、培训、交底、检查制度； 3. 船舶等未按要求组织维修、检验等或属于三无船舶	√	√	√	√	
	船舶搁浅	浅滩等	1. 船舶驾驶等人员技术、经验不足； 2. 管理人员违章指挥，强令冒险作业； 3. 作业人员身体健康状况异常、心理异常、感知异常（反应迟钝、辨识错误）； 4. 作业人员操作错误，违章作业	1. 船舶相关仪表设备老旧、失效； 2. 导航、声呐设施出现明显错误	1. 强风、暴雨、大雪、大雾等不良天气； 2. 光线不足； 3. 水下地质突变； 4. 水位快速下降或退潮	1. 船舶操作规程、应急预案不完善或未落实； 2. 未落实安全教育、培训、交底、检查制度； 3. 船舶等未按要求组织维修、检验等或属于三无船舶； 4. 管理人员对气象和水体未提前预估	√	√	√		

续上表

施工作业内容	典型风险事件	致害物	致险因素				风险事件后果类型				
			人的因素	物的因素	环境因素	管理因素	易导致伤亡人员类型		人员伤亡		
							本人	他人	轻伤	重伤	死亡
弃渣	船舶触礁	水下暗礁等	1. 船舶驾驶等人员技术、经验不足； 2. 管理人员违章指挥，强令冒险作业； 3. 作业人员身体健康状况异常、心理异常、感知异常（反应迟钝、辨识错误）； 4. 作业人员操作错误，违章作业	1. 船舶相关仪表设备老旧、失效； 2. 导航、声呐设施出现明显错误	1. 强风、暴雨、大雪、大雾等不良天气； 2. 光线不足； 3. 水下地质突变	1. 船舶操作规程、应急预案不完善或未落实； 2. 未落实安全教育、培训、交底、检查制度； 3. 船舶等未按要求组织维修、检验等或属于三无船舶； 4. 管理人员对水体预估不足	√	√	√		
	船舶触损	水下岩石、沉船、抛石等	1. 船舶驾驶等人员技术、经验不足； 2. 管理人员违章指挥，强令冒险作业； 3. 作业人员身体健康状况异常、心理异常、感知异常（反应迟钝、辨识错误）； 4. 作业人员操作错误，违章作业	1. 船舶相关仪表设备老旧、失效； 2. 声呐设施出现明显错误； 3. 与重型物品撞击； 4. 水下尖锐物品或其他船只上尖锐部位触碰； 5. 船体老化	1. 强风、暴雨、大雪、大雾等不良天气； 2. 光线不足； 3. 水下地质突变； 4. 水中存在较大波浪	1. 船舶操作规程、应急预案不完善或未落实； 2. 未落实安全教育、培训、交底、检查制度； 3. 船舶等未按要求组织维修、检验等或属于三无船舶	√	√	√	√	

续上表

施工作业内容	典型风险事件	致害物	致险因素				风险事件后果类型				
			人的因素	物的因素	环境因素	管理因素	易导致伤亡人员类型		人员伤亡		
							本人	他人	轻伤	重伤	死亡
弃渣	船舶污染	船舶燃油、生活污水等	1. 船舶驾驶等人员技术、经验不足； 2. 管理人员违章指挥，强令冒险作业； 3. 作业人员身体健康状况异常、心理异常、感知异常（反应迟钝、辨识错误）； 4. 作业人员操作错误，违章作业	1. 船舶相关仪表设备老旧、失效； 2. 燃油桶或输油管破损	1. 强风、暴雨等不良天气； 2. 船内照明不足	1. 船舶操作规程、应急预案不完善或未落实； 2. 未落实安全教育、培训、交底、检查制度； 3. 船舶等未按要求组织维修、检验等或属于三无船舶		√	√		
硬式扫床	机械伤害	挖掘机、搅拌机、破碎机、装载机等施工小型机具等	1. 人员违章进入危险区域（机械作业半径等）； 2. 管理人员违章指挥，强令冒险作业； 3. 机械操作人员未持有效证件上岗； 4. 机械操作人员操作错误，违章作业（违规载人、酒后作业）； 5. 操作人员身体健康状况异常、心理异常、感知异常（反应迟钝、辨识错误）；	1. 机械无警示标识或标识破损（警戒区、标牌、反光贴等）； 2. 设备设施安全作业距离不足； 3. 设备带病作业（设备设施制动装置失效、运动或转动装置无防护或防护装置缺陷等）； 4. 安全防护用品不合格（反光背心、安全帽、护目镜等）	1. 强风、暴雨、大雪、冰雹、大雾等不良天气； 2. 作业场地狭窄、不平整、道路湿滑； 3. 夜间施工照明不足； 4. 存在视野盲区	1. 机械设备安全管理制度不完善或未落实（检查维护保养不到位）； 2. 未对机械设备、安全防护用品等进行进场验收或验收不到位； 3. 安全教育、培训、交底制度不完善或未落实； 4. 机械设备操作规程不规范或未落实； 5. 安全投入不足		√	√	√	√

续上表

施工作业内容	典型风险事件	致害物	致险因素				风险事件后果类型				
			人的因素	物的因素	环境因素	管理因素	易导致伤亡人员类型		人员伤亡		
							本人	他人	轻伤	重伤	死亡
硬式扫床	机械伤害	挖掘机、搅拌机、破碎机、装载机等施工小型机具等	6. 现场作业人员未正确使用安全防护用品(反光背心、安全帽等); 7. 机械操作人员疲劳作业								
	淹溺	周边水域	1. 管理人员违章指挥,强令冒险作业; 2. 人员心理异常(冒险侥幸心理等); 3. 作业人员操作错误,违章作业; 4. 违反劳动纪律行为(管理人员脱岗等); 5. 人员未正确使用安全防护用品	1. 现场无警示标识或标识破损; 2. 现场救生设施不足; 3. 水下存在不明物体或生物的拖拽或缠绕; 4. 氧气瓶、头盔等存在缺陷	1. 雷雨、大风(6 级以上)、冰雹、大雾等恶劣天气作业; 2. 水体寒冷; 3. 水体内能见度不足	1. 专项施工方案、应急预案不完善或未落实; 2. 未落实安全教育、培训、交底、检查制度; 3. 现场监控看管不到位	√		√		√
	船舶搁浅	浅滩等	1. 船舶驾驶等人员技术、经验不足; 2. 管理人员违章指挥,强令冒险作业; 3. 作业人员身体健康状况异常、心理异常、感知异常(反应迟钝、辨识错误); 4. 作业人员操作错误,违章作业	1. 船舶相关仪表设备老旧、失效; 2. 导航、声呐设施出现明显错误	1. 强风、暴雨、大雪、大雾等不良天气; 2. 光线不足; 3. 水下地质突变; 4. 水位快速下降或退潮	1. 船舶操作规程、应急预案不完善或未落实; 2. 未落实安全教育、培训、交底、检查制度; 3. 船舶等未按要求组织维修、检验等或属于三无船舶; 4. 管理人员对气象和水体未提前预估	√	√	√		

第三节　整治建筑物工程施工主要安全风险分析

整治建筑物工程主要涉及基础、护底、坝体、坝面、护脚、护坡、岸壁、护滩、附属工程等施工内容；典型风险事件主要有物体打击、车辆伤害、机械伤害、起重伤害、触电、淹溺、高处坠落、坍塌、船舶碰撞、船舶搁浅、船舶触礁、船舶触损、船舶污染、船舶倾覆等；致害物主要包含了周边水体，施工船舶，浅滩，水下暗礁、岩石、沉船，恶劣天气，起重设备等。风险事件大多由人的因素、物的因素、环境因素、管理因素的管理、维护、设置等不到位而导致，具体风险分析见表5-3。

整治建筑物工程施工主要安全风险分析　　表5-3

施工作业内容	典型风险事件	致害物	致险因素				风险事件后果类型				
			人的因素	物的因素	环境因素	管理因素	易导致伤亡人员类型		人员伤亡		
							本人	他人	轻伤	重伤	死亡
基槽开挖	物体打击	工具、材料等坠落物、抛射物、喷射物、溅射物	1. 现场作业人员未正确使用安全防护用品（安全帽等）； 2. 人员违章进入危险区域； 3. 管理人员违章指挥，强令冒险作业； 4. 作业人员身体健康状况异常、心理异常、感知异常（反应迟钝、辨识错误）； 5. 作业人员操作错误，违章作业（违章抛物）	1. 安全防护用品不合格（安全帽等）； 2. 作业过程中产生的坠落物、抛射物、喷射物、溅射物等（工具、材料等）； 3. 未设置防护设施，防护设施存在缺陷（挡脚板、防护网等）； 4. 物品摆放位置不合理或未固定； 5. 物品尺寸超大、超长等	1. 强风、暴雨、冰雹、大雾等不良天气； 2. 作业场地杂乱； 3. 照明光线不足； 4. 机械、车船、场地等晃动、振动	1. 施工方案不完善或未落实； 2. 安全教育、培训、交底、检查制度不完善或未落实； 3. 安全防护用品等未进行进场验收或验收不到位； 4. 安全投入不足； 5. 现场无警示标识或标识破损（警戒区、标牌、反光锥等）		√	√	√	

续上表

施工作业内容	典型风险事件	致害物	致险因素				风险事件后果类型				
			人的因素	物的因素	环境因素	管理因素	易导致伤亡人员类型		人员伤亡		
							本人	他人	轻伤	重伤	死亡
基槽开挖	车辆伤害	运输、施工车辆等	1. 人员违章进入危险区域； 2. 管理人员违章指挥，强令冒险作业（进入驾驶员视野盲区等）； 3. 机驾人员未持有效证件上岗、机驾人员操作错误，违章作业（违规载人、酒后驾驶、超速、超限、超载作业）； 4. 机驾人员身体健康状况异常、心理异常、感知异常（反应迟钝、辨识错误）； 5. 机驾人员疲劳作业； 6. 现场人员未正确使用安全防护用品（反光背心、安全帽等）	1. 车辆未配备警示标识或标识破损（警戒区、标牌、反光锥、反光贴等）； 2. 车辆带“病”作业（制动装置、喇叭、后视镜、警示灯等设施缺陷）； 3. 车辆作业安全距离不足； 4. 人员安全防护用品不合格（反光背心、安全帽等）； 5. 车辆外观存在破损、配件行驶时脱落，运载物品尺寸超过车辆尺寸等； 6. 车辆转弯或后退时无明显提示	1. 强风、暴雨、大雪、冰雹、大雾等不良天气； 2. 作业场地狭窄、不平整、道路湿滑； 3. 车辆前后视线不良； 4. 存在视野盲区	1. 未对车辆、船机设备安全防护设施等进行进场验收或验收不到位； 2. 车船安全管理制度不完善或未落实（检查维护保养不到位）； 3. 安全操作规程不规范或未落实（作业前未对车船周围环境进行检查）； 4. 安全教育、培训、交底、检查制度不完善或未落实； 5. 职业健康管理制度不完善或未落实； 6. 安全投入不足	√	√	√	√	√

续上表

施工作业内容	典型风险事件	致害物	致险因素				风险事件后果类型				
			人的因素	物的因素	环境因素	管理因素	易导致伤亡人员类型		人员伤亡		
							本人	他人	轻伤	重伤	死亡
基槽开挖	机械伤害	挖掘机、打桩机、搅拌机、破碎机、弯曲机、切割机、装载机等施工小型机具等	1. 人员违章进入危险区域（机械作业半径等）； 2. 管理人员违章指挥，强令冒险作业； 3. 机械操作人员未持有效证件上岗； 4. 机械操作人员操作错误，违章作业（违规载人、酒后作业）； 5. 操作人员身体健康状况异常、心理异常、感知异常（反应迟钝、辨识错误）； 6. 现场作业人员未正确使用安全防护用品（反光背心、安全帽等）； 7. 机械操作人员疲劳作业	1. 机械无警示标识或标识破损（警戒区、标牌、反光贴等）； 2. 设备设施安全作业距离不足； 3. 设备带病作业（设备设施制动装置失效、运动或转动装置无防护或防护装置缺陷等）； 4. 安全防护用品不合格（反光背心、安全帽、护目镜等）	1. 强风、暴雨、大雪、冰雹、大雾等不良天气； 2. 作业场地狭窄、不平整、道路湿滑； 3. 夜间施工照明不足； 4. 存在视野盲区	1. 机械设备安全管理制度不完善或未落实（检查维护保养不到位等）； 2. 未对机械设备、安全防护用品等进行进场验收或验收不到位； 3. 安全教育、培训、交底制度不完善或未落实； 4. 机械设备操作规程不规范或未落实； 5. 安全投入不足		√	√	√	√
	高处坠落	无防护的作业平台、施工人员自身重力运动	1. 作业人员未正确使用安全防护用品（安全带、防滑鞋等）；	1. 高处作业场所未设置安全防护等措施（安全绳索、防坠网、栏杆等）； 2. 未设置安全警示标志或标识破损；	1. 大风、雷电、大雪、暴雨等恶劣天气； 2. 夜间施工照明不足； 3. 作业场地不平整、湿滑；	1. 安全教育、培训、交底、检查制度不完善或未落实； 2. 职业健康、安全管理制度不完善、未落实（定期体检）；	√		√	√	√

续上表

施工作业内容	典型风险事件	致害物	致险因素				风险事件后果类型				
			人的因素	物的因素	环境因素	管理因素	易导致伤亡人员类型		人员伤亡		
							本人	他人	轻伤	重伤	死亡
基槽开挖	高处坠落	无防护的作业平台、施工人员自身重力运动	2. 作业人员身体健康状况异常、心理异常、感知异常(高血压、恐高症等禁忌症,反应迟钝、辨识错误); 3. 作业人员疲劳作业,管理人员违章指挥、强令冒险作业; 4. 作业人员操作错误或违章作业	3. 安全防护用品质量不合格,存在缺陷; 4. 未设置人员上下安全爬梯或设置不规范	4. 临边洞口区域较多; 5. 现场需要反复登高作业	3. 安全投入不足; 4. 高处作业安全操作规程不规范或未落实; 5. 安全防护用品等进行进场验收或验收不到位					
	坍塌	不稳定土体、砌体、结构物等	1. 管理人员违章指挥,强令冒险作业(防护、放坡不及时); 2. 人员心理异常(冒险侥幸心理等); 3. 作业人员操作错误; 4. 违章作业违反劳动纪律行为(管理人员脱岗等)	1. 无警示信号或信号不清(紧急撤离信号); 2. 现场无警示标识或标识破损(警戒区、标牌、反光锥等); 3. 截排水设施不完善; 4. 防护形式错或防护材料不合格(材料强度不足等); 5. 区域内有重载或有松散的高边坡	1. 存在滑坡、偏压等不良地质; 2. 作业场地照明不足; 3. 强风、暴雨、地震等不良天气或地质; 4. 区域内有较大的振动	1. 施工方案不完善或未落实(掏底开挖、上下重叠开挖或未分层开挖,开挖完后未及时施工防护及排水); 2. 安全教育、培训、交底、检查制度不完善或未落实; 3. 安全投入不足	√	√	√	√	√

续上表

施工作业内容	典型风险事件	致害物	致险因素				风险事件后果类型				
			人的因素	物的因素	环境因素	管理因素	易导致伤亡人员类型		人员伤亡		
							本人	他人	轻伤	重伤	死亡
抛石挤淤	物体打击	工具、材料等坠落物、抛射物、喷射物、溅射物	1. 现场作业人员未正确使用安全防护用品(安全帽等); 2. 人员违章进入危险区域; 3. 管理人员违章指挥,强令冒险作业; 4. 作业人员身体健康状况异常、心理异常、感知异常(反应迟钝、辨识错误); 5. 作业人员操作错误,违章作业(违章抛物)	1. 安全防护用品不合格(安全帽等); 2. 作业过程中产生的坠落物、抛射物、喷射物、溅射物等(工具、材料等); 3. 未设置防护设施,防护设施存在缺陷(挡脚板、防护网等); 4. 物品摆放位置不合理或未固定; 5. 物品尺寸超大、超长等	1. 强风、暴雨、冰雹、大雾等不良天气; 2. 作业场地杂乱; 3. 照明光线不足; 4. 机械、车船、场地等晃动、振动	1. 施工方案不完善或未落实; 2. 安全教育、培训、交底、检查制度不完善或未落实; 3. 安全防护用品等未进行进场验收或验收不到位; 4. 安全投入不足; 5. 现场无警示标识或标识破损(警戒区、标牌、反光锥等)		√	√	√	
	机械伤害	挖掘机、打桩机、搅拌机、破碎机、装载机及等施工小型机具等	1. 人员违章进入危险区域(机械作业半径等); 2. 管理人员违章指挥,强令冒险作业; 3. 机械操作人员未持有效证件上岗; 4. 机械操作人员操作错误,违章作业(违规载人、酒后作业); 5. 操作人员身体健康状况异常、心理异常、感知异常(反应迟钝、辨识错误);	1. 机械无警示标识或标识破损(警戒区、标牌、反光贴等); 2. 设备设施安全作业距离不足; 3. 设备带病作业(设备设施制动装置失效、运动或转动装置无防护或防护装置缺陷等); 4. 安全防护用品不合格(反光背心、安全帽、护目镜等)	1. 强风、暴雨、大雪、冰雹、大雾等不良天气; 2. 作业场地狭窄、不平整、道路湿滑; 3. 夜间施工照明不足; 4. 存在视野盲区	1. 机械设备安全管理制度不完善或未落实(检查维护保养不到位等); 2. 未对机械设备、安全防护用品等进行进场验收或验收不到位; 3. 安全教育、培训、交底制度不完善或未落实; 4. 机械设备操作规程不规范或未落实; 5. 安全投入不足		√	√	√	√

续上表

施工作业内容	典型风险事件	致害物	致险因素				风险事件后果类型				
			人的因素	物的因素	环境因素	管理因素	易导致伤亡人员类型		人员伤亡		
							本人	他人	轻伤	重伤	死亡
抛石挤淤	机械伤害	挖掘机、打桩机、搅拌机、破碎机、装载机及等施工小型机具等	6. 现场作业人员未正确使用安全防护用品(反光背心、安全帽等); 7. 机械操作人员疲劳作业								
	起重伤害	汽车起重机、履带式起重机、浮吊等起重设备、吊索吊具	1. 管理人员违章指挥,强令冒险作业; 2. 作业人员操作错误,违章作业; 3. 起重工、信号工未持有效证件上岗; 4. 现场作业人员未正确使用安全防护用品(安全帽等); 5. 抗倾覆验算错误; 6. 人员违章进入危险区域; 7. 起重人员身体健康状况异常、心理异常、感知异常(反应迟钝、辨识错误); 8. 作业人员疲劳作业	1. 设备自身缺陷(强度、刚度不足、抗倾覆能力不足); 2. 现场无警示标识或标识破损(警戒区、标牌、反光锥等); 3. 吊车支垫材料不合格(枕木、钢板等); 4. 构件防锈处理不合格; 5. 吊索吊具不合格或达到报废标准(钢丝绳、吊带、U 型卸扣等); 6. 无防护或防护装置缺陷(防脱钩装置、限位装置等); 7. 设备带“病”作业(制动装置等); 8. 安全防护用品不合格(反光背心、安全帽等)	1. 强风、暴雨、大雾、大雪等不良天气; 2. 地基承载力不足、基础下沉; 3. 作业场地照明不足; 4. 浮吊周围水域存在较大波浪或暗流; 5. 周围高空有较多障碍物; 6. 存在视野盲区	1. 施工方案不完善或未落实; 2. 安全教育、培训、交底、检查制度不完善或未落实; 3. 未对起重设备进行进场验收或验收不到位; 4. 安全投入不足; 5. 起重吊装作业时无专人监视; 6. 起重吊装安全操作规程不规范或未落实	√	√	√	√	√

续上表

施工作业内容	典型风险事件	致害物	致险因素				风险事件后果类型				
			人的因素	物的因素	环境因素	管理因素	易导致伤亡人员类型		人员伤亡		
							本人	他人	轻伤	重伤	死亡
抛石挤淤	淹溺	周边水域	1. 管理人员违章指挥,强令冒险作业; 2. 人员心理异常(冒险侥幸心理); 3. 作业人员操作错误,违章作业; 4. 违反劳动纪律行为(管理人员脱岗); 5. 人员未正确使用安全防护用品	1. 现场无警示标识或标识破损; 2. 现场救生设施不足; 3. 水下存在不明物体或生物的拖拽或缠绕	1. 雷雨、大风(6 级以上)、冰雹、大雾等恶劣天气作业; 2. 水体寒冷; 3. 水体内能见度不足	1. 专项施工方案、应急预案不完善或未落实; 2. 未落实安全教育、培训、交底、检查制度; 3. 现场监控看管不到位	√		√		√
	船舶碰撞	船舶等	1. 船舶驾驶等人员技术、经验不足; 2. 管理人员违章指挥,强令冒险作业; 3. 作业人员身体健康状况异常、心理异常、感知异常(反应迟钝、辨识错误); 4. 作业人员操作错误,违章作业	1. 船舶相关仪表设备老旧、失效; 2. 导航设施出现明显错误; 3. 船舶防撞设施缺失; 4. 周围船体碰撞施工船舶	1. 强风、暴雨、大雪、大雾等不良天气; 2. 光线、照明不足; 3. 水下暗流影响船体方向和速率; 4. 施工水域狭小	1. 船舶操作规程、应急预案不完善或未落实; 2. 未落实安全教育、培训、交底、检查制度; 3. 船舶等未按要求组织维修、检验等或属于三无船舶	√	√	√	√	

续上表

施工作业内容	典型风险事件	致害物	致险因素				风险事件后果类型				
			人的因素	物的因素	环境因素	管理因素	易导致伤亡人员类型		人员伤亡		
							本人	他人	轻伤	重伤	死亡
抛石挤淤	船舶搁浅	浅滩等	1. 船舶驾驶等人员技术、经验不足； 2. 管理人员违章指挥，强令冒险作业； 3. 作业人员身体健康状况异常、心理异常、感知异常（反应迟钝、辨识错误）； 4. 作业人员操作错误，违章作业	1. 船舶相关仪表设备老旧、失效； 2. 导航、声呐设施出现明显错误	1. 强风、暴雨、大雪、大雾等不良天气； 2. 光线不足； 3. 水下地质突变； 4. 水位快速下降或退潮	1. 船舶操作规程、应急预案不完善或未落实； 2. 未落实安全教育、培训、交底、检查制度； 3. 船舶等未按要求组织维修、检验等或属于三无船舶； 4. 管理人员对气象和水体未提前预估	√	√	√		
	船舶触损	水下岩石、沉船、抛石等	1. 船舶驾驶等人员技术、经验不足； 2. 管理人员违章指挥，强令冒险作业； 3. 作业人员身体健康状况异常、心理异常、感知异常（反应迟钝、辨识错误）； 4. 作业人员操作错误，违章作业	1. 船舶相关仪表设备老旧、失效； 2. 声呐设施出现明显错误； 3. 与重型物品撞击； 4. 水下尖锐物品或其他船只上尖锐部位触碰； 5. 船体老化	1. 强风、暴雨、大雪、大雾等不良天气； 2. 光线不足； 3. 水下地质突变； 4. 水中存在较大波浪	1. 船舶操作规程、应急预案不完善或未落实； 2. 未落实安全教育、培训、交底、检查制度； 3. 船舶等未按要求组织维修、检验等或属于三无船舶	√	√	√	√	

续上表

施工作业内容	典型风险事件	致害物	致险因素				风险事件后果类型				
			人的因素	物的因素	环境因素	管理因素	易导致伤亡人员类型		人员伤亡		
							本人	他人	轻伤	重伤	死亡
抛石挤淤	船舶污染	船舶燃油、生活污水等	1. 船舶驾驶等人员技术、经验不足； 2. 管理人员违章指挥，强令冒险作业； 3. 作业人员身体健康状况异常、心理异常、感知异常（反应迟钝、辨识错误）； 4. 作业人员操作错误，违章作业	1. 船舶相关仪表设备老旧、失效； 2. 燃油桶或输油管破损	1. 强风、暴雨等不良天气； 2. 船内照明不足	1. 船舶操作规程、应急预案不完善或未落实； 2. 未落实安全教育、培训、交底、检查制度； 3. 船舶等未按要求组织维修、检验等或属于三无船舶		√	√		
	船舶倾覆	风浪、船舶等	1. 船舶驾驶等人员技术、经验不足； 2. 管理人员违章指挥，强令冒险作业； 3. 作业人员身体健康状况异常、心理异常、感知异常（反应迟钝、辨识错误）； 4. 作业人员操作错误，违章作业	1. 船舶相关仪表设备老旧、失效； 2. 导航设施出现明显错误； 3. 船上物品偏载； 4. 系揽钩未绑扎牢固； 5. 物体撞击船体致出现破洞； 6. 船体刚度不足	1. 强风、暴雨等不良天气； 2. 光线不足； 3. 水中存在巨大波浪	1. 船舶操作规程、应急预案不完善或未落实； 2. 未落实安全教育、培训、交底、检查制度； 3. 船舶等未按要求组织维修、检验等或属于三无船舶	√	√	√	√	√

续上表

施工作业内容	典型风险事件	致害物	致险因素				风险事件后果类型				
			人的因素	物的因素	环境因素	管理因素	易导致伤亡人员类型		人员伤亡		
							本人	他人	轻伤	重伤	死亡
填砂挤淤	物体打击	工具、材料等坠落物、抛射物、喷射物、溅射物	1. 现场作业人员未正确使用安全防护用品(安全帽等); 2. 人员违章进入危险区域; 3. 管理人员违章指挥,强令冒险作业; 4. 作业人员身体健康状况异常、心理异常、感知异常(反应迟钝、辨识错误); 5. 作业人员操作错误,违章作业(违章抛物)	1. 安全防护用品不合格(安全帽等); 2. 作业过程中产生的坠落物、抛射物、喷射物、溅射物等(工具、材料等); 3. 未设置防护设施,防护设施存在缺陷(挡脚板、防护网等); 4. 物品摆放位置不合理或未固定; 5. 物品尺寸超大、超长等	1. 强风、暴雨、冰雹、大雾等不良天气; 2. 作业场地杂乱; 3. 照明光线不足; 4. 机械、车船、场地等晃动、振动	1. 施工方案不完善或未落实; 2. 安全教育、培训、交底、检查制度不完善或未落实; 3. 安全防护用品等未进行进场验收或验收不到位; 4. 安全投入不足; 5. 现场无警示标识或标识破损(警戒区、标牌、反光锥等)		√	√	√	
	机械伤害	挖掘机、搅拌机、装载机及等施工小型机具等	1. 人员违章进入危险区域(机械作业半径等); 2. 管理人员违章指挥,强令冒险作业; 3. 机械操作人员未持有效证件上岗; 4. 机械操作人员操作错误,违章作业(违规载人、酒后作业); 5. 操作人员身体健康状况异常、心理异常、感知异常(反应迟钝、辨识错误);	1. 机械无警示标识或标识破损(警戒区、标牌、反光贴等); 2. 设备设施安全作业距离不足; 3. 设备带病作业(设备设施制动装置失效、运动或转动装置无防护或防护装置缺陷等); 4. 安全防护用品不合格(反光背心、安全帽、护目镜等)	1. 强风、暴雨、大雪、冰雹、大雾等不良天气; 2. 作业场地狭窄、不平整、道路湿滑; 3. 夜间施工照明不足; 4. 存在视野盲区	1. 机械设备安全管理制度不完善或未落实(检查维护保养不到位等); 2. 未对机械设备、安全防护用品等进行进场验收或验收不到位; 3. 安全教育、培训、交底制度不完善或未落实; 4. 机械设备操作规程不规范或未落实; 5. 安全投入不足		√	√	√	√

续上表

施工作业内容	典型风险事件	致害物	致险因素				风险事件后果类型				
			人的因素	物的因素	环境因素	管理因素	易导致伤亡人员类型		人员伤亡		
							本人	他人	轻伤	重伤	死亡
填砂挤淤	机械伤害	挖掘机、搅拌机、装载机及等施工小型机具等	6. 现场作业人员未正确使用安全防护用品(反光背心、安全帽等); 7. 机械操作人员疲劳作业								
	起重伤害	汽车起重机、履带式起重机、浮吊等起重设备、吊索吊具	1. 管理人员违章指挥,强令冒险作业; 2. 作业人员操作错误,违章作业; 3. 起重工、信号工未持有效证件上岗; 4. 现场作业人员未正确使用安全防护用品(安全帽等); 5. 抗倾覆验算错误; 6. 人员违章进入危险区域; 7. 起重人员身体健康状况异常、心理异常、感知异常(反应迟钝、辨识错误); 8. 作业人员疲劳作业	1. 设备自身缺陷(强度、刚度不足、抗倾覆能力不足); 2. 现场无警示标识或标识破损(警戒区、标牌、反光锥等); 3. 吊车支垫材料不合格(枕木、钢板等); 4. 构件防锈处理不合格; 5. 吊索吊具不合格或达到报废标准(钢丝绳、吊带、U型卸扣等); 6. 无防护或防护装置缺陷(防脱钩装置、限位装置等); 7. 设备带“病”作业(制动装置等); 8. 安全防护用品不合格(反光背心、安全帽等)	1. 强风、暴雨、大雾、大雪等不良天气; 2. 地基承载力不足、基础下沉; 3. 作业场地照明不足; 4. 浮吊周围水域存在较大波浪或暗流; 5. 周围高空有较多障碍物; 6. 存在视野盲区	1. 施工方案不完善或未落实; 2. 安全教育、培训、交底、检查制度不完善或未落实; 3. 未对起重设备进行进场验收或验收不到位; 4. 安全投入不足; 5. 起重吊装作业时无专人监视; 6. 起重吊装安全操作规程不规范或未落实	√	√	√	√	√

续上表

施工作业内容	典型风险事件	致害物	致险因素				风险事件后果类型				
			人的因素	物的因素	环境因素	管理因素	易导致伤亡人员类型		人员伤亡		
							本人	他人	轻伤	重伤	死亡
填砂挤淤	淹溺	周边水域	1. 管理人员违章指挥,强令冒险作业; 2. 人员心理异常(冒险侥幸心理等); 3. 作业人员操作错误,违章作业; 4. 违反劳动纪律行为(管理人员脱岗等); 5. 人员未正确使用安全防护用品	1. 现场无警示标识或标识破损; 2. 现场救生设施不足; 3. 水下存在不明物体或生物的拖拽或缠绕	1. 雷雨、大风(6级以上)、冰雹、大雾等恶劣天气作业; 2. 水体寒冷; 3. 水体内能见度不足	1. 专项施工方案、应急预案不完善或未落实; 2. 未落实安全教育、培训、交底、检查制度; 3. 现场监控看管不到位	√		√		√
	船舶碰撞	船舶等	1. 船舶驾驶等人员技术、经验不足; 2. 管理人员违章指挥,强令冒险作业; 3. 作业人员身体健康状况异常、心理异常、感知异常(反应迟钝、辨识错误); 4. 作业人员操作错误,违章作业	1. 船舶相关仪表设备老旧、失效; 2. 导航设施出现明显错误; 3. 船舶防撞设施缺失; 4. 周围船体碰撞施工船舶	1. 强风、暴雨、大雪、大雾等不良天气; 2. 光线、照明不足; 3. 水下暗流影响船体方向和速率; 4. 施工水域狭小	1. 船舶操作规程、应急预案不完善或未落实; 2. 未落实安全教育、培训、交底、检查制度; 3. 船舶等未按要求组织维修、检验等或属于三无船舶	√	√	√	√	

续上表

施工作业内容	典型风险事件	致害物	致险因素				风险事件后果类型				
			人的因素	物的因素	环境因素	管理因素	易导致伤亡人员类型		人员伤亡		
							本人	他人	轻伤	重伤	死亡
填砂挤淤	船舶搁浅	浅滩等	1. 船舶驾驶等人员技术、经验不足； 2. 管理人员违章指挥，强令冒险作业； 3. 作业人员身体健康状况异常、心理异常、感知异常（反应迟钝、辨识错误）； 4. 作业人员操作错误，违章作业	1. 船舶相关仪表设备老旧、失效； 2. 导航、声呐设施出现明显错误	1. 强风、暴雨、大雪、大雾等不良天气； 2. 光线不足； 3. 水下地质突变； 4. 水位快速下降或退潮	1. 船舶操作规程、应急预案不完善或未落实； 2. 未落实安全教育、培训、交底、检查制度； 3. 船舶等未按要求组织维修、检验等或属于三无船舶； 4. 管理人员对气象和水体未提前预估	√	√	√		
	船舶触损	水下岩石、沉船、抛石等	1. 船舶驾驶等人员技术、经验不足； 2. 管理人员违章指挥，强令冒险作业； 3. 作业人员身体健康状况异常、心理异常、感知异常（反应迟钝、辨识错误）； 4. 作业人员操作错误，违章作业	1. 船舶相关仪表设备老旧、失效； 2. 声呐设施出现明显错误； 3. 与重型物品撞击； 4. 水下尖锐物品或其他船只上尖锐部位触碰； 5. 船体老化	1. 强风、暴雨、大雪、大雾等不良天气； 2. 光线不足； 3. 水下地质突变； 4. 水中存在较大波浪	1. 船舶操作规程、应急预案不完善或未落实； 2. 未落实安全教育、培训、交底、检查制度； 3. 船舶等未按要求组织维修、检验等或属于三无船舶	√	√	√	√	

续上表

施工作业内容	典型风险事件	致害物	致险因素				风险事件后果类型				
			人的因素	物的因素	环境因素	管理因素	易导致伤亡人员类型		人员伤亡		
							本人	他人	轻伤	重伤	死亡
填砂挤淤	船舶污染	船舶燃油、生活污水等	1. 船舶驾驶等人员技术、经验不足； 2. 管理人员违章指挥，强令冒险作业； 3. 作业人员身体健康状况异常、心理异常、感知异常（反应迟钝、辨识错误）； 4. 作业人员操作错误，违章作业	1. 船舶相关仪表设备老旧、失效； 2. 燃油桶或输油管破损	1. 强风、暴雨等不良天气； 2. 船内照明不足	1. 船舶操作规程、应急预案不完善或未落实； 2. 未落实安全教育、培训、交底、检查制度； 3. 船舶等未按要求组织维修、检验等或属于三无船舶		√	√		
	船舶倾覆	风浪、船舶等	1. 船舶驾驶等人员技术、经验不足； 2. 管理人员违章指挥，强令冒险作业； 3. 作业人员身体健康状况异常、心理异常、感知异常（反应迟钝、辨识错误）； 4. 作业人员操作错误，违章作业	1. 船舶相关仪表设备老旧、失效； 2. 导航设施出现明显错误； 3. 船上物品偏载； 4. 系揽钩未绑扎牢固； 5. 物体撞击船体致出现破洞； 6. 船体刚度不足	1. 强风、暴雨等不良天气； 2. 光线不足； 3. 水中存在巨大波浪	1. 船舶操作规程、应急预案不完善或未落实； 2. 未落实安全教育、培训、交底、检查制度； 3. 船舶等未按要求组织维修、检验等或属于三无船舶	√	√	√	√	√

续上表

施工作业内容	典型风险事件	致害物	致险因素				风险事件后果类型				
			人的因素	物的因素	环境因素	管理因素	易导致伤亡人员类型		人员伤亡		
							本人	他人	轻伤	重伤	死亡
现浇混凝土基础	物体打击	工具、材料等坠落物、抛射物、喷射物、溅射物	1. 现场作业人员未正确使用安全防护用品（安全帽等）； 2. 人员违章进入危险区域； 3. 管理人员违章指挥，强令冒险作业； 4. 作业人员身体健康状况异常、心理异常、感知异常（反应迟钝、辨识错误）； 5. 作业人员操作错误，违章作业（违章抛物）	1. 安全防护用品不合格（安全帽等）； 2. 作业过程中产生的坠落物、抛射物、喷射物、溅射物等（工具、材料等）； 3. 未设置防护设施，防护设施存在缺陷（挡脚板、防护网等）； 4. 物品摆放位置不合理或未固定； 5. 物品尺寸超大、超长等	1. 强风、暴雨、冰雹、大雾等不良天气； 2. 作业场地杂乱； 3. 照明光线不足； 4. 机械、车船、场地等晃动、振动	1. 施工方案不完善或未落实； 2. 安全教育、培训、交底、检查制度不完善或未落实； 3. 安全防护用品等未进行进场验收或验收不到位； 4. 安全投入不足； 5. 现场无警示标识或标识破损（警戒区、标牌、反光锥等）		√	√	√	

续上表

施工作业内容	典型风险事件	致害物	致险因素				风险事件后果类型				
			人的因素	物的因素	环境因素	管理因素	易导致伤亡人员类型		人员伤亡		
							本人	他人	轻伤	重伤	死亡
现浇混凝土基础	车辆伤害	运输、施工车辆等	1. 人员违章进入危险区域； 2. 管理人员违章指挥，强令冒险作业（进入驾驶员视野盲区等）； 3. 机驾人员未持有效证件上岗，机驾人员操作错误，违章作业（违规载人、酒后驾驶、超速、超限、超载作业）； 4. 机驾人员身体健康状况异常、心理异常、感知异常（反应迟钝、辨识错误）； 5. 机驾人员疲劳作业； 6. 现场人员未正确使用安全防护用品（反光背心、安全帽等）	1. 车辆未配备警示标识或标识破损（警戒区、标牌、反光锥、反光贴等）； 2. 车辆带“病”作业（制动装置、喇叭、后视镜、警示灯等设施缺陷）； 3. 车辆作业安全距离不足； 4. 人员安全防护用品不合格（反光背心、安全帽等）； 5. 车辆外观存在破损、配件行驶时脱落，运载物品尺寸超过车辆尺寸等； 6. 车辆转弯或后退时无明显提示	1. 强风、暴雨、大雪、冰雹、大雾等不良天气； 2. 作业场地狭窄、不平整、道路湿滑； 3. 车辆前后视线不良； 4. 存在视野盲区	1. 未对车辆、船机设备安全防护设施等进行进场验收或验收不到位； 2. 车船安全管理制度不完善或未落实（检查维护保养不到位）； 3. 安全操作规程不规范或未落实（作业前未对车船周围环境进行检查）； 4. 安全教育、培训、交底、检查制度不完善或未落实； 5. 职业健康管理制度不完善或未落实； 6. 安全投入不足	√	√	√	√	√

续上表

施工作业内容	典型风险事件	致害物	致险因素				风险事件后果类型				
			人的因素	物的因素	环境因素	管理因素	易导致伤亡人员类型		人员伤亡		
							本人	他人	轻伤	重伤	死亡
现浇混凝土基础	机械伤害	挖掘机、打桩机、搅拌机、破碎机、弯曲机、切割机、装载机及等施工机具等	1. 人员违章进入危险区域（机械作业半径等）； 2. 管理人员违章指挥，强令冒险作业； 3. 机械操作人员未持有效证件上岗； 4. 机械操作人员操作错误，违章作业（违规载人、酒后作业）； 5. 操作人员身体健康状况异常、心理异常、感知异常（反应迟钝、辨识错误）； 6. 现场作业人员未正确使用安全防护用品（反光背心、安全帽等）； 7. 机械操作人员疲劳作业	1. 机械无警示标识或标识破损（警戒区、标牌、反光贴等）； 2. 设备设施安全作业距离不足； 3. 设备带病作业（设备设施制动装置失效、运动或转动装置无防护或防护装置缺陷等）； 4. 安全防护用品不合格（反光背心、安全帽、护目镜等）	1. 强风、暴雨、大雪、冰雹、大雾等不良天气； 2. 作业场地狭窄、不平整、道路湿滑； 3. 夜间施工照明不足； 4. 存在视野盲区	1. 机械设备安全管理制度不完善或未落实（检查维护保养不到位）； 2. 未对机械设备、安全防护用品等进行进场验收或验收不到位； 3. 安全教育、培训、交底制度不完善或未落实； 4. 机械设备操作规程不规范或未落实； 5. 安全投入不足		√	√	√	√

续上表

施工作业内容	典型风险事件	致害物	致险因素				风险事件后果类型				
			人的因素	物的因素	环境因素	管理因素	易导致伤亡人员类型		人员伤亡		
							本人	他人	轻伤	重伤	死亡
现浇混凝土基础	触电	发电机、破损的电线、钢筋等导电材料、配电箱	1. 作业人员未正确使用安全防护用品(绝缘鞋、绝缘手套等); 2. 作业人员操作错误或违章作业(带电检修维护等); 3. 管理人员违章指挥、强令冒险作业; 4. 电工、电焊工等特种人员未持有效证件上岗作业; 5. 人员疲劳作业	1. 电缆线、配电箱等电气设施不合格(线路破损、老化); 2. 电气设施设置不规范(电缆拖地、配电箱无支架等); 3. 带电设施无警示标识或标识破损安全防护装置不规范(未接地、无漏电保护器、接线端子无防护罩等); 4. 防护不当、防护距离不足(配电柜、发电机无遮雨棚、防护围挡或防护破损)	1. 强风、雷雨、大雪等不良天气; 2. 作业场地杂乱、潮湿或积水; 3. 作业场地照明不足	1. 临时用电方案不完善或未落实; 2. 发电机等安全操作规程不规范或未落实; 3. 电气设施材料等未进行进场验收; 4. 无电工对用电设施进行巡查或巡查不到位; 5. 机械设备安全管理制度未落实(发电机、电焊机等机具检查维护保养不到位); 6. 安全教育、培训、交底、检查制度不完善或未落实; 7. 安全投入不足	√		√	√	
	淹溺	周边水域	1. 管理人员违章指挥,强令冒险作业; 2. 人员心理异常(冒险侥幸心理等); 3. 作业人员操作错误,违章作业; 4. 违反劳动纪律行为(管理人员脱岗等); 5. 人员未正确使用安全防护用品	1. 现场无警示标识或标识破损; 2. 现场救生设施不足; 3. 水下存在不明物体或生物的拖拽或缠绕	1. 雷雨、大风(6级以上)、冰雹、大雾等恶劣天气作业; 2. 水体寒冷; 3. 水体内能见度不足	1. 专项施工方案、应急预案不完善或未落实; 2. 未落实安全教育、培训、交底、检查制度; 3. 现场监控看管不到位	√		√		√

续上表

施工作业内容	典型风险事件	致害物	致险因素				风险事件后果类型				
			人的因素	物的因素	环境因素	管理因素	易导致伤亡人员类型		人员伤亡		
							本人	他人	轻伤	重伤	死亡
现浇混凝土基础	坍塌	不稳定土体、砌体、结构物等	1. 管理人员违章指挥，强令冒险作业（防护、放坡不及时）； 2. 人员心理异常（冒险侥幸心理等）； 3. 作业人员操作错误； 4. 违章作业违反劳动纪律行为（管理人员脱岗等）	1. 无警示信号或信号不清（紧急撤离信号）； 2. 现场无警示标识或标识破损（警戒区、标牌、反光锥等）； 3. 截排水设施不完善； 4. 防护形式错或防护材料不合格（材料强度不足等）； 5. 区域内有重载或有松散的高边坡	1. 存在滑坡、偏压等不良地质； 2. 作业场地照明不足； 3. 强风、暴雨、地震等不良天气或地质； 4. 区域内有较大的振动	1. 施工方案不完善或未落实（掏底开挖、上下重叠开挖或未分层开挖，开挖完后未及时施工防护及排水）； 2. 安全教育、培训、交底、检查制度不完善或未落实； 3. 安全投入不足	√	√	√	√	√
水下基床抛石	物体打击	工具、材料等坠落物、抛射物、喷射物、溅射物	1. 现场作业人员未正确使用安全防护用品（安全帽等）； 2. 人员违章进入危险区域； 3. 管理人员违章指挥，强令冒险作业； 4. 作业人员身体健康状况异常、心理异常、感知异常（反应迟钝、辨识错误）； 5. 作业人员操作错误，违章作业（违章抛物）	1. 安全防护用品不合格（安全帽等）； 2. 作业过程中产生的坠落物、抛射物、喷射物、溅射物等（工具、材料等）； 3. 未设置防护设施，防护设施存在缺陷（挡脚板、防护网等）； 4. 物品摆放位置不合理或未固定； 5. 物品尺寸超大、超长等	1. 强风、暴雨、冰雹、大雾等不良天气； 2. 作业场地杂乱； 3. 照明光线不足； 4. 机械、车船、场地等晃动、振动	1. 施工方案不完善或未落实； 2. 安全教育、培训、交底、检查制度不完善或未落实； 3. 安全防护用品等未进行进场验收或验收不到位； 4. 安全投入不足； 5. 现场无警示标识或标识破损（警戒区、标牌、反光锥等）		√	√	√	

续上表

施工作业内容	典型风险事件	致害物	致险因素				风险事件后果类型				
			人的因素	物的因素	环境因素	管理因素	易导致伤亡人员类型		人员伤亡		
							本人	他人	轻伤	重伤	死亡
水下基床抛石	机械伤害	挖掘机、搅拌机、破碎机、装载机等施工小型机具等	1. 人员违章进入危险区域（机械作业半径等）； 2. 管理人员违章指挥，强令冒险作业； 3. 机械操作人员未持有效证件上岗； 4. 机械操作人员操作错误，违章作业（违规载人、酒后作业）； 5. 操作人员身体健康状况异常、心理异常、感知异常（反应迟钝、辨识错误）； 6. 现场作业人员未正确使用安全防护用品（反光背心、安全帽等）； 7. 机械操作人员疲劳作业	1. 机械无警示标识或标识破损（警戒区、标牌、反光贴等）； 2. 设备设施安全作业距离不足； 3. 设备带病作业（设备设施制动装置失效、运动或转动装置无防护或防护装置缺陷等）； 4. 安全防护用品不合格（反光背心、安全帽、护目镜等）	1. 强风、暴雨、大雪、冰雹、大雾等不良天气； 2. 作业场地狭窄、不平整、道路湿滑； 3. 夜间施工照明不足； 4. 存在视野盲区	1. 机械设备安全管理制度不完善或未落实（检查维护保养不到位）； 2. 未对机械设备、安全防护用品等进行进场验收或验收不到位； 3. 安全教育、培训、交底制度不完善或未落实； 4. 机械设备操作规程不规范或未落实； 5. 安全投入不足		√	√	√	√

续上表

施工作业内容	典型风险事件	致害物	致险因素				风险事件后果类型				
			人的因素	物的因素	环境因素	管理因素	易导致伤亡人员类型		人员伤亡		
							本人	他人	轻伤	重伤	死亡
水下基床抛石	起重伤害	汽车起重机、履带式起重机、浮吊等起重设备、吊索吊具	1. 管理人员违章指挥,强令冒险作业; 2. 作业人员操作错误,违章作业; 3. 起重工、信号工未持有效证件上岗; 4. 现场作业人员未正确使用安全防护用品(安全帽等); 5. 抗倾覆验算错误; 6. 人员违章进入危险区域; 7. 起重人员身体健康状况异常、心理异常、感知异常(反应迟钝、辨识错误); 8. 作业人员疲劳作业	1. 设备自身缺陷(强度、刚度不足、抗倾覆能力不足); 2. 现场无警示标识或标识破损(警戒区、标牌、反光锥等); 3. 吊车支垫材料不合格(枕木、钢板等); 4. 构件防锈处理不合格; 5. 吊索吊具不合格或达到报废标准(钢丝绳、吊带、U型卸扣等); 6. 无防护或防护装置缺陷(防脱钩装置、限位装置等); 7. 设备带"病"作业(制动装置等); 8. 安全防护用品不合格(反光背心、安全帽等)	1. 强风、暴雨、大雾、大雪等不良天气; 2. 地基承载力不足、基础下沉; 3. 作业场地照明不足; 4. 浮吊周围水域存在较大波浪或暗流; 5. 周围高空有较多障碍物; 6. 存在视野盲区	1. 施工方案不完善或未落实; 2. 安全教育、培训、交底、检查制度不完善或未落实; 3. 未对起重设备进行进场验收或验收不到位; 4. 安全投入不足; 5. 起重吊装作业时无专人监视; 6. 起重吊装安全操作规程不规范或未落实	√	√	√	√	√

续上表

施工作业内容	典型风险事件	致害物	致险因素				风险事件后果类型				
			人的因素	物的因素	环境因素	管理因素	易导致伤亡人员类型		人员伤亡		
							本人	他人	轻伤	重伤	死亡
水下基床抛石	淹溺	周边水域	1. 管理人员违章指挥，强令冒险作业； 2. 人员心理异常（冒险侥幸心理等）； 3. 作业人员操作错误，违章作业； 4. 违反劳动纪律行为（管理人员脱岗等）； 5. 人员未正确使用安全防护用品	1. 现场无警示标识或标识破损； 2. 现场救生设施不足； 3. 水下存在不明物体或生物的拖拽或缠绕； 4. 氧气瓶、头盔等存在缺陷	1. 雷雨、大风（6 级以上）、冰雹、大雾等恶劣天气作业； 2. 水体寒冷； 3. 水体内能见度不足	1. 专项施工方案、应急预案不完善或未落实； 2. 未落实安全教育、培训、交底、检查制度； 3. 现场监控看管不到位	√		√		√
水下基床抛石	船舶碰撞	船舶等	1. 船舶驾驶人员技术、经验不足； 2. 管理人员违章指挥，强令冒险作业； 3. 作业人员身体健康状况异常、心理异常、感知异常（反应迟钝、辨识错误）； 4. 作业人员操作错误，违章作业	1. 船舶相关仪表设备老旧、失效； 2. 导航设施出现明显错误； 3. 船舶防撞设施缺失； 4. 周围船体碰撞施工船舶	1. 强风、暴雨、大雪、大雾等不良天气； 2. 光线、照明不足； 3. 水下暗流影响船体方向和速率； 4. 施工水域狭小	1. 船舶操作规程、应急预案不完善或未落实； 2. 未落实安全教育、培训、交底、检查制度； 3. 船舶等未按要求组织维修、检验等或属于三无船舶	√	√	√	√	

续上表

施工作业内容	典型风险事件	致害物	致险因素				风险事件后果类型				
			人的因素	物的因素	环境因素	管理因素	易导致伤亡人员类型		人员伤亡		
							本人	他人	轻伤	重伤	死亡
水下基床抛石	船舶搁浅	浅滩等	1. 船舶驾驶等人员技术、经验不足； 2. 管理人员违章指挥，强令冒险作业； 3. 作业人员身体健康状况异常、心理异常、感知异常（反应迟钝、辨识错误）； 4. 作业人员操作错误，违章作业	1. 船舶相关仪表设备老旧、失效； 2. 导航、声呐设施出现明显错误	1. 强风、暴雨、大雪、大雾等不良天气； 2. 光线不足； 3. 水下地质突变； 4. 水位快速下降或退潮	1. 船舶操作规程、应急预案不完善或未落实； 2. 未落实安全教育、培训、交底、检查制度； 3. 船舶等未按要求组织维修、检验等或属于三无船舶； 4. 管理人员对气象和水体未提前预估	√	√	√		
	船舶触损	水下岩石、沉船、抛石等	1. 船舶驾驶等人员技术、经验不足； 2. 管理人员违章指挥，强令冒险作业； 3. 作业人员身体健康状况异常、心理异常、感知异常（反应迟钝、辨识错误）； 4. 作业人员操作错误，违章作业	1. 船舶相关仪表设备老旧、失效； 2. 声呐设施出现明显错误； 3. 与重型物品撞击； 4. 水下尖锐物品或其他船只上尖锐部位触碰； 5. 船体老化	1. 强风、暴雨、大雪、大雾等不良天气； 2. 光线不足； 3. 水下地质突变； 4. 水中存在较大波浪	1. 船舶操作规程、应急预案不完善或未落实； 2. 未落实安全教育、培训、交底、检查制度； 3. 船舶等未按要求组织维修、检验等或属于三无船舶	√	√	√	√	

续上表

施工作业内容	典型风险事件	致害物	致险因素				风险事件后果类型				
			人的因素	物的因素	环境因素	管理因素	易导致伤亡人员类型		人员伤亡		
							本人	他人	轻伤	重伤	死亡
水下基床抛石	船舶污染	船舶燃油、生活污水等	1. 船舶驾驶等人员技术、经验不足； 2. 管理人员违章指挥，强令冒险作业； 3. 作业人员身体健康状况异常、心理异常、感知异常（反应迟钝、辨识错误）； 4. 作业人员操作错误，违章作业	1. 船舶相关仪表设备老旧、失效； 2. 燃油桶或输油管破损	1. 强风、暴雨等不良天气； 2. 船内照明不足	1. 船舶操作规程、应急预案不完善或未落实； 2. 未落实安全教育、培训、交底、检查制度； 3. 船舶等未按要求组织维修、检验等或属于三无船舶		√	√		
	船舶倾覆	风浪、船舶等	1. 船舶驾驶等人员技术、经验不足； 2. 管理人员违章指挥，强令冒险作业； 3. 作业人员身体健康状况异常、心理异常、感知异常（反应迟钝、辨识错误）； 4. 作业人员操作错误，违章作业	1. 船舶相关仪表设备老旧、失效； 2. 导航设施出现明显错误； 3. 船上物品偏载； 4. 系揽钩未绑扎牢固； 5. 物体撞击船体致出现破洞； 6. 船体刚度不足	1. 强风、暴雨等不良天气； 2. 光线不足； 3. 水中存在巨大波浪	1. 船舶操作规程、应急预案不完善或未落实； 2. 未落实安全教育、培训、交底、检查制度； 3. 船舶等未按要求组织维修、检验等或属于三无船舶	√	√	√	√	√

续上表

施工作业内容	典型风险事件	致害物	致险因素				风险事件后果类型				
			人的因素	物的因素	环境因素	管理因素	易导致伤亡人员类型		人员伤亡		
							本人	他人	轻伤	重伤	死亡
水下基床整平	物体打击	工具、材料等坠落物、抛射物、喷射物、溅射物	1. 现场作业人员未正确使用安全防护用品（安全帽等）； 2. 人员违章进入危险区域； 3. 管理人员违章指挥，强令冒险作业； 4. 作业人员身体健康状况异常、心理异常、感知异常（反应迟钝、辨识错误）； 5. 作业人员操作错误，违章作业（违章抛物）	1. 安全防护用品不合格（安全帽等）； 2. 作业过程中产生的坠落物、抛射物、喷射物、溅射物等（工具、材料等）； 3. 未设置防护设施，防护设施存在缺陷（挡脚板、防护网等）； 4. 物品摆放位置不合理或未固定； 5. 物品尺寸超大、超长等	1. 强风、暴雨、冰雹、大雾等不良天气； 2. 作业场地杂乱； 3. 照明光线不足； 4. 机械、车船、场地等晃动、振动	1. 施工方案不完善或未落实； 2. 安全教育、培训、交底、检查制度不完善或未落实； 3. 安全防护用品等未进行进场验收或验收不到位； 4. 安全投入不足； 5. 现场无警示标识或标识破损（警戒区、标牌、反光锥等）		√	√	√	

续上表

施工作业内容	典型风险事件	致害物	致险因素				风险事件后果类型				
			人的因素	物的因素	环境因素	管理因素	易导致伤亡人员类型		人员伤亡		
							本人	他人	轻伤	重伤	死亡
水下基床整平	机械伤害	装载机，船上机械等小型施工机具	1. 人员违章进入危险区域（机械作业半径等）； 2. 管理人员违章指挥，强令冒险作业； 3. 机械操作人员未持有效证件上岗； 4. 机械操作人员操作错误，违章作业（违规载人、酒后作业）； 5. 操作人员身体健康状况异常、心理异常、感知异常（反应迟钝、辨识错误）； 6. 现场作业人员未正确使用安全防护用品（反光背心、安全帽等）； 7. 机械操作人员疲劳作业	1. 机械无警示标识或标识破损（警戒区、标牌、反光贴等）； 2. 设备设施安全作业距离不足； 3. 设备带病作业（设备设施制动装置失效、运动或转动装置无防护或防护装置缺陷等）； 4. 安全防护用品不合格（反光背心、安全帽、护目镜等）	1. 强风、暴雨、大雪、冰雹、大雾等不良天气； 2. 作业场地狭窄、不平整、道路湿滑； 3. 夜间施工照明不足； 4. 存在视野盲区	1. 机械设备安全管理制度不完善或未落实（检查维护保养不到位等）； 2. 未对机械设备、安全防护用品等进行进场验收或验收不到位； 3. 安全教育、培训、交底制度不完善或未落实； 4. 机械设备操作规程不规范或未落实； 5. 安全投入不足		√	√	√	√

续上表

施工作业内容	典型风险事件	致害物	致险因素				风险事件后果类型				
			人的因素	物的因素	环境因素	管理因素	易导致伤亡人员类型		人员伤亡		
							本人	他人	轻伤	重伤	死亡
水下基床整平	淹溺	周边水域	1. 管理人员违章指挥，强令冒险作业； 2. 人员心理异常（冒险侥幸心理等）； 3. 作业人员操作错误，违章作业； 4. 违反劳动纪律行为（管理人员脱岗等）； 5. 人员未正确使用安全防护用品	1. 现场无警示标识或标识破损； 2. 现场救生设施不足； 3. 水下存在不明物体或生物的拖拽或缠绕； 4. 氧气瓶、头盔等存在缺陷	1. 雷雨、大风（6级以上）、冰雹、大雾等恶劣天气作业； 2. 水体寒冷； 3. 水体内能见度不足	1. 专项施工方案、应急预案不完善或未落实； 2. 未落实安全教育、培训、交底、检查制度； 3. 现场监控看管不到位	√		√		√
	船舶碰撞	船舶等	1. 船舶驾驶等人员技术、经验不足； 2. 管理人员违章指挥，强令冒险作业； 3. 作业人员身体健康状况异常、心理异常、感知异常（反应迟钝、辨识错误）； 4. 作业人员操作错误，违章作业	1. 船舶相关仪表设备老旧、失效； 2. 导航设施出现明显错误； 3. 船舶防撞设施缺失； 4. 周围船体碰撞施工船舶	1. 强风、暴雨、大雪、大雾等不良天气； 2. 光线、照明不足； 3. 水下暗流影响船体方向和速率； 4. 施工水域狭小	1. 船舶操作规程、应急预案不完善或未落实； 2. 未落实安全教育、培训、交底、检查制度； 3. 船舶等未按要求组织维修、检验等或属于三无船舶	√	√	√	√	

续上表

施工作业内容	典型风险事件	致害物	致险因素				风险事件后果类型				
			人的因素	物的因素	环境因素	管理因素	易导致伤亡人员类型		人员伤亡		
							本人	他人	轻伤	重伤	死亡
水下基床整平	船舶搁浅	浅滩等	1.船舶驾驶等人员技术、经验不足； 2.管理人员违章指挥，强令冒险作业； 3.作业人员身体健康状况异常、心理异常、感知异常（反应迟钝、辨识错误）； 4.作业人员操作错误，违章作业	1.船舶相关仪表设备老旧、失效； 2.导航、声呐设施出现明显错误	1.强风、暴雨、大雪、大雾等不良天气； 2.光线不足； 3.水下地质突变； 4.水位快速下降或退潮	1.船舶操作规程、应急预案不完善或未落实； 2.未落实安全教育、培训、交底、检查制度； 3.船舶等未按要求组织维修、检验等或属于三无船舶； 4.管理人员对气象和水体未提前预估	√	√	√		
	船舶触损	水下岩石、沉船、抛石等	1.船舶驾驶等人员技术、经验不足； 2.管理人员违章指挥，强令冒险作业； 3.作业人员身体健康状况异常、心理异常、感知异常（反应迟钝、辨识错误）； 4.作业人员操作错误，违章作业	1.船舶相关仪表设备老旧、失效； 2.声呐设施出现明显错误； 3.与重型物品撞击； 4.水下尖锐物品或其他船只上尖锐部位触碰； 5.船体老化	1.强风、暴雨、大雪、大雾等不良天气； 2.光线不足； 3.水下地质突变； 4.水中存在较大波浪	1.船舶操作规程、应急预案不完善或未落实； 2.未落实安全教育、培训、交底、检查制度； 3.船舶等未按要求组织维修、检验等或属于三无船舶	√	√	√	√	

续上表

<table>
<tr><th rowspan="3">施工作业内容</th><th rowspan="3">典型风险事件</th><th rowspan="3">致害物</th><th colspan="4">致 险 因 素</th><th colspan="5">风险事件后果类型</th></tr>
<tr><th rowspan="2">人的因素</th><th rowspan="2">物的因素</th><th rowspan="2">环境因素</th><th rowspan="2">管理因素</th><th colspan="2">易导致伤亡人员类型</th><th colspan="3">人员伤亡</th></tr>
<tr><th>本人</th><th>他人</th><th>轻伤</th><th>重伤</th><th>死亡</th></tr>
<tr><td rowspan="2">水下基床整平</td><td>船舶污染</td><td>船舶燃油、生活污水等</td><td>1. 船舶驾驶等人员技术、经验不足；
2. 管理人员违章指挥，强令冒险作业；
3. 作业人员身体健康状况异常、心理异常、感知异常（反应迟钝、辨识错误）；
4. 作业人员操作错误，违章作业</td><td>1. 船舶相关仪表设备老旧、失效；
2. 燃油桶或输油管破损</td><td>1. 强风、暴雨等不良天气；
2. 船内照明不足</td><td>1. 船舶操作规程、应急预案不完善或未落实；
2. 未落实安全教育、培训、交底、检查制度；
3. 船舶等未按要求组织维修、检验等或属于三无船舶</td><td></td><td>√</td><td>√</td><td></td><td></td></tr>
<tr><td>船舶倾覆</td><td>风浪、船舶等</td><td>1. 船舶驾驶等人员技术、经验不足；
2. 管理人员违章指挥，强令冒险作业；
3. 作业人员身体健康状况异常、心理异常、感知异常（反应迟钝、辨识错误）；
4. 作业人员操作错误，违章作业</td><td>1. 船舶相关仪表设备老旧、失效；
2. 导航设施出现明显错误；
3. 船上物品偏载；
4. 系揽钩未绑扎牢固；
5. 物体撞击船体致出现破洞；
6. 船体刚度不足</td><td>1. 强风、暴雨等不良天气；
2. 光线不足；
3. 水中存在巨大波浪</td><td>1. 船舶操作规程、应急预案不完善或未落实；
2. 未落实安全教育、培训、交底、检查制度；
3. 船舶等未按要求组织维修、检验等或属于三无船舶</td><td>√</td><td>√</td><td>√</td><td>√</td><td>√</td></tr>
</table>

续上表

施工作业内容	典型风险事件	致害物	致险因素				风险事件后果类型				
			人的因素	物的因素	环境因素	管理因素	易导致伤亡人员类型		人员伤亡		
							本人	他人	轻伤	重伤	死亡
潜水作业（水下基床整平）	物体打击	工具、材料等坠落物	1. 现场作业人员未正确使用安全防护用品（安全帽等）； 2. 人员违章进入危险区域； 3. 管理人员违章指挥，强令冒险作业； 4. 作业人员身体健康状况异常、心理异常、感知异常（反应迟钝、辨识错误）； 5. 作业人员操作错误，违章作业（违章抛物）	1. 安全防护用品不合格（安全帽等）； 2. 作业过程中产生的坠落物、抛射物、喷射物、溅射物等（工具、材料等）； 3. 未设置防护设施，防护设施存在缺陷（挡脚板、防护网等）； 4. 物品摆放位置不合理或未固定； 5. 物品尺寸超大、超长等	1. 强风、暴雨、冰雹、大雾等不良天气； 2. 作业场地杂乱； 3. 照明光线不足； 4. 机械、车船、场地等晃动、振动	1. 施工方案不完善或未落实； 2. 安全教育、培训、交底、检查制度不完善或未落实； 3. 安全防护用品等未进行进场验收或验收不到位； 4. 安全投入不足； 5. 现场无警示标识或标识破损（警戒区、标牌、反光锥等）		√	√	√	
	机械伤害	船体小型施工机具等	1. 人员违章进入危险区域（机械作业半径等）； 2. 管理人员违章指挥，强令冒险作业； 3. 机械操作人员未持有效证件上岗；	1. 机械无警示标识或标识破损（警戒区、标牌、反光贴等）； 2. 设备设施安全作业距离不足；	1. 强风、暴雨、大雪、冰雹、大雾等不良天气； 2. 作业场地狭窄、不平整、道路湿滑； 3. 夜间施工照明不足； 4. 存在视野盲区	1. 机械设备安全管理制度不完善或未落实（检查维护保养不到位等）； 2. 未对机械设备、安全防护用品等进行进场验收或验收不到位；		√	√	√	√

续上表

施工作业内容	典型风险事件	致害物	致险因素				风险事件后果类型				
			人的因素	物的因素	环境因素	管理因素	易导致伤亡人员类型		人员伤亡		
							本人	他人	轻伤	重伤	死亡
潜水作业（水下基床整平）	机械伤害	船体小型施工机具等	4. 机械操作人员操作错误，违章作业（违规载人、酒后作业）； 5. 操作人员身体健康状况异常、心理异常、感知异常（反应迟钝、辨识错误）； 6. 现场作业人员未正确使用安全防护用品（反光背心、安全帽等）； 7. 机械操作人员疲劳作业	3. 设备带病作业（设备设施制动装置失效、运动或转动装置无防护或防护装置缺陷等）； 4. 安全防护用品不合格（反光背心、安全帽、护目镜等）		3. 安全教育、培训、交底制度不完善或未落实； 4. 机械设备操作规程不规范或未落实； 5. 安全投入不足					
	淹溺	周边水域	1. 管理人员违章指挥，强令冒险作业； 2. 人员心理异常（冒险侥幸心理等）； 3. 作业人员操作错误，违章作业； 4. 违反劳动纪律行为（管理人员脱岗等）； 5. 人员未正确使用安全防护用品	1. 现场无警示标识或标识破损； 2. 现场救生设施不足； 3. 水下存在不明物体或生物的拖拽或缠绕； 4. 氧气瓶、头盔等存在缺陷	1. 雷雨、大风（6 级以上）、冰雹、大雾等恶劣天气作业； 2. 水体寒冷； 3. 水体内能见度不足	1. 专项施工方案、应急预案不完善或未落实； 2. 未落实安全教育、培训、交底、检查制度； 3. 现场监控看管不到位	√		√		√

续上表

施工作业内容	典型风险事件	致害物	致险因素				风险事件后果类型				
			人的因素	物的因素	环境因素	管理因素	易导致伤亡人员类型		人员伤亡		
							本人	他人	轻伤	重伤	死亡
潜水作业（水下基床整平）	中毒窒息	水下作业	1. 现场作业人员未正确使用安全防护用品（潜水服、氧气罐等）； 2. 人员违章进入危险区域； 3. 管理人员违章指挥，强令冒险作业； 4. 作业人员身体健康状况异常、心理异常、感知异常（反应迟钝、辨识错误）； 5. 作业人员操作错误，违章作业	1. 安全防护用品不合格（潜水服、氧气罐等）； 2. 现场应急设施缺失； 3. 未进行逐级增压、减压	1. 强风、暴雨、大雪、大雾等不良天气； 2. 潜水环境不良； 3. 水下视线不足	1. 施工方案不完善或未落实（作业平台搭设不合格）； 2. 安全教育、培训、交底、检查制度不完善或未落实； 3. 安全防护用品等未进行进场验收或验收不到位； 4. 安全投入不足	√		√	√	√
基础换填	物体打击	工具、材料等坠落物、抛射物、喷射物、溅射物	1. 现场作业人员未正确使用安全防护用品（安全帽等）； 2. 人员违章进入危险区域； 3. 管理人员违章指挥，强令冒险作业； 4. 作业人员身体健康状况异常、心理异常、感知异常（反应迟钝、辨识错误）； 5. 作业人员操作错误，违章作业（违章抛物）	1. 安全防护用品不合格（安全帽等）； 2. 作业过程中产生的坠落物、抛射物、喷射物、溅射物等（工具、材料等）； 3. 未设置防护设施，防护设施存在缺陷（挡脚板、防护网等）； 4. 物品摆放位置不合理或未固定； 5. 物品尺寸超大、超长等	1. 强风、暴雨、冰雹、大雾等不良天气； 2. 作业场地杂乱； 3. 照明光线不足； 4. 机械、车船、场地等晃动、振动	1. 施工方案不完善或未落实； 2. 安全教育、培训、交底、检查制度不完善或未落实； 3. 安全防护用品等未进行进场验收或验收不到位； 4. 安全投入不足； 5. 现场无警示标识或标识破损（警戒区、标牌、反光锥等）		√	√	√	

续上表

施工作业内容	典型风险事件	致害物	致险因素				风险事件后果类型				
			人的因素	物的因素	环境因素	管理因素	易导致伤亡人员类型		人员伤亡		
							本人	他人	轻伤	重伤	死亡
基础换填	车辆伤害	运输、施工车辆等	1. 人员违章进入危险区域； 2. 管理人员违章指挥，强令冒险作业（进入驾驶员视野盲区等）； 3. 机驾人员未持有效证件上岗、机驾人员操作错误，违章作业（违规载人、酒后驾驶、超速、超限、超载作业）； 4. 机驾人员身体健康状况异常、心理异常、感知异常（反应迟钝、辨识错误）； 5. 机驾人员疲劳作业； 6. 现场人员未正确使用安全防护用品（反光背心、安全帽等）	1. 车辆未配备警示标识或标识破损（警戒区、标牌、反光锥、反光贴等）； 2. 车辆带“病”作业（制动装置、喇叭、后视镜、警示灯等设施缺陷）； 3. 车辆作业安全距离不足； 4. 人员安全防护用品不合格（反光背心、安全帽等）； 5. 车辆外观存在破损，配件行驶时脱落，运载物品尺寸超过车辆尺寸等； 6. 车辆转弯或后退时无明显提示	1. 强风、暴雨、大雪、冰雹、大雾等不良天气； 2. 作业场地狭窄、不平整、道路湿滑； 3. 车辆前后视线不良； 4. 存在视野盲区	1. 未对车辆、船机设备安全防护设施等进行进场验收或验收不到位； 2. 车船安全管理制度不完善或未落实（检查维护保养不到位等）； 3. 安全操作规程不规范或未落实（作业前未对车船周围环境进行检查等）； 4. 安全教育、培训、交底、检查制度不完善或未落实； 5. 职业健康管理制度不完善或未落实； 6. 安全投入不足	√	√	√	√	√

续上表

施工作业内容	典型风险事件	致害物	致险因素				风险事件后果类型				
			人的因素	物的因素	环境因素	管理因素	易导致伤亡人员类型		人员伤亡		
							本人	他人	轻伤	重伤	死亡
基础换填	机械伤害	挖掘机、装载机等施工小型机具	1. 人员违章进入危险区域（机械作业半径等）； 2. 管理人员违章指挥，强令冒险作业； 3. 机械操作人员未持有效证件上岗； 4. 机械操作人员操作错误，违章作业（违规载人、酒后作业）； 5. 操作人员身体健康状况异常、心理异常、感知异常（反应迟钝、辨识错误）； 6. 现场作业人员未正确使用安全防护用品（反光背心、安全帽等）； 7. 机械操作人员疲劳作业	1. 机械无警示标识或标识破损（警戒区、标牌、反光贴等）； 2. 设备设施安全作业距离不足； 3. 设备带病作业（设备设施制动装置失效、运动或转动装置无防护或防护装置缺陷等）； 4. 安全防护用品不合格（反光背心、安全帽、护目镜等）	1. 强风、暴雨、大雪、冰雹、大雾等不良天气； 2. 作业场地狭窄、不平整、道路湿滑； 3. 夜间施工照明不足； 4. 存在视野盲区	1. 机械设备安全管理制度不完善或未落实（检查维护保养不到位）； 2. 未对机械设备、安全防护用品等进行进场验收或验收不到位； 3. 安全教育、培训、交底制度不完善或未落实； 4. 机械设备操作规程不规范或未落实； 5. 安全投入不足		√	√	√	√

续上表

施工作业内容	典型风险事件	致害物	致险因素				风险事件后果类型				
			人的因素	物的因素	环境因素	管理因素	易导致伤亡人员类型		人员伤亡		
							本人	他人	轻伤	重伤	死亡
基础换填	高处坠落	无防护的作业平台、施工人员自身重力运动	1. 作业人员未正确使用安全防护用品（安全带、防滑鞋等）； 2. 作业人员身体健康状况异常、心理异常、感知异常（高血压、恐高症等禁忌症，反应迟钝、辨识错误）； 3. 作业人员疲劳作业，管理人员违章指挥、强令冒险作业； 4. 作业人员操作错误或违章作业	1. 高处作业场所未设置安全防护等措施（安全绳索、防坠网、栏杆等）； 2. 未设置安全警示标志或标识破损； 3. 安全防护用品质量不合格，存在缺陷； 4. 未设置人员上下安全爬梯或设置不规范	1. 大风、雷电、大雪、暴雨等恶劣天气； 2. 夜间施工照明不足； 3. 作业场地不平整、湿滑； 4. 临边洞口区域较多； 5. 现场需要反复登高作业	1. 安全教育、培训、交底、检查制度不完善或未落实； 2. 职业健康、安全管理制度不完善、未落实（定期体检）； 3. 安全投入不足； 4. 高处作业安全操作规程不规范或未落实； 5. 安全防护用品等未进行进场验收或验收不到位	√		√	√	√
	坍塌	不稳定土体、砌体、结构物等	1. 管理人员违章指挥，强令冒险作业（防护、放坡不及时）； 2. 人员心理异常（冒险侥幸心理等）； 3. 作业人员操作错误； 4. 违章作业违反劳动纪律行为（管理人员脱岗等）	1. 无警示信号或信号不清（紧急撤离信号等）； 2. 现场无警示标识或标识破损（警戒区、标牌、反光锥等）； 3. 截排水设施不完善； 4. 防护形式错或防护材料不合格（材料强度不足等）； 5. 区域内有重载或有松散的高边坡	1. 存在滑坡、偏压等不良地质； 2. 作业场地照明不足； 3. 强风、暴雨、地震等不良天气或地质； 4. 区域内有较大的振动	1. 施工方案不完善或未落实（掏底开挖、上下重叠开挖或未分层开挖，开挖完后未及时施工防护及排水）； 2. 安全教育、培训、交底、检查制度不完善或未落实； 3. 安全投入不足	√	√	√	√	√

续上表

施工作业内容	典型风险事件	致害物	致险因素				风险事件后果类型				
			人的因素	物的因素	环境因素	管理因素	易导致伤亡人员类型		人员伤亡		
							本人	他人	轻伤	重伤	死亡
小木桩	物体打击	工具、材料、预制构件等	1. 现场作业人员未正确使用安全防护用品(安全帽等); 2. 人员违章进入危险区域; 3. 管理人员违章指挥,强令冒险作业; 4. 作业人员身体健康状况异常、心理异常、感知异常(反应迟钝、辨识错误); 5. 作业人员操作错误,违章作业(违章抛物)	1. 安全防护用品不合格(安全帽等); 2. 作业过程中产生的坠落物、抛射物、喷射物、溅射物等(工具、材料等); 3. 未设置防护设施,防护设施存在缺陷(挡脚板、防护网等); 4. 物品摆放位置不合理或未固定; 5. 物品尺寸超大、超长等	1. 强风、暴雨、冰雹、大雾等不良天气; 2. 作业场地杂乱; 3. 照明光线不足; 4. 机械、车船、场地等晃动、振动	1. 施工方案不完善或未落实; 2. 安全教育、培训、交底、检查制度不完善或未落实; 3. 安全防护用品等未进行进场验收或验收不到位; 4. 安全投入不足; 5. 现场无警示标识或标识破损(警戒区、标牌、反光锥等)		√	√	√	

续上表

施工作业内容	典型风险事件	致害物	致险因素				风险事件后果类型				
			人的因素	物的因素	环境因素	管理因素	易导致伤亡人员类型		人员伤亡		
							本人	他人	轻伤	重伤	死亡
小木桩	车辆伤害	运输、施工车辆等	1. 人员违章进入危险区域； 2. 管理人员违章指挥，强令冒险作业（进入驾驶员视野盲区等）； 3. 机驾人员未持有效证件上岗、机驾人员操作错误，违章作业（违规载人、酒后驾驶、超速、超限、超载作业）； 4. 机驾人员身体健康状况异常、心理异常、感知异常（反应迟钝、辨识错误）； 5. 机驾人员疲劳作业； 6. 现场人员未正确使用安全防护用品（反光背心、安全帽等）	1. 车辆未配备警示标识或标识破损（警戒区、标牌、反光锥、反光贴等）； 2. 车辆带“病”作业（制动装置、喇叭、后视镜、警示灯等设施缺陷）； 3. 车辆作业安全距离不足； 4. 人员安全防护用品不合格（反光背心、安全帽等）； 5. 车辆外观存在破损、配件行驶时脱落，运载物品尺寸超过车辆尺寸等； 6. 车辆转弯或后退时无明显提示	1. 强风、暴雨、大雪、冰雹、大雾等不良天气； 2. 作业场地狭窄、不平整、道路湿滑； 3. 车辆前后视线不良； 4. 存在视野盲区	1. 未对车辆、船机设备安全防护设施等进行进场验收或验收不到位； 2. 车船安全管理制度不完善或未落实（检查维护保养不到位等）； 3. 安全操作规程不规范或未落实（作业前未对车船周围环境进行检查等）； 4. 安全教育、培训、交底、检查制度不完善或未落实； 5. 职业健康管理制度不完善或未落实； 6. 安全投入不足	√	√	√	√	√

续上表

施工作业内容	典型风险事件	致害物	致险因素				风险事件后果类型				
			人的因素	物的因素	环境因素	管理因素	易导致伤亡人员类型		人员伤亡		
							本人	他人	轻伤	重伤	死亡
小木桩	机械伤害	挖掘机、打桩机、装载机等施工小型机具	1. 人员违章进入危险区域（机械作业半径等）； 2. 管理人员违章指挥，强令冒险作业； 3. 机械操作人员未持有效证件上岗； 4. 机械操作人员操作错误，违章作业（违规载人、酒后作业）； 5. 操作人员身体健康状况异常、心理异常、感知异常（反应迟钝、辨识错误）； 6. 现场作业人员未正确使用安全防护用品（反光背心、安全帽等）； 7. 机械操作人员疲劳作业	1. 机械无警示标识或标识破损（警戒区、标牌、反光贴等）； 2. 设备设施安全作业距离不足； 3. 设备带病作业（设备设施制动装置失效、运动或转动装置无防护或防护装置缺陷等）； 4. 安全防护用品不合格（反光背心、安全帽、护目镜等）	1. 强风、暴雨、大雪、冰雹、大雾等不良天气； 2. 作业场地狭窄、不平整、道路湿滑； 3. 夜间施工照明不足； 4. 存在视野盲区	1. 机械设备安全管理制度不完善或未落实（检查维护保养不到位等）； 2. 未对机械设备、安全防护用品等进行进场验收或验收不到位； 3. 安全教育、培训、交底制度不完善或未落实； 4. 机械设备操作规程不规范或未落实； 5. 安全投入不足		√	√	√	√

续上表

施工作业内容	典型风险事件	致害物	致险因素				风险事件后果类型				
			人的因素	物的因素	环境因素	管理因素	易导致伤亡人员类型		人员伤亡		
							本人	他人	轻伤	重伤	死亡
小木桩	起重伤害	汽车起重机、履带式起重机、浮吊等起重设备、吊索吊具	1. 管理人员违章指挥,强令冒险作业; 2. 作业人员操作错误,违章作业; 3. 起重工、信号工未持有效证件上岗; 4. 现场作业人员未正确使用安全防护用品(安全帽等); 5. 抗倾覆验算错误; 6. 人员违章进入危险区域; 7. 起重人员身体健康状况异常、心理异常、感知异常(反应迟钝、辨识错误); 8. 作业人员疲劳作业	1. 设备自身缺陷(强度、刚度不足、抗倾覆能力不足); 2. 现场无警示标识或标识破损(警戒区、标牌、反光锥等); 3. 吊车支垫材料不合格(枕木、钢板等); 4. 构件防锈处理不合格; 5. 吊索吊具不合格或达到报废标准(钢丝绳、吊带、U型卸扣等); 6. 无防护或防护装置缺陷(防脱钩装置、限位装置等); 7. 设备带"病"作业(制动装置等); 8. 安全防护用品不合格(反光背心、安全帽等)	1. 强风、暴雨、大雾、大雪等不良天气; 2. 地基承载力不足、基础下沉; 3. 作业场地照明不足; 4. 浮吊周围水域存在较大波浪或暗流; 5. 周围高空有较多障碍物; 6. 存在视野盲区	1. 施工方案不完善或未落实; 2. 安全教育、培训、交底、检查制度不完善或未落实; 3. 未对起重设备进行进场验收或验收不到位; 4. 安全投入不足; 5. 起重吊装作业时无专人监视; 6. 起重吊装安全操作规程不规范或未落实	√	√	√	√	√

续上表

施工作业内容	典型风险事件	致害物	致险因素				风险事件后果类型				
			人的因素	物的因素	环境因素	管理因素	易导致伤亡人员类型		人员伤亡		
							本人	他人	轻伤	重伤	死亡
预制桩	物体打击	工具、材料、预制构件等	1. 现场作业人员未正确使用安全防护用品(安全帽等); 2. 人员违章进入危险区域; 3. 管理人员违章指挥,强令冒险作业; 4. 作业人员身体健康状况异常、心理异常、感知异常(反应迟钝、辨识错误); 5. 作业人员操作错误,违章作业(违章抛物)	1. 安全防护用品不合格(安全帽等); 2. 作业过程中产生的坠落物、抛射物、喷射物、溅射物等(工具、材料等); 3. 未设置防护设施,防护设施存在缺陷(挡脚板、防护网等); 4. 物品摆放位置不合理或未固定; 5. 物品尺寸超大、超长等	1. 强风、暴雨、冰雹、大雾等不良天气; 2. 作业场地杂乱; 3. 照明光线不足; 4. 机械、车船、场地等晃动、振动	1. 施工方案不完善或未落实; 2. 安全教育、培训、交底、检查制度不完善或未落实; 3. 安全防护用品等未进行进场验收或验收不到位; 4. 安全投入不足; 5. 现场无警示标识或标识破损(警戒区、标牌、反光锥等)		√	√	√	

续上表

施工作业内容	典型风险事件	致害物	致险因素				风险事件后果类型				
			人的因素	物的因素	环境因素	管理因素	易导致伤亡人员类型		人员伤亡		
							本人	他人	轻伤	重伤	死亡
预制桩	车辆伤害	运输、施工车辆等	1. 人员违章进入危险区域； 2. 管理人员违章指挥,强令冒险作业(进入驾驶员视野盲区等)； 3. 机驾人员未持有效证件上岗、机驾人员操作错误,违章作业(违规载人、酒后驾驶、超速、超限、超载作业)； 4. 机驾人员身体健康状况异常、心理异常、感知异常(反应迟钝、辨识错误)； 5. 机驾人员疲劳作业； 6. 现场人员未正确使用安全防护用品(反光背心、安全帽等)	1. 车辆未配备警示标识或标识破损(警戒区、标牌、反光锥、反光贴等)； 2. 车辆带“病”作业(制动装置、喇叭、后视镜、警示灯等设施缺陷)； 3. 车辆作业安全距离不足； 4. 人员安全防护用品不合格(反光背心、安全帽等)； 5. 车辆外观存在破损,配件行驶时脱落,运载物品尺寸超过车辆尺寸等； 6. 车辆转弯或后退时无明显提示	1. 强风、暴雨、大雪、冰雹、大雾等不良天气； 2. 作业场地狭窄、不平整、道路湿滑； 3. 车辆前后视线不良； 4. 存在视野盲区	1. 未对车辆、船机设备安全防护设施等进行进场验收或验收不到位； 2. 车船安全管理制度不完善或未落实(检查维护保养不到位等)； 3. 安全操作规程不规范或未落实(作业前未对车船周围环境进行检查)； 4. 安全教育、培训、交底、检查制度不完善或未落实； 5. 职业健康管理制度不完善或未落实； 6. 安全投入不足	√	√	√	√	√

续上表

施工作业内容	典型风险事件	致害物	致险因素				风险事件后果类型				
			人的因素	物的因素	环境因素	管理因素	易导致伤亡人员类型		人员伤亡		
							本人	他人	轻伤	重伤	死亡
预制桩	机械伤害	挖掘机、打桩机、装载机及等施工小型机具等	1. 人员违章进入危险区域（机械作业半径等）； 2. 管理人员违章指挥，强令冒险作业； 3. 机械操作人员未持有效证件上岗； 4. 机械操作人员操作错误，违章作业（违规载人、酒后作业）； 5. 操作人员身体健康状况异常、心理异常、感知异常（反应迟钝、辨识错误）； 6. 现场作业人员未正确使用安全防护用品（反光背心、安全帽等）； 7. 机械操作人员疲劳作业	1. 机械无警示标识或标识破损（警戒区、标牌、反光贴等）； 2. 设备设施安全作业距离不足； 3. 设备带病作业（设备设施制动装置失效、运动或转动装置无防护或防护装置缺陷等）； 4. 安全防护用品不合格（反光背心、安全帽、护目镜等）	1. 强风、暴雨、大雪、冰雹、大雾等不良天气； 2. 作业场地狭窄、不平整、道路湿滑； 3. 夜间施工照明不足； 4. 存在视野盲区	1. 机械设备安全管理制度不完善或未落实（检查维护保养不到位等）； 2. 未对机械设备、安全防护用品等进行进场验收或验收不到位； 3. 安全教育、培训、交底制度不完善或未落实； 4. 机械设备操作规程不规范或未落实； 5. 安全投入不足		√	√	√	√

续上表

施工作业内容	典型风险事件	致害物	致险因素				风险事件后果类型				
			人的因素	物的因素	环境因素	管理因素	易导致伤亡人员类型		人员伤亡		
							本人	他人	轻伤	重伤	死亡
预制桩	起重伤害	汽车起重机、履带式起重机、浮吊等起重设备、吊索吊具	1. 管理人员违章指挥,强令冒险作业； 2. 作业人员操作错误,违章作业； 3. 起重工、信号工未持有效证件上岗； 4. 现场作业人员未正确使用安全防护用品(安全帽等)； 5. 抗倾覆验算错误； 6. 人员违章进入危险区域； 7. 起重人员身体健康状况异常、心理异常、感知异常(反应迟钝、辨识错误)； 8. 作业人员疲劳作业	1. 设备自身缺陷(强度、刚度不足、抗倾覆能力不足)； 2. 现场无警示标识或标识破损(警戒区、标牌、反光锥等)； 3. 吊车支垫材料不合格(枕木、钢板等)； 4. 构件防锈处理不合格； 5. 吊索吊具不合格或达到报废标准(钢丝绳、吊带、U 型卸扣等)； 6. 无防护或防护装置缺陷(防脱钩装置、限位装置等)； 7. 设备带“病”作业(制动装置等)； 8. 安全防护用品不合格(反光背心、安全帽等)	1. 强风、暴雨、大雾、大雪等不良天气； 2. 地基承载力不足、基础下沉； 3. 作业场地照明不足； 4. 浮吊周围水域存在较大波浪或暗流； 5. 周围高空有较多障碍物； 6. 存在视野盲区	1. 施工方案不完善或未落实； 2. 安全教育、培训、交底、检查制度不完善或未落实； 3. 未对起重设备进行进场验收或验收不到位； 4. 安全投入不足； 5. 起重吊装作业时无专人监视； 6. 起重吊装安全操作规程不规范或未落实	√	√	√	√	√

续上表

施工作业内容	典型风险事件	致害物	致险因素				风险事件后果类型				
			人的因素	物的因素	环境因素	管理因素	易导致伤亡人员类型		人员伤亡		
							本人	他人	轻伤	重伤	死亡
预制桩	触电	发电机、破损的电线、钢筋等导电材料、配电箱	1. 作业人员未正确使用安全防护用品（绝缘鞋、绝缘手套等）； 2. 作业人员操作错误或违章作业（带电检修维护等）； 3. 管理人员违章指挥，强令冒险作业； 4. 电工、电焊工等特种人员未持有效证件上岗作业； 5. 人员疲劳作业	1. 电缆线、配电箱等电气设施不合格（线路破损、老化）； 2. 电气设施设置不规范（电缆拖地、配电箱无支架等）； 3. 带电设施无警示标识或标识破损安全防护装置不规范（未接地、无漏电保护器、接线端子无防护罩等）； 4. 防护不当、防护距离不足（配电柜、发电机无遮雨棚、防护围挡或防护破损）	1. 强风、雷雨、大雪等不良天气； 2. 作业场地杂乱、潮湿或积水； 3. 作业场地照明不足	1. 临时用电方案不完善或未落实； 2. 发电机等安全操作规程不规范或未落实； 3. 电气设施材料等未进行进场验收； 4. 无电工对用电设施进行巡查或巡查不到位； 5. 机械设备安全管理制度未落实（发电机、电焊机等机具检查维护保养不到位）； 6. 安全教育、培训、交底、检查制度不完善或未落实； 7. 安全投入不足	√		√	√	

续上表

施工作业内容	典型风险事件	致害物	致险因素				风险事件后果类型				
			人的因素	物的因素	环境因素	管理因素	易导致伤亡人员类型		人员伤亡		
							本人	他人	轻伤	重伤	死亡
预制桩	高处坠落	无防护的作业平台、施工人员受自身的重力运动	1. 作业人员未正确使用安全防护用品（安全带、防滑鞋等）； 2. 作业人员身体健康状况异常、心理异常、感知异常（高血压、恐高症等禁忌症，反应迟钝、辨识错误）； 3. 作业人员疲劳作业，管理人员违章指挥、强令冒险作业； 4. 作业人员操作错误或违章作业	1. 高处作业场所未设置安全防护等措施（安全绳索、防坠网、栏杆等）； 2. 未设置安全警示标志或标识破损； 3. 安全防护用品质量不合格，存在缺陷； 4. 未设置人员上下安全爬梯或设置不规范	1. 大风、雷电、大雪、暴雨等恶劣天气； 2. 夜间施工照明不足； 3. 作业场地不平整、湿滑； 4. 临边洞口区域较多； 5. 现场登高作业	1. 安全教育、培训、交底、检查制度不完善或未落实； 2. 职业健康、安全管理制度不完善、未落实（定期体检）； 3. 安全投入不足； 4. 高处作业安全操作规程不规范或未落实； 5. 安全防护用品等未进行进场验收或验收不到位	√		√	√	√
灌注桩	物体打击	工具、材料等坠落物、抛射物、喷射物、溅射物	1. 现场作业人员未正确使用安全防护用品（安全帽等）； 2. 人员违章进入危险区域； 3. 管理人员违章指挥，强令冒险作业； 4. 作业人员身体健康状况异常、心理异常、感知异常（反应迟钝、辨识错误）； 5. 作业人员操作错误，违章作业（违章抛物）	1. 安全防护用品不合格（安全帽等）； 2. 作业过程中产生的坠落物、抛射物、喷射物、溅射物等（工具、材料等）； 3. 未设置防护设施，防护设施存在缺陷（挡脚板、防护网等）； 4. 物品摆放位置不合理或未固定； 5. 物品尺寸超大、超长等	1. 强风、暴雨、冰雹、大雾等不良天气； 2. 作业场地杂乱； 3. 照明光线不足； 4. 机械、车船、场地等晃动、振动	1. 施工方案不完善或未落实； 2. 安全教育、培训、交底、检查制度不完善或未落实； 3. 安全防护用品等未进行进场验收或验收不到位； 4. 安全投入不足； 5. 现场无警示标识或标识破损（警戒区、标牌、反光锥等）		√	√	√	

续上表

施工作业内容	典型风险事件	致害物	致险因素				风险事件后果类型				
			人的因素	物的因素	环境因素	管理因素	易导致伤亡人员类型		人员伤亡		
							本人	他人	轻伤	重伤	死亡
灌注桩	车辆伤害	运输、施工车辆等	1. 人员违章进入危险区域； 2. 管理人员违章指挥，强令冒险作业(进入驾驶员视野盲区等)； 3. 机驾人员未持有效证件上岗、机驾人员操作错误，违章作业(违规载人、酒后驾驶、超速、超限、超载作业)； 4. 机驾人员身体健康状况异常、心理异常、感知异常(反应迟钝、辨识错误)； 5. 机驾人员疲劳作业； 6. 现场人员未正确使用安全防护用品(反光背心、安全帽等)	1. 车辆未配备警示标识或标识破损(警戒区、标牌、反光锥、反光贴等)； 2. 车辆带“病”作业(制动装置、喇叭、后视镜、警示灯等设施缺陷)； 3. 车辆作业安全距离不足； 4. 人员安全防护用品不合格(反光背心、安全帽等)； 5. 车辆外观存在破损、配件行驶时脱落，运载物品尺寸超过车辆尺寸等； 6. 车辆转弯或后退时无明显提示	1. 强风、暴雨、大雪、冰雹、大雾等不良天气； 2. 作业场地狭窄、不平整、道路湿滑； 3. 车辆前后视线不良； 4. 存在视野盲区	1. 未对车辆、船机设备安全防护设施等进行进场验收或验收不到位； 2. 车船安全管理制度不完善或未落实(检查维护保养不到位)； 3. 安全操作规程不规范或未落实(作业前未对车船周围环境进行检查)； 4. 安全教育、培训、交底、检查制度不完善或未落实； 5. 职业健康管理制度不完善或未落实； 6. 安全投入不足	√	√	√	√	√

续上表

施工作业内容	典型风险事件	致害物	致险因素				风险事件后果类型				
			人的因素	物的因素	环境因素	管理因素	易导致伤亡人员类型		人员伤亡		
							本人	他人	轻伤	重伤	死亡
灌注桩	机械伤害	挖掘机、打桩机、搅拌机、装载机等施工小型机具等	1. 人员违章进入危险区域（机械作业半径等）； 2. 管理人员违章指挥，强令冒险作业； 3. 机械操作人员未持有效证件上岗； 4. 机械操作人员操作错误，违章作业（违规载人、酒后作业）； 5. 操作人员身体健康状况异常、心理异常、感知异常（反应迟钝、辨识错误）； 6. 现场作业人员未正确使用安全防护用品（反光背心、安全帽等）； 7. 机械操作人员疲劳作业	1. 机械无警示标识或标识破损（警戒区、标牌、反光贴等）； 2. 设备设施安全作业距离不足； 3. 设备带“病”作业（设备设施制动装置失效、运动或转动装置无防护或防护装置缺陷等）； 4. 安全防护用品不合格（反光背心、安全帽、护目镜等）	1. 强风、暴雨、大雪、冰雹、大雾等不良天气； 2. 作业场地狭窄、不平整、道路湿滑； 3. 夜间施工照明不足； 4. 存在视野盲区	1. 机械设备安全管理制度不完善或未落实（检查维护保养不到位等）； 2. 未对机械设备、安全防护用品等进行进场验收或验收不到位； 3. 安全教育、培训、交底制度不完善或未落实； 4. 机械设备操作规程不规范或未落实； 5. 安全投入不足		√	√	√	√

续上表

施工作业内容	典型风险事件	致害物	致险因素				风险事件后果类型				
			人的因素	物的因素	环境因素	管理因素	易导致伤亡人员类型		人员伤亡		
							本人	他人	轻伤	重伤	死亡
灌注桩	起重伤害	汽车起重机、履带式起重机、浮吊等起重设备、吊索吊具	1. 管理人员违章指挥,强令冒险作业; 2. 作业人员操作错误,违章作业; 3. 起重工、信号工未持有效证件上岗; 4. 现场作业人员未正确使用安全防护用品(安全帽等); 5. 抗倾覆验算错误; 6. 人员违章进入危险区域; 7. 起重人员身体健康状况异常、心理异常、感知异常(反应迟钝、辨识错误); 8. 作业人员疲劳作业	1. 设备自身缺陷(强度、刚度不足、抗倾覆能力不足); 2. 现场无警示标识或标识破损(警戒区、标牌、反光锥等); 3. 吊车支垫材料不合格(枕木、钢板等); 4. 构件防锈处理不合格; 5. 吊索吊具不合格或达到报废标准(钢丝绳、吊带、U 型卸扣等); 6. 无防护或防护装置缺陷(防脱钩装置、限位装置等); 7. 设备带"病"作业(制动装置等); 8. 安全防护用品不合格(反光背心、安全帽等)	1. 强风、暴雨、大雾、大雪等不良天气; 2. 地基承载力不足、基础下沉; 3. 作业场地照明不足; 4. 浮吊周围水域存在较大波浪或暗流; 5. 周围高空有较多障碍物; 6. 存在视野盲区	1. 施工方案不完善或未落实; 2. 安全教育、培训、交底、检查制度不完善或未落实; 3. 未对起重设备进行进场验收或验收不到位; 4. 安全投入不足; 5. 起重吊装作业时无专人监视; 6. 起重吊装安全操作规程不规范或未落实	√	√	√	√	√

续上表

施工作业内容	典型风险事件	致害物	致险因素				风险事件后果类型				
			人的因素	物的因素	环境因素	管理因素	易导致伤亡人员类型		人员伤亡		
							本人	他人	轻伤	重伤	死亡
灌注桩	触电	发电机、破损的电线、钢筋等导电材料、配电箱	1. 作业人员未正确使用安全防护用品（绝缘鞋、绝缘手套等）； 2. 作业人员操作错误或违章作业（带电检修维护等）； 3. 管理人员违章指挥、强令冒险作业； 4. 电工、电焊工等特种人员未持有效证件上岗作业； 5. 人员疲劳作业	1. 电缆线、配电箱等电气设施不合格（线路破损、老化）； 2. 电气设施设置不规范（电缆拖地、配电箱无支架等）； 3. 带电设施无警示标识或标识破损安全防护装置不规范（未接地、无漏电保护器、接线端子无防护罩等）； 4. 防护不当、防护距离不足（配电柜、发电机无遮雨棚、防护围挡或防护破损）	1. 强风、雷雨、大雪等不良天气； 2. 作业场地杂乱、潮湿或积水； 3. 作业场地照明不足	1. 临时用电方案不完善或未落实； 2. 发电机等安全操作规程不规范或未落实； 3. 电气设施材料等未进行进场验收； 4. 无电工对用电设施进行巡查或巡查不到位； 5. 机械设备安全管理制度未落实（发电机、电焊机等机具检查维护保养不到位）； 6. 安全教育、培训、交底、检查制度不完善或未落实； 7. 安全投入不足	√		√	√	

续上表

施工作业内容	典型风险事件	致害物	致险因素				风险事件后果类型				
			人的因素	物的因素	环境因素	管理因素	易导致伤亡人员类型		人员伤亡		
							本人	他人	轻伤	重伤	死亡
CFG 桩	物体打击	工具、材料、预制构件等	1. 现场作业人员未正确使用安全防护用品(安全帽等); 2. 人员违章进入危险区域; 3. 管理人员违章指挥,强令冒险作业; 4. 作业人员身体健康状况异常、心理异常、感知异常(反应迟钝、辨识错误); 5. 作业人员操作错误,违章作业(违章抛物)	1. 安全防护用品不合格(安全帽等); 2. 作业过程中产生的坠落物、抛射物、喷射物、溅射物等(工具、材料等); 3. 未设置防护设施,防护设施存在缺陷(挡脚板、防护网等); 4. 物品摆放位置不合理或未固定; 5. 物品尺寸超大、超长等	1. 强风、暴雨、冰雹、大雾等不良天气; 2. 作业场地杂乱; 3. 照明光线不足; 4. 机械、车船、场地等晃动、振动	1. 施工方案不完善或未落实; 2. 安全教育、培训、交底、检查制度不完善或未落实; 3. 安全防护用品等未进行进场验收或验收不到位; 4. 安全投入不足; 5. 现场无警示标识或标识破损(警戒区、标牌、反光锥等)		√	√	√	

续上表

施工作业内容	典型风险事件	致害物	致险因素				风险事件后果类型				
			人的因素	物的因素	环境因素	管理因素	易导致伤亡人员类型		人员伤亡		
							本人	他人	轻伤	重伤	死亡
CFG桩	车辆伤害	运输、施工车辆等	1. 人员违章进入危险区域； 2. 管理人员违章指挥，强令冒险作业（进入驾驶员视野盲区等）； 3. 机驾人员未持有效证件上岗、机驾人员操作错误，违章作业（违规载人、酒后驾驶、超速、超限、超载作业）； 4. 机驾人员身体健康状况异常、心理异常、感知异常（反应迟钝、辨识错误）； 5. 机驾人员疲劳作业； 6. 现场人员未正确使用安全防护用品（反光背心、安全帽等）	1. 车辆未配备警示标识或标识破损（警戒区、标牌、反光锥、反光贴等）； 2. 车辆带“病”作业（制动装置、喇叭、后视镜、警示灯等设施缺陷）； 3. 车辆作业安全距离不足； 4. 人员安全防护用品不合格（反光背心、安全帽等）； 5. 车辆外观存在破损，配件行驶时脱落，运载物品尺寸超过车辆尺寸等； 6. 车辆转弯或后退时无明显提示	1. 强风、暴雨、大雪、冰雹、大雾等不良天气； 2. 作业场地狭窄、不平整、道路湿滑； 3. 车辆前后视线不良； 4. 存在视野盲区	1. 未对车辆、船机设备安全防护设施等进行进场验收或验收不到位； 2. 车船安全管理制度不完善或未落实（检查维护保养不到位等）； 3. 安全操作规程不规范或未落实（作业前未对车船周围环境进行检查等）； 4. 安全教育、培训、交底、检查制度不完善或未落实； 5. 职业健康管理制度不完善或未落实； 6. 安全投入不足	√	√	√	√	√

续上表

施工作业内容	典型风险事件	致害物	致险因素				风险事件后果类型				
			人的因素	物的因素	环境因素	管理因素	易导致伤亡人员类型		人员伤亡		
							本人	他人	轻伤	重伤	死亡
CFG 桩	机械伤害	挖掘机、打桩机、搅拌机、装载机等施工小型机具	1. 人员违章进入危险区域（机械作业半径等）； 2. 管理人员违章指挥，强令冒险作业； 3. 机械操作人员未持有效证件上岗； 4. 机械操作人员操作错误，违章作业（违规载人、酒后作业）； 5. 操作人员身体健康状况异常、心理异常、感知异常（反应迟钝、辨识错误）； 6. 现场作业人员未正确使用安全防护用品（反光背心、安全帽等）； 7. 机械操作人员疲劳作业	1. 机械无警示标识或标识破损（警戒区、标牌、反光贴等）； 2. 设备设施安全作业距离不足； 3. 设备带病作业（设备设施制动装置失效、运动或转动装置无防护或防护装置缺陷等）； 4. 安全防护用品不合格（反光背心、安全帽、护目镜等）	1. 强风、暴雨、大雪、冰雹、大雾等不良天气； 2. 作业场地狭窄、不平整、道路湿滑； 3. 夜间施工照明不足； 4. 存在视野盲区	1. 机械设备安全管理制度不完善或未落实（检查维护保养不到位等）； 2. 未对机械设备、安全防护用品等进行进场验收或验收不到位； 3. 安全教育、培训、交底制度不完善或未落实； 4. 机械设备操作规程不规范或未落实； 5. 安全投入不足		√	√	√	√

续上表

施工作业内容	典型风险事件	致害物	致险因素				风险事件后果类型				
			人的因素	物的因素	环境因素	管理因素	易导致伤亡人员类型		人员伤亡		
							本人	他人	轻伤	重伤	死亡
CFG 桩	触电	发电机、破损的电线、钢筋等导电材料、配电箱	1. 作业人员未正确使用安全防护用品（绝缘鞋、绝缘手套等）； 2. 作业人员操作错误或违章作业（带电检修维护）； 3. 管理人员违章指挥、强令冒险作业； 4. 电工、电焊工等特种人员未持有效证件上岗作业； 5. 人员疲劳作业	1. 电缆线、配电箱等电气设施不合格（线路破损、老化）； 2. 电气设施设置不规范（电缆拖地、配电箱无支架等）； 3. 带电设施无警示标识或标识破损安全防护装置不规范（未接地、无漏电保护器、接线端子无防护罩等）； 4. 防护不当、防护距离不足（配电柜、发电机无遮雨棚、防护围挡或防护破损）	1. 强风、雷雨、大雪等不良天气； 2. 作业场地杂乱、潮湿或积水； 3. 作业场地照明不足	1. 临时用电方案不完善或未落实； 2. 发电机等安全操作规程不规范或未落实； 3. 电气设施材料等未进行进场验收； 4. 无电工对用电设施进行巡查或巡查不到位； 5. 机械设备安全管理制度未落实（发电机、电焊机等机具检查维护保养不到位）； 6. 安全教育、培训、交底、检查制度不完善或未落实； 7. 安全投入不足	√		√	√	

续上表

施工作业内容	典型风险事件	致害物	致险因素				风险事件后果类型				
			人的因素	物的因素	环境因素	管理因素	易导致伤亡人员类型		人员伤亡		
							本人	他人	轻伤	重伤	死亡
水泥搅拌桩	物体打击	工具、材料等坠落物、抛射物、喷射物、溅射物	1. 现场作业人员未正确使用安全防护用品(安全帽等)； 2. 人员违章进入危险区域； 3. 管理人员违章指挥,强令冒险作业； 4. 作业人员身体健康状况异常、心理异常、感知异常(反应迟钝、辨识错误)； 5. 作业人员操作错误,违章作业(违章抛物)	1. 安全防护用品不合格(安全帽等)； 2. 作业过程中产生的坠落物、抛射物、喷射物、溅射物等(工具、材料等)； 3. 未设置防护设施,防护设施存在缺陷(挡脚板、防护网等)； 4. 物品摆放位置不合理或未固定； 5. 物品尺寸超大、超长等	1. 强风、暴雨、冰雹、大雾等不良天气； 2. 作业场地杂乱； 3. 照明光线不足； 4. 机械、车船、场地等晃动、振动	1. 施工方案不完善或未落实； 2. 安全教育、培训、交底、检查制度不完善或未落实； 3. 安全防护用品等未进行进场验收或验收不到位； 4. 安全投入不足； 5. 现场无警示标识或标识破损(警戒区、标牌、反光锥等)		√	√	√	

续上表

施工作业内容	典型风险事件	致害物	致险因素				风险事件后果类型				
			人的因素	物的因素	环境因素	管理因素	易导致伤亡人员类型		人员伤亡		
							本人	他人	轻伤	重伤	死亡
水泥搅拌桩	车辆伤害	运输、施工车辆等	1. 人员违章进入危险区域； 2. 管理人员违章指挥，强令冒险作业（进入驾驶员视野盲区等）； 3. 机驾人员未持有效证件上岗；机驾人员操作错误，违章作业（违规载人、酒后驾驶、超速、超限、超载作业）； 4. 机驾人员身体健康状况异常、心理异常、感知异常（反应迟钝、辨识错误）； 5. 机驾人员疲劳作业； 6. 现场人员未正确使用安全防护用品（反光背心、安全帽等）	1. 车辆未配备警示标识或标识破损（警戒区、标牌、反光锥、反光贴等）； 2. 车辆带“病”作业（制动装置、喇叭、后视镜、警示灯等设施缺陷）； 3. 车辆作业安全距离不足； 4. 人员安全防护用品不合格（反光背心、安全帽等）； 5. 车辆外观存在破损、配件行驶时脱落，运载物品尺寸超过车辆尺寸等； 6. 车辆转弯或后退时无明显提示	1. 强风、暴雨、大雪、冰雹、大雾等不良天气； 2. 作业场地狭窄、不平整、道路湿滑； 3. 车辆前后视线不良； 4. 存在视野盲区	1. 未对车辆、船机设备安全防护设施等进行进场验收或验收不到位； 2. 车船安全管理制度不完善或未落实（检查维护保养不到位等）； 3. 安全操作规程不规范或未落实（作业前未对车船周围环境进行检查等）； 4. 安全教育、培训、交底、检查制度不完善或未落实； 5. 职业健康管理制度不完善或未落实； 6. 安全投入不足	√	√	√	√	√

续上表

施工作业内容	典型风险事件	致害物	致险因素				风险事件后果类型				
			人的因素	物的因素	环境因素	管理因素	易导致伤亡人员类型		人员伤亡		
							本人	他人	轻伤	重伤	死亡
水泥搅拌桩	机械伤害	挖掘机、打桩机、装载机等施工小型机具	1. 人员违章进入危险区域（机械作业半径等）； 2. 管理人员违章指挥，强令冒险作业； 3. 机械操作人员未持有效证件上岗； 4. 机械操作人员操作错误，违章作业（违规载人、酒后作业）； 5. 操作人员身体健康状况异常、心理异常、感知异常（反应迟钝、辨识错误）； 6. 现场作业人员未正确使用安全防护用品（反光背心、安全帽等）； 7. 机械操作人员疲劳作业	1. 机械无警示标识或标识破损（警戒区、标牌、反光贴等）； 2. 设备设施安全作业距离不足； 3. 设备带病作业（设备设施制动装置失效、运动或转动装置无防护或防护装置缺陷等）； 4. 安全防护用品不合格（反光背心、安全帽、护目镜等）	1. 强风、暴雨、大雪、冰雹、大雾等不良天气； 2. 作业场地狭窄、不平整、道路湿滑； 3. 夜间施工照明不足； 4. 存在视野盲区	1. 机械设备安全管理制度不完善或未落实（检查维护保养不到位等）； 2. 未对机械设备、安全防护用品等进行进场验收或验收不到位； 3. 安全教育、培训、交底制度不完善或未落实； 4. 机械设备操作规程不规范或未落实； 5. 安全投入不足		√	√	√	√

续上表

施工作业内容	典型风险事件	致害物	致险因素				风险事件后果类型				
			人的因素	物的因素	环境因素	管理因素	易导致伤亡人员类型		人员伤亡		
							本人	他人	轻伤	重伤	死亡
水泥搅拌桩	触电	发电机、破损的电线、钢筋等导电材料、配电箱	1. 作业人员未正确使用安全防护用品（绝缘鞋、绝缘手套等）； 2. 作业人员操作错误或违章作业（带电检修维护等）； 3. 管理人员违章指挥、强令冒险作业； 4. 电工、电焊工等特种人员未持有效证件上岗作业； 5. 人员疲劳作业	1. 电缆线、配电箱等电气设施不合格（线路破损、老化）； 2. 电气设施设置不规范（电缆拖地、配电箱无支架等）； 3. 带电设施无警示标识或标识破损安全防护装置不规范（未接地、无漏电保护器、接线端子无防护罩等）； 4. 防护不当、防护距离不足（配电柜、发电机无遮雨棚、防护围挡或防护破损）	1. 强风、雷雨、大雪等不良天气； 2. 作业场地杂乱、潮湿或积水； 3. 作业场地照明不足	1. 临时用电方案不完善或未落实； 2. 发电机等安全操作规程不规范或未落实； 3. 电气设施材料等未进行进场验收； 4. 无电工对用电设施进行巡查或巡查不到位； 5. 机械设备安全管理制度未落实（发电机、电焊机等机具检查维护保养不到位）； 6. 安全教育、培训、交底、检查制度不完善或未落实； 7. 安全投入不足	√		√	√	

续上表

施工作业内容	典型风险事件	致害物	致险因素				风险事件后果类型				
			人的因素	物的因素	环境因素	管理因素	易导致伤亡人员类型		人员伤亡		
							本人	他人	轻伤	重伤	死亡
基槽开挖	物体打击	工具、材料等坠落物、抛射物、喷射物、溅射物	1. 现场作业人员未正确使用安全防护用品（安全帽等）； 2. 人员违章进入危险区域； 3. 管理人员违章指挥，强令冒险作业； 4. 作业人员身体健康状况异常、心理异常、感知异常（反应迟钝、辨识错误）； 5. 作业人员操作错误，违章作业（违章抛物）	1. 安全防护用品不合格（安全帽等）； 2. 作业过程中产生的坠落物、抛射物、喷射物、溅射物等（工具、材料等）； 3. 未设置防护设施，防护设施存在缺陷（挡脚板、防护网等）； 4. 物品摆放位置不合理或未固定； 5. 物品尺寸超大、超长等	1. 强风、暴雨、冰雹、大雾等不良天气； 2. 作业场地杂乱； 3. 照明光线不足； 4. 机械、车船、场地等晃动、振动	1. 施工方案不完善或未落实； 2. 安全教育、培训、交底、检查制度不完善或未落实； 3. 安全防护用品等未进行进场验收或验收不到位； 4. 安全投入不足； 5. 现场无警示标识或标识破损（警戒区、标牌、反光锥等）		√	√	√	

续上表

施工作业内容	典型风险事件	致害物	致险因素				风险事件后果类型				
			人的因素	物的因素	环境因素	管理因素	易导致伤亡人员类型		人员伤亡		
							本人	他人	轻伤	重伤	死亡
基槽开挖	车辆伤害	运输、施工车辆等	1. 人员违章进入危险区域； 2. 管理人员违章指挥，强令冒险作业（进入驾驶员视野盲区等）； 3. 机驾人员未持有效证件上岗、机驾人员操作错误，违章作业（违规载人、酒后驾驶、超速、超限、超载作业）； 4. 机驾人员身体健康状况异常、心理异常、感知异常（反应迟钝、辨识错误）； 5. 机驾人员疲劳作业； 6. 现场人员未正确使用安全防护用品（反光背心、安全帽等）	1. 车辆未配备警示标识或标识破损（警戒区、标牌、反光锥、反光贴等）； 2. 车辆带“病”作业（制动装置、喇叭、后视镜、警示灯等设施缺陷）； 3. 车辆作业安全距离不足； 4. 人员安全防护用品不合格（反光背心、安全帽等）； 5. 车辆外观存在破损、配件行驶时脱落，运载物品尺寸超过车辆尺寸等； 6. 车辆转弯或后退时无明显提示	1. 强风、暴雨、大雪、冰雹、大雾等不良天气； 2. 作业场地狭窄、不平整、道路湿滑； 3. 车辆前后视线不良； 4. 存在视野盲区	1. 未对车辆、船机设备安全防护设施等进行进场验收或验收不到位； 2. 车船安全管理制度不完善或未落实（检查维护保养不到位等）； 3. 安全操作规程不规范或未落实（作业前未对车船周围环境进行检查等）； 4. 安全教育、培训、交底、检查制度不完善或未落实； 5. 职业健康管理制度不完善或未落实； 6. 安全投入不足	√	√	√	√	√

续上表

施工作业内容	典型风险事件	致害物	致险因素				风险事件后果类型				
			人的因素	物的因素	环境因素	管理因素	易导致伤亡人员类型		人员伤亡		
							本人	他人	轻伤	重伤	死亡
基槽开挖	机械伤害	挖掘机、打桩机、装载机等施工小型机具	1. 人员违章进入危险区域（机械作业半径等）； 2. 管理人员违章指挥，强令冒险作业； 3. 机械操作人员未持有效证件上岗； 4. 机械操作人员操作错误，违章作业（违规载人、酒后作业）； 5. 操作人员身体健康状况异常、心理异常、感知异常（反应迟钝、辨识错误）； 6. 现场作业人员未正确使用安全防护用品（反光背心、安全帽等）； 7. 机械操作人员疲劳作业	1. 机械无警示标识或标识破损（警戒区、标牌、反光贴等）； 2. 设备设施安全作业距离不足； 3. 设备带病作业（设备设施制动装置失效、运动或转动装置无防护或防护装置缺陷等）； 4. 安全防护用品不合格（反光背心、安全帽、护目镜等）	1. 强风、暴雨、大雪、冰雹、大雾等不良天气； 2. 作业场地狭窄、不平整、道路湿滑； 3. 夜间施工照明不足； 4. 存在视野盲区	1. 机械设备安全管理制度不完善或未落实（检查维护保养不到位等）； 2. 未对机械设备、安全防护用品等进行进场验收或验收不到位； 3. 安全教育、培训、交底制度不完善或未落实； 4. 机械设备操作规程不规范或未落实； 5. 安全投入不足		√	√	√	√

续上表

施工作业内容	典型风险事件	致害物	致险因素				风险事件后果类型				
			人的因素	物的因素	环境因素	管理因素	易导致伤亡人员类型		人员伤亡		
							本人	他人	轻伤	重伤	死亡
基槽开挖	淹溺	周边水域	1. 管理人员违章指挥，强令冒险作业； 2. 人员心理异常（冒险侥幸心理等）； 3. 作业人员操作错误，违章作业； 4. 违反劳动纪律行为（管理人员脱岗等）； 5. 人员未正确使用安全防护用品	1. 现场无警示标识或标识破损； 2. 现场救生设施不足； 3. 水下存在不明物体或生物的拖拽或缠绕	1. 雷雨、大风（6 级以上）、冰雹、大雾等恶劣天气作业； 2. 水体寒冷； 3. 水体内能见度不足	1. 专项施工方案、应急预案不完善或未落实； 2. 未落实安全教育、培训、交底、检查制度； 3. 现场监控看管不到位	√		√		√
	高处坠落	无防护的作业平台、施工人员自身重力运动	1. 作业人员未正确使用安全防护用品（安全带、防滑鞋等）； 2. 作业人员身体健康状况异常、心理异常、感知异常（高血压、恐高症等禁忌症，反应迟钝、辨识错误）； 3. 作业人员疲劳作业，管理人员违章指挥、强令冒险作业； 4. 作业人员操作错误或违章作业	1. 高处作业场所未设置安全防护等措施（安全绳索、防坠网、栏杆等）； 2. 未设置安全警示标志或标识破损； 3. 安全防护用品质量不合格，存在缺陷； 4. 未设置人员上下安全爬梯或设置不规范	1. 大风、雷电、大雪、暴雨等恶劣天气； 2. 夜间施工照明不足； 3. 作业场地不平整、湿滑； 4. 临边洞口区域较多； 5. 现场需要经常登高作业	1. 安全教育、培训、交底、检查制度不完善或未落实； 2. 职业健康、安全管理制度不完善、未落实（定期体检等）； 3. 安全投入不足； 4. 高处作业安全操作规程不规范或未落实； 5. 安全防护用品等未进行进场验收或验收不到位	√		√	√	√

续上表

施工作业内容	典型风险事件	致害物	致险因素				风险事件后果类型				
			人的因素	物的因素	环境因素	管理因素	易导致伤亡人员类型		人员伤亡		
							本人	他人	轻伤	重伤	死亡
基槽开挖	坍塌	不稳定土体、砌体、结构物等	1. 管理人员违章指挥，强令冒险作业（防护、放坡不及时）； 2. 人员心理异常（冒险侥幸心理等）； 3. 作业人员操作错误； 4. 违章作业违反劳动纪律行为（管理人员脱岗等）	1. 无警示信号或信号不清（紧急撤离信号）； 2. 现场无警示标识或标识破损（警戒区、标牌、反光锥等）； 3. 截排水设施不完善； 4. 防护形式错或防护材料不合格（材料强度不足等）； 5. 区域内有重载或有松散的高边坡	1. 存在滑坡、偏压等不良地质； 2. 作业场地照明不足； 3. 强风、暴雨、地震等不良天气或地质； 4. 区域内有较大的振动	1. 施工方案不完善或未落实（掏底开挖、上下重叠开挖或未分层开挖，开挖完后未及时施工防护及排水）； 2. 安全教育、培训、交底、检查制度不完善或未落实； 3. 安全投入不足	√	√	√	√	√
散抛石压载软体排护底	物体打击	工具、材料等坠落物、抛射物、喷射物、溅射物	1. 现场作业人员未正确使用安全防护用品（安全帽等）； 2. 人员违章进入危险区域； 3. 管理人员违章指挥，强令冒险作业； 4. 作业人员身体健康状况异常、心理异常、感知异常（反应迟钝、辨识错误）； 5. 作业人员操作错误，违章作业（违章抛物）	1. 安全防护用品不合格（安全帽等）； 2. 作业过程中产生的坠落物、抛射物、喷射物、溅射物等（工具、材料等）； 3. 未设置防护设施，防护设施存在缺陷（挡脚板、防护网等）； 4. 物品摆放位置不合理或未固定； 5. 物品尺寸超大、超长等	1. 强风、暴雨、冰雹、大雾等不良天气； 2. 作业场地杂乱； 3. 照明光线不足； 4. 机械、车船、场地等晃动、振动	1. 施工方案不完善或未落实； 2. 安全教育、培训、交底、检查制度不完善或未落实； 3. 安全防护用品等未进行进场验收或验收不到位； 4. 安全投入不足； 5. 现场无警示标识或标识破损（警戒区、标牌、反光锥等）		√	√	√	

续上表

施工作业内容	典型风险事件	致害物	致险因素				风险事件后果类型				
			人的因素	物的因素	环境因素	管理因素	易导致伤亡人员类型		人员伤亡		
							本人	他人	轻伤	重伤	死亡
散抛石压载软体排护底	机械伤害	卷扬机、卷曲机、装载机等施工小型机具	1. 人员违章进入危险区域（机械作业半径等）； 2. 管理人员违章指挥，强令冒险作业； 3. 机械操作人员未持有效证件上岗； 4. 机械操作人员操作错误，违章作业（违规载人、酒后作业）； 5. 操作人员身体健康状况异常、心理异常、感知异常（反应迟钝、辨识错误）； 6. 现场作业人员未正确使用安全防护用品（反光背心、安全帽等）； 7. 机械操作人员疲劳作业	1. 机械无警示标识或标识破损（警戒区、标牌、反光贴等）； 2. 设备设施安全作业距离不足； 3. 设备带病作业（设备设施制动装置失效、运动或转动装置无防护或防护装置缺陷等）； 4. 安全防护用品不合格（反光背心、安全帽、护目镜等）	1. 强风、暴雨、大雪、冰雹、大雾等不良天气； 2. 作业场地狭窄、不平整、道路湿滑； 3. 夜间施工照明不足； 4. 存在视野盲区	1. 机械设备安全管理制度不完善或未落实（检查维护保养不到位等）； 2. 未对机械设备、安全防护用品等进行进场验收或验收不到位； 3. 安全教育、培训、交底制度不完善或未落实； 4. 机械设备操作规程不规范或未落实； 5. 安全投入不足		√	√	√	√

续上表

施工作业内容	典型风险事件	致害物	致险因素				风险事件后果类型				
			人的因素	物的因素	环境因素	管理因素	易导致伤亡人员类型		人员伤亡		
							本人	他人	轻伤	重伤	死亡
散抛石压载软体排护底	起重伤害	汽车起重机、履带式起重机、浮吊等起重设备、吊索吊具	1. 管理人员违章指挥，强令冒险作业； 2. 作业人员操作错误，违章作业； 3. 起重工、信号工未持有效证件上岗； 4. 现场作业人员未正确使用安全防护用品（安全帽等）； 5. 抗倾覆验算错误； 6. 人员违章进入危险区域； 7. 起重人员身体健康状况异常、心理异常、感知异常（反应迟钝、辨识错误）； 8. 作业人员疲劳作业	1. 设备自身缺陷（强度、刚度不足、抗倾覆能力不足）； 2. 现场无警示标识或标识破损（警戒区、标牌、反光锥等）； 3. 吊车支垫材料不合格（枕木、钢板等）； 4. 构件防锈处理不合格； 5. 吊索吊具不合格或达到报废标准（钢丝绳、吊带、U 型卸扣等）； 6. 无防护或防护装置缺陷（防脱钩装置、限位装置等）； 7. 设备带“病”作业（制动装置等）； 8. 安全防护用品不合格（反光背心、安全帽等）	1. 强风、暴雨、大雾、大雪等不良天气； 2. 地基承载力不足、基础下沉； 3. 作业场地照明不足； 4. 浮吊周围水域存在较大波浪或暗流； 5. 周围高空有较多障碍物； 6. 存在视野盲区	1. 施工方案不完善或未落实； 2. 安全教育、培训、交底、检查制度不完善或未落实； 3. 未对起重设备进行进场验收或验收不到位； 4. 安全投入不足； 5. 起重吊装作业时无专人监视； 6. 起重吊装安全操作规程不规范或未落实	√	√	√	√	√

续上表

施工作业内容	典型风险事件	致害物	致险因素				风险事件后果类型				
			人的因素	物的因素	环境因素	管理因素	易导致伤亡人员类型		人员伤亡		
							本人	他人	轻伤	重伤	死亡
散抛石压载软体排护底	淹溺	周边水域	1. 管理人员违章指挥，强令冒险作业； 2. 人员心理异常（冒险侥幸心理等）； 3. 作业人员操作错误，违章作业； 4. 违反劳动纪律行为（管理人员脱岗等）； 5. 人员未正确使用安全防护用品	1. 现场无警示标识或标识破损； 2. 现场救生设施不足； 3. 水下存在不明物体或生物的拖拽或缠绕； 4. 氧气瓶、头盔等存在缺陷	1. 雷雨、大风（6 级以上）、冰雹、大雾等恶劣天气作业； 2. 水体寒冷； 3. 水体内能见度不足	1. 专项施工方案、应急预案不完善或未落实； 2. 未落实安全教育、培训、交底、检查制度； 3. 现场监控看管不到位	√		√		√
	船舶碰撞	船舶等	1. 船舶驾驶等人员技术、经验不足； 2. 管理人员违章指挥，强令冒险作业； 3. 作业人员身体健康状况异常、心理异常、感知异常（反应迟钝、辨识错误）； 4. 作业人员操作错误，违章作业	1. 船舶相关仪表设备老旧、失效； 2. 导航设施出现明显错误； 3. 船舶防撞设施缺失； 4. 周围船体碰撞施工船舶	1. 强风、暴雨、大雪、大雾等不良天气； 2. 光线、照明不足； 3. 水下暗流影响船体方向和速率； 4. 施工水域狭小	1. 船舶操作规程、应急预案不完善或未落实； 2. 未落实安全教育、培训、交底、检查制度； 3. 船舶等未按要求组织维修、检验等或属于三无船舶	√	√	√	√	

续上表

施工作业内容	典型风险事件	致害物	致险因素				风险事件后果类型				
			人的因素	物的因素	环境因素	管理因素	易导致伤亡人员类型		人员伤亡		
							本人	他人	轻伤	重伤	死亡
散抛石压载软体排护底	船舶搁浅	浅滩等	1. 船舶驾驶等人员技术、经验不足； 2. 管理人员违章指挥，强令冒险作业； 3. 作业人员身体健康状况异常、心理异常、感知异常（反应迟钝、辨识错误）； 4. 作业人员操作错误，违章作业	1. 船舶相关仪表设备老旧、失效； 2. 导航、声呐设施出现明显错误	1. 强风、暴雨、大雪、大雾等不良天气； 2. 光线不足； 3. 水下地质突变； 4. 水位快速下降或退潮	1. 船舶操作规程、应急预案不完善或未落实； 2. 未落实安全教育、培训、交底、检查制度； 3. 船舶等未按要求组织维修、检验等或属于三无船舶； 4. 管理人员对气象和水体未提前预估	√	√	√		
	船舶触损	水下岩石、沉船、抛石等	1. 船舶驾驶等人员技术、经验不足； 2. 管理人员违章指挥，强令冒险作业； 3. 作业人员身体健康状况异常、心理异常、感知异常（反应迟钝、辨识错误）； 4. 作业人员操作错误，违章作业	1. 船舶相关仪表设备老旧、失效； 2. 声呐设施出现明显错误； 3. 与重型物品撞击； 4. 水下尖锐物品或其他船只上尖锐部位触碰； 5. 船体老化	1. 强风、暴雨、大雪、大雾等不良天气； 2. 光线不足； 3. 水下地质突变； 4. 水中存在较大波浪	1. 船舶操作规程、应急预案不完善或未落实； 2. 未落实安全教育、培训、交底、检查制度； 3. 船舶等未按要求组织维修、检验等或属于三无船舶	√	√	√	√	

续上表

施工作业内容	典型风险事件	致害物	致险因素				风险事件后果类型				
			人的因素	物的因素	环境因素	管理因素	易导致伤亡人员类型		人员伤亡		
							本人	他人	轻伤	重伤	死亡
散抛石压载软体排护底	船舶污染	船舶燃油、生活污水等	1.船舶驾驶等人员技术、经验不足； 2.管理人员违章指挥，强令冒险作业； 3.作业人员身体健康状况异常、心理异常、感知异常（反应迟钝、辨识错误）； 4.作业人员操作错误，违章作业	1.船舶相关仪表设备老旧、失效； 2.燃油桶或输油管破损	1.强风、暴雨等不良天气； 2.船内照明不足	1.船舶操作规程、应急预案不完善或未落实； 2.未落实安全教育、培训、交底、检查制度； 3.船舶等未按要求组织维修、检验等或属于三无船舶		√	√		
	船舶倾覆	风浪、船舶等	1.船舶驾驶等人员技术、经验不足； 2.管理人员违章指挥，强令冒险作业； 3.作业人员身体健康状况异常、心理异常、感知异常（反应迟钝、辨识错误）； 4.作业人员操作错误，违章作业	1.船舶相关仪表设备老旧、失效； 2.导航设施出现明显错误； 3.船上物品偏载； 4.系揽钩未绑扎牢固； 5.物体撞击船体致出现破洞； 6.船体刚度不足	1.强风、暴雨等不良天气； 2.光线不足； 3.水中存在巨大波浪	1.船舶操作规程、应急预案不完善或未落实； 2.未落实安全教育、培训、交底、检查制度； 3.船舶等未按要求组织维修、检验等或属于三无船舶	√	√	√	√	√

续上表

施工作业内容	典型风险事件	致害物	致险因素				风险事件后果类型				
			人的因素	物的因素	环境因素	管理因素	易导致伤亡人员类型		人员伤亡		
							本人	他人	轻伤	重伤	死亡
系结压载软体排护底	物体打击	工具、材料等坠落物、抛射物	1. 现场作业人员未正确使用安全防护用品(安全帽等); 2. 人员违章进入危险区域; 3. 管理人员违章指挥,强令冒险作业; 4. 作业人员身体健康状况异常、心理异常、感知异常(反应迟钝、辨识错误); 5. 作业人员操作错误,违章作业(违章抛物)	1. 安全防护用品不合格(安全帽等); 2. 作业过程中产生的坠落物、抛射物、喷射物、溅射物等(工具、材料等); 3. 未设置防护设施,防护设施存在缺陷(挡脚板、防护网等); 4. 物品摆放位置不合理或未固定; 5. 物品尺寸超大、超长等	1. 强风、暴雨、冰雹、大雾等不良天气; 2. 作业场地杂乱; 3. 照明光线不足; 4. 机械、车船、场地等晃动、振动	1. 施工方案不完善或未落实; 2. 安全教育、培训、交底、检查制度不完善或未落实; 3. 安全防护用品等未进行进场验收或验收不到位; 4. 安全投入不足; 5. 现场无警示标识或标识破损(警戒区、标牌、反光锥等)		√	√	√	
	机械伤害	卷扬机、卷曲机、装载机等施工小型机具	1. 人员违章进入危险区域(机械作业半径等); 2. 管理人员违章指挥,强令冒险作业; 3. 机械操作人员未持有效证件上岗; 4. 机械操作人员操作错误,违章作业(违规载人、酒后作业); 5. 操作人员身体健康状况异常、心理异常、感知异常(反应迟钝、辨识错误);	1. 机械无警示标识或标识破损(警戒区、标牌、反光贴等); 2. 设备设施安全作业距离不足; 3. 设备带病作业(设备设施制动装置失效、运动或转动装置无防护或防护装置缺陷等);	1. 强风、暴雨、大雪、冰雹、大雾等不良天气; 2. 作业场地狭窄、不平整、道路湿滑; 3. 夜间施工照明不足; 4. 存在视野盲区	1. 机械设备安全管理制度不完善或未落实(检查维护保养不到位); 2. 未对机械设备、安全防护用品等进行进场验收或验收不到位; 3. 安全教育、培训、交底制度不完善或未落实;		√	√	√	√

续上表

施工作业内容	典型风险事件	致害物	致险因素				风险事件后果类型				
			人的因素	物的因素	环境因素	管理因素	易导致伤亡人员类型		人员伤亡		
							本人	他人	轻伤	重伤	死亡
	机械伤害	卷扬机、卷曲机、装载机等施工小型机具	6. 现场作业人员未正确使用安全防护用品(反光背心、安全帽等); 7. 机械操作人员疲劳作业	4. 安全防护用品不合格(反光背心、安全帽、护目镜等)		4. 机械设备操作规程不规范或未落实; 5. 安全投入不足					
系结压载软体排护底	起重伤害	汽车起重机、履带式起重机、浮吊等起重设备、吊索吊具	1. 管理人员违章指挥,强令冒险作业; 2. 作业人员操作错误,违章作业; 3. 起重工、信号工未持有效证件上岗; 4. 现场作业人员未正确使用安全防护用品(安全帽等); 5. 抗倾覆验算错误; 6. 人员违章进入危险区域; 7. 起重人员身体健康状况异常、心理异常、感知异常(反应迟钝、辨识错误); 8. 作业人员疲劳作业	1. 设备自身缺陷(强度、刚度不足、抗倾覆能力不足); 2. 现场无警示标识或标识破损(警戒区、标牌、反光锥等); 3. 吊车支垫材料不合格(枕木、钢板等); 4. 构件防锈处理不合格; 5. 吊索吊具不合格或达到报废标准(钢丝绳、吊带、U 型卸扣等); 6. 无防护或防护装置缺陷(防脱钩装置、限位装置等); 7. 设备带“病”作业(制动装置等); 8. 安全防护用品不合格(反光背心、安全帽等)	1. 强风、暴雨、大雾、大雪等不良天气; 2. 地基承载力不足、基础下沉; 3. 作业场地照明不足; 4. 浮吊周围水域存在较大波浪或暗流; 5. 周围高空有较多障碍物; 6. 存在视野盲区	1. 施工方案不完善或未落实; 2. 安全教育、培训、交底、检查制度不完善或未落实; 3. 未对起重设备进行进场验收或验收不到位; 4. 安全投入不足; 5. 起重吊装作业时无专人监视; 6. 起重吊装安全操作规程不规范或未落实	√	√	√	√	√

续上表

施工作业内容	典型风险事件	致害物	致险因素				风险事件后果类型				
			人的因素	物的因素	环境因素	管理因素	易导致伤亡人员类型		人员伤亡		
							本人	他人	轻伤	重伤	死亡
系结压载软体排护底	淹溺	周边水域	1. 管理人员违章指挥,强令冒险作业; 2. 作业人员心理异常(冒险侥幸心理); 3. 作业人员操作错误,违章作业; 4. 违反劳动纪律行为(管理人员脱岗); 5. 作业人员未正确使用安全防护用品	1. 现场无警示标识或标识破损; 2. 现场救生设施不足; 3. 水下存在不明物体或生物的拖拽或缠绕; 4. 氧气瓶、头盔等存在缺陷	1. 雷雨、大风(6级以上)、冰雹、大雾等恶劣天气作业; 2. 水体寒冷; 3. 水体内能见度不足	1. 专项施工方案、应急预案不完善或未落实; 2. 未落实安全教育、培训、交底、检查制度; 3. 现场监控看管不到位	√		√		√
	船舶碰撞	船舶等	1. 船舶驾驶等人员技术、经验不足; 2. 管理人员违章指挥,强令冒险作业; 3. 作业人员身体健康状况异常、心理异常、感知异常(反应迟钝、辨识错误); 4. 作业人员操作错误,违章作业	1. 船舶相关仪表设备老旧、失效; 2. 导航设施出现明显错误; 3. 船舶防撞设施缺失; 4. 周围船体碰撞施工船舶	1. 强风、暴雨、大雪、大雾等不良天气; 2. 光线、照明不足; 3. 水下暗流影响船体方向和速率; 4. 施工水域狭小	1. 船舶操作规程、应急预案不完善或未落实; 2. 未落实安全教育、培训、交底、检查制度; 3. 船舶等未按要求组织维修、检验等或属于三无船舶	√	√	√	√	

续上表

施工作业内容	典型风险事件	致害物	致险因素				风险事件后果类型				
			人的因素	物的因素	环境因素	管理因素	易导致伤亡人员类型		人员伤亡		
							本人	他人	轻伤	重伤	死亡
系结压载软体排护底	船舶搁浅	浅滩等	1. 船舶驾驶等人员技术、经验不足； 2. 管理人员违章指挥，强令冒险作业； 3. 作业人员身体健康状况异常、心理异常、感知异常（反应迟钝、辨识错误）； 4. 作业人员操作错误，违章作业	1. 船舶相关仪表设备老旧、失效； 2. 导航、声呐设施出现明显错误	1. 强风、暴雨、大雪、大雾等不良天气； 2. 光线不足； 3. 水下地质突变； 4. 水位快速下降或退潮	1. 船舶操作规程、应急预案不完善或未落实； 2. 未落实安全教育、培训、交底、检查制度； 3. 船舶等未按要求组织维修、检验等或属于三无船舶； 4. 管理人员对气象和水体未提前预估	√	√	√		
	船舶触损	水下岩石、沉船、抛石等	1. 船舶驾驶等人员技术、经验不足； 2. 管理人员违章指挥，强令冒险作业； 3. 作业人员身体健康状况异常、心理异常、感知异常（反应迟钝、辨识错误）； 4. 作业人员操作错误，违章作业	1. 船舶相关仪表设备老旧、失效； 2. 声呐设施出现明显错误； 3. 与重型物品撞击； 4. 水下尖锐物品或其他船只上尖锐部位触碰； 5. 船体老化	1. 强风、暴雨、大雪、大雾等不良天气； 2. 光线不足； 3. 水下地质突变； 4. 水中存在较大波浪	1. 船舶操作规程、应急预案不完善或未落实； 2. 未落实安全教育、培训、交底、检查制度； 3. 船舶等未按要求组织维修、检验等或属于三无船舶	√	√	√	√	

续上表

施工作业内容	典型风险事件	致害物	致险因素				风险事件后果类型				
			人的因素	物的因素	环境因素	管理因素	易导致伤亡人员类型		人员伤亡		
							本人	他人	轻伤	重伤	死亡
系结压载软体排护底	船舶污染	船舶燃油、生活污水等	1. 船舶驾驶等人员技术、经验不足； 2. 管理人员违章指挥，强令冒险作业； 3. 作业人员身体健康状况异常、心理异常、感知异常（反应迟钝、辨识错误）； 4. 作业人员操作错误，违章作业	1. 船舶相关仪表设备老旧、失效； 2. 燃油桶或输油管破损	1. 强风、暴雨等不良天气； 2. 船内照明不足	1. 船舶操作规程、应急预案不完善或未落实； 2. 未落实安全教育、培训、交底、检查制度； 3. 船舶等未按要求组织维修、检验等或属于三无船舶		√	√		
	船舶倾覆	风浪、船舶等	1. 船舶驾驶等人员技术、经验不足； 2. 管理人员违章指挥，强令冒险作业； 3. 作业人员身体健康状况异常、心理异常、感知异常（反应迟钝、辨识错误）； 4. 作业人员操作错误，违章作业	1. 船舶相关仪表设备老旧、失效； 2. 导航设施出现明显错误； 3. 船上物品偏载； 4. 系揽钩未绑扎牢固； 5. 物体撞击船体致出现破洞； 6. 船体刚度不足	1. 强风、暴雨等不良天气； 2. 光线不足； 3. 水中存在巨大波浪	1. 船舶操作规程、应急预案不完善或未落实； 2. 未落实安全教育、培训、交底、检查制度； 3. 船舶等未按要求组织维修、检验等或属于三无船舶	√	√	√	√	√

续上表

施工作业内容	典型风险事件	致害物	致险因素				风险事件后果类型				
			人的因素	物的因素	环境因素	管理因素	易导致伤亡人员类型		人员伤亡		
							本人	他人	轻伤	重伤	死亡
散抛物护底	物体打击	工具、材料等坠落物、抛射物、喷射物、溅射物	1. 现场作业人员未正确使用安全防护用品(安全帽等); 2. 人员违章进入危险区域; 3. 管理人员违章指挥,强令冒险作业; 4. 作业人员身体健康状况异常、心理异常、感知异常(反应迟钝、辨识错误); 5. 作业人员操作错误,违章作业(违章抛物)	1. 安全防护用品不合格(安全帽等); 2. 作业过程中产生的坠落物、抛射物、喷射物、溅射物等(工具、材料等); 3. 未设置防护设施,防护设施存在缺陷(挡脚板、防护网等); 4. 物品摆放位置不合理或未固定; 5. 物品尺寸超大、超长等	1. 强风、暴雨、冰雹、大雾等不良天气; 2. 作业场地杂乱; 3. 照明光线不足; 4. 机械、车船、场地等晃动、振动	1. 施工方案不完善或未落实; 2. 安全教育、培训、交底、检查制度不完善或未落实; 3. 安全防护用品等未进行进场验收或验收不到位; 4. 安全投入不足; 5. 现场无警示标识或标识破损(警戒区、标牌、反光锥等)		√	√	√	
	机械伤害	挖掘机、破碎机、装载机等施工小型机具	1. 人员违章进入危险区域(机械作业半径等); 2. 管理人员违章指挥,强令冒险作业; 3. 机械操作人员未持有效证件上岗; 4. 机械操作人员操作错误,违章作业(违规载人、酒后作业);	1. 机械无警示标识或标识破损(警戒区、标牌、反光贴等); 2. 设备设施安全作业距离不足; 3. 设备带病作业(设备设施制动装置失效、运动或转动装置无防护或防护装置缺陷等);	1. 强风、暴雨、大雪、冰雹、大雾等不良天气; 2. 作业场地狭窄、不平整、道路湿滑; 3. 夜间施工照明不足; 4. 存在视野盲区	1. 机械设备安全管理制度不完善或未落实(检查维护保养不到位); 2. 未对机械设备、安全防护用品等进行进场验收或验收不到位;		√	√	√	√

续上表

<table>
<tr><th rowspan="3">施工作业内容</th><th rowspan="3">典型风险事件</th><th rowspan="3">致害物</th><th colspan="4">致险因素</th><th colspan="5">风险事件后果类型</th></tr>
<tr><th rowspan="2">人的因素</th><th rowspan="2">物的因素</th><th rowspan="2">环境因素</th><th rowspan="2">管理因素</th><th colspan="2">易导致伤亡人员类型</th><th colspan="3">人员伤亡</th></tr>
<tr><th>本人</th><th>他人</th><th>轻伤</th><th>重伤</th><th>死亡</th></tr>
<tr><td rowspan="2">散抛物护底</td><td>机械伤害</td><td>挖掘机、破碎机、装载机等施工小型机具</td><td>5. 操作人员身体健康状况异常、心理异常、感知异常（反应迟钝、辨识错误）；
6. 现场作业人员未正确使用安全防护用品（反光背心、安全帽等）；
7. 机械操作人员疲劳作业</td><td>4. 安全防护用品不合格（反光背心、安全帽、护目镜等）</td><td></td><td>3. 安全教育、培训、交底制度不完善或未落实；
4. 机械设备操作规程不规范或未落实；
5. 安全投入不足</td><td></td><td></td><td></td><td></td><td></td></tr>
<tr><td>淹溺</td><td>周边水域</td><td>1. 管理人员违章指挥，强令冒险作业；
2. 人员心理异常（冒险侥幸心理）；
3. 作业人员操作错误，违章作业；
4. 违反劳动纪律行为（管理人员脱岗等）；
5. 人员未正确使用安全防护用品</td><td>1. 现场无警示标识或标识破损；
2. 现场救生设施不足；
3. 水下存在不明物体或生物的拖拽或缠绕；
4. 氧气瓶、头盔等存在缺陷</td><td>1. 雷雨、大风（6 级以上）、冰雹、大雾等恶劣天气作业；
2. 水体寒冷；
3. 水体内能见度不足</td><td>1. 专项施工方案、应急预案不完善或未落实；
2. 未落实安全教育、培训、交底、检查制度；
3. 现场监控看管不到位</td><td>√</td><td></td><td>√</td><td></td><td>√</td></tr>
</table>

续上表

施工作业内容	典型风险事件	致害物	致险因素				风险事件后果类型				
			人的因素	物的因素	环境因素	管理因素	易导致伤亡人员类型		人员伤亡		
							本人	他人	轻伤	重伤	死亡
散抛物护底	船舶碰撞	船舶等	1. 船舶驾驶等人员技术、经验不足； 2. 管理人员违章指挥，强令冒险作业； 3. 作业人员身体健康状况异常、心理异常、感知异常（反应迟钝、辨识错误）； 4. 作业人员操作错误，违章作业	1. 船舶相关仪表设备老旧、失效； 2. 导航设施出现明显错误； 3. 船舶防撞设施缺失； 4. 周围船体碰撞施工船舶	1. 强风、暴雨、大雪、大雾等不良天气； 2. 光线、照明不足； 3. 水下暗流影响船体方向和速率； 4. 施工水域狭小	1. 船舶操作规程、应急预案不完善或未落实； 2. 未落实安全教育、培训、交底、检查制度； 3. 船舶等未按要求组织维修、检验等或属于三无船舶	√	√	√	√	
	船舶搁浅	浅滩等	1. 船舶驾驶等人员技术、经验不足； 2. 管理人员违章指挥，强令冒险作业； 3. 作业人员身体健康状况异常、心理异常、感知异常（反应迟钝、辨识错误）； 4. 作业人员操作错误，违章作业	1. 船舶相关仪表设备老旧、失效； 2. 导航、声呐设施出现明显错误	1. 强风、暴雨、大雪、大雾等不良天气； 2. 光线不足； 3. 水下地质突变； 4. 水位快速下降或退潮	1. 船舶操作规程、应急预案不完善或未落实； 2. 未落实安全教育、培训、交底、检查制度； 3. 船舶等未按要求组织维修、检验等或属于三无船舶； 4. 管理人员对气象和水体未提前预估	√	√	√		

续上表

施工作业内容	典型风险事件	致害物	致险因素				风险事件后果类型				
			人的因素	物的因素	环境因素	管理因素	易导致伤亡人员类型		人员伤亡		
							本人	他人	轻伤	重伤	死亡
散抛物护底	船舶触损	水下岩石、沉船、抛石等	1. 船舶驾驶等人员技术、经验不足； 2. 管理人员违章指挥，强令冒险作业； 3. 作业人员身体健康状况异常、心理异常、感知异常（反应迟钝、辨识错误）； 4. 作业人员操作错误，违章作业	1. 船舶相关仪表设备老旧、失效； 2. 声呐设施出现明显错误； 3. 与重型物品撞击； 4. 水下尖锐物品或其他船只上尖锐部位触碰； 5. 船体老化	1. 强风、暴雨、大雪、大雾等不良天气； 2. 光线不足； 3. 水下地质突变； 4. 水中存在较大波浪	1. 船舶操作规程、应急预案不完善或未落实； 2. 未落实安全教育、培训、交底、检查制度； 3. 船舶等未按要求组织维修、检验等或属于三无船舶	√	√	√	√	
	船舶污染	船舶燃油、生活污水等	1. 船舶驾驶等人员技术、经验不足； 2. 管理人员违章指挥，强令冒险作业； 3. 作业人员身体健康状况异常、心理异常、感知异常（反应迟钝、辨识错误）； 4. 作业人员操作错误，违章作业	1. 船舶相关仪表设备老旧、失效； 2. 燃油桶或输油管破损	1. 强风、暴雨等不良天气； 2. 船内照明不足	1. 船舶操作规程、应急预案不完善或未落实； 2. 未落实安全教育、培训、交底、检查制度； 3. 船舶等未按要求组织维修、检验等或属于三无船舶		√	√		

续上表

施工作业内容	典型风险事件	致害物	致险因素				风险事件后果类型				
			人的因素	物的因素	环境因素	管理因素	易导致伤亡人员类型		人员伤亡		
							本人	他人	轻伤	重伤	死亡
散抛物护底	船舶倾覆	风浪、船舶等	1. 船舶驾驶等人员技术、经验不足； 2. 管理人员违章指挥，强令冒险作业； 3. 作业人员身体健康状况异常、心理异常、感知异常（反应迟钝、辨识错误）； 4. 作业人员操作错误，违章作业	1. 船舶相关仪表设备老旧、失效； 2. 导航设施出现明显错误； 3. 船上物品偏载； 4. 系揽钩未绑扎牢固； 5. 物体撞击船体致出现破洞； 6. 船体刚度不足	1. 强风、暴雨等不良天气； 2. 光线不足； 3. 水中存在巨大波浪	1. 船舶操作规程、应急预案不完善或未落实； 2. 未落实安全教育、培训、交底、检查制度； 3. 船舶等未按要求组织维修、检验等或属于三无船舶	√	√	√	√	√
砂袋护底	物体打击	工具、材料等坠落物、抛射物、喷射物、溅射物	1. 现场作业人员未正确使用安全防护用品（安全帽等）； 2. 人员违章进入危险区域； 3. 管理人员违章指挥，强令冒险作业； 4. 作业人员身体健康状况异常、心理异常、感知异常（反应迟钝、辨识错误）； 5. 作业人员操作错误，违章作业（违章抛物）	1. 安全防护用品不合格（安全帽等）； 2. 作业过程中产生的坠落物、抛射物、喷射物、溅射物等（工具、材料等）； 3. 未设置防护设施，防护设施存在缺陷（挡脚板、防护网等）； 4. 物品摆放位置不合理或未固定； 5. 物品尺寸超大、超长等	1. 强风、暴雨、冰雹、大雾等不良天气； 2. 作业场地杂乱； 3. 照明光线不足； 4. 机械、车船、场地等晃动、振动	1. 施工方案不完善或未落实； 2. 安全教育、培训、交底、检查制度不完善或未落实； 3. 安全防护用品等未进行进场验收或验收不到位； 4. 安全投入不足； 5. 现场无警示标识或标识破损（警戒区、标牌、反光锥等）		√	√	√	

续上表

施工作业内容	典型风险事件	致害物	致险因素				风险事件后果类型				
			人的因素	物的因素	环境因素	管理因素	易导致伤亡人员类型		人员伤亡		
							本人	他人	轻伤	重伤	死亡
砂袋护底	机械伤害	挖掘机、装载机等施工小型机具	1. 人员违章进入危险区域（机械作业半径等）； 2. 管理人员违章指挥，强令冒险作业； 3. 机械操作人员未持有效证件上岗； 4. 机械操作人员操作错误，违章作业（违规载人、酒后作业）； 5. 操作人员身体健康状况异常、心理异常、感知异常（反应迟钝、辨识错误）； 6. 现场作业人员未正确使用安全防护用品（反光背心、安全帽等）； 7. 机械操作人员疲劳作业	1. 机械无警示标识或标识破损（警戒区、标牌、反光贴等）； 2. 设备设施安全作业距离不足； 3. 设备带病作业（设备设施制动装置失效、运动或转动装置无防护或防护装置缺陷等）； 4. 安全防护用品不合格（反光背心、安全帽、护目镜等）	1. 强风、暴雨、大雪、冰雹、大雾等不良天气； 2. 作业场地狭窄、不平整、道路湿滑； 3. 夜间施工照明不足； 4. 存在视野盲区	1. 机械设备安全管理制度不完善或未落实（检查维护保养不到位）； 2. 未对机械设备、安全防护用品等进行进场验收或验收不到位； 3. 安全教育、培训、交底制度不完善或未落实； 4. 机械设备操作规程不规范或未落实； 5. 安全投入不足		√	√	√	√

续上表

施工作业内容	典型风险事件	致害物	致险因素				风险事件后果类型				
			人的因素	物的因素	环境因素	管理因素	易导致伤亡人员类型		人员伤亡		
							本人	他人	轻伤	重伤	死亡
砂袋护底	淹溺	周边水域	1. 管理人员违章指挥，强令冒险作业； 2. 人员心理异常（冒险侥幸心理等）； 3. 作业人员操作错误，违章作业； 4. 违反劳动纪律行为（管理人员脱岗等）； 5. 人员未正确使用安全防护用品	1. 现场无警示标识或标识破损； 2. 现场救生设施不足； 3. 水下存在不明物体或生物的拖拽或缠绕； 4. 氧气瓶、头盔等存在缺陷	1. 雷雨、大风（6级以上）、冰雹、大雾等恶劣天气作业； 2. 水体寒冷； 3. 水体内能见度不足	1. 专项施工方案、应急预案不完善或未落实； 2. 未落实安全教育、培训、交底、检查制度； 3. 现场监控看管不到位	√		√		√
	船舶碰撞	船舶等	1. 船舶驾驶等人员技术、经验不足； 2. 管理人员违章指挥，强令冒险作业； 3. 作业人员身体健康状况异常、心理异常、感知异常（反应迟钝、辨识错误）； 4. 作业人员操作错误，违章作业	1. 船舶相关仪表设备老旧、失效； 2. 导航设施出现明显错误； 3. 船舶防撞设施缺失； 4. 周围船体碰撞施工船舶	1. 强风、暴雨、大雪、大雾等不良天气； 2. 光线、照明不足； 3. 水下暗流影响船体方向和速率； 4. 施工水域狭小	1. 船舶操作规程、应急预案不完善或未落实； 2. 未落实安全教育、培训、交底、检查制度； 3. 船舶未按要求组织维修、检验等或属于三无船舶	√	√	√	√	

续上表

施工作业内容	典型风险事件	致害物	致险因素				风险事件后果类型				
			人的因素	物的因素	环境因素	管理因素	易导致伤亡人员类型		人员伤亡		
							本人	他人	轻伤	重伤	死亡
砂袋护底	船舶搁浅	浅滩等	1. 船舶驾驶等人员技术、经验不足； 2. 管理人员违章指挥，强令冒险作业； 3. 作业人员身体健康状况异常、心理异常、感知异常（反应迟钝、辨识错误）； 4. 作业人员操作错误，违章作业	1. 船舶相关仪表设备老旧、失效； 2. 导航、声呐设施出现明显错误	1. 强风、暴雨、大雪、大雾等不良天气； 2. 光线不足； 3. 水下地质突变； 4. 水位快速下降或退潮	1. 船舶操作规程、应急预案不完善或未落实； 2. 未落实安全教育、培训、交底、检查制度； 3. 船舶等未按要求组织维修、检验等或属于三无船舶； 4. 管理人员对气象和水体未提前预估	√	√	√		
	船舶触损	水下岩石、沉船、抛石等	1. 船舶驾驶等人员技术、经验不足； 2. 管理人员违章指挥，强令冒险作业； 3. 作业人员身体健康状况异常、心理异常、感知异常（反应迟钝、辨识错误）； 4. 作业人员操作错误，违章作业	1. 船舶相关仪表设备老旧、失效； 2. 声呐设施出现明显错误； 3. 与重型物品撞击； 4. 水下尖锐物品或其他船只上尖锐部位触碰； 5. 船体老化	1. 强风、暴雨、大雪、大雾等不良天气； 2. 光线不足； 3. 水下地质突变； 4. 水中存在较大波浪	1. 船舶操作规程、应急预案不完善或未落实； 2. 未落实安全教育、培训、交底、检查制度； 3. 船舶等未按要求组织维修、检验等或属于三无船舶	√	√	√	√	

续上表

施工作业内容	典型风险事件	致害物	致险因素				风险事件后果类型				
			人的因素	物的因素	环境因素	管理因素	易导致伤亡人员类型		人员伤亡		
							本人	他人	轻伤	重伤	死亡
砂袋护底	船舶污染	船舶燃油、生活污水等	1. 船舶驾驶等人员技术、经验不足； 2. 管理人员违章指挥，强令冒险作业； 3. 作业人员身体健康状况异常、心理异常、感知异常（反应迟钝、辨识错误）； 4. 作业人员操作错误，违章作业	1. 船舶相关仪表设备老旧、失效； 2. 燃油桶或输油管破损	1. 强风、暴雨等不良天气； 2. 船内照明不足	1. 船舶操作规程、应急预案不完善或未落实； 2. 未落实安全教育、培训、交底、检查制度； 3. 船舶等未按要求组织维修、检验等或属于三无船舶		√	√		
	船舶倾覆	风浪、船舶等	1. 船舶驾驶等人员技术、经验不足； 2. 管理人员违章指挥，强令冒险作业； 3. 作业人员身体健康状况异常、心理异常、感知异常（反应迟钝、辨识错误）； 4. 作业人员操作错误，违章作业	1. 船舶相关仪表设备老旧、失效； 2. 导航设施出现明显错误； 3. 船上物品偏载； 4. 系揽钩未绑扎牢固； 5. 物体撞击船体致出现破洞； 6. 船体刚度不足	1. 强风、暴雨等不良天气； 2. 光线不足； 3. 水中存在巨大波浪	1. 船舶操作规程、应急预案不完善或未落实； 2. 未落实安全教育、培训、交底、检查制度； 3. 船舶等未按要求组织维修、检验等或属于三无船舶	√	√	√	√	√

续上表

施工作业内容	典型风险事件	致害物	致险因素				风险事件后果类型				
			人的因素	物的因素	环境因素	管理因素	易导致伤亡人员类型		人员伤亡		
							本人	他人	轻伤	重伤	死亡
潜水作业（水下护底固定）	物体打击	工具、材料等坠落物、抛射物、喷射物、溅射物	1. 现场作业人员未正确使用安全防护用品（安全帽等）； 2. 人员违章进入危险区域； 3. 管理人员违章指挥，强令冒险作业； 4. 作业人员身体健康状况异常、心理异常、感知异常（反应迟钝、辨识错误）； 5. 作业人员操作错误，违章作业（违章抛物）	1. 安全防护用品不合格（安全帽等）； 2. 作业过程中产生的坠落物、抛射物、喷射物、溅射物等（工具、材料等）； 3. 未设置防护设施，防护设施存在缺陷（挡脚板、防护网等）； 4. 物品摆放位置不合理或未固定； 5. 物品尺寸超大、超长等	1. 强风、暴雨、冰雹、大雾等不良天气； 2. 作业场地杂乱； 3. 照明光线不足； 4. 机械、车船、场地等晃动、振动	1. 施工方案不完善或未落实； 2. 安全教育、培训、交底、检查制度不完善或未落实； 3. 安全防护用品等未进行进场验收或验收不到位； 4. 安全投入不足； 5. 现场无警示标识或标识破损（警戒区、标牌、反光锥等）		√	√	√	
	机械伤害	挖掘机、装载机等施工小型机具	1. 人员违章进入危险区域（机械作业半径等）； 2. 管理人员违章指挥，强令冒险作业； 3. 机械操作人员未持有效证件上岗；	1. 机械无警示标识或标识破损（警戒区、标牌、反光贴等）； 2. 设备设施安全作业距离不足；	1. 强风、暴雨、大雪、冰雹、大雾等不良天气； 2. 作业场地狭窄、不平整、道路湿滑； 3. 夜间施工照明不足； 4. 存在视野盲区	1. 机械设备安全管理制度不完善或未落实（检查维护保养不到位）； 2. 未对机械设备、安全防护用品等进行进场验收或验收不到位；		√	√	√	√

续上表

施工作业内容	典型风险事件	致害物	致险因素				风险事件后果类型				
			人的因素	物的因素	环境因素	管理因素	易导致伤亡人员类型		人员伤亡		
							本人	他人	轻伤	重伤	死亡
潜水作业（水下护底固定）	机械伤害	挖掘机、装载机等施工小型机具	4. 机械操作人员操作错误,违章作业(违规载人、酒后作业)； 5. 操作人员身体健康状况异常、心理异常、感知异常(反应迟钝、辨识错误)； 6. 现场作业人员未正确使用安全防护用品(反光背心、安全帽等)； 7. 机械操作人员疲劳作业	3. 设备带病作业(设备设施制动装置失效、运动或转动装置无防护或防护装置缺陷等)； 4. 安全防护用品不合格(反光背心、安全帽、护目镜等)		3. 安全教育、培训、交底制度不完善或未落实； 4. 机械设备操作规程不规范或未落实； 5. 安全投入不足					
	淹溺	周边水域	1. 管理人员违章指挥,强令冒险作业； 2. 人员心理异常(冒险侥幸心理等)； 3. 作业人员操作错误,违章作业； 4. 违反劳动纪律行为(管理人员脱岗等)； 5. 人员未正确使用安全防护用品	1. 现场无警示标识或标识破损； 2. 现场救生设施不足； 3. 水下存在不明物体或生物的拖拽或缠绕； 4. 氧气瓶、头盔等存在缺陷	1. 雷雨、大风(6级以上)、冰雹、大雾等恶劣天气作业； 2. 水体寒冷； 3. 水体内能见度不足	1. 专项施工方案、应急预案不完善或未落实； 2. 未落实安全教育、培训、交底、检查制度； 3. 现场监控看管不到位	√		√		√

续上表

施工作业内容	典型风险事件	致害物	致险因素				风险事件后果类型				
			人的因素	物的因素	环境因素	管理因素	易导致伤亡人员类型		人员伤亡		
							本人	他人	轻伤	重伤	死亡
潜水作业（水下护底固定）	中毒窒息	水下作业	1. 现场作业人员未正确使用安全防护用品（潜水服、氧气罐等）； 2. 人员违章进入危险区域； 3. 管理人员违章指挥，强令冒险作业； 4. 作业人员身体健康状况异常、心理异常、感知异常（反应迟钝、辨识错误）； 5. 作业人员操作错误，违章作业	1. 安全防护用品不合格（潜水服、氧气罐等）； 2. 现场应急设施缺失； 3. 未进行逐级增压、减压	1. 强风、暴雨、大雪、大雾等不良天气； 2. 潜水环境不良； 3. 水下视线不足	1. 施工方案不完善或未落实（作业平台搭设不合格）； 2. 安全教育、培训、交底、检查制度不完善或未落实； 3. 安全防护用品等未进行进场验收或验收不到位； 4. 安全投入不足	√		√	√	√
混凝土预制构件制作	物体打击	工具、材料、预制件	1. 现场作业人员未正确使用安全防护用品（安全帽等）； 2. 人员违章进入危险区域； 3. 管理人员违章指挥，强令冒险作业； 4. 作业人员身体健康状况异常、心理异常、感知异常（反应迟钝、辨识错误）； 5. 作业人员操作错误，违章作业（违章抛物）	1. 安全防护用品不合格（安全帽等）； 2. 作业过程中产生的坠落物、抛射物、喷射物、溅射物等（工具、材料等）； 3. 未设置防护设施，防护设施存在缺陷（挡脚板、防护网等）； 4. 物品摆放位置不合理或未固定； 5. 物品尺寸超大、超长等	1. 强风、暴雨、冰雹、大雾等不良天气； 2. 作业场地杂乱； 3. 照明光线不足； 4. 机械、车船、场地等晃动、振动	1. 施工方案不完善或未落实； 2. 安全教育、培训、交底、检查制度不完善或未落实； 3. 安全防护用品等未进行进场验收或验收不到位； 4. 安全投入不足； 5. 现场无警示标识或标识破损（警戒区、标牌、反光锥等）		√	√	√	

续上表

施工作业内容	典型风险事件	致害物	致险因素				风险事件后果类型				
			人的因素	物的因素	环境因素	管理因素	易导致伤亡人员类型		人员伤亡		
							本人	他人	轻伤	重伤	死亡
混凝土预制构件制作	机械伤害	挖掘机、打桩机、搅拌机、破碎机、弯曲机、切割机、装载机及等施工小型机具等	1. 人员违章进入危险区域(机械作业半径等); 2. 管理人员违章指挥,强令冒险作业; 3. 机械操作人员未持有效证件上岗; 4. 机械操作人员操作错误,违章作业(违规载人、酒后作业); 5. 操作人员身体健康状况异常、心理异常、感知异常(反应迟钝、辨识错误); 6. 现场作业人员未正确使用安全防护用品(反光背心、安全帽等); 7. 机械操作人员疲劳作业	1. 机械无警示标识或标识破损(警戒区、标牌、反光贴等); 2. 设备设施安全作业距离不足; 3. 设备带病作业(设备设施制动装置失效、运动或转动装置无防护或防护装置缺陷等); 4. 安全防护用品不合格(反光背心、安全帽、护目镜等)	1. 强风、暴雨、大雪、冰雹、大雾等不良天气; 2. 作业场地狭窄、不平整、道路湿滑; 3. 夜间施工照明不足; 4. 存在视野盲区	1. 机械设备安全管理制度不完善或未落实(检查维护保养不到位等); 2. 未对机械设备、安全防护用品等进行进场验收或验收不到位; 3. 安全教育、培训、交底制度不完善或未落实; 4. 机械设备操作规程不规范或未落实; 5. 安全投入不足		√	√	√	√

续上表

施工作业内容	典型风险事件	致害物	致险因素				风险事件后果类型				
			人的因素	物的因素	环境因素	管理因素	易导致伤亡人员类型		人员伤亡		
							本人	他人	轻伤	重伤	死亡
混凝土预制构件制作	起重伤害	汽车起重机、履带式起重机、浮吊等起重设备、吊索吊具	1. 管理人员违章指挥,强令冒险作业; 2. 作业人员操作错误,违章作业; 3. 起重工、信号工未持有效证件上岗; 4. 现场作业人员未正确使用安全防护用品(安全帽等); 5. 抗倾覆验算错误; 6. 人员违章进入危险区域; 7. 起重人员身体健康状况异常、心理异常、感知异常(反应迟钝、辨识错误); 8. 作业人员疲劳作业	1. 设备自身缺陷(强度、刚度不足、抗倾覆能力不足); 2. 现场无警示标识或标识破损(警戒区、标牌、反光锥等); 3. 吊车支垫材料不合格(枕木、钢板等); 4. 构件防锈处理不合格; 5. 吊索吊具不合格或达到报废标准(钢丝绳、吊带、U 型卸扣等); 6. 无防护或防护装置缺陷(防脱钩装置、限位装置等); 7. 设备带"病"作业(制动装置等); 8. 安全防护用品不合格(反光背心、安全帽等)	1. 强风、暴雨、大雾、大雪等不良天气; 2. 地基承载力不足、基础下沉; 3. 作业场地照明不足; 4. 浮吊周围水域存在较大波浪或暗流; 5. 周围高空有较多障碍物; 6. 存在视野盲区	1. 施工方案不完善或未落实; 2. 安全教育、培训、交底、检查制度不完善或未落实; 3. 未对起重设备进行进场验收或验收不到位; 4. 安全投入不足; 5. 起重吊装作业时无专人监视; 6. 起重吊装安全操作规程不规范或未落实	√	√	√	√	√

续上表

施工作业内容	典型风险事件	致害物	致险因素				风险事件后果类型				
			人的因素	物的因素	环境因素	管理因素	易导致伤亡人员类型		人员伤亡		
							本人	他人	轻伤	重伤	死亡
混凝土预制构件制作	触电	发电机、破损的电线、钢筋等导电材料、配电箱	1. 作业人员未正确使用安全防护用品(绝缘鞋、绝缘手套等); 2. 作业人员操作错误或违章作业(带电检修维护等); 3. 管理人员违章指挥、强令冒险作业; 4. 电工、电焊工等特种人员未持有效证件上岗作业; 5. 人员疲劳作业	1. 电缆线、配电箱等电气设施不合格(线路破损、老化); 2. 电气设施设置不规范(电缆拖地、配电箱无支架等); 3. 带电设施无警示标识或标识破损安全防护装置不规范(未接地、无漏电保护器、接线端子无防护罩等); 4. 防护不当、防护距离不足(配电柜、发电机无遮雨棚、防护围挡或防护破损)	1. 强风、雷雨、大雪等不良天气; 2. 作业场地杂乱、潮湿或积水; 3. 作业场地照明不足	1. 临时用电方案不完善或未落实; 2. 发电机等安全操作规程不规范或未落实; 3. 电气设施材料等未进行进场验收; 4. 无电工对用电设施进行巡查或巡查不到位; 5. 机械设备安全管理制度未落实(发电机、电焊机等机具检查维护保养不到位); 6. 安全教育、培训、交底、检查制度不完善或未落实; 7. 安全投入不足	√		√	√	

续上表

施工作业内容	典型风险事件	致害物	致险因素				风险事件后果类型				
			人的因素	物的因素	环境因素	管理因素	易导致伤亡人员类型		人员伤亡		
							本人	他人	轻伤	重伤	死亡
混凝土预制构件水上吊运安装	物体打击	工具、材料、预制件	1. 现场作业人员未正确使用安全防护用品(安全帽等); 2. 人员违章进入危险区域; 3. 管理人员违章指挥,强令冒险作业; 4. 作业人员身体健康状况异常、心理异常、感知异常(反应迟钝、辨识错误); 5. 作业人员操作错误,违章作业(违章抛物)	1. 安全防护用品不合格(安全帽等); 2. 作业过程中产生的坠落物、抛射物、喷射物、溅射物等(工具、材料等); 3. 未设置防护设施,防护设施存在缺陷(挡脚板、防护网等); 4. 物品摆放位置不合理或未固定; 5. 物品尺寸超大、超长等	1. 强风、暴雨、冰雹、大雾等不良天气; 2. 作业场地杂乱; 3. 照明光线不足; 4. 机械、车船、场地等晃动、振动	1. 施工方案不完善或未落实; 2. 安全教育、培训、交底、检查制度不完善或未落实; 3. 安全防护用品等未进行进场验收或验收不到位; 4. 安全投入不足; 5. 现场无警示标识或标识破损(警戒区、标牌、反光锥等)		√	√	√	

续上表

施工作业内容	典型风险事件	致害物	致险因素				风险事件后果类型				
			人的因素	物的因素	环境因素	管理因素	易导致伤亡人员类型		人员伤亡		
							本人	他人	轻伤	重伤	死亡
混凝土预制构件水上吊运安装	机械伤害	卷扬机、切割机、装载机等施工小型机具	1. 人员违章进入危险区域（机械作业半径等）； 2. 管理人员违章指挥，强令冒险作业； 3. 机械操作人员未持有效证件上岗； 4. 机械操作人员操作错误，违章作业（违规载人、酒后作业）； 5. 操作人员身体健康状况异常、心理异常、感知异常（反应迟钝、辨识错误）； 6. 现场作业人员未正确使用安全防护用品（反光背心、安全帽等）； 7. 机械操作人员疲劳作业	1. 机械无警示标识或标识破损（警戒区、标牌、反光贴等）； 2. 设备设施安全作业距离不足； 3. 设备带病作业（设备设施制动装置失效、运动或转动装置无防护或防护装置缺陷等）； 4. 安全防护用品不合格（反光背心、安全帽、护目镜等）	1. 强风、暴雨、大雪、冰雹、大雾等不良天气； 2. 作业场地狭窄、不平整、道路湿滑； 3. 夜间施工照明不足； 4. 存在视野盲区	1. 机械设备安全管理制度不完善或未落实（检查维护保养不到位）； 2. 未对机械设备、安全防护用品等进行进场验收或验收不到位； 3. 安全教育、培训、交底制度不完善或未落实； 4. 机械设备操作规程不规范或未落实； 5. 安全投入不足		√	√	√	√

续上表

施工作业内容	典型风险事件	致害物	致险因素				风险事件后果类型				
			人的因素	物的因素	环境因素	管理因素	易导致伤亡人员类型		人员伤亡		
							本人	他人	轻伤	重伤	死亡
混凝土预制构件水上吊运安装	起重伤害	汽车起重机、履带式起重机、浮吊等起重设备、吊索吊具	1. 管理人员违章指挥,强令冒险作业; 2. 作业人员操作错误,违章作业; 3. 起重工、信号工未持有效证件上岗; 4. 现场作业人员未正确使用安全防护用品(安全帽等); 5. 抗倾覆验算错误; 6. 人员违章进入危险区域; 7. 起重人员身体健康状况异常、心理异常、感知异常(反应迟钝、辨识错误); 8. 作业人员疲劳作业	1. 设备自身缺陷(强度、刚度不足、抗倾覆能力不足); 2. 现场无警示标识或标识破损(警戒区、标牌、反光锥等); 3. 吊车支垫材料不合格(枕木、钢板等); 4. 构件防锈处理不合格; 5. 吊索吊具不合格或达到报废标准(钢丝绳、吊带、U型卸扣等); 6. 无防护或防护装置缺陷(防脱钩装置、限位装置等); 7. 设备带"病"作业(制动装置等); 8. 安全防护用品不合格(反光背心、安全帽等)	1. 强风、暴雨、大雾、大雪等不良天气; 2. 地基承载力不足、基础下沉; 3. 作业场地照明不足; 4. 浮吊周围水域存在较大波浪或暗流; 5. 周围高空有较多障碍物; 6. 存在视野盲区	1. 施工方案不完善或未落实; 2. 安全教育、培训、交底、检查制度不完善或未落实; 3. 未对起重设备进行进场验收或验收不到位; 4. 安全投入不足; 5. 起重吊装作业时无专人监视; 6. 起重吊装安全操作规程不规范或未落实	√	√	√	√	√

续上表

施工作业内容	典型风险事件	致害物	致险因素				风险事件后果类型				
			人的因素	物的因素	环境因素	管理因素	易导致伤亡人员类型		人员伤亡		
							本人	他人	轻伤	重伤	死亡
混凝土预制构件水上吊运安装	触电	发电机、破损的电线、钢筋等导电材料、配电箱	1. 作业人员未正确使用安全防护用品（绝缘鞋、绝缘手套等）； 2. 作业人员操作错误或违章作业（带电检修维护等）； 3. 管理人员违章指挥、强令冒险作业； 4. 电工、电焊工等特种人员未持有效证件上岗作业； 5. 人员疲劳作业	1. 电缆线、配电箱等电气设施不合格（线路破损、老化）； 2. 电气设施设置不规范（电缆拖地、配电箱无支架等）； 3. 带电设施无警示标识或标识破损安全防护装置不规范（未接地、无漏电保护器、接线端子无防护罩等）； 4. 防护不当、防护距离不足（配电柜、发电机无遮雨棚、防护围挡或防护破损）	1. 强风、雷雨、大雪等不良天气； 2. 作业场地杂乱、潮湿或积水； 3. 作业场地照明不足	1. 临时用电方案不完善或未落实； 2. 发电机等安全操作规程不规范或未落实； 3. 电气设施材料等未进行进场验收； 4. 无电工对用电设施进行巡查或巡查不到位； 5. 机械设备安全管理制度未落实（发电机、电焊机等机具检查维护保养不到位）； 6. 安全教育、培训、交底、检查制度不完善或未落实； 7. 安全投入不足	√		√	√	

续上表

施工作业内容	典型风险事件	致害物	致险因素				风险事件后果类型				
			人的因素	物的因素	环境因素	管理因素	易导致伤亡人员类型		人员伤亡		
							本人	他人	轻伤	重伤	死亡
混凝土预制构件水上吊运安装	淹溺	周边水域	1. 管理人员违章指挥,强令冒险作业; 2. 人员心理异常(冒险侥幸心理等); 3. 作业人员操作错误,违章作业; 4. 违反劳动纪律行为(管理人员脱岗等); 5. 人员未正确使用安全防护用品	1. 现场无警示标识或标识破损; 2. 现场救生设施不足; 3. 水下存在不明物体或生物的拖拽或缠绕; 4. 氧气瓶、头盔等存在缺陷	1. 雷雨、大风(6 级以上)、冰雹、大雾等恶劣天气作业; 2. 水体寒冷; 3. 水体内能见度不足	1. 专项施工方案、应急预案不完善或未落实; 2. 未落实安全教育、培训、交底、检查制度; 3. 现场监控看管不到位	√		√		√
	船舶碰撞	船舶等	1. 船舶驾驶等人员技术、经验不足; 2. 管理人员违章指挥,强令冒险作业; 3. 作业人员身体健康状况异常、心理异常、感知异常(反应迟钝、辨识错误); 4. 作业人员操作错误,违章作业	1. 船舶相关仪表设备老旧、失效; 2. 导航设施出现明显错误; 3. 船舶防撞设施缺失; 4. 周围船体碰撞施工船舶	1. 强风、暴雨、大雪、大雾等不良天气; 2. 光线、照明不足; 3. 水下暗流影响船体方向和速率; 4. 施工水域狭小	1. 船舶操作规程、应急预案不完善或未落实; 2. 未落实安全教育、培训、交底、检查制度; 3. 船舶等未按要求组织维修、检验等或属于三无船舶	√	√	√	√	

续上表

施工作业内容	典型风险事件	致害物	致险因素				风险事件后果类型				
			人的因素	物的因素	环境因素	管理因素	易导致伤亡人员类型		人员伤亡		
							本人	他人	轻伤	重伤	死亡
混凝土预制构件水上吊运安装	船舶搁浅	浅滩等	1. 船舶驾驶等人员技术、经验不足； 2. 管理人员违章指挥，强令冒险作业； 3. 作业人员身体健康状况异常、心理异常、感知异常（反应迟钝、辨识错误）； 4. 作业人员操作错误，违章作业	1. 船舶相关仪表设备老旧、失效； 2. 导航、声呐设施出现明显错误	1. 强风、暴雨、大雪、大雾等不良天气； 2. 光线不足； 3. 水下地质突变； 4. 水位快速下降或退潮	1. 船舶操作规程、应急预案不完善或未落实； 2. 未落实安全教育、培训、交底、检查制度； 3. 船舶等未按要求组织维修、检验等或属于三无船舶； 4. 管理人员对气象和水体未提前预估	√	√	√		
	船舶触损	水下岩石、沉船、抛石等	1. 船舶驾驶等人员技术、经验不足； 2. 管理人员违章指挥，强令冒险作业； 3. 作业人员身体健康状况异常、心理异常、感知异常（反应迟钝、辨识错误）； 4. 作业人员操作错误，违章作业	1. 船舶相关仪表设备老旧、失效； 2. 声呐设施出现明显错误； 3. 与重型物品撞击； 4. 水下尖锐物品或其他船只上尖锐部位触碰； 5. 船体老化	1. 强风、暴雨、大雪、大雾等不良天气； 2. 光线不足； 3. 水下地质突变； 4. 水中存在较大波浪	1. 船舶操作规程、应急预案不完善或未落实； 2. 未落实安全教育、培训、交底、检查制度； 3. 船舶等未按要求组织维修、检验等或属于三无船舶	√	√	√	√	

续上表

施工作业内容	典型风险事件	致害物	致险因素				风险事件后果类型				
			人的因素	物的因素	环境因素	管理因素	易导致伤亡人员类型		人员伤亡		
							本人	他人	轻伤	重伤	死亡
混凝土预制构件水上吊运安装	船舶污染	船舶燃油、生活污水等	1. 船舶驾驶等人员技术、经验不足； 2. 管理人员违章指挥，强令冒险作业； 3. 作业人员身体健康状况异常、心理异常、感知异常（反应迟钝、辨识错误）； 4. 作业人员操作错误，违章作业	1. 船舶相关仪表设备老旧、失效； 2. 燃油桶或输油管破损	1. 强风、暴雨等不良天气； 2. 船内照明不足	1. 船舶操作规程、应急预案不完善或未落实； 2. 未落实安全教育、培训、交底、检查制度； 3. 船舶等未按要求组织维修、检验等或属于三无船舶		√	√		
	船舶倾覆	风浪、船舶等	1. 船舶驾驶等人员技术、经验不足； 2. 管理人员违章指挥，强令冒险作业； 3. 作业人员身体健康状况异常、心理异常、感知异常（反应迟钝、辨识错误）； 4. 作业人员操作错误，违章作业	1. 船舶相关仪表设备老旧、失效； 2. 导航设施出现明显错误； 3. 船上物品偏载； 4. 系揽钩未绑扎牢固； 5. 物体撞击船体致出现破洞； 6. 船体刚度不足	1. 强风、暴雨等不良天气； 2. 光线不足； 3. 水中存在巨大波浪	1. 船舶操作规程、应急预案不完善或未落实； 2. 未落实安全教育、培训、交底、检查制度； 3. 船舶等未按要求组织维修、检验等或属于三无船舶	√	√	√	√	√

续上表

施工作业内容	典型风险事件	致害物	致险因素				风险事件后果类型				
			人的因素	物的因素	环境因素	管理因素	易导致伤亡人员类型		人员伤亡		
							本人	他人	轻伤	重伤	死亡
充填袋筑坝	物体打击	工具、材料等坠落物、抛射物、喷射物、溅射物	1. 现场作业人员未正确使用安全防护用品(安全帽等); 2. 人员违章进入危险区域; 3. 管理人员违章指挥,强令冒险作业; 4. 作业人员身体健康状况异常、心理异常、感知异常(反应迟钝、辨识错误); 5. 作业人员操作错误,违章作业(违章抛物)	1. 安全防护用品不合格(安全帽等); 2. 作业过程中产生的坠落物、抛射物、喷射物、溅射物等(工具、材料等); 3. 未设置防护设施,防护设施存在缺陷(挡脚板、防护网等); 4. 物品摆放位置不合理或未固定; 5. 物品尺寸超大、超长等	1. 强风、暴雨、冰雹、大雾等不良天气; 2. 作业场地杂乱; 3. 照明光线不足; 4. 机械、车船、场地等晃动、振动	1. 施工方案不完善或未落实; 2. 安全教育、培训、交底、检查制度不完善或未落实; 3. 安全防护用品等未进行进场验收或验收不到位; 4. 安全投入不足; 5. 现场无警示标识或标识破损(警戒区、标牌、反光锥等)		√	√	√	
	机械伤害	挖掘机、搅拌机、破碎机、装载机等施工小型机具	1. 人员违章进入危险区域(机械作业半径等); 2. 管理人员违章指挥,强令冒险作业; 3. 机械操作人员未持有效证件上岗;	1. 机械无警示标识或标识破损(警戒区、标牌、反光贴等); 2. 设备设施安全作业距离不足;	1. 强风、暴雨、大雪、冰雹、大雾等不良天气; 2. 作业场地狭窄、不平整、道路湿滑; 3. 夜间施工照明不足; 4. 存在视野盲区	1. 机械设备安全管理制度不完善或未落实(检查维护保养不到位等); 2. 未对机械设备、安全防护用品等进行进场验收或验收不到位;		√	√	√	√

续上表

施工作业内容	典型风险事件	致害物	致险因素				风险事件后果类型				
			人的因素	物的因素	环境因素	管理因素	易导致伤亡人员类型		人员伤亡		
							本人	他人	轻伤	重伤	死亡
充填袋筑坝	机械伤害	挖掘机、搅拌机、破碎机、装载机等施工小型机具	4. 机械操作人员操作错误，违章作业（违规载人、酒后作业）； 5. 操作人员身体健康状况异常、心理异常、感知异常（反应迟钝、辨识错误）； 6. 现场作业人员未正确使用安全防护用品（反光背心、安全帽等）； 7. 机械操作人员疲劳作业	3. 设备带“病”作业（设备设施制动装置失效、运动或转动装置无防护或防护装置缺陷等）； 4. 安全防护用品不合格（反光背心、安全帽、护目镜等）		3. 安全教育、培训、交底制度不完善或未落实； 4. 机械设备操作规程不规范或未落实； 5. 安全投入不足					
	淹溺	周边水域	1. 管理人员违章指挥，强令冒险作业； 2. 作业人员心理异常（冒险侥幸心理等）； 3. 作业人员操作错误，违章作业； 4. 违反劳动纪律行为（管理人员脱岗等）； 5. 作业人员未正确使用安全防护用品	1. 现场无警示标识或标识破损； 2. 现场救生设施不足； 3. 水下存在不明物体或生物的拖拽或缠绕	1. 雷雨、大风（6 级以上）、冰雹、大雾等恶劣天气作业； 2. 水体寒冷； 3. 水体内能见度不足	1. 专项施工方案、应急预案不完善或未落实； 2. 未落实安全教育、培训、交底、检查制度； 3. 现场监控看管不到位	√		√		√

续上表

施工作业内容	典型风险事件	致害物	致险因素				风险事件后果类型				
			人的因素	物的因素	环境因素	管理因素	易导致伤亡人员类型		人员伤亡		
							本人	他人	轻伤	重伤	死亡
充填袋筑坝	船舶碰撞	船舶等	1. 船舶驾驶等人员技术、经验不足； 2. 管理人员违章指挥，强令冒险作业； 3. 作业人员身体健康状况异常、心理异常、感知异常（反应迟钝、辨识错误）； 4. 作业人员操作错误，违章作业	1. 船舶相关仪表设备老旧、失效； 2. 导航设施出现明显错误； 3. 船舶防撞设施缺失； 4. 周围船体碰撞施工船舶	1. 强风、暴雨、大雪、大雾等不良天气； 2. 光线、照明不足； 3. 水下暗流影响船体方向和速率； 4. 施工水域狭小	1. 船舶操作规程、应急预案不完善或未落实； 2. 未落实安全教育、培训、交底、检查制度； 3. 船舶等未按要求组织维修、检验等或属于三无船舶	√	√	√	√	
	船舶搁浅	浅滩等	1. 船舶驾驶等人员技术、经验不足； 2. 管理人员违章指挥，强令冒险作业； 3. 作业人员身体健康状况异常、心理异常、感知异常（反应迟钝、辨识错误）； 4. 作业人员操作错误，违章作业	1. 船舶相关仪表设备老旧、失效； 2. 导航、声呐设施出现明显错误	1. 强风、暴雨、大雪、大雾等不良天气； 2. 光线不足； 3. 水下地质突变； 4. 水位快速下降或退潮	1. 船舶操作规程、应急预案不完善或未落实； 2. 未落实安全教育、培训、交底、检查制度； 3. 船舶等未按要求组织维修、检验等或属于三无船舶； 4. 管理人员对气象和水体未提前预估	√	√	√		

续上表

施工作业内容	典型风险事件	致害物	致险因素				风险事件后果类型				
			人的因素	物的因素	环境因素	管理因素	易导致伤亡人员类型		人员伤亡		
							本人	他人	轻伤	重伤	死亡
充填袋筑坝	船舶触损	水下岩石、沉船、抛石等	1. 船舶驾驶等人员技术、经验不足； 2. 管理人员违章指挥，强令冒险作业； 3. 作业人员身体健康状况异常、心理异常、感知异常（反应迟钝、辨识错误）； 4. 作业人员操作错误，违章作业	1. 船舶相关仪表设备老旧、失效； 2. 声呐设施出现明显错误； 3. 与重型物品撞击； 4. 水下尖锐物品或其他船只上尖锐部位触碰； 5. 船体老化	1. 强风、暴雨、大雪、大雾等不良天气； 2. 光线不足； 3. 水下地质突变； 4. 水中存在较大波浪	1. 船舶操作规程、应急预案不完善或未落实； 2. 未落实安全教育、培训、交底、检查制度； 3. 船舶等未按要求组织维修、检验等或属于三无船舶	√	√	√	√	
	船舶污染	船舶燃油、生活污水等	1. 船舶驾驶等人员技术、经验不足； 2. 管理人员违章指挥，强令冒险作业； 3. 作业人员身体健康状况异常、心理异常、感知异常（反应迟钝、辨识错误）； 4. 作业人员操作错误，违章作业	1. 船舶相关仪表设备老旧、失效； 2. 燃油桶或输油管破损	1. 强风、暴雨等不良天气； 2. 船内照明不足	1. 船舶操作规程、应急预案不完善或未落实； 2. 未落实安全教育、培训、交底、检查制度； 3. 船舶等未按要求组织维修、检验等或属于三无船舶		√	√		

续上表

施工作业内容	典型风险事件	致害物	致险因素				风险事件后果类型				
			人的因素	物的因素	环境因素	管理因素	易导致伤亡人员类型		人员伤亡		
							本人	他人	轻伤	重伤	死亡
充填袋筑坝	船舶倾覆	风浪、船舶等	1. 船舶驾驶等人员技术、经验不足； 2. 管理人员违章指挥，强令冒险作业； 3. 作业人员身体健康状况异常、心理异常、感知异常(反应迟钝、辨识错误)； 4. 作业人员操作错误，违章作业	1. 船舶相关仪表设备老旧、失效； 2. 导航设施出现明显错误； 3. 船上物品偏载； 4. 系揽钩未绑扎牢固； 5. 物体撞击船体致出现破洞； 6. 船体刚度不足	1. 强风、暴雨等不良天气； 2. 光线不足； 3. 水中存在巨大波浪	1. 船舶操作规程、应急预案不完善或未落实； 2. 未落实安全教育、培训、交底、检查制度； 3. 船舶等未按要求组织维修、检验等或属于三无船舶	√	√	√	√	√
块石抛筑坝体	物体打击	工具、材料等坠落物、抛射物、喷射物、溅射物	1. 现场作业人员未正确使用安全防护用品(安全帽等)； 2. 人员违章进入危险区域； 3. 管理人员违章指挥，强令冒险作业； 4. 作业人员身体健康状况异常、心理异常、感知异常(反应迟钝、辨识错误)； 5. 作业人员操作错误，违章作业(违章抛物)	1. 安全防护用品不合格(安全帽等)； 2. 作业过程中产生的坠落物、抛射物、喷射物、溅射物等(工具、材料等)； 3. 未设置防护设施，防护设施存在缺陷(挡脚板、防护网等)； 4. 物品摆放位置不合理或未固定； 5. 物品尺寸超大、超长等	1. 强风、暴雨、冰雹、大雾等不良天气； 2. 作业场地杂乱； 3. 照明光线不足； 4. 机械、车船、场地等晃动、振动	1. 施工方案不完善或未落实； 2. 安全教育、培训、交底、检查制度不完善或未落实； 3. 安全防护用品等未进行进场验收或验收不到位； 4. 安全投入不足； 5. 现场无警示标识或标识破损(警戒区、标牌、反光锥等)		√	√	√	

续上表

施工作业内容	典型风险事件	致害物	致险因素				风险事件后果类型				
			人的因素	物的因素	环境因素	管理因素	易导致伤亡人员类型		人员伤亡		
							本人	他人	轻伤	重伤	死亡
块石抛筑坝体	机械伤害	挖掘机、搅拌机、破碎机、装载机及等施工小型机具等	1. 人员违章进入危险区域(机械作业半径等); 2. 管理人员违章指挥,强令冒险作业; 3. 机械操作人员未持有效证件上岗; 4. 机械操作人员操作错误,违章作业(违规载人、酒后作业); 5. 操作人员身体健康状况异常、心理异常、感知异常(反应迟钝、辨识错误); 6. 现场作业人员未正确使用安全防护用品(反光背心、安全帽等); 7. 机械操作人员疲劳作业	1. 机械无警示标识或标识破损(警戒区、标牌、反光贴等); 2. 设备设施安全作业距离不足; 3. 设备带“病”作业(设备设施制动装置失效、运动或转动装置无防护或防护装置缺陷等); 4. 安全防护用品不合格(反光背心、安全帽、护目镜等)	1. 强风、暴雨、大雪、冰雹、大雾等不良天气; 2. 作业场地狭窄、不平整、道路湿滑; 3. 夜间施工照明不足; 4. 存在视野盲区	1. 机械设备安全管理制度不完善或未落实(检查维护保养不到位等); 2. 未对机械设备、安全防护用品等进行进场验收或验收不到位; 3. 安全教育、培训、交底制度不完善或未落实; 4. 机械设备操作规程不规范或未落实; 5. 安全投入不足		√	√	√	√

续上表

施工作业内容	典型风险事件	致害物	致险因素				风险事件后果类型				
			人的因素	物的因素	环境因素	管理因素	易导致伤亡人员类型		人员伤亡		
							本人	他人	轻伤	重伤	死亡
块石抛筑坝体	起重伤害	汽车起重机、履带式起重机、浮吊等起重设备、吊索吊具	1. 管理人员违章指挥，强令冒险作业； 2. 作业人员操作错误，违章作业； 3. 起重工、信号工未持有效证件上岗； 4. 现场作业人员未正确使用安全防护用品（安全帽等）； 5. 抗倾覆验算错误； 6. 人员违章进入危险区域； 7. 起重人员身体健康状况异常、心理异常、感知异常（反应迟钝、辨识错误）； 8. 作业人员疲劳作业	1. 设备自身缺陷（强度、刚度不足、抗倾覆能力不足）； 2. 现场无警示标识或标识破损（警戒区、标牌、反光锥等）； 3. 吊车支垫材料不合格（枕木、钢板等）； 4. 构件防锈处理不合格； 5. 吊索吊具不合格或达到报废标准（钢丝绳、吊带、U 型卸扣等）； 6. 无防护或防护装置缺陷（防脱钩装置、限位装置等）； 7. 设备带“病”作业（制动装置等）； 8. 安全防护用品不合格（反光背心、安全帽等）	1. 强风、暴雨、大雾、大雪等不良天气； 2. 地基承载力不足、基础下沉； 3. 作业场地照明不足； 4. 浮吊周围水域存在较大波浪或暗流； 5. 周围高空有较多障碍物； 6. 存在视野盲区	1. 施工方案不完善或未落实； 2. 安全教育、培训、交底、检查制度不完善或未落实； 3. 未对起重设备进行进场验收或验收不到位； 4. 安全投入不足； 5. 起重吊装作业时无专人监视； 6. 起重吊装安全操作规程不规范或未落实	√	√	√	√	√

续上表

施工作业内容	典型风险事件	致害物	致险因素				风险事件后果类型				
			人的因素	物的因素	环境因素	管理因素	易导致伤亡人员类型		人员伤亡		
							本人	他人	轻伤	重伤	死亡
块石抛筑坝体	淹溺	周边水域	1. 管理人员违章指挥,强令冒险作业; 2. 人员心理异常(冒险侥幸心理等); 3. 作业人员操作错误,违章作业; 4. 违反劳动纪律行为(管理人员脱岗等); 5. 作业人员未正确使用安全防护用品	1. 现场无警示标识或标识破损; 2. 现场救生设施不足; 3. 水下存在不明物体或生物的拖拽或缠绕; 4. 氧气瓶、头盔等存在缺陷	1. 雷雨、大风(6 级以上)、冰雹、大雾等恶劣天气作业; 2. 水体寒冷; 3. 水体内能见度不足	1. 专项施工方案、应急预案不完善或未落实; 2. 未落实安全教育、培训、交底、检查制度; 3. 现场监控看管不到位	√		√		√
	船舶碰撞	船舶等	1. 船舶驾驶等人员技术、经验不足; 2. 管理人员违章指挥,强令冒险作业; 3. 作业人员身体健康状况异常、心理异常、感知异常(反应迟钝、辨识错误); 4. 作业人员操作错误,违章作业	1. 船舶相关仪表设备老旧、失效; 2. 导航设施出现明显错误; 3. 船舶防撞设施缺失; 4. 周围船体碰撞施工船舶	1. 强风、暴雨、大雪、大雾等不良天气; 2. 光线、照明不足; 3. 水下暗流影响船体方向和速率; 4. 施工水域狭小	1. 船舶操作规程、应急预案不完善或未落实; 2. 未落实安全教育、培训、交底、检查制度; 3. 船舶等未按要求组织维修、检验等或属于三无船舶	√	√	√	√	

续上表

施工作业内容	典型风险事件	致害物	致险因素				风险事件后果类型				
			人的因素	物的因素	环境因素	管理因素	易导致伤亡人员类型		人员伤亡		
							本人	他人	轻伤	重伤	死亡
块石抛筑坝体	船舶搁浅	浅滩等	1. 船舶驾驶等人员技术、经验不足； 2. 管理人员违章指挥，强令冒险作业； 3. 作业人员身体健康状况异常、心理异常、感知异常（反应迟钝、辨识错误）； 4. 作业人员操作错误，违章作业	1. 船舶相关仪表设备老旧、失效； 2. 导航、声呐设施出现明显错误	1. 强风、暴雨、大雪、大雾等不良天气； 2. 光线不足； 3. 水下地质突变； 4. 水位快速下降或退潮	1. 船舶操作规程、应急预案不完善或未落实； 2. 未落实安全教育、培训、交底、检查制度； 3. 船舶等未按要求组织维修、检验等或属于三无船舶； 4. 管理人员对气象和水体未提前预估	√	√	√		
	船舶触损	水下岩石、沉船、抛石等	1. 船舶驾驶等人员技术、经验不足； 2. 管理人员违章指挥，强令冒险作业； 3. 作业人员身体健康状况异常、心理异常、感知异常（反应迟钝、辨识错误）； 4. 作业人员操作错误，违章作业	1. 船舶相关仪表设备老旧、失效； 2. 声呐设施出现明显错误； 3. 与重型物品撞击； 4. 水下尖锐物品或其他船只上尖锐部位触碰； 5. 船体老化	1. 强风、暴雨、大雪、大雾等不良天气； 2. 光线不足； 3. 水下地质突变； 4. 水中存在较大波浪	1. 船舶操作规程、应急预案不完善或未落实； 2. 未落实安全教育、培训、交底、检查制度； 3. 船舶等未按要求组织维修、检验等或属于三无船舶	√	√	√	√	

续上表

施工作业内容	典型风险事件	致害物	致险因素				风险事件后果类型				
			人的因素	物的因素	环境因素	管理因素	易导致伤亡人员类型		人员伤亡		
							本人	他人	轻伤	重伤	死亡
块石抛筑坝体	船舶污染	船舶燃油、生活污水等	1. 船舶驾驶等人员技术、经验不足； 2. 管理人员违章指挥，强令冒险作业； 3. 作业人员身体健康状况异常、心理异常、感知异常（反应迟钝、辨识错误）； 4. 作业人员操作错误，违章作业	1. 船舶相关仪表设备老旧、失效； 2. 燃油桶或输油管破损	1. 强风、暴雨等不良天气； 2. 船内照明不足	1. 船舶操作规程、应急预案不完善或未落实； 2. 未落实安全教育、培训、交底、检查制度； 3. 船舶等未按要求组织维修、检验等或属于三无船舶		√	√		
	船舶倾覆	风浪、船舶等	1. 船舶驾驶等人员技术、经验不足； 2. 管理人员违章指挥，强令冒险作业； 3. 作业人员身体健康状况异常、心理异常、感知异常（反应迟钝、辨识错误）； 4. 作业人员操作错误，违章作业	1. 船舶相关仪表设备老旧、失效； 2. 导航设施出现明显错误； 3. 船上物品偏载； 4. 系揽钩未绑扎牢固； 5. 物体撞击船体致出现破洞； 6. 船体刚度不足	1. 强风、暴雨等不良天气； 2. 光线不足； 3. 水中存在巨大波浪	1. 船舶操作规程、应急预案不完善或未落实； 2. 未落实安全教育、培训、交底、检查制度； 3. 船舶等未按要求组织维修、检验等或属于三无船舶	√	√	√	√	√

续上表

施工作业内容	典型风险事件	致害物	致险因素				风险事件后果类型				
			人的因素	物的因素	环境因素	管理因素	易导致伤亡人员类型		人员伤亡		
							本人	他人	轻伤	重伤	死亡
石笼抛筑坝体	物体打击	工具、材料等坠落物、抛射物、喷射物、溅射物	1. 现场作业人员未正确使用安全防护用品(安全帽等); 2. 人员违章进入危险区域; 3. 管理人员违章指挥,强令冒险作业; 4. 作业人员身体健康状况异常、心理异常、感知异常(反应迟钝、辨识错误); 5. 作业人员操作错误,违章作业(违章抛物)	1. 安全防护用品不合格(安全帽等); 2. 作业过程中产生的坠落物、抛射物、喷射物、溅射物等(工具、材料等); 3. 未设置防护设施,防护设施存在缺陷(挡脚板、防护网等); 4. 物品摆放位置不合理或未固定; 5. 物品尺寸超大、超长等	1. 强风、暴雨、冰雹、大雾等不良天气; 2. 作业场地杂乱; 3. 照明光线不足; 4. 机械、车船、场地等晃动、振动	1. 施工方案不完善或未落实; 2. 安全教育、培训、交底、检查制度不完善或未落实; 3. 安全防护用品等未进行进场验收或验收不到位; 4. 安全投入不足; 5. 现场无警示标识或标识破损(警戒区、标牌、反光锥等)		√	√	√	

续上表

施工作业内容	典型风险事件	致害物	致险因素				风险事件后果类型				
			人的因素	物的因素	环境因素	管理因素	易导致伤亡人员类型		人员伤亡		
							本人	他人	轻伤	重伤	死亡
石笼抛筑坝体	机械伤害	挖掘机、搅拌机、破碎机、弯曲机、装载机等施工小型机具	1. 人员违章进入危险区域（机械作业半径等）； 2. 管理人员违章指挥，强令冒险作业； 3. 机械操作人员未持有效证件上岗； 4. 机械操作人员操作错误，违章作业（违规载人、酒后作业）； 5. 操作人员身体健康状况异常、心理异常、感知异常（反应迟钝、辨识错误）； 6. 现场作业人员未正确使用安全防护用品（反光背心、安全帽等）； 7. 机械操作人员疲劳作业	1. 机械无警示标识或标识破损（警戒区、标牌、反光贴等）； 2. 设备设施安全作业距离不足； 3. 设备带病作业（设备设施制动装置失效、运动或转动装置无防护或防护装置缺陷等）； 4. 安全防护用品不合格（反光背心、安全帽、护目镜等）	1. 强风、暴雨、大雪、冰雹、大雾等不良天气； 2. 作业场地狭窄、不平整、道路湿滑； 3. 夜间施工照明不足； 4. 存在视野盲区	1. 机械设备安全管理制度不完善或未落实（检查维护保养不到位）； 2. 未对机械设备、安全防护用品等进行进场验收或验收不到位； 3. 安全教育、培训、交底制度不完善或未落实； 4. 机械设备操作规程不规范或未落实； 5. 安全投入不足		√	√	√	√

续上表

施工作业内容	典型风险事件	致害物	致险因素				风险事件后果类型				
			人的因素	物的因素	环境因素	管理因素	易导致伤亡人员类型		人员伤亡		
							本人	他人	轻伤	重伤	死亡
石笼抛筑坝体	起重伤害	汽车起重机、履带式起重机、浮吊等起重设备、吊索吊具	1. 管理人员违章指挥，强令冒险作业； 2. 作业人员操作错误，违章作业； 3. 起重工、信号工未持有效证件上岗； 4. 现场作业人员未正确使用安全防护用品（安全帽等）； 5. 抗倾覆验算错误； 6. 人员违章进入危险区域； 7. 起重人员身体健康状况异常、心理异常、感知异常（反应迟钝、辨识错误）； 8. 作业人员疲劳作业	1. 设备自身缺陷（强度、刚度不足、抗倾覆能力不足）； 2. 现场无警示标识或标识破损（警戒区、标牌、反光锥等）； 3. 吊车支垫材料不合格（枕木、钢板等）； 4. 构件防锈处理不合格； 5. 吊索吊具不合格或达到报废标准（钢丝绳、吊带、U 型卸扣等）； 6. 无防护或防护装置缺陷（防脱钩装置、限位装置等）； 7. 设备带“病”作业（制动装置等）； 8. 安全防护用品不合格（反光背心、安全帽等）	1. 强风、暴雨、大雾、大雪等不良天气； 2. 地基承载力不足、基础下沉； 3. 作业场地照明不足； 4. 浮吊周围水域存在较大波浪或暗流； 5. 周围高空有较多障碍物； 6. 存在视野盲区	1. 施工方案不完善或未落实； 2. 安全教育、培训、交底、检查制度不完善或未落实； 3. 未对起重设备进行进场验收或验收不到位； 4. 安全投入不足； 5. 起重吊装作业时无专人监视； 6. 起重吊装安全操作规程不规范或未落实	√	√	√	√	√

续上表

施工作业内容	典型风险事件	致害物	致险因素				风险事件后果类型				
			人的因素	物的因素	环境因素	管理因素	易导致伤亡人员类型		人员伤亡		
							本人	他人	轻伤	重伤	死亡
石笼抛筑坝体	淹溺	周边水域	1. 管理人员违章指挥，强令冒险作业； 2. 人员心理异常（冒险侥幸心理等）； 3. 作业人员操作错误，违章作业； 4. 违反劳动纪律行为（管理人员脱岗等）； 5. 人员未正确使用安全防护用品	1. 现场无警示标识或标识破损； 2. 现场救生设施不足； 3. 水下存在不明物体或生物的拖拽或缠绕	1. 雷雨、大风（6 级以上）、冰雹、大雾等恶劣天气作业； 2. 水体寒冷； 3. 水体内能见度不足	1. 专项施工方案、应急预案不完善或未落实； 2. 未落实安全教育、培训、交底、检查制度； 3. 现场监控看管不到位	√		√		√
	船舶碰撞	船舶等	1. 船舶驾驶等人员技术、经验不足； 2. 管理人员违章指挥，强令冒险作业； 3. 作业人员身体健康状况异常、心理异常、感知异常（反应迟钝、辨识错误）； 4. 作业人员操作错误，违章作业	1. 船舶相关仪表设备老旧、失效； 2. 导航设施出现明显错误； 3. 船舶防撞设施缺失； 4. 周围船体碰撞施工船舶	1. 强风、暴雨、大雪、大雾等不良天气； 2. 光线、照明不足； 3. 水下暗流影响船体方向和速率； 4. 施工水域狭小	1. 船舶操作规程、应急预案不完善或未落实； 2. 未落实安全教育、培训、交底、检查制度； 3. 船舶等未按要求组织维修、检验等或属于三无船舶	√	√	√	√	

续上表

施工作业内容	典型风险事件	致害物	致险因素				风险事件后果类型				
			人的因素	物的因素	环境因素	管理因素	易导致伤亡人员类型		人员伤亡		
							本人	他人	轻伤	重伤	死亡
石笼抛筑坝体	船舶搁浅	浅滩等	1. 船舶驾驶等人员技术、经验不足； 2. 管理人员违章指挥，强令冒险作业； 3. 作业人员身体健康状况异常、心理异常、感知异常(反应迟钝、辨识错误)； 4. 作业人员操作错误，违章作业	1. 船舶相关仪表设备老旧、失效； 2. 导航、声呐设施出现明显错误	1. 强风、暴雨、大雪、大雾等不良天气； 2. 光线不足； 3. 水下地质突变； 4. 水位快速下降或退潮	1. 船舶操作规程、应急预案不完善或未落实； 2. 未落实安全教育、培训、交底、检查制度； 3. 船舶等未按要求组织维修、检验等或属于三无船舶； 4. 管理人员对气象和水体未提前预估	√	√	√		
	船舶触损	水下岩石、沉船、抛石等	1. 船舶驾驶等人员技术、经验不足； 2. 管理人员违章指挥，强令冒险作业； 3. 作业人员身体健康状况异常、心理异常、感知异常(反应迟钝、辨识错误)； 4. 作业人员操作错误，违章作业	1. 船舶相关仪表设备老旧、失效； 2. 声呐设施出现明显错误； 3. 与重型物品撞击； 4. 水下尖锐物品或其他船只上尖锐部位触碰； 5. 船体老化	1. 强风、暴雨、大雪、大雾等不良天气； 2. 光线不足； 3. 水下地质突变； 4. 水中存在较大波浪	1. 船舶操作规程、应急预案不完善或未落实； 2. 未落实安全教育、培训、交底、检查制度； 3. 船舶等未按要求组织维修、检验等或属于三无船舶	√	√	√	√	

续上表

施工作业内容	典型风险事件	致害物	致险因素				风险事件后果类型				
			人的因素	物的因素	环境因素	管理因素	易导致伤亡人员类型		人员伤亡		
							本人	他人	轻伤	重伤	死亡
石笼抛筑坝体	船舶污染	船舶燃油、生活污水等	1. 船舶驾驶等人员技术、经验不足； 2. 管理人员违章指挥，强令冒险作业； 3. 作业人员身体健康状况异常、心理异常、感知异常（反应迟钝、辨识错误）； 4. 作业人员操作错误，违章作业	1. 船舶相关仪表设备老旧、失效； 2. 燃油桶或输油管破损	1. 强风、暴雨等不良天气； 2. 船内照明不足	1. 船舶操作规程、应急预案不完善或未落实； 2. 未落实安全教育、培训、交底、检查制度； 3. 船舶等未按要求组织维修、检验等或属于三无船舶		√	√		
	船舶倾覆	风浪、船舶等	1. 船舶驾驶等人员技术、经验不足； 2. 管理人员违章指挥，强令冒险作业； 3. 作业人员身体健康状况异常、心理异常、感知异常（反应迟钝、辨识错误）； 4. 作业人员操作错误，违章作业	1. 船舶相关仪表设备老旧、失效； 2. 导航设施出现明显错误； 3. 船上物品偏载； 4. 系揽钩未绑扎牢固； 5. 物体撞击船体致出现破洞； 6. 船体刚度不足	1. 强风、暴雨等不良天气； 2. 光线不足； 3. 水中存在巨大波浪	1. 船舶操作规程、应急预案不完善或未落实； 2. 未落实安全教育、培训、交底、检查制度； 3. 船舶等未按要求组织维修、检验等或属于三无船舶	√	√	√	√	√

续上表

施工作业内容	典型风险事件	致害物	致险因素				风险事件后果类型				
			人的因素	物的因素	环境因素	管理因素	易导致伤亡人员类型		人员伤亡		
							本人	他人	轻伤	重伤	死亡
模袋混凝土	物体打击	工具、材料等坠落物、抛射物、喷射物、溅射物	1. 现场作业人员未正确使用安全防护用品（安全帽等）； 2. 人员违章进入危险区域； 3. 管理人员违章指挥，强令冒险作业； 4. 作业人员身体健康状况异常、心理异常、感知异常（反应迟钝、辨识错误）； 5. 作业人员操作错误，违章作业（违章抛物）	1. 安全防护用品不合格（安全帽等）； 2. 作业过程中产生的坠落物、抛射物、喷射物、溅射物等（工具、材料等）； 3. 未设置防护设施，防护设施存在缺陷（挡脚板、防护网等）； 4. 物品摆放位置不合理或未固定； 5. 物品尺寸超大、超长等	1. 强风、暴雨、冰雹、大雾等不良天气； 2. 作业场地杂乱； 3. 照明光线不足； 4. 机械、车船、场地等晃动、振动	1. 施工方案不完善或未落实； 2. 安全教育、培训、交底、检查制度不完善或未落实； 3. 安全防护用品等未进行进场验收或验收不到位； 4. 安全投入不足； 5. 现场无警示标识或标识破损（警戒区、标牌、反光锥等）		√	√	√	
	车辆伤害	运输、施工车辆等	1. 人员违章进入危险区域； 2. 管理人员违章指挥，强令冒险作业（进入驾驶员视野盲区等）； 3. 机驾人员未持有效证件上岗、机驾人员操作错误，违章作业（违规载人、酒后驾驶、超速、超限、超载作业）；	1. 车辆未配备警示标识或标识破损（警戒区、标牌、反光锥、反光贴等）； 2. 车辆带“病”作业（制动装置、喇叭、后视镜、警示灯等设施缺陷）； 3. 车辆作业安全距离不足；	1. 强风、暴雨、大雪、冰雹、大雾等不良天气； 2. 作业场地狭窄、不平整、道路湿滑； 3. 车辆前后视线不良； 4. 存在视野盲区	1. 未对车辆、船机设备安全防护设施等进行进场验收或验收不到位； 2. 车船安全管理制度不完善或未落实（检查维护保养不到位）； 3. 安全操作规程不规范或未落实（作业前未对车船周围环境进行检查）；	√	√	√	√	√

续上表

施工作业内容	典型风险事件	致害物	致险因素				风险事件后果类型				
			人的因素	物的因素	环境因素	管理因素	易导致伤亡人员类型		人员伤亡		
							本人	他人	轻伤	重伤	死亡
模袋混凝土	车辆伤害	运输、施工车辆等	4. 机驾人员身体健康状况异常、心理异常、感知异常(反应迟钝、辨识错误)； 5. 机驾人员疲劳作业； 6. 现场人员未正确使用安全防护用品(反光背心、安全帽等)	4. 人员安全防护用品不合格(反光背心、安全帽等)； 5. 车辆外观存在破损、配件行驶时脱落，运载物品尺寸超过车辆尺寸等； 6. 车辆转弯或后退时无明显提示		4. 安全教育、培训、交底、检查制度不完善或未落实； 5. 职业健康管理制度不完善或未落实； 6. 安全投入不足					
	机械伤害	装载机等施工小型机具	1. 人员违章进入危险区域(机械作业半径等)； 2. 管理人员违章指挥，强令冒险作业； 3. 机械操作人员未持有效证件上岗； 4. 机械操作人员操作错误，违章作业(违规载人、酒后作业)；	1. 机械无警示标识或标识破损(警戒区、标牌、反光贴等)； 2. 设备设施安全作业距离不足； 3. 设备带“病”作业(设备设施制动装置失效、运动或转动装置无防护或防护装置缺陷等)； 4. 安全防护用品不合格(反光背心、安全帽、护目镜等)	1. 强风、暴雨、大雪、冰雹、大雾等不良天气； 2. 作业场地狭窄、不平整、道路湿滑； 3. 夜间施工照明不足； 4. 存在视野盲区	1. 机械设备安全管理制度不完善或未落实(检查维护保养不到位)； 2. 未对机械设备、安全防护用品等进行进场验收或验收不到位； 3. 安全教育、培训、交底制度不完善或未落实； 4. 机械设备操作规程不规范或未落实； 5. 安全投入不足		√	√	√	√

续上表

施工作业内容	典型风险事件	致害物	致险因素				风险事件后果类型				
			人的因素	物的因素	环境因素	管理因素	易导致伤亡人员类型		人员伤亡		
							本人	他人	轻伤	重伤	死亡
模袋混凝土	机械伤害	装载机等施工小型机具	5. 操作人员身体健康状况异常、心理异常、感知异常(反应迟钝、辨识错误)； 6. 现场作业人员未正确使用安全防护用品(反光背心、安全帽等)； 7. 机械操作人员疲劳作业								
土工织物垫层	物体打击	工具、材料等坠落物、抛射物、喷射物、溅射物	1. 现场作业人员未正确使用安全防护用品(安全帽等)； 2. 人员违章进入危险区域； 3. 管理人员违章指挥，强令冒险作业； 4. 作业人员身体健康状况异常、心理异常、感知异常(反应迟钝、辨识错误)； 5. 作业人员操作错误，违章作业(违章抛物)	1. 安全防护用品不合格(安全帽等)； 2. 作业过程中产生的坠落物、抛射物、喷射物、溅射物等(工具、材料等)； 3. 未设置防护设施，防护设施存在缺陷(挡脚板、防护网等)； 4. 物品摆放位置不合理或未固定； 5. 物品尺寸超大、超长等	1. 强风、暴雨、冰雹、大雾等不良天气； 2. 作业场地杂乱； 3. 照明光线不足； 4. 机械、车船、场地等晃动、振动	1. 施工方案不完善或未落实； 2. 安全教育、培训、交底、检查制度不完善或未落实； 3. 安全防护用品等未进行进场验收或验收不到位； 4. 安全投入不足； 5. 现场无警示标识或标识破损(警戒区、标牌、反光锥等)		√	√	√	

续上表

施工作业内容	典型风险事件	致害物	致险因素				风险事件后果类型				
			人的因素	物的因素	环境因素	管理因素	易导致伤亡人员类型		人员伤亡		
							本人	他人	轻伤	重伤	死亡
土工织物垫层	车辆伤害	运输、施工车辆等	1. 人员违章进入危险区域； 2. 管理人员违章指挥，强令冒险作业（进入驾驶员视野盲区等）； 3. 机驾人员未持有效证件上岗；机驾人员操作错误，违章作业（违规载人、酒后驾驶、超速、超限、超载作业）； 4. 机驾人员身体健康状况异常、心理异常、感知异常（反应迟钝、辨识错误）； 5. 机驾人员疲劳作业； 6. 现场人员未正确使用安全防护用品（反光背心、安全帽等）	1. 车辆未配备警示标识或标识破损（警戒区、标牌、反光锥、反光贴等）； 2. 车辆带“病”作业（制动装置、喇叭、后视镜、警示灯等设施缺陷）； 3. 车辆作业安全距离不足； 4. 人员安全防护用品不合格（反光背心、安全帽等）； 5. 车辆外观存在破损，配件行驶时脱落，运载物品尺寸超过车辆尺寸等； 6. 车辆转弯或后退时无明显提示	1. 强风、暴雨、大雪、冰雹、大雾等不良天气； 2. 作业场地狭窄、不平整、道路湿滑； 3. 车辆前后视线不良； 4. 存在视野盲区	1. 未对车辆、船机设备安全防护设施等进行进场验收或验收不到位； 2. 车船安全管理制度不完善或未落实（检查维护保养不到位）； 3. 安全操作规程不规范或未落实（作业前未对车船周围环境进行检查）； 4. 安全教育、培训、交底、检查制度不完善或未落实； 5. 职业健康管理制度不完善或未落实； 6. 安全投入不足	√	√	√	√	√

续上表

施工作业内容	典型风险事件	致害物	致险因素				风险事件后果类型				
			人的因素	物的因素	环境因素	管理因素	易导致伤亡人员类型		人员伤亡		
							本人	他人	轻伤	重伤	死亡
土工织物垫层	机械伤害	卷曲机、切割机、装载机等施工小型机具	1. 人员违章进入危险区域（机械作业半径等）； 2. 管理人员违章指挥，强令冒险作业； 3. 机械操作人员未持有效证件上岗； 4. 机械操作人员操作错误，违章作业（违规载人、酒后作业）； 5. 操作人员身体健康状况异常、心理异常、感知异常（反应迟钝、辨识错误）； 6. 现场作业人员未正确使用安全防护用品（反光背心、安全帽等）； 7. 机械操作人员疲劳作业	1. 机械无警示标识或标识破损（警戒区、标牌、反光贴等）； 2. 设备设施安全作业距离不足； 3. 设备带“病”作业（设备设施制动装置失效、运动或转动装置无防护或防护装置缺陷等）； 4. 安全防护用品不合格（反光背心、安全帽、护目镜等）	1. 强风、暴雨、大雪、冰雹、大雾等不良天气； 2. 作业场地狭窄、不平整、道路湿滑； 3. 夜间施工照明不足； 4. 存在视野盲区	1. 机械设备安全管理制度不完善或未落实（检查维护保养不到位）； 2. 未对机械设备、安全防护用品等进行进场验收或验收不到位； 3. 安全教育、培训、交底制度不完善或未落实； 4. 机械设备操作规程不规范或未落实； 5. 安全投入不足		√	√	√	√

续上表

施工作业内容	典型风险事件	致害物	致险因素				风险事件后果类型				
			人的因素	物的因素	环境因素	管理因素	易导致伤亡人员类型		人员伤亡		
							本人	他人	轻伤	重伤	死亡
土工织物垫层	淹溺	周边水域	1. 管理人员违章指挥,强令冒险作业; 2. 作业人员心理异常(冒险侥幸心理等); 3. 作业人员操作错误,违章作业; 4. 违反劳动纪律行为(管理人员脱岗等); 5. 作业人员未正确使用安全防护用品	1. 现场无警示标识或标识破损; 2. 现场救生设施不足; 3. 水下存在不明物体或生物的拖拽或缠绕	1. 雷雨、大风(6级以上)、冰雹、大雾等恶劣天气作业; 2. 水体寒冷; 3. 水体内能见度不足	1. 专项施工方案、应急预案不完善或未落实; 2. 未落实安全教育、培训、交底、检查制度; 3. 现场监控看管不到位	√		√		√
抛石护面	物体打击	工具、材料等坠落物、抛射物、喷射物、溅射物	1. 现场作业人员未正确使用安全防护用品(安全帽等); 2. 人员违章进入危险区域; 3. 管理人员违章指挥,强令冒险作业; 4. 作业人员身体健康状况异常、心理异常、感知异常(反应迟钝、辨识错误); 5. 作业人员操作错误,违章作业(违章抛物)	1. 安全防护用品不合格(安全帽等); 2. 作业过程中产生的坠落物、抛射物、喷射物、溅射物等(工具、材料等); 3. 未设置防护设施,防护设施存在缺陷(挡脚板、防护网等); 4. 物品摆放位置不合理或未固定; 5. 物品尺寸超大、超长等	1. 强风、暴雨、冰雹、大雾等不良天气; 2. 作业场地杂乱; 3. 照明光线不足; 4. 机械、车船、场地等晃动、振动	1. 施工方案不完善或未落实; 2. 安全教育、培训、交底、检查制度不完善或未落实; 3. 安全防护用品等未进行进场验收或验收不到位; 4. 安全投入不足; 5. 现场无警示标识或标识破损(警戒区、标牌、反光锥等)		√	√	√	

续上表

施工作业内容	典型风险事件	致害物	致险因素				风险事件后果类型				
			人的因素	物的因素	环境因素	管理因素	易导致伤亡人员类型		人员伤亡		
							本人	他人	轻伤	重伤	死亡
抛石护面	车辆伤害	运输、施工车辆等	1. 人员违章进入危险区域； 2. 管理人员违章指挥，强令冒险作业(进入驾驶员视野盲区等)； 3. 机驾人员未持有效证件上岗、机驾人员操作错误，违章作业(违规载人、酒后驾驶、超速、超限、超载作业)； 4. 机驾人员身体健康状况异常、心理异常、感知异常(反应迟钝、辨识错误)； 5. 机驾人员疲劳作业； 6. 现场人员未正确使用安全防护用品(反光背心、安全帽等)	1. 车辆未配备警示标识或标识破损(警戒区、标牌、反光锥、反光贴等)； 2. 车辆带“病”作业(制动装置、喇叭、后视镜、警示灯等设施缺陷)； 3. 车辆作业安全距离不足； 4. 人员安全防护用品不合格(反光背心、安全帽等)； 5. 车辆外观存在破损，配件行驶时脱落，运载物品尺寸超过车辆尺寸等； 6. 车辆转弯或后退时无明显提示	1. 强风、暴雨、大雪、冰雹、大雾等不良天气； 2. 作业场地狭窄、不平整、道路湿滑； 3. 车辆前后视线不良； 4. 存在视野盲区	1. 未对车辆、船机设备安全防护设施等进行进场验收或验收不到位； 2. 车船安全管理制度不完善或未落实(检查维护保养不到位等)； 3. 安全操作规程不规范或未落实(作业前未对车船周围环境进行检查等)； 4. 安全教育、培训、交底、检查制度不完善或未落实； 5. 职业健康管理制度不完善或未落实； 6. 安全投入不足	√	√	√	√	√

续上表

施工作业内容	典型风险事件	致害物	致险因素				风险事件后果类型				
			人的因素	物的因素	环境因素	管理因素	易导致伤亡人员类型		人员伤亡		
							本人	他人	轻伤	重伤	死亡
抛石护面	机械伤害	挖掘机、装载机等施工小型机具	1. 人员违章进入危险区域（机械作业半径等）； 2. 管理人员违章指挥，强令冒险作业； 3. 机械操作人员未持有效证件上岗； 4. 机械操作人员操作错误，违章作业（违规载人、酒后作业）； 5. 操作人员身体健康状况异常、心理异常、感知异常（反应迟钝、辨识错误）； 6. 现场作业人员未正确使用安全防护用品（反光背心、安全帽等）； 7. 机械操作人员疲劳作业	1. 机械无警示标识或标识破损（警戒区、标牌、反光贴等）； 2. 设备设施安全作业距离不足； 3. 设备带“病”作业（设备设施制动装置失效、运动或转动装置无防护或防护装置缺陷等）； 4. 安全防护用品不合格（反光背心、安全帽、护目镜等）	1. 强风、暴雨、大雪、冰雹、大雾等不良天气； 2. 作业场地狭窄、不平整、道路湿滑； 3. 夜间施工照明不足； 4. 存在视野盲区	1. 机械设备安全管理制度不完善或未落实（检查维护保养不到位等）； 2. 未对机械设备、安全防护用品等进行进场验收或验收不到位； 3. 安全教育、培训、交底制度不完善或未落实； 4. 机械设备操作规程不规范或未落实； 5. 安全投入不足		√	√	√	√

续上表

施工作业内容	典型风险事件	致害物	致险因素				风险事件后果类型				
			人的因素	物的因素	环境因素	管理因素	易导致伤亡人员类型		人员伤亡		
							本人	他人	轻伤	重伤	死亡
抛石护面	淹溺	周边水域	1. 管理人员违章指挥,强令冒险作业; 2. 人员心理异常(冒险侥幸心理等); 3. 作业人员操作错误,违章作业; 4. 违反劳动纪律行为(管理人员脱岗等); 5. 人员未正确使用安全防护用品	1. 现场无警示标识或标识破损; 2. 现场救生设施不足; 3. 水下存在不明物体或生物的拖拽或缠绕	1. 雷雨、大风(6级以上)、冰雹、大雾等恶劣天气作业; 2. 水体寒冷; 3. 水体内能见度不足	1. 专项施工方案、应急预案不完善或未落实; 2. 未落实安全教育、培训、交底、检查制度; 3. 现场监控看管不到位	√		√		√
铺石护面	物体打击	工具、材料等坠落物、抛射物、喷射物、溅射物	1. 现场作业人员未正确使用安全防护用品(安全帽等); 2. 人员违章进入危险区域; 3. 管理人员违章指挥,强令冒险作业; 4. 作业人员身体健康状况异常、心理异常、感知异常(反应迟钝、辨识错误); 5. 作业人员操作错误,违章作业(违章抛物等)	1. 安全防护用品不合格(安全帽等); 2. 作业过程中产生的坠落物、抛射物、喷射物、溅射物等(工具、材料等); 3. 未设置防护设施,防护设施存在缺陷(挡脚板、防护网等); 4. 物品摆放位置不合理或未固定; 5. 物品尺寸超大、超长等	1. 强风、暴雨、冰雹、大雾等不良天气; 2. 作业场地杂乱; 3. 照明光线不足; 4. 机械、车船、场地等晃动、振动	1. 施工方案不完善或未落实; 2. 安全教育、培训、交底、检查制度不完善或未落实; 3. 安全防护用品等未进行进场验收或验收不到位; 4. 安全投入不足; 5. 现场无警示标识或标识破损(警戒区、标牌、反光锥等)		√	√	√	

续上表

施工作业内容	典型风险事件	致害物	致险因素				风险事件后果类型				
			人的因素	物的因素	环境因素	管理因素	易导致伤亡人员类型		人员伤亡		
							本人	他人	轻伤	重伤	死亡
铺石护面	车辆伤害	运输、施工车辆等	1. 人员违章进入危险区域； 2. 管理人员违章指挥，强令冒险作业（进入驾驶员视野盲区等）； 3. 机驾人员未持有效证件上岗、机驾人员操作错误，违章作业（违规载人、酒后驾驶、超速、超限、超载作业）； 4. 机驾人员身体健康状况异常、心理异常、感知异常（反应迟钝、辨识错误）； 5. 机驾人员疲劳作业； 6. 现场人员未正确使用安全防护用品（反光背心、安全帽等）	1. 车辆未配备警示标识或标识破损（警戒区、标牌、反光锥、反光贴等）； 2. 车辆带“病”作业（制动装置、喇叭、后视镜、警示灯等设施缺陷）； 3. 车辆作业安全距离不足； 4. 人员安全防护用品不合格（反光背心、安全帽等）； 5. 车辆外观存在破损、配件行驶时脱落，运载物品尺寸超过车辆尺寸等； 6. 车辆转弯或后退时无明显提示	1. 强风、暴雨、大雪、冰雹、大雾等不良天气； 2. 作业场地狭窄、不平整、道路湿滑； 3. 车辆前后视线不良； 4. 存在视野盲区	1. 未对车辆、船机设备安全防护设施等进行进场验收或验收不到位； 2. 车船安全管理制度不完善或未落实（检查维护保养不到位）； 3. 安全操作规程不规范或未落实（作业前未对车船周围环境进行检查）； 4. 安全教育、培训、交底、检查制度不完善或未落实； 5. 职业健康管理制度不完善或未落实； 6. 安全投入不足	√	√	√	√	√

续上表

施工作业内容	典型风险事件	致害物	致险因素				风险事件后果类型				
			人的因素	物的因素	环境因素	管理因素	易导致伤亡人员类型		人员伤亡		
							本人	他人	轻伤	重伤	死亡
铺石护面	机械伤害	挖掘机、装载机等施工小型机具	1. 人员违章进入危险区域（机械作业半径等）； 2. 管理人员违章指挥，强令冒险作业； 3. 机械操作人员未持有效证件上岗； 4. 机械操作人员操作错误，违章作业（违规载人、酒后作业）； 5. 操作人员身体健康状况异常、心理异常、感知异常（反应迟钝、辨识错误）； 6. 现场作业人员未正确使用安全防护用品（反光背心、安全帽等）； 7. 机械操作人员疲劳作业	1. 机械无警示标识或标识破损（警戒区、标牌、反光贴等）； 2. 设备设施安全作业距离不足； 3. 设备带“病”作业（设备设施制动装置失效、运动或转动装置无防护或防护装置缺陷等）； 4. 安全防护用品不合格（反光背心、安全帽、护目镜等）	1. 强风、暴雨、大雪、冰雹、大雾等不良天气； 2. 作业场地狭窄、不平整、道路湿滑； 3. 夜间施工照明不足； 4. 存在视野盲区	1. 机械设备安全管理制度不完善或未落实（检查维护保养不到位等）； 2. 未对机械设备、安全防护用品等进行进场验收或验收不到位； 3. 安全教育、培训、交底制度不完善或未落实； 4. 机械设备操作规程不规范或未落实； 5. 安全投入不足		√	√	√	√

续上表

施工作业内容	典型风险事件	致害物	致险因素				风险事件后果类型				
			人的因素	物的因素	环境因素	管理因素	易导致伤亡人员类型		人员伤亡		
							本人	他人	轻伤	重伤	死亡
铺石护面	淹溺	周边水域	1. 管理人员违章指挥，强令冒险作业； 2. 人员心理异常（冒险侥幸心理等）； 3. 作业人员操作错误，违章作业； 4. 违反劳动纪律行为（管理人员脱岗等）； 5. 人员未正确使用安全防护用品	1. 现场无警示标识或标识破损； 2. 现场救生设施不足； 3. 水下存在不明物体或生物的拖拽或缠绕； 4. 氧气瓶、头盔等存在缺陷	1. 雷雨、大风（6级以上）、冰雹、大雾等恶劣天气作业； 2. 水体寒冷； 3. 水体内能见度不足	1. 专项施工方案、应急预案不完善或未落实； 2. 未落实安全教育、培训、交底、检查制度； 3. 现场监控看管不到位	√		√		√
砌石护面	物体打击	工具、材料等坠落物、抛射物、喷射物、溅射物	1. 现场作业人员未正确使用安全防护用品（安全帽等）； 2. 人员违章进入危险区域； 3. 管理人员违章指挥，强令冒险作业； 4. 作业人员身体健康状况异常、心理异常、感知异常（反应迟钝、辨识错误）； 5. 作业人员操作错误，违章作业（违章抛物）	1. 安全防护用品不合格（安全帽等）； 2. 作业过程中产生的坠落物、抛射物、喷射物、溅射物等（工具、材料等）； 3. 未设置防护设施，防护设施存在缺陷（挡脚板、防护网等）； 4. 物品摆放位置不合理或未固定； 5. 物品尺寸超大、超长等	1. 强风、暴雨、冰雹、大雾等不良天气； 2. 作业场地杂乱； 3. 照明光线不足； 4. 机械、车船、场地等晃动、振动	1. 施工方案不完善或未落实； 2. 安全教育、培训、交底、检查制度不完善或未落实； 3. 安全防护用品等未进行进场验收或验收不到位； 4. 安全投入不足； 5. 现场无警示标识或标识破损（警戒区、标牌、反光锥等）		√	√	√	

续上表

施工作业内容	典型风险事件	致害物	致险因素				风险事件后果类型				
			人的因素	物的因素	环境因素	管理因素	易导致伤亡人员类型		人员伤亡		
							本人	他人	轻伤	重伤	死亡
砌石护面	车辆伤害	运输、施工车辆等	1. 人员违章进入危险区域； 2. 管理人员违章指挥，强令冒险作业（进入驾驶员视野盲区等）； 3. 机驾人员未持有效证件上岗；机驾人员操作错误，违章作业（违规载人、酒后驾驶、超速、超限、超载作业）； 4. 机驾人员身体健康状况异常、心理异常、感知异常（反应迟钝、辨识错误）； 5. 机驾人员疲劳作业； 6. 现场人员未正确使用安全防护用品（反光背心、安全帽等）	1. 车辆未配备警示标识或标识破损（警戒区、标牌、反光锥、反光贴等）； 2. 车辆带“病”作业（制动装置、喇叭、后视镜、警示灯等设施缺陷）； 3. 车辆作业安全距离不足； 4. 人员安全防护用品不合格（反光背心、安全帽等）； 5. 车辆外观存在破损，配件行驶时脱落，运载物品尺寸超过车辆尺寸等； 6. 车辆转弯或后退时无明显提示	1. 强风、暴雨、大雪、冰雹、大雾等不良天气； 2. 作业场地狭窄、不平整、道路湿滑； 3. 车辆前后视线不良； 4. 存在视野盲区	1. 未对车辆、船机设备安全防护设施等进行进场验收或验收不到位； 2. 车船安全管理制度不完善或未落实（检查维护保养不到位）； 3. 安全操作规程不规范或未落实（作业前未对车船周围环境进行检查）； 4. 安全教育、培训、交底、检查制度不完善或未落实； 5. 职业健康管理制度不完善或未落实； 6. 安全投入不足	√	√	√	√	√

续上表

<table>
<tr><th rowspan="3">施工作业内容</th><th rowspan="3">典型风险事件</th><th rowspan="3">致害物</th><th colspan="4">致险因素</th><th colspan="5">风险事件后果类型</th></tr>
<tr><th rowspan="2">人的因素</th><th rowspan="2">物的因素</th><th rowspan="2">环境因素</th><th rowspan="2">管理因素</th><th colspan="2">易导致伤亡人员类型</th><th colspan="3">人员伤亡</th></tr>
<tr><th>本人</th><th>他人</th><th>轻伤</th><th>重伤</th><th>死亡</th></tr>
<tr><td>砌石护面</td><td>机械伤害</td><td>挖掘机、搅拌机、破碎机、装载机等施工小型机具</td><td>1. 人员违章进入危险区域(机械作业半径等);
2. 管理人员违章指挥,强令冒险作业;
3. 机械操作人员未持有效证件上岗;
4. 机械操作人员操作错误,违章作业(违规载人、酒后作业);
5. 操作人员身体健康状况异常、心理异常、感知异常(反应迟钝、辨识错误);
6. 现场作业人员未正确使用安全防护用品(反光背心、安全帽等);
7. 机械操作人员疲劳作业</td><td>1. 机械无警示标识或标识破损(警戒区、标牌、反光贴等);
2. 设备设施安全作业距离不足;
3. 设备带“病”作业(设备设施制动装置失效、运动或转动装置无防护或防护装置缺陷等);
4. 安全防护用品不合格(反光背心、安全帽、护目镜等)</td><td>1. 强风、暴雨、大雪、冰雹、大雾等不良天气;
2. 作业场地狭窄、不平整、道路湿滑;
3. 夜间施工照明不足;
4. 存在视野盲区</td><td>1. 机械设备安全管理制度不完善或未落实(检查维护保养不到位等);
2. 未对机械设备、安全防护用品等进行进场验收或验收不到位;
3. 安全教育、培训、交底制度不完善或未落实;
4. 机械设备操作规程不规范或未落实;
5. 安全投入不足</td><td></td><td>√</td><td>√</td><td>√</td><td>√</td></tr>
</table>

续上表

施工作业内容	典型风险事件	致害物	致险因素				风险事件后果类型				
			人的因素	物的因素	环境因素	管理因素	易导致伤亡人员类型		人员伤亡		
							本人	他人	轻伤	重伤	死亡
砌石护面	淹溺	周边水域	1. 管理人员违章指挥,强令冒险作业; 2. 人员心理异常(冒险侥幸心理等); 3. 作业人员操作错误,违章作业; 4. 违反劳动纪律行为(管理人员脱岗等); 5. 人员未正确使用安全防护用品	1. 现场无警示标识或标识破损; 2. 现场救生设施不足; 3. 水下存在不明物体或生物的拖拽或缠绕	1. 雷雨、大风(6 级以上)、冰雹、大雾等恶劣天气作业; 2. 水体寒冷; 3. 水体内能见度不足	1. 专项施工方案、应急预案不完善或未落实; 2. 未落实安全教育、培训、交底、检查制度; 3. 现场监控看管不到位	√		√		√
干砌条石护面	物体打击	工具、材料等坠落物、抛射物、喷射物、溅射物	1. 现场作业人员未正确使用安全防护用品(安全帽等); 2. 人员违章进入危险区域; 3. 管理人员违章指挥,强令冒险作业; 4. 作业人员身体健康状况异常、心理异常、感知异常(反应迟钝、辨识错误); 5. 作业人员操作错误,违章作业(违章抛物)	1. 安全防护用品不合格(安全帽等); 2. 作业过程中产生的坠落物、抛射物、喷射物、溅射物等(工具、材料等); 3. 未设置防护设施,防护设施存在缺陷(挡脚板、防护网等); 4. 物品摆放位置不合理或未固定; 5. 物品尺寸超大、超长等	1. 强风、暴雨、冰雹、大雾等不良天气; 2. 作业场地杂乱; 3. 照明光线不足; 4. 机械、车船、场地等晃动、振动	1. 施工方案不完善或未落实; 2. 安全教育、培训、交底、检查制度不完善或未落实; 3. 安全防护用品等未进行进场验收或验收不到位; 4. 安全投入不足; 5. 现场无警示标识或标识破损(警戒区、标牌、反光锥等)		√	√	√	

续上表

施工作业内容	典型风险事件	致害物	致险因素				风险事件后果类型				
			人的因素	物的因素	环境因素	管理因素	易导致伤亡人员类型		人员伤亡		
							本人	他人	轻伤	重伤	死亡
干砌条石护面	车辆伤害	运输、施工车辆等	1. 人员违章进入危险区域； 2. 管理人员违章指挥，强令冒险作业（进入驾驶员视野盲区等）； 3. 机驾人员未持有效证件上岗、机驾人员操作错误，违章作业（违规载人、酒后驾驶、超速、超限、超载作业）； 4. 机驾人员身体健康状况异常、心理异常、感知异常（反应迟钝、辨识错误）； 5. 机驾人员疲劳作业； 6. 现场人员未正确使用安全防护用品（反光背心、安全帽等）	1. 车辆未配备警示标识或标识破损（警戒区、标牌、反光锥、反光贴等）； 2. 车辆带“病”作业（制动装置、喇叭、后视镜、警示灯等设施缺陷）； 3. 车辆作业安全距离不足； 4. 人员安全防护用品不合格（反光背心、安全帽等）； 5. 车辆外观存在破损，配件行驶时脱落，运载物品尺寸超过车辆尺寸等； 6. 车辆转弯或后退时无明显提示	1. 强风、暴雨、大雪、冰雹、大雾等不良天气； 2. 作业场地狭窄、不平整、道路湿滑； 3. 车辆前后视线不良； 4. 存在视野盲区	1. 未对车辆、船机设备安全防护设施等进行进场验收或验收不到位； 2. 车船安全管理制度不完善或未落实（检查维护保养不到位等）； 3. 安全操作规程不规范或未落实（作业前未对车船周围环境进行检查等）； 4. 安全教育、培训、交底、检查制度不完善或未落实； 5. 职业健康管理制度不完善或未落实； 6. 安全投入不足	√	√	√	√	√

续上表

施工作业内容	典型风险事件	致害物	致险因素				风险事件后果类型				
			人的因素	物的因素	环境因素	管理因素	易导致伤亡人员类型		人员伤亡		
							本人	他人	轻伤	重伤	死亡
干砌条石护面	机械伤害	挖掘机、装载机等施工小型机具	1. 人员违章进入危险区域（机械作业半径等）； 2. 管理人员违章指挥，强令冒险作业； 3. 机械操作人员未持有效证件上岗； 4. 机械操作人员操作错误，违章作业（违规载人、酒后作业）； 5. 操作人员身体健康状况异常、心理异常、感知异常（反应迟钝、辨识错误）； 6. 现场作业人员未正确使用安全防护用品（反光背心、安全帽等）； 7. 机械操作人员疲劳作业	1. 机械无警示标识或标识破损（警戒区、标牌、反光贴等）； 2. 设备设施安全作业距离不足； 3. 设备带病作业（设备设施制动装置失效、运动或转动装置无防护或防护装置缺陷等）； 4. 安全防护用品不合格（反光背心、安全帽、护目镜等）	1. 强风、暴雨、大雪、冰雹、大雾等不良天气； 2. 作业场地狭窄、不平整、道路湿滑； 3. 夜间施工照明不足； 4. 存在视野盲区	1. 机械设备安全管理制度不完善或未落实（检查维护保养不到位等）； 2. 未对机械设备、安全防护用品等进行进场验收或验收不到位； 3. 安全教育、培训、交底制度不完善或未落实； 4. 机械设备操作规程不规范或未落实； 5. 安全投入不足		√	√	√	√

续上表

施工作业内容	典型风险事件	致害物	致险因素				风险事件后果类型				
			人的因素	物的因素	环境因素	管理因素	易导致伤亡人员类型		人员伤亡		
							本人	他人	轻伤	重伤	死亡
干砌条石护面	淹溺	周边水域	1. 管理人员违章指挥,强令冒险作业; 2. 人员心理异常(冒险侥幸心理等); 3. 作业人员操作错误,违章作业; 4. 违反劳动纪律行为(管理人员脱岗等); 5. 人员未正确使用安全防护用品	1. 现场无警示标识或标识破损; 2. 现场救生设施不足; 3. 水下存在不明物体或生物的拖拽或缠绕; 4. 氧气瓶、头盔等存在缺陷	1. 雷雨、大风(6 级以上)、冰雹、大雾等恶劣天气作业; 2. 水体寒冷; 3. 水体内能见度不足	1. 专项施工方案、应急预案不完善或未落实; 2. 未落实安全教育、培训、交底、检查制度; 3. 现场监控看管不到位	√		√		√
预制混凝土铺砌块铺砌	物体打击	工具、材料等坠落物、抛射物、喷射物、溅射物	1. 现场作业人员未正确使用安全防护用品(安全帽等); 2. 人员违章进入危险区域; 3. 管理人员违章指挥,强令冒险作业; 4. 作业人员身体健康状况异常、心理异常、感知异常(反应迟钝、辨识错误); 5. 作业人员操作错误,违章作业(违章抛物)	1. 安全防护用品不合格(安全帽等); 2. 作业过程中产生的坠落物、抛射物、喷射物、溅射物等(工具、材料等); 3. 未设置防护设施,防护设施存在缺陷(挡脚板、防护网等); 4. 物品摆放位置不合理或未固定; 5. 物品尺寸超大、超长等	1. 强风、暴雨、冰雹、大雾等不良天气; 2. 作业场地杂乱; 3. 照明光线不足; 4. 机械、车船、场地等晃动、振动	1. 施工方案不完善或未落实; 2. 安全教育、培训、交底、检查制度不完善或未落实; 3. 安全防护用品等未进行进场验收或验收不到位; 4. 安全投入不足; 5. 现场无警示标识或标识破损(警戒区、标牌、反光锥等)		√	√	√	

续上表

施工作业内容	典型风险事件	致害物	致险因素				风险事件后果类型				
			人的因素	物的因素	环境因素	管理因素	易导致伤亡人员类型		人员伤亡		
							本人	他人	轻伤	重伤	死亡
预制混凝土铺砌块铺砌	车辆伤害	运输、施工车辆等	1. 人员违章进入危险区域； 2. 管理人员违章指挥，强令冒险作业（进入驾驶员视野盲区等）； 3. 机驾人员未持有效证件上岗、机驾人员操作错误，违章作业（违规载人、酒后驾驶、超速、超限、超载作业）； 4. 机驾人员身体健康状况异常、心理异常、感知异常（反应迟钝、辨识错误）； 5. 机驾人员疲劳作业； 6. 现场人员未正确使用安全防护用品（反光背心、安全帽等）	1. 车辆未配备警示标识或标识破损（警戒区、标牌、反光锥、反光贴等）； 2. 车辆带“病”作业（制动装置、喇叭、后视镜、警示灯等设施缺陷）； 3. 车辆作业安全距离不足； 4. 人员安全防护用品不合格（反光背心、安全帽等）； 5. 车辆外观存在破损，配件行驶时脱落，运载物品尺寸超过车辆尺寸等； 6. 车辆转弯或后退时无明显提示	1. 强风、暴雨、大雪、冰雹、大雾等不良天气； 2. 作业场地狭窄、不平整、道路湿滑； 3. 车辆前后视线不良； 4. 存在视野盲区	1. 未对车辆、船机设备安全防护设施等进行进场验收或验收不到位； 2. 车船安全管理制度不完善或未落实（检查维护保养不到位等）； 3. 安全操作规程不规范或未落实（作业前未对车船周围环境进行检查等）； 4. 安全教育、培训、交底、检查制度不完善或未落实； 5. 职业健康管理制度不完善或未落实； 6. 安全投入不足	√	√	√	√	√

续上表

施工作业内容	典型风险事件	致害物	致险因素				风险事件后果类型				
			人的因素	物的因素	环境因素	管理因素	易导致伤亡人员类型		人员伤亡		
							本人	他人	轻伤	重伤	死亡
预制混凝土铺砌块铺砌	机械伤害	挖掘机、搅拌机、装载机等施工小型机具等	1. 人员违章进入危险区域（机械作业半径等）； 2. 管理人员违章指挥，强令冒险作业； 3. 机械操作人员未持有效证件上岗； 4. 机械操作人员操作错误，违章作业（违规载人、酒后作业）； 5. 操作人员身体健康状况异常、心理异常、感知异常（反应迟钝、辨识错误）； 6. 现场作业人员未正确使用安全防护用品（反光背心、安全帽等）； 7. 机械操作人员疲劳作业	1. 机械无警示标识或标识破损（警戒区、标牌、反光贴等）； 2. 设备设施安全作业距离不足； 3. 设备带“病”作业（设备设施制动装置失效、运动或转动装置无防护或防护装置缺陷等）； 4. 安全防护用品不合格（反光背心、安全帽、护目镜等）	1. 强风、暴雨、大雪、冰雹、大雾等不良天气； 2. 作业场地狭窄、不平整、道路湿滑； 3. 夜间施工照明不足； 4. 存在视野盲区	1. 机械设备安全管理制度不完善或未落实（检查维护保养不到位等）； 2. 未对机械设备、安全防护用品等进行进场验收或验收不到位； 3. 安全教育、培训、交底制度不完善或未落实； 4. 机械设备操作规程不规范或未落实； 5. 安全投入不足		√	√	√	√

续上表

施工作业内容	典型风险事件	致害物	致险因素				风险事件后果类型				
			人的因素	物的因素	环境因素	管理因素	易导致伤亡人员类型		人员伤亡		
							本人	他人	轻伤	重伤	死亡
预制混凝土铺砌块铺砌	起重伤害	汽车起重机、履带式起重机、浮吊等起重设备、吊索吊具	1. 管理人员违章指挥，强令冒险作业； 2. 作业人员操作错误，违章作业； 3. 起重工、信号工未持有效证件上岗； 4. 现场作业人员未正确使用安全防护用品（安全帽等）； 5. 抗倾覆验算错误； 6. 人员违章进入危险区域； 7. 起重人员身体健康状况异常、心理异常、感知异常（反应迟钝、辨识错误）； 8. 作业人员疲劳作业	1. 设备自身缺陷（强度、刚度不足、抗倾覆能力不足）； 2. 现场无警示标识或标识破损（警戒区、标牌、反光锥等）； 3. 吊车支垫材料不合格（枕木、钢板等）； 4. 构件防锈处理不合格； 5. 吊索吊具不合格或达到报废标准（钢丝绳、吊带、U 型卸扣等）； 6. 无防护或防护装置缺陷（防脱钩装置、限位装置等）； 7. 设备带“病”作业（制动装置等）； 8. 安全防护用品不合格（反光背心、安全帽等）	1. 强风、暴雨、大雾、大雪等不良天气； 2. 地基承载力不足、基础下沉； 3. 作业场地照明不足； 4. 浮吊周围水域存在较大波浪或暗流； 5. 周围高空有较多障碍物； 6. 存在视野盲区	1. 施工方案不完善或未落实； 2. 安全教育、培训、交底、检查制度不完善或未落实； 3. 未对起重设备进行进场验收或验收不到位； 4. 安全投入不足； 5. 起重吊装作业时无专人监视； 6. 起重吊装安全操作规程不规范或未落实	√	√	√	√	√

续上表

施工作业内容	典型风险事件	致害物	致险因素				风险事件后果类型				
			人的因素	物的因素	环境因素	管理因素	易导致伤亡人员类型		人员伤亡		
							本人	他人	轻伤	重伤	死亡
预制混凝土铺砌块铺砌	淹溺	周边水域	1. 管理人员违章指挥，强令冒险作业； 2. 人员心理异常（冒险侥幸心理等）； 3. 作业人员操作错误，违章作业； 4. 违反劳动纪律行为（管理人员脱岗等）； 5. 人员未正确使用安全防护用品	1. 现场无警示标识或标识破损； 2. 现场救生设施不足； 3. 水下存在不明物体或生物的拖拽或缠绕	1. 雷雨、大风（6 级以上）、冰雹、大雾等恶劣天气作业； 2. 水体寒冷； 3. 水体内能见度不足	1. 专项施工方案、应急预案不完善或未落实； 2. 未落实安全教育、培训、交底、检查制度； 3. 现场监控看管不到位	√		√		√
现浇混凝土护面	物体打击	工具、材料等坠落物、抛射物、喷射物、溅射物	1. 现场作业人员未正确使用安全防护用品（安全帽等）； 2. 人员违章进入危险区域； 3. 管理人员违章指挥，强令冒险作业； 4. 作业人员身体健康状况异常、心理异常、感知异常（反应迟钝、辨识错误）； 5. 作业人员操作错误，违章作业（违章抛物）	1. 安全防护用品不合格（安全帽等）； 2. 作业过程中产生的坠落物、抛射物、喷射物、溅射物等（工具、材料等）； 3. 未设置防护设施，防护设施存在缺陷（挡脚板、防护网等）； 4. 物品摆放位置不合理或未固定； 5. 物品尺寸超大、超长等	1. 强风、暴雨、冰雹、大雾等不良天气； 2. 作业场地杂乱； 3. 照明光线不足； 4. 机械、车船、场地等晃动、振动	1. 施工方案不完善或未落实； 2. 安全教育、培训、交底、检查制度不完善或未落实； 3. 安全防护用品等未进行进场验收或验收不到位； 4. 安全投入不足； 5. 现场无警示标识或标识破损（警戒区、标牌、反光锥等）		√	√	√	

续上表

施工作业内容	典型风险事件	致害物	致险因素				风险事件后果类型				
			人的因素	物的因素	环境因素	管理因素	易导致伤亡人员类型		人员伤亡		
							本人	他人	轻伤	重伤	死亡
现浇混凝土护面	车辆伤害	运输、施工车辆等	1. 人员违章进入危险区域； 2. 管理人员违章指挥，强令冒险作业（进入驾驶员视野盲区等）； 3. 机驾人员未持有效证件上岗、机驾人员操作错误，违章作业（违规载人、酒后驾驶、超速、超限、超载作业）； 4. 机驾人员身体健康状况异常、心理异常、感知异常（反应迟钝、辨识错误）； 5. 机驾人员疲劳作业； 6. 现场人员未正确使用安全防护用品（反光背心、安全帽等）	1. 车辆未配备警示标识或标识破损（警戒区、标牌、反光锥、反光贴等）； 2. 车辆带“病”作业（制动装置、喇叭、后视镜、警示灯等设施缺陷）； 3. 车辆作业安全距离不足； 4. 人员安全防护用品不合格（反光背心、安全帽等）； 5. 车辆外观存在破损，配件行驶时脱落，运载物品尺寸超过车辆尺寸等； 6. 车辆转弯或后退时无明显提示	1. 强风、暴雨、大雪、冰雹、大雾等不良天气； 2. 作业场地狭窄、不平整，道路湿滑； 3. 车辆前后视线不良； 4. 存在视野盲区	1. 未对车辆、船机设备安全防护设施等进行进场验收或验收不到位； 2. 车船安全管理制度不完善或未落实（检查维护保养不到位等）； 3. 安全操作规程不规范或未落实（作业前未对车船周围环境进行检查等）； 4. 安全教育、培训、交底、检查制度不完善或未落实； 5. 职业健康管理制度不完善或未落实； 6. 安全投入不足	√	√	√	√	√

续上表

施工作业内容	典型风险事件	致害物	致险因素				风险事件后果类型				
			人的因素	物的因素	环境因素	管理因素	易导致伤亡人员类型		人员伤亡		
							本人	他人	轻伤	重伤	死亡
现浇混凝土护面	机械伤害	挖掘机、搅拌机、装载机等施工小型机具等	1. 人员违章进入危险区域（机械作业半径等）； 2. 管理人员违章指挥，强令冒险作业； 3. 机械操作人员未持有效证件上岗； 4. 机械操作人员操作错误，违章作业（违规载人、酒后作业）； 5. 操作人员身体健康状况异常、心理异常、感知异常（反应迟钝、辨识错误）； 6. 现场作业人员未正确使用安全防护用品（反光背心、安全帽等）； 7. 机械操作人员疲劳作业	1. 机械无警示标识或标识破损（警戒区、标牌、反光贴等）； 2. 设备设施安全作业距离不足； 3. 设备带“病”作业（设备设施制动装置失效、运动或转动装置无防护或防护装置缺陷等）； 4. 安全防护用品不合格（反光背心、安全帽、护目镜等）	1. 强风、暴雨、大雪、冰雹、大雾等不良天气； 2. 作业场地狭窄、不平整、道路湿滑； 3. 夜间施工照明不足； 4. 存在视野盲区	1. 机械设备安全管理制度不完善或未落实（检查维护保养不到位等）； 2. 未对机械设备、安全防护用品等进行进场验收或验收不到位； 3. 安全教育、培训、交底制度不完善或未落实； 4. 机械设备操作规程不规范或未落实； 5. 安全投入不足		√	√	√	√

续上表

施工作业内容	典型风险事件	致害物	致险因素				风险事件后果类型				
			人的因素	物的因素	环境因素	管理因素	易导致伤亡人员类型		人员伤亡		
							本人	他人	轻伤	重伤	死亡
现浇混凝土护面	触电	发电机、破损的电线、钢筋等导电材料、配电箱	1. 作业人员未正确使用安全防护用品(绝缘鞋、绝缘手套等); 2. 作业人员操作错误或违章作业(带电检修维护等); 3. 管理人员违章指挥、强令冒险作业; 4. 电工、电焊工等特种人员未持有效证件上岗作业; 5. 人员疲劳作业	1. 电缆线、配电箱等电气设施不合格(线路破损、老化); 2. 电气设施设置不规范(电缆拖地、配电箱无支架等); 3. 带电设施无警示标识或标识破损安全防护装置不规范(未接地、无漏电保护器、接线端子无防护罩等); 4. 防护不当、防护距离不足(配电柜、发电机无遮雨棚、防护围挡或防护破损)	1. 强风、雷雨、大雪等不良天气; 2. 作业场地杂乱、潮湿或积水; 3. 作业场地照明不足	1. 临时用电方案不完善或未落实; 2. 发电机等安全操作规程不规范或未落实; 3. 电气设施材料等未进行进场验收; 4. 无电工对用电设施进行巡查或巡查不到位; 5. 机械设备安全管理制度未落实(发电机、电焊机等机具检查维护保养不到位); 6. 安全教育、培训、交底、检查制度不完善或未落实; 7. 安全投入不足	√		√	√	

续上表

施工作业内容	典型风险事件	致害物	致险因素				风险事件后果类型				
			人的因素	物的因素	环境因素	管理因素	易导致伤亡人员类型		人员伤亡		
							本人	他人	轻伤	重伤	死亡
现浇混凝土护面	淹溺	周边水域	1. 管理人员违章指挥，强令冒险作业； 2. 人员心理异常（冒险侥幸心理等）； 3. 作业人员操作错误，违章作业； 4. 违反劳动纪律行为（管理人员脱岗等）； 5. 人员未正确使用安全防护用品	1. 现场无警示标识或标识破损； 2. 现场救生设施不足； 3. 水下存在不明物体或生物的拖拽或缠绕	1. 雷雨、大风（6 级以上）、冰雹、大雾等恶劣天气作业； 2. 水体寒冷； 3. 水体内能见度不足	1. 专项施工方案、应急预案不完善或未落实； 2. 未落实安全教育、培训、交底、检查制度； 3. 现场监控看管不到位	√		√		√
模袋混凝土护面	物体打击	工具、材料等坠落物、抛射物、喷射物、溅射物	1. 现场作业人员未正确使用安全防护用品（安全帽等）； 2. 人员违章进入危险区域； 3. 管理人员违章指挥，强令冒险作业； 4. 作业人员身体健康状况异常、心理异常、感知异常（反应迟钝、辨识错误）； 5. 作业人员操作错误，违章作业（违章抛物）	1. 安全防护用品不合格（安全帽等）； 2. 作业过程中产生的坠落物、抛射物、喷射物、溅射物等（工具、材料等）； 3. 未设置防护设施，防护设施存在缺陷（挡脚板、防护网等）； 4. 物品摆放位置不合理或未固定； 5. 物品尺寸超大、超长等	1. 强风、暴雨、冰雹、大雾等不良天气； 2. 作业场地杂乱； 3. 照明光线不足； 4. 机械、车船、场地等晃动、振动	1. 施工方案不完善或未落实； 2. 安全教育、培训、交底、检查制度不完善或未落实； 3. 安全防护用品等未进行进场验收或验收不到位； 4. 安全投入不足； 5. 现场无警示标识或标识破损（警戒区、标牌、反光锥等）		√	√	√	

续上表

施工作业内容	典型风险事件	致害物	致险因素				风险事件后果类型				
			人的因素	物的因素	环境因素	管理因素	易导致伤亡人员类型		人员伤亡		
							本人	他人	轻伤	重伤	死亡
模袋混凝土护面	车辆伤害	运输、施工车辆等	1. 人员违章进入危险区域； 2. 管理人员违章指挥，强令冒险作业（进入驾驶员视野盲区等）； 3. 机驾人员未持有效证件上岗、机驾人员操作错误，违章作业（违规载人、酒后驾驶、超速、超限、超载作业）； 4. 机驾人员身体健康状况异常、心理异常、感知异常（反应迟钝、辨识错误）； 5. 机驾人员疲劳作业； 6. 现场人员未正确使用安全防护用品（反光背心、安全帽等）	1. 车辆未配备警示标识或标识破损（警戒区、标牌、反光锥、反光贴等）； 2. 车辆带“病”作业（制动装置、喇叭、后视镜、警示灯等设施缺陷）； 3. 车辆作业安全距离不足； 4. 人员安全防护用品不合格（反光背心、安全帽等）； 5. 车辆外观存在破损，配件行驶时脱落，运载物品尺寸超过车辆尺寸等； 6. 车辆转弯或后退时无明显提示	1. 强风、暴雨、大雪、冰雹、大雾等不良天气； 2. 作业场地狭窄、不平整、道路湿滑； 3. 车辆前后视线不良； 4. 存在视野盲区	1. 未对车辆、船机设备安全防护设施等进行进场验收或验收不到位； 2. 车船安全管理制度不完善或未落实（检查维护保养不到位）； 3. 安全操作规程不规范或未落实（作业前未对车船周围环境进行检查）； 4. 安全教育、培训、交底、检查制度不完善或未落实； 5. 职业健康管理制度不完善或未落实； 6. 安全投入不足	√	√	√	√	√

续上表

施工作业内容	典型风险事件	致害物	致险因素				风险事件后果类型				
			人的因素	物的因素	环境因素	管理因素	易导致伤亡人员类型		人员伤亡		
							本人	他人	轻伤	重伤	死亡
模袋混凝土护面	机械伤害	挖掘机、搅拌机、装载机等施工小型机具	1. 人员违章进入危险区域（机械作业半径等）； 2. 管理人员违章指挥，强令冒险作业； 3. 机械操作人员未持有效证件上岗； 4. 机械操作人员操作错误，违章作业（违规载人、酒后作业）； 5. 操作人员身体健康状况异常、心理异常、感知异常（反应迟钝、辨识错误）； 6. 现场作业人员未正确使用安全防护用品（反光背心、安全帽等）； 7. 机械操作人员疲劳作业	1. 机械无警示标识或标识破损（警戒区、标牌、反光贴等）； 2. 设备设施安全作业距离不足； 3. 设备带“病”作业（设备设施制动装置失效、运动或转动装置无防护或防护装置缺陷等）； 4. 安全防护用品不合格（反光背心、安全帽、护目镜等）	1. 强风、暴雨、大雪、冰雹、大雾等不良天气； 2. 作业场地狭窄、不平整、道路湿滑； 3. 夜间施工照明不足； 4. 存在视野盲区	1. 机械设备安全管理制度不完善或未落实（检查维护保养不到位等）； 2. 未对机械设备、安全防护用品等进行进场验收或验收不到位； 3. 安全教育、培训、交底制度不完善或未落实； 4. 机械设备操作规程不规范或未落实； 5. 安全投入不足		√	√	√	√

续上表

施工作业内容	典型风险事件	致害物	致险因素				风险事件后果类型				
			人的因素	物的因素	环境因素	管理因素	易导致伤亡人员类型		人员伤亡		
							本人	他人	轻伤	重伤	死亡
模袋混凝土护面	淹溺	周边水域	1. 管理人员违章指挥，强令冒险作业； 2. 人员心理异常（冒险侥幸心理等）； 3. 作业人员操作错误，违章作业； 4. 违反劳动纪律行为（管理人员脱岗等）； 5. 人员未正确使用安全防护用品	1. 现场无警示标识或标识破损； 2. 现场救生设施不足； 3. 水下存在不明物体或生物的拖拽或缠绕	1. 雷雨、大风（6 级以上）、冰雹、大雾等恶劣天气作业； 2. 水体寒冷； 3. 水体内能见度不足	1. 专项施工方案、应急预案不完善或未落实； 2. 未落实安全教育、培训、交底、检查制度； 3. 现场监控看管不到位	√		√		√
钢丝网格护面	物体打击	工具、材料等	1. 现场作业人员未正确使用安全防护用品（安全帽等）； 2. 人员违章进入危险区域； 3. 管理人员违章指挥，强令冒险作业； 4. 作业人员身体健康状况异常、心理异常、感知异常（反应迟钝、辨识错误）； 5. 作业人员操作错误，违章作业（违章抛物）	1. 安全防护用品不合格（安全帽等）； 2. 作业过程中产生的坠落物、抛射物、喷射物、溅射物等（工具、材料等）； 3. 未设置防护设施，防护设施存在缺陷（挡脚板、防护网等）； 4. 物品摆放位置不合理或未固定； 5. 物品尺寸超大、超长等	1. 强风、暴雨、冰雹、大雾等不良天气； 2. 作业场地杂乱； 3. 照明光线不足； 4. 机械、车船、场地等晃动、振动	1. 施工方案不完善或未落实； 2. 安全教育、培训、交底、检查制度不完善或未落实； 3. 安全防护用品等未进行进场验收或验收不到位； 4. 安全投入不足； 5. 现场无警示标识或标识破损（警戒区、标牌、反光锥等）		√	√	√	

续上表

施工作业内容	典型风险事件	致害物	致险因素				风险事件后果类型				
			人的因素	物的因素	环境因素	管理因素	易导致伤亡人员类型		人员伤亡		
							本人	他人	轻伤	重伤	死亡
钢丝网格护面	车辆伤害	运输、施工车辆等	1. 人员违章进入危险区域； 2. 管理人员违章指挥，强令冒险作业（进入驾驶员视野盲区等）； 3. 机驾人员未持有效证件上岗、机驾人员操作错误，违章作业（违规载人、酒后驾驶、超速、超限、超载作业）； 4. 机驾人员身体健康状况异常、心理异常、感知异常（反应迟钝、辨识错误）； 5. 机驾人员疲劳作业； 6. 现场人员未正确使用安全防护用品（反光背心、安全帽等）	1. 车辆未配备警示标识或标识破损（警戒区、标牌、反光锥、反光贴等）； 2. 车辆带“病”作业（制动装置、喇叭、后视镜、警示灯等设施缺陷）； 3. 车辆作业安全距离不足； 4. 人员安全防护用品不合格（反光背心、安全帽等）； 5. 车辆外观存在破损、配件行驶时脱落，运载物品尺寸超过车辆尺寸等； 6. 车辆转弯或后退时无明显提示	1. 强风、暴雨、大雪、冰雹、大雾等不良天气； 2. 作业场地狭窄、不平整、道路湿滑； 3. 车辆前后视线不良； 4. 存在视野盲区	1. 未对车辆、船机设备安全防护设施等进行进场验收或验收不到位； 2. 车船安全管理制度不完善或未落实（检查维护保养不到位）； 3. 安全操作规程不规范或未落实（作业前未对车船周围环境进行检查）； 4. 安全教育、培训、交底、检查制度不完善或未落实； 5. 职业健康管理制度不完善或未落实； 6. 安全投入不足	√	√	√	√	√

续上表

施工作业内容	典型风险事件	致害物	致险因素				风险事件后果类型				
			人的因素	物的因素	环境因素	管理因素	易导致伤亡人员类型		人员伤亡		
							本人	他人	轻伤	重伤	死亡
钢丝网格护面	机械伤害	挖掘机、破碎机、切割机、装载机及施工小型机具等	1. 人员违章进入危险区域（机械作业半径等）； 2. 管理人员违章指挥，强令冒险作业； 3. 机械操作人员未持有效证件上岗； 4. 机械操作人员操作错误，违章作业（违规载人、酒后作业）； 5. 操作人员身体健康状况异常、心理异常、感知异常（反应迟钝、辨识错误）； 6. 现场作业人员未正确使用安全防护用品（反光背心、安全帽等）； 7. 机械操作人员疲劳作业	1. 机械无警示标识或标识破损（警戒区、标牌、反光贴等）； 2. 设备设施安全作业距离不足； 3. 设备带“病”作业（设备设施制动装置失效、运动或转动装置无防护或防护装置缺陷等）； 4. 安全防护用品不合格（反光背心、安全帽、护目镜等）	1. 强风、暴雨、大雪、冰雹、大雾等不良天气； 2. 作业场地狭窄、不平整、道路湿滑； 3. 夜间施工照明不足； 4. 存在视野盲区	1. 机械设备安全管理制度不完善或未落实（检查维护保养不到位等）； 2. 未对机械设备、安全防护用品等进行进场验收或验收不到位； 3. 安全教育、培训、交底制度不完善或未落实； 4. 机械设备操作规程不规范或未落实； 5. 安全投入不足		√	√	√	√

续上表

施工作业内容	典型风险事件	致害物	致险因素				风险事件后果类型				
			人的因素	物的因素	环境因素	管理因素	易导致伤亡人员类型		人员伤亡		
							本人	他人	轻伤	重伤	死亡
钢丝网格护面	淹溺	周边水域	1. 管理人员违章指挥,强令冒险作业; 2. 人员心理异常(冒险侥幸心理等); 3. 作业人员操作错误,违章作业; 4. 违反劳动纪律行为(管理人员脱岗等); 5. 人员未正确使用安全防护用品	1. 现场无警示标识或标识破损; 2. 现场救生设施不足; 3. 水下存在不明物体或生物的拖拽或缠绕; 4. 氧气瓶、头盔等存在缺陷	1. 雷雨、6 级以上大风、冰雹、大雾等恶劣天气作业; 2. 水体寒冷; 3. 水体内能见度不足	1. 专项施工方案、应急预案不完善或未落实; 2. 未落实安全教育、培训、交底、检查制度; 3. 现场监控看管不到位	√		√		√
混凝土块体安装	物体打击	工具、材料预制件等	1. 现场作业人员未正确使用安全防护用品(安全帽等); 2. 人员违章进入危险区域; 3. 管理人员违章指挥,强令冒险作业; 4. 作业人员身体健康状况异常、心理异常、感知异常(反应迟钝、辨识错误); 5. 作业人员操作错误,违章作业(违章抛物等)	1. 安全防护用品不合格(安全帽等); 2. 作业过程中产生的坠落物、抛射物、喷射物、溅射物等(工具、材料等); 3. 未设置防护设施,防护设施存在缺陷(挡脚板、防护网等); 4. 物品摆放位置不合理或未固定; 5. 物品尺寸超大、超长等	1. 强风、暴雨、冰雹、大雾等不良天气; 2. 作业场地杂乱; 3. 照明光线不足; 4. 机械、车船、场地等晃动、振动	1. 施工方案不完善或未落实; 2. 安全教育、培训、交底、检查制度不完善或未落实; 3. 安全防护用品等未进行进场验收或验收不到位; 4. 安全投入不足; 5. 现场无警示标识或标识破损(警戒区、标牌、反光锥等)		√	√	√	

续上表

施工作业内容	典型风险事件	致害物	致险因素				风险事件后果类型				
			人的因素	物的因素	环境因素	管理因素	易导致伤亡人员类型		人员伤亡		
							本人	他人	轻伤	重伤	死亡
混凝土块体安装	机械伤害	挖掘机、装载机等施工小型机具	1. 人员违章进入危险区域（机械作业半径等）； 2. 管理人员违章指挥，强令冒险作业； 3. 机械操作人员未持有效证件上岗； 4. 机械操作人员操作错误，违章作业（违规载人、酒后作业）； 5. 操作人员身体健康状况异常、心理异常、感知异常（反应迟钝、辨识错误）； 6. 现场作业人员未正确使用安全防护用品（反光背心、安全帽等）； 7. 机械操作人员疲劳作业	1. 机械无警示标识或标识破损（警戒区、标牌、反光贴等）； 2. 设备设施安全作业距离不足； 3. 设备带“病”作业（设备设施制动装置失效、运动或转动装置无防护或防护装置缺陷等）； 4. 安全防护用品不合格（反光背心、安全帽、护目镜等）	1. 强风、暴雨、大雪、冰雹、大雾等不良天气； 2. 作业场地狭窄、不平整、道路湿滑； 3. 夜间施工照明不足； 4. 存在视野盲区	1. 机械设备安全管理制度不完善或未落实（检查维护保养不到位等）； 2. 未对机械设备、安全防护用品等进行进场验收或验收不到位； 3. 安全教育、培训、交底制度不完善或未落实； 4. 机械设备操作规程不规范或未落实； 5. 安全投入不足		√	√	√	√

续上表

施工作业内容	典型风险事件	致害物	致险因素				风险事件后果类型				
			人的因素	物的因素	环境因素	管理因素	易导致伤亡人员类型		人员伤亡		
							本人	他人	轻伤	重伤	死亡
混凝土块体安装	起重伤害	汽车起重机、履带式起重机、浮吊等起重设备、吊索吊具	1. 管理人员违章指挥,强令冒险作业; 2. 作业人员操作错误,违章作业; 3. 起重工、信号工未持有效证件上岗; 4. 现场作业人员未正确使用安全防护用品(安全帽等); 5. 抗倾覆验算错误; 6. 人员违章进入危险区域; 7. 起重人员身体健康状况异常、心理异常、感知异常(反应迟钝、辨识错误); 8. 作业人员疲劳作业	1. 设备自身缺陷(强度、刚度不足、抗倾覆能力不足); 2. 现场无警示标识或标识破损(警戒区、标牌、反光锥等); 3. 吊车支垫材料不合格(枕木、钢板等); 4. 构件防锈处理不合格; 5. 吊索吊具不合格或达到报废标准(钢丝绳、吊带、U 型卸扣等); 6. 无防护或防护装置缺陷(防脱钩装置、限位装置等); 7. 设备带"病"作业(制动装置等); 8. 安全防护用品不合格(反光背心、安全帽等)	1. 强风、暴雨、大雾、大雪等不良天气; 2. 地基承载力不足、基础下沉; 3. 作业场地照明不足; 4. 浮吊周围水域存在较大波浪或暗流; 5. 周围高空有较多障碍物; 6. 存在视野盲区	1. 施工方案不完善或未落实; 2. 安全教育、培训、交底、检查制度不完善或未落实; 3. 未对起重设备进行进场验收或验收不到位; 4. 安全投入不足; 5. 起重吊装作业时无专人监视; 6. 起重吊装安全操作规程不规范或未落实	√	√	√	√	√

续上表

施工作业内容	典型风险事件	致害物	致险因素				风险事件后果类型				
			人的因素	物的因素	环境因素	管理因素	易导致伤亡人员类型		人员伤亡		
							本人	他人	轻伤	重伤	死亡
混凝土块体安装	淹溺	周边水域	1. 管理人员违章指挥,强令冒险作业; 2. 人员心理异常(冒险侥幸心理等); 3. 作业人员操作错误,违章作业; 4. 违反劳动纪律行为(管理人员脱岗等); 5. 人员未正确使用安全防护用品	1. 现场无警示标识或标识破损; 2. 现场救生设施不足; 3. 水下存在不明物体或生物的拖拽或缠绕; 4. 氧气瓶、头盔等存在缺陷	1. 雷雨、大风(6级以上)、冰雹、大雾等恶劣天气作业; 2. 水体寒冷; 3. 水体内能见度不足	1. 专项施工方案、应急预案不完善或未落实; 2. 未落实安全教育、培训、交底、检查制度; 3. 现场监控看管不到位	√		√		√
	坍塌	不稳定土体、砌体、结构物等	1. 管理人员违章指挥,强令冒险作业(防护、放坡不及时); 2. 人员心理异常(冒险侥幸心理等); 3. 作业人员操作错误; 4. 违章作业违反劳动纪律行为(管理人员脱岗等)	1. 无警示信号或信号不清(紧急撤离信号等); 2. 现场无警示标识或标识破损(警戒区、标牌、反光锥等); 3. 截排水设施不完善; 4. 防护形式错或防护材料不合格(材料强度不足等); 5. 区域内有重载或有松散的高边坡	1. 存在滑坡、偏压等不良地质; 2. 作业场地照明不足; 3. 强风、暴雨、地震等不良天气或地质; 4. 区域内有较大的振动	1. 施工方案不完善或未落实(掏底开挖、上下重叠开挖或未分层开挖,开挖完后未及时施工防护及排水); 2. 安全教育、培训、交底、检查制度不完善或未落实; 3. 安全投入不足	√	√	√	√	√

续上表

施工作业内容	典型风险事件	致害物	致险因素				风险事件后果类型				
			人的因素	物的因素	环境因素	管理因素	易导致伤亡人员类型		人员伤亡		
							本人	他人	轻伤	重伤	死亡
混凝土块体安装	船舶碰撞	船舶等	1. 船舶驾驶等人员技术、经验不足； 2. 管理人员违章指挥，强令冒险作业； 3. 作业人员身体健康状况异常、心理异常、感知异常（反应迟钝、辨识错误）； 4. 作业人员操作错误，违章作业	1. 船舶相关仪表设备老旧、失效； 2. 导航设施出现明显错误； 3. 船舶防撞设施缺失； 4. 周围船体碰撞施工船舶	1. 强风、暴雨、大雪、大雾等不良天气； 2. 光线、照明不足； 3. 水下暗流影响船体方向和速率； 4. 施工水域狭小	1. 船舶操作规程、应急预案不完善或未落实； 2. 未落实安全教育、培训、交底、检查制度； 3. 船舶等未按要求组织维修、检验等或属于三无船舶	√	√	√	√	
	船舶搁浅	浅滩等	1. 船舶驾驶等人员技术、经验不足； 2. 管理人员违章指挥，强令冒险作业； 3. 作业人员身体健康状况异常、心理异常、感知异常（反应迟钝、辨识错误）； 4. 作业人员操作错误，违章作业	1. 船舶相关仪表设备老旧、失效； 2. 导航、声呐设施出现明显错误	1. 强风、暴雨、大雪、大雾等不良天气； 2. 光线不足； 3. 水下地质突变； 4. 水位快速下降或退潮	1. 船舶操作规程、应急预案不完善或未落实； 2. 未落实安全教育、培训、交底、检查制度； 3. 船舶等未按要求组织维修、检验等或属于三无船舶； 4. 管理人员对气象和水体未提前预估	√	√	√		

续上表

施工作业内容	典型风险事件	致害物	致险因素				风险事件后果类型				
			人的因素	物的因素	环境因素	管理因素	易导致伤亡人员类型		人员伤亡		
							本人	他人	轻伤	重伤	死亡
混凝土块体安装	船舶触损	水下岩石、沉船、抛石等	1. 船舶驾驶等人员技术、经验不足； 2. 管理人员违章指挥，强令冒险作业； 3. 作业人员身体健康状况异常、心理异常、感知异常（反应迟钝、辨识错误）； 4. 作业人员操作错误，违章作业	1. 船舶相关仪表设备老旧、失效； 2. 声呐设施出现明显错误； 3. 与重型物品撞击； 4. 水下尖锐物品或其他船只上尖锐部位触碰； 5. 船体老化	1. 强风、暴雨、大雪、大雾等不良天气； 2. 光线不足； 3. 水下地质突变； 4. 水中存在较大波浪	1. 船舶操作规程、应急预案不完善或未落实； 2. 未落实安全教育、培训、交底、检查制度； 3. 船舶等未按要求组织维修、检验等或属于三无船舶	√	√	√	√	
	船舶污染	船舶燃油、生活污水等	1. 船舶驾驶等人员技术、经验不足； 2. 管理人员违章指挥，强令冒险作业； 3. 作业人员身体健康状况异常、心理异常、感知异常（反应迟钝、辨识错误）； 4. 作业人员操作错误，违章作业	1. 船舶相关仪表设备老旧、失效； 2. 燃油桶或输油管破损	1. 强风、暴雨等不良天气； 2. 船内照明不足	1. 船舶操作规程、应急预案不完善或未落实； 2. 未落实安全教育、培训、交底、检查制度； 3. 船舶等未按要求组织维修、检验等或属于三无船舶		√	√		

续上表

施工作业内容	典型风险事件	致害物	致险因素				风险事件后果类型				
			人的因素	物的因素	环境因素	管理因素	易导致伤亡人员类型		人员伤亡		
							本人	他人	轻伤	重伤	死亡
混凝土块体安装	船舶倾覆	风浪、船舶等	1. 船舶驾驶等人员技术、经验不足； 2. 管理人员违章指挥，强令冒险作业； 3. 作业人员身体健康状况异常、心理异常、感知异常（反应迟钝、辨识错误）； 4. 作业人员操作错误，违章作业	1. 船舶相关仪表设备老旧、失效； 2. 导航设施出现明显错误； 3. 船上物品偏载； 4. 系揽钩未绑扎牢固； 5. 物体撞击船体致出现破洞； 6. 船体刚度不足	1. 强风、暴雨等不良天气； 2. 光线不足； 3. 水中存在巨大波浪	1. 船舶操作规程、应急预案不完善或未落实； 2. 未落实安全教育、培训、交底、检查制度； 3. 船舶等未按要求组织维修、检验等或属于三无船舶	√	√	√	√	√
水下抛充填袋护脚	物体打击	工具、材料等坠落物、抛射物、喷射物、溅射物	1. 现场作业人员未正确使用安全防护用品（安全帽等）； 2. 人员违章进入危险区域； 3. 管理人员违章指挥，强令冒险作业； 4. 作业人员身体健康状况异常、心理异常、感知异常（反应迟钝、辨识错误）； 5. 作业人员操作错误，违章作业（违章抛物）	1. 安全防护用品不合格（安全帽等）； 2. 作业过程中产生的坠落物、抛射物、喷射物、溅射物等（工具、材料等）； 3. 未设置防护设施，防护设施存在缺陷（挡脚板、防护网等）； 4. 物品摆放位置不合理或未固定； 5. 物品尺寸超大、超长等	1. 强风、暴雨、冰雹、大雾等不良天气； 2. 作业场地杂乱； 3. 照明光线不足； 4. 机械、车船、场地等晃动、振动	1. 施工方案不完善或未落实； 2. 安全教育、培训、交底、检查制度不完善或未落实； 3. 安全防护用品等未进行进场验收或验收不到位； 4. 安全投入不足； 5. 现场无警示标识或标识破损（警戒区、标牌、反光锥等）		√	√	√	

续上表

施工作业内容	典型风险事件	致害物	致险因素				风险事件后果类型				
			人的因素	物的因素	环境因素	管理因素	易导致伤亡人员类型		人员伤亡		
							本人	他人	轻伤	重伤	死亡
水下抛充填袋护脚	机械伤害	挖掘机、搅拌机、装载机等施工小型机具	1. 人员违章进入危险区域（机械作业半径等）； 2. 管理人员违章指挥，强令冒险作业； 3. 机械操作人员未持有效证件上岗； 4. 机械操作人员操作错误，违章作业（违规载人、酒后作业）； 5. 操作人员身体健康状况异常、心理异常、感知异常（反应迟钝、辨识错误）； 6. 现场作业人员未正确使用安全防护用品（反光背心、安全帽等）； 7. 机械操作人员疲劳作业	1. 机械无警示标识或标识破损（警戒区、标牌、反光贴等）； 2. 设备设施安全作业距离不足； 3. 设备带“病”作业（设备设施制动装置失效、运动或转动装置无防护或防护装置缺陷等）； 4. 安全防护用品不合格（反光背心、安全帽、护目镜等）	1. 强风、暴雨、大雪、冰雹、大雾等不良天气； 2. 作业场地狭窄、不平整、道路湿滑； 3. 夜间施工照明不足； 4. 存在视野盲区	1. 机械设备安全管理制度不完善或未落实（检查维护保养不到位）； 2. 未对机械设备、安全防护用品等进行进场验收或验收不到位； 3. 安全教育、培训、交底制度不完善或未落实； 4. 机械设备操作规程不规范或未落实； 5. 安全投入不足		√	√	√	√

续上表

施工作业内容	典型风险事件	致害物	致险因素				风险事件后果类型				
			人的因素	物的因素	环境因素	管理因素	易导致伤亡人员类型		人员伤亡		
							本人	他人	轻伤	重伤	死亡
水下抛充填袋护脚	起重伤害	汽车起重机、履带式起重机、浮吊等起重设备、吊索吊具	1. 管理人员违章指挥,强令冒险作业; 2. 作业人员操作错误,违章作业; 3. 起重工、信号工未持有效证件上岗; 4. 现场作业人员未正确使用安全防护用品(安全帽等); 5. 抗倾覆验算错误; 6. 人员违章进入危险区域; 7. 起重人员身体健康状况异常、心理异常、感知异常(反应迟钝、辨识错误); 8. 作业人员疲劳作业	1. 设备自身缺陷(强度、刚度不足、抗倾覆能力不足); 2. 现场无警示标识或标识破损(警戒区、标牌、反光锥等); 3. 吊车支垫材料不合格(枕木、钢板等); 4. 构件防锈处理不合格; 5. 吊索吊具不合格或达到报废标准(钢丝绳、吊带、U 型卸扣等); 6. 无防护或防护装置缺陷(防脱钩装置、限位装置等); 7. 设备带"病"作业(制动装置等); 8. 安全防护用品不合格(反光背心、安全帽等)	1. 强风、暴雨、大雾、大雪等不良天气; 2. 地基承载力不足、基础下沉; 3. 作业场地照明不足; 4. 浮吊周围水域存在较大波浪或暗流; 5. 周围高空有较多障碍物; 6. 存在视野盲区	1. 施工方案不完善或未落实; 2. 安全教育、培训、交底、检查制度不完善或未落实; 3. 未对起重设备进行进场验收或验收不到位; 4. 安全投入不足; 5. 起重吊装作业时无专人监视; 6. 起重吊装安全操作规程不规范或未落实	√	√	√	√	√

续上表

施工作业内容	典型风险事件	致害物	致险因素				风险事件后果类型				
			人的因素	物的因素	环境因素	管理因素	易导致伤亡人员类型		人员伤亡		
							本人	他人	轻伤	重伤	死亡
水下抛充填袋护脚	淹溺	周边水域	1. 管理人员违章指挥，强令冒险作业； 2. 人员心理异常（冒险侥幸心理等）； 3. 作业人员操作错误，违章作业； 4. 违反劳动纪律行为（管理人员脱岗等）； 5. 人员未正确使用安全防护用品	1. 现场无警示标识或标识破损； 2. 现场救生设施不足； 3. 水下存在不明物体或生物的拖拽或缠绕	1. 雷雨、大风（6 级以上）、冰雹、大雾等恶劣天气作业； 2. 水体寒冷； 3. 水体内能见度不足	1. 专项施工方案、应急预案不完善或未落实； 2. 未落实安全教育、培训、交底、检查制度； 3. 现场监控看管不到位	√		√		√
	船舶碰撞	船舶等	1. 船舶驾驶等人员技术、经验不足； 2. 管理人员违章指挥，强令冒险作业； 3. 作业人员身体健康状况异常、心理异常、感知异常（反应迟钝、辨识错误）； 4. 作业人员操作错误，违章作业	1. 船舶相关仪表设备老旧、失效； 2. 导航设施出现明显错误； 3. 船舶防撞设施缺失； 4. 周围船体碰撞施工船舶	1. 强风、暴雨、大雪、大雾等不良天气； 2. 光线、照明不足； 3. 水下暗流影响船体方向和速率； 4. 施工水域狭小	1. 船舶操作规程、应急预案不完善或未落实； 2. 未落实安全教育、培训、交底、检查制度； 3. 船舶等未按要求组织维修、检验等或属于三无船舶	√	√	√	√	

续上表

施工作业内容	典型风险事件	致害物	致险因素				风险事件后果类型				
			人的因素	物的因素	环境因素	管理因素	易导致伤亡人员类型		人员伤亡		
							本人	他人	轻伤	重伤	死亡
水下抛充填袋护脚	船舶搁浅	浅滩等	1. 船舶驾驶等人员技术、经验不足； 2. 管理人员违章指挥，强令冒险作业； 3. 作业人员身体健康状况异常、心理异常、感知异常（反应迟钝、辨识错误）； 4. 作业人员操作错误，违章作业	1. 船舶相关仪表设备老旧、失效； 2. 导航、声呐设施出现明显错误	1. 强风、暴雨、大雪、大雾等不良天气； 2. 光线不足； 3. 水下地质突变； 4. 水位快速下降或退潮	1. 船舶操作规程、应急预案不完善或未落实； 2. 未落实安全教育、培训、交底、检查制度； 3. 船舶等未按要求组织维修、检验等或属于三无船舶； 4. 管理人员对气象和水体未提前预估	√	√	√		
	船舶触损	水下岩石、沉船、抛石等	1. 船舶驾驶等人员技术、经验不足； 2. 管理人员违章指挥，强令冒险作业； 3. 作业人员身体健康状况异常、心理异常、感知异常（反应迟钝、辨识错误）； 4. 作业人员操作错误，违章作业	1. 船舶相关仪表设备老旧、失效； 2. 声呐设施出现明显错误； 3. 与重型物品撞击； 4. 水下尖锐物品或其他船只上尖锐部位触碰； 5. 船体老化	1. 强风、暴雨、大雪、大雾等不良天气； 2. 光线不足； 3. 水下地质突变； 4. 水中存在较大波浪	1. 船舶操作规程、应急预案不完善或未落实； 2. 未落实安全教育、培训、交底、检查制度； 3. 船舶等未按要求组织维修、检验等或属于三无船舶	√	√	√	√	

续上表

施工作业内容	典型风险事件	致害物	致险因素				风险事件后果类型				
			人的因素	物的因素	环境因素	管理因素	易导致伤亡人员类型		人员伤亡		
							本人	他人	轻伤	重伤	死亡
水下抛充填袋护脚	船舶污染	船舶燃油、生活污水等	1. 船舶驾驶等人员技术、经验不足； 2. 管理人员违章指挥，强令冒险作业； 3. 作业人员身体健康状况异常、心理异常、感知异常（反应迟钝、辨识错误）； 4. 作业人员操作错误，违章作业	1. 船舶相关仪表设备老旧、失效； 2. 燃油桶或输油管破损	1. 强风、暴雨等不良天气； 2. 船内照明不足	1. 船舶操作规程、应急预案不完善或未落实； 2. 未落实安全教育、培训、交底、检查制度； 3. 船舶等未按要求组织维修、检验等或属于三无船舶		√	√		
	船舶倾覆	风浪、船舶等	1. 船舶驾驶等人员技术、经验不足； 2. 管理人员违章指挥，强令冒险作业； 3. 作业人员身体健康状况异常、心理异常、感知异常（反应迟钝、辨识错误）； 4. 作业人员操作错误，违章作业	1. 船舶相关仪表设备老旧、失效； 2. 导航设施出现明显错误； 3. 船上物品偏载； 4. 系揽钩未绑扎牢固； 5. 物体撞击船体致出现破洞； 6. 船体刚度不足	1. 强风、暴雨等不良天气； 2. 光线不足； 3. 水中存在巨大波浪	1. 船舶操作规程、应急预案不完善或未落实； 2. 未落实安全教育、培训、交底、检查制度； 3. 船舶等未按要求组织维修、检验等或属于三无船舶	√	√	√	√	√

续上表

施工作业内容	典型风险事件	致害物	致险因素				风险事件后果类型				
			人的因素	物的因素	环境因素	管理因素	易导致伤亡人员类型		人员伤亡		
							本人	他人	轻伤	重伤	死亡
水下抛石护脚	物体打击	工具、材料等坠落物、抛射物、喷射物、溅射物	1. 现场作业人员未正确使用安全防护用品（安全帽等）； 2. 人员违章进入危险区域； 3. 管理人员违章指挥，强令冒险作业； 4. 作业人员身体健康状况异常、心理异常、感知异常（反应迟钝、辨识错误）； 5. 作业人员操作错误，违章作业（违章抛物等）	1. 安全防护用品不合格（安全帽等）； 2. 作业过程中产生的坠落物、抛射物、喷射物、溅射物等（工具、材料等）； 3. 未设置防护设施，防护设施存在缺陷（挡脚板、防护网等）； 4. 物品摆放位置不合理或未固定； 5. 物品尺寸超大、超长等	1. 强风、暴雨、冰雹、大雾等不良天气； 2. 作业场地杂乱； 3. 照明光线不足； 4. 机械、车船、场地等晃动、振动	1. 施工方案不完善或未落实； 2. 安全教育、培训、交底、检查制度不完善或未落实； 3. 安全防护用品等未进行进场验收或验收不到位； 4. 安全投入不足； 5. 现场无警示标识或标识破损（警戒区、标牌、反光锥等）		√	√	√	

续上表

施工作业内容	典型风险事件	致害物	致险因素				风险事件后果类型				
			人的因素	物的因素	环境因素	管理因素	易导致伤亡人员类型		人员伤亡		
							本人	他人	轻伤	重伤	死亡
水下抛石护脚	机械伤害	挖掘机、破碎机、装载机等施工小型机具	1. 人员违章进入危险区域（机械作业半径等）； 2. 管理人员违章指挥，强令冒险作业； 3. 机械操作人员未持有效证件上岗； 4. 机械操作人员操作错误，违章作业（违规载人、酒后作业）； 5. 操作人员身体健康状况异常、心理异常、感知异常（反应迟钝、辨识错误）； 6. 现场作业人员未正确使用安全防护用品（反光背心、安全帽等）； 7. 机械操作人员疲劳作业	1. 机械无警示标识或标识破损（警戒区、标牌、反光贴等）； 2. 设备设施安全作业距离不足； 3. 设备带“病”作业（设备设施制动装置失效、运动或转动装置无防护或防护装置缺陷等）； 4. 安全防护用品不合格（反光背心、安全帽、护目镜等）	1. 强风、暴雨、大雪、冰雹、大雾等不良天气； 2. 作业场地狭窄、不平整、道路湿滑； 3. 夜间施工照明不足； 4. 存在视野盲区	1. 机械设备安全管理制度不完善或未落实（检查维护保养不到位等）； 2. 未对机械设备、安全防护用品等进行进场验收或验收不到位； 3. 安全教育、培训、交底制度不完善或未落实； 4. 机械设备操作规程不规范或未落实； 5. 安全投入不足		√	√	√	√

续上表

<table>
<tr><th rowspan="3">施工作业内容</th><th rowspan="3">典型风险事件</th><th rowspan="3">致害物</th><th colspan="4">致险因素</th><th colspan="5">风险事件后果类型</th></tr>
<tr><th rowspan="2">人的因素</th><th rowspan="2">物的因素</th><th rowspan="2">环境因素</th><th rowspan="2">管理因素</th><th colspan="2">易导致伤亡人员类型</th><th colspan="3">人员伤亡</th></tr>
<tr><th>本人</th><th>他人</th><th>轻伤</th><th>重伤</th><th>死亡</th></tr>
<tr><td>水下抛石护脚</td><td>起重伤害</td><td>汽车起重机、履带式起重机、浮吊等起重设备、吊索吊具</td><td>1. 管理人员违章指挥,强令冒险作业;
2. 作业人员操作错误,违章作业;
3. 起重工、信号工未持有效证件上岗;
4. 现场作业人员未正确使用安全防护用品(安全帽等);
5. 抗倾覆验算错误;
6. 人员违章进入危险区域;
7. 起重人员身体健康状况异常、心理异常、感知异常(反应迟钝、辨识错误);
8. 作业人员疲劳作业</td><td>1. 设备自身缺陷(强度、刚度不足、抗倾覆能力不足);
2. 现场无警示标识或标识破损(警戒区、标牌、反光锥等);
3. 吊车支垫材料不合格(枕木、钢板等);
4. 构件防锈处理不合格;
5. 吊索吊具不合格或达到报废标准(钢丝绳、吊带、U 型卸扣等);
6. 无防护或防护装置缺陷(防脱钩装置、限位装置等);
7. 设备带“病”作业(制动装置等);
8. 安全防护用品不合格(反光背心、安全帽等)</td><td>1. 强风、暴雨、大雾、大雪等不良天气;
2. 地基承载力不足、基础下沉;
3. 作业场地照明不足;
4. 浮吊周围水域存在较大波浪或暗流;
5. 周围高空有较多障碍物;
6. 存在视野盲区</td><td>1. 施工方案不完善或未落实;
2. 安全教育、培训、交底、检查制度不完善或未落实;
3. 未对起重设备进行进场验收或验收不到位;
4. 安全投入不足;
5. 起重吊装作业时无专人监视;
6. 起重吊装安全操作规程不规范或未落实</td><td>√</td><td>√</td><td>√</td><td>√</td><td>√</td></tr>
</table>

续上表

施工作业内容	典型风险事件	致害物	致险因素				风险事件后果类型				
			人的因素	物的因素	环境因素	管理因素	易导致伤亡人员类型		人员伤亡		
							本人	他人	轻伤	重伤	死亡
水下抛石护脚	淹溺	周边水域	1. 管理人员违章指挥,强令冒险作业; 2. 人员心理异常(冒险侥幸心理等); 3. 作业人员操作错误,违章作业; 4. 违反劳动纪律行为(管理人员脱岗等); 5. 人员未正确使用安全防护用品	1. 现场无警示标识或标识破损; 2. 现场救生设施不足; 3. 水下存在不明物体或生物的拖拽或缠绕	1. 雷雨、大风(6级以上)、冰雹、大雾等恶劣天气作业; 2. 水体寒冷; 3. 水体内能见度不足	1. 专项施工方案、应急预案不完善或未落实; 2. 未落实安全教育、培训、交底、检查制度; 3. 现场监控看管不到位	√		√		√
	船舶碰撞	船舶等	1. 船舶驾驶等人员技术、经验不足; 2. 管理人员违章指挥,强令冒险作业; 3. 作业人员身体健康状况异常、心理异常、感知异常(反应迟钝、辨识错误); 4. 作业人员操作错误,违章作业	1. 船舶相关仪表设备老旧、失效; 2. 导航设施出现明显错误; 3. 船舶防撞设施缺失; 4. 周围船体碰撞施工船舶	1. 强风、暴雨、大雪、大雾等不良天气; 2. 光线、照明不足; 3. 水下暗流影响船体方向和速率; 4. 施工水域狭小	1. 船舶操作规程、应急预案不完善或未落实; 2. 未落实安全教育、培训、交底、检查制度; 3. 船舶等未按要求组织维修、检验等或属于三无船舶	√	√	√	√	

续上表

施工作业内容	典型风险事件	致害物	致险因素				风险事件后果类型				
			人的因素	物的因素	环境因素	管理因素	易导致伤亡人员类型		人员伤亡		
							本人	他人	轻伤	重伤	死亡
水下抛石护脚	船舶搁浅	浅滩等	1. 船舶驾驶等人员技术、经验不足； 2. 管理人员违章指挥，强令冒险作业； 3. 作业人员身体健康状况异常、心理异常、感知异常（反应迟钝、辨识错误）； 4. 作业人员操作错误，违章作业	1. 船舶相关仪表设备老旧、失效； 2. 导航、声呐设施出现明显错误	1. 强风、暴雨、大雪、大雾等不良天气； 2. 光线不足； 3. 水下地质突变； 4. 水位快速下降或退潮	1. 船舶操作规程、应急预案不完善或未落实； 2. 未落实安全教育、培训、交底、检查制度； 3. 船舶等未按要求组织维修、检验等或属于三无船舶； 4. 管理人员对气象和水体未提前预估	√	√	√		
	船舶触损	水下岩石、沉船、抛石等	1. 船舶驾驶等人员技术、经验不足； 2. 管理人员违章指挥，强令冒险作业； 3. 作业人员身体健康状况异常、心理异常、感知异常（反应迟钝、辨识错误）； 4. 作业人员操作错误，违章作业	1. 船舶相关仪表设备老旧、失效； 2. 声呐设施出现明显错误； 3. 与重型物品撞击； 4. 水下尖锐物品或其他船只上尖锐部位触碰； 5. 船体老化	1. 强风、暴雨、大雪、大雾等不良天气； 2. 光线不足； 3. 水下地质突变； 4. 水中存在较大波浪	1. 船舶操作规程、应急预案不完善或未落实； 2. 未落实安全教育、培训、交底、检查制度； 3. 船舶等未按要求组织维修、检验等或属于三无船舶	√	√	√	√	

续上表

施工作业内容	典型风险事件	致害物	致险因素				风险事件后果类型				
			人的因素	物的因素	环境因素	管理因素	易导致伤亡人员类型		人员伤亡		
							本人	他人	轻伤	重伤	死亡
水下抛石护脚	船舶污染	船舶燃油、生活污水等	1. 船舶驾驶等人员技术、经验不足； 2. 管理人员违章指挥，强令冒险作业； 3. 作业人员身体健康状况异常、心理异常、感知异常（反应迟钝、辨识错误）； 4. 作业人员操作错误，违章作业	1. 船舶相关仪表设备老旧、失效； 2. 燃油桶或输油管破损	1. 强风、暴雨等不良天气； 2. 船内照明不足	1. 船舶操作规程、应急预案不完善或未落实； 2. 未落实安全教育、培训、交底、检查制度； 3. 船舶等未按要求组织维修、检验等或属于三无船舶		√	√		
	船舶倾覆	风浪、船舶等	1. 船舶驾驶等人员技术、经验不足； 2. 管理人员违章指挥，强令冒险作业； 3. 作业人员身体健康状况异常、心理异常、感知异常（反应迟钝、辨识错误）； 4. 作业人员操作错误，违章作业	1. 船舶相关仪表设备老旧、失效； 2. 导航设施出现明显错误； 3. 船上物品偏载； 4. 系揽钩未绑扎牢固； 5. 物体撞击船体致出现破洞； 6. 船体刚度不足	1. 强风、暴雨等不良天气； 2. 光线不足； 3. 水中存在巨大波浪	1. 船舶操作规程、应急预案不完善或未落实； 2. 未落实安全教育、培训、交底、检查制度； 3. 船舶等未按要求组织维修、检验等或属于三无船舶	√	√	√	√	√

续上表

施工作业内容	典型风险事件	致害物	致险因素				风险事件后果类型				
			人的因素	物的因素	环境因素	管理因素	易导致伤亡人员类型		人员伤亡		
							本人	他人	轻伤	重伤	死亡
水下抛石笼护脚	物体打击	工具、材料等坠落物、抛射物、喷射物、溅射物	1. 现场作业人员未正确使用安全防护用品（安全帽等）； 2. 人员违章进入危险区域； 3. 管理人员违章指挥，强令冒险作业； 4. 作业人员身体健康状况异常、心理异常、感知异常（反应迟钝、辨识错误）； 5. 作业人员操作错误，违章作业（违章抛物等）	1. 安全防护用品不合格（安全帽等）； 2. 作业过程中产生的坠落物、抛射物、喷射物、溅射物等（工具、材料等）； 3. 未设置防护设施，防护设施存在缺陷（挡脚板、防护网等）； 4. 物品摆放位置不合理或未固定； 5. 物品尺寸超大、超长等	1. 强风、暴雨、冰雹、大雾等不良天气； 2. 作业场地杂乱； 3. 照明光线不足； 4. 机械、车船、场地等晃动、振动	1. 施工方案不完善或未落实； 2. 安全教育、培训、交底、检查制度不完善或未落实； 3. 安全防护用品等未进行进场验收或验收不到位； 4. 安全投入不足； 5. 现场无警示标识或标识破损（警戒区、标牌、反光锥等）		√	√	√	

续上表

施工作业内容	典型风险事件	致害物	致险因素				风险事件后果类型				
			人的因素	物的因素	环境因素	管理因素	易导致伤亡人员类型		人员伤亡		
							本人	他人	轻伤	重伤	死亡
水下抛石笼护脚	机械伤害	挖掘机、装载机等施工小型机具	1. 人员违章进入危险区域（机械作业半径等）； 2. 管理人员违章指挥，强令冒险作业； 3. 机械操作人员未持有效证件上岗； 4. 机械操作人员操作错误，违章作业（违规载人、酒后作业）； 5. 操作人员身体健康状况异常、心理异常、感知异常（反应迟钝、辨识错误）； 6. 现场作业人员未正确使用安全防护用品（反光背心、安全帽等）； 7. 机械操作人员疲劳作业	1. 机械无警示标识或标识破损（警戒区、标牌、反光贴等）； 2. 设备设施安全作业距离不足； 3. 设备带“病”作业（设备设施制动装置失效、运动或转动装置无防护或防护装置缺陷等）； 4. 安全防护用品不合格（反光背心、安全帽、护目镜等）	1. 强风、暴雨、大雪、冰雹、大雾等不良天气； 2. 作业场地狭窄、不平整、道路湿滑； 3. 夜间施工照明不足； 4. 存在视野盲区	1. 机械设备安全管理制度不完善或未落实（检查维护保养不到位）； 2. 未对机械设备、安全防护用品等进行进场验收或验收不到位； 3. 安全教育、培训、交底制度不完善或未落实； 4. 机械设备操作规程不规范或未落实； 5. 安全投入不足		√	√	√	√

续上表

施工作业内容	典型风险事件	致害物	致险因素				风险事件后果类型				
			人的因素	物的因素	环境因素	管理因素	易导致伤亡人员类型		人员伤亡		
							本人	他人	轻伤	重伤	死亡
水下抛石笼护脚	起重伤害	汽车起重机、履带式起重机、浮吊等起重设备、吊索吊具	1. 管理人员违章指挥，强令冒险作业； 2. 作业人员操作错误，违章作业； 3. 起重工、信号工未持有效证件上岗； 4. 现场作业人员未正确使用安全防护用品（安全帽等）； 5. 抗倾覆验算错误； 6. 人员违章进入危险区域； 7. 起重人员身体健康状况异常、心理异常、感知异常（反应迟钝、辨识错误）； 8. 作业人员疲劳作业	1. 设备自身缺陷（强度、刚度不足、抗倾覆能力不足）； 2. 现场无警示标识或标识破损（警戒区、标牌、反光锥等）； 3. 吊车支垫材料不合格（枕木、钢板等）； 4. 构件防锈处理不合格； 5. 吊索吊具不合格或达到报废标准（钢丝绳、吊带、U 型卸扣等）； 6. 无防护或防护装置缺陷（防脱钩装置、限位装置等）； 7. 设备带“病”作业（制动装置等）； 8. 安全防护用品不合格（反光背心、安全帽等）	1. 强风、暴雨、大雾、大雪等不良天气； 2. 地基承载力不足、基础下沉； 3. 作业场地照明不足； 4. 浮吊周围水域存在较大波浪或暗流； 5. 周围高空有较多障碍物； 6. 存在视野盲区	1. 施工方案不完善或未落实； 2. 安全教育、培训、交底、检查制度不完善或未落实； 3. 未对起重设备进行进场验收或验收不到位； 4. 安全投入不足； 5. 起重吊装作业时无专人监视； 6. 起重吊装安全操作规程不规范或未落实	√	√	√	√	√

续上表

施工作业内容	典型风险事件	致害物	致险因素				风险事件后果类型				
			人的因素	物的因素	环境因素	管理因素	易导致伤亡人员类型		人员伤亡		
							本人	他人	轻伤	重伤	死亡
水下抛石笼护脚	淹溺	周边水域	1. 管理人员违章指挥,强令冒险作业; 2. 人员心理异常(冒险侥幸心理等); 3. 作业人员操作错误,违章作业; 4. 违反劳动纪律行为(管理人员脱岗等); 5. 人员未正确使用安全防护用品	1. 现场无警示标识或标识破损; 2. 现场救生设施不足; 3. 水下存在不明物体或生物的拖拽或缠绕; 4. 氧气瓶、头盔等存在缺陷	1. 雷雨、大风(6 级以上)、冰雹、大雾等恶劣天气作业; 2. 水体寒冷; 3. 水体内能见度不足	1. 专项施工方案、应急预案不完善或未落实; 2. 未落实安全教育、培训、交底、检查制度; 3. 现场监控看管不到位	√		√		√
	船舶碰撞	船舶等	1. 船舶驾驶等人员技术、经验不足; 2. 管理人员违章指挥,强令冒险作业; 3. 作业人员身体健康状况异常、心理异常、感知异常(反应迟钝、辨识错误); 4. 作业人员操作错误,违章作业	1. 船舶相关仪表设备老旧、失效; 2. 导航设施出现明显错误; 3. 船舶防撞设施缺失; 4. 周围船体碰撞施工船舶	1. 强风、暴雨、大雪、大雾等不良天气; 2. 光线、照明不足; 3. 水下暗流影响船体方向和速率; 4. 施工水域狭小	1. 船舶操作规程、应急预案不完善或未落实; 2. 未落实安全教育、培训、交底、检查制度; 3. 船舶等未按要求组织维修、检验等或属于三无船舶	√	√	√	√	

续上表

<table>
<tr><th rowspan="3">施工作业内容</th><th rowspan="3">典型风险事件</th><th rowspan="3">致害物</th><th colspan="4">致险因素</th><th colspan="5">风险事件后果类型</th></tr>
<tr><th rowspan="2">人的因素</th><th rowspan="2">物的因素</th><th rowspan="2">环境因素</th><th rowspan="2">管理因素</th><th colspan="2">易导致伤亡人员类型</th><th colspan="3">人员伤亡</th></tr>
<tr><th>本人</th><th>他人</th><th>轻伤</th><th>重伤</th><th>死亡</th></tr>
<tr><td rowspan="2">水下抛石笼护脚</td><td>船舶搁浅</td><td>浅滩等</td><td>1. 船舶驾驶等人员技术、经验不足；
2. 管理人员违章指挥，强令冒险作业；
3. 作业人员身体健康状况异常、心理异常、感知异常（反应迟钝、辨识错误）；
4. 作业人员操作错误，违章作业</td><td>1. 船舶相关仪表设备老旧、失效；
2. 导航、声呐设施出现明显错误</td><td>1. 强风、暴雨、大雪、大雾等不良天气；
2. 光线不足；
3. 水下地质突变；
4. 水位快速下降或退潮</td><td>1. 船舶操作规程、应急预案不完善或未落实；
2. 未落实安全教育、培训、交底、检查制度；
3. 船舶等未按要求组织维修、检验等或属于三无船舶；
4. 管理人员对气象和水体未提前预估</td><td>√</td><td>√</td><td>√</td><td></td><td></td></tr>
<tr><td>船舶触损</td><td>水下岩石、沉船、抛石等</td><td>1. 船舶驾驶等人员技术、经验不足；
2. 管理人员违章指挥，强令冒险作业；
3. 作业人员身体健康状况异常、心理异常、感知异常（反应迟钝、辨识错误）；
4. 作业人员操作错误，违章作业</td><td>1. 船舶相关仪表设备老旧、失效；
2. 声呐设施出现明显错误；
3. 与重型物品撞击；
4. 水下尖锐物品或其他船只上尖锐部位触碰；
5. 船体老化</td><td>1. 强风、暴雨、大雪、大雾等不良天气；
2. 光线不足；
3. 水下地质突变；
4. 水中存在较大波浪</td><td>1. 船舶操作规程、应急预案不完善或未落实；
2. 未落实安全教育、培训、交底、检查制度；
3. 船舶等未按要求组织维修、检验等或属于三无船舶</td><td>√</td><td>√</td><td>√</td><td>√</td><td></td></tr>
</table>

续上表

施工作业内容	典型风险事件	致害物	致险因素				风险事件后果类型				
			人的因素	物的因素	环境因素	管理因素	易导致伤亡人员类型		人员伤亡		
							本人	他人	轻伤	重伤	死亡
水下抛石笼护脚	船舶污染	船舶燃油、生活污水等	1. 船舶驾驶等人员技术、经验不足； 2. 管理人员违章指挥，强令冒险作业； 3. 作业人员身体健康状况异常、心理异常、感知异常（反应迟钝、辨识错误）； 4. 作业人员操作错误，违章作业	1. 船舶相关仪表设备老旧、失效； 2. 燃油桶或输油管破损	1. 强风、暴雨等不良天气； 2. 船内照明不足	1. 船舶操作规程、应急预案不完善或未落实； 2. 未落实安全教育、培训、交底、检查制度； 3. 船舶等未按要求组织维修、检验等或属于三无船舶		√	√		
	船舶倾覆	风浪、船舶等	1. 船舶驾驶等人员技术、经验不足； 2. 管理人员违章指挥，强令冒险作业； 3. 作业人员身体健康状况异常、心理异常、感知异常（反应迟钝、辨识错误）； 4. 作业人员操作错误，违章作业	1. 船舶相关仪表设备老旧、失效； 2. 导航设施出现明显错误； 3. 船上物品偏载； 4. 系揽钩未绑扎牢固； 5. 物体撞击船体致出现破洞； 6. 船体刚度不足	1. 强风、暴雨等不良天气； 2. 光线不足； 3. 水中存在巨大波浪	1. 船舶操作规程、应急预案不完善或未落实； 2. 未落实安全教育、培训、交底、检查制度； 3. 船舶等未按要求组织维修、检验等或属于三无船舶	√	√	√	√	√

续上表

施工作业内容	典型风险事件	致害物	致险因素				风险事件后果类型				
			人的因素	物的因素	环境因素	管理因素	易导致伤亡人员类型		人员伤亡		
							本人	他人	轻伤	重伤	死亡
岸坡开挖	物体打击	工具、材料等坠落物、抛射物、喷射物、溅射物	1. 现场作业人员未正确使用安全防护用品(安全帽等)； 2. 人员违章进入危险区域； 3. 管理人员违章指挥,强令冒险作业； 4. 作业人员身体健康状况异常、心理异常、感知异常(反应迟钝、辨识错误)； 5. 作业人员操作错误,违章作业(违章抛物)	1. 安全防护用品不合格(安全帽等)； 2. 作业过程中产生的坠落物、抛射物、喷射物、溅射物等(工具、材料等)； 3. 未设置防护设施,防护设施存在缺陷(挡脚板、防护网等)； 4. 物品摆放位置不合理或未固定； 5. 物品尺寸超大、超长等	1. 强风、暴雨、冰雹、大雾等不良天气； 2. 作业场地杂乱； 3. 照明光线不足； 4. 机械、车船、场地等晃动、振动	1. 施工方案不完善或未落实； 2. 安全教育、培训、交底、检查制度不完善或未落实； 3. 安全防护用品等未进行进场验收或验收不到位； 4. 安全投入不足； 5. 现场无警示标识或标识破损(警戒区、标牌、反光锥等)		√	√	√	

续上表

施工作业内容	典型风险事件	致害物	致险因素				风险事件后果类型				
			人的因素	物的因素	环境因素	管理因素	易导致伤亡人员类型		人员伤亡		
							本人	他人	轻伤	重伤	死亡
岸坡开挖	车辆伤害	运输、施工车辆等	1. 人员违章进入危险区域； 2. 管理人员违章指挥，强令冒险作业（进入驾驶员视野盲区等）； 3. 机驾人员未持有效证件上岗、机驾人员操作错误，违章作业（违规载人、酒后驾驶、超速、超限、超载作业）； 4. 机驾人员身体健康状况异常、心理异常、感知异常（反应迟钝、辨识错误）； 5. 机驾人员疲劳作业； 6. 现场人员未正确使用安全防护用品（反光背心、安全帽等）	1. 车辆未配备警示标识或标识破损（警戒区、标牌、反光锥、反光贴等）； 2. 车辆带“病”作业（制动装置、喇叭、后视镜、警示灯等设施缺陷）； 3. 车辆作业安全距离不足； 4. 人员安全防护用品不合格（反光背心、安全帽等）； 5. 车辆外观存在破损、配件行驶时脱落，运载物品尺寸超过车辆尺寸等； 6. 车辆转弯或后退时无明显提示	1. 强风、暴雨、大雪、冰雹、大雾等不良天气； 2. 作业场地狭窄、不平整、道路湿滑； 3. 车辆前后视线不良； 4. 存在视野盲区	1. 未对车辆、船机设备安全防护设施等进行进场验收或验收不到位； 2. 车船安全管理制度不完善或未落实（检查维护保养不到位等）； 3. 安全操作规程不规范或未落实（作业前未对车船周围环境进行检查等）； 4. 安全教育、培训、交底、检查制度不完善或未落实； 5. 职业健康管理制度不完善或未落实； 6. 安全投入不足	√	√	√	√	√

续上表

施工作业内容	典型风险事件	致害物	致险因素				风险事件后果类型				
			人的因素	物的因素	环境因素	管理因素	易导致伤亡人员类型		人员伤亡		
							本人	他人	轻伤	重伤	死亡
岸坡开挖	机械伤害	挖掘机、搅拌机、装载机等施工小型机具	1. 人员违章进入危险区域（机械作业半径等）； 2. 管理人员违章指挥，强令冒险作业； 3. 机械操作人员未持有效证件上岗； 4. 机械操作人员操作错误，违章作业（违规载人、酒后作业）； 5. 操作人员身体健康状况异常、心理异常、感知异常（反应迟钝、辨识错误）； 6. 现场作业人员未正确使用安全防护用品（反光背心、安全帽等）； 7. 机械操作人员疲劳作业	1. 机械无警示标识或标识破损（警戒区、标牌、反光贴等）； 2. 设备设施安全作业距离不足； 3. 设备带“病”作业（设备设施制动装置失效、运动或转动装置无防护或防护装置缺陷等）； 4. 安全防护用品不合格（反光背心、安全帽、护目镜等）	1. 强风、暴雨、大雪、冰雹、大雾等不良天气； 2. 作业场地狭窄、不平整、道路湿滑； 3. 夜间施工照明不足； 4. 存在视野盲区	1. 机械设备安全管理制度不完善或未落实（检查维护保养不到位）； 2. 未对机械设备、安全防护用品等进行进场验收或验收不到位； 3. 安全教育、培训、交底制度不完善或未落实； 4. 机械设备操作规程不规范或未落实； 5. 安全投入不足		√	√	√	√

续上表

施工作业内容	典型风险事件	致害物	致险因素				风险事件后果类型				
			人的因素	物的因素	环境因素	管理因素	易导致伤亡人员类型		人员伤亡		
							本人	他人	轻伤	重伤	死亡
岸坡开挖	坍塌	不稳定土体、砌体、结构物等	1. 管理人员违章指挥，强令冒险作业（防护、放坡不及时）； 2. 人员心理异常（冒险侥幸心理等）； 3. 作业人员操作错误； 4. 违章作业违反劳动纪律行为（管理人员脱岗等）	1. 无警示信号或信号不清（紧急撤离信号等）； 2. 现场无警示标识或标识破损（警戒区、标牌、反光锥等）； 3. 截排水设施不完善； 4. 防护形式错或防护材料不合格（材料强度不足等）； 5. 区域内有重载或有松散的高边坡	1. 存在滑坡、偏压等不良地质； 2. 作业场地照明不足； 3. 强风、暴雨、地震等不良天气或地质； 4. 区域内有较大的振动	1. 施工方案不完善或未落实（掏底开挖、上下重叠开挖或未分层开挖，开挖完未及时施工防护及排水）； 2. 安全教育、培训、交底、检查制度不完善或未落实； 3. 安全投入不足	√	√	√	√	√
土石方回填	物体打击	工具、材料等坠落物、抛射物、喷射物、溅射物	1. 现场作业人员未正确使用安全防护用品（安全帽等）； 2. 人员违章进入危险区域； 3. 管理人员违章指挥，强令冒险作业； 4. 作业人员身体健康状况异常、心理异常、感知异常（反应迟钝、辨识错误）； 5. 作业人员操作错误，违章作业（违章抛物）	1. 安全防护用品不合格（安全帽等）； 2. 作业过程中产生的坠落物、抛射物、喷射物、溅射物等（工具、材料等）； 3. 未设置防护设施，防护设施存在缺陷（挡脚板、防护网等）； 4. 物品摆放位置不合理或未固定； 5. 物品尺寸超大、超长等	1. 强风、暴雨、冰雹、大雾等不良天气； 2. 作业场地杂乱； 3. 照明光线不足； 4. 机械、车船、场地等晃动、振动	1. 施工方案不完善或未落实； 2. 安全教育、培训、交底、检查制度不完善或未落实； 3. 安全防护用品等未进行进场验收或验收不到位； 4. 安全投入不足； 5. 现场无警示标识或标识破损（警戒区、标牌、反光锥等）		√	√	√	

续上表

施工作业内容	典型风险事件	致害物	致险因素				风险事件后果类型				
			人的因素	物的因素	环境因素	管理因素	易导致伤亡人员类型		人员伤亡		
							本人	他人	轻伤	重伤	死亡
土石方回填	车辆伤害	运输、施工车辆等	1. 人员违章进入危险区域； 2. 管理人员违章指挥，强令冒险作业（进入驾驶员视野盲区等）； 3. 机驾人员未持有效证件上岗、机驾人员操作错误，违章作业（违规载人、酒后驾驶、超速、超限、超载作业）； 4. 机驾人员身体健康状况异常、心理异常、感知异常（反应迟钝、辨识错误）； 5. 机驾人员疲劳作业； 6. 现场人员未正确使用安全防护用品（反光背心、安全帽等）	1. 车辆未配备警示标识或标识破损（警戒区、标牌、反光锥、反光贴等）； 2. 车辆带“病”作业（制动装置、喇叭、后视镜、警示灯等设施缺陷）； 3. 车辆作业安全距离不足； 4. 人员安全防护用品不合格（反光背心、安全帽等）； 5. 车辆外观存在破损、配件行驶时脱落，运载物品尺寸超过车辆尺寸等； 6. 车辆转弯或后退时无明显提示	1. 强风、暴雨、大雪、冰雹、大雾等不良天气； 2. 作业场地狭窄、不平整、道路湿滑； 3. 车辆前后视线不良； 4. 存在视野盲区	1. 未对车辆、船机设备安全防护设施等进行进场验收或验收不到位； 2. 车船安全管理制度不完善或未落实（检查维护保养不到位）； 3. 安全操作规程不规范或未落实（作业前未对车船周围环境进行检查）； 4. 安全教育、培训、交底、检查制度不完善或未落实； 5. 职业健康管理制度不完善或未落实； 6. 安全投入不足	√	√	√	√	√

续上表

施工作业内容	典型风险事件	致害物	致险因素				风险事件后果类型				
			人的因素	物的因素	环境因素	管理因素	易导致伤亡人员类型		人员伤亡		
							本人	他人	轻伤	重伤	死亡
土石方回填	机械伤害	挖掘机、装载机等施工小型机具等	1. 人员违章进入危险区域（机械作业半径等）； 2. 管理人员违章指挥，强令冒险作业； 3. 机械操作人员未持有效证件上岗； 4. 机械操作人员操作错误，违章作业（违规载人、酒后作业）； 5. 操作人员身体健康状况异常、心理异常、感知异常（反应迟钝、辨识错误）； 6. 现场作业人员未正确使用安全防护用品（反光背心、安全帽等）； 7. 机械操作人员疲劳作业	1. 机械无警示标识或标识破损（警戒区、标牌、反光贴等）； 2. 设备设施安全作业距离不足； 3. 设备带“病”作业（设备设施制动装置失效、运动或转动装置无防护或防护装置缺陷等）； 4. 安全防护用品不合格（反光背心、安全帽、护目镜等）	1. 强风、暴雨、大雪、冰雹、大雾等不良天气； 2. 作业场地狭窄、不平整、道路湿滑； 3. 夜间施工照明不足； 4. 存在视野盲区	1. 机械设备安全管理制度不完善或未落实（检查维护保养不到位等）； 2. 未对机械设备、安全防护用品等进行进场验收或验收不到位； 3. 安全教育、培训、交底制度不完善或未落实； 4. 机械设备操作规程不规范或未落实； 5. 安全投入不足		√	√	√	√

续上表

施工作业内容	典型风险事件	致害物	致险因素				风险事件后果类型				
			人的因素	物的因素	环境因素	管理因素	易导致伤亡人员类型		人员伤亡		
							本人	他人	轻伤	重伤	死亡
土石方回填	起重伤害	汽车起重机、履带式起重机、浮吊等起重设备、吊索吊具	1. 管理人员违章指挥,强令冒险作业; 2. 作业人员操作错误,违章作业; 3. 起重工、信号工未持有效证件上岗; 4. 现场作业人员未正确使用安全防护用品(安全帽等); 5. 抗倾覆验算错误; 6. 人员违章进入危险区域; 7. 起重人员身体健康状况异常、心理异常、感知异常(反应迟钝、辨识错误); 8. 作业人员疲劳作业	1. 设备自身缺陷(强度、刚度不足、抗倾覆能力不足); 2. 现场无警示标识或标识破损(警戒区、标牌、反光锥等); 3. 吊车支垫材料不合格(枕木、钢板等); 4. 构件防锈处理不合格; 5. 吊索吊具不合格或达到报废标准(钢丝绳、吊带、U 型卸扣等); 6. 无防护或防护装置缺陷(防脱钩装置、限位装置等); 7. 设备带“病”作业(制动装置等); 8. 安全防护用品不合格(反光背心、安全帽等)	1. 强风、暴雨、大雾、大雪等不良天气; 2. 地基承载力不足、基础下沉; 3. 作业场地照明不足; 4. 浮吊周围水域存在较大波浪或暗流; 5. 周围高空有较多障碍物; 6. 存在视野盲区	1. 施工方案不完善或未落实; 2. 安全教育、培训、交底、检查制度不完善或未落实; 3. 未对起重设备进行进场验收或验收不到位; 4. 安全投入不足; 5. 起重吊装作业时无专人监视; 6. 起重吊装安全操作规程不规范或未落实	√	√	√	√	√

续上表

施工作业内容	典型风险事件	致害物	致险因素				风险事件后果类型				
			人的因素	物的因素	环境因素	管理因素	易导致伤亡人员类型		人员伤亡		
							本人	他人	轻伤	重伤	死亡
土石方回填	坍塌	不稳定土体、砌体、结构物等	1. 管理人员违章指挥，强令冒险作业（防护、放坡不及时）； 2. 人员心理异常（冒险侥幸心理等）； 3. 作业人员操作错误； 4. 违章作业违反劳动纪律行为（管理人员脱岗等）	1. 无警示信号或信号不清（紧急撤离信号等）； 2. 现场无警示标识或标识破损（警戒区、标牌、反光锥等）； 3. 截排水设施不完善； 4. 防护形式错误或防护材料不合格（材料强度不足等）； 5. 区域内有重载或松散的高边坡	1. 存在滑坡、偏压等不良地质； 2. 作业场地照明不足； 3. 强风、暴雨、地震等不良天气或地质； 4. 区域内有较大的振动	1. 施工方案不完善或未落实（掏底开挖、上下重叠开挖或未分层开挖，开挖完后未及时施工防护及排水）； 2. 安全教育、培训、交底、检查制度不完善或未落实； 3. 安全投入不足	√	√	√	√	√
削坡及整平	物体打击	工具、材料等坠落物、抛射物、喷射物、溅射物	1. 现场作业人员未正确使用安全防护用品（安全帽等）； 2. 人员违章进入危险区域； 3. 管理人员违章指挥，强令冒险作业； 4. 作业人员身体健康状况异常、心理异常、感知异常（反应迟钝、辨识错误）； 5. 作业人员操作错误，违章作业（违章抛物）	1. 安全防护用品不合格（安全帽等）； 2. 作业过程中产生的坠落物、抛射物、喷射物、溅射物等（工具、材料等）； 3. 未设置防护设施，防护设施存在缺陷（挡脚板、防护网等）； 4. 物品摆放位置不合理或未固定； 5. 物品尺寸超大、超长等	1. 强风、暴雨、冰雹、大雾等不良天气； 2. 作业场地杂乱； 3. 照明光线不足； 4. 机械、车船、场地等晃动、振动	1. 施工方案不完善或未落实； 2. 安全教育、培训、交底、检查制度不完善或未落实； 3. 安全防护用品等未进行进场验收或验收不到位； 4. 安全投入不足； 5. 现场无警示标识或标识破损（警戒区、标牌、反光锥等）		√	√	√	

续上表

施工作业内容	典型风险事件	致害物	致险因素				风险事件后果类型				
			人的因素	物的因素	环境因素	管理因素	易导致伤亡人员类型		人员伤亡		
							本人	他人	轻伤	重伤	死亡
削坡及整平	车辆伤害	运输、施工车辆等	1. 人员违章进入危险区域； 2. 管理人员违章指挥，强令冒险作业（进入驾驶员视野盲区等）； 3. 机驾人员未持有效证件上岗；机驾人员操作错误、违章作业（违规载人、酒后驾驶、超速、超限、超载作业）； 4. 机驾人员身体健康状况异常、心理异常、感知异常（反应迟钝、辨识错误）； 5. 机驾人员疲劳作业； 6. 现场人员未正确使用安全防护用品（反光背心、安全帽等）	1. 车辆未配备警示标识或标识破损（警戒区、标牌、反光锥、反光贴等）； 2. 车辆带“病”作业（制动装置、喇叭、后视镜、警示灯等设施缺陷）； 3. 车辆作业安全距离不足； 4. 人员安全防护用品不合格（反光背心、安全帽等）； 5. 车辆外观存在破损、配件行驶时脱落，运载物品尺寸超过车辆尺寸等； 6. 车辆转弯或后退时无明显提示	1. 强风、暴雨、大雪、冰雹、大雾等不良天气； 2. 作业场地狭窄、不平整、道路湿滑； 3. 车辆前后视线不良； 4. 存在视野盲区	1. 未对车辆、船机设备安全防护设施等进行进场验收或验收不到位； 2. 车船安全管理制度不完善或未落实（检查维护保养不到位）； 3. 安全操作规程不规范或未落实（作业前未对车船周围环境进行检查）； 4. 安全教育、培训、交底、检查制度不完善或未落实； 5. 职业健康管理制度不完善或未落实； 6. 安全投入不足	√	√	√	√	√

续上表

施工作业内容	典型风险事件	致害物	致险因素				风险事件后果类型				
			人的因素	物的因素	环境因素	管理因素	易导致伤亡人员类型		人员伤亡		
							本人	他人	轻伤	重伤	死亡
削坡及整平	机械伤害	挖掘机、装载机等施工小型机具	1. 人员违章进入危险区域（机械作业半径等）； 2. 管理人员违章指挥，强令冒险作业； 3. 机械操作人员未持有效证件上岗； 4. 机械操作人员操作错误，违章作业（违规载人、酒后作业）； 5. 操作人员身体健康状况异常、心理异常、感知异常（反应迟钝、辨识错误）； 6. 现场作业人员未正确使用安全防护用品（反光背心、安全帽等）； 7. 机械操作人员疲劳作业	1. 机械无警示标识或标识破损（警戒区、标牌、反光贴等）； 2. 设备设施安全作业距离不足； 3. 设备带病作业（设备设施制动装置失效、运动或转动装置无防护或防护装置缺陷等）； 4. 安全防护用品不合格（反光背心、安全帽、护目镜等）	1. 强风、暴雨、大雪、冰雹、大雾等不良天气； 2. 作业场地狭窄、不平整、道路湿滑； 3. 夜间施工照明不足； 4. 存在视野盲区	1. 机械设备安全管理制度不完善或未落实（检查维护保养不到位）； 2. 未对机械设备、安全防护用品等进行进场验收或验收不到位； 3. 安全教育、培训、交底制度不完善或未落实； 4. 机械设备操作规程不规范或未落实； 5. 安全投入不足		√	√	√	√

续上表

施工作业内容	典型风险事件	致害物	致险因素				风险事件后果类型				
			人的因素	物的因素	环境因素	管理因素	易导致伤亡人员类型		人员伤亡		
							本人	他人	轻伤	重伤	死亡
削坡及整平	坍塌	不稳定土体、砌体、结构物等	1. 管理人员违章指挥,强令冒险作业(防护、放坡不及时); 2. 人员心理异常(冒险侥幸心理等); 3. 作业人员操作错误; 4. 违章作业违反劳动纪律行为(管理人员脱岗等)	1. 无警示信号或信号不清(紧急撤离信号等); 2. 现场无警示标识或标识破损(警戒区、标牌、反光锥等); 3. 截排水设施不完善; 4. 防护形式错或防护材料不合格(材料强度不足等); 5. 区域内有重载或有松散的高边坡	1. 存在滑坡、偏压等不良地质; 2. 作业场地照明不足; 3. 强风、暴雨、地震等不良天气或地质; 4. 区域内有较大的振动	1. 施工方案不完善或未落实(掏底开挖、上下重叠开挖或未分层开挖,开挖完后未及时施工防护及排水); 2. 安全教育、培训、交底、检查制度不完善或未落实; 3. 安全投入不足	√	√	√	√	√
基槽开挖	物体打击	工具、材料等坠落物、抛射物、喷射物、溅射物	1. 现场作业人员未正确使用安全防护用品(安全帽等); 2. 人员违章进入危险区域; 3. 管理人员违章指挥,强令冒险作业; 4. 作业人员身体健康状况异常、心理异常、感知异常(反应迟钝、辨识错误); 5. 作业人员操作错误,违章作业(违章抛物)	1. 安全防护用品不合格(安全帽等); 2. 作业过程中产生的坠落物、抛射物、喷射物、溅射物等(工具、材料等); 3. 未设置防护设施,防护设施存在缺陷(挡脚板、防护网等); 4. 物品摆放位置不合理或未固定; 5. 物品尺寸超大、超长等	1. 强风、暴雨、冰雹、大雾等不良天气; 2. 作业场地杂乱; 3. 照明光线不足; 4. 机械、车船、场地等晃动、振动	1. 施工方案不完善或未落实; 2. 安全教育、培训、交底、检查制度不完善或未落实; 3. 安全防护用品等未进行进场验收或验收不到位; 4. 安全投入不足; 5. 现场无警示标识或标识破损(警戒区、标牌、反光锥等)		√	√	√	

续上表

施工作业内容	典型风险事件	致害物	致险因素				风险事件后果类型				
			人的因素	物的因素	环境因素	管理因素	易导致伤亡人员类型		人员伤亡		
							本人	他人	轻伤	重伤	死亡
基槽开挖	车辆伤害	运输、施工车辆等	1. 人员违章进入危险区域； 2. 管理人员违章指挥，强令冒险作业（进入驾驶员视野盲区等）； 3. 机驾人员未持有效证件上岗，机驾人员操作错误、违章作业（违规载人、酒后驾驶、超速、超限、超载作业）； 4. 机驾人员身体健康状况异常、心理异常、感知异常（反应迟钝、辨识错误）； 5. 机驾人员疲劳作业； 6. 现场人员未正确使用安全防护用品（反光背心、安全帽等）	1. 车辆未配备警示标识或标识破损（警戒区、标牌、反光锥、反光贴等）； 2. 车辆带“病”作业（制动装置、喇叭、后视镜、警示灯等设施缺陷）； 3. 车辆作业安全距离不足； 4. 人员安全防护用品不合格（反光背心、安全帽等）； 5. 车辆外观存在破损、配件行驶时脱落，运载物品尺寸超过车辆尺寸等； 6. 车辆转弯或后退时无明显提示	1. 强风、暴雨、大雪、冰雹、大雾等不良天气； 2. 作业场地狭窄、不平整、道路湿滑； 3. 车辆前后视线不良； 4. 存在视野盲区	1. 未对车辆、船机设备安全防护设施等进行进场验收或验收不到位； 2. 车船安全管理制度不完善或未落实（检查维护保养不到位）； 3. 安全操作规程不规范或未落实（作业前未对车船周围环境进行检查）； 4. 安全教育、培训、交底、检查制度不完善或未落实； 5. 职业健康管理制度不完善或未落实； 6. 安全投入不足	√	√	√	√	√

续上表

施工作业内容	典型风险事件	致害物	致险因素				风险事件后果类型				
			人的因素	物的因素	环境因素	管理因素	易导致伤亡人员类型		人员伤亡		
							本人	他人	轻伤	重伤	死亡
基槽开挖	机械伤害	挖掘机、打桩机、破碎机、装载机等施工小型机具	1. 人员违章进入危险区域（机械作业半径等）； 2. 管理人员违章指挥，强令冒险作业； 3. 机械操作人员未持有效证件上岗； 4. 机械操作人员操作错误，违章作业（违规载人、酒后作业）； 5. 操作人员身体健康状况异常、心理异常、感知异常（反应迟钝、辨识错误）； 6. 现场作业人员未正确使用安全防护用品（反光背心、安全帽等）； 7. 机械操作人员疲劳作业	1. 机械无警示标识或标识破损（警戒区、标牌、反光贴等）； 2. 设备设施安全作业距离不足； 3. 设备带病作业（设备设施制动装置失效、运动或转动装置无防护或防护装置缺陷等）； 4. 安全防护用品不合格（反光背心、安全帽、护目镜等）	1. 强风、暴雨、大雪、冰雹、大雾等不良天气； 2. 作业场地狭窄、不平整、道路湿滑； 3. 夜间施工照明不足； 4. 存在视野盲区	1. 机械设备安全管理制度不完善或未落实（检查维护保养不到位等）； 2. 未对机械设备、安全防护用品等进行进场验收或验收不到位； 3. 安全教育、培训、交底制度不完善或未落实； 4. 机械设备操作规程不规范或未落实； 5. 安全投入不足		√	√	√	√

续上表

施工作业内容	典型风险事件	致害物	致险因素				风险事件后果类型				
			人的因素	物的因素	环境因素	管理因素	易导致伤亡人员类型		人员伤亡		
							本人	他人	轻伤	重伤	死亡
基槽开挖	坍塌	不稳定土体、砌体、结构物等	1. 管理人员违章指挥,强令冒险作业(防护、放坡不及时); 2. 人员心理异常(冒险侥幸心理); 3. 作业人员操作错误; 4. 违章作业违反劳动纪律行为(管理人员脱岗)	1. 无警示信号或信号不清(紧急撤离信号等); 2. 现场无警示标识或标识破损(警戒区、标牌、反光锥等); 3. 截排水设施不完善; 4. 防护形式错或防护材料不合格(材料强度不足等); 5. 区域内有重载或有松散的高边坡	1. 存在滑坡、偏压等不良地质; 2. 作业场地照明不足; 3. 强风、暴雨、地震等不良天气或地质; 4. 区域内有较大的振动	1. 施工方案不完善或未落实(掏底开挖、上下重叠开挖或未分层开挖,开挖完后未及时施工防护及排水); 2. 安全教育、培训、交底、检查制度不完善或未落实; 3. 安全投入不足	√	√	√	√	√
砂石垫层	物体打击	工具、材料等坠落物、抛射物、喷射物、溅射物	1. 现场作业人员未正确使用安全防护用品(安全帽等); 2. 人员违章进入危险区域; 3. 管理人员违章指挥,强令冒险作业; 4. 作业人员身体健康状况异常、心理异常、感知异常(反应迟钝、辨识错误); 5. 作业人员操作错误,违章作业(违章抛物等)	1. 安全防护用品不合格(安全帽等); 2. 作业过程中产生的坠落物、抛射物、喷射物、溅射物等(工具、材料等); 3. 未设置防护设施,防护设施存在缺陷(挡脚板、防护网等); 4. 物品摆放位置不合理或未固定; 5. 物品尺寸超大、超长等	1. 强风、暴雨、冰雹、大雾等不良天气; 2. 作业场地杂乱; 3. 照明光线不足; 4. 机械、车船、场地等晃动、振动	1. 施工方案不完善或未落实; 2. 安全教育、培训、交底、检查制度不完善或未落实; 3. 安全防护用品等未进行进场验收或验收不到位; 4. 安全投入不足; 5. 现场无警示标识或标识破损(警戒区、标牌、反光锥等)		√	√	√	

续上表

施工作业内容	典型风险事件	致害物	致险因素				风险事件后果类型				
			人的因素	物的因素	环境因素	管理因素	易导致伤亡人员类型		人员伤亡		
							本人	他人	轻伤	重伤	死亡
砂石垫层	车辆伤害	运输、施工车辆等	1. 人员违章进入危险区域； 2. 管理人员违章指挥，强令冒险作业（进入驾驶员视野盲区等）； 3. 机驾人员未持有效证件上岗；机驾人员操作错误，违章作业（违规载人、酒后驾驶、超速、超限、超载作业）； 4. 机驾人员身体健康状况异常、心理异常、感知异常（反应迟钝、辨识错误）； 5. 机驾人员疲劳作业； 6. 现场人员未正确使用安全防护用品（反光背心、安全帽等）	1. 车辆未配备警示标识或标识破损（警戒区、标牌、反光锥、反光贴等）； 2. 车辆带“病”作业（制动装置、喇叭、后视镜、警示灯等设施缺陷）； 3. 车辆作业安全距离不足； 4. 人员安全防护用品不合格（反光背心、安全帽等）； 5. 车辆外观存在破损、配件行驶时脱落，运载物品尺寸超过车辆尺寸等； 6. 车辆转弯或后退时无明显提示	1. 强风、暴雨、大雪、冰雹、大雾等不良天气； 2. 作业场地狭窄、不平整、道路湿滑； 3. 车辆前后视线不良； 4. 存在视野盲区	1. 未对车辆、船机设备安全防护设施等进行进场验收或验收不到位； 2. 车船安全管理制度不完善或未落实（检查维护保养不到位）； 3. 安全操作规程不规范或未落实（作业前未对车船周围环境进行检查）； 4. 安全教育、培训、交底、检查制度不完善或未落实； 5. 职业健康管理制度不完善或未落实； 6. 安全投入不足	√	√	√	√	√

续上表

施工作业内容	典型风险事件	致害物	致险因素				风险事件后果类型				
			人的因素	物的因素	环境因素	管理因素	易导致伤亡人员类型		人员伤亡		
							本人	他人	轻伤	重伤	死亡
砂石垫层	机械伤害	挖掘机、打桩机、搅拌机、破碎机、装载机等施工小型机具	1. 人员违章进入危险区域(机械作业半径等); 2. 管理人员违章指挥,强令冒险作业; 3. 机械操作人员未持有效证件上岗; 4. 机械操作人员操作错误,违章作业(违规载人、酒后作业); 5. 操作人员身体健康状况异常、心理异常、感知异常(反应迟钝、辨识错误); 6. 现场作业人员未正确使用安全防护用品(反光背心、安全帽等); 7. 机械操作人员疲劳作业	1. 机械无警示标识或标识破损(警戒区、标牌、反光贴等); 2. 设备设施安全作业距离不足; 3. 设备带病作业(设备设施制动装置失效、运动或转动装置无防护或防护装置缺陷等); 4. 安全防护用品不合格(反光背心、安全帽、护目镜等)	1. 强风、暴雨、大雪、冰雹、大雾等不良天气; 2. 作业场地狭窄、不平整、道路湿滑; 3. 夜间施工照明不足; 4. 存在视野盲区	1. 机械设备安全管理制度不完善或未落实(检查维护保养不到位); 2. 未对机械设备、安全防护用品等进行进场验收或验收不到位; 3. 安全教育、培训、交底制度不完善或未落实; 4. 机械设备操作规程不规范或未落实; 5. 安全投入不足		√	√	√	√

续上表

施工作业内容	典型风险事件	致害物	致险因素				风险事件后果类型				
			人的因素	物的因素	环境因素	管理因素	易导致伤亡人员类型		人员伤亡		
							本人	他人	轻伤	重伤	死亡
土工织物垫层	物体打击	工具、材料等坠落物、抛射物、喷射物、溅射物	1. 现场作业人员未正确使用安全防护用品(安全帽等); 2. 人员违章进入危险区域; 3. 管理人员违章指挥,强令冒险作业; 4. 作业人员身体健康状况异常、心理异常、感知异常(反应迟钝、辨识错误); 5. 作业人员操作错误,违章作业(违章抛物)	1. 安全防护用品不合格(安全帽等); 2. 作业过程中产生的坠落物、抛射物、喷射物、溅射物等(工具、材料等); 3. 未设置防护设施,防护设施存在缺陷(挡脚板、防护网等); 4. 物品摆放位置不合理或未固定; 5. 物品尺寸超大、超长等	1. 强风、暴雨、冰雹、大雾等不良天气; 2. 作业场地杂乱; 3. 照明光线不足; 4. 机械、车船、场地等晃动、振动	1. 施工方案不完善或未落实; 2. 安全教育、培训、交底、检查制度不完善或未落实; 3. 安全防护用品等未进行进场验收或验收不到位; 4. 安全投入不足; 5. 现场无警示标识或标识破损(警戒区、标牌、反光锥等)		√	√	√	
	机械伤害	挖掘机、卷曲机、装载机等施工小型机具	1. 人员违章进入危险区域(机械作业半径等); 2. 管理人员违章指挥,强令冒险作业; 3. 机械操作人员未持有效证件上岗; 4. 机械操作人员操作错误,违章作业(违规载人、酒后作业);	1. 机械无警示标识或标识破损(警戒区、标牌、反光贴等); 2. 设备设施安全作业距离不足; 3. 设备带病作业(设备设施制动装置失效、运动或转动装置无防护或防护装置缺陷等);	1. 强风、暴雨、大雪、冰雹、大雾等不良天气; 2. 作业场地狭窄、不平整、道路湿滑; 3. 夜间施工照明不足; 4. 存在视野盲区	1. 机械设备安全管理制度不完善或未落实(检查维护保养不到位); 2. 未对机械设备、安全防护用品等进行进场验收或验收不到位;		√	√	√	√

续上表

施工作业内容	典型风险事件	致害物	致险因素				风险事件后果类型				
			人的因素	物的因素	环境因素	管理因素	易导致伤亡人员类型		人员伤亡		
							本人	他人	轻伤	重伤	死亡
土工织物垫层	机械伤害	挖掘机、卷曲机、装载机等施工小型机具	5. 操作人员身体健康状况异常、心理异常、感知异常(反应迟钝、辨识错误)； 6. 现场作业人员未正确使用安全防护用品(反光背心、安全帽等)； 7. 机械操作人员疲劳作业	4. 安全防护用品不合格(反光背心、安全帽、护目镜等)		3. 安全教育、培训、交底制度不完善或未落实； 4. 机械设备操作规程不规范或未落实； 5. 安全投入不足					
砂石倒滤层	物体打击	工具、材料等坠落物、抛射物、喷射物、溅射物	1. 现场作业人员未正确使用安全防护用品(安全帽等)； 2. 人员违章进入危险区域； 3. 管理人员违章指挥，强令冒险作业； 4. 作业人员身体健康状况异常、心理异常、感知异常(反应迟钝、辨识错误)； 5. 作业人员操作错误，违章作业(违章抛物等)	1. 安全防护用品不合格(安全帽等)； 2. 作业过程中产生的坠落物、抛射物、喷射物、溅射物等(工具、材料等)； 3. 未设置防护设施，防护设施存在缺陷(挡脚板、防护网等)； 4. 物品摆放位置不合理或未固定； 5. 物品尺寸超大、超长等	1. 强风、暴雨、冰雹、大雾等不良天气； 2. 作业场地杂乱； 3. 照明光线不足； 4. 机械、车船、场地等晃动、振动	1. 施工方案不完善或未落实； 2. 安全教育、培训、交底、检查制度不完善或未落实； 3. 安全防护用品等未进行进场验收或验收不到位； 4. 安全投入不足； 5. 现场无警示标识或标识破损(警戒区、标牌、反光锥等)		√	√	√	

续上表

施工作业内容	典型风险事件	致害物	致险因素				风险事件后果类型				
			人的因素	物的因素	环境因素	管理因素	易导致伤亡人员类型		人员伤亡		
							本人	他人	轻伤	重伤	死亡
砂石倒滤层	车辆伤害	运输、施工车辆等	1. 人员违章进入危险区域； 2. 管理人员违章指挥，强令冒险作业（进入驾驶员视野盲区等）； 3. 机驾人员未持有效证件上岗、机驾人员操作错误，违章作业（违规载人、酒后驾驶、超速、超限、超载作业）； 4. 机驾人员身体健康状况异常、心理异常、感知异常（反应迟钝、辨识错误）； 5. 机驾人员疲劳作业； 6. 现场人员未正确使用安全防护用品（反光背心、安全帽等）	1. 车辆未配备警示标识或标识破损（警戒区、标牌、反光锥、反光贴等）； 2. 车辆带“病”作业（制动装置、喇叭、后视镜、警示灯等设施缺陷）； 3. 车辆作业安全距离不足； 4. 人员安全防护用品不合格（反光背心、安全帽等）； 5. 车辆外观存在破损、配件行驶时脱落，运载物品尺寸超过车辆尺寸等； 6. 车辆转弯或后退时无明显提示	1. 强风、暴雨、大雪、冰雹、大雾等不良天气； 2. 作业场地狭窄、不平整、道路湿滑； 3. 车辆前后视线不良； 4. 存在视野盲区	1. 未对车辆、船机设备安全防护设施等进行进场验收或验收不到位； 2. 车船安全管理制度不完善或未落实（检查维护保养不到位）； 3. 安全操作规程不规范或未落实（作业前未对车船周围环境进行检查）； 4. 安全教育、培训、交底、检查制度不完善或未落实； 5. 职业健康管理制度不完善或未落实； 6. 安全投入不足	√	√	√	√	√

续上表

施工作业内容	典型风险事件	致害物	致险因素				风险事件后果类型				
			人的因素	物的因素	环境因素	管理因素	易导致伤亡人员类型		人员伤亡		
							本人	他人	轻伤	重伤	死亡
砂石倒滤层	机械伤害	挖掘机、搅拌机、破碎机、装载机等施工小型机具	1. 人员违章进入危险区域（机械作业半径等）； 2. 管理人员违章指挥，强令冒险作业； 3. 机械操作人员未持有效证件上岗； 4. 机械操作人员操作错误，违章作业（违规载人、酒后作业）； 5. 操作人员身体健康状况异常、心理异常、感知异常（反应迟钝、辨识错误）； 6. 现场作业人员未正确使用安全防护用品（反光背心、安全帽等）； 7. 机械操作人员疲劳作业	1. 机械无警示标识或标识破损（警戒区、标牌、反光贴等）； 2. 设备设施安全作业距离不足； 3. 设备带病作业（设备设施制动装置失效、运动或转动装置无防护或防护装置缺陷等）； 4. 安全防护用品不合格（反光背心、安全帽、护目镜等）	1. 强风、暴雨、大雪、冰雹、大雾等不良天气； 2. 作业场地狭窄、不平整、道路湿滑； 3. 夜间施工照明不足； 4. 存在视野盲区	1. 机械设备安全管理制度不完善或未落实（检查维护保养不到位）； 2. 未对机械设备、安全防护用品等进行进场验收或验收不到位； 3. 安全教育、培训、交底制度不完善或未落实； 4. 机械设备操作规程不规范或未落实； 5. 安全投入不足		√	√	√	√

续上表

施工作业内容	典型风险事件	致害物	致险因素				风险事件后果类型				
			人的因素	物的因素	环境因素	管理因素	易导致伤亡人员类型		人员伤亡		
							本人	他人	轻伤	重伤	死亡
土工织物倒滤层	物体打击	工具、材料等坠落物、抛射物、喷射物、溅射物	1. 现场作业人员未正确使用安全防护用品(安全帽等)； 2. 人员违章进入危险区域； 3. 管理人员违章指挥,强令冒险作业； 4. 作业人员身体健康状况异常、心理异常、感知异常(反应迟钝、辨识错误)； 5. 作业人员操作错误,违章作业(违章抛物)	1. 安全防护用品不合格(安全帽等)； 2. 作业过程中产生的坠落物、抛射物、喷射物、溅射物等(工具、材料等)； 3. 未设置防护设施,防护设施存在缺陷(挡脚板、防护网等)； 4. 物品摆放位置不合理或未固定； 5. 物品尺寸超大、超长等	1. 强风、暴雨、冰雹、大雾等不良天气； 2. 作业场地杂乱； 3. 照明光线不足； 4. 机械、车船、场地等晃动、振动	1. 施工方案不完善或未落实； 2. 安全教育、培训、交底、检查制度不完善或未落实； 3. 安全防护用品等未进行进场验收或验收不到位； 4. 安全投入不足； 5. 现场无警示标识或标识破损(警戒区、标牌、反光锥等)		√	√	√	
	机械伤害	挖掘机、卷曲机、装载机等施工小型机具	1. 人员违章进入危险区域(机械作业半径等)； 2. 管理人员违章指挥,强令冒险作业； 3. 机械操作人员未持有效证件上岗； 4. 机械操作人员操作错误,违章作业(违规载人、酒后作业)；	1. 机械无警示标识或标识破损(警戒区、标牌、反光贴等)； 2. 设备设施安全作业距离不足； 3. 设备带病作业(设备设施制动装置失效、运动或转动装置无防护或防护装置缺陷等)；	1. 强风、暴雨、大雪、冰雹、大雾等不良天气； 2. 作业场地狭窄、不平整、道路湿滑； 3. 夜间施工照明不足； 4. 存在视野盲区	1. 机械设备安全管理制度不完善或未落实(检查维护保养不到位)； 2. 未对机械设备、安全防护用品等进行进场验收或验收不到位；		√	√	√	√

续上表

施工作业内容	典型风险事件	致害物	致险因素				风险事件后果类型				
			人的因素	物的因素	环境因素	管理因素	易导致伤亡人员类型		人员伤亡		
							本人	他人	轻伤	重伤	死亡
土工织物倒滤层	机械伤害	挖掘机、卷曲机、装载机等施工小型机具	5. 操作人员身体健康状况异常、心理异常、感知异常（反应迟钝、辨识错误）； 6. 现场作业人员未正确使用安全防护用品（反光背心、安全帽等）； 7. 机械操作人员疲劳作业	4. 安全防护用品不合格（反光背心、安全帽、护目镜等）		3. 安全教育、培训、交底制度不完善或未落实； 4. 机械设备操作规程不规范或未落实； 5. 安全投入不足					
盲沟	物体打击	工具、材料、预制件等	1. 现场作业人员未正确使用安全防护用品（安全帽等）； 2. 人员违章进入危险区域； 3. 管理人员违章指挥，强令冒险作业； 4. 作业人员身体健康状况异常、心理异常、感知异常（反应迟钝、辨识错误）； 5. 作业人员操作错误，违章作业（违章抛物）	1. 安全防护用品不合格（安全帽等）； 2. 作业过程中产生的坠落物、抛射物、喷射物、溅射物等（工具、材料等）； 3. 未设置防护设施，防护设施存在缺陷（挡脚板、防护网等）； 4. 物品摆放位置不合理或未固定； 5. 物品尺寸超大、超长等	1. 强风、暴雨、冰雹、大雾等不良天气； 2. 作业场地杂乱； 3. 照明光线不足； 4. 机械、车船、场地等晃动、振动	1. 施工方案不完善或未落实； 2. 安全教育、培训、交底、检查制度不完善或未落实； 3. 安全防护用品等未进行进场验收或验收不到位； 4. 安全投入不足； 5. 现场无警示标识或标识破损（警戒区、标牌、反光锥等）		√	√	√	

续上表

施工作业内容	典型风险事件	致害物	致险因素				风险事件后果类型				
			人的因素	物的因素	环境因素	管理因素	易导致伤亡人员类型		人员伤亡		
							本人	他人	轻伤	重伤	死亡
盲沟	车辆伤害	运输、施工车辆等	1. 人员违章进入危险区域； 2. 管理人员违章指挥，强令冒险作业（进入驾驶员视野盲区等）； 3. 机驾人员未持有效证件上岗、机驾人员操作错误，违章作业（违规载人、酒后驾驶、超速、超限、超载作业）； 4. 机驾人员身体健康状况异常、心理异常、感知异常（反应迟钝、辨识错误）； 5. 机驾人员疲劳作业； 6. 现场人员未正确使用安全防护用品（反光背心、安全帽等）	1. 车辆未配备警示标识或标识破损（警戒区、标牌、反光锥、反光贴等）； 2. 车辆带“病”作业（制动装置、喇叭、后视镜、警示灯等设施缺陷）； 3. 车辆作业安全距离不足； 4. 人员安全防护用品不合格（反光背心、安全帽等）； 5. 车辆外观存在破损、配件行驶时脱落，运载物品尺寸超过车辆尺寸等； 6. 车辆转弯或后退时无明显提示	1. 强风、暴雨、大雪、冰雹、大雾等不良天气； 2. 作业场地狭窄、不平整、道路湿滑； 3. 车辆前后视线不良； 4. 存在视野盲区	1. 未对车辆、船机设备安全防护设施等进行进场验收或验收不到位； 2. 车船安全管理制度不完善或未落实（检查维护保养不到位）； 3. 安全操作规程不规范或未落实（作业前未对车船周围环境进行检查）； 4. 安全教育、培训、交底、检查制度不完善或未落实； 5. 职业健康管理制度不完善或未落实； 6. 安全投入不足	√	√	√	√	√

续上表

施工作业内容	典型风险事件	致害物	致险因素				风险事件后果类型				
			人的因素	物的因素	环境因素	管理因素	易导致伤亡人员类型		人员伤亡		
							本人	他人	轻伤	重伤	死亡
盲沟	机械伤害	挖掘机、搅拌机、弯曲机、切割机、装载机等施工小型机具	1. 人员违章进入危险区域（机械作业半径等）； 2. 管理人员违章指挥，强令冒险作业； 3. 机械操作人员未持有效证件上岗； 4. 机械操作人员操作错误，违章作业（违规载人、酒后作业）； 5. 操作人员身体健康状况异常、心理异常、感知异常（反应迟钝、辨识错误）； 6. 现场作业人员未正确使用安全防护用品（反光背心、安全帽等）； 7. 机械操作人员疲劳作业	1. 机械无警示标识或标识破损（警戒区、标牌、反光贴等）； 2. 设备设施安全作业距离不足； 3. 设备带病作业（设备设施制动装置失效、运动或转动装置无防护或防护装置缺陷等）； 4. 安全防护用品不合格（反光背心、安全帽、护目镜等）	1. 强风、暴雨、大雪、冰雹、大雾等不良天气； 2. 作业场地狭窄、不平整、道路湿滑； 3. 夜间施工照明不足； 4. 存在视野盲区	1. 机械设备安全管理制度不完善或未落实（检查维护保养不到位）； 2. 未对机械设备、安全防护用品等进行进场验收或验收不到位； 3. 安全教育、培训、交底制度不完善或未落实； 4. 机械设备操作规程不规范或未落实； 5. 安全投入不足		√	√	√	√

续上表

施工作业内容	典型风险事件	致害物	致险因素				风险事件后果类型				
			人的因素	物的因素	环境因素	管理因素	易导致伤亡人员类型		人员伤亡		
							本人	他人	轻伤	重伤	死亡
明沟	物体打击	工具、材料、预制件等	1. 现场作业人员未正确使用安全防护用品(安全帽等); 2. 人员违章进入危险区域; 3. 管理人员违章指挥,强令冒险作业; 4. 作业人员身体健康状况异常、心理异常、感知异常(反应迟钝、辨识错误); 5. 作业人员操作错误,违章作业(违章抛物等)	1. 安全防护用品不合格(安全帽等); 2. 作业过程中产生的坠落物、抛射物、喷射物、溅射物等(工具、材料等); 3. 未设置防护设施,防护设施存在缺陷(挡脚板、防护网等); 4. 物品摆放位置不合理或未固定; 5. 物品尺寸超大、超长等	1. 强风、暴雨、冰雹、大雾等不良天气; 2. 作业场地杂乱; 3. 照明光线不足; 4. 机械、车船、场地等晃动、振动	1. 施工方案不完善或未落实; 2. 安全教育、培训、交底、检查制度不完善或未落实; 3. 安全防护用品等未进行进场验收或验收不到位; 4. 安全投入不足; 5. 现场无警示标识或标识破损(警戒区、标牌、反光锥等)		√	√	√	

续上表

施工作业内容	典型风险事件	致害物	致险因素				风险事件后果类型				
			人的因素	物的因素	环境因素	管理因素	易导致伤亡人员类型		人员伤亡		
							本人	他人	轻伤	重伤	死亡
明沟	车辆伤害	运输、施工车辆等	1. 人员违章进入危险区域； 2. 管理人员违章指挥，强令冒险作业（进入驾驶员视野盲区等）； 3. 机驾人员未持有效证件上岗、机驾人员操作错误，违章作业（违规载人、酒后驾驶、超速、超限、超载作业）； 4. 机驾人员身体健康状况异常、心理异常、感知异常（反应迟钝、辨识错误）； 5. 机驾人员疲劳作业； 6. 现场人员未正确使用安全防护用品（反光背心、安全帽等）	1. 车辆未配备警示标识或标识破损（警戒区、标牌、反光锥、反光贴等）； 2. 车辆带“病”作业（制动装置、喇叭、后视镜、警示灯等设施缺陷）； 3. 车辆作业安全距离不足； 4. 人员安全防护用品不合格（反光背心、安全帽等）； 5. 车辆外观存在破损、配件行驶时脱落，运载物品尺寸超过车辆尺寸等； 6. 车辆转弯或后退时无明显提示	1. 强风、暴雨、大雪、冰雹、大雾等不良天气； 2. 作业场地狭窄、不平整、道路湿滑； 3. 车辆前后视线不良； 4. 存在视野盲区	1. 未对车辆、船机设备安全防护设施等进行进场验收或验收不到位； 2. 车船安全管理制度不完善或未落实（检查维护保养不到位）； 3. 安全操作规程不规范或未落实（作业前未对车船周围环境进行检查）； 4. 安全教育、培训、交底、检查制度不完善或未落实； 5. 职业健康管理制度不完善或未落实； 6. 安全投入不足	√	√	√	√	√

续上表

施工作业内容	典型风险事件	致害物	致险因素				风险事件后果类型				
			人的因素	物的因素	环境因素	管理因素	易导致伤亡人员类型		人员伤亡		
							本人	他人	轻伤	重伤	死亡
明沟	机械伤害	挖掘机、搅拌机、装载机等施工小型机具	1. 人员违章进入危险区域（机械作业半径等）； 2. 管理人员违章指挥，强令冒险作业； 3. 机械操作人员未持有效证件上岗； 4. 机械操作人员操作错误，违章作业（违规载人、酒后作业）； 5. 操作人员身体健康状况异常、心理异常、感知异常（反应迟钝、辨识错误）； 6. 现场作业人员未正确使用安全防护用品（反光背心、安全帽等）； 7. 机械操作人员疲劳作业	1. 机械无警示标识或标识破损（警戒区、标牌、反光贴等）； 2. 设备设施安全作业距离不足； 3. 设备带病作业（设备设施制动装置失效、运动或转动装置无防护或防护装置缺陷等）； 4. 安全防护用品不合格（反光背心、安全帽、护目镜等）	1. 强风、暴雨、大雪、冰雹、大雾等不良天气； 2. 作业场地狭窄、不平整、道路湿滑； 3. 夜间施工照明不足； 4. 存在视野盲区	1. 机械设备安全管理制度不完善或未落实（检查维护保养不到位）； 2. 未对机械设备、安全防护用品等进行进场验收或验收不到位； 3. 安全教育、培训、交底制度不完善或未落实； 4. 机械设备操作规程不规范或未落实； 5. 安全投入不足		√	√	√	√

续上表

施工作业内容	典型风险事件	致害物	致险因素				风险事件后果类型				
			人的因素	物的因素	环境因素	管理因素	易导致伤亡人员类型		人员伤亡		
							本人	他人	轻伤	重伤	死亡
明沟	起重伤害	汽车起重机、履带式起重机等起重设备、吊索吊具	1. 管理人员违章指挥，强令冒险作业； 2. 作业人员操作错误，违章作业； 3. 起重工、信号工未持有效证件上岗； 4. 现场作业人员未正确使用安全防护用品（安全帽等）； 5. 抗倾覆验算错误； 6. 人员违章进入危险区域； 7. 起重人员身体健康状况异常、心理异常、感知异常（反应迟钝、辨识错误）； 8. 作业人员疲劳作业	1. 设备自身缺陷（强度、刚度不足、抗倾覆能力不足）； 2. 现场无警示标识或标识破损（警戒区、标牌、反光锥等）； 3. 吊车支垫材料不合格（枕木、钢板等）； 4. 构件防锈处理不合格； 5. 吊索吊具不合格或达到报废标准（钢丝绳、吊带、U 型卸扣等）； 6. 无防护或防护装置缺陷（防脱钩装置、限位装置等）； 7. 设备带“病”作业（制动装置等）； 8. 安全防护用品不合格（反光背心、安全帽等）	1. 强风、暴雨、大雾、大雪等不良天气； 2. 地基承载力不足、基础下沉； 3. 作业场地照明不足； 4. 浮吊周围水域存在较大波浪或暗流； 5. 周围高空有较多障碍物； 6. 存在视野盲区	1. 施工方案不完善或未落实； 2. 安全教育、培训、交底、检查制度不完善或未落实； 3. 未对起重设备进行进场验收或验收不到位； 4. 安全投入不足； 5. 起重吊装作业时无专人监视； 6. 起重吊装安全操作规程不规范或未落实	√	√	√	√	√

续上表

施工作业内容	典型风险事件	致害物	致险因素				风险事件后果类型				
			人的因素	物的因素	环境因素	管理因素	易导致伤亡人员类型		人员伤亡		
							本人	他人	轻伤	重伤	死亡
抛石护面	物体打击	工具、材料等坠落物、抛射物、喷射物、溅射物	1. 现场作业人员未正确使用安全防护用品（安全帽等）； 2. 人员违章进入危险区域； 3. 管理人员违章指挥，强令冒险作业； 4. 作业人员身体健康状况异常、心理异常、感知异常（反应迟钝、辨识错误）； 5. 作业人员操作错误，违章作业（违章抛物）	1. 安全防护用品不合格（安全帽等）； 2. 作业过程中产生的坠落物、抛射物、喷射物、溅射物等（工具、材料等）； 3. 未设置防护设施，防护设施存在缺陷（挡脚板、防护网等）； 4. 物品摆放位置不合理或未固定； 5. 物品尺寸超大、超长等	1. 强风、暴雨、冰雹、大雾等不良天气； 2. 作业场地杂乱； 3. 照明光线不足； 4. 机械、车船、场地等晃动、振动	1. 施工方案不完善或未落实； 2. 安全教育、培训、交底、检查制度不完善或未落实； 3. 安全防护用品等未进行进场验收或验收不到位； 4. 安全投入不足； 5. 现场无警示标识或标识破损（警戒区、标牌、反光锥等）		√	√	√	
	机械伤害	挖掘机、装载机等施工小型机具	1. 人员违章进入危险区域（机械作业半径等）； 2. 管理人员违章指挥，强令冒险作业； 3. 机械操作人员未持有效证件上岗； 4. 机械操作人员操作错误，违章作业（违规载人、酒后作业）；	1. 机械无警示标识或标识破损（警戒区、标牌、反光贴等）； 2. 设备设施安全作业距离不足； 3. 设备带病作业（设备设施制动装置失效、运动或转动装置无防护或防护装置缺陷等）；	1. 强风、暴雨、大雪、冰雹、大雾等不良天气； 2. 作业场地狭窄、不平整、道路湿滑； 3. 夜间施工照明不足； 4. 存在视野盲区	1. 机械设备安全管理制度不完善或未落实（检查维护保养不到位）； 2. 未对机械设备、安全防护用品等进行进场验收或验收不到位；		√	√	√	√

续上表

施工作业内容	典型风险事件	致害物	致险因素				风险事件后果类型				
			人的因素	物的因素	环境因素	管理因素	易导致伤亡人员类型		人员伤亡		
							本人	他人	轻伤	重伤	死亡
抛石护面	机械伤害	挖掘机、装载机等施工小型机具	5.操作人员身体健康状况异常、心理异常、感知异常(反应迟钝、辨识错误); 6.现场作业人员未正确使用安全防护用品(反光背心、安全帽等); 7.机械操作人员疲劳作业	4.安全防护用品不合格(反光背心、安全帽、护目镜等)		3.安全教育、培训、交底制度不完善或未落实; 4.机械设备操作规程不规范或未落实; 5.安全投入不足					
	淹溺	周边水域	1.管理人员违章指挥,强令冒险作业; 2.人员心理异常(冒险侥幸心理等); 3.作业人员操作错误,违章作业; 4.违反劳动纪律行为(管理人员脱岗等); 5.人员未正确使用安全防护用品	1.现场无警示标识或标识破损; 2.现场救生设施不足; 3.水下存在不明物体或生物的拖拽或缠绕	1.雷雨、大风(6级以上)、冰雹、大雾等恶劣天气作业; 2.水体寒冷; 3.水体内能见度不足	1.专项施工方案、应急预案不完善或未落实; 2.未落实安全教育、培训、交底、检查制度; 3.现场监控看管不到位	√		√		√

续上表

施工作业内容	典型风险事件	致害物	致险因素				风险事件后果类型				
			人的因素	物的因素	环境因素	管理因素	易导致伤亡人员类型		人员伤亡		
							本人	他人	轻伤	重伤	死亡
抛石护面	船舶碰撞	船舶等	1. 船舶驾驶等人员技术、经验不足； 2. 管理人员违章指挥，强令冒险作业； 3. 作业人员身体健康状况异常、心理异常、感知异常（反应迟钝、辨识错误）； 4. 作业人员操作错误，违章作业	1. 船舶相关仪表设备老旧、失效； 2. 导航设施出现明显错误； 3. 船舶防撞设施缺失； 4. 周围船体碰撞施工船舶	1. 强风、暴雨、大雪、大雾等不良天气； 2. 光线、照明不足； 3. 水下暗流影响船体方向和速率； 4. 施工水域狭小	1. 船舶操作规程、应急预案不完善或未落实； 2. 未落实安全教育、培训、交底、检查制度； 3. 船舶等未按要求组织维修、检验等或属于三无船舶	√	√	√	√	
	船舶搁浅	浅滩等	1. 船舶驾驶等人员技术、经验不足； 2. 管理人员违章指挥，强令冒险作业； 3. 作业人员身体健康状况异常、心理异常、感知异常（反应迟钝、辨识错误）； 4. 作业人员操作错误，违章作业	1. 船舶相关仪表设备老旧、失效； 2. 导航、声呐设施出现明显错误	1. 强风、暴雨、大雪、大雾等不良天气； 2. 光线不足； 3. 水下地质突变； 4. 水位快速下降或退潮	1. 船舶操作规程、应急预案不完善或未落实； 2. 未落实安全教育、培训、交底、检查制度； 3. 船舶等未按要求组织维修、检验等或属于三无船舶； 4. 管理人员对气象和水体未提前预估	√	√	√		

续上表

施工作业内容	典型风险事件	致害物	致险因素				风险事件后果类型				
			人的因素	物的因素	环境因素	管理因素	易导致伤亡人员类型		人员伤亡		
							本人	他人	轻伤	重伤	死亡
抛石护面	船舶触礁	水下暗礁等	1. 船舶驾驶等人员技术、经验不足； 2. 管理人员违章指挥，强令冒险作业； 3. 作业人员身体健康状况异常、心理异常、感知异常（反应迟钝、辨识错误）； 4. 作业人员操作错误，违章作业	1. 船舶相关仪表设备老旧、失效； 2. 导航、声呐设施出现明显错误	1. 强风、暴雨、大雪、大雾等不良天气； 2. 光线不足； 3. 水下地质突变	1. 船舶操作规程、应急预案不完善或未落实； 2. 未落实安全教育、培训、交底、检查制度； 3. 船舶等未按要求组织维修、检验等或属于三无船舶； 4. 管理人员对水体预估不足	√	√	√		
	船舶触损	水下岩石、沉船、抛石等	1. 船舶驾驶等人员技术、经验不足； 2. 管理人员违章指挥，强令冒险作业； 3. 作业人员身体健康状况异常、心理异常、感知异常（反应迟钝、辨识错误）； 4. 作业人员操作错误，违章作业	1. 船舶相关仪表设备老旧、失效； 2. 声呐设施出现明显错误； 3. 与重型物品撞击； 4. 水下尖锐物品或其他船只上尖锐部位触碰； 5. 船体老化	1. 强风、暴雨、大雪、大雾等不良天气； 2. 光线不足； 3. 水下地质突变； 4. 水中存在较大波浪	1. 船舶操作规程、应急预案不完善或未落实； 2. 未落实安全教育、培训、交底、检查制度； 3. 船舶等未按要求组织维修、检验等或属于三无船舶	√	√	√	√	

续上表

施工作业内容	典型风险事件	致害物	致险因素				风险事件后果类型				
			人的因素	物的因素	环境因素	管理因素	易导致伤亡人员类型		人员伤亡		
							本人	他人	轻伤	重伤	死亡
抛石护面	船舶污染	船舶燃油、生活污水等	1. 船舶驾驶等人员技术、经验不足； 2. 管理人员违章指挥，强令冒险作业； 3. 作业人员身体健康状况异常、心理异常、感知异常（反应迟钝、辨识错误）； 4. 作业人员操作错误，违章作业	1. 船舶相关仪表设备老旧、失效； 2. 燃油桶或输油管破损	1. 强风、暴雨等不良天气； 2. 船内照明不足	1. 船舶操作规程、应急预案不完善或未落实； 2. 未落实安全教育、培训、交底、检查制度； 3. 船舶等未按要求组织维修、检验等或属于三无船舶		√	√		
	船舶倾覆	风浪、船舶等	1. 船舶驾驶等人员技术、经验不足； 2. 管理人员违章指挥，强令冒险作业； 3. 作业人员身体健康状况异常、心理异常、感知异常（反应迟钝、辨识错误）； 4. 作业人员操作错误，违章作业	1. 船舶相关仪表设备老旧、失效； 2. 导航设施出现明显错误； 3. 船上物品偏载； 4. 系揽钩未绑扎牢固； 5. 物体撞击船体致出现破洞； 6. 船体刚度不足	1. 强风、暴雨等不良天气； 2. 光线不足； 3. 水中存在巨大波浪	1. 船舶操作规程、应急预案不完善或未落实； 2. 未落实安全教育、培训、交底、检查制度； 3. 船舶等未按要求组织维修、检验等或属于三无船舶	√	√	√	√	√

续上表

施工作业内容	典型风险事件	致害物	致险因素				风险事件后果类型				
			人的因素	物的因素	环境因素	管理因素	易导致伤亡人员类型		人员伤亡		
							本人	他人	轻伤	重伤	死亡
铺石护面	物体打击	工具、材料等坠落物、抛射物、喷射物、溅射物	1. 现场作业人员未正确使用安全防护用品(安全帽等); 2. 人员违章进入危险区域; 3. 管理人员违章指挥,强令冒险作业; 4. 作业人员身体健康状况异常、心理异常、感知异常(反应迟钝、辨识错误); 5. 作业人员操作错误,违章作业(违章抛物等)	1. 安全防护用品不合格(安全帽等); 2. 作业过程中产生的坠落物、抛射物、喷射物、溅射物等(工具、材料等); 3. 未设置防护设施,防护设施存在缺陷(挡脚板、防护网等); 4. 物品摆放位置不合理或未固定; 5. 物品尺寸超大、超长等	1. 强风、暴雨、冰雹、大雾等不良天气; 2. 作业场地杂乱; 3. 照明光线不足; 4. 机械、车船、场地等晃动、振动	1. 施工方案不完善或未落实; 2. 安全教育、培训、交底、检查制度不完善或未落实; 3. 安全防护用品等未进行进场验收或验收不到位; 4. 安全投入不足; 5. 现场无警示标识或标识破损(警戒区、标牌、反光锥等)		√	√	√	

续上表

施工作业内容	典型风险事件	致害物	致险因素				风险事件后果类型				
			人的因素	物的因素	环境因素	管理因素	易导致伤亡人员类型		人员伤亡		
							本人	他人	轻伤	重伤	死亡
铺石护面	车辆伤害	运输、施工车辆等	1. 人员违章进入危险区域； 2. 管理人员违章指挥，强令冒险作业（进入驾驶员视野盲区等）； 3. 机驾人员未持有效证件上岗、机驾人员操作错误，违章作业（违规载人、酒后驾驶、超速、超限、超载作业）； 4. 机驾人员身体健康状况异常、心理异常、感知异常（反应迟钝、辨识错误）； 5. 机驾人员疲劳作业； 6. 现场人员未正确使用安全防护用品（反光背心、安全帽等）	1. 车辆未配备警示标识或标识破损（警戒区、标牌、反光锥、反光贴等）； 2. 车辆带“病”作业（制动装置、喇叭、后视镜、警示灯等设施缺陷）； 3. 车辆作业安全距离不足； 4. 人员安全防护用品不合格（反光背心、安全帽等）； 5. 车辆外观存在破损、配件行驶时脱落，运载物品尺寸超过车辆尺寸等； 6. 车辆转弯或后退时无明显提示	1. 强风、暴雨、大雪、冰雹、大雾等不良天气； 2. 作业场地狭窄、不平整、道路湿滑； 3. 车辆前后视线不良； 4. 存在视野盲区	1. 未对车辆、船机设备安全防护设施等进行进场验收或验收不到位； 2. 车船安全管理制度不完善或未落实（检查维护保养不到位）； 3. 安全操作规程不规范或未落实（作业前未对车船周围环境进行检查）； 4. 安全教育、培训、交底、检查制度不完善或未落实； 5. 职业健康管理制度不完善或未落实； 6. 安全投入不足	√	√	√	√	√

续上表

施工作业内容	典型风险事件	致害物	致险因素				风险事件后果类型				
			人的因素	物的因素	环境因素	管理因素	易导致伤亡人员类型		人员伤亡		
							本人	他人	轻伤	重伤	死亡
铺石护面	机械伤害	挖掘机、打桩机、搅拌机、破碎机、弯曲机、切割机、装载机等施工小型机具	1. 人员违章进入危险区域(机械作业半径等); 2. 管理人员违章指挥,强令冒险作业; 3. 机械操作人员未持有效证件上岗; 4. 机械操作人员操作错误,违章作业(违规载人、酒后作业); 5. 操作人员身体健康状况异常、心理异常、感知异常(反应迟钝、辨识错误); 6. 现场作业人员未正确使用安全防护用品(反光背心、安全帽等); 7. 机械操作人员疲劳作业	1. 机械无警示标识或标识破损(警戒区、标牌、反光贴等); 2. 设备设施安全作业距离不足; 3. 设备带病作业(设备设施制动装置失效、运动或转动装置无防护或防护装置缺陷等); 4. 安全防护用品不合格(反光背心、安全帽、护目镜等)	1. 强风、暴雨、大雪、冰雹、大雾等不良天气; 2. 作业场地狭窄、不平整、道路湿滑; 3. 夜间施工照明不足; 4. 存在视野盲区	1. 机械设备安全管理制度不完善或未落实(检查维护保养不到位); 2. 未对机械设备、安全防护用品等进行进场验收或验收不到位; 3. 安全教育、培训、交底制度不完善或未落实; 4. 机械设备操作规程不规范或未落实; 5. 安全投入不足		√	√	√	√

续上表

施工作业内容	典型风险事件	致害物	致险因素				风险事件后果类型				
			人的因素	物的因素	环境因素	管理因素	易导致伤亡人员类型		人员伤亡		
							本人	他人	轻伤	重伤	死亡
铺石护面	淹溺	周边水域	1. 管理人员违章指挥，强令冒险作业； 2. 人员心理异常（冒险侥幸心理）； 3. 作业人员操作错误，违章作业； 4. 违反劳动纪律行为（管理人员脱岗）； 5. 人员未正确使用安全防护用品	1. 现场无警示标识或标识破损； 2. 现场救生设施不足； 3. 水下存在不明物体或生物的拖拽或缠绕； 4. 氧气瓶、头盔等存在缺陷	1. 雷雨、大风（6 级以上）、冰雹、大雾等恶劣天气作业； 2. 水体寒冷； 3. 水体内能见度不足	1. 专项施工方案、应急预案不完善或未落实； 2. 未落实安全教育、培训、交底、检查制度； 3. 现场监控看管不到位	√		√		√
砌石护面	物体打击	工具、材料等坠落物、抛射物、喷射物、溅射物	1. 现场作业人员未正确使用安全防护用品（安全帽等）； 2. 人员违章进入危险区域； 3. 管理人员违章指挥，强令冒险作业； 4. 作业人员身体健康状况异常、心理异常、感知异常（反应迟钝、辨识错误）； 5. 作业人员操作错误，违章作业（违章抛物等）	1. 安全防护用品不合格（安全帽等）； 2. 作业过程中产生的坠落物、抛射物、喷射物、溅射物等（工具、材料等）； 3. 未设置防护设施，防护设施存在缺陷（挡脚板、防护网等）； 4. 物品摆放位置不合理或未固定； 5. 物品尺寸超大、超长等	1. 强风、暴雨、冰雹、大雾等不良天气； 2. 作业场地杂乱； 3. 照明光线不足； 4. 机械、车船、场地等晃动、振动	1. 施工方案不完善或未落实； 2. 安全教育、培训、交底、检查制度不完善或未落实； 3. 安全防护用品等未进行进场验收或验收不到位； 4. 安全投入不足； 5. 现场无警示标识或标识破损（警戒区、标牌、反光锥等）		√	√	√	

续上表

施工作业内容	典型风险事件	致害物	致险因素				风险事件后果类型				
			人的因素	物的因素	环境因素	管理因素	易导致伤亡人员类型		人员伤亡		
							本人	他人	轻伤	重伤	死亡
砌石护面	车辆伤害	运输、施工车辆等	1. 人员违章进入危险区域； 2. 管理人员违章指挥，强令冒险作业（进入驾驶员视野盲区等）； 3. 机驾人员未持有效证件上岗、机驾人员操作错误，违章作业（违规载人、酒后驾驶、超速、超限、超载作业）； 4. 机驾人员身体健康状况异常、心理异常、感知异常（反应迟钝、辨识错误）； 5. 机驾人员疲劳作业； 6. 现场人员未正确使用安全防护用品（反光背心、安全帽等）	1. 车辆未配备警示标识或标识破损（警戒区、标牌、反光锥、反光贴等）； 2. 车辆带“病”作业（制动装置、喇叭、后视镜、警示灯等设施缺陷）； 3. 车辆作业安全距离不足； 4. 人员安全防护用品不合格（反光背心、安全帽等）； 5. 车辆外观存在破损、配件行驶时脱落，运载物品尺寸超过车辆尺寸等； 6. 车辆转弯或后退时无明显提示	1. 强风、暴雨、大雪、冰雹、大雾等不良天气； 2. 作业场地狭窄、不平整、道路湿滑； 3. 车辆前后视线不良； 4. 存在视野盲区	1. 未对车辆、船机设备安全防护设施等进行进场验收或验收不到位； 2. 车船安全管理制度不完善或未落实（检查维护保养不到位）； 3. 安全操作规程不规范或未落实（作业前未对车船周围环境进行检查）； 4. 安全教育、培训、交底、检查制度不完善或未落实； 5. 职业健康管理制度不完善或未落实； 6. 安全投入不足	√	√	√	√	√

续上表

施工作业内容	典型风险事件	致害物	致险因素				风险事件后果类型				
			人的因素	物的因素	环境因素	管理因素	易导致伤亡人员类型		人员伤亡		
							本人	他人	轻伤	重伤	死亡
砌石护面	机械伤害	挖掘机、搅拌机、破碎机、装载机等施工小型机具	1. 人员违章进入危险区域（机械作业半径等）； 2. 管理人员违章指挥，强令冒险作业； 3. 机械操作人员未持有效证件上岗； 4. 机械操作人员操作错误，违章作业（违规载人、酒后作业）； 5. 操作人员身体健康状况异常、心理异常、感知异常（反应迟钝、辨识错误）； 6. 现场作业人员未正确使用安全防护用品（反光背心、安全帽等）； 7. 机械操作人员疲劳作业	1. 机械无警示标识或标识破损（警戒区、标牌、反光贴等）； 2. 设备设施安全作业距离不足； 3. 设备带病作业（设备设施制动装置失效、运动或转动装置无防护或防护装置缺陷等）； 4. 安全防护用品不合格（反光背心、安全帽、护目镜等）	1. 强风、暴雨、大雪、冰雹、大雾等不良天气； 2. 作业场地狭窄、不平整、道路湿滑； 3. 夜间施工照明不足； 4. 存在视野盲区	1. 机械设备安全管理制度不完善或未落实（检查维护保养不到位）； 2. 未对机械设备、安全防护用品等进行进场验收或验收不到位； 3. 安全教育、培训、交底制度不完善或未落实； 4. 机械设备操作规程不规范或未落实； 5. 安全投入不足		√	√	√	√

续上表

施工作业内容	典型风险事件	致害物	致险因素				风险事件后果类型				
			人的因素	物的因素	环境因素	管理因素	易导致伤亡人员类型		人员伤亡		
							本人	他人	轻伤	重伤	死亡
砌石护面	淹溺	周边水域	1. 管理人员违章指挥,强令冒险作业; 2. 人员心理异常(冒险侥幸心理); 3. 作业人员操作错误,违章作业; 4. 违反劳动纪律行为(管理人员脱岗); 5. 人员未正确使用安全防护用品	1. 现场无警示标识或标识破损; 2. 现场救生设施不足; 3. 水下存在不明物体或生物的拖拽或缠绕	1. 雷雨、大风(6 级以上)、冰雹、大雾等恶劣天气作业; 2. 水体寒冷; 3. 水体内能见度不足	1. 专项施工方案、应急预案不完善或未落实; 2. 未落实安全教育、培训、交底、检查制度; 3. 现场监控看管不到位	√		√		√
干砌条石护面	物体打击	工具、材料等坠落物、抛射物、喷射物、溅射物	1. 现场作业人员未正确使用安全防护用品(安全帽等); 2. 人员违章进入危险区域; 3. 管理人员违章指挥,强令冒险作业; 4. 作业人员身体健康状况异常、心理异常、感知异常(反应迟钝、辨识错误); 5. 作业人员操作错误,违章作业(违章抛物)	1. 安全防护用品不合格(安全帽等); 2. 作业过程中产生的坠落物、抛射物、喷射物、溅射物等(工具、材料等); 3. 未设置防护设施,防护设施存在缺陷(挡脚板、防护网等); 4. 物品摆放位置不合理或未固定; 5. 物品尺寸超大、超长等	1. 强风、暴雨、冰雹、大雾等不良天气; 2. 作业场地杂乱; 3. 照明光线不足; 4. 机械、车船、场地等晃动、振动	1. 施工方案不完善或未落实; 2. 安全教育、培训、交底、检查制度不完善或未落实; 3. 安全防护用品等未进行进场验收或验收不到位; 4. 安全投入不足; 5. 现场无警示标识或标识破损(警戒区、标牌、反光锥等)		√	√	√	

续上表

施工作业内容	典型风险事件	致害物	致险因素				风险事件后果类型				
			人的因素	物的因素	环境因素	管理因素	易导致伤亡人员类型		人员伤亡		
							本人	他人	轻伤	重伤	死亡
干砌条石护面	车辆伤害	运输、施工车辆等	1. 人员违章进入危险区域； 2. 管理人员违章指挥，强令冒险作业（进入驾驶员视野盲区等）； 3. 机驾人员未持有效证件上岗、机驾人员操作错误，违章作业（违规载人、酒后驾驶、超速、超限、超载作业）； 4. 机驾人员身体健康状况异常、心理异常、感知异常（反应迟钝、辨识错误）； 5. 机驾人员疲劳作业； 6. 现场人员未正确使用安全防护用品（反光背心、安全帽等）	1. 车辆未配备警示标识或标识破损（警戒区、标牌、反光锥、反光贴等）； 2. 车辆带“病”作业（制动装置、喇叭、后视镜、警示灯等设施缺陷）； 3. 车辆作业安全距离不足； 4. 人员安全防护用品不合格（反光背心、安全帽等）； 5. 车辆外观存在破损、配件行驶时脱落，运载物品尺寸超过车辆尺寸等； 6. 车辆转弯或后退时无明显提示	1. 强风、暴雨、大雪、冰雹、大雾等不良天气； 2. 作业场地狭窄、不平整、道路湿滑； 3. 车辆前后视线不良； 4. 存在视野盲区	1. 未对车辆、船机设备安全防护设施等进行进场验收或验收不到位； 2. 车船安全管理制度不完善或未落实（检查维护保养不到位）； 3. 安全操作规程不规范或未落实（作业前未对车船周围环境进行检查）； 4. 安全教育、培训、交底、检查制度不完善或未落实； 5. 职业健康管理制度不完善或未落实； 6. 安全投入不足	√	√	√	√	√

续上表

施工作业内容	典型风险事件	致害物	致险因素				风险事件后果类型				
			人的因素	物的因素	环境因素	管理因素	易导致伤亡人员类型		人员伤亡		
							本人	他人	轻伤	重伤	死亡
干砌条石护面	机械伤害	挖掘机、搅拌机、装载机等施工小型机具	1. 人员违章进入危险区域（机械作业半径等）； 2. 管理人员违章指挥，强令冒险作业； 3. 机械操作人员未持有效证件上岗； 4. 机械操作人员操作错误，违章作业（违规载人、酒后作业）； 5. 操作人员身体健康状况异常、心理异常、感知异常（反应迟钝、辨识错误）； 6. 现场作业人员未正确使用安全防护用品（反光背心、安全帽等）； 7. 机械操作人员疲劳作业	1. 机械无警示标识或标识破损（警戒区、标牌、反光贴等）； 2. 设备设施安全作业距离不足； 3. 设备带“病”作业（设备设施制动装置失效、运动或转动装置无防护或防护装置缺陷等）； 4. 安全防护用品不合格（反光背心、安全帽、护目镜等）	1. 强风、暴雨、大雪、冰雹、大雾等不良天气； 2. 作业场地狭窄、不平整、道路湿滑； 3. 夜间施工照明不足； 4. 存在视野盲区	1. 机械设备安全管理制度不完善或未落实（检查维护保养不到位）； 2. 未对机械设备、安全防护用品等进行进场验收或验收不到位； 3. 安全教育、培训、交底制度不完善或未落实； 4. 机械设备操作规程不规范或未落实； 5. 安全投入不足		√	√	√	√

续上表

施工作业内容	典型风险事件	致害物	致险因素				风险事件后果类型				
			人的因素	物的因素	环境因素	管理因素	易导致伤亡人员类型		人员伤亡		
							本人	他人	轻伤	重伤	死亡
干砌条石护面	淹溺	周边水域	1. 管理人员违章指挥,强令冒险作业; 2. 人员心理异常(冒险侥幸心理); 3. 作业人员操作错误,违章作业; 4. 违反劳动纪律行为(管理人员脱岗); 5. 人员未正确使用安全防护用品	1. 现场无警示标识或标识破损; 2. 现场救生设施不足; 3. 水下存在不明物体或生物的拖拽或缠绕	1. 雷雨、大风(6 级以上)、冰雹、大雾等恶劣天气作业; 2. 水体寒冷; 3. 水体内能见度不足	1. 专项施工方案、应急预案不完善或未落实; 2. 未落实安全教育、培训、交底、检查制度; 3. 现场监控看管不到位	√		√		√
模袋混凝土护面	物体打击	工具、材料等坠落物、抛射物、喷射物、溅射物	1. 现场作业人员未正确使用安全防护用品(安全帽等); 2. 人员违章进入危险区域; 3. 管理人员违章指挥,强令冒险作业; 4. 作业人员身体健康状况异常、心理异常、感知异常(反应迟钝、辨识错误); 5. 作业人员操作错误,违章作业(违章抛物等)	1. 安全防护用品不合格(安全帽等); 2. 作业过程中产生的坠落物、抛射物、喷射物、溅射物等(工具、材料等); 3. 未设置防护设施,防护设施存在缺陷(挡脚板、防护网等); 4. 物品摆放位置不合理或未固定; 5. 物品尺寸超大、超长等	1. 强风、暴雨、冰雹、大雾等不良天气; 2. 作业场地杂乱; 3. 照明光线不足; 4. 机械、车船、场地等晃动、振动	1. 施工方案不完善或未落实; 2. 安全教育、培训、交底、检查制度不完善或未落实; 3. 安全防护用品等未进行进场验收或验收不到位; 4. 安全投入不足; 5. 现场无警示标识或标识破损(警戒区、标牌、反光锥等)		√	√	√	

续上表

施工作业内容	典型风险事件	致害物	致险因素				风险事件后果类型				
			人的因素	物的因素	环境因素	管理因素	易导致伤亡人员类型		人员伤亡		
							本人	他人	轻伤	重伤	死亡
模袋混凝土护面	车辆伤害	运输、施工车辆等	1. 人员违章进入危险区域； 2. 管理人员违章指挥，强令冒险作业（进入驾驶员视野盲区等）； 3. 机驾人员未持有效证件上岗、机驾人员操作错误，违章作业（违规载人、酒后驾驶、超速、超限、超载作业）； 4. 机驾人员身体健康状况异常、心理异常、感知异常（反应迟钝、辨识错误）； 5. 机驾人员疲劳作业； 6. 现场人员未正确使用安全防护用品（反光背心、安全帽等）	1. 车辆未配备警示标识或标识破损（警戒区、标牌、反光锥、反光贴等）； 2. 车辆带“病”作业（制动装置、喇叭、后视镜、警示灯等设施缺陷）； 3. 车辆作业安全距离不足； 4. 人员安全防护用品不合格（反光背心、安全帽等）； 5. 车辆外观存在破损、配件行驶时脱落，运载物品尺寸超过车辆尺寸等； 6. 车辆转弯或后退时无明显提示	1. 强风、暴雨、大雪、冰雹、大雾等不良天气； 2. 作业场地狭窄、不平整、道路湿滑； 3. 车辆前后视线不良； 4. 存在视野盲区	1. 未对车辆、船机设备安全防护设施等进行进场验收或验收不到位； 2. 车船安全管理制度不完善或未落实（检查维护保养不到位）； 3. 安全操作规程不规范或未落实（作业前未对车船周围环境进行检查）； 4. 安全教育、培训、交底、检查制度不完善或未落实； 5. 职业健康管理制度不完善或未落实； 6. 安全投入不足	√	√	√	√	√

续上表

施工作业内容	典型风险事件	致害物	致险因素				风险事件后果类型				
			人的因素	物的因素	环境因素	管理因素	易导致伤亡人员类型		人员伤亡		
							本人	他人	轻伤	重伤	死亡
模袋混凝土护面	机械伤害	挖掘机、搅拌机、装载机等施工小型机具	1. 人员违章进入危险区域（机械作业半径等）； 2. 管理人员违章指挥，强令冒险作业； 3. 机械操作人员未持有效证件上岗； 4. 机械操作人员操作错误，违章作业（违规载人、酒后作业）； 5. 操作人员身体健康状况异常、心理异常、感知异常（反应迟钝、辨识错误）； 6. 现场作业人员未正确使用安全防护用品（反光背心、安全帽等）； 7. 机械操作人员疲劳作业	1. 机械无警示标识或标识破损（警戒区、标牌、反光贴等）； 2. 设备设施安全作业距离不足； 3. 设备带病作业（设备设施制动装置失效、运动或转动装置无防护或防护装置缺陷等）； 4. 安全防护用品不合格（反光背心、安全帽、护目镜等）	1. 强风、暴雨、大雪、冰雹、大雾等不良天气； 2. 作业场地狭窄、不平整、道路湿滑； 3. 夜间施工照明不足； 4. 存在视野盲区	1. 机械设备安全管理制度不完善或未落实（检查维护保养不到位）； 2. 未对机械设备、安全防护用品等进行进场验收或验收不到位； 3. 安全教育、培训、交底制度不完善或未落实； 4. 机械设备操作规程不规范或未落实； 5. 安全投入不足		√	√	√	√

续上表

施工作业内容	典型风险事件	致害物	致险因素				风险事件后果类型				
			人的因素	物的因素	环境因素	管理因素	易导致伤亡人员类型		人员伤亡		
							本人	他人	轻伤	重伤	死亡
模袋混凝土护面	淹溺	周边水域	1. 管理人员违章指挥，强令冒险作业； 2. 人员心理异常（冒险侥幸心理）； 3. 作业人员操作错误，违章作业； 4. 违反劳动纪律行为（管理人员脱岗）； 5. 人员未正确使用安全防护用品	1. 现场无警示标识或标识破损； 2. 现场救生设施不足； 3. 水下存在不明物体或生物的拖拽或缠绕； 4. 氧气瓶、头盔等存在缺陷	1. 雷雨、大风（6 级以上）、冰雹、大雾等恶劣天气作业； 2. 水体寒冷； 3. 水体内能见度不足	1. 专项施工方案、应急预案不完善或未落实； 2. 未落实安全教育、培训、交底、检查制度； 3. 现场监控看管不到位	√		√		√
现浇混凝土护面	物体打击	工具、材料等坠落物、抛射物、喷射物、溅射物	1. 现场作业人员未正确使用安全防护用品（安全帽等）； 2. 人员违章进入危险区域； 3. 管理人员违章指挥，强令冒险作业； 4. 作业人员身体健康状况异常、心理异常、感知异常（反应迟钝、辨识错误）； 5. 作业人员操作错误，违章作业（违章抛物等）	1. 安全防护用品不合格（安全帽等）； 2. 作业过程中产生的坠落物、抛射物、喷射物、溅射物等（工具、材料等）； 3. 未设置防护设施，防护设施存在缺陷（挡脚板、防护网等）； 4. 物品摆放位置不合理或未固定； 5. 物品尺寸超大、超长等	1. 强风、暴雨、冰雹、大雾等不良天气； 2. 作业场地杂乱； 3. 照明光线不足； 4. 机械、车船、场地等晃动、振动	1. 施工方案不完善或未落实； 2. 安全教育、培训、交底、检查制度不完善或未落实； 3. 安全防护用品等未进行进场验收或验收不到位； 4. 安全投入不足； 5. 现场无警示标识或标识破损（警戒区、标牌、反光锥等）		√	√	√	

续上表

<table>
<tr><th rowspan="3">施工作业内容</th><th rowspan="3">典型风险事件</th><th rowspan="3">致害物</th><th colspan="4">致险因素</th><th colspan="5">风险事件后果类型</th></tr>
<tr><th rowspan="2">人的因素</th><th rowspan="2">物的因素</th><th rowspan="2">环境因素</th><th rowspan="2">管理因素</th><th colspan="2">易导致伤亡人员类型</th><th colspan="3">人员伤亡</th></tr>
<tr><th>本人</th><th>他人</th><th>轻伤</th><th>重伤</th><th>死亡</th></tr>
<tr><td>现浇混凝土护面</td><td>车辆伤害</td><td>运输、施工车辆等</td><td>1. 人员违章进入危险区域；
2. 管理人员违章指挥，强令冒险作业（进入驾驶员视野盲区等）；
3. 机驾人员未持有效证件上岗、机驾人员操作错误，违章作业（违规载人、酒后驾驶、超速、超限、超载作业）；
4. 机驾人员身体健康状况异常、心理异常、感知异常（反应迟钝、辨识错误）；
5. 机驾人员疲劳作业；
6. 现场人员未正确使用安全防护用品（反光背心、安全帽等）</td><td>1. 车辆未配备警示标识或标识破损（警戒区、标牌、反光锥、反光贴等）；
2. 车辆带“病”作业（制动装置、喇叭、后视镜、警示灯等设施缺陷）；
3. 车辆作业安全距离不足；
4. 人员安全防护用品不合格（反光背心、安全帽等）；
5. 车辆外观存在破损、配件行驶时脱落，运载物品尺寸超过车辆尺寸等；
6. 车辆转弯或后退时无明显提示</td><td>1. 强风、暴雨、大雪、冰雹、大雾等不良天气；
2. 作业场地狭窄、不平整、道路湿滑；
3. 车辆前后视线不良；
4. 存在视野盲区</td><td>1. 未对车辆、船机设备安全防护设施等进行进场验收或验收不到位；
2. 车船安全管理制度不完善或未落实（检查维护保养不到位）；
3. 安全操作规程不规范或未落实（作业前未对车船周围环境进行检查）；
4. 安全教育、培训、交底、检查制度不完善或未落实；
5. 职业健康管理制度不完善或未落实；
6. 安全投入不足</td><td>√</td><td>√</td><td>√</td><td>√</td><td>√</td></tr>
</table>

续上表

施工作业内容	典型风险事件	致害物	致险因素				风险事件后果类型				
			人的因素	物的因素	环境因素	管理因素	易导致伤亡人员类型		人员伤亡		
							本人	他人	轻伤	重伤	死亡
现浇混凝土护面	机械伤害	挖掘机、打桩机、搅拌机、破碎机、弯曲机、切割机、装载机等施工小型机具	1. 人员违章进入危险区域(机械作业半径等); 2. 管理人员违章指挥,强令冒险作业; 3. 机械操作人员未持有效证件上岗; 4. 机械操作人员操作错误,违章作业(违规载人、酒后作业); 5. 操作人员身体健康状况异常、心理异常、感知异常(反应迟钝、辨识错误); 6. 现场作业人员未正确使用安全防护用品(反光背心、安全帽等); 7. 机械操作人员疲劳作业	1. 机械无警示标识或标识破损(警戒区、标牌、反光贴等); 2. 设备设施安全作业距离不足; 3. 设备带"病"作业(设备设施制动装置失效、运动或转动装置无防护或防护装置缺陷等); 4. 安全防护用品不合格(反光背心、安全帽、护目镜等)	1. 强风、暴雨、大雪、冰雹、大雾等不良天气; 2. 作业场地狭窄、不平整、道路湿滑; 3. 夜间施工照明不足; 4. 存在视野盲区	1. 机械设备安全管理制度不完善或未落实(检查维护保养不到位); 2. 未对机械设备、安全防护用品等进行进场验收或验收不到位; 3. 安全教育、培训、交底制度不完善或未落实; 4. 机械设备操作规程不规范或未落实; 5. 安全投入不足		√	√	√	√

续上表

施工作业内容	典型风险事件	致害物	致险因素				风险事件后果类型				
			人的因素	物的因素	环境因素	管理因素	易导致伤亡人员类型		人员伤亡		
							本人	他人	轻伤	重伤	死亡
现浇混凝土护面	触电	发电机、破损的电线、钢筋等导电材料、配电箱	1. 作业人员未正确使用安全防护用品(绝缘鞋、绝缘手套等); 2. 作业人员操作错误或违章作业(带电检修维护等); 3. 管理人员违章指挥,强令冒险作业; 4. 电工、电焊工等特种人员未持有效证件上岗作业; 5. 人员疲劳作业	1. 电缆线、配电箱等电气设施不合格(线路破损、老化); 2. 电气设施设置不规范(电缆拖地、配电箱无支架等); 3. 带电设施无警示标识或标识破损、安全防护装置不规范(未接地、无漏电保护器、接线端子无防护罩等); 4. 防护不当、防护距离不足(配电柜、发电机无遮雨棚、防护围挡或防护破损)	1. 强风、雷雨、大雪等不良天气; 2. 作业场地杂乱、潮湿或积水; 3. 作业场地照明不足	1. 临时用电方案不完善或未落实; 2. 发电机等安全操作规程不规范或未落实; 3. 电气设施材料等未进行进场验收; 4. 无电工对用电设施进行巡查或巡查不到位; 5. 机械设备安全管理制度未落实(发电机、电焊机等机具检查维护保养不到位); 6. 安全教育、培训、交底、检查制度不完善或未落实; 7. 安全投入不足	√		√	√	

续上表

施工作业内容	典型风险事件	致害物	致险因素				风险事件后果类型				
			人的因素	物的因素	环境因素	管理因素	易导致伤亡人员类型		人员伤亡		
							本人	他人	轻伤	重伤	死亡
现浇混凝土护面	淹溺	周边水域	1. 管理人员违章指挥,强令冒险作业; 2. 人员心理异常(冒险侥幸心理); 3. 作业人员操作错误,违章作业; 4. 违反劳动纪律行为(管理人员脱岗); 5. 人员未正确使用安全防护用品	1. 现场无警示标识或标识破损; 2. 现场救生设施不足; 3. 水下存在不明物体或生物的拖拽或缠绕	1. 雷雨、大风(6 级以上)、冰雹、大雾等恶劣天气作业; 2. 水体寒冷; 3. 水体内能见度不足	1. 专项施工方案、应急预案不完善或未落实; 2. 未落实安全教育、培训、交底、检查制度; 3. 现场监控看管不到位	√		√		√
预制混凝土铺砌块铺砌	物体打击	工具、材料等坠落物、抛射物、喷射物、溅射物	1. 现场作业人员未正确使用安全防护用品(安全帽等); 2. 人员违章进入危险区域; 3. 管理人员违章指挥,强令冒险作业; 4. 作业人员身体健康状况异常、心理异常、感知异常(反应迟钝、辨识错误); 5. 作业人员操作错误,违章作业(违章抛物等)	1. 安全防护用品不合格(安全帽等); 2. 作业过程中产生的坠落物、抛射物、喷射物、溅射物等(工具、材料等); 3. 未设置防护设施,防护设施存在缺陷(挡脚板、防护网等); 4. 物品摆放位置不合理或未固定; 5. 物品尺寸超大、超长等	1. 强风、暴雨、冰雹、大雾等不良天气; 2. 作业场地杂乱; 3. 照明光线不足; 4. 机械、车船、场地等晃动、振动	1. 施工方案不完善或未落实; 2. 安全教育、培训、交底、检查制度不完善或未落实; 3. 安全防护用品等未进行进场验收或验收不到位; 4. 安全投入不足; 5. 现场无警示标识或标识破损(警戒区、标牌、反光锥等)		√	√	√	

续上表

施工作业内容	典型风险事件	致害物	致险因素				风险事件后果类型				
			人的因素	物的因素	环境因素	管理因素	易导致伤亡人员类型		人员伤亡		
							本人	他人	轻伤	重伤	死亡
预制混凝土铺砌块铺砌	车辆伤害	运输、施工车辆等	1. 人员违章进入危险区域； 2. 管理人员违章指挥，强令冒险作业（进入驾驶员视野盲区等）； 3. 机驾人员未持有效证件上岗、机驾人员操作错误，违章作业（违规载人、酒后驾驶、超速、超限、超载作业）； 4. 机驾人员身体健康状况异常、心理异常、感知异常（反应迟钝、辨识错误）； 5. 机驾人员疲劳作业； 6. 现场人员未正确使用安全防护用品（反光背心、安全帽等）	1. 车辆未配备警示标识或标识破损（警戒区、标牌、反光锥、反光贴等）； 2. 车辆带“病”作业（制动装置、喇叭、后视镜、警示灯等设施缺陷）； 3. 车辆作业安全距离不足； 4. 人员安全防护用品不合格（反光背心、安全帽等）； 5. 车辆外观存在破损，配件行驶时脱落，运载物品尺寸超过车辆尺寸等； 6. 车辆转弯或后退时无明显提示	1. 强风、暴雨、大雪、冰雹、大雾等不良天气； 2. 作业场地狭窄、不平整、道路湿滑； 3. 车辆前后视线不良； 4. 存在视野盲区	1. 未对车辆、船机设备安全防护设施等进行进场验收或验收不到位； 2. 车船安全管理制度不完善或未落实（检查维护保养不到位）； 3. 安全操作规程不规范或未落实（作业前未对车船周围环境进行检查）； 4. 安全教育、培训、交底、检查制度不完善或未落实； 5. 职业健康管理制度不完善或未落实； 6. 安全投入不足	√	√	√	√	√

续上表

施工作业内容	典型风险事件	致害物	致险因素				风险事件后果类型				
			人的因素	物的因素	环境因素	管理因素	易导致伤亡人员类型		人员伤亡		
							本人	他人	轻伤	重伤	死亡
预制混凝土铺砌块铺砌	机械伤害	装载机等施工小型机具	1. 人员违章进入危险区域（机械作业半径等）； 2. 管理人员违章指挥，强令冒险作业； 3. 机械操作人员未持有效证件上岗； 4. 机械操作人员操作错误，违章作业（违规载人、酒后作业）； 5. 操作人员身体健康状况异常、心理异常、感知异常（反应迟钝、辨识错误）； 6. 现场作业人员未正确使用安全防护用品（反光背心、安全帽等）； 7. 机械操作人员疲劳作业	1. 机械无警示标识或标识破损（警戒区、标牌、反光贴等）； 2. 设备设施安全作业距离不足； 3. 设备带病作业（设备设施制动装置失效、运动或转动装置无防护或防护装置缺陷等）； 4. 安全防护用品不合格（反光背心、安全帽、护目镜等）	1. 强风、暴雨、大雪、冰雹、大雾等不良天气； 2. 作业场地狭窄、不平整、道路湿滑； 3. 夜间施工照明不足； 4. 存在视野盲区	1. 机械设备安全管理制度不完善或未落实（检查维护保养不到位）； 2. 未对机械设备、安全防护用品等进行进场验收或验收不到位； 3. 安全教育、培训、交底制度不完善或未落实； 4. 机械设备操作规程不规范或未落实； 5. 安全投入不足		√	√	√	√

续上表

施工作业内容	典型风险事件	致害物	致险因素				风险事件后果类型				
			人的因素	物的因素	环境因素	管理因素	易导致伤亡人员类型		人员伤亡		
							本人	他人	轻伤	重伤	死亡
预制混凝土铺砌块铺砌	起重伤害	汽车起重机、履带式起重机等起重设备、吊索吊具	1. 管理人员违章指挥,强令冒险作业; 2. 作业人员操作错误,违章作业; 3. 起重工、信号工未持有效证件上岗; 4. 现场作业人员未正确使用安全防护用品(安全帽等); 5. 抗倾覆验算错误; 6. 人员违章进入危险区域; 7. 起重人员身体健康状况异常、心理异常、感知异常(反应迟钝、辨识错误); 8. 作业人员疲劳作业	1. 设备自身缺陷(强度、刚度不足、抗倾覆能力不足); 2. 现场无警示标识或标识破损(警戒区、标牌、反光锥等); 3. 吊车支垫材料不合格(枕木、钢板等); 4. 构件防锈处理不合格; 5. 吊索吊具不合格或达到报废标准(钢丝绳、吊带、U 型卸扣等); 6. 无防护或防护装置缺陷(防脱钩装置、限位装置等); 7. 设备带“病”作业(制动装置等); 8. 安全防护用品不合格(反光背心、安全帽等)	1. 强风、暴雨、大雾、大雪等不良天气; 2. 地基承载力不足、基础下沉; 3. 作业场地照明不足; 4. 周围高空有较多障碍物; 5. 存在视野盲区	1. 施工方案不完善或未落实; 2. 安全教育、培训、交底、检查制度不完善或未落实; 3. 未对起重设备进行进场验收或验收不到位; 4. 安全投入不足; 5. 起重吊装作业时无专人监视; 6. 起重吊装安全操作规程不规范或未落实	√	√	√	√	√

续上表

施工作业内容	典型风险事件	致害物	致险因素				风险事件后果类型				
			人的因素	物的因素	环境因素	管理因素	易导致伤亡人员类型		人员伤亡		
							本人	他人	轻伤	重伤	死亡
预制混凝土铺砌块铺砌	淹溺	周边水域	1. 管理人员违章指挥,强令冒险作业; 2. 人员心理异常(冒险侥幸心理); 3. 作业人员操作错误,违章作业; 4. 违反劳动纪律行为(管理人员脱岗); 5. 人员未正确使用安全防护用品	1. 现场无警示标识或标识破损; 2. 现场救生设施不足; 3. 水下存在不明物体或生物的拖拽或缠绕	1. 雷雨、大风(6 级以上)、冰雹、大雾等恶劣天气作业; 2. 水体寒冷; 3. 水体内能见度不足	1. 专项施工方案、应急预案不完善或未落实; 2. 未落实安全教育、培训、交底、检查制度; 3. 现场监控看管不到位	√		√		√
混凝土块体护面	物体打击	工具、材料、预制件等坠落物、抛射物、喷射物、溅射物	1. 现场作业人员未正确使用安全防护用品(安全帽等); 2. 人员违章进入危险区域; 3. 管理人员违章指挥,强令冒险作业; 4. 作业人员身体健康状况异常、心理异常、感知异常(反应迟钝、辨识错误); 5. 作业人员操作错误,违章作业(违章抛物等)	1. 安全防护用品不合格(安全帽等); 2. 作业过程中产生的坠落物、抛射物、喷射物、溅射物等(工具、材料等); 3. 未设置防护设施,防护设施存在缺陷(挡脚板、防护网等); 4. 物品摆放位置不合理或未固定; 5. 物品尺寸超大、超长等	1. 强风、暴雨、冰雹、大雾等不良天气; 2. 作业场地杂乱; 3. 照明光线不足; 4. 机械、车船、场地等晃动、振动	1. 施工方案不完善或未落实; 2. 安全教育、培训、交底、检查制度不完善或未落实; 3. 安全防护用品等未进行进场验收或验收不到位; 4. 安全投入不足; 5. 现场无警示标识或标识破损(警戒区、标牌、反光锥等)		√	√	√	

续上表

施工作业内容	典型风险事件	致害物	致险因素				风险事件后果类型				
			人的因素	物的因素	环境因素	管理因素	易导致伤亡人员类型		人员伤亡		
							本人	他人	轻伤	重伤	死亡
混凝土块体护面	车辆伤害	运输、施工车辆等	1. 人员违章进入危险区域； 2. 管理人员违章指挥，强令冒险作业（进入驾驶员视野盲区等）； 3. 机驾人员未持有效证件上岗、机驾人员操作错误，违章作业（违规载人、酒后驾驶、超速、超限、超载作业）； 4. 机驾人员身体健康状况异常、心理异常、感知异常（反应迟钝、辨识错误）； 5. 机驾人员疲劳作业； 6. 现场人员未正确使用安全防护用品（反光背心、安全帽等）	1. 车辆未配备警示标识或标识破损（警戒区、标牌、反光锥、反光贴等）； 2. 车辆带“病”作业（制动装置、喇叭、后视镜、警示灯等设施缺陷）； 3. 车辆作业安全距离不足； 4. 人员安全防护用品不合格（反光背心、安全帽等）； 5. 车辆外观存在破损，配件行驶时脱落，运载物品尺寸超过车辆尺寸等； 6. 车辆转弯或后退时无明显提示	1. 强风、暴雨、大雪、冰雹、大雾等不良天气； 2. 作业场地狭窄、不平整、道路湿滑； 3. 车辆前后视线不良； 4. 存在视野盲区	1. 未对车辆、船机设备安全防护设施等进行进场验收或验收不到位； 2. 车船安全管理制度不完善或未落实（检查维护保养不到位）； 3. 安全操作规程不规范或未落实（作业前未对车船周围环境进行检查）； 4. 安全教育、培训、交底、检查制度不完善或未落实； 5. 职业健康管理制度不完善或未落实； 6. 安全投入不足	√	√	√	√	√

续上表

施工作业内容	典型风险事件	致害物	致险因素				风险事件后果类型				
			人的因素	物的因素	环境因素	管理因素	易导致伤亡人员类型		人员伤亡		
							本人	他人	轻伤	重伤	死亡
混凝土块体护面	机械伤害	挖掘机、打桩机、搅拌机、破碎机、弯曲机、切割机、装载机及等施工小型机具等	1. 人员违章进入危险区域(机械作业半径等); 2. 管理人员违章指挥,强令冒险作业; 3. 机械操作人员未持有效证件上岗; 4. 机械操作人员操作错误,违章作业(违规载人、酒后作业); 5. 操作人员身体健康状况异常、心理异常、感知异常(反应迟钝、辨识错误); 6. 现场作业人员未正确使用安全防护用品(反光背心、安全帽等); 7. 机械操作人员疲劳作业	1. 机械无警示标识或标识破损(警戒区、标牌、反光贴等); 2. 设备设施安全作业距离不足; 3. 设备带病作业(设备设施制动装置失效、运动或转动装置无防护或防护装置缺陷等); 4. 安全防护用品不合格(反光背心、安全帽、护目镜等)	1. 强风、暴雨、大雪、冰雹、大雾等不良天气; 2. 作业场地狭窄、不平整、道路湿滑; 3. 夜间施工照明不足; 4. 存在视野盲区	1. 机械设备安全管理制度不完善或未落实(检查维护保养不到位); 2. 未对机械设备、安全防护用品等进行进场验收或验收不到位; 3. 安全教育、培训、交底制度不完善或未落实; 4. 机械设备操作规程不规范或未落实; 5. 安全投入不足		√	√	√	√

续上表

施工作业内容	典型风险事件	致害物	致险因素				风险事件后果类型				
			人的因素	物的因素	环境因素	管理因素	易导致伤亡人员类型		人员伤亡		
							本人	他人	轻伤	重伤	死亡
混凝土块体护面	淹溺	周边水域	1. 管理人员违章指挥,强令冒险作业; 2. 人员心理异常(冒险侥幸心理); 3. 作业人员操作错误,违章作业; 4. 违反劳动纪律行为(管理人员脱岗); 5. 人员未正确使用安全防护用品	1. 现场无警示标识或标识破损; 2. 现场救生设施不足; 3. 水下存在不明物体或生物的拖拽或缠绕	1. 雷雨、大风(6 级以上)、冰雹、大雾等恶劣天气作业; 2. 水体寒冷; 3. 水体内能见度不足	1. 专项施工方案、应急预案不完善或未落实; 2. 未落实安全教育、培训、交底、检查制度; 3. 现场监控看管不到位	√		√		√
钢丝网格护面	物体打击	工具、材料、预制件	1. 现场作业人员未正确使用安全防护用品(安全帽等); 2. 人员违章进入危险区域; 3. 管理人员违章指挥,强令冒险作业; 4. 作业人员身体健康状况异常、心理异常、感知异常(反应迟钝、辨识错误); 5. 作业人员操作错误,违章作业(违章抛物等)	1. 安全防护用品不合格(安全帽等); 2. 作业过程中产生的坠落物、抛射物、喷射物、溅射物等(工具、材料等); 3. 未设置防护设施,防护设施存在缺陷(挡脚板、防护网等); 4. 物品摆放位置不合理或未固定; 5. 物品尺寸超大、超长	1. 强风、暴雨、冰雹、大雾等不良天气; 2. 作业场地杂乱; 3. 照明光线不足; 4. 机械、车船、场地等晃动、振动	1. 施工方案不完善或未落实; 2. 安全教育、培训、交底、检查制度不完善或未落实; 3. 安全防护用品等未进行进场验收或验收不到位; 4. 安全投入不足; 5. 现场无警示标识或标识破损(警戒区、标牌、反光锥等)		√	√	√	

续上表

施工作业内容	典型风险事件	致害物	致险因素				风险事件后果类型				
			人的因素	物的因素	环境因素	管理因素	易导致伤亡人员类型		人员伤亡		
							本人	他人	轻伤	重伤	死亡
钢丝网格护面	车辆伤害	运输、施工车辆等	1. 人员违章进入危险区域； 2. 管理人员违章指挥，强令冒险作业（进入驾驶员视野盲区等）； 3. 机驾人员未持有效证件上岗、机驾人员操作错误，违章作业（违规载人、酒后驾驶、超速、超限、超载作业）； 4. 机驾人员身体健康状况异常、心理异常、感知异常（反应迟钝、辨识错误）； 5. 机驾人员疲劳作业现场作业人员； 6. 现场人员未正确使用安全防护用品（反光背心、安全帽等）	1. 车辆未配备警示标识或标识破损（警戒区、标牌、反光锥、反光贴等）； 2. 车辆带“病”作业（制动装置、喇叭、后视镜、警示灯等设施缺陷）； 3. 车辆作业安全距离不足； 4. 人员安全防护用品不合格（反光背心、安全帽等）； 5. 车辆外观存在破损、配件行驶时脱落，运载物品尺寸超过车辆尺寸等； 6. 车辆转弯或后退时无明显提示	1. 强风、暴雨、大雪、冰雹、大雾等不良天气； 2. 作业场地狭窄、不平整、道路湿滑； 3. 车辆前后视线不良； 4. 存在视野盲区	1. 未对车辆、船机设备安全防护设施等进行进场验收或验收不到位； 2. 车船安全管理制度不完善或未落实（检查维护保养不到位）； 3. 安全操作规程不规范或未落实（作业前未对车船周围环境进行检查）； 4. 安全教育、培训、交底、检查制度不完善或未落实； 5. 职业健康管理制度不完善或未落实； 6. 安全投入不足	√	√	√	√	√

续上表

施工作业内容	典型风险事件	致害物	致险因素				风险事件后果类型				
			人的因素	物的因素	环境因素	管理因素	易导致伤亡人员类型		人员伤亡		
							本人	他人	轻伤	重伤	死亡
钢丝网格护面	机械伤害	挖掘机、弯曲机、切割机、装载机等施工小型机具	1. 人员违章进入危险区域（机械作业半径等）； 2. 管理人员违章指挥，强令冒险作业； 3. 机械操作人员未持有效证件上岗； 4. 机械操作人员操作错误，违章作业（违规载人、酒后作业）； 5. 操作人员身体健康状况异常、心理异常、感知异常（反应迟钝、辨识错误）； 6. 现场作业人员未正确使用安全防护用品（反光背心、安全帽等）； 7. 机械操作人员疲劳作业	1. 机械无警示标识或标识破损（警戒区、标牌、反光贴等）； 2. 设备设施安全作业距离不足； 3. 设备带病作业（设备设施制动装置失效、运动或转动装置无防护或防护装置缺陷等）； 4. 安全防护用品不合格（反光背心、安全帽、护目镜等）	1. 强风、暴雨、大雪、冰雹、大雾等不良天气； 2. 作业场地狭窄、不平整、道路湿滑； 3. 夜间施工照明不足； 4. 存在视野盲区	1. 机械设备安全管理制度不完善或未落实（检查维护保养不到位）； 2. 未对机械设备、安全防护用品等进行进场验收或验收不到位； 3. 安全教育、培训、交底制度不完善或未落实； 4. 机械设备操作规程不规范或未落实； 5. 安全投入不足		√	√	√	√

续上表

<table>
<tr><th rowspan="3">施工作业内容</th><th rowspan="3">典型风险事件</th><th rowspan="3">致害物</th><th colspan="4">致 险 因 素</th><th colspan="5">风险事件后果类型</th></tr>
<tr><th rowspan="2">人的因素</th><th rowspan="2">物的因素</th><th rowspan="2">环境因素</th><th rowspan="2">管理因素</th><th colspan="2">易导致伤亡人员类型</th><th colspan="3">人员伤亡</th></tr>
<tr><th>本人</th><th>他人</th><th>轻伤</th><th>重伤</th><th>死亡</th></tr>
<tr><td>钢丝网格护面</td><td>淹溺</td><td>周边水域</td><td>1. 管理人员违章指挥,强令冒险作业;
2. 人员心理异常(冒险侥幸心理);
3. 作业人员操作错误,违章作业;
4. 违反劳动纪律行为(管理人员脱岗);
5. 人员未正确使用安全防护用品</td><td>1. 现场无警示标识或标识破损;
2. 现场救生设施不足;
3. 水下存在不明物体或生物的拖拽或缠绕</td><td>1. 雷雨、大风(6 级以上)、冰雹、大雾等恶劣天气作业;
2. 水体寒冷;
3. 水体内能见度不足</td><td>1. 专项施工方案、应急预案不完善或未落实;
2. 未落实安全教育、培训、交底、检查制度;
3. 现场监控看管不到位</td><td>√</td><td></td><td>√</td><td></td><td>√</td></tr>
<tr><td>砌石拱圈</td><td>物体打击</td><td>工具、材料等坠落物、抛射物、喷射物、溅射物</td><td>1. 现场作业人员未正确使用安全防护用品(安全帽等);
2. 人员违章进入危险区域;
3. 管理人员违章指挥,强令冒险作业;
4. 作业人员身体健康状况异常、心理异常、感知异常(反应迟钝、辨识错误);
5. 作业人员操作错误,违章作业(违章抛物等)</td><td>1. 安全防护用品不合格(安全帽等);
2. 作业过程中产生的坠落物、抛射物、喷射物、溅射物等(工具、材料等);
3. 未设置防护设施,防护设施存在缺陷(挡脚板、防护网等);
4. 物品摆放位置不合理或未固定;
5. 物品尺寸超大、超长等</td><td>1. 强风、暴雨、冰雹、大雾等不良天气;
2. 作业场地杂乱;
3. 照明光线不足;
4. 机械、车船、场地等晃动、振动</td><td>1. 施工方案不完善或未落实;
2. 安全教育、培训、交底、检查制度不完善或未落实;
3. 安全防护用品等未进行进场验收或验收不到位;
4. 安全投入不足;
5. 现场无警示标识或标识破损(警戒区、标牌、反光锥等)</td><td></td><td>√</td><td>√</td><td>√</td><td></td></tr>
</table>

续上表

施工作业内容	典型风险事件	致害物	致险因素				风险事件后果类型				
			人的因素	物的因素	环境因素	管理因素	易导致伤亡人员类型		人员伤亡		
							本人	他人	轻伤	重伤	死亡
砌石拱圈	车辆伤害	运输、施工车辆等	1. 人员违章进入危险区域； 2. 管理人员违章指挥，强令冒险作业（进入驾驶员视野盲区等）； 3. 机驾人员未持有效证件上岗、机驾人员操作错误，违章作业（违规载人、酒后驾驶、超速、超限、超载作业）； 4. 机驾人员身体健康状况异常、心理异常、感知异常（反应迟钝、辨识错误）； 5. 机驾人员疲劳作业； 6. 现场人员未正确使用安全防护用品（反光背心、安全帽等）	1. 车辆未配备警示标识或标识破损（警戒区、标牌、反光锥、反光贴等）； 2. 车辆带“病”作业（制动装置、喇叭、后视镜、警示灯等设施缺陷）； 3. 车辆作业安全距离不足； 4. 人员安全防护用品不合格（反光背心、安全帽等）； 5. 车辆外观存在破损、配件行驶时脱落，运载物品尺寸超过车辆尺寸等； 6. 车辆转弯或后退时无明显提示	1. 强风、暴雨、大雪、冰雹、大雾等不良天气； 2. 作业场地狭窄、不平整、道路湿滑； 3. 车辆前后视线不良； 4. 存在视野盲区	1. 未对车辆、船机设备安全防护设施等进行进场验收或验收不到位； 2. 车船安全管理制度不完善或未落实（检查维护保养不到位）； 3. 安全操作规程不规范或未落实（作业前未对车船周围环境进行检查）； 4. 安全教育、培训、交底、检查制度不完善或未落实； 5. 职业健康管理制度不完善或未落实； 6. 安全投入不足	√	√	√	√	√

续上表

施工作业内容	典型风险事件	致害物	致险因素				风险事件后果类型				
			人的因素	物的因素	环境因素	管理因素	易导致伤亡人员类型		人员伤亡		
							本人	他人	轻伤	重伤	死亡
砌石拱圈	机械伤害	挖掘机、破碎机、装载机等施工小型机具	1. 人员违章进入危险区域（机械作业半径等）； 2. 管理人员违章指挥，强令冒险作业； 3. 机械操作人员未持有效证件上岗； 4. 机械操作人员操作错误，违章作业（违规载人、酒后作业）； 5. 操作人员身体健康状况异常、心理异常、感知异常（反应迟钝、辨识错误）； 6. 现场作业人员未正确使用安全防护用品（反光背心、安全帽等）； 7. 机械操作人员疲劳作业	1. 机械无警示标识或标识破损（警戒区、标牌、反光贴等）； 2. 设备设施安全作业距离不足； 3. 设备带病作业（设备设施制动装置失效、运动或转动装置无防护或防护装置缺陷等）； 4. 安全防护用品不合格（反光背心、安全帽、护目镜等）	1. 强风、暴雨、大雪、冰雹、大雾等不良天气； 2. 作业场地狭窄、不平整、道路湿滑； 3. 夜间施工照明不足； 4. 存在视野盲区	1. 机械设备安全管理制度不完善或未落实（检查维护保养不到位）； 2. 未对机械设备、安全防护用品等进行进场验收或验收不到位； 3. 安全教育、培训、交底制度不完善或未落实； 4. 机械设备操作规程不规范或未落实； 5. 安全投入不足		√	√	√	√

续上表

施工作业内容	典型风险事件	致害物	致险因素				风险事件后果类型				
			人的因素	物的因素	环境因素	管理因素	易导致伤亡人员类型		人员伤亡		
							本人	他人	轻伤	重伤	死亡
砌石拱圈	起重伤害	汽车起重机、履带式起重机等起重设备、吊索吊具	1. 管理人员违章指挥，强令冒险作业； 2. 作业人员操作错误，违章作业； 3. 起重工、信号工未持有效证件上岗； 4. 现场作业人员未正确使用安全防护用品（安全帽等）； 5. 抗倾覆验算错误； 6. 人员违章进入危险区域； 7. 起重人员身体健康状况异常、心理异常、感知异常（反应迟钝、辨识错误）； 8. 作业人员疲劳作业	1. 设备自身缺陷（强度、刚度不足、抗倾覆能力不足）； 2. 现场无警示标识或标识破损（警戒区、标牌、反光锥等）； 3. 吊车支垫材料不合格（枕木、钢板等）； 4. 构件防锈处理不合格； 5. 吊索吊具不合格或达到报废标准（钢丝绳、吊带、U型卸扣等）； 6. 无防护或防护装置缺陷（防脱钩装置、限位装置等）； 7. 设备带“病”作业（制动装置等）； 8. 安全防护用品不合格（反光背心、安全帽等）	1. 强风、暴雨、大雾、大雪等不良天气； 2. 地基承载力不足、基础下沉； 3. 作业场地照明不足； 4. 周围高空有较多障碍物； 5. 存在视野盲区	1. 施工方案不完善或未落实； 2. 安全教育、培训、交底、检查制度不完善或未落实； 3. 未对起重设备进行进场验收或验收不到位； 4. 安全投入不足； 5. 起重吊装作业时无专人监视； 6. 起重吊装安全操作规程不规范或未落实	√	√	√	√	√

续上表

施工作业内容	典型风险事件	致害物	致险因素				风险事件后果类型				
			人的因素	物的因素	环境因素	管理因素	易导致伤亡人员类型		人员伤亡		
							本人	他人	轻伤	重伤	死亡
砌石拱圈	淹溺	周边水域	1. 管理人员违章指挥,强令冒险作业; 2. 人员心理异常(冒险侥幸心理); 3. 作业人员操作错误,违章作业; 4. 违反劳动纪律行为(管理人员脱岗); 5. 人员未正确使用安全防护用品	1. 现场无警示标识或标识破损; 2. 现场救生设施不足; 3. 水下存在不明物体或生物的拖拽或缠绕	1. 雷雨、大风(6 级以上)、冰雹、大雾等恶劣天气作业; 2. 水体寒冷; 3. 水体内能见度不足	1. 专项施工方案、应急预案不完善或未落实; 2. 未落实安全教育、培训、交底、检查制度; 3. 现场监控看管不到位	√		√		√
砌石齿墙	物体打击	工具、材料等坠落物、抛射物、喷射物、溅射物	1. 现场作业人员未正确使用安全防护用品(安全帽等); 2. 人员违章进入危险区域; 3. 管理人员违章指挥,强令冒险作业; 4. 作业人员身体健康状况异常、心理异常、感知异常(反应迟钝、辨识错误); 5. 作业人员操作错误,违章作业(违章抛物)	1. 安全防护用品不合格(安全帽等); 2. 作业过程中产生的坠落物、抛射物、喷射物、溅射物等(工具、材料等); 3. 未设置防护设施,防护设施存在缺陷(挡脚板、防护网等); 4. 物品摆放位置不合理或未固定; 5. 物品尺寸超大、超长等	1. 强风、暴雨、冰雹、大雾等不良天气; 2. 作业场地杂乱; 3. 照明光线不足; 4. 机械、车船、场地等晃动、振动	1. 施工方案不完善或未落实; 2. 安全教育、培训、交底、检查制度不完善或未落实; 3. 安全防护用品等未进行进场验收或验收不到位; 4. 安全投入不足; 5. 现场无警示标识或标识破损(警戒区、标牌、反光锥等)		√	√	√	

续上表

施工作业内容	典型风险事件	致害物	致险因素				风险事件后果类型				
			人的因素	物的因素	环境因素	管理因素	易导致伤亡人员类型		人员伤亡		
							本人	他人	轻伤	重伤	死亡
砌石齿墙	车辆伤害	运输、施工车辆等	1. 人员违章进入危险区域； 2. 管理人员违章指挥，强令冒险作业（进入驾驶员视野盲区等）； 3. 机驾人员未持有效证件上岗、机驾人员操作错误，违章作业（违规载人、酒后驾驶、超速、超限、超载作业）； 4. 机驾人员身体健康状况异常、心理异常、感知异常（反应迟钝、辨识错误）； 5. 机驾人员疲劳作业； 6. 现场人员未正确使用安全防护用品（反光背心、安全帽等）	1. 车辆未配备警示标识或标识破损（警戒区、标牌、反光锥、反光贴等）； 2. 车辆带“病”作业（制动装置、喇叭、后视镜、警示灯等设施缺陷）； 3. 车辆作业安全距离不足； 4. 人员安全防护用品不合格（反光背心、安全帽等）； 5. 车辆外观存在破损，配件行驶时脱落，运载物品尺寸超过车辆尺寸等； 6. 车辆转弯或后退时无明显提示	1. 强风、暴雨、大雪、冰雹、大雾等不良天气； 2. 作业场地狭窄、不平整、道路湿滑； 3. 车辆前后视线不良； 4. 存在视野盲区	1. 未对车辆、船机设备安全防护设施等进行进场验收或验收不到位； 2. 车船安全管理制度不完善或未落实（检查维护保养不到位）； 3. 安全操作规程不规范或未落实（作业前未对车船周围环境进行检查）； 4. 安全教育、培训、交底、检查制度不完善或未落实； 5. 职业健康管理制度不完善或未落实； 6. 安全投入不足	√	√	√	√	√

续上表

施工作业内容	典型风险事件	致害物	致险因素				风险事件后果类型				
			人的因素	物的因素	环境因素	管理因素	易导致伤亡人员类型		人员伤亡		
							本人	他人	轻伤	重伤	死亡
砌石齿墙	机械伤害	挖掘机、搅拌机、装载机等施工小型机具	1. 人员违章进入危险区域(机械作业半径等); 2. 管理人员违章指挥,强令冒险作业; 3. 机械操作人员未持有效证件上岗; 4. 机械操作人员操作错误,违章作业(违规载人、酒后作业); 5. 操作人员身体健康状况异常、心理异常、感知异常(反应迟钝、辨识错误); 6. 现场作业人员未正确使用安全防护用品(反光背心、安全帽等); 7. 机械操作人员疲劳作业	1. 机械无警示标识或标识破损(警戒区、标牌、反光贴等); 2. 设备设施安全作业距离不足; 3. 设备带病作业(设备设施制动装置失效、运动或转动装置无防护或防护装置缺陷等); 4. 安全防护用品不合格(反光背心、安全帽、护目镜等)	1. 强风、暴雨、大雪、冰雹、大雾等不良天气; 2. 作业场地狭窄、不平整、道路湿滑; 3. 夜间施工照明不足; 4. 存在视野盲区	1. 机械设备安全管理制度不完善或未落实(检查维护保养不到位); 2. 未对机械设备、安全防护用品等进行进场验收或验收不到位; 3. 安全教育、培训、交底制度不完善或未落实; 4. 机械设备操作规程不规范或未落实; 5. 安全投入不足		√	√	√	√

续上表

施工作业内容	典型风险事件	致害物	致险因素				风险事件后果类型				
			人的因素	物的因素	环境因素	管理因素	易导致伤亡人员类型		人员伤亡		
							本人	他人	轻伤	重伤	死亡
砌石齿墙	起重伤害	汽车起重机、履带式起重机、浮吊等起重设备、吊索吊具	1. 管理人员违章指挥,强令冒险作业; 2. 作业人员操作错误,违章作业; 3. 起重工、信号工未持有效证件上岗; 4. 现场作业人员未正确使用安全防护用品(安全帽等); 5. 抗倾覆验算错误; 6. 人员违章进入危险区域; 7. 起重人员身体健康状况异常、心理异常、感知异常(反应迟钝、辨识错误); 8. 作业人员疲劳作业	1. 设备自身缺陷(强度、刚度不足、抗倾覆能力不足); 2. 现场无警示标识或标识破损(警戒区、标牌、反光锥等); 3. 吊车支垫材料不合格(枕木、钢板等); 4. 构件防锈处理不合格; 5. 吊索吊具不合格或达到报废标准(钢丝绳、吊带、U型卸扣等); 6. 无防护或防护装置缺陷(防脱钩装置、限位装置等); 7. 设备带“病”作业(制动装置等); 8. 安全防护用品不合格(反光背心、安全帽等)	1. 强风、暴雨、大雾、大雪等不良天气; 2. 地基承载力不足、基础下沉; 3. 作业场地照明不足; 4. 浮吊周围水域存在较大波浪或暗流; 5. 周围高空有较多障碍物; 6. 存在视野盲区	1. 施工方案不完善或未落实; 2. 安全教育、培训、交底、检查制度不完善或未落实; 3. 未对起重设备进行进场验收或验收不到位; 4. 安全投入不足; 5. 起重吊装作业时无专人监视; 6. 起重吊装安全操作规程不规范或未落实	√	√	√	√	√

续上表

施工作业内容	典型风险事件	致害物	致险因素				风险事件后果类型				
			人的因素	物的因素	环境因素	管理因素	易导致伤亡人员类型		人员伤亡		
							本人	他人	轻伤	重伤	死亡
砌石齿墙	淹溺	周边水域	1. 管理人员违章指挥,强令冒险作业; 2. 人员心理异常(冒险侥幸心理); 3. 作业人员操作错误,违章作业; 4. 违反劳动纪律行为(管理人员脱岗); 5. 人员未正确使用安全防护用品	1. 现场无警示标识或标识破损; 2. 现场救生设施不足; 3. 水下存在不明物体或生物的拖拽或缠绕	1. 雷雨、大风(6 级以上)、冰雹、大雾等恶劣天气作业; 2. 水体寒冷; 3. 水体内能见度不足	1. 专项施工方案、应急预案不完善或未落实; 2. 未落实安全教育、培训、交底、检查制度; 3. 现场监控看管不到位	√		√		√
岸坡开挖	物体打击	工具、材料等坠落物、抛射物、喷射物、溅射物	1. 现场作业人员未正确使用安全防护用品(安全帽等); 2. 人员违章进入危险区域; 3. 管理人员违章指挥,强令冒险作业; 4. 作业人员身体健康状况异常、心理异常、感知异常(反应迟钝、辨识错误); 5. 作业人员操作错误,违章作业(违章抛物)	1. 安全防护用品不合格(安全帽等); 2. 作业过程中产生的坠落物、抛射物、喷射物、溅射物等(工具、材料等); 3. 未设置防护设施,防护设施存在缺陷(挡脚板、防护网等); 4. 物品摆放位置不合理或未固定; 5. 物品尺寸超大、超长等	1. 强风、暴雨、冰雹、大雾等不良天气; 2. 作业场地杂乱; 3. 照明光线不足; 4. 机械、车船、场地等晃动、振动	1. 施工方案不完善或未落实; 2. 安全教育、培训、交底、检查制度不完善或未落实; 3. 安全防护用品等未进行进场验收或验收不到位; 4. 安全投入不足; 5. 现场无警示标识或标识破损(警戒区、标牌、反光锥等)		√	√	√	

续上表

施工作业内容	典型风险事件	致害物	致险因素				风险事件后果类型				
			人的因素	物的因素	环境因素	管理因素	易导致伤亡人员类型		人员伤亡		
							本人	他人	轻伤	重伤	死亡
岸坡开挖	车辆伤害	运输、施工车辆等	1. 人员违章进入危险区域； 2. 管理人员违章指挥，强令冒险作业（进入驾驶员视野盲区等）； 3. 机驾人员未持有效证件上岗、机驾人员操作错误，违章作业（违规载人、酒后驾驶、超速、超限、超载作业）； 4. 机驾人员身体健康状况异常、心理异常、感知异常（反应迟钝、辨识错误）； 5. 机驾人员疲劳作业； 6. 现场人员未正确使用安全防护用品（反光背心、安全帽等）	1. 车辆未配备警示标识或标识破损（警戒区、标牌、反光锥、反光贴等）； 2. 车辆带“病”作业（制动装置、喇叭、后视镜、警示灯等设施缺陷）； 3. 车辆作业安全距离不足； 4. 人员安全防护用品不合格（反光背心、安全帽等）； 5. 车辆外观存在破损、配件行驶时脱落，运载物品尺寸超过车辆尺寸等； 6. 车辆转弯或后退时无明显提示	1. 强风、暴雨、大雪、冰雹、大雾等不良天气； 2. 作业场地狭窄、不平整、道路湿滑； 3. 车辆前后视线不良； 4. 存在视野盲区	1. 未对车辆、船机设备安全防护设施等进行进场验收或验收不到位； 2. 车船安全管理制度不完善或未落实（检查维护保养不到位）； 3. 安全操作规程不规范或未落实（作业前未对车船周围环境进行检查）； 4. 安全教育、培训、交底、检查制度不完善或未落实； 5. 职业健康管理制度不完善或未落实； 6. 安全投入不足	√	√	√	√	√

续上表

施工作业内容	典型风险事件	致害物	致险因素				风险事件后果类型				
			人的因素	物的因素	环境因素	管理因素	易导致伤亡人员类型		人员伤亡		
							本人	他人	轻伤	重伤	死亡
岸坡开挖	机械伤害	挖掘机、破碎机、装载机等施工小型机具	1. 人员违章进入危险区域（机械作业半径等）； 2. 管理人员违章指挥，强令冒险作业； 3. 机械操作人员未持有效证件上岗； 4. 机械操作人员操作错误，违章作业（违规载人、酒后作业）； 5. 操作人员身体健康状况异常、心理异常、感知异常（反应迟钝、辨识错误）； 6. 现场作业人员未正确使用安全防护用品（反光背心、安全帽等）； 7. 机械操作人员疲劳作业	1. 机械无警示标识或标识破损（警戒区、标牌、反光贴等）； 2. 设备设施安全作业距离不足； 3. 设备带病作业（设备设施制动装置失效、运动或转动装置无防护或防护装置缺陷等）； 4. 安全防护用品不合格（反光背心、安全帽、护目镜等）	1. 强风、暴雨、大雪、冰雹、大雾等不良天气； 2. 作业场地狭窄、不平整、道路湿滑； 3. 夜间施工照明不足； 4. 存在视野盲区	1. 机械设备安全管理制度不完善或未落实（检查维护保养不到位）； 2. 未对机械设备、安全防护用品等进行进场验收或验收不到位； 3. 安全教育、培训、交底制度不完善或未落实； 4. 机械设备操作规程不规范或未落实； 5. 安全投入不足		√	√	√	√

续上表

施工作业内容	典型风险事件	致害物	致险因素				风险事件后果类型				
			人的因素	物的因素	环境因素	管理因素	易导致伤亡人员类型		人员伤亡		
							本人	他人	轻伤	重伤	死亡
岸坡开挖	坍塌	不稳定土体、砌体、结构物等	1. 管理人员违章指挥，强令冒险作业（防护、放坡不及时等）； 2. 人员心理异常（冒险侥幸心理等）； 3. 作业人员操作错误； 4. 违章作业违反劳动纪律行为（管理人员脱岗等）	1. 无警示信号或信号不清（紧急撤离信号）； 2. 现场无警示标识或标识破损（警戒区、标牌、反光锥等）； 3. 截排水设施不完善； 4. 防护形式错或防护材料不合格（材料强度不足等）； 5. 区域内有重载或有松散的高边坡	1. 存在滑坡、偏压等不良地质； 2. 作业场地照明不足； 3. 强风、暴雨、地震等不良天气或地质； 4. 区域内有较大的振动	1. 施工方案不完善或未落实（掏底开挖、上下重叠开挖或未分层开挖，开挖完后未及时施工防护及排水）； 2. 安全教育、培训、交底、检查制度不完善或未落实； 3. 安全投入不足	√	√	√	√	√
基槽开挖	物体打击	工具、材料等坠落物、抛射物、喷射物、溅射物	1. 现场作业人员未正确使用安全防护用品（安全帽等）； 2. 人员违章进入危险区域； 3. 管理人员违章指挥，强令冒险作业； 4. 作业人员身体健康状况异常、心理异常、感知异常（反应迟钝、辨识错误）； 5. 作业人员操作错误，违章作业（违章抛物等）	1. 安全防护用品不合格（安全帽等）； 2. 作业过程中产生的坠落物、抛射物、喷射物、溅射物等（工具、材料等）； 3. 未设置防护设施，防护设施存在缺陷（挡脚板、防护网等）； 4. 物品摆放位置不合理或未固定； 5. 物品尺寸超大、超长等	1. 强风、暴雨、冰雹、大雾等不良天气； 2. 作业场地杂乱； 3. 照明光线不足； 4. 机械、车船、场地等晃动、振动	1. 施工方案不完善或未落实； 2. 安全教育、培训、交底、检查制度不完善或未落实； 3. 安全防护用品等未进行进场验收或验收不到位； 4. 安全投入不足； 5. 现场无警示标识或标识破损（警戒区、标牌、反光锥等）		√	√	√	

续上表

施工作业内容	典型风险事件	致害物	致险因素				风险事件后果类型				
			人的因素	物的因素	环境因素	管理因素	易导致伤亡人员类型		人员伤亡		
							本人	他人	轻伤	重伤	死亡
基槽开挖	车辆伤害	运输、施工车辆等	1. 人员违章进入危险区域； 2. 管理人员违章指挥，强令冒险作业（进入驾驶员视野盲区等）； 3. 机驾人员未持有效证件上岗、机驾人员操作错误，违章作业（违规载人、酒后驾驶、超速、超限、超载作业）； 4. 机驾人员身体健康状况异常、心理异常、感知异常（反应迟钝、辨识错误）； 5. 机驾人员疲劳作业； 6. 现场人员未正确使用安全防护用品（反光背心、安全帽等）	1. 车辆未配备警示标识或标识破损（警戒区、标牌、反光锥、反光贴等）； 2. 车辆带“病”作业（制动装置、喇叭、后视镜、警示灯等设施缺陷）； 3. 车辆作业安全距离不足； 4. 人员安全防护用品不合格（反光背心、安全帽等）； 5. 车辆外观存在破损，配件行驶时脱落，运载物品尺寸超过车辆尺寸等； 6. 车辆转弯或后退时无明显提示	1. 强风、暴雨、大雪、冰雹、大雾等不良天气； 2. 作业场地狭窄、不平整、道路湿滑； 3. 车辆前后视线不良； 4. 存在视野盲区	1. 未对车辆、船机设备安全防护设施等进行进场验收或验收不到位； 2. 车船安全管理制度不完善或未落实（检查维护保养不到位）； 3. 安全操作规程不规范或未落实（作业前未对车船周围环境进行检查）； 4. 安全教育、培训、交底、检查制度不完善或未落实； 5. 职业健康管理制度不完善或未落实； 6. 安全投入不足	√	√	√	√	√

续上表

施工作业内容	典型风险事件	致害物	致险因素				风险事件后果类型				
			人的因素	物的因素	环境因素	管理因素	易导致伤亡人员类型		人员伤亡		
							本人	他人	轻伤	重伤	死亡
基槽开挖	机械伤害	挖掘机、装载机等施工小型机具	1. 人员违章进入危险区域（机械作业半径等）； 2. 管理人员违章指挥，强令冒险作业； 3. 机械操作人员未持有效证件上岗； 4. 机械操作人员操作错误，违章作业（违规载人、酒后作业）； 5. 操作人员身体健康状况异常、心理异常、感知异常（反应迟钝、辨识错误）； 6. 现场作业人员未正确使用安全防护用品（反光背心、安全帽等）； 7. 机械操作人员疲劳作业	1. 机械无警示标识或标识破损（警戒区、标牌、反光贴等）； 2. 设备设施安全作业距离不足； 3. 设备带病作业（设备设施制动装置失效、运动或转动装置无防护或防护装置缺陷等）； 4. 安全防护用品不合格（反光背心、安全帽、护目镜等）	1. 强风、暴雨、大雪、冰雹、大雾等不良天气； 2. 作业场地狭窄、不平整、道路湿滑； 3. 夜间施工照明不足； 4. 存在视野盲区	1. 机械设备安全管理制度不完善或未落实（检查维护保养不到位）； 2. 未对机械设备、安全防护用品等进行进场验收或验收不到位； 3. 安全教育、培训、交底制度不完善或未落实； 4. 机械设备操作规程不规范或未落实； 5. 安全投入不足		√	√	√	√

续上表

施工作业内容	典型风险事件	致害物	致险因素				风险事件后果类型				
			人的因素	物的因素	环境因素	管理因素	易导致伤亡人员类型		人员伤亡		
							本人	他人	轻伤	重伤	死亡
基槽开挖	坍塌	不稳定土体、砌体、结构物等	1. 管理人员违章指挥，强令冒险作业（防护、放坡不及时）； 2. 人员心理异常（冒险侥幸心理等）； 3. 作业人员操作错误； 4. 违章作业违反劳动纪律行为（管理人员脱岗等）	1. 无警示信号或信号不清（紧急撤离信号）； 2. 现场无警示标识或标识破损（警戒区、标牌、反光锥等）； 3. 截排水设施不完善； 4. 防护形式错或防护材料不合格（材料强度不足等）； 5. 区域内有重载或有松散的高边坡	1. 存在滑坡、偏压等不良地质； 2. 作业场地照明不足； 3. 强风、暴雨、地震等不良天气或地质； 4. 区域内有较大的振动	1. 施工方案不完善或未落实（掏底开挖、上下重叠开挖或未分层开挖，开挖完后未及时施工防护及排水）； 2. 安全教育、培训、交底、检查制度不完善或未落实； 3. 安全投入不足	√	√	√	√	√
砂石垫层	物体打击	工具、材料等坠落物、抛射物、喷射物、溅射物	1. 现场作业人员未正确使用安全防护用品（安全帽等）； 2. 人员违章进入危险区域； 3. 管理人员违章指挥，强令冒险作业； 4. 作业人员身体健康状况异常、心理异常、感知异常（反应迟钝、辨识错误）； 5. 作业人员操作错误，违章作业（违章抛物等）	1. 安全防护用品不合格（安全帽等）； 2. 作业过程中产生的坠落物、抛射物、喷射物、溅射物等（工具、材料等）； 3. 未设置防护设施，防护设施存在缺陷（挡脚板、防护网等）； 4. 物品摆放位置不合理或未固定； 5. 物品尺寸超大、超长等	1. 强风、暴雨、冰雹、大雾等不良天气； 2. 作业场地杂乱； 3. 照明光线不足； 4. 机械、车船、场地等晃动、振动	1. 施工方案不完善或未落实； 2. 安全教育、培训、交底、检查制度不完善或未落实； 3. 安全防护用品等未进行进场验收或验收不到位； 4. 安全投入不足； 5. 现场无警示标识或标识破损（警戒区、标牌、反光锥等）		√	√	√	

续上表

<table>
<tr><th rowspan="3">施工作业内容</th><th rowspan="3">典型风险事件</th><th rowspan="3">致害物</th><th colspan="4">致险因素</th><th colspan="5">风险事件后果类型</th></tr>
<tr><th rowspan="2">人的因素</th><th rowspan="2">物的因素</th><th rowspan="2">环境因素</th><th rowspan="2">管理因素</th><th colspan="2">易导致伤亡人员类型</th><th colspan="3">人员伤亡</th></tr>
<tr><th>本人</th><th>他人</th><th>轻伤</th><th>重伤</th><th>死亡</th></tr>
<tr><td>砂石垫层</td><td>车辆伤害</td><td>运输、施工车辆等</td><td>1. 人员违章进入危险区域；
2. 管理人员违章指挥，强令冒险作业（进入驾驶员视野盲区等）；
3. 机驾人员未持有效证件上岗、机驾人员操作错误，违章作业（违规载人、酒后驾驶、超速、超限、超载作业）；
4. 机驾人员身体健康状况异常、心理异常、感知异常（反应迟钝、辨识错误）；
5. 机驾人员疲劳作业；
6. 现场人员未正确使用安全防护用品（反光背心、安全帽等）</td><td>1. 车辆未配备警示标识或标识破损（警戒区、标牌、反光锥、反光贴等）；
2. 车辆带“病”作业（制动装置、喇叭、后视镜、警示灯等设施缺陷）；
3. 车辆作业安全距离不足；
4. 人员安全防护用品不合格（反光背心、安全帽等）；
5. 车辆外观存在破损、配件行驶时脱落，运载物品尺寸超过车辆尺寸等；
6. 车辆转弯或后退时无明显提示</td><td>1. 强风、暴雨、大雪、冰雹、大雾等不良天气；
2. 作业场地狭窄、不平整、道路湿滑；
3. 车辆前后视线不良；
4. 存在视野盲区</td><td>1. 未对车辆、船机设备安全防护设施等进行进场验收或验收不到位；
2. 车船安全管理制度不完善或未落实（检查维护保养不到位）；
3. 安全操作规程不规范或未落实（作业前未对车船周围环境进行检查）；
4. 安全教育、培训、交底、检查制度不完善或未落实；
5. 职业健康管理制度不完善或未落实；
6. 安全投入不足</td><td>√</td><td>√</td><td>√</td><td>√</td><td>√</td></tr>
</table>

续上表

施工作业内容	典型风险事件	致害物	致险因素				风险事件后果类型				
			人的因素	物的因素	环境因素	管理因素	易导致伤亡人员类型		人员伤亡		
							本人	他人	轻伤	重伤	死亡
砂石垫层	机械伤害	挖掘机、装载机等施工小型机具	1. 人员违章进入危险区域（机械作业半径等）； 2. 管理人员违章指挥，强令冒险作业； 3. 机械操作人员未持有效证件上岗； 4. 机械操作人员操作错误，违章作业（违规载人、酒后作业）； 5. 操作人员身体健康状况异常、心理异常、感知异常（反应迟钝、辨识错误）； 6. 现场作业人员未正确使用安全防护用品（反光背心、安全帽等）； 7. 机械操作人员疲劳作业	1. 机械无警示标识或标识破损（警戒区、标牌、反光贴等）； 2. 设备设施安全作业距离不足； 3. 设备带病作业（设备设施制动装置失效、运动或转动装置无防护或防护装置缺陷等）； 4. 安全防护用品不合格（反光背心、安全帽、护目镜等）	1. 强风、暴雨、大雪、冰雹、大雾等不良天气； 2. 作业场地狭窄、不平整、道路湿滑； 3. 夜间施工照明不足； 4. 存在视野盲区	1. 机械设备安全管理制度不完善或未落实（检查维护保养不到位）； 2. 未对机械设备、安全防护用品等进行进场验收或验收不到位； 3. 安全教育、培训、交底制度不完善或未落实； 4. 机械设备操作规程不规范或未落实； 5. 安全投入不足		√	√	√	√

续上表

施工作业内容	典型风险事件	致害物	致险因素				风险事件后果类型				
			人的因素	物的因素	环境因素	管理因素	易导致伤亡人员类型		人员伤亡		
							本人	他人	轻伤	重伤	死亡
土工织物垫层	物体打击	工具、材料等坠落物、抛射物、喷射物、溅射物	1. 现场作业人员未正确使用安全防护用品(安全帽等); 2. 人员违章进入危险区域; 3. 管理人员违章指挥,强令冒险作业; 4. 作业人员身体健康状况异常、心理异常、感知异常(反应迟钝、辨识错误); 5. 作业人员操作错误,违章作业(违章抛物)	1. 安全防护用品不合格(安全帽等); 2. 作业过程中产生的坠落物、抛射物、喷射物、溅射物等(工具、材料等); 3. 未设置防护设施,防护设施存在缺陷(挡脚板、防护网等); 4. 物品摆放位置不合理或未固定; 5. 物品尺寸超大、超长等	1. 强风、暴雨、冰雹、大雾等不良天气; 2. 作业场地杂乱; 3. 照明光线不足; 4. 机械、车船、场地等晃动、振动	1. 施工方案不完善或未落实; 2. 安全教育、培训、交底、检查制度不完善或未落实; 3. 安全防护用品等未进行进场验收或验收不到位; 4. 安全投入不足; 5. 现场无警示标识或标识破损(警戒区、标牌、反光锥等)		√	√	√	
	机械伤害	卷曲机、装载机等施工小型机具	1. 人员违章进入危险区域(机械作业半径等); 2. 管理人员违章指挥,强令冒险作业; 3. 机械操作人员未持有效证件上岗; 4. 机械操作人员操作错误,违章作业(违规载人、酒后作业);	1. 机械无警示标识或标识破损(警戒区、标牌、反光贴等); 2. 设备设施安全作业距离不足; 3. 设备带病作业(设备设施制动装置失效、运动或转动装置无防护或防护装置缺陷等);	1. 强风、暴雨、大雪、冰雹、大雾等不良天气; 2. 作业场地狭窄、不平整、道路湿滑; 3. 夜间施工照明不足; 4. 存在视野盲区	1. 机械设备安全管理制度不完善或未落实(检查维护保养不到位); 2. 未对机械设备、安全防护用品等进行进场验收或验收不到位;		√	√	√	√

续上表

施工作业内容	典型风险事件	致害物	致险因素				风险事件后果类型				
			人的因素	物的因素	环境因素	管理因素	易导致伤亡人员类型		人员伤亡		
							本人	他人	轻伤	重伤	死亡
土工织物垫层	机械伤害	卷曲机、装载机等施工小型机具	5. 操作人员身体健康状况异常、心理异常、感知异常(反应迟钝、辨识错误)； 6. 现场作业人员未正确使用安全防护用品(反光背心、安全帽等)； 7. 机械操作人员疲劳作业	4. 安全防护用品不合格(反光背心、安全帽、护目镜等)		3. 安全教育、培训、交底制度不完善或未落实； 4. 机械设备操作规程不规范或未落实； 5. 安全投入不足					
砂石倒滤层	物体打击	工具、材料等坠落物、抛射物、喷射物、溅射物	1. 现场作业人员未正确使用安全防护用品(安全帽等)； 2. 人员违章进入危险区域； 3. 管理人员违章指挥,强令冒险作业； 4. 作业人员身体健康状况异常、心理异常、感知异常(反应迟钝、辨识错误)； 5. 作业人员操作错误,违章作业(违章抛物)	1. 安全防护用品不合格(安全帽等)； 2. 作业过程中产生的坠落物、抛射物、喷射物、溅射物等(工具、材料等)； 3. 未设置防护设施,防护设施存在缺陷(挡脚板、防护网等)； 4. 物品摆放位置不合理或未固定； 5. 物品尺寸超大、超长等	1. 强风、暴雨、冰雹、大雾等不良天气； 2. 作业场地杂乱； 3. 照明光线不足； 4. 机械、车船、场地等晃动、振动	1. 施工方案不完善或未落实； 2. 安全教育、培训、交底、检查制度不完善或未落实； 3. 安全防护用品等未进行进场验收或验收不到位； 4. 安全投入不足； 5. 现场无警示标识或标识破损(警戒区、标牌、反光锥等)		√	√	√	

续上表

施工作业内容	典型风险事件	致害物	致险因素				风险事件后果类型				
			人的因素	物的因素	环境因素	管理因素	易导致伤亡人员类型		人员伤亡		
							本人	他人	轻伤	重伤	死亡
砂石倒滤层	车辆伤害	运输、施工车辆等	1. 人员违章进入危险区域； 2. 管理人员违章指挥，强令冒险作业（进入驾驶员视野盲区等）； 3. 机驾人员未持有效证件上岗机、驾人员操作错误，违章作业（违规载人、酒后驾驶、超速、超限、超载作业）； 4. 机驾人员身体健康状况异常、心理异常、感知异常（反应迟钝、辨识错误）； 5. 机驾人员疲劳作业； 6. 现场人员未正确使用安全防护用品（反光背心、安全帽等）	1. 车辆未配备警示标识或标识破损（警戒区、标牌、反光锥、反光贴等）； 2. 车辆带“病”作业（制动装置、喇叭、后视镜、警示灯等设施缺陷）； 3. 车辆作业安全距离不足； 4. 人员安全防护用品不合格（反光背心、安全帽等）； 5. 车辆外观存在破损，配件行驶时脱落，运载物品尺寸超过车辆尺寸等； 6. 车辆转弯或后退时无明显提示	1. 强风、暴雨、大雪、冰雹、大雾等不良天气； 2. 作业场地狭窄、不平整、道路湿滑； 3. 车辆前后视线不良； 4. 存在视野盲区	1. 未对车辆、船机设备安全防护设施等进行进场验收或验收不到位； 2. 车船安全管理制度不完善或未落实（检查维护保养不到位）； 3. 安全操作规程不规范或未落实（作业前未对车船周围环境进行检查）； 4. 安全教育、培训、交底、检查制度不完善或未落实； 5. 职业健康管理制度不完善或未落实； 6. 安全投入不足	√	√	√	√	√

续上表

施工作业内容	典型风险事件	致害物	致险因素				风险事件后果类型				
			人的因素	物的因素	环境因素	管理因素	易导致伤亡人员类型		人员伤亡		
							本人	他人	轻伤	重伤	死亡
砂石倒滤层	机械伤害	挖掘机、搅拌机、破碎机、装载机等施工小型机具	1. 人员违章进入危险区域(机械作业半径等); 2. 管理人员违章指挥,强令冒险作业; 3. 机械操作人员未持有效证件上岗; 4. 机械操作人员操作错误,违章作业(违规载人、酒后作业); 5. 操作人员身体健康状况异常、心理异常、感知异常(反应迟钝、辨识错误); 6. 现场作业人员未正确使用安全防护用品(反光背心、安全帽等); 7. 机械操作人员疲劳作业	1. 机械无警示标识或标识破损(警戒区、标牌、反光贴等); 2. 设备设施安全作业距离不足; 3. 设备带病作业(设备设施制动装置失效、运动或转动装置无防护或防护装置缺陷等); 4. 安全防护用品不合格(反光背心、安全帽、护目镜等)	1. 强风、暴雨、大雪、冰雹、大雾等不良天气; 2. 作业场地狭窄、不平整、道路湿滑; 3. 夜间施工照明不足; 4. 存在视野盲区	1. 机械设备安全管理制度不完善或未落实(检查维护保养不到位); 2. 未对机械设备、安全防护用品等进行进场验收或验收不到位; 3. 安全教育、培训、交底制度不完善或未落实; 4. 机械设备操作规程不规范或未落实; 5. 安全投入不足		√	√	√	√

续上表

施工作业内容	典型风险事件	致害物	致险因素				风险事件后果类型				
			人的因素	物的因素	环境因素	管理因素	易导致伤亡人员类型		人员伤亡		
							本人	他人	轻伤	重伤	死亡
土工织物倒滤层	物体打击	工具、材料等坠落物、抛射物、喷射物、溅射物	1. 现场作业人员未正确使用安全防护用品(安全帽等)； 2. 人员违章进入危险区域； 3. 管理人员违章指挥,强令冒险作业； 4. 作业人员身体健康状况异常、心理异常、感知异常(反应迟钝、辨识错误)； 5. 作业人员操作错误,违章作业(违章抛物等)	1. 安全防护用品不合格(安全帽等)； 2. 作业过程中产生的坠落物、抛射物、喷射物、溅射物等(工具、材料等)； 3. 未设置防护设施,防护设施存在缺陷(挡脚板、防护网等)； 4. 物品摆放位置不合理或未固定； 5. 物品尺寸超大、超长等	1. 强风、暴雨、冰雹、大雾等不良天气； 2. 作业场地杂乱； 3. 照明光线不足； 4. 机械、车船、场地等晃动、振动	1. 施工方案不完善或未落实； 2. 安全教育、培训、交底、检查制度不完善或未落实； 3. 安全防护用品等未进行进场验收或验收不到位； 4. 安全投入不足； 5. 现场无警示标识或标识破损(警戒区、标牌、反光锥等)		√	√	√	
	机械伤害	弯曲机、装载机等施工小型机具	1. 人员违章进入危险区域(机械作业半径等)； 2. 管理人员违章指挥,强令冒险作业； 3. 机械操作人员未持有效证件上岗； 4. 机械操作人员操作错误,违章作业(违规载人、酒后作业)；	1. 机械无警示标识或标识破损(警戒区、标牌、反光贴等)； 2. 设备设施安全作业距离不足； 3. 设备带病作业(设备设施制动装置失效、运动或转动装置无防护或防护装置缺陷等)；	1. 强风、暴雨、大雪、冰雹、大雾等不良天气； 2. 作业场地狭窄、不平整、道路湿滑； 3. 夜间施工照明不足； 4. 存在视野盲区	1. 机械设备安全管理制度不完善或未落实(检查维护保养不到位)； 2. 未对机械设备、安全防护用品等进行进场验收或验收不到位；		√	√	√	√

续上表

施工作业内容	典型风险事件	致害物	致险因素				风险事件后果类型				
			人的因素	物的因素	环境因素	管理因素	易导致伤亡人员类型		人员伤亡		
							本人	他人	轻伤	重伤	死亡
土工织物倒滤层	机械伤害	弯曲机、装载机等施工小型机具	5. 操作人员身体健康状况异常、心理异常、感知异常（反应迟钝、辨识错误）； 6. 现场作业人员未正确使用安全防护用品（反光背心、安全帽等）； 7. 机械操作人员疲劳作业	4. 安全防护用品不合格（反光背心、安全帽、护目镜等）		3. 安全教育、培训、交底制度不完善或未落实； 4. 机械设备操作规程不规范或未落实； 5. 安全投入不足					
土石方回填	物体打击	工具、材料等坠落物、抛射物、喷射物、溅射物	1. 现场作业人员未正确使用安全防护用品（安全帽等）； 2. 人员违章进入危险区域； 3. 管理人员违章指挥，强令冒险作业； 4. 作业人员身体健康状况异常、心理异常、感知异常（反应迟钝、辨识错误）； 5. 作业人员操作错误，违章作业（违章抛物等）	1. 安全防护用品不合格（安全帽等）； 2. 作业过程中产生的坠落物、抛射物、喷射物、溅射物等（工具、材料等）； 3. 未设置防护设施，防护设施存在缺陷（挡脚板、防护网等）； 4. 物品摆放位置不合理或未固定； 5. 物品尺寸超大、超长等	1. 强风、暴雨、冰雹、大雾等不良天气； 2. 作业场地杂乱； 3. 照明光线不足； 4. 机械、车船、场地等晃动、振动	1. 施工方案不完善或未落实； 2. 安全教育、培训、交底、检查制度不完善或未落实； 3. 安全防护用品等未进行进场验收或验收不到位； 4. 安全投入不足； 5. 现场无警示标识或标识破损（警戒区、标牌、反光锥等）		√	√	√	

续上表

施工作业内容	典型风险事件	致害物	致险因素				风险事件后果类型				
			人的因素	物的因素	环境因素	管理因素	易导致伤亡人员类型		人员伤亡		
							本人	他人	轻伤	重伤	死亡
土石方回填	车辆伤害	运输、施工车辆等	1. 人员违章进入危险区域； 2. 管理人员违章指挥，强令冒险作业（进入驾驶员视野盲区等）； 3. 机驾人员未持有效证件上岗、机驾人员操作错误，违章作业（违规载人、酒后驾驶、超速、超限、超载作业）； 4. 机驾人员身体健康状况异常、心理异常、感知异常（反应迟钝、辨识错误）； 5. 机驾人员疲劳作业； 6. 现场人员未正确使用安全防护用品（反光背心、安全帽等）	1. 车辆未配备警示标识或标识破损（警戒区、标牌、反光锥、反光贴等）； 2. 车辆带“病”作业（制动装置、喇叭、后视镜、警示灯等设施缺陷）； 3. 车辆作业安全距离不足； 4. 人员安全防护用品不合格（反光背心、安全帽等）； 5. 车辆外观存在破损，配件行驶时脱落，运载物品尺寸超过车辆尺寸等； 6. 车辆转弯或后退时无明显提示	1. 强风、暴雨、大雪、冰雹、大雾等不良天气； 2. 作业场地狭窄、不平整，道路湿滑； 3. 车辆前后视线不良； 4. 存在视野盲区	1. 未对车辆、船机设备安全防护设施等进行进场验收或验收不到位； 2. 车船安全管理制度不完善或未落实（检查维护保养不到位）； 3. 安全操作规程不规范或未落实（作业前未对车船周围环境进行检查）； 4. 安全教育、培训、交底、检查制度不完善或未落实； 5. 职业健康管理制度不完善或未落实； 6. 安全投入不足	√	√	√	√	√

续上表

施工作业内容	典型风险事件	致害物	致险因素				风险事件后果类型				
			人的因素	物的因素	环境因素	管理因素	易导致伤亡人员类型		人员伤亡		
							本人	他人	轻伤	重伤	死亡
土石方回填	机械伤害	挖掘机、打桩机、搅拌机、破碎机、装载机等施工小型机具	1. 人员违章进入危险区域（机械作业半径等）；2. 管理人员违章指挥，强令冒险作业；3. 机械操作人员未持有效证件上岗；4. 机械操作人员操作错误，违章作业（违规载人、酒后作业）；5. 操作人员身体健康状况异常、心理异常、感知异常（反应迟钝、辨识错误）；6. 现场作业人员未正确使用安全防护用品（反光背心、安全帽等）；7. 机械操作人员疲劳作业	1. 机械无警示标识或标识破损（警戒区、标牌、反光贴等）；2. 设备设施安全作业距离不足；3. 设备带病作业（设备设施制动装置失效、运动或转动装置无防护或防护装置缺陷等）；4. 安全防护用品不合格（反光背心、安全帽、护目镜等）	1. 强风、暴雨、大雪、冰雹、大雾等不良天气；2. 作业场地狭窄、不平整、道路湿滑；3. 夜间施工照明不足；4. 存在视野盲区	1. 机械设备安全管理制度不完善或未落实（检查维护保养不到位）；2. 未对机械设备、安全防护用品等进行进场验收或验收不到位；3. 安全教育、培训、交底制度不完善或未落实；4. 机械设备操作规程不规范或未落实；5. 安全投入不足		√	√	√	√

续上表

施工作业内容	典型风险事件	致害物	致险因素				风险事件后果类型				
			人的因素	物的因素	环境因素	管理因素	易导致伤亡人员类型		人员伤亡		
							本人	他人	轻伤	重伤	死亡
土石方回填	起重伤害	汽车起重机、履带式起重机等起重设备、吊索吊具	1. 管理人员违章指挥，强令冒险作业； 2. 作业人员操作错误，违章作业； 3. 起重工、信号工未持有效证件上岗； 4. 现场作业人员未正确使用安全防护用品（安全帽等）； 5. 抗倾覆验算错误； 6. 人员违章进入危险区域； 7. 起重人员身体健康状况异常、心理异常、感知异常（反应迟钝、辨识错误）； 8. 作业人员疲劳作业	1. 设备自身缺陷（强度、刚度不足、抗倾覆能力不足）； 2. 现场无警示标识或标识破损（警戒区、标牌、反光锥等）； 3. 吊车支垫材料不合格（枕木、钢板等）； 4. 构件防锈处理不合格； 5. 吊索吊具不合格或达到报废标准（钢丝绳、吊带、U 型卸扣等）； 6. 无防护或防护装置缺陷（防脱钩装置、限位装置等）； 7. 设备带“病”作业（制动装置等）； 8. 安全防护用品不合格（反光背心、安全帽等）	1. 强风、暴雨、大雾、大雪等不良天气； 2. 地基承载力不足、基础下沉； 3. 作业场地照明不足； 4. 周围高空有较多障碍物； 5. 存在视野盲区	1. 施工方案不完善或未落实； 2. 安全教育、培训、交底、检查制度不完善或未落实； 3. 未对起重设备进行进场验收或验收不到位； 4. 安全投入不足； 5. 起重吊装作业时无专人监视； 6. 起重吊装安全操作规程不规范或未落实	√	√	√	√	√

续上表

施工作业内容	典型风险事件	致害物	致险因素				风险事件后果类型				
			人的因素	物的因素	环境因素	管理因素	易导致伤亡人员类型		人员伤亡		
							本人	他人	轻伤	重伤	死亡
土石方回填	坍塌	不稳定土体、砌体、结构物等	1. 管理人员违章指挥,强令冒险作业(防护、放坡不及时); 2. 人员心理异常(冒险侥幸心理); 3. 作业人员操作错误; 4. 违章作业违反劳动纪律行为(管理人员脱岗等)	1. 无警示信号或信号不清(紧急撤离信号等); 2. 现场无警示标识或标识破损(警戒区、标牌、反光锥等); 3. 截排水设施不完善; 4. 防护形式错或防护材料不合格(材料强度不足等); 5. 区域内有重载或有松散的高边坡	1. 存在滑坡、偏压等不良地质; 2. 作业场地照明不足; 3. 强风、暴雨、地震等不良天气或地质; 4. 区域内有较大的振动	1. 施工方案不完善或未落实(掏底开挖、上下重叠开挖或未分层开挖,开挖完后未及时施工防护及排水); 2. 安全教育、培训、交底、检查制度不完善或未落实; 3. 安全投入不足	√	√	√	√	√
现浇混凝土挡墙	物体打击	工具、材料等坠落物、抛射物、喷射物、溅射物	1. 现场作业人员未正确使用安全防护用品(安全帽等); 2. 人员违章进入危险区域; 3. 管理人员违章指挥,强令冒险作业; 4. 作业人员身体健康状况异常、心理异常、感知异常(反应迟钝、辨识错误); 5. 作业人员操作错误,违章作业(违章抛物等)	1. 安全防护用品不合格(安全帽等); 2. 作业过程中产生的坠落物、抛射物、喷射物、溅射物等(工具、材料等); 3. 未设置防护设施,防护设施存在缺陷(挡脚板、防护网等); 4. 物品摆放位置不合理或未固定; 5. 物品尺寸超大、超长等	1. 强风、暴雨、冰雹、大雾等不良天气; 2. 作业场地杂乱; 3. 照明光线不足; 4. 机械、车船、场地等晃动、振动	1. 施工方案不完善或未落实; 2. 安全教育、培训、交底、检查制度不完善或未落实; 3. 安全防护用品等未进行进场验收或验收不到位; 4. 安全投入不足; 5. 现场无警示标识或标识破损(警戒区、标牌、反光锥等)		√	√	√	

续上表

施工作业内容	典型风险事件	致害物	致险因素				风险事件后果类型				
			人的因素	物的因素	环境因素	管理因素	易导致伤亡人员类型		人员伤亡		
							本人	他人	轻伤	重伤	死亡
现浇混凝土挡墙	车辆伤害	运输、施工车辆等	1. 人员违章进入危险区域； 2. 管理人员违章指挥，强令冒险作业（进入驾驶员视野盲区等）； 3. 机驾人员未持有效证件上岗、机驾人员操作错误，违章作业（违规载人、酒后驾驶、超速、超限、超载作业）； 4. 机驾人员身体健康状况异常、心理异常、感知异常（反应迟钝、辨识错误）； 5. 机驾人员疲劳作业； 6. 现场人员未正确使用安全防护用品（反光背心、安全帽等）	1. 车辆未配备警示标识或标识破损（警戒区、标牌、反光锥、反光贴等）； 2. 车辆带“病”作业（制动装置、喇叭、后视镜、警示灯等设施缺陷）； 3. 车辆作业安全距离不足； 4. 人员安全防护用品不合格（反光背心、安全帽等）； 5. 车辆外观存在破损，配件行驶时脱落，运载物品尺寸超过车辆尺寸等； 6. 车辆转弯或后退时无明显提示	1. 强风、暴雨、大雪、冰雹、大雾等不良天气； 2. 作业场地狭窄、不平整、道路湿滑； 3. 车辆前后视线不良； 4. 存在视野盲区	1. 未对车辆、船机设备安全防护设施等进行进场验收或验收不到位； 2. 车船安全管理制度不完善或未落实（检查维护保养不到位）； 3. 安全操作规程不规范或未落实（作业前未对车船周围环境进行检查）； 4. 安全教育、培训、交底、检查制度不完善或未落实； 5. 职业健康管理制度不完善或未落实； 6. 安全投入不足	√	√	√	√	√

续上表

<table>
<tr><th rowspan="3">施工作业内容</th><th rowspan="3">典型风险事件</th><th rowspan="3">致害物</th><th colspan="4">致险因素</th><th colspan="5">风险事件后果类型</th></tr>
<tr><th rowspan="2">人的因素</th><th rowspan="2">物的因素</th><th rowspan="2">环境因素</th><th rowspan="2">管理因素</th><th colspan="2">易导致伤亡人员类型</th><th colspan="3">人员伤亡</th></tr>
<tr><th>本人</th><th>他人</th><th>轻伤</th><th>重伤</th><th>死亡</th></tr>
<tr><td>现浇混凝土挡墙</td><td>机械伤害</td><td>挖掘机、打桩机、搅拌机、破碎机、弯曲机、切割机、装载机等施工小型机具等</td><td>1. 人员违章进入危险区域(机械作业半径等);
2. 管理人员违章指挥,强令冒险作业;
3. 机械操作人员未持有效证件上岗;
4. 机械操作人员操作错误,违章作业(违规载人、酒后作业);
5. 操作人员身体健康状况异常、心理异常、感知异常(反应迟钝、辨识错误);
6. 现场作业人员未正确使用安全防护用品(反光背心、安全帽等);
7. 机械操作人员疲劳作业</td><td>1. 机械无警示标识或标识破损(警戒区、标牌、反光贴等);
2. 设备设施安全作业距离不足;
3. 设备带病作业(设备设施制动装置失效、运动或转动装置无防护或防护装置缺陷等);
4. 安全防护用品不合格(反光背心、安全帽、护目镜等)</td><td>1. 强风、暴雨、大雪、冰雹、大雾等不良天气;
2. 作业场地狭窄、不平整、道路湿滑;
3. 夜间施工照明不足;
4. 存在视野盲区</td><td>1. 机械设备安全管理制度不完善或未落实(检查维护保养不到位);
2. 未对机械设备、安全防护用品等进行进场验收或验收不到位;
3. 安全教育、培训、交底制度不完善或未落实;
4. 机械设备操作规程不规范或未落实;
5. 安全投入不足</td><td></td><td>√</td><td>√</td><td>√</td><td>√</td></tr>
</table>

续上表

施工作业内容	典型风险事件	致害物	致险因素				风险事件后果类型				
			人的因素	物的因素	环境因素	管理因素	易导致伤亡人员类型		人员伤亡		
							本人	他人	轻伤	重伤	死亡
现浇混凝土挡墙	触电	发电机、破损的电线、钢筋等导电材料、配电箱	1. 作业人员未正确使用安全防护用品（绝缘鞋、绝缘手套等）； 2. 作业人员操作错误或违章作业（带电检修维护）； 3. 管理人员违章指挥、强令冒险作业； 4. 电工、电焊工等特种人员未持有效证件上岗作业； 5. 人员疲劳作业	1. 电缆线、配电箱等电气设施不合格（线路破损、老化）； 2. 电气设施设置不规范（电缆拖地、配电箱无支架等）； 3. 带电设施无警示标识或标识破损安全防护装置不规范（未接地、无漏电保护器、接线端子无防护罩等）； 4. 防护不当、防护距离不足（配电柜、发电机无遮雨棚、防护围挡或防护破损）	1. 强风、雷雨、大雪等不良天气； 2. 作业场地杂乱、潮湿或积水； 3. 作业场地照明不足	1. 临时用电方案不完善或未落实； 2. 发电机等安全操作规程不规范或未落实； 3. 电气设施材料等未进行进场验收； 4. 无电工对用电设施进行巡查或巡查不到位； 5. 机械设备安全管理制度未落实（发电机、电焊机等机具检查维护保养不到位）； 6. 安全教育、培训、交底、检查制度不完善或未落实； 7. 安全投入不足	√		√	√	

续上表

施工作业内容	典型风险事件	致害物	致险因素				风险事件后果类型				
			人的因素	物的因素	环境因素	管理因素	易导致伤亡人员类型		人员伤亡		
							本人	他人	轻伤	重伤	死亡
现浇混凝土挡墙	船舶碰撞	船舶等	1. 船舶驾驶等人员技术、经验不足； 2. 管理人员违章指挥，强令冒险作业； 3. 作业人员身体健康状况异常、心理异常、感知异常（反应迟钝、辨识错误）； 4. 作业人员操作错误，违章作业	1. 船舶相关仪表设备老旧、失效； 2. 导航设施出现明显错误； 3. 船舶防撞设施缺失； 4. 周围船体碰撞施工船舶	1. 强风、暴雨、大雪、大雾等不良天气； 2. 光线、照明不足； 3. 水下暗流影响船体方向和速率； 4. 施工水域狭小	1. 船舶操作规程、应急预案不完善或未落实； 2. 未落实安全教育、培训、交底、检查制度； 3. 船舶等未按要求组织维修、检验等或属于三无船舶	√	√	√	√	
	船舶搁浅	浅滩等	1. 船舶驾驶等人员技术、经验不足； 2. 管理人员违章指挥，强令冒险作业； 3. 作业人员身体健康状况异常、心理异常、感知异常（反应迟钝、辨识错误）； 4. 作业人员操作错误，违章作业	1. 船舶相关仪表设备老旧、失效； 2. 导航、声呐设施出现明显错误	1. 强风、暴雨、大雪、大雾等不良天气； 2. 光线不足； 3. 水下地质突变； 4. 水位快速下降或退潮	1. 船舶操作规程、应急预案不完善或未落实； 2. 未落实安全教育、培训、交底、检查制度； 3. 船舶等未按要求组织维修、检验等或属于三无船舶； 4. 管理人员对气象和水体未提前预估	√	√	√		

续上表

施工作业内容	典型风险事件	致害物	致险因素				风险事件后果类型				
			人的因素	物的因素	环境因素	管理因素	易导致伤亡人员类型		人员伤亡		
							本人	他人	轻伤	重伤	死亡
现浇混凝土挡墙	船舶触损	水下岩石、沉船、抛石等	1. 船舶驾驶等人员技术、经验不足； 2. 管理人员违章指挥，强令冒险作业； 3. 作业人员身体健康状况异常、心理异常、感知异常（反应迟钝、辨识错误）； 4. 作业人员操作错误，违章作业	1. 船舶相关仪表设备老旧、失效； 2. 声呐设施出现明显错误； 3. 与重型物品撞击； 4. 水下尖锐物品或其他船只上尖锐部位触碰； 5. 船体老化	1. 强风、暴雨、大雪、大雾等不良天气； 2. 光线不足； 3. 水下地质突变； 4. 水中存在较大波浪	1. 船舶操作规程、应急预案不完善或未落实； 2. 未落实安全教育、培训、交底、检查制度； 3. 船舶等未按要求组织维修、检验等或属于三无船舶	√	√	√	√	
	船舶污染	船舶燃油、生活污水等	1. 船舶驾驶等人员技术、经验不足； 2. 管理人员违章指挥，强令冒险作业； 3. 作业人员身体健康状况异常、心理异常、感知异常（反应迟钝、辨识错误）； 4. 作业人员操作错误，违章作业	1. 船舶相关仪表设备老旧、失效； 2. 燃油桶或输油管破损	1. 强风、暴雨等不良天气； 2. 船内照明不足	1. 船舶操作规程、应急预案不完善或未落实； 2. 未落实安全教育、培训、交底、检查制度； 3. 船舶等未按要求组织维修、检验等或属于三无船舶		√	√		

续上表

施工作业内容	典型风险事件	致害物	致险因素				风险事件后果类型				
			人的因素	物的因素	环境因素	管理因素	易导致伤亡人员类型		人员伤亡		
							本人	他人	轻伤	重伤	死亡
现浇混凝土挡墙	船舶倾覆	风浪、船舶等	1. 船舶驾驶等人员技术、经验不足； 2. 管理人员违章指挥，强令冒险作业； 3. 作业人员身体健康状况异常、心理异常、感知异常（反应迟钝、辨识错误）； 4. 作业人员操作错误，违章作业	1. 船舶相关仪表设备老旧、失效； 2. 导航设施出现明显错误； 3. 船上物品偏载； 4. 系揽钩未绑扎牢固； 5. 物体撞击船体致出现破洞； 6. 船体刚度不足	1. 强风、暴雨等不良天气； 2. 光线不足； 3. 水中存在巨大波浪	1. 船舶操作规程、应急预案不完善或未落实； 2. 未落实安全教育、培训、交底、检查制度； 3. 船舶等未按要求组织维修、检验等或属于三无船舶	√	√	√	√	√
加筋土挡墙	物体打击	工具、材料等坠落物、抛射物、喷射物、溅射物	1. 现场作业人员未正确使用安全防护用品（安全帽等）； 2. 人员违章进入危险区域； 3. 管理人员违章指挥，强令冒险作业； 4. 作业人员身体健康状况异常、心理异常、感知异常（反应迟钝、辨识错误）； 5. 作业人员操作错误，违章作业（违章抛物等）	1. 安全防护用品不合格（安全帽等）； 2. 作业过程中产生的坠落物、抛射物、喷射物、溅射物等（工具、材料等）； 3. 未设置防护设施，防护设施存在缺陷（挡脚板、防护网等）； 4. 物品摆放位置不合理或未固定； 5. 物品尺寸超大、超长等	1. 强风、暴雨、冰雹、大雾等不良天气； 2. 作业场地杂乱； 3. 照明光线不足； 4. 机械、车船、场地等晃动、振动	1. 施工方案不完善或未落实； 2. 安全教育、培训、交底、检查制度不完善或未落实； 3. 安全防护用品等未进行进场验收或验收不到位； 4. 安全投入不足； 5. 现场无警示标识或标识破损（警戒区、标牌、反光锥等）		√	√	√	

续上表

施工作业内容	典型风险事件	致害物	致险因素				风险事件后果类型				
			人的因素	物的因素	环境因素	管理因素	易导致伤亡人员类型		人员伤亡		
							本人	他人	轻伤	重伤	死亡
加筋土挡墙	车辆伤害	运输、施工车辆等	1. 人员违章进入危险区域； 2. 管理人员违章指挥，强令冒险作业（进入驾驶员视野盲区等）； 3. 机驾人员未持有效证件上岗、机驾人员操作错误，违章作业（违规载人、酒后驾驶、超速、超限、超载作业）； 4. 机驾人员身体健康状况异常、心理异常、感知异常（反应迟钝、辨识错误）； 5. 机驾人员疲劳作业； 6. 现场人员未正确使用安全防护用品（反光背心、安全帽等）	1. 车辆未配备警示标识或标识破损（警戒区、标牌、反光锥、反光贴等）； 2. 车辆带“病”作业（制动装置、喇叭、后视镜、警示灯等设施缺陷）； 3. 车辆作业安全距离不足； 4. 人员安全防护用品不合格（反光背心、安全帽等）； 5. 车辆外观存在破损、配件行驶时脱落，运载物品尺寸超过车辆尺寸等； 6. 车辆转弯或后退时无明显提示	1. 强风、暴雨、大雪、冰雹、大雾等不良天气； 2. 作业场地狭窄、不平整、道路湿滑； 3. 车辆前后视线不良； 4. 存在视野盲区	1. 未对车辆、船机设备安全防护设施等进行进场验收或验收不到位； 2. 车船安全管理制度不完善或未落实（检查维护保养不到位）； 3. 安全操作规程不规范或未落实（作业前未对车船周围环境进行检查）； 4. 安全教育、培训、交底、检查制度不完善或未落实； 5. 职业健康管理制度不完善或未落实； 6. 安全投入不足	√	√	√	√	√

续上表

施工作业内容	典型风险事件	致害物	致险因素				风险事件后果类型				
			人的因素	物的因素	环境因素	管理因素	易导致伤亡人员类型		人员伤亡		
							本人	他人	轻伤	重伤	死亡
加筋土挡墙	机械伤害	挖掘机、打桩机、装载机及等施工小型机具等	1. 人员违章进入危险区域（机械作业半径等）； 2. 管理人员违章指挥，强令冒险作业； 3. 机械操作人员未持有效证件上岗； 4. 机械操作人员操作错误，违章作业（违规载人、酒后作业）； 5. 操作人员身体健康状况异常、心理异常、感知异常（反应迟钝、辨识错误）； 6. 现场作业人员未正确使用安全防护用品（反光背心、安全帽等）； 7. 机械操作人员疲劳作业	1. 机械无警示标识或标识破损（警戒区、标牌、反光贴等）； 2. 设备设施安全作业距离不足； 3. 设备带病作业（设备设施制动装置失效、运动或转动装置无防护或防护装置缺陷等）； 4. 安全防护用品不合格（反光背心、安全帽、护目镜等）	1. 强风、暴雨、大雪、冰雹、大雾等不良天气； 2. 作业场地狭窄、不平整、道路湿滑； 3. 夜间施工照明不足； 4. 存在视野盲区	1. 机械设备安全管理制度不完善或未落实（检查维护保养不到位）； 2. 未对机械设备、安全防护用品等进行进场验收或验收不到位； 3. 安全教育、培训、交底制度不完善或未落实； 4. 机械设备操作规程不规范或未落实； 5. 安全投入不足		√	√	√	√

续上表

施工作业内容	典型风险事件	致害物	致险因素				风险事件后果类型				
			人的因素	物的因素	环境因素	管理因素	易导致伤亡人员类型		人员伤亡		
							本人	他人	轻伤	重伤	死亡
加筋土挡墙	起重伤害	汽车起重机、履带式起重机、浮吊等起重设备、吊索吊具	1. 管理人员违章指挥,强令冒险作业; 2. 作业人员操作错误,违章作业; 3. 起重工、信号工未持有效证件上岗; 4. 现场作业人员未正确使用安全防护用品(安全帽等); 5. 抗倾覆验算错误; 6. 人员违章进入危险区域; 7. 起重人员身体健康状况异常、心理异常、感知异常(反应迟钝、辨识错误); 8. 作业人员疲劳作业	1. 设备自身缺陷(强度、刚度不足、抗倾覆能力不足); 2. 现场无警示标识或标识破损(警戒区、标牌、反光锥等); 3. 吊车支垫材料不合格(枕木、钢板等); 4. 构件防锈处理不合格; 5. 吊索吊具不合格或达到报废标准(钢丝绳、吊带、U 型卸扣等); 6. 无防护或防护装置缺陷(防脱钩装置、限位装置等); 7. 设备带“病”作业(制动装置等); 8. 安全防护用品不合格(反光背心、安全帽等)	1. 强风、暴雨、大雾、大雪等不良天气; 2. 地基承载力不足、基础下沉; 3. 作业场地照明不足; 4. 浮吊周围水域存在较大波浪或暗流; 5. 周围高空有较多障碍物; 6. 存在视野盲区	1. 施工方案不完善或未落实; 2. 安全教育、培训、交底、检查制度不完善或未落实; 3. 未对起重设备进行进场验收或验收不到位; 4. 安全投入不足; 5. 起重吊装作业时无专人监视; 6. 起重吊装安全操作规程不规范或未落实	√	√	√	√	√

续上表

施工作业内容	典型风险事件	致害物	致险因素				风险事件后果类型				
			人的因素	物的因素	环境因素	管理因素	易导致伤亡人员类型		人员伤亡		
							本人	他人	轻伤	重伤	死亡
砌石挡墙	物体打击	工具、材料等坠落物、抛射物、喷射物、溅射物	1. 现场作业人员未正确使用安全防护用品（安全帽等）； 2. 人员违章进入危险区域； 3. 管理人员违章指挥，强令冒险作业； 4. 作业人员身体健康状况异常、心理异常、感知异常（反应迟钝、辨识错误）； 5. 作业人员操作错误，违章作业（违章抛物等）	1. 安全防护用品不合格（安全帽等）； 2. 作业过程中产生的坠落物、抛射物、喷射物、溅射物等（工具、材料等）； 3. 未设置防护设施，防护设施存在缺陷（挡脚板、防护网等）； 4. 物品摆放位置不合理或未固定； 5. 物品尺寸超大、超长等	1. 强风、暴雨、冰雹、大雾等不良天气； 2. 作业场地杂乱； 3. 照明光线不足； 4. 机械、车船、场地等晃动、振动	1. 施工方案不完善或未落实； 2. 安全教育、培训、交底、检查制度不完善或未落实； 3. 安全防护用品等未进行进场验收或验收不到位； 4. 安全投入不足； 5. 现场无警示标识或标识破损（警戒区、标牌、反光锥等）		√	√	√	

续上表

施工作业内容	典型风险事件	致害物	致险因素				风险事件后果类型				
			人的因素	物的因素	环境因素	管理因素	易导致伤亡人员类型		人员伤亡		
							本人	他人	轻伤	重伤	死亡
砌石挡墙	车辆伤害	运输、施工车辆等	1. 人员违章进入危险区域； 2. 管理人员违章指挥，强令冒险作业（进入驾驶员视野盲区等）； 3. 机驾人员未持有效证件上岗、机驾人员操作错误，违章作业（违规载人、酒后驾驶、超速、超限、超载作业）； 4. 机驾人员身体健康状况异常、心理异常、感知异常（反应迟钝、辨识错误）； 5. 机驾人员疲劳作业现场作业人员； 6. 现场人员未正确使用安全防护用品（反光背心、安全帽等）	1. 车辆未配备警示标识或标识破损（警戒区、标牌、反光锥、反光贴等）； 2. 车辆带“病”作业（制动装置、喇叭、后视镜、警示灯等设施缺陷）； 3. 车辆作业安全距离不足； 4. 人员安全防护用品不合格（反光背心、安全帽等）； 5. 车辆外观存在破损、配件行驶时脱落，运载物品尺寸超过车辆尺寸等； 6. 车辆转弯或后退时无明显提示	1. 强风、暴雨、大雪、冰雹、大雾等不良天气； 2. 作业场地狭窄、不平整、道路湿滑； 3. 车辆前后视线不良； 4. 存在视野盲区	1. 未对车辆、船机设备安全防护设施等进行进场验收或验收不到位； 2. 车船安全管理制度不完善或未落实（检查维护保养不到位）； 3. 安全操作规程不规范或未落实（作业前未对车船周围环境进行检查）； 4. 安全教育、培训、交底、检查制度不完善或未落实； 5. 职业健康管理制度不完善或未落实； 6. 安全投入不足	√	√	√	√	√

续上表

施工作业内容	典型风险事件	致害物	致险因素				风险事件后果类型				
			人的因素	物的因素	环境因素	管理因素	易导致伤亡人员类型		人员伤亡		
							本人	他人	轻伤	重伤	死亡
砌石挡墙	机械伤害	挖掘机、搅拌机、破碎机、装载机等施工小型机具	1. 人员违章进入危险区域（机械作业半径等）； 2. 管理人员违章指挥，强令冒险作业； 3. 机械操作人员未持有效证件上岗； 4. 机械操作人员操作错误，违章作业（违规载人、酒后作业）； 5. 操作人员身体健康状况异常、心理异常、感知异常（反应迟钝、辨识错误）； 6. 现场作业人员未正确使用安全防护用品（反光背心、安全帽等）； 7. 机械操作人员疲劳作业	1. 机械无警示标识或标识破损（警戒区、标牌、反光贴等）； 2. 设备设施安全作业距离不足； 3. 设备带病作业（设备设施制动装置失效、运动或转动装置无防护或防护装置缺陷等）； 4. 安全防护用品不合格（反光背心、安全帽、护目镜等）	1. 强风、暴雨、大雪、冰雹、大雾等不良天气； 2. 作业场地狭窄、不平整、道路湿滑； 3. 夜间施工照明不足； 4. 存在视野盲区	1. 机械设备安全管理制度不完善或未落实（检查维护保养不到位）； 2. 未对机械设备、安全防护用品等进行进场验收或验收不到位； 3. 安全教育、培训、交底制度不完善或未落实； 4. 机械设备操作规程不规范或未落实； 5. 安全投入不足		√	√	√	√

续上表

施工作业内容	典型风险事件	致害物	致险因素				风险事件后果类型				
			人的因素	物的因素	环境因素	管理因素	易导致伤亡人员类型		人员伤亡		
							本人	他人	轻伤	重伤	死亡
装配式挡墙	物体打击	工具、材料、预制件	1. 现场作业人员未正确使用安全防护用品（安全帽等）； 2. 人员违章进入危险区域； 3. 管理人员违章指挥，强令冒险作业； 4. 作业人员身体健康状况异常、心理异常、感知异常（反应迟钝、辨识错误）； 5. 作业人员操作错误，违章作业（违章抛物等）	1. 安全防护用品不合格（安全帽等）； 2. 作业过程中产生的坠落物、抛射物、喷射物、溅射物等（工具、材料等）； 3. 未设置防护设施，防护设施存在缺陷（挡脚板、防护网等）； 4. 物品摆放位置不合理或未固定； 5. 物品尺寸超大、超长等	1. 强风、暴雨、冰雹、大雾等不良天气； 2. 作业场地杂乱； 3. 照明光线不足； 4. 机械、车船、场地等晃动、振动	1. 施工方案不完善或未落实； 2. 安全教育、培训、交底、检查制度不完善或未落实； 3. 安全防护用品等未进行进场验收或验收不到位； 4. 安全投入不足； 5. 现场无警示标识或标识破损（警戒区、标牌、反光锥等）		√	√	√	

续上表

施工作业内容	典型风险事件	致害物	致险因素				风险事件后果类型				
			人的因素	物的因素	环境因素	管理因素	易导致伤亡人员类型		人员伤亡		
							本人	他人	轻伤	重伤	死亡
装配式挡墙	车辆伤害	运输、施工车辆等	1. 人员违章进入危险区域； 2. 管理人员违章指挥，强令冒险作业（进入驾驶员视野盲区等）； 3. 机驾人员未持有效证件上岗、机驾人员操作错误，违章作业（违规载人、酒后驾驶、超速、超限、超载作业）； 4. 机驾人员身体健康状况异常、心理异常、感知异常（反应迟钝、辨识错误）； 5. 机驾人员疲劳作业； 6. 现场人员未正确使用安全防护用品（反光背心、安全帽等）	1. 车辆未配备警示标识或标识破损（警戒区、标牌、反光锥、反光贴等）； 2. 车辆带“病”作业（制动装置、喇叭、后视镜、警示灯等设施缺陷）； 3. 车辆作业安全距离不足； 4. 人员安全防护用品不合格（反光背心、安全帽等）； 5. 车辆外观存在破损、配件行驶时脱落，运载物品尺寸超过车辆尺寸等； 6. 车辆转弯或后退时无明显提示	1. 强风、暴雨、大雪、冰雹、大雾等不良天气； 2. 作业场地狭窄、不平整、道路湿滑； 3. 车辆前后视线不良； 4. 存在视野盲区	1. 未对车辆、船机设备安全防护设施等进行进场验收或验收不到位； 2. 车船安全管理制度不完善或未落实（检查维护保养不到位）； 3. 安全操作规程不规范或未落实（作业前未对车船周围环境进行检查）； 4. 安全教育、培训、交底、检查制度不完善或未落实； 5. 职业健康管理制度不完善或未落实； 6. 安全投入不足	√	√	√	√	√

续上表

施工作业内容	典型风险事件	致害物	致险因素				风险事件后果类型				
			人的因素	物的因素	环境因素	管理因素	易导致伤亡人员类型		人员伤亡		
							本人	他人	轻伤	重伤	死亡
装配式挡墙	机械伤害	装载机等施工小型机具	1. 人员违章进入危险区域（机械作业半径等）； 2. 管理人员违章指挥，强令冒险作业； 3. 机械操作人员未持有效证件上岗； 4. 机械操作人员操作错误，违章作业（违规载人、酒后作业）； 5. 操作人员身体健康状况异常、心理异常、感知异常（反应迟钝、辨识错误）； 6. 现场作业人员未正确使用安全防护用品（反光背心、安全帽等）； 7. 机械操作人员疲劳作业	1. 机械无警示标识或标识破损（警戒区、标牌、反光贴等）； 2. 设备设施安全作业距离不足； 3. 设备带病作业（设备设施制动装置失效、运动或转动装置无防护或防护装置缺陷等）； 4. 安全防护用品不合格（反光背心、安全帽、护目镜等）	1. 强风、暴雨、大雪、冰雹、大雾等不良天气； 2. 作业场地狭窄、不平整、道路湿滑； 3. 夜间施工照明不足； 4. 存在视野盲区	1. 机械设备安全管理制度不完善或未落实（检查维护保养不到位）； 2. 未对机械设备、安全防护用品等进行进场验收或验收不到位； 3. 安全教育、培训、交底制度不完善或未落实； 4. 机械设备操作规程不规范或未落实； 5. 安全投入不足		√	√	√	√

续上表

施工作业内容	典型风险事件	致害物	致险因素				风险事件后果类型				
			人的因素	物的因素	环境因素	管理因素	易导致伤亡人员类型		人员伤亡		
							本人	他人	轻伤	重伤	死亡
装配式挡墙	起重伤害	汽车起重机、履带式起重机、浮吊等起重设备、吊索吊具	1. 管理人员违章指挥，强令冒险作业； 2. 作业人员操作错误，违章作业； 3. 起重工、信号工未持有效证件上岗； 4. 现场作业人员未正确使用安全防护用品（安全帽等）； 5. 抗倾覆验算错误； 6. 人员违章进入危险区域； 7. 起重人员身体健康状况异常、心理异常、感知异常（反应迟钝、辨识错误）； 8. 作业人员疲劳作业	1. 设备自身缺陷（强度、刚度不足、抗倾覆能力不足）； 2. 现场无警示标识或标识破损（警戒区、标牌、反光锥等）； 3. 吊车支垫材料不合格（枕木、钢板等）； 4. 构件防锈处理不合格； 5. 吊索吊具不合格或达到报废标准（钢丝绳、吊带、U型卸扣等）； 6. 无防护或防护装置缺陷（防脱钩装置、限位装置等）； 7. 设备带“病”作业（制动装置等）； 8. 安全防护用品不合格（反光背心、安全帽等）	1. 强风、暴雨、大雾、大雪等不良天气； 2. 地基承载力不足、基础下沉； 3. 作业场地照明不足； 4. 浮吊周围水域存在较大波浪或暗流； 5. 周围高空有较多障碍物； 6. 存在视野盲区	1. 施工方案不完善或未落实； 2. 安全教育、培训、交底、检查制度不完善或未落实； 3. 未对起重设备进行进场验收或验收不到位； 4. 安全投入不足； 5. 起重吊装作业时无专人监视； 6. 起重吊装安全操作规程不规范或未落实	√	√	√	√	√

续上表

施工作业内容	典型风险事件	致害物	致险因素				风险事件后果类型				
			人的因素	物的因素	环境因素	管理因素	易导致伤亡人员类型		人员伤亡		
							本人	他人	轻伤	重伤	死亡
装配式挡墙	船舶碰撞	船舶等	1. 船舶驾驶等人员技术、经验不足； 2. 管理人员违章指挥，强令冒险作业； 3. 作业人员身体健康状况异常、心理异常、感知异常（反应迟钝、辨识错误）； 4. 作业人员操作错误，违章作业	1. 船舶相关仪表设备老旧、失效； 2. 导航设施出现明显错误； 3. 船舶防撞设施缺失； 4. 周围船体碰撞施工船舶	1. 强风、暴雨、大雪、大雾等不良天气； 2. 光线、照明不足； 3. 水下暗流影响船体方向和速率； 4. 施工水域狭小	1. 船舶操作规程、应急预案不完善或未落实； 2. 未落实安全教育、培训、交底、检查制度； 3. 船舶等未按要求组织维修、检验等或属于三无船舶	√	√	√	√	
	船舶搁浅	浅滩等	1. 船舶驾驶等人员技术、经验不足； 2. 管理人员违章指挥，强令冒险作业； 3. 作业人员身体健康状况异常、心理异常、感知异常（反应迟钝、辨识错误）； 4. 作业人员操作错误，违章作业	1. 船舶相关仪表设备老旧、失效； 2. 导航、声呐设施出现明显错误	1. 强风、暴雨、大雪、大雾等不良天气； 2. 光线不足； 3. 水下地质突变； 4. 水位快速下降或退潮	1. 船舶操作规程、应急预案不完善或未落实； 2. 未落实安全教育、培训、交底、检查制度； 3. 船舶等未按要求组织维修、检验等或属于三无船舶； 4. 管理人员对气象和水体未提前预估	√	√	√		

续上表

施工作业内容	典型风险事件	致害物	致险因素				风险事件后果类型				
			人的因素	物的因素	环境因素	管理因素	易导致伤亡人员类型		人员伤亡		
							本人	他人	轻伤	重伤	死亡
装配式挡墙	船舶触损	水下岩石、沉船、抛石等	1. 船舶驾驶等人员技术、经验不足； 2. 管理人员违章指挥，强令冒险作业； 3. 作业人员身体健康状况异常、心理异常、感知异常（反应迟钝、辨识错误）； 4. 作业人员操作错误，违章作业	1. 船舶相关仪表设备老旧、失效； 2. 声呐设施出现明显错误； 3. 与重型物品撞击； 4. 水下尖锐物品或其他船只上尖锐部位触碰； 5. 船体老化	1. 强风、暴雨、大雪、大雾等不良天气； 2. 光线不足； 3. 水下地质突变； 4. 水中存在较大波浪	1. 船舶操作规程、应急预案不完善或未落实； 2. 未落实安全教育、培训、交底、检查制度； 3. 船舶等未按要求组织维修、检验等或属于三无船舶	√	√	√	√	
	船舶污染	船舶燃油、生活污水等	1. 船舶驾驶等人员技术、经验不足； 2. 管理人员违章指挥，强令冒险作业； 3. 作业人员身体健康状况异常、心理异常、感知异常（反应迟钝、辨识错误）； 4. 作业人员操作错误，违章作业	1. 船舶相关仪表设备老旧、失效； 2. 燃油桶或输油管破损	1. 强风、暴雨等不良天气； 2. 船内照明不足	1. 船舶操作规程、应急预案不完善或未落实； 2. 未落实安全教育、培训、交底、检查制度； 3. 船舶等未按要求组织维修、检验等或属于三无船舶		√	√		

续上表

施工作业内容	典型风险事件	致害物	致险因素				风险事件后果类型				
			人的因素	物的因素	环境因素	管理因素	易导致伤亡人员类型		人员伤亡		
							本人	他人	轻伤	重伤	死亡
装配式挡墙	船舶倾覆	风浪、船舶等	1. 船舶驾驶等人员技术、经验不足； 2. 管理人员违章指挥，强令冒险作业； 3. 作业人员身体健康状况异常、心理异常、感知异常（反应迟钝、辨识错误）； 4. 作业人员操作错误，违章作业	1. 船舶相关仪表设备老旧、失效； 2. 导航设施出现明显错误； 3. 船上物品偏载； 4. 系揽钩未绑扎牢固； 5. 物体撞击船体致出现破洞； 6. 船体刚度不足	1. 强风、暴雨等不良天气； 2. 光线不足； 3. 水中存在巨大波浪	1. 船舶操作规程、应急预案不完善或未落实； 2. 未落实安全教育、培训、交底、检查制度； 3. 船舶等未按要求组织维修、检验等或属于三无船舶	√	√	√	√	√
钢板桩挡墙	物体打击	工具、材料、预制结构	1. 现场作业人员未正确使用安全防护用品（安全帽等）； 2. 人员违章进入危险区域； 3. 管理人员违章指挥，强令冒险作业； 4. 作业人员身体健康状况异常、心理异常、感知异常（反应迟钝、辨识错误）； 5. 作业人员操作错误，违章作业（违章抛物等）	1. 安全防护用品不合格（安全帽等）； 2. 作业过程中产生的坠落物、抛射物、喷射物、溅射物等（工具、材料等）； 3. 未设置防护设施，防护设施存在缺陷（挡脚板、防护网等）； 4. 物品摆放位置不合理或未固定； 5. 物品尺寸超大、超长等	1. 强风、暴雨、冰雹、大雾等不良天气； 2. 作业场地杂乱； 3. 照明光线不足； 4. 机械、车船、场地等晃动、振动	1. 施工方案不完善或未落实； 2. 安全教育、培训、交底、检查制度不完善或未落实； 3. 安全防护用品等未进行进场验收或验收不到位； 4. 安全投入不足； 5. 现场无警示标识或标识破损（警戒区、标牌、反光锥等）		√	√	√	

续上表

施工作业内容	典型风险事件	致害物	致险因素				风险事件后果类型				
			人的因素	物的因素	环境因素	管理因素	易导致伤亡人员类型		人员伤亡		
							本人	他人	轻伤	重伤	死亡
钢板桩挡墙	车辆伤害	运输、施工车辆等	1. 人员违章进入危险区域； 2. 管理人员违章指挥，强令冒险作业（进入驾驶员视野盲区等）； 3. 机驾人员未持有效证件上岗、机驾人员操作错误，违章作业（违规载人、酒后驾驶、超速、超限、超载作业）； 4. 机驾人员身体健康状况异常、心理异常、感知异常（反应迟钝、辨识错误）； 5. 机驾人员疲劳作业； 6. 现场人员未正确使用安全防护用品（反光背心、安全帽等）	1. 车辆未配备警示标识或标识破损（警戒区、标牌、反光锥、反光贴等）； 2. 车辆带“病”作业（制动装置、喇叭、后视镜、警示灯等设施缺陷）； 3. 车辆作业安全距离不足； 4. 人员安全防护用品不合格（反光背心、安全帽等）； 5. 车辆外观存在破损、配件行驶时脱落，运载物品尺寸超过车辆尺寸等； 6. 车辆转弯或后退时无明显提示	1. 强风、暴雨、大雪、冰雹、大雾等不良天气； 2. 作业场地狭窄、不平整、道路湿滑； 3. 车辆前后视线不良； 4. 存在视野盲区	1. 未对车辆、船机设备安全防护设施等进行进场验收或验收不到位； 2. 车船安全管理制度不完善或未落实（检查维护保养不到位）； 3. 安全操作规程不规范或未落实（作业前未对车船周围环境进行检查）； 4. 安全教育、培训、交底、检查制度不完善或未落实； 5. 职业健康管理制度不完善或未落实； 6. 安全投入不足	√	√	√	√	√

续上表

施工作业内容	典型风险事件	致害物	致险因素				风险事件后果类型				
			人的因素	物的因素	环境因素	管理因素	易导致伤亡人员类型		人员伤亡		
							本人	他人	轻伤	重伤	死亡
钢板桩挡墙	机械伤害	打桩机、装载机等施工小型机具	1. 人员违章进入危险区域（机械作业半径等）； 2. 管理人员违章指挥，强令冒险作业； 3. 机械操作人员未持有效证件上岗； 4. 机械操作人员操作错误，违章作业（违规载人、酒后作业）； 5. 操作人员身体健康状况异常、心理异常、感知异常（反应迟钝、辨识错误）； 6. 现场作业人员未正确使用安全防护用品（反光背心、安全帽等）； 7. 机械操作人员疲劳作业	1. 机械无警示标识或标识破损（警戒区、标牌、反光贴等）； 2. 设备设施安全作业距离不足； 3. 设备带病作业（设备设施制动装置失效、运动或转动装置无防护或防护装置缺陷等）； 4. 安全防护用品不合格（反光背心、安全帽、护目镜等）	1. 强风、暴雨、大雪、冰雹、大雾等不良天气； 2. 作业场地狭窄、不平整、道路湿滑； 3. 夜间施工照明不足； 4. 存在视野盲区	1. 机械设备安全管理制度不完善或未落实（检查维护保养不到位）； 2. 未对机械设备、安全防护用品等进行进场验收或验收不到位； 3. 安全教育、培训、交底制度不完善或未落实； 4. 机械设备操作规程不规范或未落实； 5. 安全投入不足		√	√	√	√

续上表

施工作业内容	典型风险事件	致害物	致险因素				风险事件后果类型				
			人的因素	物的因素	环境因素	管理因素	易导致伤亡人员类型		人员伤亡		
							本人	他人	轻伤	重伤	死亡
钢板桩挡墙	起重伤害	汽车起重机、履带式起重机等起重设备、吊索吊具	1. 管理人员违章指挥，强令冒险作业； 2. 作业人员操作错误，违章作业； 3. 起重工、信号工未持有效证件上岗； 4. 现场作业人员未正确使用安全防护用品（安全帽等）； 5. 抗倾覆验算错误； 6. 人员违章进入危险区域； 7. 起重人员身体健康状况异常、心理异常、感知异常（反应迟钝、辨识错误）； 8. 作业人员疲劳作业	1. 设备自身缺陷（强度、刚度不足、抗倾覆能力不足）； 2. 现场无警示标识或标识破损（警戒区、标牌、反光锥等）； 3. 吊车支垫材料不合格（枕木、钢板等）； 4. 构件防锈处理不合格； 5. 吊索吊具不合格或达到报废标准（钢丝绳、吊带、U型卸扣等）； 6. 无防护或防护装置缺陷（防脱钩装置、限位装置等）； 7. 设备带“病”作业（制动装置等）； 8. 安全防护用品不合格（反光背心、安全帽等）	1. 强风、暴雨、大雾、大雪等不良天气； 2. 地基承载力不足、基础下沉； 3. 作业场地照明不足； 4. 周围高空有较多障碍物； 5. 存在视野盲区	1. 施工方案不完善或未落实； 2. 安全教育、培训、交底、检查制度不完善或未落实； 3. 未对起重设备进行进场验收或验收不到位； 4. 安全投入不足； 5. 起重吊装作业时无专人监视； 6. 起重吊装安全操作规程不规范或未落实	√	√	√	√	√

续上表

施工作业内容	典型风险事件	致害物	致险因素				风险事件后果类型				
			人的因素	物的因素	环境因素	管理因素	易导致伤亡人员类型		人员伤亡		
							本人	他人	轻伤	重伤	死亡
钢板桩挡墙	触电	发电机、破损的电线、钢筋等导电材料、配电箱	1. 作业人员未正确使用安全防护用品（绝缘鞋、绝缘手套等）； 2. 作业人员操作错误或违章作业（带电检修维护等）； 3. 管理人员违章指挥、强令冒险作业； 4. 电工、电焊工等特种人员未持有效证件上岗作业； 5. 作业人员疲劳作业	1. 电缆线、配电箱等电气设施不合格（线路破损、老化）； 2. 电气设施设置不规范（电缆拖地、配电箱无支架等）； 3. 带电设施无警示标识或标识破损安全防护装置不规范（未接地、无漏电保护器、接线端子无防护罩等）； 4. 防护不当、防护距离不足（配电柜、发电机无遮雨棚、防护围挡或防护破损）	1. 强风、雷雨、大雪等不良天气； 2. 作业场地杂乱、潮湿或积水； 3. 作业场地照明不足	1. 临时用电方案不完善或未落实； 2. 发电机等安全操作规程不规范或未落实； 3. 电气设施材料等未进行进场验收； 4. 无电工对用电设施进行巡查或巡查不到位； 5. 机械设备安全管理制度未落实（发电机、电焊机等机具检查维护保养不到位）； 6. 安全教育、培训、交底、检查制度不完善或未落实； 7. 安全投入不足	√		√	√	

续上表

施工作业内容	典型风险事件	致害物	致险因素				风险事件后果类型				
			人的因素	物的因素	环境因素	管理因素	易导致伤亡人员类型		人员伤亡		
							本人	他人	轻伤	重伤	死亡
钢板桩挡墙	淹溺	周边水域	1. 管理人员违章指挥,强令冒险作业; 2. 作业人员心理异常(冒险侥幸心理); 3. 作业人员操作错误,违章作业; 4. 违反劳动纪律行为(管理人员脱岗); 5. 作业人员未正确使用安全防护用品	1. 现场无警示标识或标识破损; 2. 现场救生设施不足; 3. 水下存在不明物体或生物的拖拽或缠绕	1. 雷雨、大风(6 级以上)、冰雹、大雾等恶劣天气作业; 2. 水体寒冷; 3. 水体内能见度不足	1. 专项施工方案、应急预案不完善或未落实; 2. 未落实安全教育、培训、交底、检查制度; 3. 现场监控看管不到位	√		√		√
混凝土板桩挡墙	物体打击	工具、材料等坠落物、抛射物、喷射物、溅射物	1. 现场作业人员未正确使用安全防护用品(安全帽等); 2. 人员违章进入危险区域; 3. 管理人员违章指挥,强令冒险作业; 4. 作业人员身体健康状况异常、心理异常、感知异常(反应迟钝、辨识错误); 5. 作业人员操作错误,违章作业(违章抛物等)	1. 安全防护用品不合格(安全帽等); 2. 作业过程中产生的坠落物、抛射物、喷射物、溅射物等(工具、材料等); 3. 未设置防护设施,防护设施存在缺陷(挡脚板、防护网等); 4. 物品摆放位置不合理或未固定; 5. 物品尺寸超大、超长等	1. 强风、暴雨、冰雹、大雾等不良天气; 2. 作业场地杂乱; 3. 照明光线不足; 4. 机械、车船、场地等晃动、振动	1. 施工方案不完善或未落实; 2. 安全教育、培训、交底、检查制度不完善或未落实; 3. 安全防护用品等未进行进场验收或验收不到位; 4. 安全投入不足; 5. 现场无警示标识或标识破损(警戒区、标牌、反光锥等)		√	√	√	

续上表

施工作业内容	典型风险事件	致害物	致险因素				风险事件后果类型				
			人的因素	物的因素	环境因素	管理因素	易导致伤亡人员类型		人员伤亡		
							本人	他人	轻伤	重伤	死亡
混凝土板桩挡墙	车辆伤害	运输、施工车辆等	1. 人员违章进入危险区域； 2. 管理人员违章指挥，强令冒险作业（进入驾驶员视野盲区等）； 3. 机驾人员未持有效证件上岗、机驾人员操作错误，违章作业（违规载人、酒后驾驶、超速、超限、超载作业）； 4. 机驾人员身体健康状况异常、心理异常、感知异常（反应迟钝、辨识错误）； 5. 机驾人员疲劳作业； 6. 现场人员未正确使用安全防护用品（反光背心、安全帽等）	1. 车辆未配备警示标识或标识破损（警戒区、标牌、反光锥、反光贴等）； 2. 车辆带“病”作业（制动装置、喇叭、后视镜、警示灯等设施缺陷）； 3. 车辆作业安全距离不足； 4. 人员安全防护用品不合格（反光背心、安全帽等）； 5. 车辆外观存在破损、配件行驶时脱落，运载物品尺寸超过车辆尺寸等； 6. 车辆转弯或后退时无明显提示	1. 强风、暴雨、大雪、冰雹、大雾等不良天气； 2. 作业场地狭窄、不平整、道路湿滑； 3. 车辆前后视线不良； 4. 存在视野盲区	1. 未对车辆、船机设备安全防护设施等进行进场验收或验收不到位； 2. 车船安全管理制度不完善或未落实（检查维护保养不到位）； 3. 安全操作规程不规范或未落实（作业前未对车船周围环境进行检查）； 4. 安全教育、培训、交底、检查制度不完善或未落实； 5. 职业健康管理制度不完善或未落实； 6. 安全投入不足	√	√	√	√	√

续上表

施工作业内容	典型风险事件	致害物	致险因素				风险事件后果类型				
			人的因素	物的因素	环境因素	管理因素	易导致伤亡人员类型		人员伤亡		
							本人	他人	轻伤	重伤	死亡
混凝土板桩挡墙	机械伤害	挖掘机、打桩机、搅拌机、破碎机、弯曲机、切割机、装载机等施工小型机具	1. 人员违章进入危险区域（机械作业半径等）； 2. 管理人员违章指挥，强令冒险作业； 3. 机械操作人员未持有效证件上岗； 4. 机械操作人员操作错误，违章作业（违规载人、酒后作业）； 5. 操作人员身体健康状况异常、心理异常、感知异常（反应迟钝、辨识错误）； 6. 现场作业人员未正确使用安全防护用品（反光背心、安全帽等）； 7. 机械操作人员疲劳作业	1. 机械无警示标识或标识破损（警戒区、标牌、反光贴等）； 2. 设备设施安全作业距离不足； 3. 设备带病作业（设备设施制动装置失效、运动或转动装置无防护或防护装置缺陷等）； 4. 安全防护用品不合格（反光背心、安全帽、护目镜等）	1. 强风、暴雨、大雪、冰雹、大雾等不良天气； 2. 作业场地狭窄、不平整、道路湿滑； 3. 夜间施工照明不足； 4. 存在视野盲区	1. 机械设备安全管理制度不完善或未落实（检查维护保养不到位）； 2. 未对机械设备、安全防护用品等进行进场验收或验收不到位； 3. 安全教育、培训、交底制度不完善或未落实； 4. 机械设备操作规程不规范或未落实； 5. 安全投入不足		√	√	√	√

续上表

施工作业内容	典型风险事件	致害物	致险因素				风险事件后果类型				
			人的因素	物的因素	环境因素	管理因素	易导致伤亡人员类型		人员伤亡		
							本人	他人	轻伤	重伤	死亡
混凝土板桩挡墙	起重伤害	汽车起重机、履带式起重机、浮吊等起重设备、吊索吊具	1. 管理人员违章指挥,强令冒险作业; 2. 作业人员操作错误,违章作业; 3. 起重工、信号工未持有效证件上岗; 4. 现场作业人员未正确使用安全防护用品(安全帽等); 5. 抗倾覆验算错误; 6. 人员违章进入危险区域; 7. 起重人员身体健康状况异常、心理异常、感知异常(反应迟钝、辨识错误); 8. 作业人员疲劳作业	1. 设备自身缺陷(强度、刚度不足、抗倾覆能力不足); 2. 现场无警示标识或标识破损(警戒区、标牌、反光锥等); 3. 吊车支垫材料不合格(枕木、钢板等); 4. 构件防锈处理不合格; 5. 吊索吊具不合格或达到报废标准(钢丝绳、吊带、U 型卸扣等); 6. 无防护或防护装置缺陷(防脱钩装置、限位装置等); 7. 设备带"病"作业(制动装置等); 8. 安全防护用品不合格(反光背心、安全帽等)	1. 强风、暴雨、大雾、大雪等不良天气; 2. 地基承载力不足、基础下沉; 3. 作业场地照明不足; 4. 浮吊周围水域存在较大波浪或暗流; 5. 周围高空有较多障碍物; 6. 存在视野盲区	1. 施工方案不完善或未落实; 2. 安全教育、培训、交底、检查制度不完善或未落实; 3. 未对起重设备进行进场验收或验收不到位; 4. 安全投入不足; 5. 起重吊装作业时无专人监视; 6. 起重吊装安全操作规程不规范或未落实	√	√	√	√	√

续上表

施工作业内容	典型风险事件	致害物	致险因素				风险事件后果类型				
			人的因素	物的因素	环境因素	管理因素	易导致伤亡人员类型		人员伤亡		
							本人	他人	轻伤	重伤	死亡
混凝土板桩挡墙	淹溺	周边水域	1. 管理人员违章指挥,强令冒险作业; 2. 人员心理异常(冒险侥幸心理); 3. 作业人员操作错误,违章作业; 4. 违反劳动纪律行为(管理人员脱岗); 5. 人员未正确使用安全防护用品	1. 现场无警示标识或标识破损; 2. 现场救生设施不足; 3. 水下存在不明物体或生物的拖拽或缠绕	1. 雷雨、大风(6 级以上)、冰雹、大雾等恶劣天气作业; 2. 水体寒冷; 3. 水体内能见度不足	1. 专项施工方案、应急预案不完善或未落实; 2. 未落实安全教育、培训、交底、检查制度; 3. 现场监控看管不到位	√		√		√
灌注桩挡墙	物体打击	工具、材料等坠落物、抛射物、喷射物、溅射物	1. 现场作业人员未正确使用安全防护用品(安全帽等); 2. 人员违章进入危险区域; 3. 管理人员违章指挥,强令冒险作业; 4. 作业人员身体健康状况异常、心理异常、感知异常(反应迟钝、辨识错误); 5. 作业人员操作错误,违章作业(违章抛物)	1. 安全防护用品不合格(安全帽等); 2. 作业过程中产生的坠落物、抛射物、喷射物、溅射物等(工具、材料等); 3. 未设置防护设施,防护设施存在缺陷(挡脚板、防护网等); 4. 物品摆放位置不合理或未固定; 5. 物品尺寸超大、超长等	1. 强风、暴雨、冰雹、大雾等不良天气; 2. 作业场地杂乱; 3. 照明光线不足; 4. 机械、车船、场地等晃动、振动	1. 施工方案不完善或未落实; 2. 安全教育、培训、交底、检查制度不完善或未落实; 3. 安全防护用品等未进行进场验收或验收不到位; 4. 安全投入不足; 5. 现场无警示标识或标识破损(警戒区、标牌、反光锥等)		√	√	√	

续上表

施工作业内容	典型风险事件	致害物	致险因素				风险事件后果类型				
			人的因素	物的因素	环境因素	管理因素	易导致伤亡人员类型		人员伤亡		
							本人	他人	轻伤	重伤	死亡
灌注桩挡墙	车辆伤害	运输、施工车辆等	1. 人员违章进入危险区域； 2. 管理人员违章指挥，强令冒险作业（进入驾驶员视野盲区等）； 3. 机驾人员未持有效证件上岗、机驾人员操作错误，违章作业（违规载人、酒后驾驶、超速、超限、超载作业）； 4. 机驾人员身体健康状况异常、心理异常、感知异常（反应迟钝、辨识错误）； 5. 机驾人员疲劳作业； 6. 现场人员未正确使用安全防护用品（反光背心、安全帽等）	1. 车辆未配备警示标识或标识破损（警戒区、标牌、反光锥、反光贴等）； 2. 车辆带“病”作业（制动装置、喇叭、后视镜、警示灯等设施缺陷）； 3. 车辆作业安全距离不足； 4. 人员安全防护用品不合格（反光背心、安全帽等）； 5. 车辆外观存在破损、配件行驶时脱落，运载物品尺寸超过车辆尺寸等； 6. 车辆转弯或后退时无明显提示	1. 强风、暴雨、大雪、冰雹、大雾等不良天气； 2. 作业场地狭窄、不平整、道路湿滑； 3. 车辆前后视线不良； 4. 存在视野盲区	1. 未对车辆、船机设备安全防护设施等进行进场验收或验收不到位； 2. 车船安全管理制度不完善或未落实（检查维护保养不到位）； 3. 安全操作规程不规范或未落实（作业前未对车船周围环境进行检查）； 4. 安全教育、培训、交底、检查制度不完善或未落实； 5. 职业健康管理制度不完善或未落实； 6. 安全投入不足	√	√	√	√	√

续上表

施工作业内容	典型风险事件	致害物	致险因素				风险事件后果类型				
			人的因素	物的因素	环境因素	管理因素	易导致伤亡人员类型		人员伤亡		
							本人	他人	轻伤	重伤	死亡
灌注桩挡墙	机械伤害	挖掘机、打桩机、搅拌机、装载机等施工小型机具等	1. 人员违章进入危险区域（机械作业半径等）； 2. 管理人员违章指挥，强令冒险作业； 3. 机械操作人员未持有效证件上岗； 4. 机械操作人员操作错误，违章作业（违规载人、酒后作业）； 5. 操作人员身体健康状况异常、心理异常、感知异常（反应迟钝、辨识错误）； 6. 现场作业人员未正确使用安全防护用品（反光背心、安全帽等）； 7. 机械操作人员疲劳作业	1. 机械无警示标识或标识破损（警戒区、标牌、反光贴等）； 2. 设备设施安全作业距离不足； 3. 设备带病作业（设备设施制动装置失效、运动或转动装置无防护或防护装置缺陷等）； 4. 安全防护用品不合格（反光背心、安全帽、护目镜等）	1. 强风、暴雨、大雪、冰雹、大雾等不良天气； 2. 作业场地狭窄、不平整、道路湿滑； 3. 夜间施工照明不足； 4. 存在视野盲区	1. 机械设备安全管理制度不完善或未落实（检查维护保养不到位）； 2. 未对机械设备、安全防护用品等进行进场验收或验收不到位； 3. 安全教育、培训、交底制度不完善或未落实； 4. 机械设备操作规程不规范或未落实； 5. 安全投入不足		√	√	√	√

续上表

施工作业内容	典型风险事件	致害物	致险因素				风险事件后果类型				
			人的因素	物的因素	环境因素	管理因素	易导致伤亡人员类型		人员伤亡		
							本人	他人	轻伤	重伤	死亡
灌注桩挡墙	起重伤害	汽车起重机、履带式起重机等起重设备、吊索吊具	1. 管理人员违章指挥，强令冒险作业； 2. 作业人员操作错误，违章作业； 3. 起重工、信号工未持有效证件上岗； 4. 现场作业人员未正确使用安全防护用品（安全帽等）； 5. 抗倾覆验算错误； 6. 人员违章进入危险区域； 7. 起重人员身体健康状况异常、心理异常、感知异常（反应迟钝、辨识错误）； 8. 作业人员疲劳作业	1. 设备自身缺陷（强度、刚度不足、抗倾覆能力不足）； 2. 现场无警示标识或标识破损（警戒区、标牌、反光锥等）； 3. 吊车支垫材料不合格（枕木、钢板等）； 4. 构件防锈处理不合格； 5. 吊索吊具不合格或达到报废标准（钢丝绳、吊带、U 型卸扣等）； 6. 无防护或防护装置缺陷（防脱钩装置、限位装置等）； 7. 设备带“病”作业（制动装置等）； 8. 安全防护用品不合格（反光背心、安全帽等）	1. 强风、暴雨、大雾、大雪等不良天气； 2. 地基承载力不足、基础下沉； 3. 作业场地照明不足； 4. 周围高空有较多障碍物； 5. 存在视野盲区	1. 施工方案不完善或未落实； 2. 安全教育、培训、交底、检查制度不完善或未落实； 3. 未对起重设备进行进场验收或验收不到位； 4. 安全投入不足； 5. 起重吊装作业时无专人监视； 6. 起重吊装安全操作规程不规范或未落实	√	√	√	√	√

续上表

施工作业内容	典型风险事件	致害物	致险因素				风险事件后果类型				
			人的因素	物的因素	环境因素	管理因素	易导致伤亡人员类型		人员伤亡		
							本人	他人	轻伤	重伤	死亡
灌注桩挡墙	触电	发电机、破损的电线、钢筋等导电材料、配电箱	1. 作业人员未正确使用安全防护用品(绝缘鞋、绝缘手套等); 2. 作业人员操作错误或违章作业(带电检修维护); 3. 管理人员违章指挥,强令冒险作业; 4. 电工、电焊工等特种人员未持有效证件上岗作业; 5. 人员疲劳作业	1. 电缆线、配电箱等电气设施不合格(线路破损、老化); 2. 电气设施设置不规范(电缆拖地、配电箱无支架等); 3. 带电设施无警示标识或标识破损安全防护装置不规范(未接地、无漏电保护器、接线端子无防护罩等); 4. 防护不当、防护距离不足(配电柜、发电机无遮雨棚、防护围挡或防护破损)	1. 强风、雷雨、大雪等不良天气; 2. 作业场地杂乱、潮湿或积水; 3. 作业场地照明不足	1. 临时用电方案不完善或未落实; 2. 发电机等安全操作规程不规范或未落实; 3. 电气设施材料等未进行进场验收; 4. 无电工对用电设施进行巡查或巡查不到位; 5. 机械设备安全管理制度未落实(发电机、电焊机等机具检查维护保养不到位); 6. 安全教育、培训、交底、检查制度不完善或未落实; 7. 安全投入不足	√		√	√	

续上表

施工作业内容	典型风险事件	致害物	致险因素				风险事件后果类型				
			人的因素	物的因素	环境因素	管理因素	易导致伤亡人员类型		人员伤亡		
							本人	他人	轻伤	重伤	死亡
地连墙挡墙	物体打击	工具、材料等坠落物、抛射物、喷射物、溅射物	1.现场作业人员未正确使用安全防护用品(安全帽等); 2.人员违章进入危险区域; 3.管理人员违章指挥,强令冒险作业; 4.作业人员身体健康状况异常、心理异常、感知异常(反应迟钝、辨识错误); 5.作业人员操作错误,违章作业(违章抛物等)	1.安全防护用品不合格(安全帽等); 2.作业过程中产生的坠落物、抛射物、喷射物、溅射物等(工具、材料等); 3.未设置防护设施,防护设施存在缺陷(挡脚板、防护网等); 4.物品摆放位置不合理或未固定; 5.物品尺寸超大、超长等	1.强风、暴雨、冰雹、大雾等不良天气; 2.作业场地杂乱; 3.照明光线不足; 4.机械、车船、场地等晃动、振动	1.施工方案不完善或未落实; 2.安全教育、培训、交底、检查制度不完善或未落实; 3.安全防护用品等未进行进场验收或验收不到位; 4.安全投入不足; 5.现场无警示标识或标识破损(警戒区、标牌、反光锥等)		√	√	√	

续上表

施工作业内容	典型风险事件	致害物	致险因素				风险事件后果类型				
			人的因素	物的因素	环境因素	管理因素	易导致伤亡人员类型		人员伤亡		
							本人	他人	轻伤	重伤	死亡
地连墙挡墙	车辆伤害	运输、施工车辆等	1. 人员违章进入危险区域； 2. 管理人员违章指挥，强令冒险作业（进入驾驶员视野盲区等）； 3. 机驾人员未持有效证件上岗、机驾人员操作错误，违章作业（违规载人、酒后驾驶、超速、超限、超载作业）； 4. 机驾人员身体健康状况异常、心理异常、感知异常（反应迟钝、辨识错误）； 5. 机驾人员疲劳作业； 6. 现场人员未正确使用安全防护用品（反光背心、安全帽等）	1. 车辆未配备警示标识或标识破损（警戒区、标牌、反光锥、反光贴等）； 2. 车辆带“病”作业（制动装置、喇叭、后视镜、警示灯等设施缺陷）； 3. 车辆作业安全距离不足； 4. 人员安全防护用品不合格（反光背心、安全帽等）； 5. 车辆外观存在破损、配件行驶时脱落，运载物品尺寸超过车辆尺寸等； 6. 车辆转弯或后退时无明显提示	1. 强风、暴雨、大雪、冰雹、大雾等不良天气； 2. 作业场地狭窄、不平整、道路湿滑； 3. 车辆前后视线不良； 4. 存在视野盲区	1. 未对车辆、船机设备安全防护设施等进行进场验收或验收不到位； 2. 车船安全管理制度不完善或未落实（检查维护保养不到位）； 3. 安全操作规程不规范或未落实（作业前未对车船周围环境进行检查）； 4. 安全教育、培训、交底、检查制度不完善或未落实； 5. 职业健康管理制度不完善或未落实； 6. 安全投入不足	√	√	√	√	√

续上表

施工作业内容	典型风险事件	致害物	致险因素				风险事件后果类型				
			人的因素	物的因素	环境因素	管理因素	易导致伤亡人员类型		人员伤亡		
							本人	他人	轻伤	重伤	死亡
地连墙挡墙	机械伤害	挖掘机、打桩机、搅拌机、破碎机、弯曲机、切割机、装载机等施工小型机具	1. 人员违章进入危险区域（机械作业半径等）； 2. 管理人员违章指挥，强令冒险作业； 3. 机械操作人员未持有效证件上岗； 4. 机械操作人员操作错误，违章作业（违规载人、酒后作业）； 5. 操作人员身体健康状况异常、心理异常、感知异常（反应迟钝、辨识错误）； 6. 现场作业人员未正确使用安全防护用品（反光背心、安全帽等）； 7. 机械操作人员疲劳作业	1. 机械无警示标识或标识破损（警戒区、标牌、反光贴等）； 2. 设备设施安全作业距离不足； 3. 设备带病作业（设备设施制动装置失效、运动或转动装置无防护或防护装置缺陷等）； 4. 安全防护用品不合格（反光背心、安全帽、护目镜等）	1. 强风、暴雨、大雪、冰雹、大雾等不良天气； 2. 作业场地狭窄、不平整、道路湿滑； 3. 夜间施工照明不足； 4. 存在视野盲区	1. 机械设备安全管理制度不完善或未落实（检查维护保养不到位）； 2. 未对机械设备、安全防护用品等进行进场验收或验收不到位； 3. 安全教育、培训、交底制度不完善或未落实； 4. 机械设备操作规程不规范或未落实； 5. 安全投入不足		√	√	√	√

续上表

施工作业内容	典型风险事件	致害物	致险因素				风险事件后果类型				
			人的因素	物的因素	环境因素	管理因素	易导致伤亡人员类型		人员伤亡		
							本人	他人	轻伤	重伤	死亡
地连墙挡墙	起重伤害	汽车起重机、履带式起重机起重设备、吊索吊具	1. 管理人员违章指挥,强令冒险作业； 2. 作业人员操作错误,违章作业； 3. 起重工、信号工未持有效证件上岗； 4. 现场作业人员未正确使用安全防护用品(安全帽等)； 5. 抗倾覆验算错误； 6. 人员违章进入危险区域； 7. 起重人员身体健康状况异常、心理异常、感知异常(反应迟钝、辨识错误)； 8. 作业人员疲劳作业	1. 设备自身缺陷(强度、刚度不足、抗倾覆能力不足)； 2. 现场无警示标识或标识破损(警戒区、标牌、反光锥等)； 3. 吊车支垫材料不合格(枕木、钢板等)； 4. 构件防锈处理不合格； 5. 吊索吊具不合格或达到报废标准(钢丝绳、吊带、U 型卸扣等)； 6. 无防护或防护装置缺陷(防脱钩装置、限位装置等)； 7. 设备带“病”作业(制动装置等)； 8. 安全防护用品不合格(反光背心、安全帽等)	1. 强风、暴雨、大雾、大雪等不良天气； 2. 地基承载力不足、基础下沉； 3. 作业场地照明不足； 4. 周围高空有较多障碍物； 5. 存在视野盲区	1. 施工方案不完善或未落实； 2. 安全教育、培训、交底、检查制度不完善或未落实； 3. 未对起重设备进行进场验收或验收不到位； 4. 安全投入不足； 5. 起重吊装作业时无专人监视； 6. 起重吊装安全操作规程不规范或未落实	√	√	√	√	√

续上表

施工作业内容	典型风险事件	致害物	致险因素				风险事件后果类型				
			人的因素	物的因素	环境因素	管理因素	易导致伤亡人员类型		人员伤亡		
							本人	他人	轻伤	重伤	死亡
地连墙挡墙	触电	发电机、破损的电线、钢筋等导电材料、配电箱	1. 作业人员未正确使用安全防护用品(绝缘鞋、绝缘手套等); 2. 作业人员操作错误或违章作业(带电检修维护); 3. 管理人员违章指挥,强令冒险作业; 4. 电工、电焊工等特种人员未持有效证件上岗作业; 5. 人员疲劳作业	1. 电缆线、配电箱等电气设施不合格(线路破损、老化); 2. 电气设施设置不规范(电缆拖地、配电箱无支架等); 3. 带电设施无警示标识或标识破损安全防护装置不规范(未接地、无漏电保护器、接线端子无防护罩等); 4. 防护不当、防护距离不足(配电柜、发电机无遮雨棚、防护围挡或防护破损)	1. 强风、雷雨、大雪等不良天气; 2. 作业场地杂乱、潮湿或积水; 3. 作业场地照明不足	1. 临时用电方案不完善或未落实; 2. 发电机等安全操作规程不规范或未落实; 3. 电气设施材料等未进行进场验收; 4. 无电工对用电设施进行巡查或巡查不到位; 5. 机械设备安全管理制度未落实(发电机、电焊机等机具检查维护保养不到位); 6. 安全教育、培训、交底、检查制度不完善或未落实; 7. 安全投入不足	√		√	√	

续上表

施工作业内容	典型风险事件	致害物	致险因素				风险事件后果类型				
			人的因素	物的因素	环境因素	管理因素	易导致伤亡人员类型		人员伤亡		
							本人	他人	轻伤	重伤	死亡
格宾挡墙	物体打击	工具、材料等坠落物、抛射物、喷射物、溅射物	1. 现场作业人员未正确使用安全防护用品（安全帽等）； 2. 人员违章进入危险区域； 3. 管理人员违章指挥，强令冒险作业； 4. 作业人员身体健康状况异常、心理异常、感知异常（反应迟钝、辨识错误）； 5. 作业人员操作错误，违章作业（违章抛物）	1. 安全防护用品（安全帽等）不合格； 2. 作业过程中产生的坠落物、抛射物、喷射物、溅射物等（工具、材料等）； 3. 未设置防护设施，防护设施（挡脚板、防护网等）存在缺陷； 4. 物品摆放位置不合理或未固定； 5. 物品尺寸超大、超长等	1. 强风、暴雨、冰雹、大雾等不良天气； 2. 作业场地杂乱； 3. 照明光线不足； 4. 机械、车船、场地等晃动、振动	1. 施工方案不完善或未落实； 2. 安全教育、培训、交底、检查制度不完善或未落实； 3. 安全防护用品等未进行进场验收或验收不到位； 4. 安全投入不足； 5. 现场无警示标识或标识破损（警戒区、标牌、反光锥等）		√	√	√	

续上表

施工作业内容	典型风险事件	致害物	致险因素				风险事件后果类型				
			人的因素	物的因素	环境因素	管理因素	易导致伤亡人员类型		人员伤亡		
							本人	他人	轻伤	重伤	死亡
格宾挡墙	车辆伤害	运输、施工车辆等	1. 人员违章进入危险区域； 2. 管理人员违章指挥，强令冒险作业（进入驾驶员视野盲区等）； 3. 机驾人员未持有效证件上岗、机驾人员操作错误，违章作业（违规载人、酒后驾驶、超速、超限、超载作业）； 4. 机驾人员身体健康状况异常、心理异常、感知异常（反应迟钝、辨识错误）； 5. 机驾人员疲劳作业； 6. 现场人员未正确使用安全防护用品（反光背心、安全帽等）	1. 车辆未配备警示标识或标识破损（警戒区、标牌、反光锥、反光贴等）； 2. 车辆带“病”作业（制动装置、喇叭、后视镜、警示灯等设施缺陷）； 3. 车辆作业安全距离不足； 4. 人员安全防护用品不合格（反光背心、安全帽等）； 5. 车辆外观存在破损、配件行驶时脱落，运载物品尺寸超过车辆尺寸等； 6. 车辆转弯或后退时无明显提示	1. 强风、暴雨、大雪、冰雹、大雾等不良天气； 2. 作业场地狭窄、不平整、道路湿滑； 3. 车辆前后视线不良； 4. 存在视野盲区	1. 未对车辆、船机设备安全防护设施等进行进场验收或验收不到位； 2. 车船安全管理制度不完善或未落实（检查维护保养不到位）； 3. 安全操作规程不规范或未落实（作业前未对车船周围环境进行检查）； 4. 安全教育、培训、交底、检查制度不完善或未落实； 5. 职业健康管理制度不完善或未落实； 6. 安全投入不足	√	√	√	√	√

续上表

施工作业内容	典型风险事件	致害物	致险因素				风险事件后果类型				
			人的因素	物的因素	环境因素	管理因素	易导致伤亡人员类型		人员伤亡		
							本人	他人	轻伤	重伤	死亡
格宾挡墙	机械伤害	挖掘机、破碎机、弯曲机、切割机、装载机等施工小型机具	1. 人员违章进入危险区域（机械作业半径等）； 2. 管理人员违章指挥，强令冒险作业； 3. 机械操作人员未持有效证件上岗； 4. 机械操作人员操作错误，违章作业（违规载人、酒后作业）； 5. 操作人员身体健康状况异常、心理异常、感知异常（反应迟钝、辨识错误）； 6. 现场作业人员未正确使用安全防护用品（反光背心、安全帽等）； 7. 机械操作人员疲劳作业	1. 机械无警示标识或标识破损（警戒区、标牌、反光贴等）； 2. 设备设施安全作业距离不足； 3. 设备带“病”作业（设备设施制动装置失效、运动或转动装置无防护或防护装置缺陷等）； 4. 安全防护用品不合格（反光背心、安全帽、护目镜等）	1. 强风、暴雨、大雪、冰雹、大雾等不良天气； 2. 作业场地狭窄、不平整、道路湿滑； 3. 夜间施工照明不足； 4. 存在视野盲区	1. 机械设备安全管理制度不完善或未落实（检查维护保养不到位）； 2. 未对机械设备、安全防护用品等进行进场验收或验收不到位； 3. 安全教育、培训、交底制度不完善或未落实； 4. 机械设备操作规程不规范或未落实； 5. 安全投入不足		√	√	√	√

续上表

施工作业内容	典型风险事件	致害物	致险因素				风险事件后果类型				
			人的因素	物的因素	环境因素	管理因素	易导致伤亡人员类型		人员伤亡		
							本人	他人	轻伤	重伤	死亡
格宾挡墙	起重伤害	汽车起重机、履带式起重机、浮吊等起重设备、吊索吊具	1. 管理人员违章指挥,强令冒险作业; 2. 作业人员操作错误,违章作业; 3. 起重工、信号工未持有效证件上岗; 4. 现场作业人员未正确使用安全防护用品(安全帽等); 5. 抗倾覆验算错误; 6. 人员违章进入危险区域; 7. 起重人员身体健康状况异常、心理异常、感知异常(反应迟钝、辨识错误); 8. 作业人员疲劳作业	1. 设备自身缺陷(强度、刚度不足、抗倾覆能力不足); 2. 现场无警示标识或标识破损(警戒区、标牌、反光锥等); 3. 吊车支垫材料不合格(枕木、钢板等); 4. 构件防锈处理不合格; 5. 吊索吊具不合格或达到报废标准(钢丝绳、吊带、U 型卸扣等); 6. 无防护或防护装置缺陷(防脱钩装置、限位装置等); 7. 设备带“病”作业(制动装置等); 8. 安全防护用品不合格(反光背心、安全帽等)	1. 强风、暴雨、大雾、大雪等不良天气; 2. 地基承载力不足、基础下沉; 3. 作业场地照明不足; 4. 浮吊周围水域存在较大波浪或暗流; 5. 周围高空有较多障碍物; 6. 存在视野盲区	1. 施工方案不完善或未落实; 2. 安全教育、培训、交底、检查制度不完善或未落实; 3. 未对起重设备进行进场验收或验收不到位; 4. 安全投入不足; 5. 起重吊装作业时无专人监视; 6. 起重吊装安全操作规程不规范或未落实	√	√	√	√	√

续上表

施工作业内容	典型风险事件	致害物	致险因素				风险事件后果类型				
			人的因素	物的因素	环境因素	管理因素	易导致伤亡人员类型		人员伤亡		
							本人	他人	轻伤	重伤	死亡
格宾挡墙	淹溺	周边水域	1. 管理人员违章指挥,强令冒险作业; 2. 人员心理异常(冒险侥幸心理); 3. 作业人员操作错误,违章作业; 4. 违反劳动纪律行为(管理人员脱岗); 5. 人员未正确使用安全防护用品	1. 现场无警示标识或标识破损; 2. 现场救生设施不足; 3. 水下存在不明物体或生物的拖拽或缠绕	1. 雷雨、6 级以上大风、冰雹、大雾等恶劣天气作业; 2. 水体寒冷; 3. 水体内能见度不足	1. 专项施工方案、应急预案不完善或未落实; 2. 未落实安全教育、培训、交底、检查制度; 3. 现场监控看管不到位	√		√		√
铺石压载软体排护滩	物体打击	工具、材料等坠落物、抛射物、喷射物、溅射物	1. 现场作业人员未正确使用安全防护用品(安全帽等); 2. 人员违章进入危险区域; 3. 管理人员违章指挥,强令冒险作业; 4. 作业人员身体健康状况异常、心理异常、感知异常(反应迟钝、辨识错误); 5. 作业人员操作错误,违章作业(违章抛物)	1. 安全防护用品不合格(安全帽等); 2. 作业过程中产生的坠落物、抛射物、喷射物、溅射物等(工具、材料等); 3. 未设置防护设施,防护设施存在缺陷(挡脚板、防护网等); 4. 物品摆放位置不合理或未固定; 5. 物品尺寸超大、超长等	1. 强风、暴雨、冰雹、大雾等不良天气; 2. 作业场地杂乱; 3. 照明光线不足; 4. 机械、车船、场地等晃动、振动	1. 施工方案不完善或未落实; 2. 安全教育、培训、交底、检查制度不完善或未落实; 3. 安全防护用品等未进行进场验收或验收不到位; 4. 安全投入不足; 5. 现场无警示标识或标识破损(警戒区、标牌、反光锥等)		√	√	√	

续上表

施工作业内容	典型风险事件	致害物	致险因素				风险事件后果类型				
			人的因素	物的因素	环境因素	管理因素	易导致伤亡人员类型		人员伤亡		
							本人	他人	轻伤	重伤	死亡
铺石压载软体排护滩	机械伤害	卷扬机、卷曲机、切割机、装载机等施工小型机具	1. 人员违章进入危险区域（机械作业半径等）； 2. 管理人员违章指挥，强令冒险作业； 3. 机械操作人员未持有效证件上岗； 4. 机械操作人员操作错误，违章作业（违规载人、酒后作业）； 5. 操作人员身体健康状况异常、心理异常、感知异常（反应迟钝、辨识错误）； 6. 现场作业人员未正确使用安全防护用品（反光背心、安全帽等）； 7. 机械操作人员疲劳作业	1. 机械无警示标识或标识破损（警戒区、标牌、反光贴等）； 2. 设备设施安全作业距离不足； 3. 设备带“病”作业（设备设施制动装置失效、运动或转动装置无防护或防护装置缺陷等）； 4. 安全防护用品不合格（反光背心、安全帽、护目镜等）	1. 强风、暴雨、大雪、冰雹、大雾等不良天气； 2. 作业场地狭窄、不平整、道路湿滑； 3. 夜间施工照明不足； 4. 存在视野盲区	1. 机械设备安全管理制度不完善或未落实（检查维护保养不到位）； 2. 未对机械设备、安全防护用品等进行进场验收或验收不到位； 3. 安全教育、培训、交底制度不完善或未落实； 4. 机械设备操作规程不规范或未落实； 5. 安全投入不足		√	√	√	√

续上表

施工作业内容	典型风险事件	致害物	致险因素				风险事件后果类型				
			人的因素	物的因素	环境因素	管理因素	易导致伤亡人员类型		人员伤亡		
							本人	他人	轻伤	重伤	死亡
铺石压载软体排护滩	起重伤害	汽车起重机、履带式起重机、浮吊等起重设备、吊索吊具	1. 管理人员违章指挥,强令冒险作业; 2. 作业人员操作错误,违章作业; 3. 起重工、信号工未持有效证件上岗; 4. 现场作业人员未正确使用安全防护用品(安全帽等); 5. 抗倾覆验算错误; 6. 人员违章进入危险区域; 7. 起重人员身体健康状况异常、心理异常、感知异常(反应迟钝、辨识错误); 8. 作业人员疲劳作业	1. 设备自身缺陷(强度、刚度不足、抗倾覆能力不足); 2. 现场无警示标识或标识破损(警戒区、标牌、反光锥等); 3. 吊车支垫材料不合格(枕木、钢板等); 4. 构件防锈处理不合格; 5. 吊索吊具不合格或达到报废标准(钢丝绳、吊带、U 型卸扣等); 6. 无防护或防护装置缺陷(防脱钩装置、限位装置等); 7. 设备带“病”作业(制动装置等); 8. 安全防护用品不合格(反光背心、安全帽等)	1. 强风、暴雨、大雾、大雪等不良天气; 2. 地基承载力不足、基础下沉; 3. 作业场地照明不足; 4. 浮吊周围水域存在较大波浪或暗流; 5. 周围高空有较多障碍物; 6. 存在视野盲区	1. 施工方案不完善或未落实; 2. 安全教育、培训、交底、检查制度不完善或未落实; 3. 未对起重设备进行进场验收或验收不到位; 4. 安全投入不足; 5. 起重吊装作业时无专人监视; 6. 起重吊装安全操作规程不规范或未落实	√	√	√	√	√

续上表

施工作业内容	典型风险事件	致害物	致险因素				风险事件后果类型				
			人的因素	物的因素	环境因素	管理因素	易导致伤亡人员类型		人员伤亡		
							本人	他人	轻伤	重伤	死亡
铺石压载软体排护滩	淹溺	周边水域	1. 管理人员违章指挥,强令冒险作业; 2. 作业人员心理异常(冒险侥幸心理等); 3. 作业人员操作错误,违章作业; 4. 违反劳动纪律行为(管理人员脱岗等); 5. 作业人员未正确使用安全防护用品	1. 现场无警示标识或标识破损; 2. 现场救生设施不足; 3. 水下存在不明物体或生物的拖拽或缠绕; 4. 氧气瓶、头盔等存在缺陷	1. 雷雨、大风(6级以上)、冰雹、大雾等恶劣天气作业; 2. 水体寒冷; 3. 水体内能见度不足	1. 专项施工方案、应急预案不完善或未落实; 2. 未落实安全教育、培训、交底、检查制度; 3. 现场监控看管不到位	√		√		√
	船舶碰撞	船舶等	1. 船舶驾驶等人员技术、经验不足; 2. 管理人员违章指挥,强令冒险作业; 3. 作业人员身体健康状况异常、心理异常、感知异常(反应迟钝、辨识错误); 4. 作业人员操作错误,违章作业	1. 船舶相关仪表设备老旧、失效; 2. 导航设施出现明显错误; 3. 船舶防撞设施缺失; 4. 周围船体碰撞施工船舶	1. 强风、暴雨、大雪、大雾等不良天气; 2. 光线、照明不足; 3. 水下暗流影响船体方向和速率; 4. 施工水域狭小	1. 船舶操作规程、应急预案不完善或未落实; 2. 未落实安全教育、培训、交底、检查制度; 3. 船舶等未按要求组织维修、检验等或属于三无船舶	√	√	√	√	

续上表

施工作业内容	典型风险事件	致害物	致险因素				风险事件后果类型				
			人的因素	物的因素	环境因素	管理因素	易导致伤亡人员类型		人员伤亡		
							本人	他人	轻伤	重伤	死亡
铺石压载软体排护滩	船舶搁浅	浅滩等	1. 船舶驾驶等人员技术、经验不足； 2. 管理人员违章指挥，强令冒险作业； 3. 作业人员身体健康状况异常、心理异常、感知异常（反应迟钝、辨识错误）； 4. 作业人员操作错误，违章作业	1. 船舶相关仪表设备老旧、失效； 2. 导航、声呐设施出现明显错误	1. 强风、暴雨、大雪、大雾等不良天气； 2. 光线不足； 3. 水下地质突变； 4. 水位快速下降或退潮	1. 船舶操作规程、应急预案不完善或未落实； 2. 未落实安全教育、培训、交底、检查制度； 3. 船舶等未按要求组织维修、检验等或属于三无船舶； 4. 管理人员对气象和水体未提前预估	√	√	√		
	船舶触损	水下岩石、沉船、抛石等	1. 船舶驾驶等人员技术、经验不足； 2. 管理人员违章指挥，强令冒险作业； 3. 作业人员身体健康状况异常、心理异常、感知异常（反应迟钝、辨识错误）； 4. 作业人员操作错误，违章作业	1. 船舶相关仪表设备老旧、失效； 2. 声呐设施出现明显错误； 3. 与重型物品撞击； 4. 水下尖锐物品或其他船只上尖锐部位触碰； 5. 船体老化	1. 强风、暴雨、大雪、大雾等不良天气； 2. 光线不足； 3. 水下地质突变； 4. 水中存在较大波浪	1. 船舶操作规程、应急预案不完善或未落实； 2. 未落实安全教育、培训、交底、检查制度； 3. 船舶等未按要求组织维修、检验等或属于三无船舶	√	√	√	√	

续上表

施工作业内容	典型风险事件	致害物	致险因素				风险事件后果类型				
			人的因素	物的因素	环境因素	管理因素	易导致伤亡人员类型		人员伤亡		
							本人	他人	轻伤	重伤	死亡
铺石压载软体排护滩	船舶污染	船舶燃油、生活污水等	1. 船舶驾驶等人员技术、经验不足； 2. 管理人员违章指挥，强令冒险作业； 3. 作业人员身体健康状况异常、心理异常、感知异常（反应迟钝、辨识错误）； 4. 作业人员操作错误，违章作业	1. 船舶相关仪表设备老旧、失效； 2. 燃油桶或输油管破损	1. 强风、暴雨等不良天气； 2. 船内照明不足	1. 船舶操作规程、应急预案不完善或未落实； 2. 未落实安全教育、培训、交底、检查制度； 3. 船舶等未按要求组织维修、检验等或属于三无船舶		√	√		
	船舶倾覆	风浪、船舶等	1. 船舶驾驶等人员技术、经验不足； 2. 管理人员违章指挥，强令冒险作业； 3. 作业人员身体健康状况异常、心理异常、感知异常（反应迟钝、辨识错误）； 4. 作业人员操作错误，违章作业	1. 船舶相关仪表设备老旧、失效； 2. 导航设施出现明显错误； 3. 船上物品偏载； 4. 系揽钩未绑扎牢固； 5. 物体撞击船体致出现破洞； 6. 船体刚度不足	1. 强风、暴雨等不良天气； 2. 光线不足； 3. 水中存在巨大波浪	1. 船舶操作规程、应急预案不完善或未落实； 2. 未落实安全教育、培训、交底、检查制度； 3. 船舶等未按要求组织维修、检验等或属于三无船舶	√	√	√	√	√

续上表

施工作业内容	典型风险事件	致害物	致险因素				风险事件后果类型				
			人的因素	物的因素	环境因素	管理因素	易导致伤亡人员类型		人员伤亡		
							本人	他人	轻伤	重伤	死亡
系结压载软体排护滩	物体打击	工具、材料等坠落物、抛射物、喷射物、溅射物	1. 现场作业人员未正确使用安全防护用品（安全帽等）； 2. 人员违章进入危险区域； 3. 管理人员违章指挥，强令冒险作业； 4. 作业人员身体健康状况异常、心理异常、感知异常（反应迟钝、辨识错误）； 5. 作业人员操作错误，违章作业（违章抛物）	1. 安全防护用品不合格（安全帽等）； 2. 作业过程中产生的坠落物、抛射物、喷射物、溅射物等（工具、材料等）； 3. 未设置防护设施，防护设施存在缺陷（挡脚板、防护网等）； 4. 物品摆放位置不合理或未固定； 5. 物品尺寸超大、超长等	1. 强风、暴雨、冰雹、大雾等不良天气； 2. 作业场地杂乱； 3. 照明光线不足； 4. 机械、车船、场地等晃动、振动	1. 施工方案不完善或未落实； 2. 安全教育、培训、交底、检查制度不完善或未落实； 3. 安全防护用品等未进行进场验收或验收不到位； 4. 安全投入不足； 5. 现场无警示标识或标识破损（警戒区、标牌、反光锥等）		√	√	√	
	机械伤害	卷扬机、卷曲机、切割机、装载机等施工小型机具	1. 人员违章进入危险区域（机械作业半径等）； 2. 管理人员违章指挥，强令冒险作业； 3. 机械操作人员未持有效证件上岗； 4. 机械操作人员操作错误，违章作业（违规载人、酒后作业）； 5. 操作人员身体健康状况异常、心理异常、感知异常（反应迟钝、辨识错误）；	1. 机械无警示标识或标识破损（警戒区、标牌、反光贴等）； 2. 设备设施安全作业距离不足； 3. 设备带“病”作业（设备设施制动装置失效、运动或转动装置无防护或防护装置缺陷等）； 4. 安全防护用品不合格（反光背心、安全帽、护目镜等）	1. 强风、暴雨、大雪、冰雹、大雾等不良天气； 2. 作业场地狭窄、不平整、道路湿滑； 3. 夜间施工照明不足； 4. 存在视野盲区	1. 机械设备安全管理制度不完善或未落实（检查维护保养不到位）； 2. 未对机械设备、安全防护用品等进行进场验收或验收不到位； 3. 安全教育、培训、交底制度不完善或未落实； 4. 机械设备操作规程不规范或未落实； 5. 安全投入不足		√	√	√	√

续上表

施工作业内容	典型风险事件	致害物	致险因素				风险事件后果类型				
			人的因素	物的因素	环境因素	管理因素	易导致伤亡人员类型		人员伤亡		
							本人	他人	轻伤	重伤	死亡
系结压载软体排护滩	机械伤害	卷扬机、卷曲机、切割机、装载机等施工小型机具	6. 现场作业人员未正确使用安全防护用品(反光背心、安全帽等)； 7. 机械操作人员疲劳作业								
	起重伤害	汽车起重机、履带式起重机、浮吊等起重设备、吊索吊具	1. 管理人员违章指挥,强令冒险作业； 2. 作业人员操作错误,违章作业； 3. 起重工、信号工未持有效证件上岗； 4. 现场作业人员未正确使用安全防护用品(安全帽等)； 5. 抗倾覆验算错误； 6. 人员违章进入危险区域； 7. 起重人员身体健康状况异常、心理异常、感知异常(反应迟钝、辨识错误)； 8. 作业人员疲劳作业	1. 设备自身缺陷(强度、刚度不足、抗倾覆能力不足)； 2. 现场无警示标识或标识破损(警戒区、标牌、反光锥等)； 3. 吊车支垫材料不合格(枕木、钢板等)； 4. 构件防锈处理不合格； 5. 吊索吊具不合格或达到报废标准(钢丝绳、吊带、U 型卸扣等)； 6. 无防护或防护装置缺陷(防脱钩装置、限位装置等)； 7. 设备带“病”作业(制动装置等)； 8. 安全防护用品不合格(反光背心、安全帽等)	1. 强风、暴雨、大雾、大雪等不良天气； 2. 地基承载力不足、基础下沉； 3. 作业场地照明不足； 4. 浮吊周围水域存在较大波浪或暗流； 5. 周围高空有较多障碍物； 6. 存在视野盲区	1. 施工方案不完善或未落实； 2. 安全教育、培训、交底、检查制度不完善或未落实； 3. 未对起重设备进行进场验收或验收不到位； 4. 安全投入不足； 5. 起重吊装作业时无专人监视； 6. 起重吊装安全操作规程不规范或未落实	√	√	√	√	√

续上表

施工作业内容	典型风险事件	致害物	致险因素				风险事件后果类型				
			人的因素	物的因素	环境因素	管理因素	易导致伤亡人员类型		人员伤亡		
							本人	他人	轻伤	重伤	死亡
系结压载软体排护滩	淹溺	周边水域	1. 管理人员违章指挥，强令冒险作业； 2. 人员心理异常（冒险侥幸心理等）； 3. 作业人员操作错误，违章作业； 4. 违反劳动纪律行为（管理人员脱岗等）； 5. 人员未正确使用安全防护用品	1. 现场无警示标识或标识破损； 2. 现场救生设施不足； 3. 水下存在不明物体或生物的拖拽或缠绕； 4. 氧气瓶、头盔等存在缺陷	1. 雷雨、大风（6级以上）、冰雹、大雾等恶劣天气作业； 2. 水体寒冷； 3. 水体内能见度不足	1. 专项施工方案、应急预案不完善或未落实； 2. 未落实安全教育、培训、交底、检查制度； 3. 现场监控看管不到位	√		√		√
	船舶碰撞	船舶等	1. 船舶驾驶等人员技术、经验不足； 2. 管理人员违章指挥，强令冒险作业； 3. 作业人员身体健康状况异常、心理异常、感知异常（反应迟钝、辨识错误）； 4. 作业人员操作错误，违章作业	1. 船舶相关仪表设备老旧、失效； 2. 导航设施出现明显错误； 3. 船舶防撞设施缺失； 4. 周围船体碰撞施工船舶	1. 强风、暴雨、大雪、大雾等不良天气； 2. 光线、照明不足； 3. 水下暗流影响船体方向和速率； 4. 施工水域狭小	1. 船舶操作规程、应急预案不完善或未落实； 2. 未落实安全教育、培训、交底、检查制度； 3. 船舶等未按要求组织维修、检验等或属于三无船舶	√	√	√	√	

续上表

施工作业内容	典型风险事件	致害物	致险因素				风险事件后果类型				
			人的因素	物的因素	环境因素	管理因素	易导致伤亡人员类型		人员伤亡		
							本人	他人	轻伤	重伤	死亡
系结压载软体排护滩	船舶搁浅	浅滩等	1. 船舶驾驶等人员技术、经验不足； 2. 管理人员违章指挥，强令冒险作业； 3. 作业人员身体健康状况异常、心理异常、感知异常（反应迟钝、辨识错误）； 4. 作业人员操作错误，违章作业	1. 船舶相关仪表设备老旧、失效； 2. 导航、声呐设施出现明显错误	1. 强风、暴雨、大雪、大雾等不良天气； 2. 光线不足； 3. 水下地质突变； 4. 水位快速下降或退潮	1. 船舶操作规程、应急预案不完善或未落实； 2. 未落实安全教育、培训、交底、检查制度； 3. 船舶等未按要求组织维修、检验等或属于三无船舶； 4. 管理人员对气象和水体未提前预估	√	√	√		
	船舶触损	水下岩石、沉船、抛石等	1. 船舶驾驶等人员技术、经验不足； 2. 管理人员违章指挥，强令冒险作业； 3. 作业人员身体健康状况异常、心理异常、感知异常（反应迟钝、辨识错误）； 4. 作业人员操作错误，违章作业	1. 船舶相关仪表设备老旧、失效； 2. 声呐设施出现明显错误； 3. 与重型物品撞击； 4. 水下尖锐物品或其他船只上尖锐部位触碰； 5. 船体老化	1. 强风、暴雨、大雪、大雾等不良天气； 2. 光线不足； 3. 水下地质突变； 4. 水中存在较大波浪	1. 船舶操作规程、应急预案不完善或未落实； 2. 未落实安全教育、培训、交底、检查制度； 3. 船舶等未按要求组织维修、检验等或属于三无船舶	√	√	√	√	

续上表

施工作业内容	典型风险事件	致害物	致险因素				风险事件后果类型				
			人的因素	物的因素	环境因素	管理因素	易导致伤亡人员类型		人员伤亡		
							本人	他人	轻伤	重伤	死亡
系结压载软体排护滩	船舶污染	船舶燃油、生活污水等	1. 船舶驾驶等人员技术、经验不足； 2. 管理人员违章指挥，强令冒险作业； 3. 作业人员身体健康状况异常、心理异常、感知异常（反应迟钝、辨识错误）； 4. 作业人员操作错误，违章作业	1. 船舶相关仪表设备老旧、失效； 2. 燃油桶或输油管破损	1. 强风、暴雨等不良天气； 2. 船内照明不足	1. 船舶操作规程、应急预案不完善或未落实； 2. 未落实安全教育、培训、交底、检查制度； 3. 船舶等未按要求组织维修、检验等或属于三无船舶		√	√		
	船舶倾覆	风浪、船舶等	1. 船舶驾驶等人员技术、经验不足； 2. 管理人员违章指挥，强令冒险作业； 3. 作业人员身体健康状况异常、心理异常、感知异常（反应迟钝、辨识错误）； 4. 作业人员操作错误，违章作业	1. 船舶相关仪表设备老旧、失效； 2. 导航设施出现明显错误； 3. 船上物品偏载； 4. 系揽钩未绑扎牢固； 5. 物体撞击船体致出现破洞； 6. 船体刚度不足	1. 强风、暴雨等不良天气； 2. 光线不足； 3. 水中存在巨大波浪	1. 船舶操作规程、应急预案不完善或未落实； 2. 未落实安全教育、培训、交底、检查制度； 3. 船舶等未按要求组织维修、检验等或属于三无船舶	√	√	√	√	√

续上表

施工作业内容	典型风险事件	致害物	致险因素				风险事件后果类型				
			人的因素	物的因素	环境因素	管理因素	易导致伤亡人员类型		人员伤亡		
							本人	他人	轻伤	重伤	死亡
基槽开挖	物体打击	工具、材料等坠落物、抛射物、喷射物、溅射物	1. 现场作业人员未正确使用安全防护用品（安全帽等）； 2. 人员违章进入危险区域； 3. 管理人员违章指挥，强令冒险作业； 4. 作业人员身体健康状况异常、心理异常、感知异常（反应迟钝、辨识错误）； 5. 作业人员操作错误，违章作业（违章抛物等）	1. 安全防护用品不合格（安全帽等）； 2. 作业过程中产生的坠落物、抛射物、喷射物、溅射物等（工具、材料等）； 3. 未设置防护设施，防护设施存在缺陷（挡脚板、防护网等）； 4. 物品摆放位置不合理或未固定； 5. 物品尺寸超大、超长等	1. 强风、暴雨、冰雹、大雾等不良天气； 2. 作业场地杂乱； 3. 照明光线不足； 4. 机械、车船、场地等晃动、振动	1. 施工方案不完善或未落实； 2. 安全教育、培训、交底、检查制度不完善或未落实； 3. 安全防护用品等未进行进场验收或验收不到位； 4. 安全投入不足； 5. 现场无警示标识或标识破损（警戒区、标牌、反光锥等）		√	√	√	
	车辆伤害	运输、施工车辆等	1. 人员违章进入危险区域； 2. 管理人员违章指挥，强令冒险作业（进入驾驶员视野盲区等）； 3. 机驾人员未持有效证件上岗、机驾人员操作错误，违章作业（违规载人、酒后驾驶、超速、超限、超载作业）； 4. 机驾人员身体健康状况异常、心理异常、感知异常（反应迟钝、辨识错误）；	1. 车辆未配备警示标识或标识破损（警戒区、标牌、反光锥、反光贴等）； 2. 车辆带“病”作业（制动装置、喇叭、后视镜、警示灯等设施缺陷）； 3. 车辆作业安全距离不足； 4. 人员安全防护用品不合格（反光背心、安全帽等）；	1. 强风、暴雨、大雪、冰雹、大雾等不良天气； 2. 作业场地狭窄、不平整、道路湿滑； 3. 车辆前后视线不良； 4. 存在视野盲区	1. 未对车辆、船机设备安全防护设施等进行进场验收或验收不到位； 2. 车船安全管理制度不完善或未落实（检查维护保养不到位）； 3. 安全操作规程不规范或未落实（作业前未对车船周围环境进行检查）；	√	√	√	√	√

续上表

施工作业内容	典型风险事件	致害物	致险因素				风险事件后果类型				
			人的因素	物的因素	环境因素	管理因素	易导致伤亡人员类型		人员伤亡		
							本人	他人	轻伤	重伤	死亡
基槽开挖	车辆伤害	运输、施工车辆等	5. 机驾人员疲劳作业； 6. 现场人员未正确使用安全防护用品（反光背心、安全帽等）	5. 车辆外观存在破损、配件行驶时脱落，运载物品尺寸超过车辆尺寸等； 6. 车辆转弯或后退时无明显提示		4. 安全教育、培训、交底、检查制度不完善或未落实； 5. 职业健康管理制度不完善或未落实； 6. 安全投入不足					
	机械伤害	挖掘机、打桩机、搅拌机、破碎机、弯曲机、切割机、装载机及等施工小型机具等	1. 人员违章进入危险区域（机械作业半径等）； 2. 管理人员违章指挥，强令冒险作业； 3. 机械操作人员未持有效证件上岗； 4. 机械操作人员操作错误，违章作业（违规载人、酒后作业）； 5. 操作人员身体健康状况异常、心理异常、感知异常（反应迟钝、辨识错误）； 6. 现场作业人员未正确使用安全防护用品（反光背心、安全帽等）； 7. 机械操作人员疲劳作业	1. 机械无警示标识或标识破损（警戒区、标牌、反光贴等）； 2. 设备设施安全作业距离不足； 3. 设备带“病”作业（设备设施制动装置失效、运动或转动装置无防护或防护装置缺陷等）； 4. 安全防护用品不合格（反光背心、安全帽、护目镜等）	1. 强风、暴雨、大雪、冰雹、大雾等不良天气； 2. 作业场地狭窄、不平整、道路湿滑； 3. 夜间施工照明不足； 4. 存在视野盲区	1. 机械设备安全管理制度不完善或未落实（检查维护保养不到位等）； 2. 未对机械设备、安全防护用品等进行进场验收或验收不到位； 3. 安全教育、培训、交底制度不完善或未落实； 4. 机械设备操作规程不规范或未落实； 5. 安全投入不足		√	√	√	√

续上表

施工作业内容	典型风险事件	致害物	致险因素				风险事件后果类型				
			人的因素	物的因素	环境因素	管理因素	易导致伤亡人员类型		人员伤亡		
							本人	他人	轻伤	重伤	死亡
基槽开挖	坍塌	不稳定土体、砌体、结构物等	1. 管理人员违章指挥，强令冒险作业（防护、放坡不及时）； 2. 人员心理异常（冒险侥幸心理等）； 3. 作业人员操作错误； 4. 违章作业违反劳动纪律行为（管理人员脱岗）	1. 无警示信号或信号不清（紧急撤离信号）； 2. 现场无警示标识或标识破损（警戒区、标牌、反光锥等）； 3. 截排水设施不完善； 4. 防护形式错或防护材料不合格（材料强度不足等）； 5. 区域内有重载或有松散的高边坡	1. 存在滑坡、偏压等不良地质； 2. 作业场地照明不足； 3. 强风、暴雨、地震等不良天气或地质； 4. 区域内有较大的振动	1. 施工方案不完善或未落实（掏底开挖、上下重叠开挖或未分层开挖，开挖完后未及时施工防护及排水）； 2. 安全教育、培训、交底、检查制度不完善或未落实； 3. 安全投入不足	√	√	√	√	√
现浇混凝土基础	物体打击	工具、材料等坠落物、抛射物、喷射物、溅射物	1. 现场作业人员未正确使用安全防护用品（安全帽等）； 2. 人员违章进入危险区域； 3. 管理人员违章指挥，强令冒险作业； 4. 作业人员身体健康状况异常、心理异常、感知异常（反应迟钝、辨识错误）； 5. 作业人员操作错误，违章作业（违章抛物）	1. 安全防护用品不合格（安全帽等）； 2. 作业过程中产生的坠落物、抛射物、喷射物、溅射物等（工具、材料等）； 3. 未设置防护设施，防护设施存在缺陷（挡脚板、防护网等）； 4. 物品摆放位置不合理或未固定； 5. 物品尺寸超大、超长等	1. 强风、暴雨、冰雹、大雾等不良天气； 2. 作业场地杂乱； 3. 照明光线不足； 4. 机械、车船、场地等晃动、振动	1. 施工方案不完善或未落实； 2. 安全教育、培训、交底、检查制度不完善或未落实； 3. 安全防护用品等未进行进场验收或验收不到位； 4. 安全投入不足； 5. 现场无警示标识或标识破损（警戒区、标牌、反光锥等）		√	√	√	

续上表

施工作业内容	典型风险事件	致害物	致险因素				风险事件后果类型				
			人的因素	物的因素	环境因素	管理因素	易导致伤亡人员类型		人员伤亡		
							本人	他人	轻伤	重伤	死亡
现浇混凝土基础	车辆伤害	运输、施工车辆等	1. 人员违章进入危险区域； 2. 管理人员违章指挥，强令冒险作业（进入驾驶员视野盲区等）； 3. 机驾人员未持有效证件上岗、机驾人员操作错误，违章作业（违规载人、酒后驾驶、超速、超限、超载作业）； 4. 机驾人员身体健康状况异常、心理异常、感知异常（反应迟钝、辨识错误）； 5. 机驾人员疲劳作业； 6. 现场人员未正确使用安全防护用品（反光背心、安全帽等）	1. 车辆未配备警示标识或标识破损（警戒区、标牌、反光锥、反光贴等）； 2. 车辆带“病”作业（制动装置、喇叭、后视镜、警示灯等设施缺陷）； 3. 车辆作业安全距离不足； 4. 人员安全防护用品不合格（反光背心、安全帽等）； 5. 车辆外观存在破损，配件行驶时脱落，运载物品尺寸超过车辆尺寸等； 6. 车辆转弯或后退时无明显提示	1. 强风、暴雨、大雪、冰雹、大雾等不良天气； 2. 作业场地狭窄、不平整、道路湿滑； 3. 车辆前后视线不良； 4. 存在视野盲区	1. 未对车辆、船机设备安全防护设施等进行进场验收或验收不到位； 2. 车船安全管理制度不完善或未落实（检查维护保养不到位）； 3. 安全操作规程不规范或未落实（作业前未对车船周围环境进行检查）； 4. 安全教育、培训、交底、检查制度不完善或未落实； 5. 职业健康管理制度不完善或未落实； 6. 安全投入不足	√	√	√	√	√

续上表

施工作业内容	典型风险事件	致害物	致险因素				风险事件后果类型				
			人的因素	物的因素	环境因素	管理因素	易导致伤亡人员类型		人员伤亡		
							本人	他人	轻伤	重伤	死亡
现浇混凝土基础	机械伤害	挖掘机、打桩机、搅拌机、破碎机、弯曲机、切割机、装载机及等施工小型机具等	1. 人员违章进入危险区域（机械作业半径等）； 2. 管理人员违章指挥，强令冒险作业； 3. 机械操作人员未持有效证件上岗； 4. 机械操作人员操作错误，违章作业（违规载人、酒后作业）； 5. 操作人员身体健康状况异常、心理异常、感知异常（反应迟钝、辨识错误）； 6. 现场作业人员未正确使用安全防护用品（反光背心、安全帽等）； 7. 机械操作人员疲劳作业	1. 机械无警示标识或标识破损（警戒区、标牌、反光贴等）； 2. 设备设施安全作业距离不足； 3. 设备带“病”作业（设备设施制动装置失效、运动或转动装置无防护或防护装置缺陷等）； 4. 安全防护用品不合格（反光背心、安全帽、护目镜等）	1. 强风、暴雨、大雪、冰雹、大雾等不良天气； 2. 作业场地狭窄、不平整、道路湿滑； 3. 夜间施工照明不足； 4. 存在视野盲区	1. 机械设备安全管理制度不完善或未落实（检查维护保养不到位）； 2. 未对机械设备、安全防护用品等进行进场验收或验收不到位； 3. 安全教育、培训、交底制度不完善或未落实； 4. 机械设备操作规程不规范或未落实； 5. 安全投入不足		√	√	√	√

续上表

施工作业内容	典型风险事件	致害物	致险因素				风险事件后果类型				
			人的因素	物的因素	环境因素	管理因素	易导致伤亡人员类型		人员伤亡		
							本人	他人	轻伤	重伤	死亡
现浇混凝土基础	触电	发电机、破损的电线、钢筋等导电材料、配电箱	1. 作业人员未正确使用安全防护用品（绝缘鞋、绝缘手套等）； 2. 作业人员操作错误或违章作业（带电检修维护）； 3. 管理人员违章指挥、强令冒险作业； 4. 电工、电焊工等特种人员未持有效证件上岗作业； 5. 人员疲劳作业	1. 电缆线、配电箱等电气设施不合格（线路破损、老化）； 2. 电气设施设置不规范（电缆拖地、配电箱无支架等）； 3. 带电设施无警示标识或标识破损安全防护装置不规范（未接地、无漏电保护器、接线端子无防护罩等）； 4. 防护不当、防护距离不足（配电柜、发电机无遮雨棚、防护围挡或防护破损）	1. 强风、雷雨、大雪等不良天气； 2. 作业场地杂乱、潮湿或积水； 3. 作业场地照明不足	1. 临时用电方案不完善或未落实； 2. 发电机等安全操作规程不规范或未落实； 3. 电气设施材料等未进行进场验收； 4. 无电工对用电设施进行巡查或巡查不到位； 5. 机械设备安全管理制度未落实（发电机、电焊机等机具检查维护保养不到位）； 6. 安全教育、培训、交底、检查制度不完善或未落实； 7. 安全投入不足	√		√	√	

续上表

施工作业内容	典型风险事件	致害物	致险因素				风险事件后果类型				
			人的因素	物的因素	环境因素	管理因素	易导致伤亡人员类型		人员伤亡		
							本人	他人	轻伤	重伤	死亡
现浇混凝土基础	坍塌	不稳定土体、砌体、结构物等	1. 管理人员违章指挥,强令冒险作业(防护、放坡不及时); 2. 人员心理异常(冒险侥幸心理等); 3. 作业人员操作错误; 4. 违章作业违反劳动纪律行为(管理人员脱岗等)	1. 无警示信号或信号不清(紧急撤离信号); 2. 现场无警示标识或标识破损(警戒区、标牌、反光锥等); 3. 截排水设施不完善; 4. 防护形式错或防护材料不合格(材料强度不足等); 5. 区域内有重载或有松散的高边坡	1. 存在滑坡、偏压等不良地质; 2. 作业场地照明不足; 3. 强风、暴雨、地震等不良天气或地质; 4. 区域内有较大的振动	1. 施工方案不完善或未落实(掏底开挖、上下重叠开挖或未分层开挖,开挖完后未及时施工防护及排水); 2. 安全教育、培训、交底、检查制度不完善或未落实; 3. 安全投入不足	√	√	√	√	√
	船舶碰撞	船舶等	1. 船舶驾驶等人员技术、经验不足; 2. 管理人员违章指挥,强令冒险作业; 3. 作业人员身体健康状况异常、心理异常、感知异常(反应迟钝、辨识错误); 4. 作业人员操作错误,违章作业	1. 船舶相关仪表设备老旧、失效; 2. 导航设施出现明显错误; 3. 船舶防撞设施缺失; 4. 周围船体碰撞施工船舶	1. 强风、暴雨、大雪、大雾等不良天气; 2. 光线、照明不足; 3. 水下暗流影响船体方向和速率; 4. 施工水域狭小	1. 船舶操作规程、应急预案不完善或未落实; 2. 未落实安全教育、培训、交底、检查制度; 3. 船舶等未按要求组织维修、检验等或属于三无船舶	√	√	√	√	

续上表

施工作业内容	典型风险事件	致害物	致险因素				风险事件后果类型				
			人的因素	物的因素	环境因素	管理因素	易导致伤亡人员类型		人员伤亡		
							本人	他人	轻伤	重伤	死亡
现浇混凝土基础	船舶搁浅	浅滩等	1. 船舶驾驶等人员技术、经验不足； 2. 管理人员违章指挥，强令冒险作业； 3. 作业人员身体健康状况异常、心理异常、感知异常（反应迟钝、辨识错误）； 4. 作业人员操作错误，违章作业	1. 船舶相关仪表设备老旧、失效； 2. 导航、声呐设施出现明显错误	1. 强风、暴雨、大雪、大雾等不良天气； 2. 光线不足； 3. 水下地质突变； 4. 水位快速下降或退潮	1. 船舶操作规程、应急预案不完善或未落实； 2. 未落实安全教育、培训、交底、检查制度； 3. 船舶等未按要求组织维修、检验等或属于三无船舶； 4. 管理人员对气象和水体未提前预估	√	√	√		
	船舶触损	水下岩石、沉船、抛石等	1. 船舶驾驶等人员技术、经验不足； 2. 管理人员违章指挥，强令冒险作业； 3. 作业人员身体健康状况异常、心理异常、感知异常（反应迟钝、辨识错误）； 4. 作业人员操作错误，违章作业	1. 船舶相关仪表设备老旧、失效； 2. 声呐设施出现明显错误； 3. 与重型物品撞击； 4. 水下尖锐物品或其他船只上尖锐部位触碰； 5. 船体老化	1. 强风、暴雨、大雪、大雾等不良天气； 2. 光线不足； 3. 水下地质突变； 4. 水中存在较大波浪	1. 船舶操作规程、应急预案不完善或未落实； 2. 未落实安全教育、培训、交底、检查制度； 3. 船舶等未按要求组织维修、检验等或属于三无船舶	√	√	√	√	

续上表

施工作业内容	典型风险事件	致害物	致险因素				风险事件后果类型				
			人的因素	物的因素	环境因素	管理因素	易导致伤亡人员类型		人员伤亡		
							本人	他人	轻伤	重伤	死亡
现浇混凝土基础	船舶污染	船舶燃油、生活污水等	1. 船舶驾驶等人员技术、经验不足； 2. 管理人员违章指挥，强令冒险作业； 3. 作业人员身体健康状况异常、心理异常、感知异常（反应迟钝、辨识错误）； 4. 作业人员操作错误，违章作业	1. 船舶相关仪表设备老旧、失效； 2. 燃油桶或输油管破损	1. 强风、暴雨等不良天气； 2. 船内照明不足	1. 船舶操作规程、应急预案不完善或未落实； 2. 未落实安全教育、培训、交底、检查制度； 3. 船舶等未按要求组织维修、检验等或属于三无船舶		√	√		
	船舶倾覆	风浪、船舶等	1. 船舶驾驶等人员技术、经验不足； 2. 管理人员违章指挥，强令冒险作业； 3. 作业人员身体健康状况异常、心理异常、感知异常（反应迟钝、辨识错误）； 4. 作业人员操作错误，违章作业	1. 船舶相关仪表设备老旧、失效； 2. 导航设施出现明显错误； 3. 船上物品偏载； 4. 系揽钩未绑扎牢固； 5. 物体撞击船体致出现破洞； 6. 船体刚度不足	1. 强风、暴雨等不良天气； 2. 光线不足； 3. 水中存在巨大波浪	1. 船舶操作规程、应急预案不完善或未落实； 2. 未落实安全教育、培训、交底、检查制度； 3. 船舶等未按要求组织维修、检验等或属于三无船舶	√	√	√	√	√

续上表

施工作业内容	典型风险事件	致害物	致险因素				风险事件后果类型				
			人的因素	物的因素	环境因素	管理因素	易导致伤亡人员类型		人员伤亡		
							本人	他人	轻伤	重伤	死亡
浆砌石基础	物体打击	工具、材料等坠落物、抛射物、喷射物、溅射物	1. 现场作业人员未正确使用安全防护用品（安全帽等）； 2. 人员违章进入危险区域； 3. 管理人员违章指挥，强令冒险作业； 4. 作业人员身体健康状况异常、心理异常、感知异常（反应迟钝、辨识错误）； 5. 作业人员操作错误，违章作业（违章抛物等）	1. 安全防护用品不合格（安全帽等）； 2. 作业过程中产生的坠落物、抛射物、喷射物、溅射物等（工具、材料等）； 3. 未设置防护设施，防护设施存在缺陷（挡脚板、防护网等）； 4. 物品摆放位置不合理或未固定； 5. 物品尺寸超大、超长等	1. 强风、暴雨、冰雹、大雾等不良天气； 2. 作业场地杂乱； 3. 照明光线不足； 4. 机械、车船、场地等晃动、振动	1. 施工方案不完善或未落实； 2. 安全教育、培训、交底、检查制度不完善或未落实； 3. 安全防护用品等未进行进场验收或验收不到位； 4. 安全投入不足； 5. 现场无警示标识或标识破损（警戒区、标牌、反光锥等）		√	√	√	
	车辆伤害	运输、施工车辆等	1. 人员违章进入危险区域； 2. 管理人员违章指挥，强令冒险作业（进入驾驶员视野盲区等）； 3. 机驾人员未持有效证件上岗、机驾人员操作错误，违章作业（违规载人、酒后驾驶、超速、超限、超载作业）； 4. 机驾人员身体健康状况异常、心理异常、感知异常（反应迟钝、辨识错误）；	1. 车辆未配备警示标识或标识破损（警戒区、标牌、反光锥、反光贴等）； 2. 车辆带“病”作业（制动装置、喇叭、后视镜、警示灯等设施缺陷）； 3. 车辆作业安全距离不足； 4. 人员安全防护用品不合格（反光背心、安全帽等）；	1. 强风、暴雨、大雪、冰雹、大雾等不良天气； 2. 作业场地狭窄、不平整、道路湿滑； 3. 车辆前后视线不良； 4. 存在视野盲区	1. 未对车辆、船机设备安全防护设施等进行进场验收或验收不到位； 2. 车船安全管理制度不完善或未落实（检查维护保养不到位）； 3. 安全操作规程不规范或未落实（作业前未对车船周围环境进行检查）；	√	√	√	√	√

续上表

施工作业内容	典型风险事件	致害物	致险因素				风险事件后果类型				
			人的因素	物的因素	环境因素	管理因素	易导致伤亡人员类型		人员伤亡		
							本人	他人	轻伤	重伤	死亡
	车辆伤害	运输、施工车辆等	5. 机驾人员疲劳作业； 6. 现场人员未正确使用安全防护用品（反光背心、安全帽等）	5. 车辆外观存在破损、配件行驶时脱落，运载物品尺寸超过车辆尺寸等； 6. 车辆转弯或后退时无明显提示		4. 安全教育、培训、交底、检查制度不完善或未落实； 5. 职业健康管理制度不完善或未落实； 6. 安全投入不足					
浆砌石基础	机械伤害	挖掘机、搅拌机、破碎机、装载机等施工小型机具	1. 人员违章进入危险区域（机械作业半径等）； 2. 管理人员违章指挥，强令冒险作业； 3. 机械操作人员未持有效证件上岗； 4. 机械操作人员操作错误，违章作业（违规载人、酒后作业）； 5. 操作人员身体健康状况异常、心理异常、感知异常（反应迟钝、辨识错误）； 6. 现场作业人员未正确使用安全防护用品（反光背心、安全帽等）； 7. 机械操作人员疲劳作业	1. 机械无警示标识或标识破损（警戒区、标牌、反光贴等）； 2. 设备设施安全作业距离不足； 3. 设备带“病”作业（设备设施制动装置失效、运动或转动装置无防护或防护装置缺陷等）； 4. 安全防护用品不合格（反光背心、安全帽、护目镜等）	1. 强风、暴雨、大雪、冰雹、大雾等不良天气； 2. 作业场地狭窄、不平整、道路湿滑； 3. 夜间施工照明不足； 4. 存在视野盲区	1. 机械设备安全管理制度不完善或未落实（检查维护保养不到位）； 2. 未对机械设备、安全防护用品等进行进场验收或验收不到位； 3. 安全教育、培训、交底制度不完善或未落实； 4. 机械设备操作规程不规范或未落实； 5. 安全投入不足		√	√	√	√

续上表

施工作业内容	典型风险事件	致害物	致险因素				风险事件后果类型				
			人的因素	物的因素	环境因素	管理因素	易导致伤亡人员类型		人员伤亡		
							本人	他人	轻伤	重伤	死亡
浆砌石基础	起重伤害	汽车起重机、履带式起重机、浮吊等起重设备、吊索吊具	1. 管理人员违章指挥,强令冒险作业; 2. 作业人员操作错误,违章作业; 3. 起重工、信号工未持有效证件上岗; 4. 现场作业人员未正确使用安全防护用品(安全帽等); 5. 抗倾覆验算错误; 6. 人员违章进入危险区域; 7. 起重人员身体健康状况异常、心理异常、感知异常(反应迟钝、辨识错误); 8. 作业人员疲劳作业	1. 设备自身缺陷(强度、刚度不足、抗倾覆能力不足); 2. 现场无警示标识或标识破损(警戒区、标牌、反光锥等); 3. 吊车支垫材料不合格(枕木、钢板等); 4. 构件防锈处理不合格; 5. 吊索吊具不合格或达到报废标准(钢丝绳、吊带、U 型卸扣等); 6. 无防护或防护装置缺陷(防脱钩装置、限位装置等); 7. 设备带“病”作业(制动装置等); 8. 安全防护用品不合格(反光背心、安全帽等)	1. 强风、暴雨、大雾、大雪等不良天气; 2. 地基承载力不足、基础下沉; 3. 作业场地照明不足; 4. 浮吊周围水域存在较大波浪或暗流; 5. 周围高空有较多障碍物; 6. 存在视野盲区	1. 施工方案不完善或未落实; 2. 安全教育、培训、交底、检查制度不完善或未落实; 3. 未对起重设备进行进场验收或验收不到位; 4. 安全投入不足; 5. 起重吊装作业时无专人监视; 6. 起重吊装安全操作规程不规范或未落实	√	√	√	√	√

续上表

施工作业内容	典型风险事件	致害物	致险因素				风险事件后果类型				
			人的因素	物的因素	环境因素	管理因素	易导致伤亡人员类型		人员伤亡		
							本人	他人	轻伤	重伤	死亡
灯柱制作与安装	物体打击	工具、材料、预制件	1. 现场作业人员未正确使用安全防护用品(安全帽等); 2. 人员违章进入危险区域; 3. 管理人员违章指挥,强令冒险作业; 4. 作业人员身体健康状况异常、心理异常、感知异常(反应迟钝、辨识错误); 5. 作业人员操作错误,违章作业(违章抛物等)	1. 安全防护用品不合格(安全帽等); 2. 作业过程中产生的坠落物、抛射物、喷射物、溅射物等(工具、材料等); 3. 未设置防护设施,防护设施存在缺陷(挡脚板、防护网等); 4. 物品摆放位置不合理或未固定; 5. 物品尺寸超大、超长等	1. 强风、暴雨、冰雹、大雾等不良天气; 2. 作业场地杂乱; 3. 照明光线不足; 4. 机械、车船、场地等晃动、振动	1. 施工方案不完善或未落实; 2. 安全教育、培训、交底、检查制度不完善或未落实; 3. 安全防护用品等未进行进场验收或验收不到位; 4. 安全投入不足; 5. 现场无警示标识或标识破损(警戒区、标牌、反光锥等)		√	√	√	
	车辆伤害	运输、施工车辆等	1. 人员违章进入危险区域; 2. 管理人员违章指挥,强令冒险作业(进入驾驶员视野盲区等); 3. 机驾人员未持有效证件上岗、机驾人员操作错误,违章作业(违规载人、酒后驾驶、超速、超限、超载作业); 4. 机驾人员身体健康状况异常、心理异常、感知异常(反应迟钝、辨识错误);	1. 车辆未配备警示标识或标识破损(警戒区、标牌、反光锥、反光贴等); 2. 车辆带“病”作业(制动装置、喇叭、后视镜、警示灯等设施缺陷); 3. 车辆作业安全距离不足; 4. 人员安全防护用品不合格(反光背心、安全帽等);	1. 强风、暴雨、大雪、冰雹、大雾等不良天气; 2. 作业场地狭窄、不平整、道路湿滑; 3. 车辆前后视线不良; 4. 存在视野盲区	1. 未对车辆、船机设备安全防护设施等进行进场验收或验收不到位; 2. 车船安全管理制度不完善或未落实(检查维护保养不到位); 3. 安全操作规程不规范或未落实(作业前未对车船周围环境进行检查);	√	√	√	√	√

续上表

施工作业内容	典型风险事件	致害物	致险因素				风险事件后果类型				
			人的因素	物的因素	环境因素	管理因素	易导致伤亡人员类型		人员伤亡		
							本人	他人	轻伤	重伤	死亡
灯柱制作与安装	车辆伤害	运输、施工车辆等	5. 机驾人员疲劳作业； 6. 现场人员未正确使用安全防护用品（反光背心、安全帽等）	5. 车辆外观存在破损、配件行驶时脱落，运载物品尺寸超过车辆尺寸等； 6. 车辆转弯或后退时无明显提示		4. 安全教育、培训、交底、检查制度不完善或未落实； 5. 职业健康管理制度不完善或未落实； 6. 安全投入不足					
	机械伤害	弯曲机、切割机、装载机等施工小型机具	1. 人员违章进入危险区域（机械作业半径等）； 2. 管理人员违章指挥，强令冒险作业； 3. 机械操作人员未持有效证件上岗； 4. 机械操作人员操作错误，违章作业（违规载人、酒后作业）； 5. 操作人员身体健康状况异常、心理异常、感知异常（反应迟钝、辨识错误）； 6. 现场作业人员未正确使用安全防护用品（反光背心、安全帽等）； 7. 机械操作人员疲劳作业	1. 机械无警示标识或标识破损（警戒区、标牌、反光贴等）； 2. 设备设施安全作业距离不足； 3. 设备带“病”作业（设备设施制动装置失效、运动或转动装置无防护或防护装置缺陷等）； 4. 安全防护用品不合格（反光背心、安全帽、护目镜等）	1. 强风、暴雨、大雪、冰雹、大雾等不良天气； 2. 作业场地狭窄、不平整、道路湿滑； 3. 夜间施工照明不足； 4. 存在视野盲区	1. 机械设备安全管理制度不完善或未落实（检查维护保养不到位）； 2. 未对机械设备、安全防护用品等进行进场验收或验收不到位； 3. 安全教育、培训、交底制度不完善或未落实； 4. 机械设备操作规程不规范或未落实； 5. 安全投入不足		√	√	√	√

续上表

施工作业内容	典型风险事件	致害物	致险因素				风险事件后果类型				
			人的因素	物的因素	环境因素	管理因素	易导致伤亡人员类型		人员伤亡		
							本人	他人	轻伤	重伤	死亡
灯柱制作与安装	起重伤害	汽车起重机、履带式起重机、浮吊等起重设备、吊索吊具	1. 管理人员违章指挥,强令冒险作业; 2. 作业人员操作错误,违章作业; 3. 起重工、信号工未持有效证件上岗; 4. 现场作业人员未正确使用安全防护用品(安全帽等); 5. 抗倾覆验算错误; 6. 作业人员违章进入危险区域; 7. 起重人员身体健康状况异常、心理异常、感知异常(反应迟钝、辨识错误); 8. 作业人员疲劳作业	1. 设备自身缺陷(强度、刚度不足、抗倾覆能力不足); 2. 现场无警示标识或标识破损(警戒区、标牌、反光锥等); 3. 吊车支垫材料不合格(枕木、钢板等); 4. 构件防锈处理不合格; 5. 吊索吊具不合格或达到报废标准(钢丝绳、吊带、U 型卸扣等); 6. 无防护或防护装置缺陷(防脱钩装置、限位装置等); 7. 设备带“病”作业(制动装置等); 8. 安全防护用品不合格(反光背心、安全帽等)	1. 强风、暴雨、大雾、大雪等不良天气; 2. 地基承载力不足、基础下沉; 3. 作业场地照明不足; 4. 浮吊周围水域存在较大波浪或暗流; 5. 周围高空有较多障碍物; 6. 存在视野盲区	1. 施工方案不完善或未落实; 2. 安全教育、培训、交底、检查制度不完善或未落实; 3. 未对起重设备进行进场验收或验收不到位; 4. 安全投入不足; 5. 起重吊装作业时无专人监视; 6. 起重吊装安全操作规程不规范或未落实	√	√	√	√	√

续上表

施工作业内容	典型风险事件	致害物	致险因素				风险事件后果类型				
			人的因素	物的因素	环境因素	管理因素	易导致伤亡人员类型		人员伤亡		
							本人	他人	轻伤	重伤	死亡
灯柱制作与安装	触电	发电机、破损的电线、钢筋等导电材料、配电箱	1. 作业人员未正确使用安全防护用品（绝缘鞋、绝缘手套等）； 2. 作业人员操作错误或违章作业（带电检修维护）； 3. 管理人员违章指挥，强令冒险作业； 4. 电工、电焊工等特种人员未持有效证件上岗作业； 5. 作业人员疲劳作业	1. 电缆线、配电箱等电气设施不合格（线路破损、老化）； 2. 电气设施设置不规范（电缆拖地、配电箱无支架等）； 3. 带电设施无警示标识或标识破损，安全防护装置不规范（未接地、无漏电保护器、接线端子无防护罩等）； 4. 防护不当、防护距离不足（配电柜、发电机无遮雨棚、防护围挡或防护破损）	1. 强风、雷雨、大雪等不良天气； 2. 作业场地杂乱、潮湿或积水； 3. 作业场地照明不足	1. 临时用电方案不完善或未落实； 2. 发电机等安全操作规程不规范或未落实； 3. 电气设施材料等未进行进场验收； 4. 无电工对用电设施进行巡查或巡查不到位； 5. 机械设备安全管理制度未落实（发电机、电焊机等机具检查维护保养不到位）； 6. 安全教育、培训、交底、检查制度不完善或未落实； 7. 安全投入不足	√		√	√	

续上表

施工作业内容	典型风险事件	致害物	致险因素				风险事件后果类型				
			人的因素	物的因素	环境因素	管理因素	易导致伤亡人员类型		人员伤亡		
							本人	他人	轻伤	重伤	死亡
灯柱制作与安装	高处坠落	无防护的作业平台、施工人员受自身的重力运动	1. 作业人员未正确使用安全防护用品（安全带、防滑鞋等）； 2. 作业人员身体健康状况异常、心理异常、感知异常（高血压、恐高症等禁忌症，反应迟钝、辨识错误）； 3. 作业人员疲劳作业，管理人员违章指挥、强令冒险作业； 4. 作业人员操作错误或违章作业	1. 高处作业场所未设置安全防护等措施（安全绳索、防坠网、栏杆等）； 2. 未设置安全警示标志或标识破损； 3. 安全防护用品质量不合格，存在缺陷； 4. 未设置人员上下安全爬梯或设置不规范	1. 大风、雷电、大雪、暴雨等恶劣天气； 2. 夜间施工照明不足； 3. 作业场地不平整、湿滑； 4. 临边洞口区域较多； 5. 现场需要反复登高作业	1. 安全教育、培训、交底、检查制度不完善或未落实； 2. 职业健康、安全管理制度不完善、未落实（定期体检）； 3. 安全投入不足； 4. 高处作业安全操作规程不规范或未落实； 5. 安全防护用品等进行进场验收或验收不到位					
栏杆制作与安装	物体打击	工具、材料预制件	1. 现场作业人员未正确使用安全防护用品（安全帽等）； 2. 人员违章进入危险区域； 3. 管理人员违章指挥，强令冒险作业； 4. 作业人员身体健康状况异常、心理异常、感知异常（反应迟钝、辨识错误）； 5. 作业人员操作错误，违章作业（违章抛物等）	1. 安全防护用品不合格（安全帽等）； 2. 作业过程中产生的坠落物、抛射物、喷射物、溅射物等（工具、材料等）； 3. 未设置防护设施，防护设施存在缺陷（挡脚板、防护网等）； 4. 物品摆放位置不合理或未固定； 5. 物品尺寸超大、超长等	1. 强风、暴雨、冰雹、大雾等不良天气； 2. 作业场地杂乱； 3. 照明光线不足； 4. 机械、车船、场地等晃动、振动	1. 施工方案不完善或未落实； 2. 安全教育、培训、交底、检查制度不完善或未落实； 3. 安全防护用品等未进行进场验收或验收不到位； 4. 安全投入不足； 5. 现场无警示标识或标识破损（警戒区、标牌、反光锥等）		√	√	√	

续上表

施工作业内容	典型风险事件	致害物	致险因素				风险事件后果类型				
			人的因素	物的因素	环境因素	管理因素	易导致伤亡人员类型		人员伤亡		
							本人	他人	轻伤	重伤	死亡
栏杆制作与安装	车辆伤害	运输、施工车辆等	1. 人员违章进入危险区域； 2. 管理人员违章指挥，强令冒险作业（进入驾驶员视野盲区等）； 3. 机驾人员未持有效证件上岗、机驾人员操作错误，违章作业（违规载人、酒后驾驶、超速、超限、超载作业）； 4. 机驾人员身体健康状况异常、心理异常、感知异常（反应迟钝、辨识错误）； 5. 机驾人员疲劳作业； 6. 现场人员未正确使用安全防护用品（反光背心、安全帽等）	1. 车辆未配备警示标识或标识破损（警戒区、标牌、反光锥、反光贴等）； 2. 车辆带“病”作业（制动装置、喇叭、后视镜、警示灯等设施缺陷）； 3. 车辆作业安全距离不足； 4. 人员安全防护用品不合格（反光背心、安全帽等）； 5. 车辆外观存在破损，配件行驶时脱落，运载物品尺寸超过车辆尺寸等； 6. 车辆转弯或后退时无明显提示	1. 强风、暴雨、大雪、冰雹、大雾等不良天气； 2. 作业场地狭窄、不平整、道路湿滑； 3. 车辆前后视线不良； 4. 存在视野盲区	1. 未对车辆、船机设备安全防护设施等进行进场验收或验收不到位； 2. 车船安全管理制度不完善或未落实（检查维护保养不到位）； 3. 安全操作规程不规范或未落实（作业前未对车船周围环境进行检查）； 4. 安全教育、培训、交底、检查制度不完善或未落实； 5. 职业健康管理制度不完善或未落实； 6. 安全投入不足	√	√	√	√	√

续上表

施工作业内容	典型风险事件	致害物	致险因素				风险事件后果类型				
			人的因素	物的因素	环境因素	管理因素	易导致伤亡人员类型		人员伤亡		
							本人	他人	轻伤	重伤	死亡
栏杆制作与安装	机械伤害	弯曲机、切割机、装载机等施工小型机具	1. 人员违章进入危险区域（机械作业半径等）； 2. 管理人员违章指挥，强令冒险作业； 3. 机械操作人员未持有效证件上岗； 4. 机械操作人员操作错误，违章作业（违规载人、酒后作业）； 5. 操作人员身体健康状况异常、心理异常、感知异常（反应迟钝、辨识错误）； 6. 现场作业人员未正确使用安全防护用品（反光背心、安全帽等）； 7. 机械操作人员疲劳作业	1. 机械无警示标识或标识破损（警戒区、标牌、反光贴等）； 2. 设备设施安全作业距离不足； 3. 设备带“病”作业（设备设施制动装置失效、运动或转动装置无防护或防护装置缺陷等）； 4. 安全防护用品不合格（反光背心、安全帽、护目镜等）	1. 强风、暴雨、大雪、冰雹、大雾等不良天气； 2. 作业场地狭窄、不平整、道路湿滑； 3. 夜间施工照明不足； 4. 存在视野盲区	1. 机械设备安全管理制度不完善或未落实（检查维护保养不到位）； 2. 未对机械设备、安全防护用品等进行进场验收或验收不到位； 3. 安全教育、培训、交底制度不完善或未落实； 4. 机械设备操作规程不规范或未落实； 5. 安全投入不足		√	√	√	√

续上表

施工作业内容	典型风险事件	致害物	致险因素				风险事件后果类型				
			人的因素	物的因素	环境因素	管理因素	易导致伤亡人员类型		人员伤亡		
							本人	他人	轻伤	重伤	死亡
栏杆制作与安装	起重伤害	汽车起重机、履带式起重机等起重设备、吊索吊具	1. 管理人员违章指挥,强令冒险作业; 2. 作业人员操作错误,违章作业; 3. 起重工、信号工未持有效证件上岗; 4. 现场作业人员未正确使用安全防护用品(安全帽等); 5. 抗倾覆验算错误; 6. 人员违章进入危险区域; 7. 起重人员身体健康状况异常、心理异常、感知异常(反应迟钝、辨识错误); 8. 作业人员疲劳作业	1. 设备自身缺陷(强度、刚度不足、抗倾覆能力不足); 2. 现场无警示标识或标识破损(警戒区、标牌、反光锥等); 3. 吊车支垫材料不合格(枕木、钢板等); 4. 构件防锈处理不合格; 5. 吊索吊具不合格或达到报废标准(钢丝绳、吊带、U 型卸扣等); 6. 无防护或防护装置缺陷(防脱钩装置、限位装置等); 7. 设备带"病"作业(制动装置等); 8. 安全防护用品不合格(反光背心、安全帽等)	1. 强风、暴雨、大雾、大雪等不良天气; 2. 地基承载力不足、基础下沉; 3. 作业场地照明不足; 4. 周围高空有较多障碍物; 5. 存在视野盲区	1. 施工方案不完善或未落实; 2. 安全教育、培训、交底、检查制度不完善或未落实; 3. 未对起重设备进行进场验收或验收不到位; 4. 安全投入不足; 5. 起重吊装作业时无专人监视; 6. 起重吊装安全操作规程不规范或未落实	√	√	√	√	√

续上表

施工作业内容	典型风险事件	致害物	致险因素				风险事件后果类型				
			人的因素	物的因素	环境因素	管理因素	易导致伤亡人员类型		人员伤亡		
							本人	他人	轻伤	重伤	死亡
栏杆制作与安装	触电	发电机、破损的电线、钢筋等导电材料、配电箱	1. 作业人员未正确使用安全防护用品（绝缘鞋、绝缘手套等）； 2. 作业人员操作错误或违章作业（带电检修维护等）； 3. 管理人员违章指挥，强令冒险作业； 4. 电工、电焊工等特种人员未持有效证件上岗作业； 5. 人员疲劳作业	1. 电缆线、配电箱等电气设施不合格（线路破损、老化）； 2. 电气设施设置不规范（电缆拖地、配电箱无支架等）； 3. 带电设施无警示标识或标识破损安全防护装置不规范（未接地、无漏电保护器、接线端子无防护罩等）； 4. 防护不当、防护距离不足（配电柜、发电机无遮雨棚、防护围挡或防护破损）	1. 强风、雷雨、大雪等不良天气； 2. 作业场地杂乱、潮湿或积水； 3. 作业场地照明不足	1. 临时用电方案不完善或未落实； 2. 发电机等安全操作规程不规范或未落实； 3. 电气设施材料等未进行进场验收； 4. 无电工对用电设施进行巡查或巡查不到位； 5. 机械设备安全管理制度未落实（发电机、电焊机等机具检查维护保养不到位）； 6. 安全教育、培训、交底、检查制度不完善或未落实； 7. 安全投入不足	√		√	√	

续上表

施工作业内容	典型风险事件	致害物	致险因素				风险事件后果类型				
			人的因素	物的因素	环境因素	管理因素	易导致伤亡人员类型		人员伤亡		
							本人	他人	轻伤	重伤	死亡
栏杆制作与安装	高处坠落	无防护的作业平台、施工人员受自身的重力运动	1. 作业人员未正确使用安全防护用品(安全带、防滑鞋等); 2. 作业人员身体健康状况异常、心理异常、感知异常(高血压、恐高症等禁忌症,反应迟钝、辨识错误); 3. 作业人员疲劳作业,管理人员违章指挥、强令冒险作业; 4. 作业人员操作错误或违章作业	1. 高处作业场所未设置安全防护等措施(安全绳索、防坠网、栏杆等); 2. 未设置安全警示标志或标识破损; 3. 安全防护用品质量不合格,存在缺陷; 4. 未设置人员上下安全爬梯或设置不规范	1. 大风、雷电、大雪、暴雨等恶劣天气; 2. 夜间施工照明不足; 3. 作业场地不平整、湿滑; 4. 临边洞口区域较多; 5. 现场需要反复登高作业	1. 安全教育、培训、交底、检查制度不完善或未落实; 2. 职业健康、安全管理制度不完善、未落实(定期体检); 3. 安全投入不足; 4. 高处作业安全操作规程不规范或未落实; 5. 安全防护用品等未进场验收或验收不到位	√		√	√	√
踏步	物体打击	工具、材料、预制件	1. 现场作业人员未正确使用安全防护用品(安全帽等); 2. 人员违章进入危险区域; 3. 管理人员违章指挥,强令冒险作业; 4. 作业人员身体健康状况异常、心理异常、感知异常(反应迟钝、辨识错误); 5. 作业人员操作错误,违章作业(违章抛物)	1. 安全防护用品不合格(安全帽等); 2. 作业过程中产生的坠落物、抛射物、喷射物、溅射物等(工具、材料等); 3. 未设置防护设施,防护设施存在缺陷(挡脚板、防护网等); 4. 物品摆放位置不合理或未固定; 5. 物品尺寸超大、超长等	1. 强风、暴雨、冰雹、大雾等不良天气; 2. 作业场地杂乱; 3. 照明光线不足; 4. 机械、车船、场地等晃动、振动	1. 施工方案不完善或未落实; 2. 安全教育、培训、交底、检查制度不完善或未落实; 3. 安全防护用品等未进行进场验收或验收不到位; 4. 安全投入不足; 5. 现场无警示标识或标识破损(警戒区、标牌、反光锥等)		√	√	√	

续上表

施工作业内容	典型风险事件	致害物	致险因素				风险事件后果类型				
			人的因素	物的因素	环境因素	管理因素	易导致伤亡人员类型		人员伤亡		
							本人	他人	轻伤	重伤	死亡
踏步	机械伤害	挖掘机、打桩机、搅拌机、破碎机、弯曲机、切割机、装载机及等施工小型机具等	1. 人员违章进入危险区域（机械作业半径等）； 2. 管理人员违章指挥，强令冒险作业； 3. 机械操作人员未持有效证件上岗； 4. 机械操作人员操作错误，违章作业（违规载人、酒后作业）； 5. 操作人员身体健康状况异常、心理异常、感知异常（反应迟钝、辨识错误）； 6. 现场作业人员未正确使用安全防护用品（反光背心、安全帽等）； 7. 机械操作人员疲劳作业	1. 机械无警示标识或标识破损（警戒区、标牌、反光贴等）； 2. 设备设施安全作业距离不足； 3. 设备带“病”作业（设备设施制动装置失效、运动或转动装置无防护或防护装置缺陷等）； 4. 安全防护用品不合格（反光背心、安全帽、护目镜等）	1. 强风、暴雨、大雪、冰雹、大雾等不良天气； 2. 作业场地狭窄、不平整、道路湿滑； 3. 夜间施工照明不足； 4. 存在视野盲区	1. 机械设备安全管理制度不完善或未落实（检查维护保养不到位）； 2. 未对机械设备、安全防护用品等进行进场验收或验收不到位； 3. 安全教育、培训、交底制度不完善或未落实； 4. 机械设备操作规程不规范或未落实； 5. 安全投入不足		√	√	√	√

第四节　助航设施工程施工主要安全风险分析

助航设施工程主要涉及基础、塔体、每区段的杆型岸标和立标、每区段浮标、航标设备、附属设施等施工内容；典型风险事件主要有物体打击、车辆伤害、机械伤害、起重伤害、触电、淹溺、高处坠落、坍塌、中毒窒息、船舶碰撞、船舶搁浅、船舶触礁、船舶触损、船舶污染、船舶倾覆等；致害物主要包含了周边水体，施工船舶，浅滩，恶劣天气，起重设备等。风险事件的发生常常是人的因素、物的因素、环境因素、管理因素的管理、维护、设置等不到位而导致，具体风险分析见表5-4。

助航设施工程施工主要安全风险分析　　表5-4

施工作业内容	典型风险事件	致害物	致险因素				风险事件后果类型				
			人的因素	物的因素	环境因素	管理因素	易导致伤亡人员类型		人员伤亡		
							本人	他人	轻伤	重伤	死亡
基坑开挖与回填	物体打击	工具、材料等坠落物、抛射物、喷射物、溅射物	1. 现场作业人员未正确使用安全防护用品（安全帽等）； 2. 人员违章进入危险区域； 3. 管理人员违章指挥，强令冒险作业； 4. 作业人员身体健康状况异常、心理异常、感知异常（反应迟钝、辨识错误）； 5. 作业人员操作错误，违章作业（违章抛物）	1. 安全防护用品不合格（安全帽等）； 2. 作业过程中产生的坠落物、抛射物、喷射物、溅射物等（工具、材料等）； 3. 未设置防护设施，防护设施存在缺陷（挡脚板、防护网等）； 4. 物品摆放位置不合理或未固定； 5. 物品尺寸超大、超长等	1. 强风、暴雨、冰雹、大雾等不良天气； 2. 作业场地杂乱； 3. 照明光线不足； 4. 机械、车船、场地等晃动、振动	1. 施工方案不完善或未落实； 2. 安全教育、培训、交底、检查制度不完善或未落实； 3. 安全防护用品等未进行进场验收或验收不到位； 4. 安全投入不足； 5. 现场无警示标识或标识破损（警戒区、标牌、反光锥等）		√	√	√	

续上表

施工作业内容	典型风险事件	致害物	致险因素				风险事件后果类型				
			人的因素	物的因素	环境因素	管理因素	易导致伤亡人员类型		人员伤亡		
							本人	他人	轻伤	重伤	死亡
基坑开挖与回填	车辆伤害	运输、施工车辆等	1. 人员违章进入危险区域； 2. 管理人员违章指挥，强令冒险作业（进入驾驶员视野盲区等）； 3. 机驾人员未持有效证件上岗、机驾人员操作错误，违章作业（违规载人、酒后驾驶、超速、超限、超载作业）； 4. 机驾人员身体健康状况异常、心理异常、感知异常（反应迟钝、辨识错误）； 5. 机驾人员疲劳作业； 6. 现场人员未正确使用安全防护用品（反光背心、安全帽等）	1. 车辆未配备警示标识或标识破损（警戒区、标牌、反光锥、反光贴等）； 2. 车辆带“病”作业（制动装置、喇叭、后视镜、警示灯等设施缺陷）； 3. 车辆作业安全距离不足； 4. 人员安全防护用品不合格（反光背心、安全帽等）； 5. 车辆外观存在破损、配件行驶时脱落，运载物品尺寸超过车辆尺寸等； 6. 车辆转弯或后退时无明显提示	1. 强风、暴雨、大雪、冰雹、大雾等不良天气； 2. 作业场地狭窄、不平整、道路湿滑； 3. 车辆前后视线不良； 4. 存在视野盲区	1. 未对车辆、船机设备安全防护设施等进行进场验收或验收不到位； 2. 车船安全管理制度不完善或未落实（检查维护保养不到位）； 3. 安全操作规程不规范或未落实（作业前未对车船周围环境进行检查）； 4. 安全教育、培训、交底、检查制度不完善或未落实； 5. 职业健康管理制度不完善或未落实； 6. 安全投入不足	√	√	√	√	√

续上表

施工作业内容	典型风险事件	致害物	致险因素				风险事件后果类型				
			人的因素	物的因素	环境因素	管理因素	易导致伤亡人员类型		人员伤亡		
							本人	他人	轻伤	重伤	死亡
基坑开挖与回填	机械伤害	挖掘机、打桩机、搅拌机、破碎机、装载机等施工小型机具	1. 人员违章进入危险区域（机械作业半径等）； 2. 管理人员违章指挥，强令冒险作业； 3. 机械操作人员未持有效证件上岗； 4. 机械操作人员操作错误，违章作业（违规载人、酒后作业）； 5. 操作人员身体健康状况异常、心理异常、感知异常（反应迟钝、辨识错误）； 6. 现场作业人员未正确使用安全防护用品（反光背心、安全帽等）； 7. 机械操作人员疲劳作业	1. 机械无警示标识或标识破损（警戒区、标牌、反光贴等）； 2. 设备设施安全作业距离不足； 3. 设备带“病”作业（设备设施制动装置失效、运动或转动装置无防护或防护装置缺陷等）； 4. 安全防护用品不合格（反光背心、安全帽、护目镜等）	1. 强风、暴雨、大雪、冰雹、大雾等不良天气； 2. 作业场地狭窄、不平整、道路湿滑； 3. 夜间施工照明不足； 4. 存在视野盲区	1. 机械设备安全管理制度不完善或未落实（检查维护保养不到位等）； 2. 未对机械设备、安全防护用品等进行进场验收或验收不到位； 3. 安全教育、培训、交底制度不完善或未落实； 4. 机械设备操作规程不规范或未落实； 5. 安全投入不足		√	√	√	√

续上表

施工作业内容	典型风险事件	致害物	致险因素				风险事件后果类型				
			人的因素	物的因素	环境因素	管理因素	易导致伤亡人员类型		人员伤亡		
							本人	他人	轻伤	重伤	死亡
基坑开挖与回填	高处坠落	无防护的作业平台、施工人员自身重力运动	1. 作业人员未正确使用安全防护用品（安全带、防滑鞋等）； 2. 作业人员身体健康状况异常、心理异常、感知异常（高血压、恐高症等禁忌症，反应迟钝、辨识错误）； 3. 作业人员疲劳作业，管理人员违章指挥、强令冒险作业； 4. 作业人员操作错误或违章作业	1. 高处作业场所未设置安全防护等措施（安全绳索、防坠网、栏杆等）； 2. 未设置安全警示标志或标识破损； 3. 安全防护用品质量不合格，存在缺陷； 4. 未设置人员上下安全爬梯或设置不规范	1. 大风、雷电、大雪、暴雨等恶劣天气； 2. 夜间施工照明不足； 3. 作业场地不平整、湿滑； 4. 临边洞口区域较多； 5. 现场需要经常登高作业	1. 安全教育、培训、交底、检查制度不完善或未落实； 2. 职业健康、安全管理制度不完善、未落实（定期体检）； 3. 安全投入不足； 4. 高处作业安全操作规程不规范或未落实； 5. 安全防护用品等未进行进场验收或验收不到位	√		√	√	√
	坍塌	不稳定土体、砌体、结构物等	1. 管理人员违章指挥，强令冒险作业（防护、放坡不及时）； 2. 人员心理异常（冒险侥幸心理等）； 3. 作业人员操作错误； 4. 违章作业违反劳动纪律行为（管理人员脱岗等）	1. 无警示信号或信号不清（紧急撤离信号）； 2. 现场无警示标识或标识破损（警戒区、标牌、反光锥等）； 3. 截排水设施不完善； 4. 防护形式错或防护材料不合格（材料强度不足等）； 5. 区域内有重载或有松散的高边坡	1. 存在滑坡、偏压等不良地质； 2. 作业场地照明不足； 3. 强风、暴雨、地震等不良天气或地质； 4. 区域内有较大的振动	1. 施工方案不完善或未落实（掏底开挖、上下重叠开挖或未分层开挖，开挖完后未及时施工防护及排水）； 2. 安全教育、培训、交底、检查制度不完善或未落实； 3. 安全投入不足	√	√	√	√	√

续上表

施工作业内容	典型风险事件	致害物	致险因素				风险事件后果类型				
			人的因素	物的因素	环境因素	管理因素	易导致伤亡人员类型		人员伤亡		
							本人	他人	轻伤	重伤	死亡
抛石基础	物体打击	工具、材料等坠落物、抛射物、喷射物、溅射物	1. 现场作业人员未正确使用安全防护用品（安全帽等）； 2. 人员违章进入危险区域； 3. 管理人员违章指挥，强令冒险作业； 4. 作业人员身体健康状况异常、心理异常、感知异常（反应迟钝、辨识错误）； 5. 作业人员操作错误，违章作业（违章抛物等）	1. 安全防护用品不合格（安全帽等）； 2. 作业过程中产生的坠落物、抛射物、喷射物、溅射物等（工具、材料等）； 3. 未设置防护设施，防护设施存在缺陷（挡脚板、防护网等）； 4. 物品摆放位置不合理或未固定； 5. 物品尺寸超大、超长	1. 强风、暴雨、冰雹、大雾等不良天气； 2. 作业场地杂乱； 3. 照明光线不足； 4. 机械、车船、场地等晃动、振动	1. 施工方案不完善或未落实； 2. 安全教育、培训、交底、检查制度不完善或未落实； 3. 安全防护用品等未进行进场验收或验收不到位； 4. 安全投入不足； 5. 现场无警示标识或标识破损（警戒区、标牌、反光锥等）		√	√	√	

续上表

施工作业内容	典型风险事件	致害物	致险因素				风险事件后果类型				
			人的因素	物的因素	环境因素	管理因素	易导致伤亡人员类型		人员伤亡		
							本人	他人	轻伤	重伤	死亡
抛石基础	机械伤害	挖掘机、打桩机、搅拌机、破碎机、弯曲机、切割机、装载机及等施工小型机具等	1. 人员违章进入危险区域（机械作业半径等）； 2. 管理人员违章指挥，强令冒险作业； 3. 机械操作人员未持有效证件上岗； 4. 机械操作人员操作错误，违章作业（违规载人、酒后作业）； 5. 操作人员身体健康状况异常、心理异常、感知异常（反应迟钝、辨识错误）； 6. 现场作业人员未正确使用安全防护用品（反光背心、安全帽等）； 7. 机械操作人员疲劳作业	1. 机械无警示标识或标识破损（警戒区、标牌、反光贴等）； 2. 设备设施安全作业距离不足； 3. 设备带“病”作业（设备设施制动装置失效、运动或转动装置无防护或防护装置缺陷等）； 4. 安全防护用品不合格（反光背心、安全帽、护目镜等）	1. 强风、暴雨、大雪、冰雹、大雾等不良天气； 2. 作业场地狭窄、不平整、道路湿滑； 3. 夜间施工照明不足； 4. 存在视野盲区	1. 机械设备安全管理制度不完善或未落实（检查维护保养不到位）； 2. 未对机械设备、安全防护用品等进行进场验收或验收不到位； 3. 安全教育、培训、交底制度不完善或未落实； 4. 机械设备操作规程不规范或未落实； 5. 安全投入不足		√	√	√	√

续上表

施工作业内容	典型风险事件	致害物	致险因素				风险事件后果类型				
			人的因素	物的因素	环境因素	管理因素	易导致伤亡人员类型		人员伤亡		
							本人	他人	轻伤	重伤	死亡
抛石基础	起重伤害	汽车起重机、履带式起重机、浮吊等起重设备、吊索吊具	1. 管理人员违章指挥,强令冒险作业; 2. 作业人员操作错误,违章作业; 3. 起重工、信号工未持有效证件上岗; 4. 现场作业人员未正确使用安全防护用品(安全帽等); 5. 抗倾覆验算错误; 6. 人员违章进入危险区域; 7. 起重人员身体健康状况异常、心理异常、感知异常(反应迟钝、辨识错误); 8. 作业人员疲劳作业	1. 设备自身缺陷(强度、刚度不足、抗倾覆能力不足); 2. 现场无警示标识或标识破损(警戒区、标牌、反光锥等); 3. 吊车支垫材料不合格(枕木、钢板等); 4. 构件防锈处理不合格; 5. 吊索吊具不合格或达到报废标准(钢丝绳、吊带、U 型卸扣等); 6. 无防护或防护装置缺陷(防脱钩装置、限位装置等); 7. 设备带“病”作业(制动装置等); 8. 安全防护用品不合格(反光背心、安全帽等)	1. 强风、暴雨、大雾、大雪等不良天气; 2. 地基承载力不足、基础下沉; 3. 作业场地照明不足; 4. 浮吊周围水域存在较大波浪或暗流; 5. 周围高空有较多障碍物; 6. 存在视野盲区	1. 施工方案不完善或未落实; 2. 安全教育、培训、交底、检查制度不完善或未落实; 3. 未对起重设备进行进场验收或验收不到位; 4. 安全投入不足; 5. 起重吊装作业时无专人监视; 6. 起重吊装安全操作规程不规范或未落实	√	√	√	√	√

续上表

施工作业内容	典型风险事件	致害物	致险因素				风险事件后果类型				
			人的因素	物的因素	环境因素	管理因素	易导致伤亡人员类型		人员伤亡		
							本人	他人	轻伤	重伤	死亡
抛石基础	淹溺	周边水域	1. 管理人员违章指挥,强令冒险作业; 2. 作业人员心理异常(冒险侥幸心理); 3. 作业人员操作错误,违章作业; 4. 违反劳动纪律行为(管理人员脱岗); 5. 作业人员未正确使用安全防护用品	1. 现场无警示标识或标识破损; 2. 现场救生设施不足; 3. 水下存在不明物体或生物的拖拽或缠绕; 4. 氧气瓶、头盔等存在缺陷	1. 雷雨、大风(6 级以上)、冰雹、大雾等恶劣天气作业; 2. 水体寒冷; 3. 水体内能见度不足	1. 专项施工方案、应急预案不完善或未落实; 2. 未落实安全教育、培训、交底、检查制度; 3. 现场监控看管不到位	√		√		√
	船舶碰撞	船舶等	1. 船舶驾驶等人员技术、经验不足; 2. 管理人员违章指挥,强令冒险作业; 3. 作业人员身体健康状况异常、心理异常、感知异常(反应迟钝、辨识错误); 4. 作业人员操作错误,违章作业	1. 船舶相关仪表设备老旧、失效; 2. 导航设施出现明显错误; 3. 船舶防撞设施缺失; 4. 周围船体碰撞施工船舶	1. 强风、暴雨、大雪、大雾等不良天气; 2. 光线、照明不足; 3. 水下暗流影响船体方向和速率; 4. 施工水域狭小	1. 船舶操作规程、应急预案不完善或未落实; 2. 未落实安全教育、培训、交底、检查制度; 3. 船舶等未按要求组织维修、检验等或属于三无船舶	√	√	√	√	

续上表

施工作业内容	典型风险事件	致害物	致险因素				风险事件后果类型				
			人的因素	物的因素	环境因素	管理因素	易导致伤亡人员类型		人员伤亡		
							本人	他人	轻伤	重伤	死亡
抛石基础	船舶搁浅	浅滩等	1. 船舶驾驶等人员技术、经验不足； 2. 管理人员违章指挥，强令冒险作业； 3. 作业人员身体健康状况异常、心理异常、感知异常（反应迟钝、辨识错误）； 4. 作业人员操作错误，违章作业	1. 船舶相关仪表设备老旧、失效； 2. 导航、声呐设施出现明显错误	1. 强风、暴雨、大雪、大雾等不良天气； 2. 光线不足； 3. 水下地质突变； 4. 水位快速下降或退潮	1. 船舶操作规程、应急预案不完善或未落实； 2. 未落实安全教育、培训、交底、检查制度； 3. 船舶等未按要求组织维修、检验等或属于三无船舶； 4. 管理人员对气象和水体未提前预估	√	√	√		
	船舶触礁	水下暗礁等	1. 船舶驾驶等人员技术、经验不足； 2. 管理人员违章指挥，强令冒险作业； 3. 作业人员身体健康状况异常、心理异常、感知异常（反应迟钝、辨识错误）； 4. 作业人员操作错误，违章作业	1. 船舶相关仪表设备老旧、失效； 2. 导航、声呐设施出现明显错误	1. 强风、暴雨、大雪、大雾等不良天气； 2. 光线不足； 3. 水下地质突变	1. 船舶操作规程、应急预案不完善或未落实； 2. 未落实安全教育、培训、交底、检查制度； 3. 船舶等未按要求组织维修、检验等或属于三无船舶； 4. 管理人员对水体预估不足	√	√	√		

续上表

施工作业内容	典型风险事件	致害物	致险因素				风险事件后果类型				
			人的因素	物的因素	环境因素	管理因素	易导致伤亡人员类型		人员伤亡		
							本人	他人	轻伤	重伤	死亡
抛石基础	船舶触损	水下岩石、沉船、抛石等	1. 船舶驾驶等人员技术、经验不足； 2. 管理人员违章指挥，强令冒险作业； 3. 作业人员身体健康状况异常、心理异常、感知异常（反应迟钝、辨识错误）； 4. 作业人员操作错误，违章作业	1. 船舶相关仪表设备老旧、失效； 2. 声呐设施出现明显错误； 3. 与重型物品撞击； 4. 水下尖锐物品或其他船只上尖锐部位触碰； 5. 船体老化	1. 强风、暴雨、大雪、大雾等不良天气； 2. 光线不足； 3. 水下地质突变； 4. 水中存在较大波浪	1. 船舶操作规程、应急预案不完善或未落实； 2. 未落实安全教育、培训、交底、检查制度； 3. 船舶等未按要求组织维修、检验等或属于三无船舶	√	√	√	√	
	船舶污染	船舶燃油、生活污水等	1. 船舶驾驶等人员技术、经验不足； 2. 管理人员违章指挥，强令冒险作业； 3. 作业人员身体健康状况异常、心理异常、感知异常（反应迟钝、辨识错误）； 4. 作业人员操作错误，违章作业	1. 船舶相关仪表设备老旧、失效； 2. 燃油桶或输油管破损	1. 强风、暴雨等不良天气； 2. 船内照明不足	1. 船舶操作规程、应急预案不完善或未落实； 2. 未落实安全教育、培训、交底、检查制度； 3. 船舶等未按要求组织维修、检验等或属于三无船舶		√	√		

续上表

施工作业内容	典型风险事件	致害物	致险因素				风险事件后果类型				
			人的因素	物的因素	环境因素	管理因素	易导致伤亡人员类型		人员伤亡		
							本人	他人	轻伤	重伤	死亡
抛石基础	船舶倾覆	风浪、船舶等	1. 船舶驾驶等人员技术、经验不足； 2. 管理人员违章指挥，强令冒险作业； 3. 作业人员身体健康状况异常、心理异常、感知异常（反应迟钝、辨识错误）； 4. 作业人员操作错误，违章作业	1. 船舶相关仪表设备老旧、失效； 2. 导航设施出现明显错误； 3. 船上物品偏载； 4. 系揽钩未绑扎牢固； 5. 物体撞击船体致出现破洞； 6. 船体刚度不足	1. 强风、暴雨等不良天气； 2. 光线不足； 3. 水中存在巨大波浪	1. 船舶操作规程、应急预案不完善或未落实； 2. 未落实安全教育、培训、交底、检查制度； 3. 船舶等未按要求组织维修、检验等或属于三无船舶	√	√	√	√	√
砌石基础	物体打击	工具、材料等坠落物、抛射物、喷射物、溅射物	1. 现场作业人员未正确使用安全防护用品（安全帽等）； 2. 人员违章进入危险区域； 3. 管理人员违章指挥，强令冒险作业； 4. 作业人员身体健康状况异常、心理异常、感知异常（反应迟钝、辨识错误）； 5. 作业人员操作错误，违章作业（违章抛物等）	1. 安全防护用品不合格（安全帽等）； 2. 作业过程中产生的坠落物、抛射物、喷射物、溅射物等（工具、材料等）； 3. 未设置防护设施，防护设施存在缺陷（挡脚板、防护网等）； 4. 物品摆放位置不合理或未固定； 5. 物品尺寸超大、超长等	1. 强风、暴雨、冰雹、大雾等不良天气； 2. 作业场地杂乱； 3. 照明光线不足； 4. 机械、车船、场地等晃动、振动	1. 施工方案不完善或未落实； 2. 安全教育、培训、交底、检查制度不完善或未落实； 3. 安全防护用品等未进行进场验收或验收不到位； 4. 安全投入不足； 5. 现场无警示标识或标识破损（警戒区、标牌、反光锥等）		√	√	√	

续上表

施工作业内容	典型风险事件	致害物	致险因素				风险事件后果类型				
			人的因素	物的因素	环境因素	管理因素	易导致伤亡人员类型		人员伤亡		
							本人	他人	轻伤	重伤	死亡
砌石基础	机械伤害	挖掘机、搅拌机、破碎机、装载机等施工小型机具等	1. 人员违章进入危险区域（机械作业半径等）； 2. 管理人员违章指挥，强令冒险作业； 3. 机械操作人员未持有效证件上岗； 4. 机械操作人员操作错误，违章作业（违规载人、酒后作业）； 5. 操作人员身体健康状况异常、心理异常、感知异常（反应迟钝、辨识错误）； 6. 现场作业人员未正确使用安全防护用品（反光背心、安全帽等）； 7. 机械操作人员疲劳作业	1. 机械无警示标识或标识破损（警戒区、标牌、反光贴等）； 2. 设备设施安全作业距离不足； 3. 设备带“病”作业（设备设施制动装置失效、运动或转动装置无防护或防护装置缺陷等）； 4. 安全防护用品不合格（反光背心、安全帽、护目镜等）	1. 强风、暴雨、大雪、冰雹、大雾等不良天气； 2. 作业场地狭窄、不平整、道路湿滑； 3. 夜间施工照明不足； 4. 存在视野盲区	1. 机械设备安全管理制度不完善或未落实（检查维护保养不到位）； 2. 未对机械设备、安全防护用品等进行进场验收或验收不到位； 3. 安全教育、培训、交底制度不完善或未落实； 4. 机械设备操作规程不规范或未落实； 5. 安全投入不足		√	√	√	√

续上表

施工作业内容	典型风险事件	致害物	致险因素				风险事件后果类型				
			人的因素	物的因素	环境因素	管理因素	易导致伤亡人员类型		人员伤亡		
							本人	他人	轻伤	重伤	死亡
砌石基础	起重伤害	汽车起重机、履带式起重机、浮吊等起重设备、吊索吊具	1. 管理人员违章指挥,强令冒险作业; 2. 作业人员操作错误,违章作业; 3. 起重工、信号工未持有效证件上岗; 4. 现场作业人员未正确使用安全防护用品(安全帽等); 5. 抗倾覆验算错误; 6. 人员违章进入危险区域; 7. 起重人员身体健康状况异常、心理异常、感知异常(反应迟钝、辨识错误); 8. 作业人员疲劳作业	1. 设备自身缺陷(强度、刚度不足、抗倾覆能力不足); 2. 现场无警示标识或标识破损(警戒区、标牌、反光锥等); 3. 吊车支垫材料不合格(枕木、钢板等); 4. 构件防锈处理不合格; 5. 吊索吊具不合格或达到报废标准(钢丝绳、吊带、U 型卸扣等); 6. 无防护或防护装置缺陷(防脱钩装置、限位装置等); 7. 设备带“病”作业(制动装置等); 8. 安全防护用品不合格(反光背心、安全帽等)	1. 强风、暴雨、大雾、大雪等不良天气; 2. 地基承载力不足、基础下沉; 3. 作业场地照明不足; 4. 浮吊周围水域存在较大波浪或暗流; 5. 周围高空有较多障碍物; 6. 存在视野盲区	1. 施工方案不完善或未落实; 2. 安全教育、培训、交底、检查制度不完善或未落实; 3. 未对起重设备进行进场验收或验收不到位; 4. 安全投入不足; 5. 起重吊装作业时无专人监视; 6. 起重吊装安全操作规程不规范或未落实	√	√	√	√	√

续上表

施工作业内容	典型风险事件	致害物	致险因素				风险事件后果类型				
			人的因素	物的因素	环境因素	管理因素	易导致伤亡人员类型		人员伤亡		
							本人	他人	轻伤	重伤	死亡
桩基础	物体打击	工具、材料等坠落物	1. 现场作业人员未正确使用安全防护用品(安全帽等); 2. 人员违章进入危险区域; 3. 管理人员违章指挥,强令冒险作业; 4. 作业人员身体健康状况异常、心理异常、感知异常(反应迟钝、辨识错误); 5. 作业人员操作错误,违章作业(违章抛物)	1. 安全防护用品不合格(安全帽等); 2. 作业过程中产生的坠落物、抛射物、喷射物、溅射物等(工具、材料等); 3. 未设置防护设施,防护设施存在缺陷(挡脚板、防护网等); 4. 物品摆放位置不合理或未固定; 5. 物品尺寸超大、超长等	1. 强风、暴雨、冰雹、大雾等不良天气; 2. 作业场地杂乱; 3. 照明光线不足; 4. 机械、车船、场地等晃动、振动	1. 施工方案不完善或未落实; 2. 安全教育、培训、交底、检查制度不完善或未落实; 3. 安全防护用品等未进行进场验收或验收不到位; 4. 安全投入不足; 5. 现场无警示标识或标识破损(警戒区、标牌、反光锥等)		√	√	√	

续上表

施工作业内容	典型风险事件	致害物	致险因素				风险事件后果类型				
			人的因素	物的因素	环境因素	管理因素	易导致伤亡人员类型		人员伤亡		
							本人	他人	轻伤	重伤	死亡
桩基础	机械伤害	挖掘机、打桩机、搅拌机、破碎机、弯曲机、切割机、装载机等施工小型机具	1. 人员违章进入危险区域（机械作业半径等）； 2. 管理人员违章指挥，强令冒险作业； 3. 机械操作人员未持有效证件上岗； 4. 机械操作人员操作错误，违章作业（违规载人、酒后作业）； 5. 操作人员身体健康状况异常、心理异常、感知异常（反应迟钝、辨识错误）； 6. 现场作业人员未正确使用安全防护用品（反光背心、安全帽等）； 7. 机械操作人员疲劳作业	1. 机械无警示标识或标识破损（警戒区、标牌、反光贴等）； 2. 设备设施安全作业距离不足； 3. 设备带“病”作业（设备设施制动装置失效、运动或转动装置无防护或防护装置缺陷等）； 4. 安全防护用品不合格（反光背心、安全帽、护目镜等）	1. 强风、暴雨、大雪、冰雹、大雾等不良天气； 2. 作业场地狭窄、不平整、道路湿滑； 3. 夜间施工照明不足； 4. 存在视野盲区	1. 机械设备安全管理制度不完善或未落实（检查维护保养不到位）； 2. 未对机械设备、安全防护用品等进行进场验收或验收不到位； 3. 安全教育、培训、交底制度不完善或未落实； 4. 机械设备操作规程不规范或未落实； 5. 安全投入不足		√	√	√	√

续上表

施工作业内容	典型风险事件	致害物	致险因素				风险事件后果类型				
			人的因素	物的因素	环境因素	管理因素	易导致伤亡人员类型		人员伤亡		
							本人	他人	轻伤	重伤	死亡
桩基础	起重伤害	汽车起重机、履带式起重机、浮吊等起重设备、吊索吊具	1. 管理人员违章指挥，强令冒险作业； 2. 作业人员操作错误，违章作业； 3. 起重工、信号工未持有效证件上岗； 4. 现场作业人员未正确使用安全防护用品（安全帽等）； 5. 抗倾覆验算错误； 6. 人员违章进入危险区域； 7. 起重人员身体健康状况异常、心理异常、感知异常（反应迟钝、辨识错误）； 8. 作业人员疲劳作业	1. 设备自身缺陷（强度、刚度不足、抗倾覆能力不足）； 2. 现场无警示标识或标识破损（警戒区、标牌、反光锥等）； 3. 吊车支垫材料不合格（枕木、钢板等）； 4. 构件防锈处理不合格； 5. 吊索吊具不合格或达到报废标准（钢丝绳、吊带、U型卸扣等）； 6. 无防护或防护装置缺陷（防脱钩装置、限位装置等）； 7. 设备带“病”作业（制动装置等）； 8. 安全防护用品不合格（反光背心、安全帽等）	1. 强风、暴雨、大雾、大雪等不良天气； 2. 地基承载力不足、基础下沉； 3. 作业场地照明不足； 4. 浮吊周围水域存在较大波浪或暗流； 5. 周围高空有较多障碍物； 6. 存在视野盲区	1. 施工方案不完善或未落实； 2. 安全教育、培训、交底、检查制度不完善或未落实； 3. 未对起重设备进行进场验收或验收不到位； 4. 安全投入不足； 5. 起重吊装作业时无专人监视； 6. 起重吊装安全操作规程不规范或未落实	√	√	√	√	√

续上表

施工作业内容	典型风险事件	致害物	致险因素				风险事件后果类型				
			人的因素	物的因素	环境因素	管理因素	易导致伤亡人员类型		人员伤亡		
							本人	他人	轻伤	重伤	死亡
桩基础	高处坠落	无防护的作业平台、施工人员自身重力运动	1. 作业人员未正确使用安全防护用品（安全带、防滑鞋等）； 2. 作业人员身体健康状况异常、心理异常、感知异常（高血压、恐高症等禁忌症，反应迟钝、辨识错误）； 3. 作业人员疲劳作业，管理人员违章指挥、强令冒险作业； 4. 作业人员操作错误或违章作业	1. 高处作业场所未设置安全防护等措施（安全绳索、防坠网、栏杆等）； 2. 未设置安全警示标志或标识破损； 3. 安全防护用品质量不合格，存在缺陷； 4. 未设置人员上下安全爬梯或设置不规范	1. 大风、雷电、大雪、暴雨等恶劣天气； 2. 夜间施工照明不足； 3. 作业场地不平整、湿滑； 4. 临边洞口区域较多； 5. 现场需要反复登高作业	1. 安全教育、培训、交底、检查制度不完善或未落实； 2. 职业健康、安全管理制度不完善、未落实（定期体检等）； 3. 安全投入不足； 4. 高处作业安全操作规程不规范或未落实； 5. 安全防护用品等未进行进场验收或验收不到位	√		√	√	√
现浇混凝土墩台	物体打击	工具、材料等坠落物、抛射物、喷射物、溅射物	1. 现场作业人员未正确使用安全防护用品（安全帽等）； 2. 人员违章进入危险区域； 3. 管理人员违章指挥，强令冒险作业； 4. 作业人员身体健康状况异常、心理异常、感知异常（反应迟钝、辨识错误）； 5. 作业人员操作错误，违章作业（违章抛物等）	1. 安全防护用品不合格（安全帽等）； 2. 作业过程中产生的坠落物、抛射物、喷射物、溅射物等（工具、材料等）； 3. 未设置防护设施，防护设施存在缺陷（挡脚板、防护网等）； 4. 物品摆放位置不合理或未固定； 5. 物品尺寸超大、超长等	1. 强风、暴雨、冰雹、大雾等不良天气； 2. 作业场地杂乱； 3. 照明光线不足； 4. 机械、车船、场地等晃动、振动	1. 施工方案不完善或未落实； 2. 安全教育、培训、交底、检查制度不完善或未落实； 3. 安全防护用品等未进行进场验收或验收不到位； 4. 安全投入不足； 5. 现场无警示标识或标识破损（警戒区、标牌、反光锥等）		√	√	√	

续上表

施工作业内容	典型风险事件	致害物	致险因素				风险事件后果类型				
			人的因素	物的因素	环境因素	管理因素	易导致伤亡人员类型		人员伤亡		
							本人	他人	轻伤	重伤	死亡
现浇混凝土墩台	车辆伤害	运输、施工车辆等	1. 人员违章进入危险区域； 2. 管理人员违章指挥，强令冒险作业（进入驾驶员视野盲区等）； 3. 机驾人员未持有效证件上岗、机驾人员操作错误，违章作业（违规载人、酒后驾驶、超速、超限、超载作业）； 4. 机驾人员身体健康状况异常、心理异常、感知异常（反应迟钝、辨识错误）； 5. 机驾人员疲劳作业； 6. 现场人员未正确使用安全防护用品（反光背心、安全帽等）	1. 车辆未配备警示标识或标识破损（警戒区、标牌、反光锥、反光贴等）； 2. 车辆带“病”作业（制动装置、喇叭、后视镜、警示灯等设施缺陷）； 3. 车辆作业安全距离不足； 4. 人员安全防护用品不合格（反光背心、安全帽等）； 5. 车辆外观存在破损，配件行驶时脱落，运载物品尺寸超过车辆尺寸等； 6. 车辆转弯或后退时无明显提示	1. 强风、暴雨、大雪、冰雹、大雾等不良天气； 2. 作业场地狭窄、不平整、道路湿滑； 3. 车辆前后视线不良； 4. 存在视野盲区	1. 未对车辆、船机设备安全防护设施等进行进场验收或验收不到位； 2. 车船安全管理制度不完善或未落实（检查维护保养不到位等）； 3. 安全操作规程不规范或未落实（作业前未对车船周围环境进行检查等）； 4. 安全教育、培训、交底、检查制度不完善或未落实； 5. 职业健康管理制度不完善或未落实； 6. 安全投入不足	√	√	√	√	√

续上表

施工作业内容	典型风险事件	致害物	致险因素				风险事件后果类型				
			人的因素	物的因素	环境因素	管理因素	易导致伤亡人员类型		人员伤亡		
							本人	他人	轻伤	重伤	死亡
现浇混凝土墩台	机械伤害	挖掘机、打桩机、搅拌机、破碎机、弯曲机、切割机、装载机及等施工小型机具等	1. 人员违章进入危险区域（机械作业半径等）； 2. 管理人员违章指挥，强令冒险作业； 3. 机械操作人员未持有效证件上岗； 4. 机械操作人员操作错误，违章作业（违规载人、酒后作业）； 5. 操作人员身体健康状况异常、心理异常、感知异常（反应迟钝、辨识错误）； 6. 现场作业人员未正确使用安全防护用品（反光背心、安全帽等）； 7. 机械操作人员疲劳作业	1. 机械无警示标识或标识破损（警戒区、标牌、反光贴等）； 2. 设备设施安全作业距离不足； 3. 设备带“病”作业（设备设施制动装置失效、运动或转动装置无防护或防护装置缺陷等）； 4. 安全防护用品不合格（反光背心、安全帽、护目镜等）	1. 强风、暴雨、大雪、冰雹、大雾等不良天气； 2. 作业场地狭窄、不平整、道路湿滑； 3. 夜间施工照明不足； 4. 存在视野盲区	1. 机械设备安全管理制度不完善或未落实（检查维护保养不到位）； 2. 未对机械设备、安全防护用品等进行进场验收或验收不到位； 3. 安全教育、培训、交底制度不完善或未落实； 4. 机械设备操作规程不规范或未落实； 5. 安全投入不足		√	√	√	√

续上表

施工作业内容	典型风险事件	致害物	致险因素				风险事件后果类型				
			人的因素	物的因素	环境因素	管理因素	易导致伤亡人员类型		人员伤亡		
							本人	他人	轻伤	重伤	死亡
现浇混凝土墩台	触电	发电机、破损的电线、钢筋等导电材料、配电箱	1. 作业人员未正确使用安全防护用品(绝缘鞋、绝缘手套等); 2. 作业人员操作错误或违章作业(带电检修维护等); 3. 管理人员违章指挥,强令冒险作业; 4. 电工、电焊工等特种人员未持有效证件上岗作业; 5. 人员疲劳作业	1. 电缆线、配电箱等电气设施不合格(线路破损、老化); 2. 电气设施设置不规范(电缆拖地、配电箱无支架等); 3. 带电设施无警示标识或标识破损,安全防护装置不规范(未接地、无漏电保护器、接线端子无防护罩等); 4. 防护不当、防护距离不足(配电柜、发电机无遮雨棚、防护围挡或防护破损)	1. 强风、雷雨、大雪等不良天气; 2. 作业场地杂乱、潮湿或积水; 3. 作业场地照明不足	1. 临时用电方案不完善或未落实; 2. 发电机等安全操作规程不规范或未落实; 3. 电气设施材料等未进行进场验收; 4. 无电工对用电设施进行巡查或巡查不到位; 5. 机械设备安全管理制度未落实(发电机、电焊机等机具检查维护保养不到位); 6. 安全教育、培训、交底、检查制度不完善或未落实; 7. 安全投入不足					

续上表

施工作业内容	典型风险事件	致害物	致险因素				风险事件后果类型				
			人的因素	物的因素	环境因素	管理因素	易导致伤亡人员类型		人员伤亡		
							本人	他人	轻伤	重伤	死亡
现浇混凝土墩台	淹溺	周边水域	1. 管理人员违章指挥，强令冒险作业； 2. 人员心理异常（冒险侥幸心理）； 3. 作业人员操作错误，违章作业； 4. 违反劳动纪律行为（管理人员脱岗）； 5. 人员未正确使用安全防护用品	1. 现场无警示标识或标识破损； 2. 现场救生设施不足； 3. 水下存在不明物体或生物的拖拽或缠绕； 4. 氧气瓶、头盔等存在缺陷	1. 雷雨、大风（6 级以上）、冰雹、大雾等恶劣天气作业； 2. 水体寒冷； 3. 水体内能见度不足	1. 专项施工方案、应急预案不完善或未落实； 2. 未落实安全教育、培训、交底、检查制度； 3. 现场监控看管不到位	√		√		√
	高处坠落	无防护的作业平台、施工人员自身重力运动	1. 作业人员未正确使用安全防护用品（安全带、防滑鞋等）； 2. 作业人员身体健康状况异常、心理异常、感知异常（高血压、恐高症等禁忌症，反应迟钝、辨识错误）； 3. 作业人员疲劳作业，管理人员违章指挥、强令冒险作业； 4. 作业人员操作错误或违章作业	1. 高处作业场所未设置安全防护等措施（安全绳索、防坠网、栏杆等）； 2. 未设置安全警示标志或标识破损； 3. 安全防护用品质量不合格，存在缺陷； 4. 未设置人员上下安全爬梯或设置不规范	1. 大风、雷电、大雪、暴雨等恶劣天气； 2. 夜间施工照明不足； 3. 作业场地不平整、湿滑； 4. 临边洞口区域较多； 5. 现场需要反复登高作业	1. 安全教育、培训、交底、检查制度不完善或未落实； 2. 职业健康、安全管理制度不完善、未落实（定期体检）； 3. 安全投入不足； 4. 高处作业安全操作规程不规范或未落实； 5. 安全防护用品等未进行进场验收或验收不到位	√		√	√	√

续上表

施工作业内容	典型风险事件	致害物	致险因素				风险事件后果类型				
			人的因素	物的因素	环境因素	管理因素	易导致伤亡人员类型		人员伤亡		
							本人	他人	轻伤	重伤	死亡
现浇混凝土墩台	坍塌	不稳定土体、砌体、结构物等	1. 管理人员违章指挥，强令冒险作业（防护、放坡不及时）； 2. 人员心理异常（冒险侥幸心理等）； 3. 作业人员操作错误； 4. 违章作业违反劳动纪律行为（管理人员脱岗等）	1. 无警示信号或信号不清（紧急撤离信号）； 2. 现场无警示标识或标识破损（警戒区、标牌、反光锥等）； 3. 截排水设施不完善； 4. 防护形式错或防护材料不合格（材料强度不足等）； 5. 区域内有重载或有松散的高边坡	1. 存在滑坡、偏压等不良地质； 2. 作业场地照明不足； 3. 强风、暴雨、地震等不良天气或地质； 4. 区域内有较大的振动	1. 施工方案不完善或未落实（掏底开挖、上下重叠开挖或未分层开挖，开挖完后未及时施工防护及排水）； 2. 安全教育、培训、交底、检查制度不完善或未落实； 3. 安全投入不足	√	√	√	√	√
岩石基础	物体打击	工具、材料等坠落物、抛射物、喷射物、溅射物	1. 现场作业人员未正确使用安全防护用品（安全帽等）； 2. 人员违章进入危险区域； 3. 管理人员违章指挥，强令冒险作业； 4. 作业人员身体健康状况异常、心理异常、感知异常（反应迟钝、辨识错误）； 5. 作业人员操作错误，违章作业（违章抛物）	1. 安全防护用品不合格（安全帽等）； 2. 作业过程中产生的坠落物、抛射物、喷射物、溅射物等（工具、材料等）； 3. 未设置防护设施，防护设施存在缺陷（挡脚板、防护网等）； 4. 物品摆放位置不合理或未固定； 5. 物品尺寸超大、超长等	1. 强风、暴雨、冰雹、大雾等不良天气； 2. 作业场地杂乱； 3. 照明光线不足； 4. 机械、车船、场地等晃动、振动	1. 施工方案不完善或未落实； 2. 安全教育、培训、交底、检查制度不完善或未落实； 3. 安全防护用品等未进行进场验收或验收不到位； 4. 安全投入不足； 5. 现场无警示标识或标识破损（警戒区、标牌、反光锥等）		√	√	√	

续上表

施工作业内容	典型风险事件	致害物	致险因素				风险事件后果类型				
			人的因素	物的因素	环境因素	管理因素	易导致伤亡人员类型		人员伤亡		
							本人	他人	轻伤	重伤	死亡
岩石基础	机械伤害	挖掘机、搅拌机、破碎机、装载机等施工小型机具	1. 人员违章进入危险区域（机械作业半径等）； 2. 管理人员违章指挥，强令冒险作业； 3. 机械操作人员未持有效证件上岗； 4. 机械操作人员操作错误，违章作业（违规载人、酒后作业）； 5. 操作人员身体健康状况异常、心理异常、感知异常（反应迟钝、辨识错误）； 6. 现场作业人员未正确使用安全防护用品（反光背心、安全帽等）； 7. 机械操作人员疲劳作业	1. 机械无警示标识或标识破损（警戒区、标牌、反光贴等）； 2. 设备设施安全作业距离不足； 3. 设备带“病”作业（设备设施制动装置失效、运动或转动装置无防护或防护装置缺陷等）； 4. 安全防护用品不合格（反光背心、安全帽、护目镜等）	1. 强风、暴雨、大雪、冰雹、大雾等不良天气； 2. 作业场地狭窄、不平整、道路湿滑； 3. 夜间施工照明不足； 4. 存在视野盲区	1. 机械设备安全管理制度不完善或未落实（检查维护保养不到位）； 2. 未对机械设备、安全防护用品等进行进场验收或验收不到位； 3. 安全教育、培训、交底制度不完善或未落实； 4. 机械设备操作规程不规范或未落实； 5. 安全投入不足		√	√	√	√

续上表

施工作业内容	典型风险事件	致害物	致险因素				风险事件后果类型				
			人的因素	物的因素	环境因素	管理因素	易导致伤亡人员类型		人员伤亡		
							本人	他人	轻伤	重伤	死亡
岩石基础	起重伤害	汽车起重机、履带式起重机、浮吊等起重设备、吊索吊具	1. 管理人员违章指挥,强令冒险作业; 2. 作业人员操作错误,违章作业; 3. 起重工、信号工未持有效证件上岗; 4. 现场作业人员未正确使用安全防护用品(安全帽等); 5. 抗倾覆验算错误; 6. 人员违章进入危险区域; 7. 起重人员身体健康状况异常、心理异常、感知异常(反应迟钝、辨识错误); 8. 作业人员疲劳作业	1. 设备自身缺陷(强度、刚度不足、抗倾覆能力不足); 2. 现场无警示标识或标识破损(警戒区、标牌、反光锥等); 3. 吊车支垫材料不合格(枕木、钢板等); 4. 构件防锈处理不合格; 5. 吊索吊具不合格或达到报废标准(钢丝绳、吊带、U 型卸扣等); 6. 无防护或防护装置缺陷(防脱钩装置、限位装置等); 7. 设备带"病"作业(制动装置等); 8. 安全防护用品不合格(反光背心、安全帽等)	1. 强风、暴雨、大雾、大雪等不良天气; 2. 地基承载力不足、基础下沉; 3. 作业场地照明不足; 4. 浮吊周围水域存在较大波浪或暗流; 5. 周围高空有较多障碍物; 6. 存在视野盲区	1. 施工方案不完善或未落实; 2. 安全教育、培训、交底、检查制度不完善或未落实; 3. 未对起重设备进行进场验收或验收不到位; 4. 安全投入不足; 5. 起重吊装作业时无专人监视; 6. 起重吊装安全操作规程不规范或未落实	√	√	√	√	√

续上表

施工作业内容	典型风险事件	致害物	致险因素				风险事件后果类型				
			人的因素	物的因素	环境因素	管理因素	易导致伤亡人员类型		人员伤亡		
							本人	他人	轻伤	重伤	死亡
现浇混凝土基础	物体打击	工具、材料等坠落物、抛射物、喷射物、溅射物	1. 现场作业人员未正确使用安全防护用品(安全帽等); 2. 人员违章进入危险区域; 3. 管理人员违章指挥,强令冒险作业; 4. 作业人员身体健康状况异常、心理异常、感知异常(反应迟钝、辨识错误); 5. 作业人员操作错误,违章作业(违章抛物)	1. 安全防护用品不合格(安全帽等); 2. 作业过程中产生的坠落物、抛射物、喷射物、溅射物等(工具、材料等); 3. 未设置防护设施,防护设施存在缺陷(挡脚板、防护网等); 4. 物品摆放位置不合理或未固定; 5. 物品尺寸超大、超长等	1. 强风、暴雨、冰雹、大雾等不良天气; 2. 作业场地杂乱; 3. 照明光线不足; 4. 机械、车船、场地等晃动、振动	1. 施工方案不完善或未落实; 2. 安全教育、培训、交底、检查制度不完善或未落实; 3. 安全防护用品等未进行进场验收或验收不到位; 4. 安全投入不足; 5. 现场无警示标识或标识破损(警戒区、标牌、反光锥等)		√	√	√	

续上表

施工作业内容	典型风险事件	致害物	致险因素				风险事件后果类型				
			人的因素	物的因素	环境因素	管理因素	易导致伤亡人员类型		人员伤亡		
							本人	他人	轻伤	重伤	死亡
现浇混凝土基础	车辆伤害	运输、施工车辆等	1. 人员违章进入危险区域； 2. 管理人员违章指挥，强令冒险作业（进入驾驶员视野盲区等）； 3. 机驾人员未持有效证件上岗、机驾人员操作错误，违章作业（违规载人、酒后驾驶、超速、超限、超载作业）； 4. 机驾人员身体健康状况异常、心理异常、感知异常（反应迟钝、辨识错误）； 5. 机驾人员疲劳作业； 6. 现场人员未正确使用安全防护用品（反光背心、安全帽等）	1. 车辆未配备警示标识或标识破损（警戒区、标牌、反光锥、反光贴等）； 2. 车辆带“病”作业（制动装置、喇叭、后视镜、警示灯等设施缺陷）； 3. 车辆作业安全距离不足； 4. 人员安全防护用品不合格（反光背心、安全帽等）； 5. 车辆外观存在破损，配件行驶时脱落，运载物品尺寸超过车辆尺寸等； 6. 车辆转弯或后退时无明显提示	1. 强风、暴雨、大雪、冰雹、大雾等不良天气； 2. 作业场地狭窄、不平整、道路湿滑； 3. 车辆前后视线不良； 4. 存在视野盲区	1. 未对车辆、船机设备安全防护设施等进行进场验收或验收不到位； 2. 车船安全管理制度不完善或未落实（检查维护保养不到位）； 3. 安全操作规程不规范或未落实（作业前未对车船周围环境进行检查）； 4. 安全教育、培训、交底、检查制度不完善或未落实； 5. 职业健康管理制度不完善或未落实； 6. 安全投入不足	√	√	√	√	√

续上表

施工作业内容	典型风险事件	致害物	致险因素				风险事件后果类型				
			人的因素	物的因素	环境因素	管理因素	易导致伤亡人员类型		人员伤亡		
							本人	他人	轻伤	重伤	死亡
现浇混凝土基础	机械伤害	挖掘机、打桩机、搅拌机、破碎机、弯曲机、切割机、装载机等施工小型机具	1. 人员违章进入危险区域（机械作业半径等）； 2. 管理人员违章指挥，强令冒险作业； 3. 机械操作人员未持有效证件上岗； 4. 机械操作人员操作错误，违章作业（违规载人、酒后作业）； 5. 操作人员身体健康状况异常、心理异常、感知异常（反应迟钝、辨识错误）； 6. 现场作业人员未正确使用安全防护用品（反光背心、安全帽等）； 7. 机械操作人员疲劳作业	1. 机械无警示标识或标识破损（警戒区、标牌、反光贴等）； 2. 设备设施安全作业距离不足； 3. 设备带"病"作业（设备设施制动装置失效、运动或转动装置无防护或防护装置缺陷等）； 4. 安全防护用品不合格（反光背心、安全帽、护目镜等）	1. 强风、暴雨、大雪、冰雹、大雾等不良天气； 2. 作业场地狭窄、不平整、道路湿滑； 3. 夜间施工照明不足； 4. 存在视野盲区	1. 机械设备安全管理制度不完善或未落实（检查维护保养不到位）； 2. 未对机械设备、安全防护用品等进行进场验收或验收不到位； 3. 安全教育、培训、交底制度不完善或未落实； 4. 机械设备操作规程不规范或未落实； 5. 安全投入不足		√	√	√	√

续上表

施工作业内容	典型风险事件	致害物	致险因素				风险事件后果类型				
			人的因素	物的因素	环境因素	管理因素	易导致伤亡人员类型		人员伤亡		
							本人	他人	轻伤	重伤	死亡
现浇混凝土基础	触电	发电机、破损的电线、钢筋等导电材料、配电箱	1. 作业人员未正确使用安全防护用品（绝缘鞋、绝缘手套等）； 2. 作业人员操作错误或违章作业（带电检修维护等）； 3. 管理人员违章指挥，强令冒险作业； 4. 电工、电焊工等特种人员未持有效证件上岗作业； 5. 人员疲劳作业	1. 电缆线、配电箱等电气设施不合格（线路破损、老化）； 2. 电气设施设置不规范（电缆拖地、配电箱无支架等）； 3. 带电设施无警示标识或标识破损安全防护装置不规范（未接地、无漏电保护器、接线端子无防护罩等）； 4. 防护不当、防护距离不足（配电柜、发电机无遮雨棚、防护围挡或防护破损）	1. 强风、雷雨、大雪等不良天气； 2. 作业场地杂乱、潮湿或积水； 3. 作业场地照明不足	1. 临时用电方案不完善或未落实； 2. 发电机等安全操作规程不规范或未落实； 3. 电气设施材料等未进行进场验收； 4. 未对用电设施进行巡查或巡查不到位； 5. 机械设备安全管理制度未落实（发电机、电焊机等机具检查维护保养不到位）； 6. 安全教育、培训、交底、检查制度不完善或未落实； 7. 安全投入不足	√		√	√	

续上表

施工作业内容	典型风险事件	致害物	致险因素				风险事件后果类型				
			人的因素	物的因素	环境因素	管理因素	易导致伤亡人员类型		人员伤亡		
							本人	他人	轻伤	重伤	死亡
现浇混凝土基础	淹溺	周边水域	1. 管理人员违章指挥,强令冒险作业; 2. 人员心理异常(冒险侥幸心理); 3. 作业人员操作错误,违章作业; 4. 违反劳动纪律行为(管理人员脱岗等); 5. 人员未正确使用安全防护用品	1. 现场无警示标识或标识破损; 2. 现场救生设施不足; 3. 水下存在不明物体或生物的拖拽或缠绕	1. 雷雨、大风(6级以上)、冰雹、大雾等恶劣天气作业; 2. 水体寒冷; 3. 水体内能见度不足	1. 专项施工方案、应急预案不完善或未落实; 2. 未落实安全教育、培训、交底、检查制度; 3. 现场监控看管不到位	√		√		√
	高处坠落	无防护的作业平台、施工人员自身重力运动	1. 作业人员未正确使用安全防护用品(安全带、防滑鞋等); 2. 作业人员身体健康状况异常、心理异常、感知异常(高血压、恐高症等禁忌症,反应迟钝、辨识错误); 3. 作业人员疲劳作业,管理人员违章指挥、强令冒险作业; 4. 作业人员操作错误或违章作业	1. 高处作业场所未设置安全防护等措施(安全绳索、防坠网、栏杆等); 2. 未设置安全警示标志或标识破损; 3. 安全防护用品质量不合格,存在缺陷; 4. 未设置人员上下安全爬梯或设置不规范	1. 大风、雷电、大雪、暴雨等恶劣天气; 2. 夜间施工照明不足; 3. 作业场地不平整、湿滑; 4. 临边洞口区域较多; 5. 现场反复登高作业	1. 安全教育、培训、交底、检查制度不完善或未落实; 2. 职业健康、安全管理制度不完善、未落实(定期体检); 3. 安全投入不足; 4. 高处作业安全操作规程不规范或未落实; 5. 安全防护用品等未进行进场验收或验收不到位	√		√	√	√

续上表

施工作业内容	典型风险事件	致害物	致险因素				风险事件后果类型				
			人的因素	物的因素	环境因素	管理因素	易导致伤亡人员类型		人员伤亡		
							本人	他人	轻伤	重伤	死亡
现浇混凝土基础	坍塌	不稳定土体、砌体、结构物等	1. 管理人员违章指挥，强令冒险作业（防护、放坡不及时）； 2. 人员心理异常（冒险侥幸心理等）； 3. 作业人员操作错误； 4. 违章作业违反劳动纪律行为（管理人员脱岗等）	1. 无警示信号或信号不清（紧急撤离信号）； 2. 现场无警示标识或标识破损（警戒区、标牌、反光锥等）； 3. 截排水设施不完善； 4. 防护形式错或防护材料不合格（材料强度不足等）； 5. 区域内有重载或松散高边坡	1. 存在滑坡、偏压等不良地质； 2. 作业场地照明不足； 3. 强风、暴雨、地震等不良天气或地质； 4. 区域内有较大的振动	1. 施工方案不完善或未落实（掏底开挖、上下重叠开挖或未分层开挖，开挖完后未及时施工防护及排水）； 2. 安全教育、培训、交底、检查制度不完善或未落实； 3. 安全投入不足	√	√	√	√	√
	船舶倾覆	风浪、船舶等	1. 船舶驾驶等人员技术、经验不足； 2. 管理人员违章指挥，强令冒险作业； 3. 作业人员身体健康状况异常、心理异常、感知异常（反应迟钝、辨识错误）； 4. 作业人员操作错误，违章作业	1. 船舶相关仪表设备老旧、失效； 2. 导航设施出现明显错误； 3. 船上物品偏载； 4. 系揽钩未绑扎牢固； 5. 物体撞击船体致出现破洞； 6. 船体刚度不足	1. 强风、暴雨等不良天气； 2. 光线不足； 3. 水中存在巨大波浪	1. 船舶操作规程、应急预案不完善或未落实； 2. 未落实安全教育、培训、交底、检查制度； 3. 船舶等未按要求组织维修、检验等或属于三无船舶	√	√	√	√	√

续上表

<table>
<tr><th rowspan="3">施工作业内容</th><th rowspan="3">典型风险事件</th><th rowspan="3">致害物</th><th colspan="4">致险因素</th><th colspan="5">风险事件后果类型</th></tr>
<tr><th rowspan="2">人的因素</th><th rowspan="2">物的因素</th><th rowspan="2">环境因素</th><th rowspan="2">管理因素</th><th colspan="2">易导致伤亡人员类型</th><th colspan="3">人员伤亡</th></tr>
<tr><th>本人</th><th>他人</th><th>轻伤</th><th>重伤</th><th>死亡</th></tr>
<tr><td>混凝土塔体</td><td>物体打击</td><td>工具、材料等坠落物、抛射物、喷射物、溅射物</td><td>1. 现场作业人员未正确使用安全防护用品（安全帽等）；
2. 人员违章进入危险区域；
3. 管理人员违章指挥，强令冒险作业；
4. 作业人员身体健康状况异常、心理异常、感知异常（反应迟钝、辨识错误）；
5. 作业人员操作错误，违章作业（违章抛物等）</td><td>1. 安全防护用品不合格（安全帽等）；
2. 作业过程中产生的坠落物、抛射物、喷射物、溅射物等（工具、材料等）；
3. 未设置防护设施，防护设施存在缺陷（挡脚板、防护网等）；
4. 物品摆放位置不合理或未固定；
5. 物品尺寸超大、超长等</td><td>1. 强风、暴雨、冰雹、大雾等不良天气；
2. 作业场地杂乱；
3. 照明光线不足；
4. 机械、车船、场地等晃动、振动</td><td>1. 施工方案不完善或未落实；
2. 安全教育、培训、交底、检查制度不完善或未落实；
3. 安全防护用品等未进行进场验收或验收不到位；
4. 安全投入不足；
5. 现场无警示标识或标识破损（警戒区、标牌、反光锥等）</td><td></td><td>√</td><td>√</td><td>√</td><td></td></tr>
</table>

续上表

施工作业内容	典型风险事件	致害物	致险因素				风险事件后果类型				
			人的因素	物的因素	环境因素	管理因素	易导致伤亡人员类型		人员伤亡		
							本人	他人	轻伤	重伤	死亡
混凝土塔体	机械伤害	挖掘机、打桩机、搅拌机、破碎机、弯曲机、切割机、装载机等施工小型机具等	1. 人员违章进入危险区域(机械作业半径等); 2. 管理人员违章指挥,强令冒险作业; 3. 机械操作人员未持有效证件上岗; 4. 机械操作人员操作错误,违章作业(违规载人、酒后作业); 5. 操作人员身体健康状况异常、心理异常、感知异常(反应迟钝、辨识错误); 6. 现场作业人员未正确使用安全防护用品(反光背心、安全帽等); 7. 机械操作人员疲劳作业	1. 机械无警示标识或标识破损(警戒区、标牌、反光贴等); 2. 设备设施安全作业距离不足; 3. 设备带“病”作业(设备设施制动装置失效、运动或转动装置无防护或防护装置缺陷等); 4. 安全防护用品不合格(反光背心、安全帽、护目镜等)	1. 强风、暴雨、大雪、冰雹、大雾等不良天气; 2. 作业场地狭窄、不平整、道路湿滑; 3. 夜间施工照明不足; 4. 存在视野盲区	1. 机械设备安全管理制度不完善或未落实(检查维护保养不到位); 2. 未对机械设备、安全防护用品等进行进场验收或验收不到位; 3. 安全教育、培训、交底制度不完善或未落实; 4. 机械设备操作规程不规范或未落实; 5. 安全投入不足		√	√	√	√

续上表

施工作业内容	典型风险事件	致害物	致险因素				风险事件后果类型				
			人的因素	物的因素	环境因素	管理因素	易导致伤亡人员类型		人员伤亡		
							本人	他人	轻伤	重伤	死亡
混凝土塔体	起重伤害	汽车起重机、履带式起重机、浮吊等起重设备、吊索吊具	1. 管理人员违章指挥,强令冒险作业; 2. 作业人员操作错误,违章作业; 3. 起重工、信号工未持有效证件上岗; 4. 现场作业人员未正确使用安全防护用品(安全帽等); 5. 抗倾覆验算错误; 6. 人员违章进入危险区域; 7. 起重人员身体健康状况异常、心理异常、感知异常(反应迟钝、辨识错误); 8. 作业人员疲劳作业	1. 设备自身缺陷(强度、刚度不足、抗倾覆能力不足); 2. 现场无警示标识或标识破损(警戒区、标牌、反光锥等); 3. 吊车支垫材料不合格(枕木、钢板等); 4. 构件防锈处理不合格; 5. 吊索吊具不合格或达到报废标准(钢丝绳、吊带、U 型卸扣等); 6. 无防护或防护装置缺陷(防脱钩装置、限位装置等); 7. 设备带“病”作业(制动装置等); 8. 安全防护用品不合格(反光背心、安全帽等)	1. 强风、暴雨、大雾、大雪等不良天气; 2. 地基承载力不足、基础下沉; 3. 作业场地照明不足; 4. 浮吊周围水域存在较大波浪或暗流; 5. 周围高空有较多障碍物; 6. 存在视野盲区	1. 施工方案不完善或未落实; 2. 安全教育、培训、交底、检查制度不完善或未落实; 3. 未对起重设备进行进场验收或验收不到位; 4. 安全投入不足; 5. 起重吊装作业时无专人监视; 6. 起重吊装安全操作规程不规范或未落实	√	√	√	√	√

续上表

施工作业内容	典型风险事件	致害物	致险因素				风险事件后果类型				
			人的因素	物的因素	环境因素	管理因素	易导致伤亡人员类型		人员伤亡		
							本人	他人	轻伤	重伤	死亡
混凝土塔体	触电	发电机、破损的电线、钢筋等导电材料、配电箱	1. 作业人员未正确使用安全防护用品(绝缘鞋、绝缘手套等); 2. 作业人员操作错误或违章作业(带电检修维护); 3. 管理人员违章指挥,强令冒险作业; 4. 电工、电焊工等特种人员未持有效证件上岗作业; 5. 人员疲劳作业	1. 电缆线、配电箱等电气设施不合格(线路破损、老化); 2. 电气设施设置不规范(电缆拖地、配电箱无支架等); 3. 带电设施无警示标识或标识破损安全防护装置不规范(未接地、无漏电保护器、接线端子无防护罩等); 4. 防护不当、防护距离不足(配电柜、发电机无遮雨棚、防护围挡或防护破损)	1. 强风、雷雨、大雪等不良天气; 2. 作业场地杂乱、潮湿或积水; 3. 作业场地照明不足	1. 临时用电方案不完善或未落实; 2. 发电机等安全操作规程不规范或未落实; 3. 电气设施材料等未进行进场验收; 4. 无电工对用电设施进行巡查或巡查不到位; 5. 机械设备安全管理制度未落实(发电机、电焊机等机具检查维护保养不到位); 6. 安全教育、培训、交底、检查制度不完善或未落实; 7. 安全投入不足	√		√	√	

续上表

施工作业内容	典型风险事件	致害物	致险因素				风险事件后果类型				
			人的因素	物的因素	环境因素	管理因素	易导致伤亡人员类型		人员伤亡		
							本人	他人	轻伤	重伤	死亡
混凝土塔体	高处坠落	无防护的作业平台、施工人员自身重力运动	1. 作业人员未正确使用安全防护用品(安全带、防滑鞋等); 2. 作业人员身体健康状况异常、心理异常、感知异常(高血压、恐高症等禁忌症,反应迟钝、辨识错误); 3. 作业人员疲劳作业,管理人员违章指挥、强令冒险作业; 4. 作业人员操作错误或违章作业	1. 高处作业场所未设置安全防护等措施(安全绳索、防坠网、栏杆等); 2. 未设置安全警示标志或标识破损; 3. 安全防护用品质量不合格,存在缺陷; 4. 未设置人员上下安全爬梯或设置不规范	1. 大风、雷电、大雪、暴雨等恶劣天气; 2. 夜间施工照明不足; 3. 作业场地不平整、湿滑; 4. 临边洞口区域较多; 5. 现场需要反复登高作业	1. 安全教育、培训、交底、检查制度不完善或未落实; 2. 职业健康、安全管理制度不完善、未落实(定期体检); 3. 安全投入不足; 4. 高处作业安全操作规程不规范或未落实; 5. 安全防护用品等未进行进场验收或验收不到位	√		√	√	√
砖砌塔体	物体打击	工具、材料等坠落物、抛射物、喷射物、溅射物	1. 现场作业人员未正确使用安全防护用品(安全帽等); 2. 人员违章进入危险区域; 3. 管理人员违章指挥,强令冒险作业; 4. 作业人员身体健康状况异常、心理异常、感知异常(反应迟钝、辨识错误); 5. 作业人员操作错误,违章作业(违章抛物等)	1. 安全防护用品不合格(安全帽等); 2. 作业过程中产生的坠落物、抛射物、喷射物、溅射物等(工具、材料等); 3. 未设置防护设施,防护设施存在缺陷(挡脚板、防护网等); 4. 物品摆放位置不合理或未固定; 5. 物品尺寸超大、超长等	1. 强风、暴雨、冰雹、大雾等不良天气; 2. 作业场地杂乱; 3. 照明光线不足; 4. 机械、车船、场地等晃动、振动	1. 施工方案不完善或未落实; 2. 安全教育、培训、交底、检查制度不完善或未落实; 3. 安全防护用品等未进行进场验收或验收不到位; 4. 安全投入不足; 5. 现场无警示标识或标识破损(警戒区、标牌、反光锥等)		√	√	√	

续上表

施工作业内容	典型风险事件	致害物	致险因素				风险事件后果类型				
			人的因素	物的因素	环境因素	管理因素	易导致伤亡人员类型		人员伤亡		
							本人	他人	轻伤	重伤	死亡
砖砌塔体	机械伤害	挖掘机、搅拌机、破碎机、装载机等施工小型机具	1. 人员违章进入危险区域（机械作业半径等）； 2. 管理人员违章指挥，强令冒险作业； 3. 机械操作人员未持有效证件上岗； 4. 机械操作人员操作错误，违章作业（违规载人、酒后作业）； 5. 操作人员身体健康状况异常、心理异常、感知异常（反应迟钝、辨识错误）； 6. 现场作业人员未正确使用安全防护用品（反光背心、安全帽等）； 7. 机械操作人员疲劳作业	1. 机械无警示标识或标识破损（警戒区、标牌、反光贴等）； 2. 设备设施安全作业距离不足； 3. 设备带“病”作业（设备设施制动装置失效、运动或转动装置无防护或防护装置缺陷等）； 4. 安全防护用品不合格（反光背心、安全帽、护目镜等）	1. 强风、暴雨、大雪、冰雹、大雾等不良天气； 2. 作业场地狭窄、不平整、道路湿滑； 3. 夜间施工照明不足； 4. 存在视野盲区	1. 机械设备安全管理制度不完善或未落实（检查维护保养不到位等）； 2. 未对机械设备、安全防护用品等进行进场验收或验收不到位； 3. 安全教育、培训、交底制度不完善或未落实； 4. 机械设备操作规程不规范或未落实； 5. 安全投入不足		√	√	√	√

续上表

施工作业内容	典型风险事件	致害物	致险因素				风险事件后果类型				
			人的因素	物的因素	环境因素	管理因素	易导致伤亡人员类型		人员伤亡		
							本人	他人	轻伤	重伤	死亡
砖砌塔体	起重伤害	汽车起重机、履带式起重机、浮吊等起重设备、吊索吊具	1. 管理人员违章指挥，强令冒险作业； 2. 作业人员操作错误，违章作业； 3. 起重工、信号工未持有效证件上岗； 4. 现场作业人员未正确使用安全防护用品（安全帽等）； 5. 抗倾覆验算错误； 6. 人员违章进入危险区域； 7. 起重人员身体健康状况异常、心理异常、感知异常（反应迟钝、辨识错误）； 8. 作业人员疲劳作业	1. 设备自身缺陷（强度、刚度不足、抗倾覆能力不足）； 2. 现场无警示标识或标识破损（警戒区、标牌、反光锥等）； 3. 吊车支垫材料不合格（枕木、钢板等）； 4. 构件防锈处理不合格； 5. 吊索吊具不合格或达到报废标准（钢丝绳、吊带、U 型卸扣等）； 6. 无防护或防护装置缺陷（防脱钩装置、限位装置等）； 7. 设备带“病”作业（制动装置等）； 8. 安全防护用品不合格（反光背心、安全帽等）	1. 强风、暴雨、大雾、大雪等不良天气； 2. 地基承载力不足、基础下沉； 3. 作业场地照明不足； 4. 浮吊周围水域存在较大波浪或暗流； 5. 周围高空有较多障碍物； 6. 存在视野盲区	1. 施工方案不完善或未落实； 2. 安全教育、培训、交底、检查制度不完善或未落实； 3. 未对起重设备进行进场验收或验收不到位； 4. 安全投入不足； 5. 起重吊装作业时无专人监视； 6. 起重吊装安全操作规程不规范或未落实	√	√	√	√	√

续上表

施工作业内容	典型风险事件	致害物	致险因素				风险事件后果类型				
			人的因素	物的因素	环境因素	管理因素	易导致伤亡人员类型		人员伤亡		
							本人	他人	轻伤	重伤	死亡
砖砌塔体	高处坠落	无防护的作业平台、施工人员自身重力运动	1. 作业人员未正确使用安全防护用品（安全带、防滑鞋等）； 2. 作业人员身体健康状况异常、心理异常、感知异常（高血压、恐高症等禁忌症，反应迟钝、辨识错误）； 3. 作业人员疲劳作业，管理人员违章指挥、强令冒险作业； 4. 作业人员操作错误或违章作业	1. 高处作业场所未设置安全防护等措施（安全绳索、防坠网、栏杆等）； 2. 未设置安全警示标志或标识破损； 3. 安全防护用品质量不合格，存在缺陷； 4. 未设置人员上下安全爬梯或设置不规范	1. 大风、雷电、大雪、暴雨等恶劣天气； 2. 夜间施工照明不足； 3. 作业场地不平整、湿滑； 4. 临边洞口区域较多； 5. 现场需要反复登高作业	1. 安全教育、培训、交底、检查制度不完善或未落实； 2. 职业健康、安全管理制度不完善、未落实（定期体检）； 3. 安全投入不足； 4. 高处作业安全操作规程不规范或未落实； 5. 安全防护用品等未进行进场验收或验收不到位	√		√	√	√
	坍塌	不稳定土体、砌体、结构物等	1. 管理人员违章指挥，强令冒险作业（防护、放坡不及时）； 2. 人员心理异常（冒险侥幸心理等）； 3. 作业人员操作错误； 4. 违章作业或违反劳动纪律行为（管理人员脱岗等）	1. 无警示信号或信号不清（紧急撤离信号）； 2. 现场无警示标识或标识破损（警戒区、标牌、反光锥等）； 3. 截排水设施不完善； 4. 防护形式错或防护材料不合格（材料强度不足等）； 5. 区域内有重载或有松散的高边坡	1. 存在滑坡、偏压等不良地质； 2. 作业场地照明不足； 3. 强风、暴雨、地震等不良天气或地质； 4. 区域内有较大的振动	1. 施工方案不完善或未落实（掏底开挖、上下重叠开挖或未分层开挖，开挖完后未及时施工防护及排水）； 2. 安全教育、培训、交底、检查制度不完善或未落实； 3. 安全投入不足	√	√	√	√	√

续上表

施工作业内容	典型风险事件	致害物	致险因素				风险事件后果类型				
			人的因素	物的因素	环境因素	管理因素	易导致伤亡人员类型		人员伤亡		
							本人	他人	轻伤	重伤	死亡
钢结构、玻璃钢塔体安装	物体打击	工具、材料、预制件	1. 现场作业人员未正确使用安全防护用品（安全帽等）； 2. 人员违章进入危险区域； 3. 管理人员违章指挥，强令冒险作业； 4. 作业人员身体健康状况异常、心理异常、感知异常（反应迟钝、辨识错误）； 5. 作业人员操作错误，违章作业（违章抛物等）	1. 安全防护用品不合格（安全帽等）； 2. 作业过程中产生的坠落物、抛射物、喷射物、溅射物等（工具、材料等）； 3. 未设置防护设施，防护设施存在缺陷（挡脚板、防护网等）； 4. 物品摆放位置不合理或未固定； 5. 物品尺寸超大、超长等	1. 强风、暴雨、冰雹、大雾等不良天气； 2. 作业场地杂乱； 3. 照明光线不足； 4. 机械、车船、场地等晃动、振动	1. 施工方案不完善或未落实； 2. 安全教育、培训、交底、检查制度不完善或未落实； 3. 安全防护用品等未进行进场验收或验收不到位； 4. 安全投入不足； 5. 现场无警示标识或标识破损（警戒区、标牌、反光锥等）		√	√	√	

续上表

施工作业内容	典型风险事件	致害物	致险因素				风险事件后果类型				
			人的因素	物的因素	环境因素	管理因素	易导致伤亡人员类型		人员伤亡		
							本人	他人	轻伤	重伤	死亡
钢结构、玻璃钢塔体安装	机械伤害	焊机、切割机、装载机等施工小型机具	1. 人员违章进入危险区域（机械作业半径等）； 2. 管理人员违章指挥，强令冒险作业； 3. 机械操作人员未持有效证件上岗； 4. 机械操作人员操作错误，违章作业（违规载人、酒后作业）； 5. 操作人员身体健康状况异常、心理异常、感知异常（反应迟钝、辨识错误）； 6. 现场作业人员未正确使用安全防护用品（反光背心、安全帽等）； 7. 机械操作人员疲劳作业	1. 机械无警示标识或标识破损（警戒区、标牌、反光贴等）； 2. 设备设施安全作业距离不足； 3. 设备带“病”作业（设备设施制动装置失效、运动或转动装置无防护或防护装置缺陷等）； 4. 安全防护用品不合格（反光背心、安全帽、护目镜等）	1. 强风、暴雨、大雪、冰雹、大雾等不良天气； 2. 作业场地狭窄、不平整、道路湿滑； 3. 夜间施工照明不足； 4. 存在视野盲区	1. 机械设备安全管理制度不完善或未落实（检查维护保养不到位）； 2. 未对机械设备、安全防护用品等进行进场验收或验收不到位； 3. 安全教育、培训、交底制度不完善或未落实； 4. 机械设备操作规程不规范或未落实； 5. 安全投入不足		√	√	√	√

续上表

施工作业内容	典型风险事件	致害物	致险因素				风险事件后果类型				
			人的因素	物的因素	环境因素	管理因素	易导致伤亡人员类型		人员伤亡		
							本人	他人	轻伤	重伤	死亡
钢结构、玻璃钢塔体安装	起重伤害	汽车起重机、履带式起重机、浮吊等起重设备、吊索吊具	1. 管理人员违章指挥,强令冒险作业; 2. 作业人员操作错误,违章作业; 3. 起重工、信号工未持有效证件上岗; 4. 现场作业人员未正确使用安全防护用品(安全帽等); 5. 抗倾覆验算错误; 6. 人员违章进入危险区域; 7. 起重人员身体健康状况异常、心理异常、感知异常(反应迟钝、辨识错误); 8. 作业人员疲劳作业	1. 设备自身缺陷(强度、刚度不足、抗倾覆能力不足); 2. 现场无警示标识或标识破损(警戒区、标牌、反光锥等); 3. 吊车支垫材料不合格(枕木、钢板等); 4. 构件防锈处理不合格; 5. 吊索吊具不合格或达到报废标准(钢丝绳、吊带、U 型卸扣等); 6. 无防护或防护装置缺陷(防脱钩装置、限位装置等); 7. 设备带"病"作业(制动装置等); 8. 安全防护用品不合格(反光背心、安全帽等)	1. 强风、暴雨、大雾、大雪等不良天气; 2. 地基承载力不足、基础下沉; 3. 作业场地照明不足; 4. 浮吊周围水域存在较大波浪或暗流; 5. 周围高空有较多障碍物; 6. 存在视野盲区	1. 施工方案不完善或未落实; 2. 安全教育、培训、交底、检查制度不完善或未落实; 3. 未对起重设备进行进场验收或验收不到位; 4. 安全投入不足; 5. 起重吊装作业时无专人监视; 6. 起重吊装安全操作规程不规范或未落实	√	√	√	√	√

续上表

施工作业内容	典型风险事件	致害物	致险因素				风险事件后果类型				
			人的因素	物的因素	环境因素	管理因素	易导致伤亡人员类型		人员伤亡		
							本人	他人	轻伤	重伤	死亡
钢结构、玻璃钢塔体安装	触电	发电机、破损的电线、钢筋等导电材料、配电箱	1. 作业人员未正确使用安全防护用品(绝缘鞋、绝缘手套等); 2. 作业人员操作错误或违章作业(带电检修维护等); 3. 管理人员违章指挥、强令冒险作业; 4. 电工、电焊工等特种人员未持有效证件上岗作业; 5. 人员疲劳作业	1. 电缆线、配电箱等电气设施不合格(线路破损、老化); 2. 电气设施设置不规范(电缆拖地、配电箱无支架等); 3. 带电设施无警示标识或标识破损安全防护装置不规范(未接地、无漏电保护器、接线端子无防护罩等); 4. 防护不当、防护距离不足(配电柜、发电机无遮雨棚、防护围挡或防护破损)	1. 强风、雷雨、大雪等不良天气; 2. 作业场地杂乱、潮湿或积水; 3. 作业场地照明不足	1. 临时用电方案不完善或未落实; 2. 发电机等安全操作规程不规范或未落实; 3. 电气设施材料等未进行进场验收; 4. 无电工对用电设施进行巡查或巡查不到位; 5. 机械设备安全管理制度未落实(发电机、电焊机等机具检查维护保养不到位); 6. 安全教育、培训、交底、检查制度不完善或未落实; 7. 安全投入不足	√		√	√	

续上表

施工作业内容	典型风险事件	致害物	致险因素				风险事件后果类型				
			人的因素	物的因素	环境因素	管理因素	易导致伤亡人员类型		人员伤亡		
							本人	他人	轻伤	重伤	死亡
钢结构、玻璃钢塔体安装	高处坠落	无防护的作业平台、施工人员自身重力运动	1. 作业人员未正确使用安全防护用品（安全带、防滑鞋等）； 2. 作业人员身体健康状况异常、心理异常、感知异常（高血压、恐高症等禁忌症，反应迟钝、辨识错误）； 3. 作业人员疲劳作业，管理人员违章指挥、强令冒险作业； 4. 作业人员操作错误或违章作业	1. 高处作业场所未设置安全防护等措施（安全绳索、防坠网、栏杆等）； 2. 未设置安全警示标志或标识破损； 3. 安全防护用品质量不合格，存在缺陷； 4. 未设置人员上下安全爬梯或设置不规范	1. 大风、雷电、大雪、暴雨等恶劣天气； 2. 夜间施工照明不足； 3. 作业场地不平整、湿滑； 4. 临边洞口区域较多； 5. 现场需要反复登高作业	1. 安全教育、培训、交底、检查制度不完善或未落实； 2. 职业健康、安全管理制度不完善、未落实（定期体检等）； 3. 安全投入不足； 4. 高处作业安全操作规程不规范或未落实； 5. 安全防护用品等未进行进场验收或验收不到位	√		√	√	√
基础开挖与回填	物体打击	工具、材料等坠落物、抛射物、喷射物、溅射物	1. 现场作业人员未正确使用安全防护用品（安全帽等）； 2. 人员违章进入危险区域； 3. 管理人员违章指挥，强令冒险作业； 4. 作业人员身体健康状况异常、心理异常、感知异常（反应迟钝、辨识错误）； 5. 作业人员操作错误，违章作业（违章抛物等）	1. 安全防护用品不合格（安全帽等）； 2. 作业过程中产生的坠落物、抛射物、喷射物、溅射物等（工具、材料等）； 3. 未设置防护设施，防护设施存在缺陷（挡脚板、防护网等）； 4. 物品摆放位置不合理或未固定； 5. 物品尺寸超大、超长等	1. 强风、暴雨、冰雹、大雾等不良天气； 2. 作业场地杂乱； 3. 照明光线不足； 4. 机械、车船、场地等晃动、振动	1. 施工方案不完善或未落实； 2. 安全教育、培训、交底、检查制度不完善或未落实； 3. 安全防护用品等未进行进场验收或验收不到位； 4. 安全投入不足； 5. 现场无警示标识或标识破损（警戒区、标牌、反光锥等）		√	√	√	

续上表

施工作业内容	典型风险事件	致害物	致险因素				风险事件后果类型				
			人的因素	物的因素	环境因素	管理因素	易导致伤亡人员类型		人员伤亡		
							本人	他人	轻伤	重伤	死亡
基础开挖与回填	机械伤害	挖掘机、打桩机、搅拌机、破碎机、装载机等施工小型机具	1. 人员违章进入危险区域（机械作业半径等）； 2. 管理人员违章指挥，强令冒险作业； 3. 机械操作人员未持有效证件上岗； 4. 机械操作人员操作错误，违章作业（违规载人、酒后作业）； 5. 操作人员身体健康状况异常、心理异常、感知异常（反应迟钝、辨识错误）； 6. 现场作业人员未正确使用安全防护用品（反光背心、安全帽等）； 7. 机械操作人员疲劳作业	1. 机械无警示标识或标识破损（警戒区、标牌、反光贴等）； 2. 设备设施安全作业距离不足； 3. 设备带“病”作业（设备设施制动装置失效、运动或转动装置无防护或防护装置缺陷等）； 4. 安全防护用品不合格（反光背心、安全帽、护目镜等）	1. 强风、暴雨、大雪、冰雹、大雾等不良天气； 2. 作业场地狭窄、不平整、道路湿滑； 3. 夜间施工照明不足； 4. 存在视野盲区	1. 机械设备安全管理制度不完善或未落实（检查维护保养不到位）； 2. 未对机械设备、安全防护用品等进行进场验收或验收不到位； 3. 安全教育、培训、交底制度不完善或未落实； 4. 机械设备操作规程不规范或未落实； 5. 安全投入不足		√	√	√	√

续上表

施工作业内容	典型风险事件	致害物	致险因素				风险事件后果类型				
			人的因素	物的因素	环境因素	管理因素	易导致伤亡人员类型		人员伤亡		
							本人	他人	轻伤	重伤	死亡
基础开挖与回填	高处坠落	无防护的作业平台、施工人员自身重力运动	1. 作业人员未正确使用安全防护用品(安全带、防滑鞋等); 2. 作业人员身体健康状况异常、心理异常、感知异常(高血压、恐高症等禁忌症,反应迟钝、辨识错误); 3. 作业人员疲劳作业,管理人员违章指挥、强令冒险作业; 4. 作业人员操作错误或违章作业	1. 高处作业场所未设置安全防护等措施(安全绳索、防坠网、栏杆等); 2. 未设置安全警示标志或标识破损; 3. 安全防护用品质量不合格,存在缺陷; 4. 未设置人员上下安全爬梯或设置不规范	1. 大风、雷电、大雪、暴雨等恶劣天气; 2. 夜间施工照明不足; 3. 作业场地不平整、湿滑; 4. 临边洞口区域较多; 5. 现场登高作业	1. 安全教育、培训、交底、检查制度不完善或未落实; 2. 职业健康、安全管理制度不完善、未落实(定期体检); 3. 安全投入不足; 4. 高处作业安全操作规程不规范或未落实; 5. 安全防护用品等未进行进场验收或验收不到位	√		√	√	√
	坍塌	不稳定土体、砌体、结构物等	1. 管理人员违章指挥,强令冒险作业(防护、放坡不及时); 2. 人员心理异常(冒险侥幸心理等); 3. 作业人员操作错误; 4. 违章作业违反劳动纪律行为(管理人员脱岗等)	1. 无警示信号或信号不清(紧急撤离信号); 2. 现场无警示标识或标识破损(警戒区、标牌、反光锥等); 3. 截排水设施不完善; 4. 防护形式错或防护材料不合格(材料强度不足等); 5. 区域内有重载或有松散的高边坡	1. 存在滑坡、偏压等不良地质; 2. 作业场地照明不足; 3. 强风、暴雨、地震等不良天气或地质; 4. 区域内有较大的振动	1. 施工方案不完善或未落实(掏底开挖、上下重叠开挖或未分层开挖,开挖完后未及时施工防护及排水); 2. 安全教育、培训、交底、检查制度不完善或未落实; 3. 安全投入不足	√	√	√	√	√

续上表

施工作业内容	典型风险事件	致害物	致险因素				风险事件后果类型				
			人的因素	物的因素	环境因素	管理因素	易导致伤亡人员类型		人员伤亡		
							本人	他人	轻伤	重伤	死亡
杆型岸标混凝土基座	物体打击	工具、材料、预制件	1. 现场作业人员未正确使用安全防护用品(安全帽等); 2. 人员违章进入危险区域; 3. 管理人员违章指挥,强令冒险作业; 4. 作业人员身体健康状况异常、心理异常、感知异常(反应迟钝、辨识错误); 5. 作业人员操作错误,违章作业(违章抛物)	1. 安全防护用品不合格(安全帽等); 2. 作业过程中产生的坠落物、抛射物、喷射物、溅射物等(工具、材料等); 3. 未设置防护设施,防护设施存在缺陷(挡脚板、防护网等); 4. 物品摆放位置不合理或未固定; 5. 物品尺寸超大、超长等	1. 强风、暴雨、冰雹、大雾等不良天气; 2. 作业场地杂乱; 3. 照明光线不足; 4. 机械、车船、场地等晃动、振动	1. 施工方案不完善或未落实; 2. 安全教育、培训、交底、检查制度不完善或未落实; 3. 安全防护用品等未进行进场验收或验收不到位; 4. 安全投入不足; 5. 现场无警示标识或标识破损(警戒区、标牌、反光锥等)		√	√	√	

续上表

施工作业内容	典型风险事件	致害物	致险因素				风险事件后果类型				
			人的因素	物的因素	环境因素	管理因素	易导致伤亡人员类型		人员伤亡		
							本人	他人	轻伤	重伤	死亡
杆型岸标混凝土基座	机械伤害	挖掘机、打桩机、搅拌机、破碎机、装载机及等施工小型机具等	1. 人员违章进入危险区域（机械作业半径等）； 2. 管理人员违章指挥，强令冒险作业； 3. 机械操作人员未持有效证件上岗； 4. 机械操作人员操作错误，违章作业（违规载人、酒后作业）； 5. 操作人员身体健康状况异常、心理异常、感知异常（反应迟钝、辨识错误）； 6. 现场作业人员未正确使用安全防护用品（反光背心、安全帽等）； 7. 机械操作人员疲劳作业	1. 机械无警示标识或标识破损（警戒区、标牌、反光贴等）； 2. 设备设施安全作业距离不足； 3. 设备带“病”作业（设备设施制动装置失效、运动或转动装置无防护或防护装置缺陷等）； 4. 安全防护用品不合格（反光背心、安全帽、护目镜等）	1. 强风、暴雨、大雪、冰雹、大雾等不良天气； 2. 作业场地狭窄、不平整、道路湿滑； 3. 夜间施工照明不足； 4. 存在视野盲区	1. 机械设备安全管理制度不完善或未落实（检查维护保养不到位）； 2. 未对机械设备、安全防护用品等进行进场验收或验收不到位； 3. 安全教育、培训、交底制度不完善或未落实； 4. 机械设备操作规程不规范或未落实； 5. 安全投入不足		√	√	√	√

续上表

施工作业内容	典型风险事件	致害物	致险因素				风险事件后果类型				
			人的因素	物的因素	环境因素	管理因素	易导致伤亡人员类型		人员伤亡		
							本人	他人	轻伤	重伤	死亡
杆型岸标混凝土基座	起重伤害	汽车起重机、履带式起重机、浮吊等起重设备、吊索吊具	1. 管理人员违章指挥,强令冒险作业; 2. 作业人员操作错误,违章作业; 3. 起重工、信号工未持有效证件上岗; 4. 现场作业人员未正确使用安全防护用品(安全帽等); 5. 抗倾覆验算错误; 6. 人员违章进入危险区域; 7. 起重人员身体健康状况异常、心理异常、感知异常(反应迟钝、辨识错误); 8. 作业人员疲劳作业	1. 设备自身缺陷(强度、刚度不足、抗倾覆能力不足); 2. 现场无警示标识或标识破损(警戒区、标牌、反光锥等); 3. 吊车支垫材料不合格(枕木、钢板等); 4. 构件防锈处理不合格; 5. 吊索吊具不合格或达到报废标准(钢丝绳、吊带、U 型卸扣等); 6. 无防护或防护装置缺陷(防脱钩装置、限位装置等); 7. 设备带“病”作业(制动装置等); 8. 安全防护用品不合格(反光背心、安全帽等)	1. 强风、暴雨、大雾、大雪等不良天气; 2. 地基承载力不足、基础下沉; 3. 作业场地照明不足; 4. 浮吊周围水域存在较大波浪或暗流; 5. 周围高空有较多障碍物; 6. 存在视野盲区	1. 施工方案不完善或未落实; 2. 安全教育、培训、交底、检查制度不完善或未落实; 3. 未对起重设备进行进场验收或验收不到位; 4. 安全投入不足; 5. 起重吊装作业时无专人监视; 6. 起重吊装安全操作规程不规范或未落实	√	√	√	√	√

续上表

施工作业内容	典型风险事件	致害物	致险因素				风险事件后果类型				
			人的因素	物的因素	环境因素	管理因素	易导致伤亡人员类型		人员伤亡		
							本人	他人	轻伤	重伤	死亡
杆型岸标混凝土基座	触电	发电机、破损的电线、钢筋等导电材料、配电箱	1. 作业人员未正确使用安全防护用品(绝缘鞋、绝缘手套等); 2. 作业人员操作错误或违章作业(带电检修维护等); 3. 管理人员违章指挥、强令冒险作业; 4. 电工、电焊工等特种人员未持有效证件上岗作业; 5. 人员疲劳作业	1. 电缆线、配电箱等电气设施不合格(线路破损、老化); 2. 电气设施设置不规范(电缆拖地、配电箱无支架等); 3. 带电设施无警示标识或标识破损安全防护装置不规范(未接地、无漏电保护器、接线端子无防护罩等); 4. 防护不当、防护距离不足(配电柜、发电机无遮雨棚、防护围挡或防护破损)	1. 强风、雷雨、大雪等不良天气; 2. 作业场地杂乱、潮湿或积水; 3. 作业场地照明不足	1. 临时用电方案不完善或未落实; 2. 发电机等安全操作规程不规范或未落实; 3. 电气设施材料等未进行进场验收; 4. 无电工对用电设施进行巡查或巡查不到位; 5. 机械设备安全管理制度未落实(发电机、电焊机等机具检查维护保养不到位); 6. 安全教育、培训、交底、检查制度不完善或未落实; 7. 安全投入不足	√		√	√	

续上表

施工作业内容	典型风险事件	致害物	致险因素				风险事件后果类型				
			人的因素	物的因素	环境因素	管理因素	易导致伤亡人员类型		人员伤亡		
							本人	他人	轻伤	重伤	死亡
杆型岸标混凝土基座	高处坠落	无防护的作业平台、施工人员自身重力运动	1. 作业人员未正确使用安全防护用品（安全带、防滑鞋等）； 2. 作业人员身体健康状况异常、心理异常、感知异常（高血压、恐高症等禁忌症，反应迟钝、辨识错误）； 3. 作业人员疲劳作业，管理人员违章指挥、强令冒险作业； 4. 作业人员操作错误或违章作业	1. 高处作业场所未设置安全防护等措施（安全绳索、防坠网、栏杆等）； 2. 未设置安全警示标志或标识破损； 3. 安全防护用品质量不合格，存在缺陷； 4. 未设置人员上下安全爬梯或设置不规范	1. 大风、雷电、大雪、暴雨等恶劣天气； 2. 夜间施工照明不足； 3. 作业场地不平整、湿滑； 4. 临边区域较多 5. 现场登高作业	1. 安全教育、培训、交底、检查制度不完善或未落实； 2. 职业健康、安全管理制度不完善、未落实（定期体检）； 3. 安全投入不足； 4. 高处作业安全操作规程不规范或未落实； 5. 安全防护用品等未进行进场验收或验收不到位	√		√	√	√
杆型岸标标杆制作与安装	物体打击	工具、材料、预制件	1. 现场作业人员未正确使用安全防护用品（安全帽等）； 2. 人员违章进入危险区域； 3. 管理人员违章指挥，强令冒险作业； 4. 作业人员身体健康状况异常、心理异常、感知异常（反应迟钝、辨识错误）； 5. 作业人员操作错误，违章作业（违章抛物等）	1. 安全防护用品不合格（安全帽等）； 2. 作业过程中产生的坠落物、抛射物、喷射物、溅射物等（工具、材料等）； 3. 未设置防护设施，防护设施存在缺陷（挡脚板、防护网等）； 4. 物品摆放位置不合理或未固定； 5. 物品尺寸超大、超长等	1. 强风、暴雨、冰雹、大雾等不良天气； 2. 作业场地杂乱； 3. 照明光线不足； 4. 机械、车船、场地等晃动、振动	1. 施工方案不完善或未落实； 2. 安全教育、培训、交底、检查制度不完善或未落实； 3. 安全防护用品等未进行进场验收或验收不到位； 4. 安全投入不足； 5. 现场无警示标识或标识破损（警戒区、标牌、反光锥等）		√	√	√	

续上表

<table>
<tr><th rowspan="3">施工作业内容</th><th rowspan="3">典型风险事件</th><th rowspan="3">致害物</th><th colspan="4">致险因素</th><th colspan="5">风险事件后果类型</th></tr>
<tr><th rowspan="2">人的因素</th><th rowspan="2">物的因素</th><th rowspan="2">环境因素</th><th rowspan="2">管理因素</th><th colspan="2">易导致伤亡人员类型</th><th colspan="3">人员伤亡</th></tr>
<tr><th>本人</th><th>他人</th><th>轻伤</th><th>重伤</th><th>死亡</th></tr>
<tr><td>杆型岸标标杆制作与安装</td><td>机械伤害</td><td>挖掘机、弯曲机、切割机、装载机等施工小型机具</td><td>1. 人员违章进入危险区域（机械作业半径等）；
2. 管理人员违章指挥，强令冒险作业；
3. 机械操作人员未持有效证件上岗；
4. 机械操作人员操作错误，违章作业（违规载人、酒后作业）；
5. 操作人员身体健康状况异常、心理异常、感知异常（反应迟钝、辨识错误）；
6. 现场作业人员未正确使用安全防护用品（反光背心、安全帽等）；
7. 机械操作人员疲劳作业</td><td>1. 机械无警示标识或标识破损（警戒区、标牌、反光贴等）；
2. 设备设施安全作业距离不足；
3. 设备带“病”作业（设备设施制动装置失效、运动或转动装置无防护或防护装置缺陷等）；
4. 安全防护用品不合格（反光背心、安全帽、护目镜等）</td><td>1. 强风、暴雨、大雪、冰雹、大雾等不良天气；
2. 作业场地狭窄、不平整、道路湿滑；
3. 夜间施工照明不足；
4. 存在视野盲区</td><td>1. 机械设备安全管理制度不完善或未落实（检查维护保养不到位等）；
2. 未对机械设备、安全防护用品等进行进场验收或验收不到位；
3. 安全教育、培训、交底制度不完善或未落实；
4. 机械设备操作规程不规范或未落实；
5. 安全投入不足</td><td></td><td>√</td><td>√</td><td>√</td><td>√</td></tr>
</table>

续上表

施工作业内容	典型风险事件	致害物	致险因素				风险事件后果类型				
			人的因素	物的因素	环境因素	管理因素	易导致伤亡人员类型		人员伤亡		
							本人	他人	轻伤	重伤	死亡
杆型岸标标杆制作与安装	起重伤害	汽车起重机、履带式起重机、浮吊等起重设备、吊索吊具	1. 管理人员违章指挥，强令冒险作业； 2. 作业人员操作错误，违章作业； 3. 起重工、信号工未持有效证件上岗； 4. 现场作业人员未正确使用安全防护用品（安全帽等）； 5. 抗倾覆验算错误； 6. 人员违章进入危险区域； 7. 起重人员身体健康状况异常、心理异常、感知异常（反应迟钝、辨识错误）； 8. 作业人员疲劳作业	1. 设备自身缺陷（强度、刚度不足、抗倾覆能力不足）； 2. 现场无警示标识或标识破损（警戒区、标牌、反光锥等）； 3. 吊车支垫材料不合格（枕木、钢板等）； 4. 构件防锈处理不合格； 5. 吊索吊具不合格或达到报废标准（钢丝绳、吊带、U 型卸扣等）； 6. 无防护或防护装置缺陷（防脱钩装置、限位装置等）； 7. 设备带“病”作业（制动装置等）； 8. 安全防护用品不合格（反光背心、安全帽等）	1. 强风、暴雨、大雾、大雪等不良天气； 2. 地基承载力不足、基础下沉； 3. 作业场地照明不足； 4. 浮吊周围水域存在较大波浪或暗流； 5. 周围高空有较多障碍物； 6. 存在视野盲区	1. 施工方案不完善或未落实； 2. 安全教育、培训、交底、检查制度不完善或未落实； 3. 未对起重设备进行进场验收或验收不到位； 4. 安全投入不足； 5. 起重吊装作业时无专人监视； 6. 起重吊装安全操作规程不规范或未落实	√	√	√	√	√

续上表

施工作业内容	典型风险事件	致害物	致险因素				风险事件后果类型				
			人的因素	物的因素	环境因素	管理因素	易导致伤亡人员类型		人员伤亡		
							本人	他人	轻伤	重伤	死亡
杆型岸标标杆制作与安装	触电	发电机、破损的电线、钢筋等导电材料、配电箱	1. 作业人员未正确使用安全防护用品（绝缘鞋、绝缘手套等）； 2. 作业人员操作错误或违章作业（带电检修维护等）； 3. 管理人员违章指挥、强令冒险作业； 4. 电工、电焊工等特种人员未持有效证件上岗作业； 5. 人员疲劳作业	1. 电缆线、配电箱等电气设施不合格（线路破损、老化）； 2. 电气设施设置不规范（电缆拖地、配电箱无支架等）； 3. 带电设施无警示标识或标识破损安全防护装置不规范（未接地、无漏电保护器、接线端子无防护罩等）； 4. 防护不当、防护距离不足（配电柜、发电机无遮雨棚、防护围挡或防护破损）	1. 强风、雷雨、大雪等不良天气； 2. 作业场地杂乱、潮湿或积水； 3. 作业场地照明不足	1. 临时用电方案不完善或未落实； 2. 发电机等安全操作规程不规范或未落实； 3. 电气设施材料等未进行进场验收； 4. 无电工对用电设施进行巡查或巡查不到位； 5. 机械设备安全管理制度未落实（发电机、电焊机等机具检查维护保养不到位）； 6. 安全教育、培训、交底、检查制度不完善或未落实； 7. 安全投入不足	√		√	√	

续上表

施工作业内容	典型风险事件	致害物	致险因素				风险事件后果类型				
			人的因素	物的因素	环境因素	管理因素	易导致伤亡人员类型		人员伤亡		
							本人	他人	轻伤	重伤	死亡
杆型岸标标杆制作与安装	高处坠落	无防护的作业平台、施工人员自身重力运动	1. 作业人员未正确使用安全防护用品(安全带、防滑鞋等); 2. 作业人员身体健康状况异常、心理异常、感知异常(高血压、恐高症等禁忌症,反应迟钝、辨识错误); 3. 作业人员疲劳作业,管理人员违章指挥、强令冒险作业; 4. 作业人员操作错误或违章作业	1. 高处作业场所未设置安全防护等措施(安全绳索、防坠网、栏杆等); 2. 未设置安全警示标志或标识破损; 3. 安全防护用品质量不合格,存在缺陷; 4. 未设置人员上下安全爬梯或设置不规范	1. 大风、雷电、大雪、暴雨等恶劣天气; 2. 夜间施工照明不足; 3. 作业场地不平整、湿滑; 4. 临边洞口区域较多; 5. 现场登高作业	1. 安全教育、培训、交底、检查制度不完善或未落实; 2. 职业健康、安全管理制度不完善、未落实(定期体检); 3. 安全投入不足; 4. 高处作业安全操作规程不规范或未落实; 5. 安全防护用品等未进行进场验收或验收不到位	√		√	√	√
顶标制作与安装	物体打击	工具、材料、预制件	1. 现场作业人员未正确使用安全防护用品(安全帽等); 2. 人员违章进入危险区域; 3. 管理人员违章指挥,强令冒险作业; 4. 作业人员身体健康状况异常、心理异常、感知异常(反应迟钝、辨识错误); 5. 作业人员操作错误,违章作业(违章抛物等)	1. 安全防护用品不合格(安全帽等); 2. 作业过程中产生的坠落物、抛射物、喷射物、溅射物等(工具、材料等); 3. 未设置防护设施,防护设施存在缺陷(挡脚板、防护网等); 4. 物品摆放位置不合理或未固定; 5. 物品尺寸超大、超长等	1. 强风、暴雨、冰雹、大雾等不良天气; 2. 作业场地杂乱; 3. 照明光线不足; 4. 机械、车船、场地等晃动、振动	1. 施工方案不完善或未落实; 2. 安全教育、培训、交底、检查制度不完善或未落实; 3. 安全防护用品等未进行进场验收或验收不到位; 4. 安全投入不足; 5. 现场无警示标识或标识破损(警戒区、标牌、反光锥等)		√	√	√	

续上表

施工作业内容	典型风险事件	致害物	致险因素				风险事件后果类型				
			人的因素	物的因素	环境因素	管理因素	易导致伤亡人员类型		人员伤亡		
							本人	他人	轻伤	重伤	死亡
顶标制作与安装	机械伤害	挖掘机、弯曲机、切割机、装载机等施工小型机具	1. 人员违章进入危险区域（机械作业半径等）； 2. 管理人员违章指挥，强令冒险作业； 3. 机械操作人员未持有效证件上岗； 4. 机械操作人员操作错误，违章作业（违规载人、酒后作业）； 5. 操作人员身体健康状况异常、心理异常、感知异常（反应迟钝、辨识错误）； 6. 现场作业人员未正确使用安全防护用品（反光背心、安全帽等）； 7. 机械操作人员疲劳作业	1. 机械无警示标识或标识破损（警戒区、标牌、反光贴等）； 2. 设备设施安全作业距离不足； 3. 设备带“病”作业（设备设施制动装置失效、运动或转动装置无防护或防护装置缺陷等）； 4. 安全防护用品不合格（反光背心、安全帽、护目镜等）	1. 强风、暴雨、大雪、冰雹、大雾等不良天气； 2. 作业场地狭窄、不平整、道路湿滑； 3. 夜间施工照明不足； 4. 存在视野盲区	1. 机械设备安全管理制度不完善或未落实（检查维护保养不到位等）； 2. 未对机械设备、安全防护用品等进行进场验收或验收不到位； 3. 安全教育、培训、交底制度不完善或未落实； 4. 机械设备操作规程不规范或未落实； 5. 安全投入不足		√	√	√	√

续上表

施工作业内容	典型风险事件	致害物	致险因素				风险事件后果类型				
			人的因素	物的因素	环境因素	管理因素	易导致伤亡人员类型		人员伤亡		
							本人	他人	轻伤	重伤	死亡
顶标制作与安装	起重伤害	汽车起重机、履带式起重机、浮吊等起重设备、吊索吊具	1. 管理人员违章指挥,强令冒险作业; 2. 作业人员操作错误,违章作业; 3. 起重工、信号工未持有效证件上岗; 4. 现场作业人员未正确使用安全防护用品(安全帽等); 5. 抗倾覆验算错误; 6. 人员违章进入危险区域; 7. 起重人员身体健康状况异常、心理异常、感知异常(反应迟钝、辨识错误); 8. 作业人员疲劳作业	1. 设备自身缺陷(强度、刚度不足、抗倾覆能力不足); 2. 现场无警示标识或标识破损(警戒区、标牌、反光锥等); 3. 吊车支垫材料不合格(枕木、钢板等); 4. 构件防锈处理不合格; 5. 吊索吊具不合格或达到报废标准(钢丝绳、吊带、U 型卸扣等); 6. 无防护或防护装置缺陷(防脱钩装置、限位装置等); 7. 设备带“病”作业(制动装置等); 8. 安全防护用品不合格(反光背心、安全帽等)	1. 强风、暴雨、大雾、大雪等不良天气; 2. 地基承载力不足、基础下沉; 3. 作业场地照明不足; 4. 浮吊周围水域存在较大波浪或暗流; 5. 周围高空有较多障碍物; 6. 存在视野盲区	1. 施工方案不完善或未落实; 2. 安全教育、培训、交底、检查制度不完善或未落实; 3. 未对起重设备进行进场验收或验收不到位; 4. 安全投入不足; 5. 起重吊装作业时无专人监视; 6. 起重吊装安全操作规程不规范或未落实	√	√	√	√	√

续上表

施工作业内容	典型风险事件	致害物	致险因素				风险事件后果类型				
			人的因素	物的因素	环境因素	管理因素	易导致伤亡人员类型		人员伤亡		
							本人	他人	轻伤	重伤	死亡
顶标制作与安装	触电	发电机、破损的电线、钢筋等导电材料、配电箱	1. 作业人员未正确使用安全防护用品（绝缘鞋、绝缘手套等）； 2. 作业人员操作错误或违章作业（带电检修维护等）； 3. 管理人员违章指挥、强令冒险作业； 4. 电工、电焊工等特种人员未持有效证件上岗作业； 5. 人员疲劳作业	1. 电缆线、配电箱等电气设施不合格（线路破损、老化等）； 2. 电气设施设置不规范（电缆拖地、配电箱无支架等）； 3. 带电设施无警示标识或标识破损安全防护装置不规范（未接地、无漏电保护器、接线端子无防护罩等）； 4. 防护不当、防护距离不足（配电柜、发电机无遮雨棚、防护围挡或防护破损）	1. 强风、雷雨、大雪等不良天气； 2. 作业场地杂乱、潮湿或积水； 3. 作业场地照明不足	1. 临时用电方案不完善或未落实； 2. 发电机等安全操作规程不规范或未落实； 3. 电气设施材料等未进行进场验收； 4. 无电工对用电设施进行巡查或巡查不到位； 5. 机械设备安全管理制度未落实（发电机、电焊机等机具检查维护保养不到位）； 6. 安全教育、培训、交底、检查制度不完善或未落实； 7. 安全投入不足	√		√	√	

续上表

施工作业内容	典型风险事件	致害物	致险因素				风险事件后果类型				
			人的因素	物的因素	环境因素	管理因素	易导致伤亡人员类型		人员伤亡		
							本人	他人	轻伤	重伤	死亡
顶标制作与安装	高处坠落	无防护的作业平台、施工人员自身重力运动	1.作业人员未正确使用安全防护用品（安全带、防滑鞋等）； 2.作业人员身体健康状况异常、心理异常、感知异常（高血压、恐高症等禁忌症，反应迟钝、辨识错误）； 3.作业人员疲劳作业，管理人员违章指挥、强令冒险作业； 4.作业人员操作错误或违章作业	1.高处作业场所未设置安全防护等措施（安全绳索、防坠网、栏杆等）； 2.未设置安全警示标志或标识破损； 3.安全防护用品质量不合格，存在缺陷； 4.未设置人员上下安全爬梯或设置不规范	1.大风、雷电、大雪、暴雨等恶劣天气； 2.夜间施工照明不足； 3.作业场地不平整、湿滑； 4.临边洞口区域较多； 5.现场登高作业	1.安全教育、培训、交底、检查制度不完善或未落实； 2.职业健康、安全管理制度不完善、未落实（定期体检）； 3.安全投入不足； 4.高处作业安全操作规程不规范或未落实； 5.安全防护用品等未进行进场验收或验收不到位	√		√	√	√
浮标抛设	物体打击	工具、材料、预制件	1.现场作业人员未正确使用安全防护用品（安全帽等）； 2.人员违章进入危险区域； 3.管理人员违章指挥，强令冒险作业； 4.作业人员身体健康状况异常、心理异常、感知异常（反应迟钝、辨识错误）； 5.作业人员操作错误，违章作业（违章抛物等）	1.安全防护用品不合格（安全帽等）； 2.作业过程中产生的坠落物、抛射物、喷射物、溅射物等（工具、材料等）； 3.未设置防护设施，防护设施存在缺陷（挡脚板、防护网等）； 4.物品摆放位置不合理或未固定； 5.物品尺寸超大、超长等	1.强风、暴雨、冰雹、大雾等不良天气； 2.作业场地杂乱； 3.照明光线不足； 4.机械、车船、场地等晃动、振动	1.施工方案不完善或未落实； 2.安全教育、培训、交底、检查制度不完善或未落实； 3.安全防护用品等未进行进场验收或验收不到位； 4.安全投入不足； 5.现场无警示标识或标识破损（警戒区、标牌、反光锥等）		√	√	√	

续上表

施工作业内容	典型风险事件	致害物	致险因素				风险事件后果类型				
			人的因素	物的因素	环境因素	管理因素	易导致伤亡人员类型		人员伤亡		
							本人	他人	轻伤	重伤	死亡
浮标抛设	机械伤害	弯曲机、切割机、装载机等施工小型机具	1. 人员违章进入危险区域（机械作业半径等）； 2. 管理人员违章指挥，强令冒险作业； 3. 机械操作人员未持有效证件上岗； 4. 机械操作人员操作错误，违章作业（违规载人、酒后作业）； 5. 操作人员身体健康状况异常、心理异常、感知异常（反应迟钝、辨识错误）； 6. 现场作业人员未正确使用安全防护用品（反光背心、安全帽等）； 7. 机械操作人员疲劳作业	1. 机械无警示标识或标识破损（警戒区、标牌、反光贴等）； 2. 设备设施安全作业距离不足； 3. 设备带“病”作业（设备设施制动装置失效、运动或转动装置无防护或防护装置缺陷等）； 4. 安全防护用品不合格（反光背心、安全帽、护目镜等）	1. 强风、暴雨、大雪、冰雹、大雾等不良天气； 2. 作业场地狭窄、不平整、道路湿滑； 3. 夜间施工照明不足； 4. 存在视野盲区	1. 机械设备安全管理制度不完善或未落实（检查维护保养不到位）； 2. 未对机械设备、安全防护用品等进行进场验收或验收不到位； 3. 安全教育、培训、交底制度不完善或未落实； 4. 机械设备操作规程不规范或未落实； 5. 安全投入不足		√	√	√	√

续上表

施工作业内容	典型风险事件	致害物	致险因素				风险事件后果类型				
			人的因素	物的因素	环境因素	管理因素	易导致伤亡人员类型		人员伤亡		
							本人	他人	轻伤	重伤	死亡
浮标抛设	起重伤害	汽车起重机、履带式起重机、浮吊等起重设备、吊索吊具	1. 管理人员违章指挥，强令冒险作业； 2. 作业人员操作错误，违章作业； 3. 起重工、信号工未持有效证件上岗； 4. 现场作业人员未正确使用安全防护用品（安全帽等）； 5. 抗倾覆验算错误； 6. 违章进入危险区域； 7. 起重人员身体健康状况异常、心理异常、感知异常（反应迟钝、辨识错误）； 8. 作业人员疲劳作业	1. 设备自身缺陷（强度、刚度不足、抗倾覆能力不足）； 2. 现场无警示标识或标识破损（警戒区、标牌、反光锥等）； 3. 吊车支垫材料不合格（枕木、钢板等）； 4. 构件防锈处理不合格； 5. 吊索吊具不合格或达到报废标准（钢丝绳、吊带、U 型卸扣等）； 6. 无防护或防护装置缺陷（防脱钩装置、限位装置等）； 7. 设备带“病”作业（制动装置等）； 8. 安全防护用品不合格（反光背心、安全帽等）	1. 强风、暴雨、大雾、大雪等不良天气； 2. 地基承载力不足、基础下沉； 3. 作业场地照明不足； 4. 浮吊周围水域存在较大波浪或暗流； 5. 周围高空有较多障碍物； 6. 存在视野盲区	1. 施工方案不完善或未落实； 2. 安全教育、培训、交底、检查制度不完善或未落实； 3. 未对起重设备进行进场验收或验收不到位； 4. 安全投入不足； 5. 起重吊装作业时无专人监视； 6. 起重吊装安全操作规程不规范或未落实	√	√	√	√	√

续上表

施工作业内容	典型风险事件	致害物	致险因素				风险事件后果类型				
			人的因素	物的因素	环境因素	管理因素	易导致伤亡人员类型		人员伤亡		
							本人	他人	轻伤	重伤	死亡
浮标抛设	淹溺	周边水域	1. 管理人员违章指挥,强令冒险作业; 2. 人员心理异常(冒险侥幸心理等); 3. 作业人员操作错误,违章作业; 4. 违反劳动纪律行为(管理人员脱岗等); 5. 人员未正确使用安全防护用品	1. 现场无警示标识或标识破损; 2. 现场救生设施不足; 3. 水下存在不明物体或生物的拖拽或缠绕; 4. 氧气瓶、头盔等存在缺陷	1. 雷雨、大风(6级以上)、冰雹、大雾等恶劣天气作业; 2. 水体寒冷; 3. 水体内能见度不足	1. 专项施工方案、应急预案不完善或未落实; 2. 未落实安全教育、培训、交底、检查制度; 3. 现场监控看管不到位	√		√		√
	船舶碰撞	船舶等	1. 船舶驾驶等人员技术、经验不足; 2. 管理人员违章指挥,强令冒险作业; 3. 作业人员身体健康状况异常、心理异常、感知异常(反应迟钝、辨识错误); 4. 作业人员操作错误,违章作业	1. 船舶相关仪表设备老旧、失效; 2. 导航设施出现明显错误; 3. 船舶防撞设施缺失; 4. 周围船体碰撞施工船舶	1. 强风、暴雨、大雪、大雾等不良天气; 2. 光线、照明不足; 3. 水下暗流影响船体方向和速率; 4. 施工水域狭小	1. 船舶操作规程、应急预案不完善或未落实; 2. 未落实安全教育、培训、交底、检查制度; 3. 船舶等未按要求组织维修、检验等或属于三无船舶	√	√	√	√	

续上表

施工作业内容	典型风险事件	致害物	致险因素				风险事件后果类型				
			人的因素	物的因素	环境因素	管理因素	易导致伤亡人员类型		人员伤亡		
							本人	他人	轻伤	重伤	死亡
浮标抛设	船舶搁浅	浅滩等	1. 船舶驾驶等人员技术、经验不足； 2. 管理人员违章指挥,强令冒险作业； 3. 作业人员身体健康状况异常、心理异常、感知异常(反应迟钝、辨识错误)； 4. 作业人员操作错误,违章作业	1. 船舶相关仪表设备老旧、失效； 2. 导航、声呐设施出现明显错误	1. 强风、暴雨、大雪、大雾等不良天气； 2. 光线不足； 3. 水下地质突变； 4. 水位快速下降或退潮	1. 船舶操作规程、应急预案不完善或未落实； 2. 未落实安全教育、培训、交底、检查制度； 3. 船舶等未按要求组织维修、检验等或属于三无船舶； 4. 管理人员对气象和水体未提前预估	√	√	√		
	船舶触礁	水下暗礁等	1. 船舶驾驶等人员技术、经验不足； 2. 管理人员违章指挥,强令冒险作业； 3. 作业人员身体健康状况异常、心理异常、感知异常(反应迟钝、辨识错误)； 4. 作业人员操作错误,违章作业	1. 船舶相关仪表设备老旧、失效； 2. 导航、声呐设施出现明显错误	1. 强风、暴雨、大雪、大雾等不良天气； 2. 光线不足； 3. 水下地质突变	1. 船舶操作规程、应急预案不完善或未落实； 2. 未落实安全教育、培训、交底、检查制度； 3. 船舶等未按要求组织维修、检验等或属于三无船舶； 4. 管理人员对水体预估不足	√	√	√		

续上表

施工作业内容	典型风险事件	致害物	致险因素				风险事件后果类型				
			人的因素	物的因素	环境因素	管理因素	易导致伤亡人员类型		人员伤亡		
							本人	他人	轻伤	重伤	死亡
浮标抛设	船舶触损	水下岩石、沉船、抛石等	1. 船舶驾驶等人员技术、经验不足； 2. 管理人员违章指挥，强令冒险作业； 3. 作业人员身体健康状况异常、心理异常、感知异常（反应迟钝、辨识错误）； 4. 作业人员操作错误，违章作业	1. 船舶相关仪表设备老旧、失效； 2. 声呐设施出现明显错误； 3. 与重型物品撞击； 4. 水下尖锐物品或其他船只上尖锐部位触碰； 5. 船体老化	1. 强风、暴雨、大雪、大雾等不良天气； 2. 光线不足； 3. 水下地质突变； 4. 水中存在较大波浪	1. 船舶操作规程、应急预案不完善或未落实； 2. 未落实安全教育、培训、交底、检查制度； 3. 船舶等未按要求组织维修、检验等或属于三无船舶	√	√	√	√	
	船舶污染	船舶燃油、生活污水等	1. 船舶驾驶等人员技术、经验不足； 2. 管理人员违章指挥，强令冒险作业； 3. 作业人员身体健康状况异常、心理异常、感知异常（反应迟钝、辨识错误）； 4. 作业人员操作错误，违章作业	1. 船舶相关仪表设备老旧、失效； 2. 燃油桶或输油管破损	1. 强风、暴雨等不良天气； 2. 船内照明不足	1. 船舶操作规程、应急预案不完善或未落实； 2. 未落实安全教育、培训、交底、检查制度； 3. 船舶等未按要求组织维修、检验等或属于三无船舶		√	√		

续上表

施工作业内容	典型风险事件	致害物	致险因素				风险事件后果类型				
			人的因素	物的因素	环境因素	管理因素	易导致伤亡人员类型		人员伤亡		
							本人	他人	轻伤	重伤	死亡
浮标抛设	船舶倾覆	风浪、船舶等	1. 船舶驾驶等人员技术、经验不足； 2. 管理人员违章指挥，强令冒险作业； 3. 作业人员身体健康状况异常、心理异常、感知异常（反应迟钝、辨识错误）； 4. 作业人员操作错误，违章作业	1. 船舶相关仪表设备老旧、失效； 2. 导航设施出现明显错误； 3. 船上物品偏载； 4. 系揽钩未绑扎牢固； 5. 物体撞击船体致出现破洞； 6. 船体刚度不足	1. 强风、暴雨等不良天气； 2. 光线不足； 3. 水中存在巨大波浪	1. 船舶操作规程、应急预案不完善或未落实； 2. 未落实安全教育、培训、交底、检查制度； 3. 船舶等未按要求组织维修、检验等或属于三无船舶	√	√	√	√	√
标体安装	物体打击	工具、材料、装备	1. 现场作业人员未正确使用安全防护用品（安全帽等）； 2. 人员违章进入危险区域； 3. 管理人员违章指挥，强令冒险作业； 4. 作业人员身体健康状况异常、心理异常、感知异常（反应迟钝、辨识错误）； 5. 作业人员操作错误，违章作业（违章抛物等）	1. 安全防护用品不合格（安全帽等）； 2. 作业过程中产生的坠落物、抛射物、喷射物、溅射物等（工具、材料等）； 3. 未设置防护设施，防护设施存在缺陷（挡脚板、防护网等）； 4. 物品摆放位置不合理或未固定； 5. 物品尺寸超大、超长等	1. 强风、暴雨、冰雹、大雾等不良天气； 2. 作业场地杂乱； 3. 照明光线不足； 4. 机械、车船、场地等晃动、振动	1. 施工方案不完善或未落实； 2. 安全教育、培训、交底、检查制度不完善或未落实； 3. 安全防护用品等未进行进场验收或验收不到位； 4. 安全投入不足； 5. 现场无警示标识或标识破损（警戒区、标牌、反光锥等）		√	√	√	

续上表

施工作业内容	典型风险事件	致害物	致险因素				风险事件后果类型				
			人的因素	物的因素	环境因素	管理因素	易导致伤亡人员类型		人员伤亡		
							本人	他人	轻伤	重伤	死亡
标体安装	机械伤害	弯曲机、切割机、装载机等施工小型机具	1. 人员违章进入危险区域（机械作业半径等）； 2. 管理人员违章指挥，强令冒险作业； 3. 机械操作人员未持有效证件上岗； 4. 机械操作人员操作错误，违章作业（违规载人、酒后作业）； 5. 操作人员身体健康状况异常、心理异常、感知异常（反应迟钝、辨识错误）； 6. 现场作业人员未正确使用安全防护用品（反光背心、安全帽等）； 7. 机械操作人员疲劳作业	1. 机械无警示标识或标识破损（警戒区、标牌、反光贴等）； 2. 设备设施安全作业距离不足； 3. 设备带“病”作业（设备设施制动装置失效、运动或转动装置无防护或防护装置缺陷等）； 4. 安全防护用品不合格（反光背心、安全帽、护目镜等）	1. 强风、暴雨、大雪、冰雹、大雾等不良天气； 2. 作业场地狭窄、不平整、道路湿滑； 3. 夜间施工照明不足； 4. 存在视野盲区	1. 机械设备安全管理制度不完善或未落实（检查维护保养不到位等）； 2. 未对机械设备、安全防护用品等进行进场验收或验收不到位； 3. 安全教育、培训、交底制度不完善或未落实； 4. 机械设备操作规程不规范或未落实； 5. 安全投入不足		√	√	√	√

续上表

施工作业内容	典型风险事件	致害物	致险因素				风险事件后果类型				
			人的因素	物的因素	环境因素	管理因素	易导致伤亡人员类型		人员伤亡		
							本人	他人	轻伤	重伤	死亡
标体安装	起重伤害	汽车起重机、履带式起重机、浮吊等起重设备、吊索吊具	1. 管理人员违章指挥，强令冒险作业； 2. 作业人员操作错误，违章作业； 3. 起重工、信号工未持有效证件上岗； 4. 现场作业人员未正确使用安全防护用品（安全帽等）； 5. 抗倾覆验算错误； 6. 人员违章进入危险区域； 7. 起重人员身体健康状况异常、心理异常、感知异常（反应迟钝、辨识错误）； 8. 作业人员疲劳作业	1. 设备自身缺陷（强度、刚度不足、抗倾覆能力不足）； 2. 现场无警示标识或标识破损（警戒区、标牌、反光锥等）； 3. 吊车支垫材料不合格（枕木、钢板等）； 4. 构件防锈处理不合格； 5. 吊索吊具不合格或达到报废标准（钢丝绳、吊带、U 型卸扣等）； 6. 无防护或防护装置缺陷（防脱钩装置、限位装置等）； 7. 设备带“病”作业（制动装置等）； 8. 安全防护用品不合格（反光背心、安全帽等）	1. 强风、暴雨、大雾、大雪等不良天气； 2. 地基承载力不足、基础下沉； 3. 作业场地照明不足； 4. 浮吊周围水域存在较大波浪或暗流； 5. 周围高空有较多障碍物； 6. 存在视野盲区	1. 施工方案不完善或未落实； 2. 安全教育、培训、交底、检查制度不完善或未落实； 3. 未对起重设备进行进场验收或验收不到位； 4. 安全投入不足； 5. 起重吊装作业时无专人监视； 6. 起重吊装安全操作规程不规范或未落实	√	√	√	√	√

续上表

施工作业内容	典型风险事件	致害物	致险因素				风险事件后果类型				
			人的因素	物的因素	环境因素	管理因素	易导致伤亡人员类型		人员伤亡		
							本人	他人	轻伤	重伤	死亡
标体安装	淹溺	周边水域	1. 管理人员违章指挥,强令冒险作业; 2. 作业人员心理异常(冒险侥幸心理等); 3. 作业人员操作错误,违章作业; 4. 违反劳动纪律行为(管理人员脱岗等); 5. 作业人员未正确使用安全防护用品	1. 现场无警示标识或标识破损; 2. 现场救生设施不足; 3. 水下存在不明物体或生物的拖拽或缠绕; 4. 氧气瓶、头盔等存在缺陷	1. 雷雨、大风(6 级以上)、冰雹、大雾等恶劣天气作业; 2. 水体寒冷; 3. 水体内能见度不足	1. 专项施工方案、应急预案不完善或未落实; 2. 未落实安全教育、培训、交底、检查制度; 3. 现场监控看管不到位	√		√		√
	船舶碰撞	船舶等	1. 船舶驾驶等人员技术、经验不足; 2. 管理人员违章指挥,强令冒险作业; 3. 作业人员身体健康状况异常、心理异常、感知异常(反应迟钝、辨识错误); 4. 作业人员操作错误,违章作业	1. 船舶相关仪表设备老旧、失效; 2. 导航设施出现明显错误; 3. 船舶防撞设施缺失; 4. 周围船体碰撞施工船舶	1. 强风、暴雨、大雪、大雾等不良天气; 2. 光线、照明不足; 3. 水下暗流影响船体方向和速率; 4. 施工水域狭小	1. 船舶操作规程、应急预案不完善或未落实; 2. 未落实安全教育、培训、交底、检查制度; 3. 船舶等未按要求组织维修、检验等或属于三无船舶	√	√	√	√	

续上表

施工作业内容	典型风险事件	致害物	致险因素				风险事件后果类型				
			人的因素	物的因素	环境因素	管理因素	易导致伤亡人员类型		人员伤亡		
							本人	他人	轻伤	重伤	死亡
标体安装	船舶搁浅	浅滩等	1. 船舶驾驶等人员技术、经验不足； 2. 管理人员违章指挥，强令冒险作业； 3. 作业人员身体健康状况异常、心理异常、感知异常（反应迟钝、辨识错误）； 4. 作业人员操作错误，违章作业	1. 船舶相关仪表设备老旧、失效； 2. 导航、声呐设施出现明显错误	1. 强风、暴雨、大雪、大雾等不良天气； 2. 光线不足； 3. 水下地质突变； 4. 水位快速下降或退潮	1. 船舶操作规程、应急预案不完善或未落实； 2. 未落实安全教育、培训、交底、检查制度； 3. 船舶等未按要求组织维修、检验等或属于三无船舶； 4. 管理人员对气象和水体未提前预估	√	√	√		
	船舶触礁	水下暗礁等	1. 船舶驾驶等人员技术、经验不足； 2. 管理人员违章指挥，强令冒险作业； 3. 作业人员身体健康状况异常、心理异常、感知异常（反应迟钝、辨识错误）； 4. 作业人员操作错误，违章作业	1. 船舶相关仪表设备老旧、失效； 2. 导航、声呐设施出现明显错误	1. 强风、暴雨、大雪、大雾等不良天气； 2. 光线不足； 3. 水下地质突变	1. 船舶操作规程、应急预案不完善或未落实； 2. 未落实安全教育、培训、交底、检查制度； 3. 船舶等未按要求组织维修、检验等或属于三无船舶； 4. 管理人员对水体预估不足	√	√	√		

续上表

施工作业内容	典型风险事件	致害物	致险因素				风险事件后果类型				
			人的因素	物的因素	环境因素	管理因素	易导致伤亡人员类型		人员伤亡		
							本人	他人	轻伤	重伤	死亡
标体安装	船舶触损	水下岩石、沉船、抛石等	1. 船舶驾驶等人员技术、经验不足； 2. 管理人员违章指挥，强令冒险作业； 3. 作业人员身体健康状况异常、心理异常、感知异常（反应迟钝、辨识错误）； 4. 作业人员操作错误，违章作业	1. 船舶相关仪表设备老旧、失效； 2. 声呐设施出现明显错误； 3. 与重型物品撞击； 4. 水下尖锐物品或其他船只上尖锐部位触碰； 5. 船体老化	1. 强风、暴雨、大雪、大雾等不良天气； 2. 光线不足； 3. 水下地质突变； 4. 水中存在较大波浪	1. 船舶操作规程、应急预案不完善或未落实； 2. 未落实安全教育、培训、交底、检查制度； 3. 船舶等未按要求组织维修、检验等或属于三无船舶	√	√	√	√	
	船舶污染	船舶燃油、生活污水等	1. 船舶驾驶等人员技术、经验不足； 2. 管理人员违章指挥，强令冒险作业； 3. 作业人员身体健康状况异常、心理异常、感知异常（反应迟钝、辨识错误）； 4. 作业人员操作错误，违章作业	1. 船舶相关仪表设备老旧、失效； 2. 燃油桶或输油管破损	1. 强风、暴雨等不良天气； 2. 船内照明不足	1. 船舶操作规程、应急预案不完善或未落实； 2. 未落实安全教育、培训、交底、检查制度； 3. 船舶等未按要求组织维修、检验等或属于三无船舶		√	√		

续上表

施工作业内容	典型风险事件	致害物	致险因素				风险事件后果类型				
			人的因素	物的因素	环境因素	管理因素	易导致伤亡人员类型		人员伤亡		
							本人	他人	轻伤	重伤	死亡
标体安装	船舶倾覆	风浪、船舶等	1. 船舶驾驶等人员技术、经验不足； 2. 管理人员违章指挥，强令冒险作业； 3. 作业人员身体健康状况异常、心理异常、感知异常（反应迟钝、辨识错误）； 4. 作业人员操作错误，违章作业	1. 船舶相关仪表设备老旧、失效； 2. 导航设施出现明显错误； 3. 船上物品偏载； 4. 系揽钩未绑扎牢固； 5. 物体撞击船体致出现破洞； 6. 船体刚度不足	1. 强风、暴雨等不良天气； 2. 光线不足； 3. 水中存在巨大波浪	1. 船舶操作规程、应急预案不完善或未落实； 2. 未落实安全教育、培训、交底、检查制度； 3. 船舶等未按要求组织维修、检验等或属于三无船舶	√	√	√	√	√
航标灯器安装	物体打击	工具、材料、装备	1. 现场作业人员未正确使用安全防护用品（安全帽等）； 2. 人员违章进入危险区域； 3. 管理人员违章指挥，强令冒险作业； 4. 作业人员身体健康状况异常、心理异常、感知异常（反应迟钝、辨识错误）； 5. 作业人员操作错误，违章作业（违章抛物）	1. 安全防护用品不合格（安全帽等）； 2. 作业过程中产生的坠落物、抛射物、喷射物、溅射物等（工具、材料等）； 3. 未设置防护设施，防护设施存在缺陷（挡脚板、防护网等）； 4. 物品摆放位置不合理或未固定； 5. 物品尺寸超大、超长等	1. 强风、暴雨、冰雹、大雾等不良天气； 2. 作业场地杂乱； 3. 照明光线不足； 4. 机械、车船、场地等晃动、振动	1. 施工方案不完善或未落实； 2. 安全教育、培训、交底、检查制度不完善或未落实； 3. 安全防护用品等未进行进场验收或验收不到位； 4. 安全投入不足； 5. 现场无警示标识或标识破损（警戒区、标牌、反光锥等）		√	√	√	

续上表

施工作业内容	典型风险事件	致害物	致险因素				风险事件后果类型				
			人的因素	物的因素	环境因素	管理因素	易导致伤亡人员类型		人员伤亡		
							本人	他人	轻伤	重伤	死亡
航标灯器安装	机械伤害	弯曲机、切割机、装载机等施工小型机具	1. 人员违章进入危险区域（机械作业半径等）； 2. 管理人员违章指挥，强令冒险作业； 3. 机械操作人员未持有效证件上岗； 4. 机械操作人员操作错误，违章作业（违规载人、酒后作业）； 5. 操作人员身体健康状况异常、心理异常、感知异常（反应迟钝、辨识错误）； 6. 现场作业人员未正确使用安全防护用品（反光背心、安全帽等）； 7. 机械操作人员疲劳作业	1. 机械无警示标识或标识破损（警戒区、标牌、反光贴等）； 2. 设备设施安全作业距离不足； 3. 设备带“病”作业（设备设施制动装置失效、运动或转动装置无防护或防护装置缺陷等）； 4. 安全防护用品不合格（反光背心、安全帽、护目镜等）	1. 强风、暴雨、大雪、冰雹、大雾等不良天气； 2. 作业场地狭窄、不平整、道路湿滑； 3. 夜间施工照明不足； 4. 存在视野盲区	1. 机械设备安全管理制度不完善或未落实（检查维护保养不到位）； 2. 未对机械设备、安全防护用品等进行进场验收或验收不到位； 3. 安全教育、培训、交底制度不完善或未落实； 4. 机械设备操作规程不规范或未落实； 5. 安全投入不足		√	√	√	√

续上表

施工作业内容	典型风险事件	致害物	致险因素				风险事件后果类型				
			人的因素	物的因素	环境因素	管理因素	易导致伤亡人员类型		人员伤亡		
							本人	他人	轻伤	重伤	死亡
航标灯器安装	起重伤害	汽车起重机、履带式起重机、浮吊等起重设备、吊索吊具	1. 管理人员违章指挥,强令冒险作业; 2. 作业人员操作错误,违章作业; 3. 起重工、信号工未持有效证件上岗; 4. 现场作业人员未正确使用安全防护用品(安全帽等); 5. 抗倾覆验算错误; 6. 人员违章进入危险区域; 7. 起重人员身体健康状况异常、心理异常、感知异常(反应迟钝、辨识错误); 8. 作业人员疲劳作业	1. 设备自身缺陷(强度、刚度不足、抗倾覆能力不足); 2. 现场无警示标识或标识破损(警戒区、标牌、反光锥等); 3. 吊车支垫材料不合格(枕木、钢板等); 4. 构件防锈处理不合格; 5. 吊索吊具不合格或达到报废标准(钢丝绳、吊带、U型卸扣等); 6. 无防护或防护装置缺陷(防脱钩装置、限位装置等); 7. 设备带"病"作业(制动装置等); 8. 安全防护用品不合格(反光背心、安全帽等)	1. 强风、暴雨、大雾、大雪等不良天气; 2. 地基承载力不足、基础下沉; 3. 作业场地照明不足; 4. 浮吊周围水域存在较大波浪或暗流; 5. 周围高空有较多障碍物; 6. 存在视野盲区	1. 施工方案不完善或未落实; 2. 安全教育、培训、交底、检查制度不完善或未落实; 3. 未对起重设备进行进场验收或验收不到位; 4. 安全投入不足; 5. 起重吊装作业时无专人监视; 6. 起重吊装安全操作规程不规范或未落实	√	√	√	√	√

续上表

施工作业内容	典型风险事件	致害物	致险因素				风险事件后果类型				
			人的因素	物的因素	环境因素	管理因素	易导致伤亡人员类型		人员伤亡		
							本人	他人	轻伤	重伤	死亡
航标灯器安装	触电	发电机、破损的电线、钢筋等导电材料、配电箱	1. 作业人员未正确使用安全防护用品(绝缘鞋、绝缘手套等); 2. 作业人员操作错误或违章作业(带电检修维护等); 3. 管理人员违章指挥、强令冒险作业; 4. 电工、电焊工等特种人员未持有效证件上岗作业; 5. 人员疲劳作业	1. 电缆线、配电箱等电气设施不合格(线路破损、老化); 2. 电气设施设置不规范(电缆拖地、配电箱无支架等); 3. 带电设施无警示标识或标识破损安全防护装置不规范(未接地、无漏电保护器、接线端子无防护罩等); 4. 防护不当、防护距离不足(配电柜、发电机无遮雨棚、防护围挡或防护破损)	1. 强风、雷雨、大雪等不良天气; 2. 作业场地杂乱、潮湿或积水; 3. 作业场地照明不足	1. 临时用电方案不完善或未落实; 2. 发电机等安全操作规程不规范或未落实; 3. 电气设施材料等未进行进场验收; 4. 无电工对用电设施进行巡查或巡查不到位; 5. 机械设备安全管理制度未落实(发电机、电焊机等机具检查维护保养不到位); 6. 安全教育、培训、交底、检查制度不完善或未落实; 7. 安全投入不足	√		√	√	

续上表

施工作业内容	典型风险事件	致害物	致险因素				风险事件后果类型				
			人的因素	物的因素	环境因素	管理因素	易导致伤亡人员类型		人员伤亡		
							本人	他人	轻伤	重伤	死亡
航标灯器安装	淹溺	周边水域	1. 管理人员违章指挥，强令冒险作业； 2. 人员心理异常（冒险侥幸心理等）； 3. 作业人员操作错误，违章作业； 4. 违反劳动纪律行为（管理人员脱岗等）； 5. 人员未正确使用安全防护用品	1. 现场无警示标识或标识破损； 2. 现场救生设施不足； 3. 水下存在不明物体或生物的拖拽或缠绕； 4. 氧气瓶、头盔等存在缺陷	1. 雷雨、大风（6 级以上）、冰雹、大雾等恶劣天气作业； 2. 水体寒冷； 3. 水体内能见度不足	1. 专项施工方案、应急预案不完善或未落实； 2. 未落实安全教育、培训、交底、检查制度； 3. 现场监控看管不到位	√		√		√
	高处坠落	无防护的作业平台、施工人员受自身的重力运动	1. 作业人员未正确使用安全防护用品（安全带、防滑鞋等）； 2. 作业人员身体健康状况异常、心理异常、感知异常（高血压、恐高症等禁忌症，反应迟钝、辨识错误）； 3. 作业人员疲劳作业，管理人员违章指挥、强令冒险作业； 4. 作业人员操作错误或违章作业	1. 高处作业场所未设置安全防护等措施（安全绳索、防坠网、栏杆等）； 2. 未设置安全警示标志或标识破损； 3. 安全防护用品质量不合格，存在缺陷； 4. 未设置人员上下安全爬梯或设置不规范	1. 大风、雷电、大雪、暴雨等恶劣天气； 2. 夜间施工照明不足； 3. 作业场地不平整、湿滑； 4. 临边洞口区域较多； 5. 现场登高作业	1. 安全教育、培训、交底、检查制度不完善或未落实； 2. 职业健康、安全管理制度不完善、未落实（定期体检等）； 3. 安全投入不足； 4. 高处作业安全操作规程不规范或未落实； 5. 安全防护用品等未进行进场验收或验收不到位	√		√	√	√

续上表

施工作业内容	典型风险事件	致害物	致险因素				风险事件后果类型				
			人的因素	物的因素	环境因素	管理因素	易导致伤亡人员类型		人员伤亡		
							本人	他人	轻伤	重伤	死亡
航标灯器安装	船舶碰撞	船舶等	1. 船舶驾驶等人员技术、经验不足； 2. 管理人员违章指挥，强令冒险作业； 3. 作业人员身体健康状况异常、心理异常、感知异常（反应迟钝、辨识错误）； 4. 作业人员操作错误，违章作业	1. 船舶相关仪表设备老旧、失效； 2. 导航设施出现明显错误； 3. 船舶防撞设施缺失； 4. 周围船体碰撞施工船舶	1. 强风、暴雨、大雪、大雾等不良天气； 2. 光线、照明不足； 3. 水下暗流影响船体方向和速率； 4. 施工水域狭小	1. 船舶操作规程、应急预案不完善或未落实； 2. 未落实安全教育、培训、交底、检查制度； 3. 船舶等未按要求组织维修、检验等或属于三无船舶	√	√	√	√	
	船舶搁浅	浅滩等	1. 船舶驾驶等人员技术、经验不足； 2. 管理人员违章指挥，强令冒险作业； 3. 作业人员身体健康状况异常、心理异常、感知异常（反应迟钝、辨识错误）； 4. 作业人员操作错误，违章作业	1. 船舶相关仪表设备老旧、失效； 2. 导航、声呐设施出现明显错误	1. 强风、暴雨、大雪、大雾等不良天气； 2. 光线不足； 3. 水下地质突变； 4. 水位快速下降或退潮	1. 船舶操作规程、应急预案不完善或未落实； 2. 未落实安全教育、培训、交底、检查制度； 3. 船舶等未按要求组织维修、检验等或属于三无船舶； 4. 管理人员对气象和水体未提前预估	√	√	√		

续上表

施工作业内容	典型风险事件	致害物	致险因素				风险事件后果类型				
			人的因素	物的因素	环境因素	管理因素	易导致伤亡人员类型		人员伤亡		
							本人	他人	轻伤	重伤	死亡
航标灯器安装	船舶触礁	水下暗礁等	1. 船舶驾驶等人员技术、经验不足； 2. 管理人员违章指挥，强令冒险作业； 3. 作业人员身体健康状况异常、心理异常、感知异常（反应迟钝、辨识错误）； 4. 作业人员操作错误，违章作业	1. 船舶相关仪表设备老旧、失效； 2. 导航、声呐设施出现明显错误	1. 强风、暴雨、大雪、大雾等不良天气； 2. 光线不足； 3. 水下地质突变	1. 船舶操作规程、应急预案不完善或未落实； 2. 未落实安全教育、培训、交底、检查制度； 3. 船舶等未按要求组织维修、检验等或属于三无船舶； 4. 管理人员对水体预估不足	√	√	√		
	船舶触损	水下岩石、沉船、抛石等	1. 船舶驾驶等人员技术、经验不足； 2. 管理人员违章指挥，强令冒险作业； 3. 作业人员身体健康状况异常、心理异常、感知异常（反应迟钝、辨识错误）； 4. 作业人员操作错误，违章作业	1. 船舶相关仪表设备老旧、失效； 2. 声呐设施出现明显错误； 3. 与重型物品撞击； 4. 水下尖锐物品或其他船只上尖锐部位触碰； 5. 船体老化	1. 强风、暴雨、大雪、大雾等不良天气； 2. 光线不足； 3. 水下地质突变； 4. 水中存在较大波浪	1. 船舶操作规程、应急预案不完善或未落实； 2. 未落实安全教育、培训、交底、检查制度； 3. 船舶等未按要求组织维修、检验等或属于三无船舶	√	√	√	√	

续上表

施工作业内容	典型风险事件	致害物	致险因素				风险事件后果类型				
			人的因素	物的因素	环境因素	管理因素	易导致伤亡人员类型		人员伤亡		
							本人	他人	轻伤	重伤	死亡
航标灯器安装	船舶污染	船舶燃油、生活污水等	1. 船舶驾驶等人员技术、经验不足； 2. 管理人员违章指挥，强令冒险作业； 3. 作业人员身体健康状况异常、心理异常、感知异常（反应迟钝、辨识错误）； 4. 作业人员操作错误，违章作业	1. 船舶相关仪表设备老旧、失效； 2. 燃油桶或输油管破损	1. 强风、暴雨等不良天气； 2. 船内照明不足	1. 船舶操作规程、应急预案不完善或未落实； 2. 未落实安全教育、培训、交底、检查制度； 3. 船舶等未按要求组织维修、检验等或属于三无船舶		√	√		
	船舶倾覆	风浪、船舶等	1. 船舶驾驶等人员技术、经验不足； 2. 管理人员违章指挥，强令冒险作业； 3. 作业人员身体健康状况异常、心理异常、感知异常（反应迟钝、辨识错误）； 4. 作业人员操作错误，违章作业	1. 船舶相关仪表设备老旧、失效； 2. 导航设施出现明显错误； 3. 船上物品偏载； 4. 系揽钩未绑扎牢固； 5. 物体撞击船体致出现破洞； 6. 船体刚度不足	1. 强风、暴雨等不良天气； 2. 光线不足； 3. 水中存在巨大波浪	1. 船舶操作规程、应急预案不完善或未落实； 2. 未落实安全教育、培训、交底、检查制度； 3. 船舶等未按要求组织维修、检验等或属于三无船舶	√	√	√	√	√

续上表

施工作业内容	典型风险事件	致害物	致险因素				风险事件后果类型				
			人的因素	物的因素	环境因素	管理因素	易导致伤亡人员类型		人员伤亡		
							本人	他人	轻伤	重伤	死亡
航标灯器安装	物体打击	工具、材料、装备	1. 现场作业人员未正确使用安全防护用品（安全帽等）； 2. 人员违章进入危险区域； 3. 管理人员违章指挥，强令冒险作业； 4. 作业人员身体健康状况异常、心理异常、感知异常（反应迟钝、辨识错误）； 5. 作业人员操作错误，违章作业（违章抛物等）	1. 安全防护用品不合格（安全帽等）； 2. 作业过程中产生的坠落物、抛射物、喷射物、溅射物等（工具、材料等）； 3. 未设置防护设施，防护设施存在缺陷（挡脚板、防护网等）； 4. 物品摆放位置不合理或未固定； 5. 物品尺寸超大、超长	1. 强风、暴雨、冰雹、大雾等不良天气； 2. 作业场地杂乱； 3. 照明光线不足； 4. 机械、车船、场地等晃动、振动	1. 施工方案不完善或未落实； 2. 安全教育、培训、交底、检查制度不完善或未落实； 3. 安全防护用品等未进行进场验收或验收不到位； 4. 安全投入不足； 5. 现场无警示标识或标识破损（警戒区、标牌、反光锥等）		√	√	√	

续上表

施工作业内容	典型风险事件	致害物	致险因素				风险事件后果类型				
			人的因素	物的因素	环境因素	管理因素	易导致伤亡人员类型		人员伤亡		
							本人	他人	轻伤	重伤	死亡
航标灯器安装	机械伤害	弯曲机、切割机、装载机等施工小型机具	1. 人员违章进入危险区域(机械作业半径等); 2. 管理人员违章指挥,强令冒险作业; 3. 机械操作人员未持有效证件上岗; 4. 机械操作人员操作错误,违章作业(违规载人、酒后作业); 5. 操作人员身体健康状况异常、心理异常、感知异常(反应迟钝、辨识错误); 6. 现场作业人员未正确使用安全防护用品(反光背心、安全帽等); 7. 机械操作人员疲劳作业	1. 机械无警示标识或标识破损(警戒区、标牌、反光贴等); 2. 设备设施安全作业距离不足; 3. 设备带“病”作业(设备设施制动装置失效、运动或转动装置无防护或防护装置缺陷等); 4. 安全防护用品不合格(反光背心、安全帽、护目镜等)	1. 强风、暴雨、大雪、冰雹、大雾等不良天气; 2. 作业场地狭窄、不平整、道路湿滑; 3. 夜间施工照明不足; 4. 存在视野盲区	1. 机械设备安全管理制度不完善或未落实(检查维护保养不到位); 2. 未对机械设备、安全防护用品等进行进场验收或验收不到位; 3. 安全教育、培训、交底制度不完善或未落实; 4. 机械设备操作规程不规范或未落实; 5. 安全投入不足		√	√	√	√

续上表

施工作业内容	典型风险事件	致害物	致险因素				风险事件后果类型				
			人的因素	物的因素	环境因素	管理因素	易导致伤亡人员类型		人员伤亡		
							本人	他人	轻伤	重伤	死亡
航标灯器安装	起重伤害	汽车起重机、履带式起重机、浮吊等起重设备、吊索吊具	1. 管理人员违章指挥,强令冒险作业; 2. 作业人员操作错误,违章作业; 3. 起重工、信号工未持有效证件上岗; 4. 现场作业人员未正确使用安全防护用品(安全帽等); 5. 抗倾覆验算错误; 6. 人员违章进入危险区域; 7. 起重人员身体健康状况异常、心理异常、感知异常(反应迟钝、辨识错误); 8. 作业人员疲劳作业	1. 设备自身缺陷(强度、刚度不足、抗倾覆能力不足); 2. 现场无警示标识或标识破损(警戒区、标牌、反光锥等); 3. 吊车支垫材料不合格(枕木、钢板等); 4. 构件防锈处理不合格; 5. 吊索吊具不合格或达到报废标准(钢丝绳、吊带、U 型卸扣等); 6. 无防护或防护装置缺陷(防脱钩装置、限位装置等); 7. 设备带"病"作业(制动装置等); 8. 安全防护用品不合格(反光背心、安全帽等)	1. 强风、暴雨、大雾、大雪等不良天气; 2. 地基承载力不足、基础下沉; 3. 作业场地照明不足; 4. 浮吊周围水域存在较大波浪或暗流; 5. 周围高空有较多障碍物; 6. 存在视野盲区	1. 施工方案不完善或未落实; 2. 安全教育、培训、交底、检查制度不完善或未落实; 3. 未对起重设备进行进场验收或验收不到位; 4. 安全投入不足; 5. 起重吊装作业时无专人监视; 6. 起重吊装安全操作规程不规范或未落实	√	√	√	√	√

续上表

施工作业内容	典型风险事件	致害物	致险因素				风险事件后果类型				
			人的因素	物的因素	环境因素	管理因素	易导致伤亡人员类型		人员伤亡		
							本人	他人	轻伤	重伤	死亡
航标灯器安装	触电	发电机、破损的电线、钢筋等导电材料、配电箱	1. 作业人员未正确使用安全防护用品（绝缘鞋、绝缘手套等）； 2. 作业人员操作错误或违章作业（带电检修维护等）； 3. 管理人员违章指挥，强令冒险作业； 4. 电工、电焊工等特种人员未持有效证件上岗作业； 5. 人员疲劳作业	1. 电缆线、配电箱等电气设施不合格（线路破损、老化）； 2. 电气设施设置不规范（电缆拖地、配电箱无支架等）； 3. 带电设施无警示标识或标识破损安全防护装置不规范（未接地、无漏电保护器、接线端无防护罩等）； 4. 防护不当、防护距离不足（配电柜、发电机无遮雨棚、防护围挡或防护破损）	1. 强风、雷雨、大雪等不良天气； 2. 作业场地杂乱、潮湿或积水； 3. 作业场地照明不足	1. 临时用电方案不完善或未落实； 2. 发电机等安全操作规程不规范或未落实； 3. 电气设施材料等未进行进场验收； 4. 无电工对用电设施进行巡查或巡查不到位； 5. 机械设备安全管理制度未落实（发电机、电焊机等机具检查维护保养不到位）； 6. 安全教育、培训、交底、检查制度不完善或未落实； 7. 安全投入不足	√		√	√	

续上表

施工作业内容	典型风险事件	致害物	致险因素				风险事件后果类型				
			人的因素	物的因素	环境因素	管理因素	易导致伤亡人员类型		人员伤亡		
							本人	他人	轻伤	重伤	死亡
航标灯器安装	淹溺	周边水域	1. 管理人员违章指挥,强令冒险作业; 2. 人员心理异常(冒险侥幸心理等); 3. 作业人员操作错误,违章作业; 4. 违反劳动纪律行为(管理人员脱岗等); 5. 人员未正确使用安全防护用品	1. 现场无警示标识或标识破损; 2. 现场救生设施不足; 3. 水下存在不明物体或生物的拖拽或缠绕; 4. 氧气瓶、头盔等存在缺陷	1. 雷雨、大风(6 级以上)、冰雹、大雾等恶劣天气作业; 2. 水体寒冷; 3. 水体内能见度不足	1. 专项施工方案、应急预案不完善或未落实; 2. 未落实安全教育、培训、交底、检查制度; 3. 现场监控看管不到位	√		√		√
	高处坠落	无防护的作业平台、施工人员受自身的重力运动	1. 作业人员未正确使用安全防护用品(安全带、防滑鞋等); 2. 作业人员身体健康状况异常、心理异常、感知异常(高血压、恐高症等禁忌症,反应迟钝、辨识错误); 3. 作业人员疲劳作业,管理人员违章指挥、强令冒险作业; 4. 作业人员操作错误或违章作业	1. 高处作业场所未设置安全防护等措施(安全绳索、防坠网、栏杆等); 2. 未设置安全警示标志或标识破损; 3. 安全防护用品质量不合格,存在缺陷; 4. 未设置人员上下安全爬梯或设置不规范	1. 大风、雷电、大雪、暴雨等恶劣天气; 2. 夜间施工照明不足; 3. 作业场地不平整、湿滑; 4. 临边洞口区域较多; 5. 现场登高作业	1. 安全教育、培训、交底、检查制度不完善或未落实; 2. 职业健康、安全管理制度不完善、未落实(定期体检); 3. 安全投入不足; 4. 高处作业安全操作规程不规范或未落实; 5. 安全防护用品等进行进场验收或验收不到位	√		√	√	√

续上表

施工作业内容	典型风险事件	致害物	致险因素				风险事件后果类型				
			人的因素	物的因素	环境因素	管理因素	易导致伤亡人员类型		人员伤亡		
							本人	他人	轻伤	重伤	死亡
航标灯器安装	船舶碰撞	船舶等	1.船舶驾驶等人员技术、经验不足； 2.管理人员违章指挥，强令冒险作业； 3.作业人员身体健康状况异常、心理异常、感知异常（反应迟钝、辨识错误）； 4.作业人员操作错误，违章作业	1.船舶相关仪表设备老旧、失效； 2.导航设施出现明显错误； 3.船舶防撞设施缺失； 4.周围船体碰撞施工船舶	1.强风、暴雨、大雪、大雾等不良天气； 2.光线、照明不足； 3.水下暗流影响船体方向和速率； 4.施工水域狭小	1.船舶操作规程、应急预案不完善或未落实； 2.未落实安全教育、培训、交底、检查制度； 3.船舶等未按要求组织维修、检验等或属于三无船舶	√	√	√	√	
	船舶搁浅	浅滩等	1.船舶驾驶等人员技术、经验不足； 2.管理人员违章指挥，强令冒险作业； 3.作业人员身体健康状况异常、心理异常、感知异常（反应迟钝、辨识错误）； 4.作业人员操作错误，违章作业	1.船舶相关仪表设备老旧、失效； 2.导航、声呐设施出现明显错误	1.强风、暴雨、大雪、大雾等不良天气； 2.光线不足； 3.水下地质突变； 4.水位快速下降或退潮	1.船舶操作规程、应急预案不完善或未落实； 2.未落实安全教育、培训、交底、检查制度； 3.船舶等未按要求组织维修、检验等或属于三无船舶； 4.管理人员对气象和水体未提前预估	√	√	√		

续上表

施工作业内容	典型风险事件	致害物	致险因素				风险事件后果类型				
			人的因素	物的因素	环境因素	管理因素	易导致伤亡人员类型		人员伤亡		
							本人	他人	轻伤	重伤	死亡
航标灯器安装	船舶触礁	水下暗礁等	1. 船舶驾驶等人员技术、经验不足； 2. 管理人员违章指挥，强令冒险作业； 3. 作业人员身体健康状况异常、心理异常、感知异常（反应迟钝、辨识错误）； 4. 作业人员操作错误，违章作业	1. 船舶相关仪表设备老旧、失效； 2. 导航、声呐设施出现明显错误	1. 强风、暴雨、大雪、大雾等不良天气； 2. 光线不足； 3. 水下地质突变	1. 船舶操作规程、应急预案不完善或未落实； 2. 未落实安全教育、培训、交底、检查制度； 3. 船舶等未按要求组织维修、检验等或属于三无船舶； 4. 管理人员对水体预估不足	√	√	√		
	船舶触损	水下岩石、沉船、抛石等	1. 船舶驾驶等人员技术、经验不足； 2. 管理人员违章指挥，强令冒险作业； 3. 作业人员身体健康状况异常、心理异常、感知异常（反应迟钝、辨识错误）； 4. 作业人员操作错误，违章作业	1. 船舶相关仪表设备老旧、失效； 2. 声呐设施出现明显错误； 3. 与重型物品撞击； 4. 水下尖锐物品或其他船只上尖锐部位触碰； 5. 船体老化	1. 强风、暴雨、大雪、大雾等不良天气； 2. 光线不足； 3. 水下地质突变； 4. 水中存在较大波浪	1. 船舶操作规程、应急预案不完善或未落实； 2. 未落实安全教育、培训、交底、检查制度； 3. 船舶等未按要求组织维修、检验等或属于三无船舶	√	√	√	√	

续上表

施工作业内容	典型风险事件	致害物	致险因素				风险事件后果类型				
			人的因素	物的因素	环境因素	管理因素	易导致伤亡人员类型		人员伤亡		
							本人	他人	轻伤	重伤	死亡
航标灯器安装	船舶污染	船舶燃油、生活污水等	1. 船舶驾驶等人员技术、经验不足； 2. 管理人员违章指挥，强令冒险作业； 3. 作业人员身体健康状况异常、心理异常、感知异常（反应迟钝、辨识错误）； 4. 作业人员操作错误，违章作业	1. 船舶相关仪表设备老旧、失效； 2. 燃油桶或输油管破损	1. 强风、暴雨等不良天气； 2. 船内照明不足	1. 船舶操作规程、应急预案不完善或未落实； 2. 未落实安全教育、培训、交底、检查制度； 3. 船舶等未按要求组织维修、检验等或属于三无船舶		√	√		
	船舶倾覆	风浪、船舶等	1. 船舶驾驶等人员技术、经验不足； 2. 管理人员违章指挥，强令冒险作业； 3. 作业人员身体健康状况异常、心理异常、感知异常（反应迟钝、辨识错误）； 4. 作业人员操作错误，违章作业	1. 船舶相关仪表设备老旧、失效； 2. 导航设施出现明显错误； 3. 船上物品偏载； 4. 系揽钩未绑扎牢固； 5. 物体撞击船体致出现破洞； 6. 船体刚度不足	1. 强风、暴雨等不良天气； 2. 光线不足； 3. 水中存在巨大波浪	1. 船舶操作规程、应急预案不完善或未落实； 2. 未落实安全教育、培训、交底、检查制度； 3. 船舶等未按要求组织维修、检验等或属于三无船舶	√	√	√	√	√

续上表

施工作业内容	典型风险事件	致害物	致险因素				风险事件后果类型				
			人的因素	物的因素	环境因素	管理因素	易导致伤亡人员类型		人员伤亡		
							本人	他人	轻伤	重伤	死亡
电源安装	物体打击	工具、材料、装备	1.现场作业人员未正确使用安全防护用品(安全帽等); 2.人员违章进入危险区域; 3.管理人员违章指挥,强令冒险作业; 4.作业人员身体健康状况异常、心理异常、感知异常(反应迟钝、辨识错误); 5.作业人员操作错误,违章作业(违章抛物等)	1.安全防护用品不合格(安全帽等); 2.作业过程中产生的坠落物、抛射物、喷射物、溅射物等(工具、材料等); 3.未设置防护设施,防护设施存在缺陷(挡脚板、防护网等); 4.物品摆放位置不合理或未固定; 5.物品尺寸超大、超长	1.强风、暴雨、冰雹、大雾等不良天气; 2.作业场地杂乱; 3.照明光线不足; 4.机械、车船、场地等晃动、振动	1.施工方案不完善或未落实; 2.安全教育、培训、交底、检查制度不完善或未落实; 3.安全防护用品等未进行进场验收或验收不到位; 4.安全投入不足; 5.现场无警示标识或标识破损(警戒区、标牌、反光锥等)		√	√	√	

续上表

施工作业内容	典型风险事件	致害物	致险因素				风险事件后果类型				
			人的因素	物的因素	环境因素	管理因素	易导致伤亡人员类型		人员伤亡		
							本人	他人	轻伤	重伤	死亡
电源安装	机械伤害	切割机、装载机等施工小型机具	1. 人员违章进入危险区域（机械作业半径等）； 2. 管理人员违章指挥，强令冒险作业； 3. 机械操作人员未持有效证件上岗； 4. 机械操作人员操作错误，违章作业（违规载人、酒后作业）； 5. 操作人员身体健康状况异常、心理异常、感知异常（反应迟钝、辨识错误）； 6. 现场作业人员未正确使用安全防护用品（反光背心、安全帽等）； 7. 机械操作人员疲劳作业	1. 机械无警示标识或标识破损（警戒区、标牌、反光贴等）； 2. 设备设施安全作业距离不足； 3. 设备带“病”作业（设备设施制动装置失效、运动或转动装置无防护或防护装置缺陷等）； 4. 安全防护用品不合格（反光背心、安全帽、护目镜等）	1. 强风、暴雨、大雪、冰雹、大雾等不良天气； 2. 作业场地狭窄、不平整、道路湿滑； 3. 夜间施工照明不足； 4. 存在视野盲区	1. 机械设备安全管理制度不完善或未落实（检查维护保养不到位）； 2. 未对机械设备、安全防护用品等进行进场验收或验收不到位； 3. 安全教育、培训、交底制度不完善或未落实； 4. 机械设备操作规程不规范或未落实； 5. 安全投入不足		√	√	√	√

续上表

施工作业内容	典型风险事件	致害物	致险因素				风险事件后果类型				
			人的因素	物的因素	环境因素	管理因素	易导致伤亡人员类型		人员伤亡		
							本人	他人	轻伤	重伤	死亡
电源安装	起重伤害	汽车起重机、履带式起重机等起重设备、吊索吊具	1. 管理人员违章指挥,强令冒险作业; 2. 作业人员操作错误,违章作业; 3. 起重工、信号工未持有效证件上岗; 4. 现场作业人员未正确使用安全防护用品(安全帽等); 5. 抗倾覆验算错误; 6. 人员违章进入危险区域; 7. 起重人员身体健康状况异常、心理异常、感知异常(反应迟钝、辨识错误); 8. 作业人员疲劳作业	1. 设备自身缺陷(强度、刚度不足、抗倾覆能力不足); 2. 现场无警示标识或标识破损(警戒区、标牌、反光锥等); 3. 吊车支垫材料不合格(枕木、钢板等); 4. 构件防锈处理不合格; 5. 吊索吊具不合格或达到报废标准(钢丝绳、吊带、U 型卸扣等); 6. 无防护或防护装置缺陷(防脱钩装置、限位装置等); 7. 设备带“病”作业(制动装置等); 8. 安全防护用品不合格(反光背心、安全帽等)	1. 强风、暴雨、大雾、大雪等不良天气; 2. 地基承载力不足、基础下沉; 3. 作业场地照明不足; 4. 周围高空有较多障碍物; 5. 存在视野盲区	1. 施工方案不完善或未落实; 2. 安全教育、培训、交底、检查制度不完善或未落实; 3. 未对起重设备进行进场验收或验收不到位; 4. 安全投入不足; 5. 起重吊装作业时无专人监视; 6. 起重吊装安全操作规程不规范或未落实	√	√	√	√	√

续上表

施工作业内容	典型风险事件	致害物	致险因素				风险事件后果类型				
			人的因素	物的因素	环境因素	管理因素	易导致伤亡人员类型		人员伤亡		
							本人	他人	轻伤	重伤	死亡
电源安装	触电	发电机、破损的电线、钢筋等导电材料、配电箱	1. 作业人员未正确使用安全防护用品（绝缘鞋、绝缘手套等）； 2. 作业人员操作错误或违章作业（带电检修维护等）； 3. 管理人员违章指挥，强令冒险作业； 4. 电工、电焊工等特种人员未持有效证件上岗作业； 5. 人员疲劳作业	1. 电缆线、配电箱等电气设施不合格（线路破损、老化）； 2. 电气设施设置不规范（电缆拖地、配电箱无支架等）； 3. 带电设施无警示标识或标识破损安全防护装置不规范（未接地、无漏电保护器、接线端子无防护罩等）； 4. 防护不当、防护距离不足（配电柜、发电机无遮雨棚、防护围挡或防护破损）	1. 强风、雷雨、大雪等不良天气； 2. 作业场地杂乱、潮湿或积水； 3. 作业场地照明不足	1. 临时用电方案不完善或未落实； 2. 发电机等安全操作规程不规范或未落实； 3. 电气设施材料等未进行进场验收； 4. 无电工对用电设施进行巡查或巡查不到位； 5. 机械设备安全管理制度未落实（发电机、电焊机等机具检查维护保养不到位）； 6. 安全教育、培训、交底、检查制度不完善或未落实； 7. 安全投入不足	√		√	√	

续上表

施工作业内容	典型风险事件	致害物	致险因素				风险事件后果类型				
			人的因素	物的因素	环境因素	管理因素	易导致伤亡人员类型		人员伤亡		
							本人	他人	轻伤	重伤	死亡
电源安装	淹溺	周边水域	1. 管理人员违章指挥,强令冒险作业; 2. 人员心理异常(冒险侥幸心理等); 3. 作业人员操作错误,违章作业; 4. 违反劳动纪律行为(管理人员脱岗等); 5. 人员未正确使用安全防护用品	1. 现场无警示标识或标识破损; 2. 现场救生设施不足; 3. 水下存在不明物体或生物的拖拽或缠绕; 4. 氧气瓶、头盔等存在缺陷	1. 雷雨、大风(6 级以上)、冰雹、大雾等恶劣天气作业; 2. 水体寒冷; 3. 水体内能见度不足	1. 专项施工方案、应急预案不完善或未落实; 2. 未落实安全教育、培训、交底、检查制度; 3. 现场监控看管不到位	√		√		√
	船舶碰撞	船舶等	1. 船舶驾驶等人员技术、经验不足; 2. 管理人员违章指挥,强令冒险作业; 3. 作业人员身体健康状况异常、心理异常、感知异常(反应迟钝、辨识错误); 4. 作业人员操作错误,违章作业	1. 船舶相关仪表设备老旧、失效; 2. 导航设施出现明显错误; 3. 船舶防撞设施缺失; 4. 周围船体碰撞施工船舶	1. 强风、暴雨、大雪、大雾等不良天气; 2. 光线、照明不足; 3. 水下暗流影响船体方向和速率; 4. 施工水域狭小	1. 船舶操作规程、应急预案不完善或未落实; 2. 未落实安全教育、培训、交底、检查制度; 3. 船舶等未按要求组织维修、检验等或属于三无船舶	√	√	√	√	

续上表

<table>
<tr><th rowspan="3">施工作业内容</th><th rowspan="3">典型风险事件</th><th rowspan="3">致害物</th><th colspan="4">致险因素</th><th colspan="5">风险事件后果类型</th></tr>
<tr><th rowspan="2">人的因素</th><th rowspan="2">物的因素</th><th rowspan="2">环境因素</th><th rowspan="2">管理因素</th><th colspan="2">易导致伤亡人员类型</th><th colspan="3">人员伤亡</th></tr>
<tr><th>本人</th><th>他人</th><th>轻伤</th><th>重伤</th><th>死亡</th></tr>
<tr><td rowspan="2">电源安装</td><td>船舶搁浅</td><td>浅滩等</td><td>1. 船舶驾驶等人员技术、经验不足；
2. 管理人员违章指挥，强令冒险作业；
3. 作业人员身体健康状况异常、心理异常、感知异常（反应迟钝、辨识错误）；
4. 作业人员操作错误，违章作业</td><td>1. 船舶相关仪表设备老旧、失效；
2. 导航、声呐设施出现明显错误</td><td>1. 强风、暴雨、大雪、大雾等不良天气；
2. 光线不足；
3. 水下地质突变；
4. 水位快速下降或退潮</td><td>1. 船舶操作规程、应急预案不完善或未落实；
2. 未落实安全教育、培训、交底、检查制度；
3. 船舶等未按要求组织维修、检验等或属于三无船舶；
4. 管理人员对气象和水体未提前预估</td><td>√</td><td>√</td><td>√</td><td></td><td></td></tr>
<tr><td>船舶触礁</td><td>水下暗礁等</td><td>1. 船舶驾驶等人员技术、经验不足；
2. 管理人员违章指挥，强令冒险作业；
3. 作业人员身体健康状况异常、心理异常、感知异常（反应迟钝、辨识错误）；
4. 作业人员操作错误，违章作业</td><td>1. 船舶相关仪表设备老旧、失效；
2. 导航、声呐设施出现明显错误</td><td>1. 强风、暴雨、大雪、大雾等不良天气；
2. 光线不足；
3. 水下地质突变</td><td>1. 船舶操作规程、应急预案不完善或未落实；
2. 未落实安全教育、培训、交底、检查制度；
3. 船舶等未按要求组织维修、检验等或属于三无船舶；
4. 管理人员对水体预估不足</td><td>√</td><td>√</td><td>√</td><td></td><td></td></tr>
</table>

续上表

施工作业内容	典型风险事件	致害物	致险因素				风险事件后果类型				
			人的因素	物的因素	环境因素	管理因素	易导致伤亡人员类型		人员伤亡		
							本人	他人	轻伤	重伤	死亡
电源安装	船舶触损	水下岩石、沉船、抛石等	1. 船舶驾驶等人员技术、经验不足； 2. 管理人员违章指挥，强令冒险作业； 3. 作业人员身体健康状况异常、心理异常、感知异常（反应迟钝、辨识错误）； 4. 作业人员操作错误，违章作业	1. 船舶相关仪表设备老旧、失效； 2. 声呐设施出现明显错误； 3. 与重型物品撞击； 4. 水下尖锐物品或其他船只上尖锐部位触碰； 5. 船体老化	1. 强风、暴雨、大雪、大雾等不良天气； 2. 光线不足； 3. 水下地质突变； 4. 水中存在较大波浪	1. 船舶操作规程、应急预案不完善或未落实； 2. 未落实安全教育、培训、交底、检查制度； 3. 船舶等未按要求组织维修、检验等或属于三无船舶	√	√	√	√	
	船舶污染	船舶燃油、生活污水等	1. 船舶驾驶等人员技术、经验不足； 2. 管理人员违章指挥，强令冒险作业； 3. 作业人员身体健康状况异常、心理异常、感知异常（反应迟钝、辨识错误）； 4. 作业人员操作错误，违章作业	1. 船舶相关仪表设备老旧、失效； 2. 燃油桶或输油管破损	1. 强风、暴雨等不良天气； 2. 船内照明不足	1. 船舶操作规程、应急预案不完善或未落实； 2. 未落实安全教育、培训、交底、检查制度； 3. 船舶等未按要求组织维修、检验等或属于三无船舶		√	√		

续上表

施工作业内容	典型风险事件	致害物	致险因素				风险事件后果类型				
			人的因素	物的因素	环境因素	管理因素	易导致伤亡人员类型		人员伤亡		
							本人	他人	轻伤	重伤	死亡
电源安装	船舶倾覆	风浪、船舶等	1.船舶驾驶等人员技术、经验不足； 2.管理人员违章指挥，强令冒险作业； 3.作业人员身体健康状况异常、心理异常、感知异常（反应迟钝、辨识错误）； 4.作业人员操作错误，违章作业	1.船舶相关仪表设备老旧、失效； 2.导航设施出现明显错误； 3.船上物品偏载； 4.系揽钩未绑扎牢固； 5.物体撞击船体致出现破洞； 6.船体刚度不足	1.强风、暴雨等不良天气； 2.光线不足； 3.水中存在巨大波浪	1.船舶操作规程、应急预案不完善或未落实； 2.未落实安全教育、培训、交底、检查制度； 3.船舶等未按要求组织维修、检验等或属于三无船舶	√	√	√	√	√
雷达应答器及反射器安装	物体打击	工具、材料、装备	1.现场作业人员未正确使用安全防护用品（安全帽等）； 2.人员违章进入危险区域； 3.管理人员违章指挥，强令冒险作业； 4.作业人员身体健康状况异常、心理异常、感知异常（反应迟钝、辨识错误）； 5.作业人员操作错误，违章作业（违章抛物等）	1.安全防护用品不合格（安全帽等）； 2.作业过程中产生的坠落物、抛射物、喷射物、溅射物等（工具、材料等）； 3.未设置防护设施，防护设施存在缺陷（挡脚板、防护网等）； 4.物品摆放位置不合理或未固定； 5.物品尺寸超大、超长	1.强风、暴雨、冰雹、大雾等不良天气； 2.作业场地杂乱； 3.照明光线不足； 4.机械、车船、场地等晃动、振动	1.施工方案不完善或未落实； 2.安全教育、培训、交底、检查制度不完善或未落实； 3.安全防护用品等未进行进场验收或验收不到位； 4.安全投入不足； 5.现场无警示标识或标识破损（警戒区、标牌、反光锥等）		√	√	√	

续上表

施工作业内容	典型风险事件	致害物	致险因素				风险事件后果类型				
			人的因素	物的因素	环境因素	管理因素	易导致伤亡人员类型		人员伤亡		
							本人	他人	轻伤	重伤	死亡
雷达应答器及反射器安装	机械伤害	卷扬机、装载机等施工小型机具	1. 人员违章进入危险区域（机械作业半径等）； 2. 管理人员违章指挥，强令冒险作业； 3. 机械操作人员未持有效证件上岗； 4. 机械操作人员操作错误，违章作业（违规载人、酒后作业）； 5. 操作人员身体健康状况异常、心理异常、感知异常（反应迟钝、辨识错误）； 6. 现场作业人员未正确使用安全防护用品（反光背心、安全帽等）； 7. 机械操作人员疲劳作业	1. 机械无警示标识或标识破损（警戒区、标牌、反光贴等）； 2. 设备设施安全作业距离不足； 3. 设备带“病”作业（设备设施制动装置失效、运动或转动装置无防护或防护装置缺陷等）； 4. 安全防护用品不合格（反光背心、安全帽、护目镜等）	1. 强风、暴雨、大雪、冰雹、大雾等不良天气； 2. 作业场地狭窄、不平整、道路湿滑； 3. 夜间施工照明不足； 4. 存在视野盲区	1. 机械设备安全管理制度不完善或未落实（检查维护保养不到位）； 2. 未对机械设备、安全防护用品等进行进场验收或验收不到位； 3. 安全教育、培训、交底制度不完善或未落实； 4. 机械设备操作规程不规范或未落实； 5. 安全投入不足		√	√	√	√

续上表

施工作业内容	典型风险事件	致害物	致险因素				风险事件后果类型				
			人的因素	物的因素	环境因素	管理因素	易导致伤亡人员类型		人员伤亡		
							本人	他人	轻伤	重伤	死亡
雷达应答器及反射器安装	起重伤害	汽车起重机、履带式起重机、浮吊等起重设备、吊索吊具	1. 管理人员违章指挥,强令冒险作业; 2. 作业人员操作错误,违章作业; 3. 起重工、信号工未持有效证件上岗; 4. 现场作业人员未正确使用安全防护用品(安全帽等); 5. 抗倾覆验算错误; 6. 人员违章进入危险区域; 7. 起重人员身体健康状况异常、心理异常、感知异常(反应迟钝、辨识错误); 8. 作业人员疲劳作业	1. 设备自身缺陷(强度、刚度不足、抗倾覆能力不足); 2. 现场无警示标识或标识破损(警戒区、标牌、反光锥等); 3. 吊车支垫材料不合格(枕木、钢板等); 4. 构件防锈处理不合格; 5. 吊索吊具不合格或达到报废标准(钢丝绳、吊带、U 型卸扣等); 6. 无防护或防护装置缺陷(防脱钩装置、限位装置等); 7. 设备带“病”作业(制动装置等); 8. 安全防护用品不合格(反光背心、安全帽等)	1. 强风、暴雨、大雾、大雪等不良天气; 2. 地基承载力不足、基础下沉; 3. 作业场地照明不足; 4. 浮吊周围水域存在较大波浪或暗流; 5. 周围高空有较多障碍物; 6. 存在视野盲区	1. 施工方案不完善或未落实; 2. 安全教育、培训、交底、检查制度不完善或未落实; 3. 未对起重设备进行进场验收或验收不到位; 4. 安全投入不足; 5. 起重吊装作业时无专人监视; 6. 起重吊装安全操作规程不规范或未落实	√	√	√	√	√

续上表

施工作业内容	典型风险事件	致害物	致险因素				风险事件后果类型				
			人的因素	物的因素	环境因素	管理因素	易导致伤亡人员类型		人员伤亡		
							本人	他人	轻伤	重伤	死亡
雷达应答器及反射器安装	触电	发电机、破损的电线、钢筋等导电材料、配电箱	1. 作业人员未正确使用安全防护用品（绝缘鞋、绝缘手套等）； 2. 作业人员操作错误或违章作业（带电检修维护）； 3. 管理人员违章指挥、强令冒险作业； 4. 电工、电焊工等特种人员未持有效证件上岗作业； 5. 人员疲劳作业	1. 电缆线、配电箱等电气设施不合格（线路破损、老化）； 2. 电气设施设置不规范（电缆拖地、配电箱无支架等）； 3. 带电设施无警示标识或标识破损安全防护装置不规范（未接地、无漏电保护器、接线端子无防护罩等）； 4. 防护不当、防护距离不足（配电柜、发电机无遮雨棚、防护围挡或防护破损）	1. 强风、雷雨、大雪等不良天气； 2. 作业场地杂乱、潮湿或积水； 3. 作业场地照明不足	1. 临时用电方案不完善或未落实； 2. 发电机等安全操作规程不规范或未落实； 3. 电气设施材料等未进行进场验收； 4. 无电工对用电设施进行巡查或巡查不到位； 5. 机械设备安全管理制度未落实（发电机、电焊机等机具检查维护保养不到位）； 6. 安全教育、培训、交底、检查制度不完善或未落实； 7. 安全投入不足	√		√	√	

续上表

施工作业内容	典型风险事件	致害物	致险因素				风险事件后果类型				
			人的因素	物的因素	环境因素	管理因素	易导致伤亡人员类型		人员伤亡		
							本人	他人	轻伤	重伤	死亡
雷达应答器及反射器安装	淹溺	周边水域	1. 管理人员违章指挥，强令冒险作业； 2. 人员心理异常（冒险侥幸心理等）； 3. 作业人员操作错误，违章作业； 4. 违反劳动纪律行为（管理人员脱岗等）； 5. 人员未正确使用安全防护用品	1. 现场无警示标识或标识破损； 2. 现场救生设施不足； 3. 水下存在不明物体或生物的拖拽或缠绕； 4. 氧气瓶、头盔等存在缺陷	1. 雷雨、大风（6级以上）、冰雹、大雾等恶劣天气作业； 2. 水体寒冷； 3. 水体内能见度不足	1. 专项施工方案、应急预案不完善或未落实； 2. 未落实安全教育、培训、交底、检查制度； 3. 现场监控看管不到位	√		√		√
	高处坠落	无防护的作业平台、施工人员自身重力运动	1. 作业人员未正确使用安全防护用品（安全带、防滑鞋等）； 2. 作业人员身体健康状况异常、心理异常、感知异常（高血压、恐高症等禁忌症，反应迟钝、辨识错误）； 3. 作业人员疲劳作业，管理人员违章指挥、强令冒险作业； 4. 作业人员操作错误或违章作业	1. 高处作业场所未设置安全防护等措施（安全绳索、防坠网、栏杆等）； 2. 未设置安全警示标志或标识破损； 3. 安全防护用品质量不合格，存在缺陷； 4. 未设置人员上下安全爬梯或设置不规范	1. 大风、雷电、大雪、暴雨等恶劣天气； 2. 夜间施工照明不足； 3. 作业场地不平整、湿滑； 4. 临边洞口区域较多； 5. 现场登高作业	1. 安全教育、培训、交底、检查制度不完善或未落实； 2. 职业健康、安全管理制度不完善、未落实（定期体检）； 3. 安全投入不足； 4. 高处作业安全操作规程不规范或未落实； 5. 安全防护用品等未进行进场验收或验收不到位	√		√	√	√

续上表

施工作业内容	典型风险事件	致害物	致险因素				风险事件后果类型				
			人的因素	物的因素	环境因素	管理因素	易导致伤亡人员类型		人员伤亡		
							本人	他人	轻伤	重伤	死亡
雷达应答器及反射器安装	船舶碰撞	船舶等	1. 船舶驾驶等人员技术、经验不足； 2. 管理人员违章指挥，强令冒险作业； 3. 作业人员身体健康状况异常、心理异常、感知异常（反应迟钝、辨识错误）； 4. 作业人员操作错误，违章作业	1. 船舶相关仪表设备老旧、失效； 2. 导航设施出现明显错误； 3. 船舶防撞设施缺失； 4. 周围船体碰撞施工船舶	1. 强风、暴雨、大雪、大雾等不良天气； 2. 光线、照明不足； 3. 水下暗流影响船体方向和速率； 4. 施工水域狭小	1. 船舶操作规程、应急预案不完善或未落实； 2. 未落实安全教育、培训、交底、检查制度； 3. 船舶等未按要求组织维修、检验等或属于三无船舶	√	√	√	√	
	船舶搁浅	浅滩等	1. 船舶驾驶等人员技术、经验不足； 2. 管理人员违章指挥，强令冒险作业； 3. 作业人员身体健康状况异常、心理异常、感知异常（反应迟钝、辨识错误）； 4. 作业人员操作错误，违章作业	1. 船舶相关仪表设备老旧、失效； 2. 导航、声呐设施出现明显错误	1. 强风、暴雨、大雪、大雾等不良天气； 2. 光线不足； 3. 水下地质突变； 4. 水位快速下降或退潮	1. 船舶操作规程、应急预案不完善或未落实； 2. 未落实安全教育、培训、交底、检查制度； 3. 船舶等未按要求组织维修、检验等或属于三无船舶； 4. 管理人员对气象和水体未提前预估	√	√	√		

续上表

施工作业内容	典型风险事件	致害物	致险因素				风险事件后果类型				
			人的因素	物的因素	环境因素	管理因素	易导致伤亡人员类型		人员伤亡		
							本人	他人	轻伤	重伤	死亡
雷达应答器及反射器安装	船舶触礁	水下暗礁等	1. 船舶驾驶等人员技术、经验不足； 2. 管理人员违章指挥，强令冒险作业； 3. 作业人员身体健康状况异常、心理异常、感知异常（反应迟钝、辨识错误）； 4. 作业人员操作错误，违章作业	1. 船舶相关仪表设备老旧、失效； 2. 导航、声呐设施出现明显错误	1. 强风、暴雨、大雪、大雾等不良天气； 2. 光线不足； 3. 水下地质突变	1. 船舶操作规程、应急预案不完善或未落实； 2. 未落实安全教育、培训、交底、检查制度； 3. 船舶等未按要求组织维修、检验等或属于三无船舶； 4. 管理人员对水体预估不足	√	√	√		
	船舶触损	水下岩石、沉船、抛石等	1. 船舶驾驶等人员技术、经验不足； 2. 管理人员违章指挥，强令冒险作业； 3. 作业人员身体健康状况异常、心理异常、感知异常（反应迟钝、辨识错误）； 4. 作业人员操作错误，违章作业	1. 船舶相关仪表设备老旧、失效； 2. 声呐设施出现明显错误； 3. 与重型物品撞击； 4. 水下尖锐物品或其他船只上尖锐部位触碰； 5. 船体老化	1. 强风、暴雨、大雪、大雾等不良天气； 2. 光线不足； 3. 水下地质突变； 4. 水中存在较大波浪	1. 船舶操作规程、应急预案不完善或未落实； 2. 未落实安全教育、培训、交底、检查制度； 3. 船舶等未按要求组织维修、检验等或属于三无船舶	√	√	√	√	

续上表

施工作业内容	典型风险事件	致害物	致险因素				风险事件后果类型				
			人的因素	物的因素	环境因素	管理因素	易导致伤亡人员类型		人员伤亡		
							本人	他人	轻伤	重伤	死亡
雷达应答器及反射器安装	船舶污染	船舶燃油、生活污水等	1. 船舶驾驶等人员技术、经验不足； 2. 管理人员违章指挥，强令冒险作业； 3. 作业人员身体健康状况异常、心理异常、感知异常（反应迟钝、辨识错误）； 4. 作业人员操作错误，违章作业	1. 船舶相关仪表设备老旧、失效； 2. 燃油桶或输油管破损	1. 强风、暴雨等不良天气； 2. 船内照明不足	1. 船舶操作规程、应急预案不完善或未落实； 2. 未落实安全教育、培训、交底、检查制度； 3. 船舶等未按要求组织维修、检验等或属于三无船舶		√	√		
	船舶倾覆	风浪、船舶等	1. 船舶驾驶等人员技术、经验不足； 2. 管理人员违章指挥，强令冒险作业； 3. 作业人员身体健康状况异常、心理异常、感知异常（反应迟钝、辨识错误）； 4. 作业人员操作错误，违章作业	1. 船舶相关仪表设备老旧、失效； 2. 导航设施出现明显错误； 3. 船上物品偏载； 4. 系揽钩未绑扎牢固； 5. 物体撞击船体致出现破洞； 6. 船体刚度不足	1. 强风、暴雨等不良天气； 2. 光线不足； 3. 水中存在巨大波浪	1. 船舶操作规程、应急预案不完善或未落实； 2. 未落实安全教育、培训、交底、检查制度； 3. 船舶等未按要求组织维修、检验等或属于三无船舶	√	√	√	√	√

续上表

施工作业内容	典型风险事件	致害物	致险因素				风险事件后果类型				
			人的因素	物的因素	环境因素	管理因素	易导致伤亡人员类型		人员伤亡		
							本人	他人	轻伤	重伤	死亡
信号标志揭示装置制作与安装	物体打击	工具、材料、装备	1. 现场作业人员未正确使用安全防护用品（安全帽等）； 2. 人员违章进入危险区域； 3. 管理人员违章指挥，强令冒险作业； 4. 作业人员身体健康状况异常、心理异常、感知异常（反应迟钝、辨识错误）； 5. 作业人员操作错误，违章作业（违章抛物等）	1. 安全防护用品不合格（安全帽等）； 2. 作业过程中产生的坠落物、抛射物、喷射物、溅射物等（工具、材料等）； 3. 未设置防护设施，防护设施存在缺陷（挡脚板、防护网等）； 4. 物品摆放位置不合理或未固定； 5. 物品尺寸超大、超长	1. 强风、暴雨、冰雹、大雾等不良天气； 2. 作业场地杂乱； 3. 照明光线不足； 4. 机械、车船、场地等晃动、振动	1. 施工方案不完善或未落实； 2. 安全教育、培训、交底、检查制度不完善或未落实； 3. 安全防护用品等未进行进场验收或验收不到位； 4. 安全投入不足； 5. 现场无警示标识或标识破损（警戒区、标牌、反光锥等）		√	√	√	

续上表

施工作业内容	典型风险事件	致害物	致险因素				风险事件后果类型				
			人的因素	物的因素	环境因素	管理因素	易导致伤亡人员类型		人员伤亡		
							本人	他人	轻伤	重伤	死亡
信号标志揭示装置制作与安装	机械伤害	弯曲机、切割机、装载机等施工小型机具	1. 人员违章进入危险区域（机械作业半径等）； 2. 管理人员违章指挥，强令冒险作业； 3. 机械操作人员未持有效证件上岗； 4. 机械操作人员操作错误，违章作业（违规载人、酒后作业）； 5. 操作人员身体健康状况异常、心理异常、感知异常（反应迟钝、辨识错误）； 6. 现场作业人员未正确使用安全防护用品（反光背心、安全帽等）； 7. 机械操作人员疲劳作业	1. 机械无警示标识或标识破损（警戒区、标牌、反光贴等）； 2. 设备设施安全作业距离不足； 3. 设备带“病”作业（设备设施制动装置失效、运动或转动装置无防护或防护装置缺陷等）； 4. 安全防护用品不合格（反光背心、安全帽、护目镜等）	1. 强风、暴雨、大雪、冰雹、大雾等不良天气； 2. 作业场地狭窄、不平整、道路湿滑； 3. 夜间施工照明不足； 4. 存在视野盲区	1. 机械设备安全管理制度不完善或未落实（检查维护保养不到位等）； 2. 未对机械设备、安全防护用品等进行进场验收或验收不到位； 3. 安全教育、培训、交底制度不完善或未落实； 4. 机械设备操作规程不规范或未落实； 5. 安全投入不足		√	√	√	√

续上表

施工作业内容	典型风险事件	致害物	致险因素				风险事件后果类型				
			人的因素	物的因素	环境因素	管理因素	易导致伤亡人员类型		人员伤亡		
							本人	他人	轻伤	重伤	死亡
信号标志揭示装置制作与安装	起重伤害	汽车起重机、履带式起重机、浮吊等起重设备、吊索吊具	1. 管理人员违章指挥，强令冒险作业； 2. 作业人员操作错误，违章作业； 3. 起重工、信号工未持有效证件上岗； 4. 现场作业人员未正确使用安全防护用品（安全帽等）； 5. 抗倾覆验算错误； 6. 人员违章进入危险区域； 7. 起重人员身体健康状况异常、心理异常、感知异常（反应迟钝、辨识错误）； 8. 疲劳作业	1. 设备自身缺陷（强度、刚度不足、抗倾覆能力不足）； 2. 现场无警示标识或标识破损（警戒区、标牌、反光锥等）； 3. 吊车支垫材料不合格（枕木、钢板等）； 4. 构件防锈处理不合格； 5. 吊索吊具不合格或达到报废标准（钢丝绳、吊带、U 型卸扣等）； 6. 无防护或防护装置缺陷（防脱钩装置、限位装置等）； 7. 设备带“病”作业（制动装置等）； 8. 安全防护用品不合格（反光背心、安全帽等）	1. 强风、暴雨、大雾、大雪等不良天气； 2. 地基承载力不足、基础下沉； 3. 作业场地照明不足； 4. 浮吊周围水域存在较大波浪或暗流； 5. 周围高空有较多障碍物； 6. 存在视野盲区	1. 施工方案不完善或未落实； 2. 安全教育、培训、交底、检查制度不完善或未落实； 3. 未对起重设备进行进场验收或验收不到位； 4. 安全投入不足； 5. 起重吊装作业时无专人监视； 6. 起重吊装安全操作规程不规范或未落实	√	√	√	√	√

续上表

施工作业内容	典型风险事件	致害物	致险因素				风险事件后果类型				
			人的因素	物的因素	环境因素	管理因素	易导致伤亡人员类型		人员伤亡		
							本人	他人	轻伤	重伤	死亡
信号标志揭示装置制作与安装	触电	发电机、破损的电线、钢筋等导电材料、配电箱	1. 作业人员未正确使用安全防护用品（绝缘鞋、绝缘手套等）； 2. 作业人员操作错误或违章作业（带电检修维护等）； 3. 管理人员违章指挥，强令冒险作业； 4. 电工、电焊工等特种人员未持有效证件上岗作业； 5. 人员疲劳作业	1. 电缆线、配电箱等电气设施不合格（线路破损、老化）； 2. 电气设施设置不规范（电缆拖地、配电箱无支架等）； 3. 带电设施无警示标识或标识破损，安全防护装置不规范（未接地、无漏电保护器、接线端子无防护罩等）； 4. 防护不当、防护距离不足（配电柜、发电机无遮雨棚、防护围挡或防护破损）	1. 强风、雷雨、大雪等不良天气； 2. 作业场地杂乱、潮湿或积水； 3. 作业场地照明不足	1. 临时用电方案不完善或未落实； 2. 发电机等安全操作规程不规范或未落实； 3. 电气设施材料等未进行进场验收； 4. 无电工对用电设施进行巡查或巡查不到位； 5. 机械设备安全管理制度未落实（发电机、电焊机等机具检查维护保养不到位）； 6. 安全教育、培训、交底、检查制度不完善或未落实； 7. 安全投入不足	√		√	√	

续上表

施工作业内容	典型风险事件	致害物	致险因素				风险事件后果类型				
			人的因素	物的因素	环境因素	管理因素	易导致伤亡人员类型		人员伤亡		
							本人	他人	轻伤	重伤	死亡
信号标志揭示装置制作与安装	淹溺	周边水域	1. 管理人员违章指挥,强令冒险作业; 2. 人员心理异常(冒险侥幸心理等); 3. 作业人员操作错误,违章作业; 4. 违反劳动纪律行为(管理人员脱岗等); 5. 作业人员未正确使用安全防护用品	1. 现场无警示标识或标识破损; 2. 现场救生设施不足; 3. 水下存在不明物体或生物的拖拽或缠绕; 4. 氧气瓶、头盔等存在缺陷	1. 雷雨、大风(6 级以上)、冰雹、大雾等恶劣天气作业; 2. 水体寒冷; 3. 水体内能见度不足	1. 专项施工方案、应急预案不完善或未落实; 2. 未落实安全教育、培训、交底、检查制度; 3. 现场监控看管不到位	√		√		√
	高处坠落	无防护的作业平台、施工人员自身重力运动	1. 作业人员未正确使用安全防护用品(安全带、防滑鞋等); 2. 作业人员身体健康状况异常、心理异常、感知异常(高血压、恐高症等禁忌症,反应迟钝、辨识错误); 3. 作业人员疲劳作业,管理人员违章指挥、强令冒险作业; 4. 作业人员操作错误或违章作业	1. 高处作业场所未设置安全防护等措施(安全绳索、防坠网、栏杆等); 2. 未设置安全警示标志或标识破损; 3. 安全防护用品质量不合格,存在缺陷; 4. 未设置人员上下安全爬梯或设置不规范	1. 大风、雷电、大雪、暴雨等恶劣天气; 2. 夜间施工照明不足; 3. 作业场地不平整、湿滑; 4. 临边洞口区域较多; 5. 现场登高作业	1. 安全教育、培训、交底、检查制度不完善或未落实; 2. 职业健康、安全管理制度不完善、未落实(定期体检); 3. 安全投入不足; 4. 高处作业安全操作规程不规范或未落实; 5. 安全防护用品等未进行进场验收或验收不到位	√		√	√	√

续上表

施工作业内容	典型风险事件	致害物	致险因素				风险事件后果类型				
			人的因素	物的因素	环境因素	管理因素	易导致伤亡人员类型		人员伤亡		
							本人	他人	轻伤	重伤	死亡
信号标志揭示装置制作与安装	船舶碰撞	船舶等	1. 船舶驾驶等人员技术、经验不足； 2. 管理人员违章指挥，强令冒险作业； 3. 作业人员身体健康状况异常、心理异常、感知异常（反应迟钝、辨识错误）； 4. 作业人员操作错误，违章作业	1. 船舶相关仪表设备老旧、失效； 2. 导航设施出现明显错误； 3. 船舶防撞设施缺失； 4. 周围船体碰撞施工船舶	1. 强风、暴雨、大雪、大雾等不良天气； 2. 光线、照明不足； 3. 水下暗流影响船体方向和速率； 4. 施工水域狭小	1. 船舶操作规程、应急预案不完善或未落实； 2. 未落实安全教育、培训、交底、检查制度； 3. 船舶等未按要求组织维修、检验等或属于三无船舶	√	√	√	√	
	船舶搁浅	浅滩等	1. 船舶驾驶等人员技术、经验不足； 2. 管理人员违章指挥，强令冒险作业； 3. 作业人员身体健康状况异常、心理异常、感知异常（反应迟钝、辨识错误）； 4. 作业人员操作错误，违章作业	1. 船舶相关仪表设备老旧、失效； 2. 导航、声呐设施出现明显错误	1. 强风、暴雨、大雪、大雾等不良天气； 2. 光线不足； 3. 水下地质突变； 4. 水位快速下降或退潮	1. 船舶操作规程、应急预案不完善或未落实； 2. 未落实安全教育、培训、交底、检查制度； 3. 船舶等未按要求组织维修、检验等或属于三无船舶； 4. 管理人员对气象和水体未提前预估	√	√	√		

续上表

施工作业内容	典型风险事件	致害物	致险因素				风险事件后果类型				
			人的因素	物的因素	环境因素	管理因素	易导致伤亡人员类型		人员伤亡		
							本人	他人	轻伤	重伤	死亡
信号标志揭示装置制作与安装	船舶触礁	水下暗礁等	1. 船舶驾驶等人员技术、经验不足； 2. 管理人员违章指挥，强令冒险作业； 3. 作业人员身体健康状况异常、心理异常、感知异常（反应迟钝、辨识错误）； 4. 作业人员操作错误，违章作业	1. 船舶相关仪表设备老旧、失效； 2. 导航、声呐设施出现明显错误	1. 强风、暴雨、大雪、大雾等不良天气； 2. 光线不足； 3. 水下地质突变	1. 船舶操作规程、应急预案不完善或未落实； 2. 未落实安全教育、培训、交底、检查制度； 3. 船舶等未按要求组织维修、检验等或属于三无船舶； 4. 管理人员对水体预估不足	√	√	√		
	船舶触损	水下岩石、沉船、抛石等	1. 船舶驾驶等人员技术、经验不足； 2. 管理人员违章指挥，强令冒险作业； 3. 作业人员身体健康状况异常、心理异常、感知异常（反应迟钝、辨识错误）； 4. 作业人员操作错误，违章作业	1. 船舶相关仪表设备老旧、失效； 2. 声呐设施出现明显错误； 3. 与重型物品撞击； 4. 水下尖锐物品或其他船只上尖锐部位触碰； 5. 船体老化	1. 强风、暴雨、大雪、大雾等不良天气； 2. 光线不足； 3. 水下地质突变； 4. 水中存在较大波浪	1. 船舶操作规程、应急预案不完善或未落实； 2. 未落实安全教育、培训、交底、检查制度； 3. 船舶等未按要求组织维修、检验等或属于三无船舶	√	√	√	√	

续上表

施工作业内容	典型风险事件	致害物	致险因素				风险事件后果类型				
			人的因素	物的因素	环境因素	管理因素	易导致伤亡人员类型		人员伤亡		
							本人	他人	轻伤	重伤	死亡
信号标志揭示装置制作与安装	船舶污染	船舶燃油、生活污水等	1. 船舶驾驶等人员技术、经验不足； 2. 管理人员违章指挥，强令冒险作业； 3. 作业人员身体健康状况异常、心理异常、感知异常（反应迟钝、辨识错误）； 4. 作业人员操作错误，违章作业	1. 船舶相关仪表设备老旧、失效； 2. 燃油桶或输油管破损	1. 强风、暴雨等不良天气； 2. 船内照明不足	1. 船舶操作规程、应急预案不完善或未落实； 2. 未落实安全教育、培训、交底、检查制度； 3. 船舶等未按要求组织维修、检验等或属于三无船舶		√	√		
	船舶倾覆	风浪、船舶等	1. 船舶驾驶等人员技术、经验不足； 2. 管理人员违章指挥，强令冒险作业； 3. 作业人员身体健康状况异常、心理异常、感知异常（反应迟钝、辨识错误）； 4. 作业人员操作错误，违章作业	1. 船舶相关仪表设备老旧、失效； 2. 导航设施出现明显错误； 3. 船上物品偏载； 4. 系揽钩未绑扎牢固； 5. 物体撞击船体致出现破洞； 6. 船体刚度不足	1. 强风、暴雨等不良天气； 2. 光线不足； 3. 水中存在巨大波浪	1. 船舶操作规程、应急预案不完善或未落实； 2. 未落实安全教育、培训、交底、检查制度； 3. 船舶等未按要求组织维修、检验等或属于三无船舶	√	√	√	√	√

续上表

施工作业内容	典型风险事件	致害物	致险因素				风险事件后果类型				
			人的因素	物的因素	环境因素	管理因素	易导致伤亡人员类型		人员伤亡		
							本人	他人	轻伤	重伤	死亡
航标遥测监控终端安装	物体打击	工具、材料、装备	1. 现场作业人员未正确使用安全防护用品（安全帽等）； 2. 人员违章进入危险区域； 3. 管理人员违章指挥，强令冒险作业； 4. 作业人员身体健康状况异常、心理异常、感知异常（反应迟钝、辨识错误）； 5. 作业人员操作错误，违章作业（违章抛物等）	1. 安全防护用品不合格（安全帽等）； 2. 作业过程中产生的坠落物、抛射物、喷射物、溅射物等（工具、材料等）； 3. 未设置防护设施，防护设施存在缺陷（挡脚板、防护网等）； 4. 物品摆放位置不合理或未固定； 5. 物品尺寸超大、超长	1. 强风、暴雨、冰雹、大雾等不良天气； 2. 作业场地杂乱； 3. 照明光线不足； 4. 机械、车船、场地等晃动、振动	1. 施工方案不完善或未落实； 2. 安全教育、培训、交底、检查制度不完善或未落实； 3. 安全防护用品等未进行进场验收或验收不到位； 4. 安全投入不足； 5. 现场无警示标识或标识破损（警戒区、标牌、反光锥等）		√	√	√	

续上表

施工作业内容	典型风险事件	致害物	致险因素				风险事件后果类型				
			人的因素	物的因素	环境因素	管理因素	易导致伤亡人员类型		人员伤亡		
							本人	他人	轻伤	重伤	死亡
航标遥测监控终端安装	机械伤害	切割机、架设机具、装载机等施工小型机具	1. 人员违章进入危险区域（机械作业半径等）； 2. 管理人员违章指挥，强令冒险作业； 3. 机械操作人员未持有效证件上岗； 4. 机械操作人员操作错误，违章作业（违规载人、酒后作业）； 5. 操作人员身体健康状况异常、心理异常、感知异常（反应迟钝、辨识错误）； 6. 现场作业人员未正确使用安全防护用品（反光背心、安全帽等）； 7. 机械操作人员疲劳作业	1. 机械无警示标识或标识破损（警戒区、标牌、反光贴等）； 2. 设备设施安全作业距离不足； 3. 设备带“病”作业（设备设施制动装置失效、运动或转动装置无防护或防护装置缺陷等）； 4. 安全防护用品不合格（反光背心、安全帽、护目镜等）	1. 强风、暴雨、大雪、冰雹、大雾等不良天气； 2. 作业场地狭窄、不平整、道路湿滑； 3. 夜间施工照明不足； 4. 存在视野盲区	1. 机械设备安全管理制度不完善或未落实（检查维护保养不到位等）； 2. 未对机械设备、安全防护用品等进行进场验收或验收不到位； 3. 安全教育、培训、交底制度不完善或未落实； 4. 机械设备操作规程不规范或未落实； 5. 安全投入不足		√	√	√	√

续上表

施工作业内容	典型风险事件	致害物	致险因素				风险事件后果类型				
			人的因素	物的因素	环境因素	管理因素	易导致伤亡人员类型		人员伤亡		
							本人	他人	轻伤	重伤	死亡
航标遥测监控终端安装	起重伤害	汽车起重机、履带式起重机等起重设备、吊索吊具	1. 管理人员违章指挥,强令冒险作业； 2. 作业人员操作错误,违章作业； 3. 起重工、信号工未持有效证件上岗； 4. 现场作业人员未正确使用安全防护用品(安全帽等)； 5. 抗倾覆验算错误； 6. 人员违章进入危险区域； 7. 起重人员身体健康状况异常、心理异常、感知异常(反应迟钝、辨识错误)； 8. 作业人员疲劳作业	1. 设备自身缺陷(强度、刚度不足、抗倾覆能力不足)； 2. 现场无警示标识或标识破损(警戒区、标牌、反光锥等)； 3. 吊车支垫材料不合格(枕木、钢板等)； 4. 构件防锈处理不合格； 5. 吊索吊具不合格或达到报废标准(钢丝绳、吊带、U 型卸扣等)； 6. 无防护或防护装置缺陷(防脱钩装置、限位装置等)； 7. 设备带“病”作业(制动装置等)； 8. 安全防护用品不合格(反光背心、安全帽等)	1. 强风、暴雨、大雾、大雪等不良天气； 2. 地基承载力不足、基础下沉； 3. 作业场地照明不足； 4. 周围高空有较多障碍物； 5. 存在视野盲区	1. 施工方案不完善或未落实； 2. 安全教育、培训、交底、检查制度不完善或未落实； 3. 未对起重设备进行进场验收或验收不到位； 4. 安全投入不足； 5. 起重吊装作业时无专人监视； 6. 起重吊装安全操作规程不规范或未落实	√	√	√	√	√

续上表

施工作业内容	典型风险事件	致害物	致险因素				风险事件后果类型				
			人的因素	物的因素	环境因素	管理因素	易导致伤亡人员类型		人员伤亡		
							本人	他人	轻伤	重伤	死亡
航标遥测监控终端安装	触电	发电机、破损的电线、钢筋等导电材料、配电箱	1. 作业人员未正确使用安全防护用品(绝缘鞋、绝缘手套等); 2. 作业人员操作错误或违章作业(带电检修维护); 3. 管理人员违章指挥,强令冒险作业; 4. 电工、电焊工等特种人员未持有效证件上岗作业; 5. 疲劳作业	1. 电缆线、配电箱等电气设施不合格(线路破损、老化); 2. 电气设施设置不规范(电缆拖地、配电箱无支架等); 3. 带电设施无警示标识或标识破损安全防护装置不规范(未接地、无漏电保护器、接线端无防护罩等); 4. 防护不当、防护距离不足(配电柜、发电机无遮雨棚、防护围挡或防护破损)	1. 强风、雷雨、大雪等不良天气; 2. 作业场地杂乱、潮湿或积水; 3. 作业场地照明不足	1. 临时用电方案不完善或未落实; 2. 发电机等安全操作规程不规范或未落实; 3. 电气设施材料等未进行进场验收; 4. 未对用电设施进行巡查或巡查不到位; 5. 机械设备安全管理制度未落实(发电机、电焊机等机具检查维护保养不到位); 6. 安全教育、培训、交底、检查制度不完善或未落实; 7. 安全投入不足	√		√	√	

续上表

施工作业内容	典型风险事件	致害物	致险因素				风险事件后果类型				
			人的因素	物的因素	环境因素	管理因素	易导致伤亡人员类型		人员伤亡		
							本人	他人	轻伤	重伤	死亡
航标遥测监控终端安装	淹溺	周边水域	1. 管理人员违章指挥,强令冒险作业; 2. 人员心理异常(冒险侥幸心理等); 3. 作业人员操作错误,违章作业; 4. 违反劳动纪律行为(管理人员脱岗等); 5. 人员未正确使用安全防护用品	1. 现场无警示标识或标识破损; 2. 现场救生设施不足; 3. 水下存在不明物体或生物的拖拽或缠绕; 4. 氧气瓶、头盔等存在缺陷	1. 雷雨、大风(6 级以上)、冰雹、大雾等恶劣天气作业; 2. 水体寒冷; 3. 水体内能见度不足	1. 专项施工方案、应急预案不完善或未落实; 2. 未落实安全教育、培训、交底、检查制度; 3. 现场监控看管不到位	√		√		√
	船舶碰撞	船舶等	1. 船舶驾驶人员技术、经验不足; 2. 管理人员违章指挥,强令冒险作业; 3. 作业人员身体健康状况异常、心理异常、感知异常(反应迟钝、辨识错误); 4. 作业人员操作错误,违章作业	1. 船舶相关仪表设备老旧、失效; 2. 导航设施出现明显错误; 3. 船舶防撞设施缺失; 4. 周围船体碰撞施工船舶	1. 强风、暴雨、大雪、大雾等不良天气; 2. 光线、照明不足; 3. 水下暗流影响船体方向和速率; 4. 施工水域狭小	1. 船舶操作规程、应急预案不完善或未落实; 2. 未落实安全教育、培训、交底、检查制度; 3. 船舶等未按要求组织维修、检验等或属于三无船舶	√	√	√	√	

续上表

施工作业内容	典型风险事件	致害物	致险因素				风险事件后果类型				
			人的因素	物的因素	环境因素	管理因素	易导致伤亡人员类型		人员伤亡		
							本人	他人	轻伤	重伤	死亡
航标遥测监控终端安装	船舶搁浅	浅滩等	1. 船舶驾驶人员技术、经验不足； 2. 管理人员违章指挥，强令冒险作业； 3. 作业人员身体健康状况异常、心理异常、感知异常（反应迟钝、辨识错误）； 4. 作业人员操作错误，违章作业	1. 船舶相关仪表设备老旧、失效； 2. 导航、声呐设施出现明显错误	1. 强风、暴雨、大雪、大雾等不良天气； 2. 光线不足； 3. 水下地质突变； 4. 水位快速下降或退潮	1. 船舶操作规程、应急预案不完善或未落实； 2. 未落实安全教育、培训、交底、检查制度； 3. 船舶等未按要求组织维修、检验等或属于三无船舶； 4. 管理人员对气象和水体未提前预估	√	√	√		
	船舶触礁	水下暗礁等	1. 船舶驾驶等人员技术、经验不足； 2. 管理人员违章指挥，强令冒险作业； 3. 作业人员身体健康状况异常、心理异常、感知异常（反应迟钝、辨识错误）； 4. 作业人员操作错误，违章作业	1. 船舶相关仪表设备老旧、失效； 2. 导航、声呐设施出现明显错误	1. 强风、暴雨、大雪、大雾等不良天气； 2. 光线不足； 3. 水下地质突变	1. 船舶操作规程、应急预案不完善或未落实； 2. 未落实安全教育、培训、交底、检查制度； 3. 船舶等未按要求组织维修、检验等或属于三无船舶； 4. 管理人员对水体预估不足	√	√	√		

续上表

施工作业内容	典型风险事件	致害物	致险因素				风险事件后果类型				
			人的因素	物的因素	环境因素	管理因素	易导致伤亡人员类型		人员伤亡		
							本人	他人	轻伤	重伤	死亡
航标遥测监控终端安装	船舶触损	水下岩石、沉船、抛石等	1. 船舶驾驶等人员技术、经验不足； 2. 管理人员违章指挥，强令冒险作业； 3. 作业人员身体健康状况异常、心理异常、感知异常（反应迟钝、辨识错误）； 4. 作业人员操作错误，违章作业	1. 船舶相关仪表设备老旧、失效； 2. 声呐设施出现明显错误； 3. 与重型物品撞击； 4. 水下尖锐物品或其他船只上尖锐部位触碰； 5. 船体老化	1. 强风、暴雨、大雪、大雾等不良天气； 2. 光线不足； 3. 水下地质突变； 4. 水中存在较大波浪	1. 船舶操作规程、应急预案不完善或未落实； 2. 未落实安全教育、培训、交底、检查制度； 3. 船舶等未按要求组织维修、检验等或属于三无船舶	√	√	√	√	
	船舶污染	船舶燃油、生活污水等	1. 船舶驾驶等人员技术、经验不足； 2. 管理人员违章指挥，强令冒险作业； 3. 作业人员身体健康状况异常、心理异常、感知异常（反应迟钝、辨识错误）； 4. 作业人员操作错误，违章作业	1. 船舶相关仪表设备老旧、失效； 2. 燃油桶或输油管破损	1. 强风、暴雨等不良天气； 2. 船内照明不足	1. 船舶操作规程、应急预案不完善或未落实； 2. 未落实安全教育、培训、交底、检查制度； 3. 船舶等未按要求组织维修、检验等或属于三无船舶		√	√		

续上表

施工作业内容	典型风险事件	致害物	致险因素				风险事件后果类型				
			人的因素	物的因素	环境因素	管理因素	易导致伤亡人员类型		人员伤亡		
							本人	他人	轻伤	重伤	死亡
航标遥测监控终端安装	船舶倾覆	风浪、船舶等	1. 船舶驾驶等人员技术、经验不足； 2. 管理人员违章指挥，强令冒险作业； 3. 作业人员身体健康状况异常、心理异常、感知异常（反应迟钝、辨识错误）； 4. 作业人员操作错误，违章作业	1. 船舶相关仪表设备老旧、失效； 2. 导航设施出现明显错误； 3. 船上物品偏载； 4. 系揽钩未绑扎牢固； 5. 物体撞击船体致出现破洞； 6. 船体刚度不足	1. 强风、暴雨等不良天气； 2. 光线不足； 3. 水中存在巨大波浪	1. 船舶操作规程、应急预案不完善或未落实； 2. 未落实安全教育、培训、交底、检查制度； 3. 船舶等未按要求组织维修、检验等或属于三无船舶	√	√	√	√	√
雷达设施制作与安装	物体打击	工具、材料、装备	1. 现场作业人员未正确使用安全防护用品（安全帽等）； 2. 人员违章进入危险区域； 3. 管理人员违章指挥，强令冒险作业； 4. 作业人员身体健康状况异常、心理异常、感知异常（反应迟钝、辨识错误）； 5. 作业人员操作错误，违章作业（违章抛物等）	1. 安全防护用品不合格（安全帽等）； 2. 作业过程中产生的坠落物、抛射物、喷射物、溅射物等（工具、材料等）； 3. 未设置防护设施，防护设施存在缺陷（挡脚板、防护网等）； 4. 物品摆放位置不合理或未固定； 5. 物品尺寸超大、超长	1. 强风、暴雨、冰雹、大雾等不良天气； 2. 作业场地杂乱； 3. 照明光线不足； 4. 机械、车船、场地等晃动、振动	1. 施工方案不完善或未落实； 2. 安全教育、培训、交底、检查制度不完善或未落实； 3. 安全防护用品等未进行进场验收或验收不到位； 4. 安全投入不足； 5. 现场无警示标识或标识破损（警戒区、标牌、反光锥等）		√	√	√	

续上表

施工作业内容	典型风险事件	致害物	致险因素				风险事件后果类型				
			人的因素	物的因素	环境因素	管理因素	易导致伤亡人员类型		人员伤亡		
							本人	他人	轻伤	重伤	死亡
雷达设施制作与安装	机械伤害	卷扬机、装载机等施工小型机具	1. 人员违章进入危险区域（机械作业半径等）； 2. 管理人员违章指挥，强令冒险作业； 3. 机械操作人员未持有效证件上岗； 4. 机械操作人员操作错误，违章作业（违规载人、酒后作业）； 5. 操作人员身体健康状况异常、心理异常、感知异常（反应迟钝、辨识错误）； 6. 现场作业人员未正确使用安全防护用品（反光背心、安全帽等）； 7. 机械操作人员疲劳作业	1. 机械无警示标识或标识破损（警戒区、标牌、反光贴等）； 2. 设备设施安全作业距离不足； 3. 设备带“病”作业（设备设施制动装置失效、运动或转动装置无防护或防护装置缺陷等）； 4. 安全防护用品不合格（反光背心、安全帽、护目镜等）	1. 强风、暴雨、大雪、冰雹、大雾等不良天气； 2. 作业场地狭窄、不平整、道路湿滑； 3. 夜间施工照明不足； 4. 存在视野盲区	1. 机械设备安全管理制度不完善或未落实（检查维护保养不到位等）； 2. 未对机械设备、安全防护用品等进行进场验收或验收不到位； 3. 安全教育、培训、交底制度不完善或未落实； 4. 机械设备操作规程不规范或未落实； 5. 安全投入不足		√	√	√	√

续上表

施工作业内容	典型风险事件	致害物	致险因素				风险事件后果类型				
			人的因素	物的因素	环境因素	管理因素	易导致伤亡人员类型		人员伤亡		
							本人	他人	轻伤	重伤	死亡
雷达设施制作与安装	起重伤害	汽车起重机、履带式起重机、浮吊等起重设备、吊索吊具	1. 管理人员违章指挥,强令冒险作业; 2. 作业人员操作错误,违章作业; 3. 起重工、信号工未持有效证件上岗; 4. 现场作业人员未正确使用安全防护用品(安全帽等); 5. 抗倾覆验算错误; 6. 人员违章进入危险区域; 7. 起重人员身体健康状况异常、心理异常、感知异常(反应迟钝、辨识错误); 8. 作业人员疲劳作业	1. 设备自身缺陷(强度、刚度不足、抗倾覆能力不足); 2. 现场无警示标识或标识破损(警戒区、标牌、反光锥等); 3. 吊车支垫材料不合格(枕木、钢板等); 4. 构件防锈处理不合格; 5. 吊索吊具不合格或达到报废标准(钢丝绳、吊带、U 型卸扣等); 6. 无防护或防护装置缺陷(防脱钩装置、限位装置等); 7. 设备带“病”作业(制动装置等); 8. 安全防护用品不合格(反光背心、安全帽等)	1. 强风、暴雨、大雾、大雪等不良天气; 2. 地基承载力不足、基础下沉; 3. 作业场地照明不足; 4. 浮吊周围水域存在较大波浪或暗流; 5. 周围高空有较多障碍物; 6. 存在视野盲区	1. 施工方案不完善或未落实; 2. 安全教育、培训、交底、检查制度不完善或未落实; 3. 未对起重设备进行进场验收或验收不到位; 4. 安全投入不足; 5. 起重吊装作业时无专人监视; 6. 起重吊装安全操作规程不规范或未落实	√	√	√	√	√

续上表

施工作业内容	典型风险事件	致害物	致险因素				风险事件后果类型				
			人的因素	物的因素	环境因素	管理因素	易导致伤亡人员类型		人员伤亡		
							本人	他人	轻伤	重伤	死亡
雷达设施制作与安装	触电	发电机、破损的电线、钢筋等导电材料、配电箱	1. 作业人员未正确使用安全防护用品(绝缘鞋、绝缘手套等); 2. 作业人员操作错误或违章作业(带电检修维护); 3. 管理人员违章指挥、强令冒险作业; 4. 电工、电焊工等特种人员未持有效证件上岗作业; 5. 人员疲劳作业	1. 电缆线、配电箱等电气设施不合格(线路破损、老化); 2. 电气设施设置不规范(电缆拖地、配电箱无支架等); 3. 带电设施无警示标识或标识破损安全防护装置不规范(未接地、无漏电保护器、接线端子无防护罩等); 4. 防护不当、防护距离不足(配电柜、发电机无遮雨棚、防护围挡或防护破损)	1. 强风、雷雨、大雪等不良天气; 2. 作业场地杂乱、潮湿或积水; 3. 作业场地照明不足	1. 临时用电方案不完善或未落实; 2. 发电机等安全操作规程不规范或未落实; 3. 电气设施材料等未进行进场验收; 4. 无电工对用电设施进行巡查或巡查不到位; 5. 机械设备安全管理制度未落实(发电机、电焊机等机具检查维护保养不到位); 6. 安全教育、培训、交底、检查制度不完善或未落实; 7. 安全投入不足	√		√	√	

续上表

施工作业内容	典型风险事件	致害物	致险因素				风险事件后果类型				
			人的因素	物的因素	环境因素	管理因素	易导致伤亡人员类型		人员伤亡		
							本人	他人	轻伤	重伤	死亡
雷达设施制作与安装	淹溺	周边水域	1. 管理人员违章指挥,强令冒险作业; 2. 人员心理异常(冒险侥幸心理等); 3. 作业人员操作错误,违章作业; 4. 违反劳动纪律行为(管理人员脱岗等); 5. 人员未正确使用安全防护用品	1. 现场无警示标识或标识破损; 2. 现场救生设施不足; 3. 水下存在不明物体或生物的拖拽或缠绕; 4. 氧气瓶、头盔等存在缺陷	1. 雷雨、大风(6级以上)、冰雹、大雾等恶劣天气作业; 2. 水体寒冷; 3. 水体内能见度不足	1. 专项施工方案、应急预案不完善或未落实; 2. 未落实安全教育、培训、交底、检查制度; 3. 现场监控看管不到位	√		√		√
	高处坠落	无防护的作业平台、施工人员自身重力运动	1. 作业人员未正确使用安全防护用品(安全带、防滑鞋等); 2. 作业人员身体健康状况异常、心理异常、感知异常(高血压、恐高症等禁忌症,反应迟钝、辨识错误); 3. 作业人员疲劳作业,管理人员违章指挥、强令冒险作业; 4. 作业人员操作错误或违章作业	1. 高处作业场所未设置安全防护等措施(安全绳索、防坠网、栏杆等); 2. 未设置安全警示标志或标识破损; 3. 安全防护用品质量不合格,存在缺陷; 4. 未设置人员上下安全爬梯或设置不规范	1. 大风、雷电、大雪、暴雨等恶劣天气; 2. 夜间施工照明不足; 3. 作业场地不平整、湿滑; 4. 临边洞口区域较多; 5. 现场登高作业	1. 安全教育、培训、交底、检查制度不完善或未落实; 2. 职业健康、安全管理制度不完善、未落实(定期体检等); 3. 安全投入不足; 4. 高处作业安全操作规程不规范或未落实; 5. 安全防护用品等进行进场验收或验收不到位	√		√	√	√

续上表

施工作业内容	典型风险事件	致害物	致险因素				风险事件后果类型				
			人的因素	物的因素	环境因素	管理因素	易导致伤亡人员类型		人员伤亡		
							本人	他人	轻伤	重伤	死亡
雷达设施制作与安装	船舶碰撞	船舶等	1. 船舶驾驶等人员技术、经验不足； 2. 管理人员违章指挥，强令冒险作业； 3. 作业人员身体健康状况异常、心理异常、感知异常（反应迟钝、辨识错误）； 4. 作业人员操作错误，违章作业	1. 船舶相关仪表设备老旧、失效； 2. 导航设施出现明显错误； 3. 船舶防撞设施缺失； 4. 周围船体碰撞施工船舶	1. 强风、暴雨、大雪、大雾等不良天气； 2. 光线、照明不足； 3. 水下暗流影响船体方向和速率； 4. 施工水域狭小	1. 船舶操作规程、应急预案不完善或未落实； 2. 未落实安全教育、培训、交底、检查制度； 3. 船舶等未按要求组织维修、检验等或属于三无船舶	√	√	√	√	
	船舶搁浅	浅滩等	1. 船舶驾驶等人员技术、经验不足； 2. 管理人员违章指挥，强令冒险作业； 3. 作业人员身体健康状况异常、心理异常、感知异常（反应迟钝、辨识错误）； 4. 作业人员操作错误，违章作业	1. 船舶相关仪表设备老旧、失效； 2. 导航、声呐设施出现明显错误	1. 强风、暴雨、大雪、大雾等不良天气； 2. 光线不足； 3. 水下地质突变； 4. 水位快速下降或退潮	1. 船舶操作规程、应急预案不完善或未落实； 2. 未落实安全教育、培训、交底、检查制度； 3. 船舶等未按要求组织维修、检验等或属于三无船舶； 4. 管理人员对气象和水体未提前预估	√	√	√		

续上表

施工作业内容	典型风险事件	致害物	致险因素				风险事件后果类型				
			人的因素	物的因素	环境因素	管理因素	易导致伤亡人员类型		人员伤亡		
							本人	他人	轻伤	重伤	死亡
雷达设施制作与安装	船舶触礁	水下暗礁等	1. 船舶驾驶等人员技术、经验不足； 2. 管理人员违章指挥，强令冒险作业； 3. 作业人员身体健康状况异常、心理异常、感知异常（反应迟钝、辨识错误）； 4. 作业人员操作错误，违章作业	1. 船舶相关仪表设备老旧、失效； 2. 导航、声呐设施出现明显错误	1. 强风、暴雨、大雪、大雾等不良天气； 2. 光线不足； 3. 水下地质突变	1. 船舶操作规程、应急预案不完善或未落实； 2. 未落实安全教育、培训、交底、检查制度； 3. 船舶等未按要求组织维修、检验等或属于三无船舶； 4. 管理人员对水体预估不足	√	√	√		
	船舶触损	水下岩石、沉船、抛石等	1. 船舶驾驶等人员技术、经验不足； 2. 管理人员违章指挥，强令冒险作业； 3. 作业人员身体健康状况异常、心理异常、感知异常（反应迟钝、辨识错误）； 4. 作业人员操作错误，违章作业	1. 船舶相关仪表设备老旧、失效； 2. 声呐设施出现明显错误； 3. 与重型物品撞击； 4. 水下尖锐物品或其他船只上尖锐部位触碰； 5. 船体老化	1. 强风、暴雨、大雪、大雾等不良天气； 2. 光线不足； 3. 水下地质突变； 4. 水中存在较大波浪	1. 船舶操作规程、应急预案不完善或未落实； 2. 未落实安全教育、培训、交底、检查制度； 3. 船舶等未按要求组织维修、检验等或属于三无船舶	√	√	√	√	

续上表

施工作业内容	典型风险事件	致害物	致险因素				风险事件后果类型				
			人的因素	物的因素	环境因素	管理因素	易导致伤亡人员类型		人员伤亡		
							本人	他人	轻伤	重伤	死亡
雷达设施制作与安装	船舶污染	船舶燃油、生活污水等	1. 船舶驾驶等人员技术、经验不足； 2. 管理人员违章指挥，强令冒险作业； 3. 作业人员身体健康状况异常、心理异常、感知异常（反应迟钝、辨识错误）； 4. 作业人员操作错误，违章作业	1. 船舶相关仪表设备老旧、失效； 2. 燃油桶或输油管破损	1. 强风、暴雨等不良天气； 2. 船内照明不足	1. 船舶操作规程、应急预案不完善或未落实； 2. 未落实安全教育、培训、交底、检查制度； 3. 船舶等未按要求组织维修、检验等或属于三无船舶		√	√		
	船舶倾覆	风浪、船舶等	1. 船舶驾驶等人员技术、经验不足； 2. 管理人员违章指挥，强令冒险作业； 3. 作业人员身体健康状况异常、心理异常、感知异常（反应迟钝、辨识错误）； 4. 作业人员操作错误，违章作业	1. 船舶相关仪表设备老旧、失效； 2. 导航设施出现明显错误； 3. 船上物品偏载； 4. 系揽钩未绑扎牢固； 5. 物体撞击船体致出现破洞； 6. 船体刚度不足	1. 强风、暴雨等不良天气； 2. 光线不足； 3. 水中存在巨大波浪	1. 船舶操作规程、应急预案不完善或未落实； 2. 未落实安全教育、培训、交底、检查制度； 3. 船舶等未按要求组织维修、检验等或属于三无船舶	√	√	√	√	√

续上表

施工作业内容	典型风险事件	致害物	致险因素				风险事件后果类型				
			人的因素	物的因素	环境因素	管理因素	易导致伤亡人员类型		人员伤亡		
							本人	他人	轻伤	重伤	死亡
水位遥测遥报装置安装	物体打击	工具、材料、装备	1. 现场作业人员未正确使用安全防护用品(安全帽等); 2. 人员违章进入危险区域; 3. 管理人员违章指挥,强令冒险作业; 4. 作业人员身体健康状况异常、心理异常、感知异常(反应迟钝、辨识错误); 5. 作业人员操作错误,违章作业(违章抛物等)	1. 安全防护用品不合格(安全帽等); 2. 作业过程中产生的坠落物、抛射物、喷射物、溅射物等(工具、材料等); 3. 未设置防护设施,防护设施存在缺陷(挡脚板、防护网等); 4. 物品摆放位置不合理或未固定; 5. 物品尺寸超大、超长	1. 强风、暴雨、冰雹、大雾等不良天气; 2. 作业场地杂乱; 3. 照明光线不足; 4. 机械、车船、场地等晃动、振动	1. 施工方案不完善或未落实; 2. 安全教育、培训、交底、检查制度不完善或未落实; 3. 安全防护用品等未进行进场验收或验收不到位; 4. 安全投入不足; 5. 现场无警示标识或标识破损(警戒区、标牌、反光锥等)		√	√	√	

续上表

施工作业内容	典型风险事件	致害物	致险因素				风险事件后果类型				
			人的因素	物的因素	环境因素	管理因素	易导致伤亡人员类型		人员伤亡		
							本人	他人	轻伤	重伤	死亡
水位遥测遥报装置安装	机械伤害	装载机等施工小型机具	1. 人员违章进入危险区域（机械作业半径等）； 2. 管理人员违章指挥，强令冒险作业； 3. 机械操作人员未持有效证件上岗； 4. 机械操作人员操作错误，违章作业（违规载人、酒后作业）； 5. 操作人员身体健康状况异常、心理异常、感知异常（反应迟钝、辨识错误）； 6. 现场作业人员未正确使用安全防护用品（反光背心、安全帽等）； 7. 机械操作人员疲劳作业	1. 机械无警示标识或标识破损（警戒区、标牌、反光贴等）； 2. 设备设施安全作业距离不足； 3. 设备带“病”作业（设备设施制动装置失效、运动或转动装置无防护或防护装置缺陷等）； 4. 安全防护用品不合格（反光背心、安全帽、护目镜等）	1. 强风、暴雨、大雪、冰雹、大雾等不良天气； 2. 作业场地狭窄、不平整、道路湿滑； 3. 夜间施工照明不足； 4. 存在视野盲区	1. 机械设备安全管理制度不完善或未落实（检查维护保养不到位等）； 2. 未对机械设备、安全防护用品等进行进场验收或验收不到位； 3. 安全教育、培训、交底制度不完善或未落实； 4. 机械设备操作规程不规范或未落实； 5. 安全投入不足		√	√	√	√

续上表

<table>
<tr><th rowspan="3">施工作业内容</th><th rowspan="3">典型风险事件</th><th rowspan="3">致害物</th><th colspan="4">致险因素</th><th colspan="5">风险事件后果类型</th></tr>
<tr><th rowspan="2">人的因素</th><th rowspan="2">物的因素</th><th rowspan="2">环境因素</th><th rowspan="2">管理因素</th><th colspan="2">易导致伤亡人员类型</th><th colspan="3">人员伤亡</th></tr>
<tr><th>本人</th><th>他人</th><th>轻伤</th><th>重伤</th><th>死亡</th></tr>
<tr><td>水位遥测遥报装置安装</td><td>起重伤害</td><td>汽车起重机、履带式起重机、浮吊等起重设备、吊索吊具</td><td>1. 管理人员违章指挥,强令冒险作业;
2. 作业人员操作错误,违章作业;
3. 起重工、信号工未持有效证件上岗;
4. 现场作业人员未正确使用安全防护用品(安全帽等);
5. 抗倾覆验算错误;
6. 人员违章进入危险区域;
7. 起重人员身体健康状况异常、心理异常、感知异常(反应迟钝、辨识错误);
8. 作业人员疲劳作业</td><td>1. 设备自身缺陷(强度、刚度不足、抗倾覆能力不足);
2. 现场无警示标识或标识破损(警戒区、标牌、反光锥等);
3. 吊车支垫材料不合格(枕木、钢板等);
4. 构件防锈处理不合格;
5. 吊索吊具不合格或达到报废标准(钢丝绳、吊带、U 型卸扣等);
6. 无防护或防护装置缺陷(防脱钩装置、限位装置等);
7. 设备带“病”作业(制动装置等);
8. 安全防护用品不合格(反光背心、安全帽等)</td><td>1. 强风、暴雨、大雾、大雪等不良天气;
2. 地基承载力不足、基础下沉;
3. 作业场地照明不足;
4. 浮吊周围水域存在较大波浪或暗流;
5. 周围高空有较多障碍物;
6. 存在视野盲区</td><td>1. 施工方案不完善或未落实;
2. 安全教育、培训、交底、检查制度不完善或未落实;
3. 未对起重设备进行进场验收或验收不到位;
4. 安全投入不足;
5. 起重吊装作业时无专人监视;
6. 起重吊装安全操作规程不规范或未落实</td><td>√</td><td>√</td><td>√</td><td>√</td><td>√</td></tr>
</table>

续上表

施工作业内容	典型风险事件	致害物	致险因素				风险事件后果类型				
			人的因素	物的因素	环境因素	管理因素	易导致伤亡人员类型		人员伤亡		
							本人	他人	轻伤	重伤	死亡
水位遥测遥报装置安装	淹溺	周边水域	1. 管理人员违章指挥,强令冒险作业; 2. 人员心理异常(冒险侥幸心理等); 3. 作业人员操作错误,违章作业; 4. 违反劳动纪律行为(管理人员脱岗等); 5. 人员未正确使用安全防护用品	1. 现场无警示标识或标识破损; 2. 现场救生设施不足; 3. 水下存在不明物体或生物的拖拽或缠绕; 4. 氧气瓶、头盔等存在缺陷	1. 雷雨、大风(6 级以上)、冰雹、大雾等恶劣天气作业; 2. 水体寒冷; 3. 水体内能见度不足	1. 专项施工方案、应急预案不完善或未落实; 2. 未落实安全教育、培训、交底、检查制度; 3. 现场监控看管不到位	√		√		√
	船舶碰撞	船舶等	1. 船舶驾驶人员技术、经验不足; 2. 管理人员违章指挥,强令冒险作业; 3. 作业人员身体健康状况异常、心理异常、感知异常(反应迟钝、辨识错误); 4. 作业人员操作错误,违章作业	1. 船舶相关仪表设备老旧、失效; 2. 导航设施出现明显错误; 3. 船舶防撞设施缺失; 4. 周围船体碰撞施工船舶	1. 强风、暴雨、大雪、大雾等不良天气; 2. 光线、照明不足; 3. 水下暗流影响船体方向和速率; 4. 施工水域狭小	1. 船舶操作规程、应急预案不完善或未落实; 2. 未落实安全教育、培训、交底、检查制度; 3. 船舶等未按要求组织维修、检验等或属于三无船舶	√	√	√	√	

续上表

施工作业内容	典型风险事件	致害物	致险因素				风险事件后果类型				
			人的因素	物的因素	环境因素	管理因素	易导致伤亡人员类型		人员伤亡		
							本人	他人	轻伤	重伤	死亡
水位遥测遥报装置安装	船舶搁浅	浅滩等	1. 船舶驾驶人员技术、经验不足； 2. 管理人员违章指挥，强令冒险作业； 3. 作业人员身体健康状况异常、心理异常、感知异常（反应迟钝、辨识错误）； 4. 作业人员操作错误，违章作业	1. 船舶相关仪表设备老旧、失效； 2. 导航、声呐设施出现明显错误	1. 强风、暴雨、大雪、大雾等不良天气； 2. 光线不足； 3. 水下地质突变； 4. 水位快速下降或退潮	1. 船舶操作规程、应急预案不完善或未落实； 2. 未落实安全教育、培训、交底、检查制度； 3. 船舶等未按要求组织维修、检验等或属于三无船舶； 4. 管理人员对气象和水体未提前预估	√	√	√		
	船舶触礁	水下暗礁等	1. 船舶驾驶等人员技术、经验不足； 2. 管理人员违章指挥，强令冒险作业； 3. 作业人员身体健康状况异常、心理异常、感知异常（反应迟钝、辨识错误）； 4. 作业人员操作错误，违章作业	1. 船舶相关仪表设备老旧、失效； 2. 导航、声呐设施出现明显错误	1. 强风、暴雨、大雪、大雾等不良天气； 2. 光线不足； 3. 水下地质突变	1. 船舶操作规程、应急预案不完善或未落实； 2. 未落实安全教育、培训、交底、检查制度； 3. 船舶等未按要求组织维修、检验等或属于三无船舶； 4. 管理人员对水体预估不足	√	√	√		

续上表

施工作业内容	典型风险事件	致害物	致险因素				风险事件后果类型				
			人的因素	物的因素	环境因素	管理因素	易导致伤亡人员类型		人员伤亡		
							本人	他人	轻伤	重伤	死亡
水位遥测遥报装置安装	船舶触损	水下岩石、沉船、抛石等	1. 船舶驾驶等人员技术、经验不足； 2. 管理人员违章指挥，强令冒险作业； 3. 作业人员身体健康状况异常、心理异常、感知异常（反应迟钝、辨识错误）； 4. 作业人员操作错误，违章作业	1. 船舶相关仪表设备老旧、失效； 2. 声呐设施出现明显错误； 3. 与重型物品撞击； 4. 水下尖锐物品或其他船只上尖锐部位触碰； 5. 船体老化	1. 强风、暴雨、大雪、大雾等不良天气； 2. 光线不足； 3. 水下地质突变； 4. 水中存在较大波浪	1. 船舶操作规程、应急预案不完善或未落实； 2. 未落实安全教育、培训、交底、检查制度； 3. 船舶等未按要求组织维修、检验等或属于三无船舶	√	√	√	√	
	船舶污染	船舶燃油、生活污水等	1. 船舶驾驶等人员技术、经验不足； 2. 管理人员违章指挥，强令冒险作业； 3. 作业人员身体健康状况异常、心理异常、感知异常（反应迟钝、辨识错误）； 4. 作业人员操作错误，违章作业	1. 船舶相关仪表设备老旧、失效； 2. 燃油桶或输油管破损	1. 强风、暴雨等不良天气； 2. 船内照明不足	1. 船舶操作规程、应急预案不完善或未落实； 2. 未落实安全教育、培训、交底、检查制度； 3. 船舶等未按要求组织维修、检验等或属于三无船舶		√	√		

续上表

施工作业内容	典型风险事件	致害物	致险因素				风险事件后果类型				
			人的因素	物的因素	环境因素	管理因素	易导致伤亡人员类型		人员伤亡		
							本人	他人	轻伤	重伤	死亡
水位遥测遥报装置安装	船舶倾覆	风浪、船舶等	1. 船舶驾驶等人员技术、经验不足； 2. 管理人员违章指挥，强令冒险作业； 3. 作业人员身体健康状况异常、心理异常、感知异常（反应迟钝、辨识错误）； 4. 作业人员操作错误，违章作业	1. 船舶相关仪表设备老旧、失效； 2. 导航设施出现明显错误； 3. 船上物品偏载； 4. 系揽钩未绑扎牢固； 5. 物体撞击船体致出现破洞； 6. 船体刚度不足	1. 强风、暴雨等不良天气； 2. 光线不足； 3. 水中存在巨大波浪	1. 船舶操作规程、应急预案不完善或未落实； 2. 未落实安全教育、培训、交底、检查制度； 3. 船舶等未按要求组织维修、检验等或属于三无船舶	√	√	√	√	√
爬梯及航标维护平台制作与安装	物体打击	工具、材料等预制件	1. 现场作业人员未正确使用安全防护用品（安全帽等）； 2. 人员违章进入危险区域； 3. 管理人员违章指挥，强令冒险作业； 4. 作业人员身体健康状况异常、心理异常、感知异常（反应迟钝、辨识错误）； 5. 作业人员操作错误，违章作业（违章抛物等）	1. 安全防护用品不合格（安全帽等）； 2. 作业过程中产生的坠落物、抛射物、喷射物、溅射物等（工具、材料等）； 3. 未设置防护设施，防护设施存在缺陷（挡脚板、防护网等）； 4. 物品摆放位置不合理或未固定； 5. 物品尺寸超大、超长等	1. 强风、暴雨、冰雹、大雾等不良天气； 2. 作业场地杂乱； 3. 照明光线不足； 4. 机械、车船、场地等晃动、振动	1. 施工方案不完善或未落实； 2. 安全教育、培训、交底、检查制度不完善或未落实； 3. 安全防护用品等未进行进场验收或验收不到位； 4. 安全投入不足； 5. 现场无警示标识或标识（警戒区、标牌、反光锥等）破损		√	√	√	

续上表

施工作业内容	典型风险事件	致害物	致险因素				风险事件后果类型				
			人的因素	物的因素	环境因素	管理因素	易导致伤亡人员类型		人员伤亡		
							本人	他人	轻伤	重伤	死亡
爬梯及航标维护平台制作与安装	机械伤害	弯曲机、切割机、装载机等施工小型机具	1. 人员违章进入危险区域（机械作业半径等）； 2. 管理人员违章指挥，强令冒险作业； 3. 机械操作人员未持有效证件上岗； 4. 机械操作人员操作错误，违章作业（违规载人、酒后作业）； 5. 操作人员身体健康状况异常、心理异常、感知异常（反应迟钝、辨识错误）； 6. 现场作业人员未正确使用安全防护用品（反光背心、安全帽等）； 7. 机械操作人员疲劳作业	1. 机械无警示标识或标识破损（警戒区、标牌、反光贴等）； 2. 设备设施安全作业距离不足； 3. 设备带“病”作业（设备设施制动装置失效、运动或转动装置无防护或防护装置缺陷等）； 4. 安全防护用品不合格（反光背心、安全帽、护目镜等）	1. 强风、暴雨、大雪、冰雹、大雾等不良天气； 2. 作业场地狭窄、不平整、道路湿滑； 3. 夜间施工照明不足； 4. 存在视野盲区	1. 机械设备安全管理制度不完善或未落实（检查维护保养不到位）； 2. 未对机械设备、安全防护用品等进行进场验收或验收不到位； 3. 安全教育、培训、交底制度不完善或未落实； 4. 机械设备操作规程不规范或未落实； 5. 安全投入不足		√	√	√	√

续上表

施工作业内容	典型风险事件	致害物	致险因素				风险事件后果类型				
			人的因素	物的因素	环境因素	管理因素	易导致伤亡人员类型		人员伤亡		
							本人	他人	轻伤	重伤	死亡
爬梯及航标维护平台制作与安装	起重伤害	汽车起重机、履带式起重机、浮吊等起重设备、吊索吊具	1. 管理人员违章指挥，强令冒险作业； 2. 作业人员操作错误，违章作业； 3. 起重工、信号工未持有效证件上岗； 4. 现场作业人员未正确使用安全防护用品（安全帽等）； 5. 抗倾覆验算错误； 6. 人员违章进入危险区域； 7. 起重人员身体健康状况异常、心理异常、感知异常（反应迟钝、辨识错误）； 8. 作业人员疲劳作业	1. 设备自身缺陷（强度、刚度不足、抗倾覆能力不足）； 2. 现场无警示标识或标识破损（警戒区、标牌、反光锥等）； 3. 吊车支垫材料不合格（枕木、钢板等）； 4. 构件防锈处理不合格； 5. 吊索吊具不合格或达到报废标准（钢丝绳、吊带、U型卸扣等）； 6. 无防护或防护装置缺陷（防脱钩装置、限位装置等）； 7. 设备带“病”作业（制动装置等）； 8. 安全防护用品不合格（反光背心、安全帽等）	1. 强风、暴雨、大雾、大雪等不良天气； 2. 地基承载力不足、基础下沉； 3. 作业场地照明不足； 4. 浮吊周围水域存在较大波浪或暗流； 5. 周围高空有较多障碍物； 6. 存在视野盲区	1. 施工方案不完善或未落实； 2. 安全教育、培训、交底、检查制度不完善或未落实； 3. 未对起重设备进行进场验收或验收不到位； 4. 安全投入不足； 5. 起重吊装作业时无专人监视； 6. 起重吊装安全操作规程不规范或未落实	√	√	√	√	√

续上表

施工作业内容	典型风险事件	致害物	致险因素				风险事件后果类型				
			人的因素	物的因素	环境因素	管理因素	易导致伤亡人员类型		人员伤亡		
							本人	他人	轻伤	重伤	死亡
爬梯及航标维护平台制作与安装	淹溺	周边水域	1. 管理人员违章指挥，强令冒险作业； 2. 人员心理异常（冒险侥幸心理）； 3. 作业人员操作错误，违章作业； 4. 违反劳动纪律行为（管理人员脱岗）； 5. 未正确使用安全防护用品	1. 现场无警示标识或标识破损； 2. 现场救生设施不足； 3. 水下存在不明物体或生物的拖拽或缠绕； 4. 氧气瓶、头盔等存在缺陷	1. 雷雨、大风（6 级以上）、冰雹、大雾等恶劣天气作业； 2. 水体寒冷； 3. 水体内能见度不足	1. 专项施工方案、应急预案不完善或未落实； 2. 未落实安全教育、培训、交底、检查制度； 3. 现场监控看管不到位	√		√		√
	高处坠落	无防护的作业平台、施工人员自身重力运动	1. 作业人员未正确使用安全防护用品（安全带、防滑鞋等）； 2. 作业人员身体健康状况异常、心理异常、感知异常（高血压、恐高症等禁忌症，反应迟钝、辨识错误）； 3. 作业人员疲劳作业，管理人员违章指挥、强令冒险作业； 4. 作业人员操作错误或违章作业	1. 高处作业场所未设置安全防护等措施（安全绳索、防坠网、栏杆等）； 2. 未设置安全警示标志或标识破损； 3. 安全防护用品质量不合格，存在缺陷； 4. 未设置人员上下安全爬梯或设置不规范	1. 大风、雷电、大雪、暴雨等恶劣天气； 2. 夜间施工照明不足； 3. 作业场地不平整、湿滑； 4. 临边洞口区域较多； 5. 现场登高作业	1. 安全教育、培训、交底、检查制度不完善或未落实； 2. 职业健康、安全管理制度不完善、未落实（定期体检）； 3. 安全投入不足； 4. 高处作业安全操作规程不规范或未落实； 5. 安全防护用品等进行进场验收或验收不到位	√		√	√	√

续上表

<table>
<tr><th rowspan="3">施工作业内容</th><th rowspan="3">典型风险事件</th><th rowspan="3">致害物</th><th colspan="4">致险因素</th><th colspan="5">风险事件后果类型</th></tr>
<tr><th rowspan="2">人的因素</th><th rowspan="2">物的因素</th><th rowspan="2">环境因素</th><th rowspan="2">管理因素</th><th colspan="2">易导致伤亡人员类型</th><th colspan="3">人员伤亡</th></tr>
<tr><th>本人</th><th>他人</th><th>轻伤</th><th>重伤</th><th>死亡</th></tr>
<tr><td rowspan="2">爬梯及航标维护平台制作与安装</td><td>船舶碰撞</td><td>船舶等</td><td>1. 船舶驾驶等人员技术、经验不足；
2. 管理人员违章指挥，强令冒险作业；
3. 作业人员身体健康状况异常、心理异常、感知异常（反应迟钝、辨识错误）；
4. 作业人员操作错误，违章作业</td><td>1. 船舶相关仪表设备老旧、失效；
2. 导航设施出现明显错误；
3. 船舶防撞设施缺失；
4. 周围船体碰撞施工船舶</td><td>1. 强风、暴雨、大雪、大雾等不良天气；
2. 光线、照明不足；
3. 水下暗流影响船体方向和速率；
4. 施工水域狭小</td><td>1. 船舶操作规程、应急预案不完善或未落实；
2. 未落实安全教育、培训、交底、检查制度；
3. 船舶等未按要求组织维修、检验等或属于三无船舶</td><td>√</td><td>√</td><td>√</td><td>√</td><td></td></tr>
<tr><td>船舶搁浅</td><td>浅滩等</td><td>1. 船舶驾驶等人员技术、经验不足；
2. 管理人员违章指挥，强令冒险作业；
3. 作业人员身体健康状况异常、心理异常、感知异常（反应迟钝、辨识错误）；
4. 作业人员操作错误，违章作业</td><td>1. 船舶相关仪表设备老旧、失效；
2. 导航、声呐设施出现明显错误</td><td>1. 强风、暴雨、大雪、大雾等不良天气；
2. 光线不足；
3. 水下地质突变；
4. 水位快速下降或退潮</td><td>1. 船舶操作规程、应急预案不完善或未落实；
2. 未落实安全教育、培训、交底、检查制度；
3. 船舶等未按要求组织维修、检验等或属于三无船舶；
4. 管理人员对气象和水体未提前预估</td><td>√</td><td>√</td><td>√</td><td></td><td></td></tr>
</table>

续上表

施工作业内容	典型风险事件	致害物	致险因素				风险事件后果类型				
			人的因素	物的因素	环境因素	管理因素	易导致伤亡人员类型		人员伤亡		
							本人	他人	轻伤	重伤	死亡
爬梯及航标维护平台制作与安装	船舶触礁	水下暗礁等	1. 船舶驾驶等人员技术、经验不足； 2. 管理人员违章指挥，强令冒险作业； 3. 作业人员身体健康状况异常、心理异常、感知异常（反应迟钝、辨识错误）； 4. 作业人员操作错误，违章作业	1. 船舶相关仪表设备老旧、失效； 2. 导航、声呐设施出现明显错误	1. 强风、暴雨、大雪、大雾等不良天气； 2. 光线不足； 3. 水下地质突变	1. 船舶操作规程、应急预案不完善或未落实； 2. 未落实安全教育、培训、交底、检查制度； 3. 船舶等未按要求组织维修、检验等或属于三无船舶； 4. 管理人员对水体预估不足	√	√	√		
	船舶触损	水下岩石、沉船、抛石等	1. 船舶驾驶等人员技术、经验不足； 2. 管理人员违章指挥，强令冒险作业； 3. 作业人员身体健康状况异常、心理异常、感知异常（反应迟钝、辨识错误）； 4. 作业人员操作错误，违章作业	1. 船舶相关仪表设备老旧、失效； 2. 声呐设施出现明显错误； 3. 与重型物品撞击； 4. 水下尖锐物品或其他船只上尖锐部位触碰； 5. 船体老化	1. 强风、暴雨、大雪、大雾等不良天气； 2. 光线不足； 3. 水下地质突变； 4. 水中存在较大波浪	1. 船舶操作规程、应急预案不完善或未落实； 2. 未落实安全教育、培训、交底、检查制度； 3. 船舶等未按要求组织维修、检验等或属于三无船舶	√	√	√	√	

续上表

施工作业内容	典型风险事件	致害物	致险因素				风险事件后果类型				
			人的因素	物的因素	环境因素	管理因素	易导致伤亡人员类型		人员伤亡		
							本人	他人	轻伤	重伤	死亡
爬梯及航标维护平台制作与安装	船舶污染	船舶燃油、生活污水等	1. 船舶驾驶等人员技术、经验不足； 2. 管理人员违章指挥，强令冒险作业； 3. 作业人员身体健康状况异常、心理异常、感知异常（反应迟钝、辨识错误）； 4. 作业人员操作错误，违章作业	1. 船舶相关仪表设备老旧、失效； 2. 燃油桶或输油管破损	1. 强风、暴雨等不良天气； 2. 船内照明不足	1. 船舶操作规程、应急预案不完善或未落实； 2. 未落实安全教育、培训、交底、检查制度； 3. 船舶等未按要求组织维修、检验等或属于三无船舶		√	√		
	船舶倾覆	风浪、船舶等	1. 船舶驾驶等人员技术、经验不足； 2. 管理人员违章指挥，强令冒险作业； 3. 作业人员身体健康状况异常、心理异常、感知异常（反应迟钝、辨识错误）； 4. 作业人员操作错误，违章作业	1. 船舶相关仪表设备老旧、失效； 2. 导航设施出现明显错误； 3. 船上物品偏载； 4. 系揽钩未绑扎牢固； 5. 物体撞击船体致出现破洞； 6. 船体刚度不足	1. 强风、暴雨等不良天气； 2. 光线不足； 3. 水中存在巨大波浪	1. 船舶操作规程、应急预案不完善或未落实； 2. 未落实安全教育、培训、交底、检查制度； 3. 船舶等未按要求组织维修、检验等或属于三无船舶	√	√	√	√	√

续上表

施工作业内容	典型风险事件	致害物	致险因素				风险事件后果类型				
			人的因素	物的因素	环境因素	管理因素	易导致伤亡人员类型		人员伤亡		
							本人	他人	轻伤	重伤	死亡
维护道路和登陆点	物体打击	工具、材料等坠落物	1. 现场作业人员未正确使用安全防护用品（安全帽等）； 2. 人员违章进入危险区域； 3. 管理人员违章指挥，强令冒险作业； 4. 作业人员身体健康状况异常、心理异常、感知异常（反应迟钝、辨识错误）； 5. 作业人员操作错误，违章作业（违章抛物等）	1. 安全防护用品不合格（安全帽等）； 2. 作业过程中产生的坠落物、抛射物、喷射物、溅射物等（工具、材料等）； 3. 未设置防护设施，防护设施存在缺陷（挡脚板、防护网等）； 4. 物品摆放位置不合理或未固定； 5. 物品尺寸超大、超长等	1. 强风、暴雨、冰雹、大雾等不良天气； 2. 作业场地杂乱； 3. 照明光线不足； 4. 机械、车船、场地等晃动、振动	1. 施工方案不完善或未落实； 2. 安全教育、培训、交底、检查制度不完善或未落实； 3. 安全防护用品等未进行进场验收或验收不到位； 4. 安全投入不足； 5. 现场无警示标识或标识（警戒区、标牌、反光锥等）破损		√	√	√	

续上表

施工作业内容	典型风险事件	致害物	致险因素				风险事件后果类型				
			人的因素	物的因素	环境因素	管理因素	易导致伤亡人员类型		人员伤亡		
							本人	他人	轻伤	重伤	死亡
维护道路和登陆点	机械伤害	挖掘机、搅拌机、破碎机、装载机等施工小型机具	1. 人员违章进入危险区域(机械作业半径等); 2. 管理人员违章指挥,强令冒险作业; 3. 机械操作人员未持有效证件上岗; 4. 机械操作人员操作错误,违章作业(违规载人、酒后作业); 5. 操作人员身体健康状况异常、心理异常、感知异常(反应迟钝、辨识错误); 6. 现场作业人员未正确使用安全防护用品(反光背心、安全帽等); 7. 机械操作人员疲劳作业	1. 机械无警示标识或标识破损(警戒区、标牌、反光贴等); 2. 设备设施安全作业距离不足; 3. 设备带“病”作业(设备设施制动装置失效、运动或转动装置无防护或防护装置缺陷等); 4. 安全防护用品不合格(反光背心、安全帽、护目镜等)	1. 强风、暴雨、大雪、冰雹、大雾等不良天气; 2. 作业场地狭窄、不平整、道路湿滑; 3. 夜间施工照明不足; 4. 存在视野盲区	1. 机械设备安全管理制度不完善或未落实(检查维护保养不到位等); 2. 未对机械设备、安全防护用品等进行进场验收或验收不到位; 3. 安全教育、培训、交底制度不完善或未落实; 4. 机械设备操作规程不规范或未落实; 5. 安全投入不足		√	√	√	√

续上表

施工作业内容	典型风险事件	致害物	致险因素				风险事件后果类型				
			人的因素	物的因素	环境因素	管理因素	易导致伤亡人员类型		人员伤亡		
							本人	他人	轻伤	重伤	死亡
维护道路和登陆点	起重伤害	汽车起重机、履带式起重机、浮吊等起重设备、吊索吊具	1. 管理人员违章指挥,强令冒险作业; 2. 作业人员操作错误,违章作业; 3. 起重工、信号工未持有效证件上岗; 4. 现场作业人员未正确使用安全防护用品(安全帽等); 5. 抗倾覆验算错误; 6. 人员违章进入危险区域; 7. 起重人员身体健康状况异常、心理异常、感知异常(反应迟钝、辨识错误); 8. 作业人员疲劳作业	1. 设备自身缺陷(强度、刚度不足、抗倾覆能力不足); 2. 现场无警示标识或标识破损(警戒区、标牌、反光锥等); 3. 吊车支垫材料不合格(枕木、钢板等); 4. 构件防锈处理不合格; 5. 吊索吊具不合格或达到报废标准(钢丝绳、吊带、U 型卸扣等); 6. 无防护或防护装置缺陷(防脱钩装置、限位装置等); 7. 设备带“病”作业(制动装置等); 8. 安全防护用品不合格(反光背心、安全帽等)	1. 强风、暴雨、大雾、大雪等不良天气; 2. 地基承载力不足、基础下沉; 3. 作业场地照明不足; 4. 浮吊周围水域存在较大波浪或暗流; 5. 周围高空有较多障碍物; 6. 存在视野盲区	1. 施工方案不完善或未落实; 2. 安全教育、培训、交底、检查制度不完善或未落实; 3. 未对起重设备进行进场验收或验收不到位; 4. 安全投入不足; 5. 起重吊装作业时无专人监视; 6. 起重吊装安全操作规程不规范或未落实	√	√	√	√	√

续上表

施工作业内容	典型风险事件	致害物	致险因素				风险事件后果类型				
			人的因素	物的因素	环境因素	管理因素	易导致伤亡人员类型		人员伤亡		
							本人	他人	轻伤	重伤	死亡
维护道路和登陆点	淹溺	周边水域	1. 管理人员违章指挥,强令冒险作业; 2. 人员心理异常(冒险侥幸心理等); 3. 作业人员操作错误,违章作业; 4. 违反劳动纪律行为(管理人员脱岗等); 5. 人员未正确使用安全防护用品	1. 现场无警示标识或标识破损; 2. 现场救生设施不足; 3. 水下存在不明物体或生物的拖拽或缠绕; 4. 氧气瓶、头盔等存在缺陷	1. 雷雨、大风(6 级以上)、冰雹、大雾等恶劣天气作业; 2. 水体寒冷; 3. 水体内能见度不足	1. 专项施工方案、应急预案不完善或未落实; 2. 未落实安全教育、培训、交底、检查制度; 3. 现场监控看管不到位	√		√		√
	船舶碰撞	船舶等	1. 船舶驾驶等人员技术、经验不足; 2. 管理人员违章指挥,强令冒险作业; 3. 作业人员身体健康状况异常、心理异常、感知异常(反应迟钝、辨识错误); 4. 作业人员操作错误,违章作业	1. 船舶相关仪表设备老旧、失效; 2. 导航设施出现明显错误; 3. 船舶防撞设施缺失; 4. 周围船体碰撞施工船舶	1. 强风、暴雨、大雪、大雾等不良天气; 2. 光线、照明不足; 3. 水下暗流影响船体方向和速率; 4. 施工水域狭小	1. 船舶操作规程、应急预案不完善或未落实; 2. 未落实安全教育、培训、交底、检查制度; 3. 船舶等未按要求组织维修、检验等或属于三无船舶	√	√	√	√	

续上表

施工作业内容	典型风险事件	致害物	致险因素				风险事件后果类型				
			人的因素	物的因素	环境因素	管理因素	易导致伤亡人员类型		人员伤亡		
							本人	他人	轻伤	重伤	死亡
维护道路和登陆点	船舶搁浅	浅滩等	1. 船舶驾驶等人员技术、经验不足； 2. 管理人员违章指挥，强令冒险作业； 3. 作业人员身体健康状况异常、心理异常、感知异常（反应迟钝、辨识错误）； 4. 作业人员操作错误，违章作业	1. 船舶相关仪表设备老旧、失效； 2. 导航、声呐设施出现明显错误	1. 强风、暴雨、大雪、大雾等不良天气； 2. 光线不足； 3. 水下地质突变； 4. 水位快速下降或退潮	1. 船舶操作规程、应急预案不完善或未落实； 2. 未落实安全教育、培训、交底、检查制度； 3. 船舶等未按要求组织维修、检验等或属于三无船舶； 4. 管理人员对气象和水体未提前预估	√	√	√		
	船舶触礁	水下暗礁等	1. 船舶驾驶等人员技术、经验不足； 2. 管理人员违章指挥，强令冒险作业； 3. 作业人员身体健康状况异常、心理异常、感知异常（反应迟钝、辨识错误）； 4. 作业人员操作错误，违章作业	1. 船舶相关仪表设备老旧、失效； 2. 导航、声呐设施出现明显错误	1. 强风、暴雨、大雪、大雾等不良天气； 2. 光线不足； 3. 水下地质突变	1. 船舶操作规程、应急预案不完善或未落实； 2. 未落实安全教育、培训、交底、检查制度； 3. 船舶等未按要求组织维修、检验等或属于三无船舶； 4. 管理人员对水体预估不足	√	√	√		

续上表

施工作业内容	典型风险事件	致害物	致险因素				风险事件后果类型				
			人的因素	物的因素	环境因素	管理因素	易导致伤亡人员类型		人员伤亡		
							本人	他人	轻伤	重伤	死亡
维护道路和登陆点	船舶触损	水下岩石、沉船、抛石等	1. 船舶驾驶等人员技术、经验不足； 2. 管理人员违章指挥，强令冒险作业； 3. 作业人员身体健康状况异常、心理异常、感知异常（反应迟钝、辨识错误）； 4. 作业人员操作错误，违章作业	1. 船舶相关仪表设备老旧、失效； 2. 声呐设施出现明显错误； 3. 与重型物品撞击； 4. 水下尖锐物品或其他船只上尖锐部位触碰； 5. 船体老化	1. 强风、暴雨、大雪、大雾等不良天气； 2. 光线不足； 3. 水下地质突变； 4. 水中存在较大波浪	1. 船舶操作规程、应急预案不完善或未落实； 2. 未落实安全教育、培训、交底、检查制度； 3. 船舶等未按要求组织维修、检验等或属于三无船舶	√	√	√	√	
	船舶污染	船舶燃油、生活污水等	1. 船舶驾驶等人员技术、经验不足； 2. 管理人员违章指挥，强令冒险作业； 3. 作业人员身体健康状况异常、心理异常、感知异常（反应迟钝、辨识错误）； 4. 作业人员操作错误，违章作业	1. 船舶相关仪表设备老旧、失效； 2. 燃油桶或输油管破损	1. 强风、暴雨等不良天气； 2. 船内照明不足	1. 船舶操作规程、应急预案不完善或未落实； 2. 未落实安全教育、培训、交底、检查制度； 3. 船舶等未按要求组织维修、检验等或属于三无船舶		√	√		

续上表

施工作业内容	典型风险事件	致害物	致险因素				风险事件后果类型				
			人的因素	物的因素	环境因素	管理因素	易导致伤亡人员类型		人员伤亡		
							本人	他人	轻伤	重伤	死亡
维护道路和登陆点	船舶倾覆	风浪、船舶等	1. 船舶驾驶等人员技术、经验不足； 2. 管理人员违章指挥，强令冒险作业； 3. 作业人员身体健康状况异常、心理异常、感知异常（反应迟钝、辨识错误）； 4. 作业人员操作错误，违章作业	1. 船舶相关仪表设备老旧、失效； 2. 导航设施出现明显错误； 3. 船上物品偏载； 4. 系揽钩未绑扎牢固； 5. 物体撞击船体以致出现破洞； 6. 船体刚度不足	1. 强风、暴雨等不良天气； 2. 光线不足； 3. 水中存在巨大波浪	1. 船舶操作规程、应急预案不完善或未落实； 2. 未落实安全教育、培训、交底、检查制度； 3. 船舶等未按要求组织维修、检验等或属于三无船舶	√	√	√	√	√

第六章　航道工程常见重大作业活动清单

表6-1列出了航道工程常见重大作业活动清单。

航道工程常见重大作业活动清单　　表6-1

工程类别	工程类型	常见重大作业活动
航道工程	疏浚与吹填工程	1. 航行挖泥(自航船); 2. 非自航船复杂水域施工
	清礁工程	1. 水下爆破作业; 2. 挖泥船清渣/挖机清渣; 3. 硬式扫床
	整治建筑物工程	1. 散抛物(块石、石笼等)抛投; 2. 软体排护底; 3. 潜水作业; 4. 预制构件水上吊运安装
	助航设施工程	1. 陡峭岸壁塔体安装作业; 2. 浮标抛设

第七章　航道工程常见重大作业活动管控措施建议

表 7-1 列出了航道工程常见重大作业活动管控措施建议。

航道工程常见重大作业活动管控措施建议　　表 7-1

常见重大作业活动		风险管控措施
疏浚与吹填工程	航行挖泥（自航船）	1. 编制专项施工方案，必要时组织专家论证。遇地质、水文、气象等情况与勘测设计资料不符的，应及时联系建设、设计、勘察等单位，必要时对专项方案重新进行论证。 2. 根据项目特点，对风险进行识别，编制项目风险辨识清单，对于重大风险制定控制措施。作业前对作业人员进行安全技术交底，并对识别的风险予以告知。 3. 编制船舶碰撞、倾覆、溺水、防风等应急预案，完善应急措施，储备应急物资及设备，开展应急队伍培训，适时组织应急演练工作。 4. 开工前，应根据施工需要设置安全作业区，并办理水上水下作业许可事宜，发布航行通告。 5. 对进场设备组织验收，确保性能完好，对特种作业人员证件进行审核，确保特种人员持证上岗。作业人员领用并正确佩戴合格的安全防护用品。 6. 工程船舶作业、航行或停泊时，应按规定显示号灯或号型。 7. 遇雨、雾、霾等能见度不良天气时，工程船舶和施工区域应按规定鸣放雾号，使用安全航速，注视雷达信息，保持正规瞭望，必要时应停止航行水域作业。出现超过船舶抗风等级的大风天气，船舶应按规定及时进避风锚地或港池。 8. 按规定做好通信、导助航设备及其他安全装置的维护保养、检测工作，加强日常通信、气象信息的收集整理及预警工作。 9. 锚艇、警戒船作业时应按规定航线航行，保持正规瞭望，密切关注过往船舶动态，应主动与过往船舶联系。 10. 施工船舶穿越桥孔或过河架空管线前，预先了解其净空高度、宽度、水深、流速等情况。 11. 在狭窄水道和来往船舶频繁的水域施工时，应设专人值守通信频道，并及时沟通避让方式。 12. 船舶航行挖泥时应正确使用车舵、控制航速，耙头未离底时禁止船舶后退。 13. 清理耙头杂物时应携带通信工具并设专人监护，作业人员应正确站位，并使用专用工具清除，驾驶台应与作业人员保持通信畅通。 14. 施工船舶装舱作业时，应密切关注装载情况，禁止船舶超载、超速航行。 15. 泥浆浓度伽玛检测仪必须由专人负责使用和管理，检查或修理必须由具有相应资格的厂家和专业人员进行。 16. 发生险情或者事故时，应立即采取应急处置措施，报告工程所在地主管部门并及时开展应急抢险工作

续上表

常见重大作业活动		风险管控措施
疏浚与吹填工程	非自航船复杂水域施工	1. 编制专项施工方案，必要时组织专家论证。遇地质、水文、气象等情况与勘测设计资料不符的，应及时联系建设、设计、勘察等单位，必要时对专项方案重新进行论证。 2. 根据项目特点，对风险进行识别，编制项目风险辨识清单，对于重大风险制订控制措施。作业前对作业人员进行安全技术交底，并对识别的风险予以告知。 3. 编制船舶碰撞、倾覆、溺水、防风等应急预案，完善应急措施，储备应急物资及设备，开展应急队伍培训，适时组织应急演练工作。 4. 开工前，应根据施工需要设置安全作业区，并办理水上水下作业许可事宜，发布航行通告。 5. 对进场设备组织验收，确保性能完好，对特种作业人员证件进行审核，确保特种人员持证上岗。作业人员领用并正确佩戴合格的安全防护用品。 6. 工程船舶作业、航行或停泊时，应按规定显示号灯或号型。 7. 遇雨、雾、霾等能见度不良天气时，工程船舶和施工区域应按规定鸣放雾号，使用安全航速，注视雷达信息，保持正规瞭望，必要时应停止航行水域作业。出现超过船舶抗风等级的大风天气，船舶应按规定及时进避风锚地或港池。 8. 按规定做好通信、导助航设备及其他安全装置的维护保养、检测工作，加强日常通信、气象信息的收集整理及预警工作。 9. 锚艇、警戒船作业时应按规定航线航行，保持正规瞭望，密切关注过往船舶动态，应主动与过往船舶联系。 10. 在狭窄水道和来往船舶频繁的水域施工时，应设专人值守通信频道。 11. 定位船及抛锚作业船，其锚链、锚缆滚滑区域不得站人，锚缆伸出的水域应设置警示标志。 12. 疏浚过程不得急剧大角度转向，遇有横向强风、流压时，船舶航向应与风向、流向保持适当角度。 13. 反铲挖泥船需进行挖掘机械上船稳定性验算，施工作业时反铲挖泥机械必须与船舶进行固定。 14. 定位钢桩应在船舶抛锚定位后沉放，双钢桩沉放状态下，船舶不得横向移动。 15. 抓斗下落时不得突然刹车，移动抓斗时，抓斗不得碰撞泥驳或缆绳。 16. 泥驳不得超载，卸泥时泥驳不得在横浪或转向航行过程卸泥。 17. 水上排泥管线每间隔 50m 应设置一个昼夜显示警示标志，固定管线的锚应设置锚标。 18. 排泥管线需通过桥孔、桩群时，排泥管应采取固定措施，过河沉管要埋设至航道设计底标高以下，并有固定防浮措施。管线两侧要设置明显警示标志，上下游要设置明显提示标识。 19. 加强排泥管线巡查工作，及时更换损坏的警示标志、夜间警示灯。 20. 纳泥区吹填期间加强变形观测与巡视检查，对于重点部位（如紧临厂房、住宅、养殖区、重要河道等围堰坍塌将会出现重大影响、重大经济损失或安全事故的部位），应落实风险连续监控措施，如设置围堰自动位移监测预警装置、视频监控（增加围堰异常风险预警功能）等科技信息化功能。 21. 发生险情或者事故时，应立即采取应急处置措施，并报告工程所在地主管部门，及时开展应急抢险工作

续上表

常见重大作业活动		风险管控措施
清礁工程	水下爆破作业	1. 水下拆除爆破、爆破挤淤填石、水下爆破夯实、一次起爆总装药量大于或等于0.5t的水下钻孔爆破，重要设施附近及其他环境复杂、技术要求高的工程爆破应编制爆破设计书或爆破说明书，根据爆破设计书编制爆破专项施工方案，并应组织专家论证。爆破作业应严格按批准的方案执行。 2. 从事爆破工程的施工单位及爆破作业人员必须具有相应的爆破资质证书、作业许可证和资格证书。爆破工程施工必须取得有关部门批准。 3. 根据项目特点，对风险进行识别，编制项目风险辨识清单，对于重大风险制定控制措施。作业前对作业人员进行安全技术交底，并对识别的风险予以告知。 4. 爆破作业应符合现行国家标准《爆破安全规程》（GB 6722）和现行行业标准《水运工程爆破技术规范》（JTS 204）的有关规定。 5. 爆破作业前必须发布爆破通告，其内容应包括爆破地点、每次爆破起爆时间、安全警戒范围、警戒标志和起爆信号等。爆破作业必须设置警戒人员或警戒船，起爆前必须按规定发出声、光等警示信号。 6. 爆炸源与人员、其他保护对象的安全允许距离应按地震波、冲击波和飞散物三种爆破效应分别计算，取其最大值。 7. 水上运送爆破器材和起爆药包应采用专用船。当采用普通船舶时，应采取防电、防振及隔热措施，并应避免剧烈的颠簸或碰撞。运输火工材料的车辆、船舶，必须满足分舱储存，即雷管与炸药不得混装，在无法分舱的情况下，不得同车（船）运输。 8. 投药船的稳性应满足作业需要，工作舱内或甲板上不得有明显或尖锐的突出物。电力起爆时，工作舱内不得存放任何有电源的物品。 9. 在波浪、流速较大的水域进行水下裸露爆破时，投药船应由定位船进行固定。 10. 捆扎裸露药包和配重物应在平整的地面或木质的船甲板上进行，裸露药包和配重物捆扎应牢固结实。起爆器使用前，应将其引线进行短路。 11. 裸露药包临时存放应置于爆破危险区外远离建筑物、船舶和人群的专用船或陆地上，且应派专人看守。 12. 水下炸礁裸露药包的配重物，应具有足够的确保药包顺利自沉和稳定的重量。药包表面应包裹良好，不得与礁石、被爆破物碰撞或摩擦。 13. 安放水底的裸露药包不得拖曳，药包出现漂浮或其它异常现象时不得起爆。 14. 水下电爆网路的主线和连接线应采用强度高、电阻小、防水和柔韧性好的绝缘胶线。在波浪、流速较大的水域中，爆破主线应呈松弛状态，并扎系在伸缩性小的导向绳上。 15. 投药船离开投放药包的地点前，潜水员必须严格检查船底、船舵、螺旋桨、缆绳和其他附属物是否挂有药包，导线等。 16. 水下爆破引爆前，潜水员必须回到船上，警戒区内的所有船舶和人员必须移至安全地点。 17. 水下钻孔爆破采用边钻孔边装药的施工方法时，必须采取可靠的隔绝电源和防止钻孔错位等安全措施。

续上表

<table>
<tr><th colspan="2">常见重大作业活动</th><th>风险管控措施</th></tr>
<tr><td rowspan="2">清礁工程</td><td>水下爆破作业</td><td>18. 非抗水的散装炸药用金属或塑料筒加工成水下钻孔药筒，采用沥青或石蜡封口时，筒口应采取隔热措施。
19. 水下深孔分段装药时，各段均应装设起爆药包，各起爆药包的导线应标记清楚。
20. 提升套管、护孔管或移船不得磨碰、损伤起爆导线。在水流和波浪较大的水域中，孔口段的导线应用耐磨材料包裹防护。
21. 水下爆破施工必须经常对钻爆船的杂散电流进行监测。当爆破区的杂散电流大于30mA或爆破区在高压线射频电源影响范围内时严禁采用普通电雷管起爆。
22. 水下安放爆炸挤淤的药包宜采取逆风或逆流方向布药。水下药包布设后，必须采取固定措施，药包不得随水流或波浪摆动。起爆导线应采用双芯屏蔽电缆。
23. 在覆盖水深度小于3倍药包影响半径的卵石河床上裸露爆破时，爆炸源与人员、其他保护对象之间的安全距离，应与地面裸露爆破时的计算相同，并取最大值。
24. 爆破后应检查是否有盲炮。爆破的盲炮处理应符合现行行业标准《水运工程爆破技术规范》(JTS 204)的有关规定。
25. 遇以下恶劣天气，水文情况时，应停止爆破作业，所有人员应立即撤到安全地点：(1)热带风暴或台风即将来临；(2)雷电、暴风雪来临；(3)雾天能见度不超过100m；(4)风力超过6级、浪高大于0.8m；(5)水位暴涨暴落。
26. 爆破作业必须在船舶、人员全部撤离到警戒范围外才能起爆，影响通航安全作业时，应采取临时禁航措施</td></tr>
<tr><td>挖泥船清渣/挖机清渣</td><td>1. 编制专项施工方案，必要时组织专家论证。遇地质、水文、气象等情况与勘测设计资料不符的，应及时联系建设、设计、勘察等单位，必要时对专项方案重新进行论证。
2. 根据项目特点，对风险进行识别，编制项目风险辨识清单，对于重大风险制定控制措施。作业前对作业人员进行安全技术交底，并对识别的风险予以告知。
3. 编制船舶碰撞、倾覆、溺水、防风等应急预案，完善应急措施，储备应急物资及设备，开展应急队伍培训，适时组织应急演练工作。
4. 开工前，应根据施工需要设置安全作业区，并办理水上水下作业许可事宜，发布航行通告。
5. 对进场设备组织验收，确保性能完好，对特种作业人员证件进行审核，确保特种人员持证上岗。作业人员领用并正确佩戴合格的安全防护用品。
6. 工程船舶作业、航行或停泊时，应按规定显示号灯或号型。
7. 遇雨、雾、霾等能见度不良天气时，工程船舶和施工区域应按规定鸣放雾号，使用安全航速，注视雷达信息，保持正规瞭望，必要时应停止航行水域作业。出现超过船舶抗风等级的大风天气，船舶应按规定及时进避风锚地或港池。</td></tr>
</table>

续上表

<table>
<tr><th colspan="2">常见重大作业活动</th><th>风险管控措施</th></tr>
<tr><td rowspan="2">清礁工程</td><td>挖泥船清渣/挖机清渣</td><td>8. 按规定做好通信、导助航设备及其他安全装置的维护保养、检测工作，加强日常通信、气象信息的收集整理及预警工作。
9. 施工船舶作业时应按规定航线航行，保持正规瞭望，密切关注过往船舶动态，应主动与过往船舶联系。
10. 在狭窄水道和来往船舶频繁的水域施工时，应设专人值守通信频道。
11. 定位船及抛锚作业船，其锚链、锚缆滚滑区域不得站人，锚缆伸出的水域应设置警示标志。
12. 挖泥船清渣施工顺序宜采用从深水到浅水、分条、分段顺水流开挖，流速较缓水域、潮汐河段或反铲式挖泥船清渣时可采用逆流施工。
13. 清渣施工采用顺序排斗，抓出堑口后依次向前挖。
14. 绳斗式挖泥船在流速较大的水域施工时，应注意抓斗漂移下斗位置和挖深的影响。
15. 水下清渣、弃渣施工设导标时，导标夜间灯光应与航标灯光有所区别。
16. 陆上反铲挖掘机水下清渣时，车位间开挖作业半径应搭接 2 米，退位前应用挖斗对开挖作业半径内的水深进行探测。
17. 水下弃渣应散抛在指定区域，弃渣时应及时测量水深，避免超过设计高程</td></tr>
<tr><td>硬式扫床</td><td>1. 航道疏浚施工完成后，及时安排扫床船进场做好施工准备工作。水下硬式扫床作业应编制专项方案，经审批后实施。
2. 扫床作业人员分工明确，听从统一指挥。扫床船移位、平面控制、高程控制、扫具由专人负责。
3. 扫架应采用金属管架组装，扫床架及其与扫床作业船的组装、连结必须牢固可靠；为防止意外，扫床机艇应配备充足的锚设备，以备在紧急情况下，扫床船有抛锚设施，确保船机安全。
4. 扫床架连结紧固绳索严禁随意松弛于水流之中，扫架所有连结、紧固缆绳长度不得大于系结点至船尾推进装置处之间距离。扫床架装置必须在大于入水深度的水域安置就位。
5. 在水流急、流态乱情况下，扫床船必须是双机双舵，操作扫床船时应缓慢匀速行驶。
6. 扫床船舶作业、航行或停泊时，应按《内河避碰规则》显示信号。
7. 在狭窄水道和来往船舶频繁的水域施工时，应设专人值守瞭望监视。
8. 遇雨、雾、霾等能见度不良天气时，扫床船和施工区域应显示规定的信号，必要时应停止扫床作业。遇大风天气扫床船应按规定及时进避风锚地或港池。
9. 扫床船作业时，其扫床架摆动区域不得站人。
10. 扫床船应按规定配备有效救生、油污应急设施，制订安全技术措施和应急预案，并应按规定定期演练。扫床船应安装船舶定位设备保证有效的船岸联系</td></tr>
</table>

续上表

常见重大作业活动		风险管控措施
整治建筑物工程	散抛物(块石、石笼等)抛投	1. 施工单位应在施工前结合当地气象、水文、地质及航道通行等情况,编制施工方案。 2. 开工前,应根据施工需要设置安全作业区,并办理水上水下作业许可,发布航行通告。 3. 根据项目特点,编制项目风险辨识清单,对于重大风险制定控制措施。作业前对作业人员进行安全技术交底,并对识别的风险予以告知。 4. 浮吊船定位前,对现场水域水深、流速、河床底质等进行详细调查,施工过程中加强锚泊值班,每天检查锚链和缆绳受力情况,及时更换受损缆绳、锚链,防止发生缆绳断裂伤人、走锚、搁浅、碰撞事故。 5. 进行石料吊装及抛石作业时,严禁无关人员进入石料运输船及抛石作业区,所有进入作业区域的人员必须戴好安全帽,防止造成高空坠物伤害,在不影响施工作业情况下,应将船上的护栏链条全部挂上。 6. 在浮吊和挖掘机旋转半径范围内严禁站人,挖机手和浮吊驾驶员应时刻关注四周情况,发现人员应主动避让。 7. 挖掘机、装载机等陆域施工机械临水安放在驳船上进行抛石作业必须制订专项方案,并附船舶稳定性和结构强度验算结果。 8. 挖掘机、装载机等在驳船上作业时,驳船的纵横倾角应控制在允许范围内,不得超载。 9. 作业完毕或船舶在拖航过程中,应对挖掘机、装载机等进行封固,并将铲斗收回、平放、封固于甲板上。 10. 挖掘机、装载机等在驳船上抛石应控制其旋转方向,不得将装载块石的铲斗跨越船员室或人员。 11. 石笼或块石抛填要控制抛填高程,避免出现浅点影响船舶通行安全
	软体排护底	1. 施工单位应在施工前结合当地气象、水文、地质及航道通行等情况,编制施工方案和安全保障措施。 2. 开工前,应根据施工需要设置安全作业区,并办理水上水下作业许可事宜,发布航行通告。 3. 施工单位做好进场作业人员安全教育培训,组织安全技术交底并开展重大致险因素与管控方案告知。 4. 铺排施工区域应实施分区标识,分区施工。 5. 施工时,作业人员须采取必要的安全防护措施,施工时需专人指挥,卷排时排布上、滚筒和制动器周围不得站人。 6. 吊运混凝土联锁块排体应使用专用吊架,排体与吊架连接牢固。吊放排体过程中应使用控制绳等措施控制其摆动,吊起的排体降至距甲板 1m 左右时,施工人员方可对排体进行定位。 7. 固定软体排卡环应锁紧,不得松脱、漏扣。及时观测流速流向及排体漂移情况,测流速流向及排体漂移情况,及时调整船位和沉排速度。施工区流速大于安全沉排流速时,应暂停沉排施工。 8. 升降铺排船滑板或溜放排体时,排体上不得站人。定位船及抛锚作业船,其锚链、锚缆滚滑区域不得站人,锚缆伸出的水域应设置警示标志。

续上表

常见重大作业活动		风险管控措施
整治建筑物工程	软体排护底	9. 沉排施工时，作业人员须采取必要的安全防护措施，施工时需专人指挥，固定软体排卡环应锁紧，不得松脱、漏扣。及时观测流速流向及排体漂移情况，及时调整船位和沉排速度，施工区流速大于安全沉排流速时，应暂停沉排施工。 10. 工程船舶作业、航行或停泊时，应按规定显示号灯或号型。 11. 水上工况条件超过施工船舶作业性能时，必须停止作业。遇雨、雾、霾等能见度不良天气时，工程船舶和施工区域应显示规定的信号。遇大风天气船舶应按规定及时进避风锚地或港池
	潜水作业	1. 从事潜水作业的人员必须持有有效潜水员资格证书。 2. 潜水最大安全深度和减压方案应符合现行国家标准《空气潜水安全要求》(GB 26123)、《空气潜水减压技术要求》(GB 12521)等的有关规定。 3. 潜水员使用水下电气设备、装备、装具和水下设施时，应符合现行国家标准《潜水员水下用电安全规范》(GB 16636)的有关规定。 4. 潜水作业现场应备有急救箱及相应的急救器具。 5. 潜水作业前应熟悉现场的水文、气象、水质和地质等情况，掌握作业方法和技术要求，掌握潜水作业任务，下潜环境、工作部位、水深、流向等，对潜水员应进行技术安全交底，了解施工船舶的锚缆布设及移动范围等情况，并制定安全处置方案。 6. 潜水及加压前应对潜水设备进行检查，确认符合要求后方可开展作业。 7. 潜水作业点的水面上不得进行起吊作业或船舶通过，在2000m半径内不得进行爆破作业，在200m半径内不得有抛锚、锤击打桩等作业。 8. 当施工水域的水温在5℃以下，流速大于1.0m/s或水面超过4级浪时，在无安全防御措施情况下潜水员不得进行潜水作业。 9. 潜水作业时，潜水作业船应按规定显示号灯、号型。 10. 潜水作业应执行潜水员作业时间和替换周期的规定。 11. 为潜水员递送工具、材料和物品应使用绳索进行递送，不得直接向水下抛掷
	预制构件水上吊运安装	1. 施工前应办理水上水下作业许可手续，发布航行公告，必要时实行临时通航管制。 2. 编制专项施工方案，并组织专家论证，并进行典型施工。 3. 根据项目特点，对风险进行识别，编制项目风险辨识清单，对于重大风险制定控制措施。作业前对作业人员进行安全技术交底，并对识别的风险予以告知。作业人员领用并正确佩戴合格的安全防护用品。 4. 对进场设备组织验收，确保性能完好，对特种作业人员证件进行审核，确保特种人员持证上岗。 5. 大型构件装驳应根据驳船的稳性和构件安装时的起吊顺序绘制构件装驳布置图，并按构件装驳布置图装船，构件装船后应根据工况条件进行封固。

续上表

常见重大作业活动		风险管控措施
整治建筑物工程	预制构件水上吊运安装	6.船舶在陆域设置的地锚抗拉力应满足使用要求，地锚和缆绳通过的区域应设立明显的安全警示标志，必要时应有专人看守。 7.起重船、机起吊构件时驻位应得当，起吊异型构件应根据构件的重量、重心和吊点位置计算、配置起重绳索，并进行试吊。 8.吊装大型构件的吊具宜采用锻造件，采用焊接件应对焊口进行探伤和材质检验。 9.起重吊装作业应明确作业人员分工，专人指挥，统一指挥信号。起重吊装作业时，指挥和操作人员不得站在建筑物或构件边缘、死角等危险部位。 10.吊装大型构件时，吊索受力应均匀，吊架、卡钩不得偏斜。 11.吊装消浪块体的自动脱钩应安全、可靠，起吊时应待钩绳受力，块体尚未离地、挂钩人员退至安全位置后方可起升。用自动脱钩起吊的块体在吊装过程中严禁碰撞任何物体。 12.开始起吊应缓慢，待正常后方可加速，避免骤停、突起造成滑扣、断扣等危险。 13.构件起吊后，起重设备在旋转、变幅、移船和升降钩时应缓慢、平稳，吊装的构件或起重船的定位锚缆不得随意碰撞或兜曳其他构件、设施等。 14.大型构件安装宜使用起重船上的绞缆机钢丝绳控制其摆动。 15.工作中随时注意各仪表、温度、压力的读数，经常检查机械运转是否正常。 16.受风浪影响的梁、板、靠船构件等安装后，应立即采取加固措施，避免坠落。 17.起重作业时，应严格遵守“十不吊”。 18.等待或休息时间过长，不得将重物吊在空中，长距离拖船禁止钩上吊重物。 19.工作完毕后，要妥善安排船舶停泊位置和锚缆系统，搭好跳板、挂好安全网、降下工作信号、显示规定信号、整理甲板、清除油污、冰霜季节和雨天要采取防滑措施
助航设施工程	陡峭岸壁塔体安装作业	1.施工前，施工单位应掌握当地气象、地质及交通等情况，熟悉设计图纸，组织编制助航设施安装专项施工方案，按照程序审批后方可施工。 2.施工前落实材料、半成品构件等运输方式、运输路线及作业场地等，评估施工风险及可行性，制定针对性安全措施。 3.基础施工需清除影响范围内的松动块石，避免出现滚石伤人及基础坍塌等安全风险。 4.塔体运输、存放需加强车辆行驶及存放场地的稳定性，避免出现倾覆风险。 5.塔体吊装吊点、吊索等需满足专项方案要求，起重吊装作业应明确作业人员分工，专人指挥，统一指挥信号。起重吊装作业时，指挥和操作人员不得站在建筑物或构件边缘、死角等危险部位。 6.吊装作业场地必须满足吊装车辆安全距离、车辆支撑稳定条件，并在吊装过程设置安全警戒线，并派专人值守。

续上表

常见重大作业活动		风险管控措施
助航设施工程	陡峭岸壁塔体安装作业	7. 起重船、机起吊构件时，驻位应得当。起吊异型构件应根据构件的重量、重心和吊点位置计算、配置起重绳索，并进行试吊。 8. 吊装作业严格执行“十不吊”规定，禁止出现“三违”情况，特种人员作业要持证上岗。 9. 人员高处安装作业，要与现场起重指挥、起重操作人员保持通讯通畅，高处作业应设置双绳保险，上下配备缓降器等安全措施
	浮标抛设	1. 施工前需了解水深、水流和气象情况，了解起吊浮标构件的重量、高度和跨距，编制专项施工方案，对施工人员进行全面交底。 2. 浮标抛设应在水流流速、波浪、风力、能见度、潮位等条件满足的情况下施工。遇雨、雾、霾等能见度不良天气时，工程船舶和施工区域应显示规定的信号，必要时应停止航行水域作业。遇大风天气船舶应按规定及时进避风锚地或港池。 3. 起重绳索、索具等合理选配。起吊所使用的钢丝绳及索具，吊装前，必须对其进行检查。 4. 起吊抛投作业应明确作业人员分工，专人指挥，统一指挥信号。明确联络指挥信号后，指挥者话音要清楚，手势要正确。操作者没有听清看准，不要行动。 5. 起重船、机起吊浮标时，驻位应得当。起吊异型浮标应根据构件的重量、重心和吊点位置计算、配置起重绳索，并进行试吊。起吊作业时，指挥和操作人员不得站在建筑物或构件边缘、死角等危险部位。 6. 用自动脱钩起吊的浮标和沉石在吊放过程中严禁碰撞任何物体。 7. 等待或休息时间过长，不得将重物吊在空中，长距离拖船禁止钩上吊重物。 8. 工作完毕，要妥善安排船舶停泊位置和锚缆系统，搭好跳板，挂好安全网，降下工作信号，显示规定信号，并且整理甲板，清除油污，冰霜季节和雨天要采取防滑措施

参 考 文 献

[1] 国家标准局. 企业职工伤亡事故分类标准:GB 6441—1986[S]. 北京:中国标准出版社,1986.

[2] 交通运输部. 水运工程爆破技术规范:JTS 204—2008[S]. 北京:人民交通出版社,2008.

[3] 交通运输部. 水运工程质量检验标准:JTS 257—2008[S]. 北京:人民交通出版社,2008.

[4] 国家市场监督管理总局. 故障树名词术语和符号:GB/T 4888—2009[S]. 北京:人民出版社,2009.

[5] 交通运输部. 疏浚与吹填工程施工规范:JTS 207—2012[S]. 北京:人民交通出版社,2012.

[6] 国家质量监督检验检疫总局. 风险管理术语:GB/T 23694—2013[S]. 北京:中国标准出版社,2013.

[7] 交通运输部. 航道整治工程施工规范:JTS 224—2016[S]. 北京:人民交通出版社股份有限公司,2016.

[8] 交通运输部. 水运工程施工安全防护技术规范:JTS 205-1—2008[S]. 北京:人民交通出版社,2008.

[9] 交通运输部. 航道工程基本术语标准:JTS/T 103-2—2021[S]. 北京:人民交通出版社股份有限公司,2021.

[10] 交通运输部. 公路水运工程施工安全风险评估指南　第1部分:总体要求:JT/T 1375.1—2022[S]. 北京:人民交通出版社股份有限公司,2022.

[11] 交通运输部. 公路水运工程施工安全风险评估指南　第6部分:航道工程:JT/T 1375.6—2022[S]. 北京:人民交通出版社股份有限公司,2022.

[12] 交通运输部工程质量监督局. 公路水运工程施工安全标准化指南[M]. 北京:人民交通出版社,2013.